Enseigner la biologie et la géologie

à l'école élémentaire

Un guide pour :
- **le concours de recrutement des professeurs des écoles**
- **le travail en classe des enseignants**

Jeanne Lamarque
Raymond Tavernier

Nouvelle édition

• Conforme aux nouveaux programmes de l'école élémentaire (B.O. spécial de février 2002), voir page 5.

• Conforme aux nouveaux textes officiels relatifs à l'épreuve de Sciences expérimentales et technologie du concours de recrutement des Professeurs des Écoles (voir page 424).

BORDAS

W0316481

Sommaire

© BORDAS/SEJER 2006

I.S.B.N. : 2-04-732122-0

Toute représentation ou reproduction, intégrale ou partielle, faite sans le consentement de l'auteur, ou de ses ayants droit ou ayants cause, est illicite (article L. 122-4 du Code de la Propriété Intellectuelle). Cette représentation ou reproduction, par quelque procédé que ce soit, constituerait une contrefaçon sanctionnée par l'article L. 335-2 du Code de la Propriété intellectuelle. Le Code de la Propriété Intellectuelle n'autorise, aux termes de l'article L. 122-5, que les copies ou reproduction strictement réservées à l'usage privé du copiste et non destinées à une utilisation collective d'une part et, d'aute part, que les analyses et les courtes citations dans un but d'exemple et d'illustration.

CRÉDITS PHOTOGRAPHIQUES

p. **33** *ht*, et p. **89**, p. **159**, p. **285**, p. **350**, p. **471** *ht* et *m* : 9 Ph © Claude Fabre / T
p. **33** *m* : Ph © CNRI / SPL / COSMOS / T
p. **101** : Ph © M. Kage / SPL / COSMOS / T
p. **131** : Ph © David Epel, avec l'autorisation de Garland Publishing Inc., Droits Réservés / T
p. **159** : Ph Jeanbor © SEJER / Archives Bordas / T
p. **171** : Ph Jeanbor © SEJER / Archives Bordas / T
p. **173** : Ph © LABAT Jean Michel / T
p. **185** *ht* : Ph © Droits Réservés / T
p. **185** *bas* : Ph © CONGE Hervé / T
p. **219** : Ph © Mammifrance-Jacana / HPP / T
p. **221** : Ph © Heintges ZEFA / CORBIS / T
p. **272** et p. **273** : 4 Ph Jeanbor © SEJER / Archives Bordas / T
p. **275** : 2 Ph © Droits Réservés/ T
p. **277** : Ph Jeanbor © SEJER / Archives Bordas / T
p. **283** : Ph © ROGER-VIOLLET / T
p. **290** : Ph © X- Droits Réservés / T
p. **308** *ht g* : 2 Ph Jeanbor Archives Bordas / T
p. **308** *ht d* : 2 Ph © CNRI- SPL / COSMOS / T
p. **311** : Ph © SPL / COSMOS / T
p. **318** : Ph collection Archives Bordas / T
p. **319** : Ph © PALAIS DE LA DECOUVERTE / T
p. **329** : Ph © SPL / COSMOS / T
p. **371** : Ph Jeanbor © SEJER / Archives Bordas / T
p. **375** : Ph © MNHN , Paris, / T
p. **389** : 2 Ph © J. Oster / MUSEE DE L'HOMME / T
p. **466** et p. **467** : 3 Ph © Droits Réservés /T
p. **468** : Ph Jeanbor © Archives SEJER Bordas / T
p. **469** *ht* : 2 Ph Jeanbor © Archives SEJER Bordas / T
p. **469** *m et bas* : 2 Ph © CNRI-SPL / COSMOS / T (et une reprise)
p. **470** : Ph © CNRI-SPL / COSMOS / T
p. **471** *bas* : Ph © CNRI- SPL / COSMOS / T

Préface

Ce livre est la réédition de l'ouvrage connu des étudiants en IUFM « Enseigner la biologie et la géologie à l'école élémentaire ». Bien qu'il soit très profondément remanié et enrichi, l'éditeur a conservé le même titre.

• À qui s'adresse ce livre ?

Ce livre a été écrit à l'intention des étudiants qui préparent le concours de recrutement des professeurs des écoles : étudiants en première année d'IUFM, étudiants inscrits au CNED Toulouse ou qui préparent seuls. Il vise la préparation des deux parties de l'épreuve du concours ; évaluation des connaissances d'une part, analyse d'une documentation et son exploitation pédagogique d'autre part. Mais la lecture du sommaire montre qu'il peut apporter une aide précieuse aux professeurs stagiaires en 2e année d'IUFM et à tous les enseignants de l'école élémentaire qui souhaitent trouver, dans un ouvrage unique, des informations jusqu'à présent dispersées.

• Que trouve-t-on dans cet ouvrage ?

Cet ouvrage est conçu pour être un outil de travail facile à utiliser. Il apporte sur tous les sujets qui figurent au programme de l'école élémentaire :
– **une mise au point des connaissances** (l'objectif des paragraphes intitulés « Informations pour l'enseignant » est simple – présenter, dans un langage aussi accessible que possible, toutes les notions importantes, – donner de l'enseignement scientifique une idée moderne, globale, cohérente) ;
– **une liste des notions accessibles** aux élèves de l'école élémentaire (aucun enseignant, soucieux de donner à son travail la meilleure efficacité possible, ne peut éluder la question « quels objectifs dois-je viser ? » ; c'est un point essentiel de l'acte pédagogique) ;
– **des suggestions d'activités** (elles résultent toutes de l'expérience vécue dans différentes classes par divers enseignants) ;
– **des pages spéciales concours d'entraînement aux épreuves écrites** avec évaluation et corrigés.

• L'illustration du livre

Elle a pour objet de fournir :
– des documents qui non seulement apportent une information scientifique indispensable, mais aussi proposent des exemples de documents à analyser ;
– des documents utilisables avec des enfants, à l'école élémentaire.

Les textes officiels de l'école primaire

(B.O., hors série, du 14 février 2002)

LES HORAIRES

A. CYCLE DES APPRENTISSAGES FONDAMENTAUX

Domaines	Horaire minimum	Horaire maximum
Maîtrise du langage et de la langue française	9 h	10 h
Vivre ensemble	0 h 30 (débat hebdomadaire)	
Mathématiques	5 h	5 h 30
Découvrir le monde	3 h	3 h 30
Langue étrangère ou régionale	1 h	2 h
Éducation artistique	3 h	
Éducation physique et sportive	3 h	

Activités quotidiennes (*)	Horaire minimal
Lecture et écriture (rédaction ou copie)	2 h 30

(*) les activités quotidiennes de lecture et d'écriture sont mises en œuvre dans les différents domaines disciplinaires ; le temps qui leur est consacré s'inclut donc dans la répartition horaire définie pour ceux-ci.

Article 1 – La durée moyenne de la semaine scolaire des élèves à l'école maternelle et à l'école élémentaire est fixée à vingt-six heures. Les modifications d'horaires liées à l'aménagement de la semaine scolaire ne peuvent avoir pour effet de modifier ni l'équilibre entre les domaines disciplinaires, excepté dans les conditions particulières définies à l'article 3, ni la durée totale annuelle des horaires d'enseignement.

Article 2 – Sous réserve des dispositions prévues aux articles 3, 4, 5 et 6, les horaires d'enseignement à l'école élémentaire sont répartis par domaines disciplinaires comme le montrent les deux tableaux précédents.

B. CYCLE DES APPROFONDISSEMENTS

Domaines	Champs disciplinaires	Horaire minimum	Horaire maximum	Horaire du domaine
Langue française Éducation littéraire et humaine	Littérature (dire, lire, écrire)	4 h 30	5 h 30	12 h
	Observation réfléchie de la langue française (grammaire, conjugaison, orthographe, vocabulaire)	1 h 30	2 h	
	Langue étrangère ou régionale	1 h 30	2 h	
	Histoire et géographie	3 h	3 h 30	
	Vie collective (débat réglé)	0 h 30	0 h 30	
Éducation scientifique	Mathématiques Sciences expérimentales et Technologie	5 h 2 h 30	5 h 30 3 h	8 h
Éducation artistique	Éducation musicale Arts visuels		3 h	3 h
Éducation physique et sportive			3 h	3 h

Domaines transversaux	Horaire
Maîtrise du langage et de la langue française	13 h réparties dans tous les champs disciplinaires dont 2 h quotidiennes pour des activités de lecture et d'écriture
Éducation civique	1 h répartie dans tous les champs disciplinaires 0 h 30 pour le débat hebdomadaire

Article 3 – La répartition des horaires par domaines disciplinaires sur plusieurs semaines et selon des rythmes différents est possible, sous réserve que l'on respecte quotidiennement le temps des activités de lecture et d'écriture et que l'on puisse vérifier périodiquement que l'horaire global par domaine disciplinaire est assuré.

Article 4 – L'horaire moyen consacré aux récréations est de 15 minutes par demi-journée à l'école élémentaire. Cet horaire doit s'imputer de manière équilibrée dans la semaine sur l'ensemble des domaines disciplinaires. À l'école maternelle, le temps des récréations est compris entre 15 et 30 minutes par demi-journée.

A. ÉCOLE MATERNELLE : DÉCOUVRIR LE MONDE

1. Objectifs

À l'école maternelle, l'enfant prend conscience que son expérience immédiate n'épuise pas le champ auquel s'applique sa curiosité. Il découvre la richesse du monde qui l'entoure, les objets comme les êtres vivants.

En jouant, en poussant toujours plus avant ses expériences et ses tâtonnements, l'enfant se constitue un premier capital de connaissances. Il manipule, il observe, il cherche comment utiliser un objet, un instrument. Il s'interroge. Il identifie des réalités, les représente et les nomme. Il distingue les qualités des objets ou des collections d'objets qu'il compare, classe, range, dénombre. Il apprend à conduire ses actions, à en prévoir les résultats, à anticiper les événements et à les expliquer. Il raconte ses expériences, verbalise ses actions, écoute l'enseignant lorsqu'il les commente et dialogue avec lui à leur propos. Il obtient les premières réponses aux nombreuses questions qu'il se pose et devient peu à peu capable de formuler des interrogations plus rationnelles. Il commence ainsi à se confronter aux contraintes de la pensée logique, apprend à utiliser des repères spatiaux et temporels pour structurer ses observations et son expérience, constate qu'on peut relier la cause et l'effet. L'enseignant lui montre qu'il est possible de décentrer son point de vue et il l'aide à se forger un début de pensée rationnelle.

L'école maternelle suscite ainsi toutes les occasions d'une découverte active du monde et en sollicite des représentations. L'enrichissement des connaissances s'appuie sur des expériences vécues mais passe aussi par la découverte de documents (imprimés ou numérisés) grâce à la médiation de l'adulte qui lit, explique, commente les textes comme les images ou les schémas. Dès son plus jeune âge, l'enfant est mis en présence d'un grand nombre d'images, analogiques ou numériques, fixes (photographies, affiches, albums...) ou animées (vidéo, télévision, cinéma...). D'abord sensible aux impressions qu'elles produisent, il apprend à les percevoir aussi comme des documents.

Il dessine, produit, utilise diverses représentations de ses expériences, ainsi que des désignations symboliques. Il élabore des textes qui rendent compte de son activité (dictées à l'adulte). À mesure que ses représentations s'affinent, il utilise un lexique plus précis et acquiert une syntaxe plus complexe mieux adaptée à la description des relations spatiales, temporelles, de causalité, et au cheminement du raisonnement. Ainsi, l'enfant apprend, à se représenter le monde et à construire des connaissances. Comme dans les autres cycles de l'école, la démarche s'articule autour d'un questionnement guidé par le maître et conduit à des investigations menées par les élèves. Issue d'un questionnement provenant le plus souvent de l'activité des enfants, l'investigation menée en maternelle n'est pas conduite uniquement pour elle-même : elle débouche sur des savoir-faire et des connaissances. Même très élémentaires, ces derniers constituent un progrès important pour l'élève.

2. Programme

C'est à l'occasion d'activités globales et, bien entendu, non disciplinaires que l'enseignant guide les enfants dans l'exploration des thèmes décrits ci-dessous. Les rubriques ont été sériées dans le seul but de faciliter la lecture.

a. Découverte sensorielle

Pour qu'il puisse établir des connaissances, il importe d'abord de guider l'enfant vers une toute première analyse de son environnement fondée sur la mise en ordre des perceptions qu'il en reçoit. C'est par l'usage de ses sens que l'enfant reconnaît les objets et les événements qu'il perçoit. L'aider à mieux découvrir le monde, c'est donc enrichir et développer ses aptitudes sensorielles, lui permettre de s'en servir pour distinguer des réalités différentes, les classer ou les ordonner, les décrire grâce au langage.

Dans cette perspective, on lui propose des situations mettant en jeu :
– l'exploration des qualités tactiles : rugueux, lisse, doux, piquant, chaud, froid, etc. ;
– l'exploration tactile des formes et des surfaces, y compris en fermant les yeux ;
– l'exploration des caractéristiques gustatives et olfactives : textures, odeurs, saveurs, etc. ;
– la reconnaissance des éléments du monde sonore, leur reproduction ;
– l'exploration des caractéristiques visuelles des objets : couleurs, intensités, oppositions brillant/terne, clair/sombre.

L'observation des effets de la lumière (jeux de lumière et d'ombres, de miroirs), la déformation de la vision avec des instruments d'optique simples (loupes, lunettes, verres de couleur, tubes...) permettent à l'enfant de percevoir autrement les objets qui l'entourent.

b. Exploration du monde de la matière

Une première appréhension intuitive du concept de matière peut être sous-tendue par la distinction entre les objets et les substances dont ils sont constitués, elles-mêmes caractérisées par leurs propriétés. En agissant sur la matière, l'enfant élabore des représentations. Il peut ainsi s'exercer à modeler, tailler, couper, morceler, mélanger, assembler, fixer, transporter, transvaser, transformer en agissant sur des matériaux nombreux et variés.

Grâce à ces actions, il complète son expérience du monde en découvrant quelques propriétés de matières usuelles comme le bois, la terre, la pierre, le sable, le papier, le carton, le tissu... Il repère des réalités moins visibles comme le vent et ainsi prend conscience de l'existence de l'air.

En rapprochant l'eau du robinet, la pluie, la neige, la glace, il élabore un premier niveau, très modeste, d'abstraction et comprend que ces diverses réalités renvoient à une même substance : l'eau. Il compare des mélanges : sirops, peintures. Cette exploration conduit à des dialogues avec l'enseignant qui permettent de repérer, classer, sérier, désigner les matières, les objets et leurs qualités.

c. Découvrir le monde vivant

Les différents aspects de la découverte du vivant ne peuvent être abordés qu'à partir de mises en situation et d'observation du réel qui répondent à la curiosité des enfants. En maternelle, l'important est qu'ils repèrent et nomment ce qu'ils observent. L'essentiel est de prendre conscience de la diversité du monde vivant et des différents milieux tout en identifiant quelques-unes des caractéristiques communes aux végétaux, aux animaux et à l'enfant lui-même.

• Observation des caractéristiques du vivant

Les jeunes enfants ont des rapports privilégiés avec les animaux. Ainsi, ils découvrent rapidement certaines caractéristiques de la vie : un animal naît, grandit, se reproduit et meurt.

L'observation et la description de la nature, associées à la désignation des plantes et des animaux, sont l'occasion d'aborder les grandes fonctions du vivant : croissance, nutrition, reproduction, locomotion (pour les animaux).

L'organisation, l'entretien et l'observation d'élevages et de cultures constituent un support privilégié de verbalisation et de dialogue, y compris pour les plus jeunes et les plus timides. L'enregistrement écrit des observations (dictée à l'adulte) donne les moyens de mémoriser des connaissances, de structurer les relations spatiales et temporelles, de rendre compte de liens de causalité. Toutes ces expériences sont le support de débats, de tentatives de représentations (par le dessin, la photographie), elles-mêmes à nouveau objets de discussion. C'est au cours de ces échanges avec l'adulte que se construisent un questionnement ordonné, des représentations claires et, finalement, des connaissances.

• Découverte de différents milieux, sensibilisation aux problèmes de l'environnement

Ce n'est que lorsque le milieu proche a été exploré et reconnu qu'il devient possible d'aller à la rencontre de réalités plus complexes. On conduira donc les enfants de la découverte et l'observation de l'environnement proche (la classe, l'école, le quartier...) à celles d'espaces moins familiers (espaces verts, terrains vagues, forêt, étangs, haies, parcs animaliers, campagne, mer, montagne, ville...). La caractérisation de ces différents lieux par leur position (en particulier leur altitude) est possible avec les plus grands. L'observation des constructions humaines (maisons, commerces, monuments, routes, ponts...) suppose le même cheminement. Pour les plus grands, une première approche du paysage comme milieu marqué par l'activité humaine devient possible. On peut comparer, à l'occasion d'une promenade, les paysages rencontrés et leurs représentions photographiques.

Toutes ces situations sont l'occasion d'une initiation concrète à une attitude responsable : respect des lieux, de la vie, entretien des plantations et du jardin scolaire, soins aux animaux, impact de certains comportements sur l'environnement de la classe (lutte contre le gaspillage, tri des déchets pour recyclage, repérage des nuisances). Elles constituent des situations de questionnement sur le monde et sont autant d'occasions de recherche d'informations (grâce à la médiation du maître) dans des documents photographiques imprimés ou numérisés, dans des documentaires, sur des sites internet.

• Découverte du corps et sensibilisation aux problèmes d'hygiène et de santé

La découverte de son corps dans sa globalité et dans ses différentes parties, leur désignation sont source d'intérêt pour le jeune enfant. Chaque jour et de manière très concrète, dans le respect des habitudes culturelles de chacun, on apprend à satisfaire aux règles élémentaires d'hygiène :
– du corps : lavage des mains ;
– des locaux : remise en ordre, maintien de la propreté ;
– de l'alimentation : régularité des repas, composition des menus.

Une information sur l'enfance maltraitée est effectuée chaque année. Une sensibilisation aux questions d'hygiène et de santé permet aux enfants de comprendre la nécessité de respecter l'intimité de chacun, l'intégrité de son corps et de celui des autres.

d. Découvrir le monde des objets, éducation à la sécurité

Les actions sur les objets guidées par le maître ne se réduisent pas à des activités purement manuelles. Elles sollicitent la réflexion de l'enfant et le conduisent à une première appréhension de ce que sont un système et les éléments qui le composent.

L'utilisation d'objets techniques variés dans des situations fonctionnelles (vie de l'école, alimentation et cuisine, communication, jeux...) conduit d'abord à la découverte de leurs usages et au développement de l'habileté de l'utilisateur. Ces situations permettent aussi de tenter de répondre à des questions simples : à quoi servent ces objets ? comment les utiliser ? d'où viennent-ils ? Quelquefois, l'enfant ne peut que mimer ce qu'il ne parvient pas encore à dire. L'enseignant le conduit à préciser ses gestes, à trouver les mots qui les accompagnent, à dire enfin ou à représenter ce qu'il a compris.

L'ambition de ces activités est limitée. L'enfant prend conscience de l'usage de l'objet, de ses différentes parties. Il constate qu'il fonctionne ou non (une analyse méthodique du fonctionnement et des principales pannes est réservée à l'école élémentaire).

La fabrication d'objets contribue tout aussi fortement à cette première découverte du monde technique. La séquence préparée par l'enseignant permet d'articuler projet de réalisation, choix des outils et des matériaux adaptés au projet, actions techniques spécifiques (plier, couper, coller, assembler, actionner...), organisation de l'atelier de fabrication.

On peut ainsi explorer :
– des montages et des démontages (jeux de construction, maquettes...) ;
– des appareils alimentés par des piles comme lampes de poche, jouets, magnétophones, etc. (pour d'évidentes raisons de sécurité, on prend soin de montrer aux enfants comment les distinguer de ceux qui sont alimentés par le secteur) ;
– des objets programmables.

La prise de conscience des risques occupe une place importante dans ce domaine d'activités :
– risques de la rue ou de la route (piétons et véhicules) ;
– risques de l'environnement familier proche (objets dangereux et produits toxiques) ou plus lointain (risques majeurs).

e. Repérages dans l'espace

Se repérer dans différents espaces, s'y déplacer avec ou sans contraintes, représenter des objets localisés, coder un déplacement, utiliser les marques spatiales du langage sont des compétences qui s'acquièrent tout au long de l'école maternelle. Il ne s'agit pas seulement d'apprendre à se situer dans l'espace ordinaire. Se retrouver dans un texte, dans un document, organiser les objets d'une collection pour en maîtriser la quantité, s'assurer qu'aucun n'a été enlevé ou ajouté ou que tous ont été comptés sont autant de savoir-faire qui doivent être construits...

Les situations proposées, les problèmes à résoudre doivent, en particulier, donner à l'enfant la possibilité d'échapper à l'usage exclusif de son propre point de vue et le conduire à pouvoir adopter celui d'autrui. Ce n'est que lorsqu'il est particulièrement à l'aise dans la structuration du monde qui l'entoure et qu'il commence à pouvoir l'expliciter verbalement qu'il lui devient possible de prendre vraiment conscience de la relativité de sa position. Toutefois, il est rare que cela soit achevé dans le temps de l'école maternelle.

Pour le jeune enfant, la possibilité de situer des objets dans l'espace commence par la construction de l'image orientée de son propre corps. Il organise l'univers dans lequel il évolue en distinguant ce qui est devant ou derrière lui, ce qui est au-dessus ou au-dessous de lui, plus difficilement ce qui est à sa droite ou à sa gauche. Il complète ces repérages en opposant ce qui est loin à ce qui est près et en introduisant des descriptions dynamiques pour caractériser ce qui se rapproche de lui ou au contraire s'en éloigne, pour signifier qu'il a atteint le lieu vers lequel il se déplaçait ou qu'il a quitté celui dont il vient... La construction de l'espace propre suppose une manipulation aisée du langage qui permet d'y situer les objets et les personnes ainsi que leurs déplacements (voir « Le langage au cœur des apprentissages »).

La représentation des relations spatiales reste difficile tout au long de l'école maternelle. Elle suppose en effet que l'enfant accepte une autre contrainte, celle de l'orientation de l'espace graphique. Les maquettes sont une étape importante qui précède le dessin. Il convient de multiplier les occasions de jouer avec des représentations (en se souvenant que la production d'une représentation est, dans ce cas, plus aisée que sa lecture) sans pour autant exiger des résultats pérennes.

Les activités mettant en jeu l'espace à l'école maternelle concernent également l'approche du sculpteur ou du plasticien (représentation des volumes et de leurs positions, installations), celle du peintre (représentation de la profondeur par la taille relative des objets, par l'usage des contrastes de couleur...), celle du photographe (cadrage), celle de l'écrivain (description d'espaces réalistes ou imaginaires). Elles sont autant de registres qui peuvent être explorés en liaison avec les domaines d'activités correspondants. Il en est de même pour la découverte, essentiellement par le biais de la littérature de jeunesse, de territoires lointains et inconnus.

f. Le temps qui passe

Le temps du tout-petit est un temps cyclique, caractérisé par le retour régulier d'événements attendus, et l'on sait qu'une rupture dans ces rythmes perturbe immédiatement le jeune enfant. À l'école maternelle, il apprend à maîtriser les cycles de la vie quotidienne en les anticipant ou, au contraire, en se les remémorant. Il apprend les mots qui les désignent et qui peuvent être différents de ceux qu'on utilise dans son milieu familial. Progressivement, il sépare les événements des moments où ils se produisent et parvient à ordonner des activités très différentes les unes des autres, en fonction du moment où elles ont eu lieu.

Cette organisation temporelle de son activité se structure à partir du temps propre, celui de son énonciation, qui pose le « maintenant » et distingue par rapport à cette origine « l'avant » et « l'après » (voir dans le domaine « Le langage au cœur des apprentissages », (§ 3.2). Le présent prend de la consistance lorsqu'il peut devenir un « aujourd'hui » qui permet de distinguer « hier » de « demain ». L'enfant entre par là dans une première appréciation des durées sociales conçues d'abord comme ce qui sépare deux événements attendus (« le jour » est ce qui sépare deux moments où il faut aller dormir, « le matin » ce qui va du lever au déjeuner, « l'après-midi » ce qui va du déjeuner à « l'heure des mamans »...). Progressivement, l'enseignant lui permet d'installer ces moments dans les jalons chronologiques du temps social (succession des moments de la journée, succession des jours de la semaine ou du mois, succession des mois de l'année). Il conduit l'enfant à relier entre eux les différents systèmes de repérage : moments de la journée et heures (une horloge permet, même avec les tout-petits, d'objectiver les durées et les repères sans cesse utilisés par l'adulte), jours de la semaine et alternance des activités scolaires (le calendrier joue ici le même rôle que l'horloge), mois et saisons, mois et vacances...

À l'occasion de chaque activité scolaire, il est important de bien marquer les scansions séparant deux moments identifiés, en les reliant aux systèmes d'organisation du temps propres à la communauté scolaire (emplois du temps, programmation) et à ceux qui sont en usage dans notre société (heure, date...).

Il en est de même pour le temps qui passe. Chaque enfant doit progressivement pouvoir articuler son appréciation subjective des durées (long/court souvent référé à ennuyeux/agréable) avec des repères partageables par la collectivité (durées caractéristiques des rythmes scolaires : demi-matinée, récréation, sieste, lecture d'une histoire), puis durées mesurées par l'horloge.

On comprend l'importance de l'organisation régulière de l'emploi du temps et des rituels qui marquent les passages d'un moment à l'autre.

L'utilisation des instruments de repérage chronologique (calendriers) et de mesure des durées (sabliers, clepsydres, horloges...) est un moyen sûr pour conduire les enfants à une meilleure appréciation du temps. Leur usage régulier (rituels) est nécessaire dès la première année d'école maternelle.

D'une manière générale, il est important de considérer que la structuration du temps et celle de l'espace sont indissociables. Une part importante du sentiment de la distance, par exemple, est liée à la représentation du temps nécessaire pour aller d'un point à un autre et suppose donc que la vitesse soit prise en compte. Pour l'enfant, ces phénomènes fonctionnent longtemps comme des obstacles à une appréhension claire des réalités. Ils font partie des représentations spontanées qui doivent être questionnées en attendant d'être élucidées.

À l'école maternelle, la structuration progressive de la temporalité doit être nourrie par le récit d'événements du passé (ou par le témoignage), mais aussi par la découverte d'objets ou de réalités du passé (patrimoine). Les enfants ont encore de grandes difficultés à distinguer passé proche et passé lointain. L'essentiel reste, en l'occurrence, de leur offrir la possibilité de se donner des représentations de ce qui n'est plus et de commencer à leur permettre de prendre conscience de la différence entre événement passé et événement imaginaire. Ces éléments d'une culture transmise par la voix du maître, par le livre comme par les divers types de médias, seront organisés et structurés à l'école élémentaire.

B. CYCLE 2 (APPRENTISSAGES FONDAMENTAUX) : DÉCOUVRIR LE MONDE

1. Objectifs

À l'école maternelle, l'élève a acquis les premiers rudiments d'une pensée rationnelle en reliant les causes aux effets dans quelques activités choisies, encadrées par l'enseignant. Au cycle des apprentissages fondamentaux, il consolide ses capacités de raisonnement en les appliquant à un champ plus étendu d'expériences.

L'enseignant aide ses élèves à donner une première cohérence aux connaissances qu'ils construisent. Ils prennent ainsi conscience de la permanence de la matière, des critères distinctifs du vivant et du non-vivant. Ils apprennent l'utilisation raisonnée d'objets techniques. L'espace et le temps deviennent des cadres homogènes et explicites dans lesquels ces connaissances peuvent être situées.

Sous la conduite du maître, les élèves apprennent à identifier, au-delà de leur expérience immédiate, des espaces nouveaux et de plus en plus éloignés ; ils prennent conscience de l'existence d'autres époques ; ils découvrent d'autres phénomènes du monde de la matière et du vivant. Ils apprennent à se questionner, à agir de manière réfléchie. Ils manipulent, construisent, observent, comparent, classent, expérimentent. Ils dépassent leurs représentations initiales en prenant l'habitude de les confronter au réel.

Ainsi, ils appréhendent le milieu dans lequel ils vivent et les matériaux qui sont disponibles autour d'eux. Ils s'interrogent et développent leur sens pratique. Le maître leur permet de structurer leur réflexion et leur action au cours de quelques projets de construction ou de fabrication élémentaire, développant leur goût de l'innovation et leur sens de l'invention.

La diversité des réalités humaines dans l'espace et plus encore dans le temps peut déjà être perçue, mais elle ne devient que difficilement objet d'une connaissance formalisée et organisée. À cette étape intermédiaire, la littérature et les arts visuels restent les moyens les plus efficaces de les appréhender. En contrepartie, leur rencontre contribue à l'éducation du regard et de la sensibilité.

Les activités du domaine « Découvrir le monde » soutiennent de nombreux apprentissages transversaux. Elles sont l'occasion, pour les élèves, de confronter leurs idées dans des discussions collectives, de chercher des réponses à leurs questions à la fois sur le réel et dans des documents imprimés ou numérisés, de s'initier à un usage particulier de l'écriture : notation rapide, établissement de listes, voire de tableaux, élaboration avec l'aide du maître d'un écrit documentaire (voir « Maîtrise du langage »).

Comme dans les autres cycles de l'école, la démarche s'articule autour d'un questionnement guidé par le maître et conduit à des investigations menées par les élèves. Issue d'un questionnement provenant le plus souvent de l'observation de l'environnement quotidien, l'investigation menée n'est pas conduite uniquement pour elle-même, elle débouche sur des savoir-faire et des connaissances.

2. Programme

a. De l'espace familier aux espaces lointains

À l'école maternelle, l'élève a pris conscience de l'espace familier qui l'entoure. Au cours du cycle des apprentissages fondamentaux, il apprend à le représenter (en relation avec le travail du dessin). Il découvre d'autres espaces de plus en plus lointains, de la ville ou de la campagne voisine jusqu'aux paysages plus inhabituels pour lui.

Sur un globe terrestre ou sur une carte et avec l'aide du maître, les élèves apprennent à repérer leur région, la France, l'Europe, les autres continents, quelques grands ensembles géographiques.

De même, à partir d'albums, de photographies, de films et d'images numériques, ils décrivent la diversité des milieux et des modes de vie (habitat, nourriture, vêtement, moyens de transport, formes de végétation et de vie animale), en mettant en valeur ressemblances et différences. Le maître leur fait découvrir quelques facteurs de différenciation naturels et humains comme l'influence du relief, du climat et des saisons, ou l'état du développement des sociétés.

Des lectures adaptées à leur âge et l'approche d'œuvres artistiques offrent l'occasion d'enrichir leurs références culturelles dans les domaines concernés. Dans toutes les activités, à l'oral comme à l'écrit, l'enseignant continue à développer et à structurer, comme à l'école maternelle (voir le domaine « Le langage au cœur des apprentissages », dans les programmes de l'école maternelle, § 3.3), les multiples formes d'expression verbale des relations spatiales, en particulier dans le cadre de la description.

b. Le temps qui passe

À cet âge, il ne s'agit pas encore de faire de l'histoire. Dans la continuité de l'exploration des diverses manifestations de la temporalité entamée en maternelle, les élèves accèdent à un usage raisonné des instruments leur permettant de structurer le temps et de mesurer les durées :
– explicitation de la programmation des activités scolaires pendant l'année, de l'emploi du temps hebdomadaire et quotidien ;
– présentation quotidienne des activités de la journée et bilan du travail effectué (par exemple, en faisant participer les élèves à la rédaction du cahier-journal) ;
– utilisation des horloges et du calendrier.

La prise de conscience de réalités ou d'événements du passé et du temps plus ou moins grand qui nous en sépare constitue l'autre pôle de ces activités. Dans ce cas, elles relèvent le plus souvent d'une pédagogie du projet :
– découverte et observation du patrimoine proche (sites ou objets conservés dans la ville ou le village, dans le quartier, dans la famille ou chez des amis) ;
– discussion sur des événements du passé, élaboration d'un questionnement cohérent ;
– initiation simple à la lecture documentaire : recherche de photographies de différentes époques, utilisation de cartes postales d'un même lieu à des époques différentes donnant l'occasion de repérer l'influence des hommes dans la transformation d'un paysage ;
– élaboration collective de documents faisant la synthèse des connaissances construites au cours de la réalisation d'un projet, sous forme manuscrite ou sous forme numérique (réalisation d'un CD, d'une page de site sur la toile…).

Le maître prend soin de choisir des exemples régionaux qui permettent une approche concrète et fournissent les éléments d'une culture nécessaire à la compréhension de l'environnement des élèves. Des ouvrages de littérature de jeunesse ou des documentaires (imprimés ou numérisés) adaptés à l'âge des élèves leur permettent, dans ce domaine aussi, d'enrichir leurs références culturelles.

Dans toutes les activités mettant en jeu le langage, à l'oral et à l'écrit, l'enseignant continue à développer et à structurer, comme à l'école maternelle (voir le domaine « Le langage au cœur des apprentissages », dans les programmes de l'école maternelle, § 3.3), les multiples formes d'expression verbale de la temporalité (en particulier dans le cadre du récit).

c. La matière

Il s'agit, au cycle des apprentissages fondamentaux, de poursuivre la construction de la notion de matière rapidement abordée à l'école maternelle. La permanence de la matière dans la diversité de ses états est, pour l'élève, une caractéristique qu'il accepte dans certains cas particuliers, mais qui ne constitue pas encore une propriété générale. En étendant le champ dans lequel s'exercent ses expériences, on lui fournit les conditions pour que s'élargisse sa compréhension de la conservation de la matière. Cette construction se poursuit au cycle 3 en faisant intervenir plus systématiquement une observation des états gazeux.

Il est possible de conduire les enfants à mieux percevoir la complexité des phénomènes mettant en jeu les transformations d'état de la matière dans quelques situations d'observation ou dans quelques expériences :
– utilisation de thermomètres dans quelques occasions de la vie courante ;
– l'eau dans la vie quotidienne : glace, eau liquide, observation des processus de solidification et de fusion, mis en relation avec des mesures de température ;
– prise de conscience de l'existence de l'air, première manifestation d'une forme de la matière distincte du solide et du liquide (l'étude de la matérialité de l'air et la construction de l'état gazeux sont poursuivies au cycle 3).

d. Le monde du vivant

Comme en maternelle, l'élève observe des manifestations de la vie sur lui-même, sur les animaux et sur les végétaux. Au cycle des apprentissages fondamentaux, il identifie avec plus de précision des caractéristiques communes du vivant.
La découverte de la diversité des êtres vivants et de leurs milieux de vie invite à chercher des critères qui permettent de les classer sommairement, afin de parvenir à une première approche de la classification scientifique. L'éducation à l'environnement, abordée à cette occasion, sera conduite d'une manière plus systématique au cycle 3.

• Les manifestations de la vie chez l'enfant

Il s'agit de faire prendre conscience à l'enfant de certaines caractéristiques de son corps afin d'introduire quelques règles d'hygiène :
– le corps de l'enfant : les cinq sens, les mouvements (rôle du squelette et des articulations), la croissance, les dents, l'alimentation ;
– importance des règles de vie et d'hygiène : habitudes quotidiennes de propreté, d'alimentation, de sommeil.

• Les manifestations de la vie chez les animaux et chez les végétaux

L'objectif est ici de distinguer le vivant du non-vivant par la découverte des grandes fonctions du vivant. On s'appuie sur l'observation d'animaux et de végétaux de l'environnement proche, puis lointain, sur la réalisation d'élevages et de cultures en classe ou dans un jardin d'école :
– naissance, croissance et reproduction (dont l'étude ne sera développée qu'au cycle 3) ;
– nutrition et régimes alimentaires (animaux) ;
– locomotion (animaux) ;
– interactions avec l'environnement.

• Diversité du vivant et diversité des milieux

L'objectif est de commencer à faire percevoir aux élèves la diversité du vivant grâce à l'observation et au classement de différents animaux, végétaux et milieux :
– observation et comparaison des êtres vivants en vue d'établir des classements ;
– élaboration de quelques critères élémentaires de classement, puis approche de la classification scientifique ;
– après une première sensibilisation aux problèmes de l'environnement à l'école maternelle, l'élève prend conscience de la fragilité des équilibres observés dans les milieux de vie.

e. Les objets et les matériaux

L'élève est conduit à une première réflexion sur les objets et les matériaux au travers d'activités permettant leur observation, leur utilisation, et mettant en jeu des constructions guidées par le maître. Quelques réalisations techniques élémentaires permettent d'acquérir des compétences spécifiques et des connaissances dans des domaines variés laissés au choix des enseignants. D'une manière générale, on vise :
– la découverte de quelques objets, de leurs usages et de leur maniement ; les règles de sécurité qu'ils impliquent ;
– des recherches sur l'origine, l'utilisation et le devenir de quelques objets.

Avec les objets utilisant l'électricité, on conduit les élèves à adopter un comportement raisonné face aux risques électriques. La réalisation d'un circuit électrique simple (pile, lampe, interrupteur) permet de construire quelques connaissances élémentaires.

L'analyse de quelques pannes (mécaniques ou électriques) doit permettre la mise en relation de la pensée logique et des comportements pratiques.

La découverte de quelques objets et de leurs usages peut être reliée à la réalisation de maquettes et de constructions : c'est l'occasion de mieux distinguer entre les sources d'énergie et les fonctions d'un appareil, d'approcher les caractéristiques et les usages d'un axe, d'une manivelle...

f. Les technologies de l'information et de la communication (TIC)

Comme à l'école maternelle, les supports multimédias ont tout à fait leur place au cycle des apprentissages fondamentaux. Ils sont un vecteur fécond de l'information dès lors que l'enseignant guide l'élève dans leurs usages. Certes, l'observation du réel et l'action sur celui-ci sont prioritaires (en particulier pour des enfants qui, à cet âge, peuvent s'enfermer dans les univers virtuels des jeux informatiques). Toutefois, les technologies de l'information et de la communication sont des instruments efficaces du travail intellectuel et permettent des représentations de la réalité d'aussi grande qualité que le document imprimé. Elles sont donc comme un complément nécessaire de l'observation directe chaque fois qu'il faut travailler sur des documents ou confronter les résultats obtenus aux savoirs constitués.

Avec l'aide de l'enseignant, les élèves apprennent à utiliser les TIC de façon raisonnée. Les compétences, connaissances et savoir-faire cités dans le Brevet informatique et internet (B2i) font partie du programme du cycle 2. Elles doivent être acquises à la fin du cycle 3, mais, en ce qui concerne le niveau 1, certaines compétences peuvent être validées dès le cycle des apprentissages fondamentaux (voir le programme du cycle 3).

COMPÉTENCES DEVANT ÊTRE ACQUISES EN FIN DE CYCLE

1. Dans le domaine de l'espace

Être capable de :
– se repérer dans son environnement proche, s'orienter, se déplacer ;
– commencer à représenter l'environnement proche ;
– décrire oralement et localiser les différents éléments d'un espace organisé ;
– lire en la comprenant la description d'un paysage, d'un environnement ;
– repérer les éléments étudiés sur des photographies prises de différents points de vue, sur des plans ;
– savoir retrouver le rôle de l'homme dans la transformation d'un paysage ;
– situer les milieux étudiés sur une carte simple ou un globe.

Avoir compris et retenu :
– la position (sur une carte ou sur un globe) de sa région, de la France, de l'Europe et des autres continents ;
– quelques aspects de la diversité des formes de végétation, de la vie animale et des habitats ;
– quelques caractéristiques de son environnement proche.

2. Dans le domaine du temps

Être capable de :
– distinguer le passé récent du passé plus éloigné ;
– identifier une information relative au passé en la situant dans une suite chronologique ;
– fabriquer et utiliser divers types de calendriers et y situer les événements étudiés,
– mesurer et comparer des durées ;
– être curieux des traces du passé et les questionner pour les interpréter avec l'aide du maître.

3. Dans le domaine du vivant

Être capable de :
– observer, identifier et décrire quelques caractéristiques de la vie animale et végétale : naissance et croissance, nutrition, reproduction, locomotion (animaux) ;
– mesurer et observer la croissance de son corps ;
– déterminer et classer quelques animaux et végétaux en fonction de critères morphologiques.

Avoir compris et retenu :
– ce qui distingue le vivant du non vivant en se référant aux manifestations de la vie animale et végétale : croissance, reproduction, besoins nutritifs (aliments, eau), modes de déplacement,
– quelques critères élémentaires de classification,
– quelques caractéristiques du fonctionnement de son corps (croissance, mouvement et squelette, alimentation, dents),
– les différentes caractéristiques des cinq sens,
– quelques règles d'hygiène relatives à la propreté, à l'alimentation et au sommeil.

4. Dans le domaine de la matière, des objets et des techniques de l'information et de la communication

Être capable de :
– utiliser des thermomètres dans quelques situations de la vie courante ;
– mesurer ou comparer des longueurs, des masses de solides et de liquides, des contenances ;
– reconnaître les états solide et liquide de l'eau et leurs manifestations dans divers phénomènes naturels ;
– choisir un outil en fonction de son usage et mener à bien une construction simple ;
– construire un circuit électrique simple (sans dérivation) alimenté par des piles ;
– identifier des pannes dans des dispositifs simples ;
– utiliser quelques fonctions de base d'un ordinateur.

Avoir compris et retenu :
– que l'eau (liquide) et la glace sont deux états d'une même substance ;
– que l'eau est liquide à une température supérieure à 0 degré et solide à une température inférieure à 0 degré ;
– que la matière n'apparaît pas et ne disparaît pas, même si, parfois, elle n'est pas perceptible ;
– l'existence de règles de sécurité pour l'utilisation des objets, écrites ou symbolisées sur certains d'entre eux ;
– les dangers potentiels présentés par l'électricité domestique ;
– que l'ordinateur n'exécute que les consignes qui lui ont été données.

C. CYCLE 3 (APPROFONDISSEMENTS) : SCIENCES EXPÉRIMENTALES ET TECHNOLOGIE

1. Objectifs

L'enseignement des sciences et de la technologie à l'école vise la construction d'une représentation rationnelle de la matière et du vivant par l'observation, puis l'analyse raisonnée de phénomènes qui suscitent la curiosité des élèves. Il prépare ces derniers à s'orienter plus librement dans des sociétés où les objets techniques jouent un rôle majeur et à reconnaître les bienfaits que nous devons à la science.

L'enseignant sélectionne une situation de départ qui focalise la curiosité des élèves, déclenche leurs questions et leur permet d'exprimer leurs idées préalables. Il incite à une formulation précise. Il amène à sélectionner les questions qui se prêtent à une démarche constructive d'investigation débouchant sur la construction des savoir-faire, des connaissances et des repères culturels prévus par les programmes.

Les compétences et les connaissances sont construites dans le cadre d'une méthode qui permet d'articuler questionnement sur le monde et démarche d'investigation. Cette démarche peut recourir à diverses formes de travail :
– expérimentation directe (à privilégier chaque fois qu'elle est possible) conçue et réalisée par les élèves ;
– réalisation matérielle (recherche d'une solution technique) ;
– observation directe ou assistée par un instrument, avec ou sans mesure ;
– recherche sur des documents ;
– enquête et visite.

La confrontation à des ouvrages de référence consolide les connaissances acquises et contribue à l'apprentissage de stratégies de lecture adaptées à la spécificité de ces textes.

La séquence didactique comporte le plus souvent un travail en petits groupes qui donne l'occasion de développer des attitudes d'écoute, de respect, de coopération. L'activité des élèves est la règle et les expériences magistrales sont rares. Des moments de synthèse opérés par le maître n'en sont pas moins indispensables pour donner tout leur sens aux pratiques expérimentales et en dégager les enseignements.

Le renforcement de la maîtrise du langage et de la langue française est un aspect essentiel. Le questionnement et les échanges, la comparaison des résultats obtenus, leur confrontation aux savoirs établis sont autant d'occasions de découvrir les modalités d'un débat réglé visant à produire des connaissances. Tout au long du cycle, les élèves tiennent un carnet d'expériences et d'observations. L'élaboration d'écrits permet de soutenir la réflexion et d'introduire rigueur et précision. L'élève écrit pour lui-même ses observations ou ses expériences. Il écrit aussi pour mettre en forme les résultats acquis (texte de statut scientifique) et les communiquer (texte de statut documentaire). Après avoir été confrontés à la critique de la classe et à celle, décisive, du maître, ces écrits validés prennent le statut de savoirs.

Une initiation à la lecture documentaire en sciences est mise en œuvre lorsque les élèves rencontrent un nouveau type d'écrit scientifique : fiche technique, compte rendu d'expérience, texte explicatif, texte argumentatif, tableau de chiffres…

2. Programme

Le programme comprend des parties précédées d'un astérisque* qui désignent des champs du savoir pouvant, de façon optionnelle, servir de support à des activités d'investigation supplémentaires. Il ne leur correspond pas de connaissances et de compétences exigibles.

Les savoirs scientifiques et leurs niveaux de formulation sont précisés dans les « fiches connaissances » qui seront publiées dans le document d'application.

a. La matière

Le principal objectif est de consolider la connaissance de la matière et de sa conservation :
– états et changements d'état de l'eau ;
– mélanges et solutions ;
– l'air, son caractère pesant ;
– plan horizontal, vertical : intérêt dans quelques dispositifs techniques.

b. Unité et diversité du monde vivant

L'unité du vivant est caractérisée par quelques grands traits communs, sa diversité est illustrée par la mise en évidence de différences conduisant à une première approche des notions de classification, d'espèce et d'évolution :
– les stades du développement d'un être vivant (végétal ou animal) ;
– les conditions de développement des végétaux ;
– les divers modes de reproduction (animale et végétale) : procréation et reproduction non sexuée (bouturage…) ;
– des traces de l'évolution des êtres vivants (quelques fossiles typiques) ;
– grandes étapes de l'histoire de la Terre ; notion d'évolution des êtres vivants.

c. Éducation à l'environnement

L'éducation à l'environnement est transdisciplinaire. En liaison avec l'éducation civique, elle développe une prise de conscience de la complexité de l'environnement et de l'action exercée par les hommes. Elle s'appuie sur une compréhension scientifique pour des choix raisonnés :
– approche écologique à partir de l'environnement proche ;
– rôle et place des êtres vivants ; notions de chaînes et de réseaux alimentaires ;
• adaptation des êtres vivants aux conditions du milieu ;
• trajet et transformations de l'eau dans la nature ;
• la qualité de l'eau.

d. Le corps humain et l'éducation à la santé

L'éducation à la santé est liée à la découverte du fonctionnement du corps en privilégiant les conditions de maintien du corps en bonne santé :
– les mouvements corporels (fonctionnement des articulations et des muscles) ;
– première approche des fonctions de nutrition (digestion, respiration et circulation) ;
– reproduction des humains et éducation à la sexualité ;
– conséquences à court et long terme de notre hygiène ; actions bénéfiques ou nocives de nos comportements (notamment dans l'alimentation) ;
– principes simples de secourisme : porter secours, en identifiant un danger, en effectuant une alerte complète, en installant une personne en position d'attente.

Une information sur l'enfance maltraitée est effectuée chaque année.

e. L'énergie

On ne tente pas au niveau de l'école une véritable introduction du concept scientifique d'énergie :
– exemples simples de sources d'énergie utilisables ;
– consommation et économie d'énergie ;
– notions sur le chauffage solaire.

f. Le ciel et la Terre

L'objectif est en tout premier lieu d'observer méthodiquement les phénomènes les plus quotidiens et d'engager les élèves dans une première démarche de construction d'un modèle scientifique :
– la lumière et les ombres ;
– les points cardinaux et la boussole ;
– le mouvement apparent du Soleil ;
– la durée du jour et son évolution au cours des saisons ;
– la rotation de la Terre sur elle-même et ses conséquences ;
– le système solaire et l'Univers ;
– mesure des durées, unités ;
– manifestations de l'activité de la Terre (volcans, séismes).

g. Monde construit par l'homme

L'élève s'initie, dans le cadre d'une réalisation, à la recherche de solutions techniques, au choix et à l'utilisation raisonnée d'objets et de matériaux :
– circuits électriques alimentés par des piles : conducteurs et isolants ;

quelques montages en série et en dérivation ;
– principes élémentaires de sécurité électrique ;
– leviers et balances ; équilibres ;
– objets mécaniques ; transmission de mouvements.

Un processus de réalisation d'objet technique permet à l'élève d'élaborer une démarche d'observation et de recherche. Cette réalisation peut être, pour l'élève, l'occasion de s'approprier quelques notions scientifiques de base.

h. Les technologies de l'information et de la communication (TIC) dans les sciences expérimentales et la technologie

L'observation du réel et l'action sur celui-ci ont la priorité sur le recours au virtuel. Cette considération n'est pas contradictoire avec l'intérêt des TIC dans le cadre de la recherche documentaire, en complément de l'observation directe ou pour confronter les résultats de l'expérience aux savoirs établis :
– maîtriser les premières bases de la technologie informatique et avoir une approche des principales fonctions d'un ordinateur ;
– adopter une attitude citoyenne face aux informations véhiculées par les outils informatiques ;
– produire, créer, modifier et exploiter un document à l'aide d'un logiciel de traitement de texte ;
– chercher, se documenter au moyen d'un produit multimédia (cédérom, dévédérom, site internet, base de données) ;
– communiquer au moyen d'une messagerie électronique.

COMPÉTENCES DEVANT ÊTRE ACQUISES EN FIN DE CYCLE

Être capable de :
– poser des questions précises et cohérentes à propos d'une situation d'observation ou d'expérience,
– imaginer et réaliser un dispositif expérimental susceptible de répondre aux questions que l'on se pose, en s'appuyant sur des observations, des mesures appropriées ou un schéma ;
– réaliser un montage électrique à partir d'un schéma ;
– utiliser des instruments d'observation et de mesure : double décimètre, loupe, boussole, balance, chronomètre ou horloge, thermomètre ;
– recommencer une expérience en ne modifiant qu'un seul facteur par rapport à l'expérience précédente ;
– mettre en relation des données, en faire une représentation schématique et l'interpréter, mettre en relation des observations réalisées en classe et des savoirs que l'on trouve dans une documentation ;
– participer à la préparation d'une enquête ou d'une visite en élaborant un protocole d'observation ou un questionnaire ;
– rédiger un compte rendu intégrant schéma d'expérience ou dessin d'observation,
– produire, créer, modifier et exploiter un document à l'aide d'un logiciel de traitement de texte ;
– communiquer au moyen d'une messagerie électronique.

Avoir compris et retenu :
– la conservation de la matière dans les changements d'état de l'eau, les mélanges et la dissolution, la matérialité de l'air ;
– des fonctions du vivant qui en marquent l'unité et la diversité : développement et reproduction ;
– les principes élémentaires des fonctions de nutrition et de mouvement à partir de leurs manifestations chez l'homme ;
– une première approche des notions d'espèce et d'évolution ;
– le rôle et la place des vivants dans leur environnement ;
– quelques phénomènes astronomiques : « course du Soleil » ; durée des jours et des nuits ; évolution au cours des saisons (calendrier) ; lien avec la boussole et les points cardinaux ; un petit nombre de modèles simples concernant ces phénomènes ; le système solaire et l'Univers ;
– les principes élémentaires de fonctionnement de circuits électriques simples, de leviers, de balances, de systèmes de transmission du mouvement : quelques utilisations techniques.

Ces compétences et ces notions sont détaillées dans le document d'application.

Pourquoi un enseignement scientifique à l'école ?

Dès leur plus jeune âge, les enfants sont attirés par le monde qui les entoure. Cette curiosité naturelle se développe ensuite de manière très différente selon le milieu familial dans lequel évolue l'enfant.
Si le besoin d'action concrète est nécessaire au développement psychomoteur et intellectuel il est de moins en moins satisfait dans les conditions de vie modernes. Faute d'espace où l'enfant puisse s'ébattre en toute sécurité, la télévision remplace souvent les jeux de plein air. L'enfant regarde au lieu d'agir. Il prend contact avec la nature et le monde dans son ensemble d'une manière passive, abstraite et artificielle. Ainsi il verra une émission sur les manchots de l'Antarctique, mais il n'aura peut-être pas la possibilité de caresser ou d'élever un chaton.
L'école doit s'efforcer de compenser cette carence et d'offrir à chaque enfant les moyens d'exercer son activité sur un matériel sans danger et riche de stimulations.
Les activités de l'école sont irremplaçables même si l'enfant trouve ailleurs des possibilités suffisantes de contact avec les objets et avec la nature. Le cadre scolaire offre :
– le choix d'un matériel adapté ;
– la stimulation par le groupe des « égaux » qui expriment leurs réactions et relancent la recherche ;
– l'animation par un adulte compétent et attentif.
L'enseignement scientifique à l'école vise deux catégories d'objectifs :
– l'acquisition de connaissances scientifiques convenablement choisies ;
– l'acquisition de savoir-faire et le développement de compétences.

A - L'acquisition d'un premier capital de connaissances

Les activités proposées à l'école ne visent pas seulement l'acquisition de savoir-faire et le développement de compétences. Elles permettent aussi la construction d'un premier niveau de représentations objectives du vivant, de la matière… par l'observation puis l'analyse raisonnée de phénomènes qui ne manquent pas de susciter la curiosité des élèves. Elles contribuent ainsi au développement de la culture scientifique qui est l'un des enjeux majeurs pour notre société comme pour chacun de ses citoyens.
Dans le projet proposé par le groupe d'experts, pour les nouveaux programmes de l'école primaire on peut lire : « *La science familiarise l'élève à un monde régi par des lois et, de surcroît, profondément marqué par la technique : elle le forme à saisir des relations de cause à effet, des propriétés, des constantes, mais aussi les fonctions d'objets bien définis ou l'utilité de calcul précis, de montages raisonnés. Sans prétendre approfondir toutes les questions abordées, on amène les élèves à les envisager dans un esprit rationnel et curieux qui, prenant ses distances avec la pensée magique, cherche à les restituer dans un cadre d'intelligibilité (au sein des lois de la nature ou des effets que l'homme en tire). Cette attitude n'implique aucune "froideur" : elle est à l'origine d'une autre forme, moins naïve, d'émerveillement face à la force, à la beauté et à la subtilité des processus naturels.* »

1 - Pourquoi un programme de sujets d'étude ?

L'enseignant ne peut traiter n'importe quel sujet scientifique ; il doit respecter les programmes. Cependant, il a une certaine liberté et peut choisir l'ordre dans lequel il aborde les divers points du programme.

a) Un même capital de connaissances

Le programme officiel de sujets permet d'assurer l'égalité des chances pour tous les élèves : quel que soit leur lieu d'habitation, leur environnement social, leur milieu familial…, les connaissances à acquérir sont les mêmes.

Deux remarques importantes :
– Les programmes étant des programmes de cycle, une grande liberté est laissée aux enseignants pour répartir les sujets d'étude entre les différentes classes. Cependant, dans l'esprit du législateur, sans prétendre approfondir toutes les questions du programme, l'ensemble des sujets du cycle 3 doivent avoir été vus à la fin du CM2.
– Les sujets proposés dans les programmes ne sont pas quelconques. Ils concernent le fonctionnement du corps, l'environnement, le fonctionnement du monde vivant et sa diversité... Leur choix permet de donner du monde vivant une vue cohérente.

b) On n'apprend pas n'importe quoi

À une époque où les progrès des connaissances dans le domaine scientifique vont à un rythme sans précédent dans l'histoire de l'humanité, une question se pose : que faut-il apprendre ? La réponse est simple : on n'apprend pas n'importe quoi, on ne remplit pas la tête d'un enfant d'informations inutiles. On cherche à développer sa capacité d'argumentation et de raisonnement et son appropriation progressive des concepts scientifiques. Cette construction d'un premier niveau de connaissances se fait d'abord en réponse aux questions que les enfants se posent sur le monde, mais elle est nécessairement complétée par des connaissances qui structurent ses propres représentations.

c) Quelques exemples

Voici, à travers quelques exemples, quelles sont les connaissances visées lorsqu'on réalise des activités précises.

1er exemple : la sensibilité auditive

• **Activité :** À la demande de l'enseignant, les enfants d'une moyenne section de maternelle ferment les yeux et écoutent pendant une minute environ. Ils sont ensuite invités à raconter ce qu'ils ont entendu : une voiture qui passe dans la rue, un livre qui est tombé, des pas dans le couloir...

• **Connaissance visée :** L'oreille fournit des informations non seulement sur ce qui se passe dans la pièce (et que l'on pourrait voir), mais aussi sur ce qui se passe à l'extérieur (et qu'on ne voit pas).

2e exemple : l'exploration d'un milieu

• **Activité :** Des enfants de Cours Préparatoire font une sortie en forêt. Après l'exploration libre d'un espace restreint et bien balisé, l'enseignant regroupe les enfants et leur demande de raconter ce qu'ils ont découvert, ce qu'ils ont ressenti, s'ils ont vu des animaux... Certains répondent négativement à cette dernière question, d'autres ont vu un escargot, des fourmis. On décide de rechercher des animaux en observant bien l'endroit où on les trouve et ce qu'ils font. Le même travail est ensuite entrepris sur les différents types de végétaux de la forêt.

• **Connaissance visée :** Dans un milieu (forêt, pairie, étang...) vivent plusieurs espèces d'animaux et de végétaux. Des relations variées s'établissent entre ces êtres vivants.
Dans les classes suivantes, ces relations seront approfondies. Par exemple, à partir des animaux et de ce qu'ils mangent, on pourra étudier les relations alimentaires, écrire des chaînes alimentaires, réfléchir à l'importance des végétaux pour la nutrition des animaux.

3e exemple : le vol des oiseaux

• **Activité :** Les enfants ont passé un long moment dans la cour à regarder des oiseaux voler dans le ciel avant de faire les « oiseaux » et de mimer le mouvement de leurs ailes pendant le vol. Dans le ciel, certains oiseaux volent avec aisance en vol plané (ailes tendues, sans battements). D'autres battent des ailes sans arrêt, à un rythme plus ou moins rapide. D'autres mêlent les deux types de vol.

• **Connaissances visées :**
– Le vol est un mode de déplacement très rapide (en quelques secondes un moineau s'envole devant vous et se retrouve au sommet d'un arbre).
– Tous les oiseaux ont des ailes.
– Les ailes des oiseaux sont les membres « avant » (antérieurs) de ces animaux à quatre membres (deux bras, ou ailes, et deux pattes).

Remarque : Quand un enfant mime un oiseau en vol, il bat des ailes « avec ses bras ».

4e exemple : les graines

• **Activité :** Les enfants ont semé des graines de pois, de lentille, de maïs, de fève. Ils ont vu naître des plantes sous leurs yeux. Ils ont constaté que les plantes de même espèce se ressemblent entre elles et sont différentes des autres espèces.

• **Connaissance visée :** Une graine qui germe donne naissance à une plante (et une seule). Toutes les graines de pois donnent des plantes identiques (des pieds de pois) différentes des autres plantes (notion implicite d'espèce).

5e exemple : les relations alimentaires

• **Activité :** Comment écrire cette histoire : un escargot mange une laitue, puis il rencontre un hérisson affamé qui le dévore.
Parmi toutes les propositions de codage possibles, citez celle des scientifiques :

laitue → escargot → hérisson

(la flèche signifiant « est mangé par »). Les scientifiques nomment cette représentation « chaîne alimentaire ».
On peut coder de la même façon d'autres histoires. Par exemple, une chenille dévore une feuille. Quelques heures plus tard, une mésange mange la chenille.

• **Connaissances visées :** Ce qu'il est important de savoir, ce ne sont pas les mots : chaîne alimentaire, maillon, réseau alimentaire… mais de découvrir que toutes ces histoires débutent par un végétal. Autrement dit, tous les animaux, à la surface de la Terre, dépendent (directement ou indirectement) des végétaux pour se nourrir. Sans végétaux, aucune vie animale n'est possible.

Cet exemple est proposé pour illustrer ce qu'on entend par « connaissance fondamentale », c'est-à-dire une connaissance qui, associée à d'autres, permet de comprendre le fonctionnement du monde vivant.

6e exemple : les dents

• **Activité :** L'observation de radiographies de dents humaines permet aux enfants de faire de nombreuses découvertes.

• **Connaissance visée :** Les dents, organes très durs plantés dans l'os des mâchoires, sont vivantes. Elles peuvent mourir si on n'en prend pas soin correctement.

7e exemple : que mangeons-nous ?

• **Activité :** Réaliser l'inventaire des aliments consommés par les humains.

• **Connaissance visée :** en dépit d'une grande diversité apparente, nos aliments proviennent soit des animaux soit des plantes.

8e exemple : la digestion

• **Activité :** observations et expériences simples sur la digestion des aliments.

• **Connaissance visée :** au cours de leur trajet dans le tube digestif, les aliments insolubles (viande, pomme de terre, pain…) deviennent solubles ; ils passent alors dans le sang qui les distribue à tous les organes du corps.

2 - La lente construction des concepts généraux

Les concepts généraux commencent à se construire dès l'école maternelle. Leur construction est l'aboutissement d'un long processus intellectuel, qui se développe pendant toute la scolarité et au-delà.

– **L'installation d'un élevage dans la classe** permet de dégager des notions simples mais fondamentales : un animal naît, grandit, devient adulte, se reproduit et meurt. Tous les animaux ont une durée de vie limitée : 3 ans pour un lapin, 12 ans pour un chat, quelques minutes pour certains micro-organismes… mais tous les animaux se reproduisent en donnant naissance à des êtres vivants de la même espèce. Ainsi les animaux se renouvellent au cours du temps.

– **La réalisation de semis dans cette même classe** (semis de graines de pois par exemple) permet de voir germer des graines, grandir des plantes qui fleurissent et donnent des gousses qui contiennent des graines. Les plantes finissent par mourir.

Toutes les plantes naissent, grandissent, se reproduisent et meurent. Leur durée de vie est limitée, et variable selon les espèces : quelques semaines pour le pois, 250 ans pour le chêne…

– **Comparer les deux exemples précédents** est indispensable afin de dégager un aspect fondamental du fonctionnement du monde vivant.

Chez les animaux il faut un mâle et une femelle pour avoir des petits. L'analyse de documents appropriés, des observations dans les élevages, des informations fournies par l'enseignant permettent de l'affirmer. Dans la reproduction sexuée, le nouvel être vivant provient du développement d'un œuf. L'œuf provient de l'union d'un ovule produit par la femelle et d'un spermatozoïde produit par le mâle. En apparence, chez les plantes (pour le pois pris ici en exemple), on a certes vu que ce sont les fleurs qui devenaient les gousses remplies de graines, mais il n'est pas question d'imaginer l'existence d'une fécondation.

En fait, l'enseignant, au cycle 3, doit proposer un document simple qui permet de comparer la reproduction d'un animal à celle d'une plante. L'embryon que l'on peut observer dans une graine provient du développement d'un œuf microscopique qui résulte lui-même de l'union d'un ovule et d'un spermatozoïde. Assurer la cohérence de l'enseignement, c'est donner aux enfants la possibilité de faire des comparaisons et de dégager peu à peu la notion **d'unité du monde vivant**.

– **La mise en évidence de l'existence de l'air** fournit un autre exemple.

L'existence de l'air n'est pas spontanément perçue par les enfants. Voyons comment des activités peuvent les aider.

L'eau est un liquide incolore. Pourtant, s'il y a de l'eau dans un verre, on la voit. Si l'eau est colorée par un peu de sirop de grenadine ou de menthe verte, elle est encore plus visible. Si un caillou ou des grains de sable sont posés sur une table, on les voit, quelle que soit leur couleur. Ces matières visibles sont à l'état liquide pour l'eau, à l'état solide pour le caillou, les grains de sable, le verre (qui contient l'eau)… L'air n'est ni un liquide, ni un solide ; c'est un gaz, et, de plus, un gaz invisible.

Dire à un enfant « cette bouteille « vide » n'est pas vide : elle est pleine d'air », est une affirmation exacte, mais elle représente peu de chose pour lui en dépit de sa bonne volonté. **La prise de conscience de l'existence de l'air** est pourtant obligatoire pour la construction de nombreux concepts indispensables à la « compréhension du monde ». Alors, continuons…

L'air peut se déplacer : le vent est de **l'air en mouvement**. L'air peut se transvaser : c'est de **la matière**. L'air ne disparaît pas : on pourrait croire parfois qu'il disparaît d'un lieu ; c'est qu'il s'est déplacé dans un autre lieu. On peut remplir d'air un sac en plastique dans la classe, dans la cour, dans un placard : il y a de **l'air partout** autour de nous. On peut **attraper de l'air, le transporter, le conserver, le transvaser**. L'air est de la matière, une matière ni solide, ni liquide ; on parle d'état gazeux, l'air est un gaz. **L'état gazeux** est un nouvel état de la matière beaucoup plus difficile à se représenter que l'état liquide. L'étude de la matérialité de l'air et la prise de conscience de ce qu'est l'état gazeux se poursuivront aux cycles 2 et 3.

B - Le développement des compétences et l'acquisition des savoir-faire

Les activités scientifiques ne visent pas seulement une acquisition de connaissances. Elles doivent développer chez les enfants un certain nombre de savoir faire. Par exemple :
– « lire » un schéma ;
– réaliser un schéma ;
– faire un dessin d'observation ;
– élaborer un compte rendu écrit ;
– interpréter un graphique, un tableau, un diagramme ;
– présenter des données sous forme de tableaux ou de graphiques ;
– lire un texte scientifique simple ;
– comprendre une situation expérimentale et discuter de sa validité ;
– concevoir une expérience ;
– formuler, à propos d'un problème simple, une ou des hypothèses plausibles permettant de le résoudre ;
– mettre en relation logique des éléments entre eux ;
– communiquer oralement ;
– différencier l'essentiel de l'accessoire ;
– rédiger un résumé, faire une synthèse ;
– conduire un élevage, une culture ;
– réaliser l'observation continue d'un phénomène ;
– utiliser un ouvrage présentant des clés de détermination…

Les activités scientifiques sont par ailleurs des activités privilégiées pour développer certaines comportements : créativité, responsabilité, autonomie, sociabilité, esprit critique, objectivité, confiance en soi…

Pour développer les savoir-faire et les savoir-être que nous venons de citer, il est évident que la bonne volonté de l'enseignant ne suffit pas. L'enfant construit sa personnalité et développe sa pensée à partir de l'action. Cela suppose que :
– il soit intellectuellement actif ;
– il soit en situation d'autonomie et puisse prendre des responsabilités ;
– il ait des occasions de s'étonner, de s'interroger, d'imaginer des hypothèses, de chercher des éléments de réponse… c'est-à-dire d'élaborer une démarche de pensée rationnelle, applicable à des situations diverses ;
– il coordonne son activité avec celle d'autrui par le travail en équipe, par la communication et les échanges.

En d'autres termes, l'activité de l'enfant ne doit pas se limiter à écouter passivement la « leçon » du maître. L'enseignement ne peut se réduire à des cours dogmatiques ; il doit mettre en œuvre une démarche pédagogique qui rende les élèves actifs, qui les place dans des situations de recherche favorables à leur développement, qui favorise le travail autonome, les communications entre enfants, et permette de modifier le climat de la classe en établissant de nouvelles relations entre maître et élèves.

Comment enseigner les sciences expérimentales à l'école ?

Les activités scientifiques réalisées à l'école primaire (école maternelle et école élémentaire) ne visent pas seulement l'acquisition d'un premier capital de connaissances, mais cherchent à développer chez les enfants des ***compétences*** *et des* ***savoir-faire*** *(aptitude à raisonner, développement de l'esprit critique, éveil de la curiosité, envie de comprendre...). Ces qualités ne peuvent s'acquérir qu'à la condition de mettre les élèves en situation de recherche, individuelle ou en groupe. La démarche proposée, appelée « démarche d'investigation », permet aux élèves de participer à la construction de leur propre savoir et développe des qualités intellectuelles importantes.*
Dans les pages qui suivent, nous présenterons la démarche d'investigation proposée par les textes officiels.
En effet, ces derniers ne définissent pas seulement une liste de sujets d'étude ou de connaissances à acquérir ; ils décrivent aussi, de façon très précise, la démarche que doit suivre l'enseignant. Dans cette démarche, le rôle de l'enseignant est primordial et ses interventions indispensables pour diriger les enfants vers les objectifs visés.

La démarche d'investigation

Les données de la psychologie et la connaissance des processus d'apprentissage montrent que **l'enfant n'apprend qu'en agissant physiquement et intellectuellement**. L'assimilation de nouvelles connaissances et, surtout, le développement des fonctions intellectuelles exigent **une activité personnelle** du sujet, **un effort de la pensée** appliquée à la résolution d'un problème. Il apparaît de plus en plus clairement que l'école doit faire une large place **au travail autonome, individuel et de groupe**.

Il faut aussi que l'enfant puisse **confronter ses découvertes, hypothèses, interprétations**, avec celles des autres. En effet, la communication au sein d'un groupe provoque une puissante motivation affective à la recherche. De plus, la confrontation avec les autres aide chaque enfant à dépasser l'égocentrisme primitif et à adopter une attitude objective : respect d'autrui, goût de la preuve, acquisition du sens de la relativité...

Comment concilier les deux exigences : activité personnelle de chaque enfant et étroite communication entre tous les élèves ?

Le plus souvent, au cours d'une séquence de classe, l'enseignant fait **alterner les moments de travail autonome et les phases de bilans collectifs**. Au cours de ces bilans, l'intervention de l'enseignant est très importante : il favorise les communications entre enfants, facilite la formulation des synthèses partielles et de questions opératoires, aide à la formulation des synthèses finales.

A - Présentation de la démarche

Les lignes qui suivent sont en grande partie extraites d'un document du Ministère de l'Éducation Nationale : le projet proposé par le groupe d'experts lors de la consultation sur les nouveaux programmes de l'école primaire en 2002.

Cette démarche est, dans ses grandes lignes, la même pour l'ensemble de l'école primaire (maternelle et élémentaire). Mais il est évident que les sujets d'étude et surtout la manière de formuler le questionnement et le niveau d'élaboration des réponses différera en fonction des connaissances déjà acquises et du niveau de conceptualisation atteint : à l'école maternelle, on privilégiera les expériences sensorielles et l'envie de comprendre. Dès la petite section, on favorise l'étonnement et la curiosité, le plaisir de découvrir, et on conduit les enfants à se constituer un stock d'exemples pertinents pour permettre la construction progressive de concepts scientifiques de plus en plus élaborés au cours de la scolarité.

1 - Du questionnement à la connaissance

• **L'enseignant sélectionne ou met en place une situation de départ** qui suscite la curiosité des élèves et déclenche leurs remarques et questions. Il prend en compte leurs idées préalables.

L'exploitation du questionnement nécessite un travail de reformulation, tant du point de vue de l'expression française que de celui du contenu précis de la question. L'enseignant joue à ce niveau un rôle de filtre : il guide la classe vers l'exploitation des questions que l'on peut qualifier de « productives », qui satisfont à deux critères :

– elles débouchent sur des expériences, des réalisations ou des observations réalisables avec les moyens locaux et complétées, le cas échéant, par une recherche documentaire pour laquelle la classe dispose des ressources accessibles au niveau des élèves ;

– elles conduisent, à la suite de l'étude précédente, à une connaissance nouvelle, comprise dans les objectifs du programme, assimilable par les élèves, dont l'accord avec le savoir constitué est assuré.

• **Les questions des élèves ne peuvent pas être le seul point de départ possible** pour une activité scientifique. D'une part, les élèves ne vont pas imaginer tous les problèmes pertinents prévus par les instructions officielles. D'autre part les programmations de l'enseignant ne peuvent pas être en permanence bouleversées par tel problème évoqué par tel élève. En revanche, il est important d'être attentif aux deux aspects suivants :

– Une question étant retenue, qu'elle vienne de l'enseignant ou d'un élève, l'enseignant doit mettre en œuvre la stratégie et le matériel nécessaires pour que toute la classe se l'approprie. Poser un problème, donner aux élèves le temps d'y réfléchir, individuellement puis par petits groupes, confronter les hypothèses, mettre en relief les désaccords, crée une dynamique de classe. Le problème devient alors celui des élèves. Les désaccords sont source de motivation.

– Une fois la classe engagée dans une problématique, toutes les questions qui surgissent, en lien avec le sujet traité, sont importantes à relever et méritent d'être traitées dans la mesure précisée plus haut.

2 - L'activité d'investigation

Chaque fois que c'est possible, il faut privilégier les démarches qui fondent les acquis sur « *une phase d'investigation suscitée par l'enseignant, mais réalisée par les élèves* », avec son aide, à partir de leurs interrogations et représentations préalables. C'est pourquoi, la présentation des objectifs du cycle, en terme de connaissances et de compétences, est complétée par des recommandations touchant la conduite des activités scientifiques.

La séquence didactique comporte le plus souvent des **observations** et des **expériences** menées par les élèves eux-mêmes. Des moments de synthèse opérés par l'enseignant n'en sont pas moins indispensables pour donner tout leur sens aux pratiques expérimentales et en dégager les enseignements.

Certaines parties du programme ne se prêtant pas aisément à des activités expérimentales, l'observation et la recherche documentaire ont leur place dans une démarche d'investigation.

L'aller et retour constant entre réalité et réflexion intellectuelle – ce qui est le propre de toute recherche – entraîne l'élève à établir des liens méthodiques entre son expérience personnelle et les connaissances scolaires. Par la remise en cause des certitudes acquises ou des préjugés au contact de l'évidence expérimentale, il illustre l'efficacité d'une approche empirique et raisonnée des faits. Par les relations qu'il établit, les propriétés ou les lois qu'il révèle, il donne aux élèves les repères pour aborder dans leur spécificité chacune des grandes disciplines scientifiques. Ce travail de construction intellectuelle trouve ses bases dès l'école maternelle dans les activités de découverte du monde et dans le goût de savoir que cette école développe chez les enfants dès l'âge de deux ou trois ans. Il se poursuit tout au long de la scolarité élémentaire.

B - Les étapes de la démarche d'investigation

La démarche d'enseignement des sciences est globalement la même non seulement à tous les niveaux de l'école primaire (école maternelle + école élémentaire) mais également au collège. Dans la continuité de l'école primaire, les programmes du collège privilégient, pour les disciplines scientifiques, une démarche d'investigation. Cette démarche n'est pas unique ; elle n'est pas non plus exclusive et tous les sujets d'étude ne se prêtent pas également à sa mise en œuvre. Il appartient au professeur de déterminer les sujets qui feront l'objet d'un exposé et ceux pour lesquels la mise en œuvre d'une démarche d'investigation est pertinente.

Les sept étapes de la démarche. Par commodité de présentation, sept moments essentiels sont identifiés par les textes officiels. L'ordre dans lequel ils se succèdent ne constitue pas une trame à adopter de manière linéaire. En fonction des sujets, un aller et retour entre ces moments est tout à fait souhaitable, et le temps consacré à chacun doit être adapté au projet pédagogique de l'enseignant.

1 - Le choix par le professeur de la situation de départ

L'enseignant présente une situation de départ qui suscite la curiosité des élèves et déclenche leurs questions. Cette présentation a beaucoup d'importance pour créer la motivation des élèves et doit être préparée avec soin.

2 - Le recueil des conceptions premières et la formulation du problème

L'enseignant favorise au maximum l'expression par les enfants de leurs représentations mentales (conceptions premières).

Pour cela, il utilise le ou les moyens les mieux adaptés :
– réaliser un dessin ou un schéma ;
– mettre les élèves en situation de confronter leur conception avec celle des autres ;
– partir d'un schéma ou d'une photographie et demander aux élèves d'en faire un commentaire…

Trois objectifs sont poursuivis au cours de cette mise en commun des conceptions premières :
– l'enseignant dispose d'informations sur l'état des connaissances de ses élèves, sur les obstacles à l'apprentissage, sur les difficultés à surmonter ;
– les élèves (ou tout au moins certains d'entre eux) commencent à réorganiser leurs connaissances ; la confrontation peut en effet provoquer une déstabilisation propice à une remise en cause ;
– les élèves entrent dans un sujet de préoccupation qui, au départ, n'est pas le leur. Il y a appropriation du problème par les élèves.

Cette étape qui comprend toujours un débat organisé par l'enseignant permet de sélectionner un problème scientifique.

Les textes officiels précisent à ce sujet : le questionnement, guidé par l'enseignant, conduit à des investigations menées par les élèves.
« *C'est à partir de la situation de départ proposée aux enfants par l'enseignant, sous forme de questions/défis, au début de chaque séance que ceux-ci vont découvrir des questions qu'ils ne se seraient pas posées sans ces situations, et à partir desquelles, après reformulation, vont pouvoir émerger des problèmes dont la résolution constitue pour eux l'enjeu de la séance* » (extrait de « Enseigner les sciences à l'école » CNDP - Document d'accompagnement des programmes).

Il est important de souligner que l'émergence des conceptions initiales des élèves, la confrontation de leurs éventuelles divergences favorisent grandement l'appropriation du problème à résoudre.

3 - La formulation d'hypothèses et la conception de l'investigation

À propos du sujet, la classe formule une ou plusieurs questions qui deviennent le support du travail qui suit. Les élèves proposent ensuite une ou plusieurs hypothèses (c'est-à-dire des réponses possibles à la situation de départ).

Ils choisissent les outils et les méthodes d'exploration.

4 - L'investigation conduite par les élèves (la résolution du problème)

Grâce aux suggestions de l'enseignant, l'investigation peut recourir à diverses formes de travail :
– expérimentation directe, à privilégier chaque fois qu'elle est possible ;
– réalisation matérielle (recherche d'une solution technique) ;
– observation, directe ou assistée par un instrument, avec ou sans mesure ;
– recherche sur documents ;
– enquête et visite.

La complémentarité entre ces méthodes d'accès à la connaissance est à équilibrer en fonction du sujet d'étude et de l'âge des élèves.

5 - La confrontation des résultats des différents groupes

C'est un moment capital de la démarche. En effet, la situation est la suivante : les enfants avaient un problème à résoudre et ont (par groupe de 4 élèves par exemple) cherché la solution à ce problème. Ils ont ensuite présenté celle-ci sous une forme visible par l'ensemble de la classe (schéma, série de dessins, texte, exposition…). Lorsque les différents groupes affichent leur « production », les enfants ont sous les yeux une diversité de propositions pour la solution du problème posé. Ceci est très important : chaque enfant va s'enrichir de la réflexion des autres. Cette confrontation des propositions, des arguments, est essentielle.

6 - La structuration des connaissances

L'enseignement des sciences doit permettre aux élèves de participer à la construction de leur propre savoir. Chaque activité d'investigation doit donc amener les élèves à s'approprier des connaissances nouvelles.

L'acquisition des connaissances et leur structuration débouchent généralement sur des productions destinées à la communication des réponses aux questions initiales (textes, schémas, maquettes…). Ces traces constituent une mémoire du travail collectif. Elles peuvent être constituées de productions individuelles, de photographies, d'une phrase de synthèse élaborée avec les enfants… Elles sont affichées ou réunies dans un album qui, placé dans le coin bibliothèque de la classe, peut être feuilleté librement ou servir d'appui à un nouveau travail collectif. Elles peuvent également figurer dans le cahier personnel de l'élève. Ainsi, la trace de semis réalisés en début d'année pourra être reprise au printemps lors de nouvelles plantations pour permettre des comparaisons utiles ou des observations plus précises.

La démarche d'investigation en Sciences expérimentales et Technologie

*Les nouveaux programmes (2002) ne se limitent pas à publier une liste de sujets mais proposent une démarche appelée **démarche d'investigation**.*

Cette démarche est globalement la même à tous les niveaux de l'école. Elle est présentée dans les textes officiels en 7 étapes successives.

Pour illustrer ces propos théoriques et mieux les comprendre, voir les exemples concrets p. 22 à 26.

1 Situation de départ

Le choix de cette situation est la responsabilité de l'enseignant. Par sa proposition, il suscite la curiosité des élèves.

2 Recueil des conceptions premières et formulation du problème

- Les élèves expriment par écrit et/ou oralement leurs représentations à ce stade de l'étude.
- La mise en commun des représentations fait apparaître des divergences. Ce débat, organisé par l'enseignant, permet de sélectionner un problème scientifique.

3 Formulation d'hypothèses et conception de l'investigation

- La classe formalise une ou deux questions qui vont être le support du travail exploratoire.
- Les élèves définissent les pistes d'exploration, choisissent les outils et les méthodes.

4 L'investigation conduite par les élèves

Selon les sujets, l'investigation recourt à l'une ou l'autre des formes de travail.

Expérimentation directe conçue et réalisée par les élèves.	Réalisation matérielle (recherche d'une solution technique).	Observation directe.	Recherche sur documents.	Enquêtes et visites.

5 Confrontation des résultats des différents groupes

L'enseignant organise la confrontation des résultats qui débouche sur la formulation d'une connaissance provisoire propre à la classe.

6 Structuration des connaissances et confrontation des résultats au « savoir savant »

- Les élèves, avec l'aide de l'enseignant, mettent en forme la trace écrite.
- L'enseignant propose aux élèves de confronter leurs résultats au savoir établi (manuel par exemple).

7 Évaluation

Une étape importante qui peut prendre différentes formes.

Des adaptations de la démarche d'investigation

La démarche d'investigation présentée ci-contre peut paraître contraignante, voire lassante, et amener certains professeurs à abandonner un enseignement scientifique particulièrement formateur pour les élèves. Il faut donc dire clairement que ce qui importe c'est que les élèves travaillent activement et qu'ils prennent plaisir à chercher la solution du problème qui leur est posé, même si, pour des raisons diverses, l'enseignant a adapté la démarche en abandonnant certaines étapes. Voici un exemple : ***Quel est le bois le plus dur ? le bois le moins dur ?***

I (1) + (2) + (3)

L'enseignant présente une situation de départ qui suscite la curiosité des élèves. Un problème est posé.

Au cours d'un travail sur la forêt et les diverses utilisations du bois, des élèves de CM (par groupe de 4) disposent d'un sachet contenant 5 ou 6 morceaux de bois d'espèces différentes (chêne, sapin, teck, peuplier...), d'une pointe métallique et de papier de verre. Les enfants doivent chercher les ressemblances et les différences entre les morceaux de bois.

Après cette phase de travail autonome, un bilan collectif est organisé. Les enfants font remarquer que les morceaux de bois n'ont pas tous la même couleur, que certains semblent plus lourds que d'autres, que certains sont plus durs que d'autres (on peut rayer plus ou moins facilement avec la pointe métallique). L'aspect dureté est intéressant.

Peut-on ranger ces différentes espèces de bois du plus dur au moins dur ?

C'est le problème à résoudre.

▼

II (4)

Activité des élèves qui cherchent les moyens de répondre au problème posé et manipulent activement. Cette recherche débouche sur une production.

Cette consigne du maître déclenche une dizaine de minutes de recherche autonome très active : les enfants ont un problème précis à résoudre ensemble.

Pour y parvenir, ils vont, au sein de chaque groupe, inventer des méthodes et les appliquer dans une manipulation effective.

Les résultats sont présentés par écrit à la convenance des élèves.

La diversité des présentations permettra une discussion intéressante.

▼

III (5)

Confrontation des « productions » permettant de formuler les notions essentielles.

Il y a presque toujours des divergences dans les résultats. Pourquoi tous les groupes n'ont-ils pas trouvé la même chose ? Quelles méthodes pourrait-on employer pour apprécier avec plus de précision la dureté du bois ?

Cette question déclenche une nouvelle recherche en groupes.

Au cours d'une nouvelle mise en commun, diverses propositions sont discutées puis mises à l'épreuve.

Dans cet exemple, l'essentiel est d'avoir ressenti la nécessité d'utiliser des méthodes précises et d'en avoir cherché.

▼

IV (6)

Élaboration des traces écrites (structuration des connaissances).

Dans l'exemple choisi ici les connaissances acquises concernent les qualités des différents bois produits par des espèces d'arbres différentes. En revanche les compétences méthodologiques développées sont importantes : entraîner au tâtonnement, mettre au point des méthodes, développer l'esprit critique...

L'enseignant peut aussi proposer aux élèves de confronter le résultat de leur synthèse au « savoir établi » (ou « savoir savant ») dans la perspective de la généralisation d'une connaissance ou d'un savoir faire. Dans tous les cas, les élèves, avec l'aide de l'enseignant, mettent alors en forme une **trace écrite** des nouvelles connaissances acquises.

7 - L'évaluation

L'évaluation donne la possibilité aux élèves de repérer leurs progrès ou d'identifier leurs « manques ». L'évaluation se prévoit à l'avance. Elle peut prendre différentes formes :
– des exercices permettant d'automatiser certaines procédures, de maîtriser les formes d'expression liées aux connaissances travaillées (formes langagières ou symboliques, représentations graphiques, établissements de liens…) ;
– de nouveaux problèmes permettant la mise en œuvre des connaissances acquises dans de nouveaux contextes (réinvestissement) ;
– des contrôles des connaissances et des compétences méthodologiques.

C - Quelques exemples pour être concret

Les exemples qui suivent relatent des situations vécues et permettent d'illustrer concrètement des propos qui pourraient paraître bien théoriques. Il ne s'agit évidemment pas de fournir des « modèles ». De plus ces situations de classe sont présentées de manière très schématique. En revanche, nous proposons différents exemples pour montrer que, quel que soit le sujet ou l'âge des élèves, on retrouve le même canevas général.

1 - Qu'est devenue la neige ? (cycle 1)

• Situation de départ

Il a neigé cette nuit, sur la région parisienne. Une épaisse couche de neige recouvre la cour, les toits… C'est inhabituel.

• Représentations initiales et formulation du problème

À la récréation du matin, les enfants sortent dans la cour ; la neige a disparu. Les enfants rentrent en classe avec des chaussures couvertes de boue. L'enseignante discute avec les élèves et finalement une question se dégage : la neige a disparu, qu'est-elle devenue ?

• Formulation d'hypothèses

Il ne s'agit pas à proprement parler d'une hypothèse, mais une affirmation est énoncée et partagée par beaucoup d'enfants : la neige en fondant a donné de la boue. Que faut-il faire pour le vérifier ?

L'enseignante donne alors une information : ce matin, avant l'arrivée des enfants, elle a rempli de neige plusieurs récipients et les a placés au réfrigérateur.

• Investigation et confrontation des résultats

Les enfants prennent la neige conservée et en mettent dans une assiette propre.
Ils constatent que la neige donne de l'eau, et rien que de l'eau.

• Structuration des connaissances

La neige devient de l'eau liquide.
La neige est, comme la glace, de l'eau solide.

2 - Que faut-il mettre dans un culbuto ? (cycle 2)

• Situation de départ

Un culbuto fabriqué par l'enseignant et éventuellement un culbuto du commerce sont présentés aux enfants. Une manipulation, puis une observation de l'objet immobile et en déplacement permettent d'analyser le jouet : quel est son mouvement ? Quelle est sa structure ?

• Représentations initiales et formulation du problème

Qu'y a t-il dans le culbuto pour qu'il puisse se balancer puis revenir dans sa position de départ ?

• Formulation d'hypothèses

Là encore, les enfants ne formulent pas d'hypothèses, ils affirment : « il y a des cailloux, du coton, quelque chose de lourd, un objet en bas… ». Sont retenues et notées les propositions vérifiables matériellement.

• Investigation (expérimentation et recherche de solutions techniques)

Chaque enfant dispose d'une boîte à fromage et recherche la solution, en prenant le matériel suggéré pour garnir le culbuto (cailloux, coton…).
Certains enfants emplissent complètement la boîte. Ils constatent que leur objet n'a pas de position d'équilibre privilégiée. D'autres la remplissent en partie, mais sans fixer le lest, et leur objet ne fonctionne pas comme le culbuto apporté en classe.
En secouant le culbuto apporté, les élèves remarquent que rien n'y bouge, alors que le lest non fixé de leur boîte bouge. Ils cherchent alors des solutions techniques pour le fixer : utilisation de ruban adhésif, de pâte à modeler, …
En testant leur objet, ils notent que son comportement est comparable ou se rapproche de celui du culbuto de référence.
Certains élèves font des essais pour améliorer leur construction : ajout de lest, ou au contraire retrait de lest (s'ils ont trop rempli leur boîte), essais avec des éléments plus ou moins lourds.

Quand le culbuto fonctionne correctement, les élèves cherchent des solutions techniques pour décorer la boîte sans entraver le fonctionnement.

• Structuration des connaissances

Les enfants ont découvert la nécessité d'avoir des matériaux, des objets à l'intérieur du culbuto pour constituer un lest. Ce lest doit être positionné vers le point en contact avec le support sur lequel il va basculer, et doit être solidaire du culbuto.

3 - Comment les oiseaux atterrissent-ils ? (cycle 2)

• Situation de départ

On regarde les oiseaux dans la cour de l'école : un moineau, un rouge-gorge, un merle… Ils s'envolent et se posent quelques mètres plus loin. Tout se passe très vite.

• Représentations initiales et formulation du problème

Discussion : On compare très vite à un avion. L'atterrissage est un moment délicat. Le décollage, ce n'est pas facile. Des questions sont posées : Que se passe-t-il exactement au moment du décollage ? Comment ne pas se fracasser à l'atterrissage ?

• Formulation d'hypothèses

Il faudrait un film. Il faudrait des photographies.

• Investigation

On peut travailler à partir de photographies d'oiseaux en vol.
On peut expérimenter le freinage obtenu lorsqu'on se déplace avec un parapluie ouvert…

• Structuration des connaissances

Lorsqu'il s'envole, l'oiseau replie ses pattes sous le corps et les détend brusquement. Ce saut est immédiatement suivi d'un battement rapide des ailes.
Au moment de l'atterrissage, l'oiseau tend ses pattes vers l'avant, ce qui lui permet de freiner et d'amortir le choc à l'arrivée sur le sol.

4 - Le vent a mélangé les feuilles des arbres (cycles 1 ou 2)

• Situation de départ

Sortie dans le parc public très proche de l'école. C'est le début de l'automne. Les arbres ont déjà perdu des feuilles, mais il en reste sur les branches.

• Représentations initiales et formulation du problème

Au sol, on trouve des feuilles de toutes sortes. Le vent a tout mélangé. Comment savoir de quels arbres proviennent toutes ces feuilles ?

• Formulation d'hypothèses

Il faut comparer les feuilles au sol et les feuilles portées par les arbres.

• Investigation

Chaque enfant prend une feuille au sol et recherche sur quel arbre il trouve le même type de feuille. On peut trouver plusieurs arbres qui ont ces mêmes feuilles.

• Structuration des connaissances

Toutes les feuilles d'un arbre se ressemblent. Deux arbres qui ont les mêmes feuilles sont de la même espèce.

5 - Que devient l'eau d'arrosage des plantes ? (cycle 3)

• Situation de départ

L'enseignant a regroupé, sur une table centrale, les plantes en pot de la classe, l'arrosoir rempli d'eau, un pot avec une plante partiellement fanée (elle n'a pas été arrosée depuis plusieurs jours).
« Vous arrosez régulièrement les plantes qui poussent dans la classe, mais quelques jours plus tard il faut recommencer car la terre est sèche. D'après vous, que devient l'eau d'arrosage ? »

• Représentations initiales et formulation du problème

Beaucoup d'enfants donnent leur avis : « les plantes boivent l'eau ». D'autres ne sont pas d'accord : « les plantes ne peuvent pas boire l'eau. C'est normal que la terre se dessèche puisque l'eau s'évapore. »
Parmi les différentes propositions citons celle-ci : « Quand on met un bouquet de fleurs dans un vase plein d'eau, l'eau se salit. C'est parce que l'eau rentre dans la tige, nettoie l'intérieur de la plante et ressort. »
L'enseignant organise la confrontation des « représentations initiales » et finit par sélectionner, avec l'accord des enfants, l'un des problèmes posés, celui qui se prête le mieux à la démarche d'investigation. Certains pensent que « les racines des plantes absorbent de l'eau quand elles ont soif », d'autres pensent que « la terre se dessèche même s'il n'y a pas de plantes ». Comment savoir qui a raison ? « Il faut faire des expériences » disent les enfants. Mais on ne peut pas tout étudier en même temps. Un choix est indispensable. L'enseignant propose : « Pouvez-vous imaginer une expérience qui prouverait que les plantes absorbent de l'eau ? ». Imaginer une expérience est donc ici le problème à résoudre.

• Formulation d'hypothèses

« Pour affirmer que les plantes absorbent de l'eau, il faut faire une expérience. Il faut mettre la plante dans un vase qui contient de l'eau. »

• Investigation

Les enfants sont disposés par groupes de quatre. Cependant, la recherche débute par un **travail individuel**. Chaque enfant imagine une expérience à proposer et traduit sa réflexion par un schéma de montage (la première « production » est donc individuelle). Un quart d'heure plus tard, l'enseignant précise : « Chaque groupe dispose de quatre propositions ; elles sont peut-être différentes les unes des autres. Parmi ces propositions, choisissez celle qui paraît la plus intéressante. Modifiez-la entre vous si c'est nécessaire. Chaque groupe ne proposera qu'une seule expérience à la classe. Représentez-la par un schéma que vous afficherez au tableau et qui sera « lu » par les autres groupes ». (La deuxième « production » est donc une réalisation collective). Cette deuxième consigne de l'enseignant amène les enfants de chacun des groupes à analyser les propositions individuelles, à faire un choix justifié, à enrichir la proposition retenue, à la représenter de façon schématique (il faudra être compris des autres groupes).

• Confrontation des résultats

Quand le travail est terminé, les groupes affichent leur production (***fig. 1***). Les enfants de la classe ont donc sous les yeux, en même temps, une diversité de propositions. Ceci est très important : chaque enfant va s'enrichir de la réflexion des autres. L'enseignant propose alors : « Parmi toutes les propositions affichées au tableau, laquelle choisissez-vous ? Il faudra bien sûr justifier votre choix. Avant de répondre, mettez-vous d'accord dans les groupes. »

Il naît alors une nouvelle discussion dans les groupes, suivie d'une confrontation collective au cours de laquelle une analyse critique des montages permet de dégager des notions essentielles.

On constate alors que les élèves choisissent le montage le plus pertinent et proposent même, le plus souvent, des améliorations.

• Structuration des connaissances

À ce stade du travail, dans l'exemple décrit ici, l'enseignant affiche « son » schéma de montage : « J'ai trouvé dans un livre de sciences ce schéma de montage. Comparez-le à l'expérience que vous avez choisie. Recherchez ce qui est pareil et ce qui est différent ». Le schéma des scientifiques va servir de référence et améliorer encore les propositions des enfants (ils n'avaient pas pensé à faire un montage témoin ; ils n'avaient pas non plus pensé à éviter l'évaporation de l'eau contenue dans le récipient…).

Les expériences sont ensuite réalisées et les résultats analysés deux jours plus tard. C'est l'occasion de poser de nouveaux problèmes (la plante conserve-t-elle toute l'eau qu'elle absorbe ? Pourquoi, dans certains montages, la quantité d'eau absorbée est-elle plus importante que dans d'autres ?…). Ce sujet, riche et intéressant est présenté dans le chapitre « Que mangent les plantes vertes ? »

6 - La vie du « bébé » dans le ventre de sa maman (cycle 3)

• Situation de départ

L'enseignant donne à chaque groupe d'élèves deux photographies d'embryons humains à deux âges différents (par exemple 2 mois et 4 mois et demi). L'intérêt des élèves est immédiat et les discussions dans les groupes vont bon train. L'enseignant arrête les enfants : « Vous avez beaucoup de choses à dire. Qui veut la parole ? »

• Représentations initiales et formulation du problème

Les élèves sont intarissables et leur lecture d'image est très intéressante. Ils reconnaissent bien entendu la tête, le corps, les membres. Les deux « bébés » n'ont pas le même âge : l'un d'eux a des membres complètement formés avec des doigts. « Le bébé, il a une espèce de cordon qui arrive sur son ventre… ».
Le cordon ombilical, le placenta font l'objet de questions.
Les élèves pensent tous que l'embryon vit dans une bulle d'air. Ils réagissent quand l'enseignant leur dit qu'il est dans une poche de liquide (de l'eau salée). « Ce n'est pas possible ; il ne peut pas respirer ». Justement c'est le problème posé par l'enseignant : « Comment, bien protégé dans sa poche remplie de liquide, l'embryon peut-il respirer ? Comment peut-il manger ? ».

• Formulation d'hypothèses

Pour tous les élèves, l'embryon respire et se nourrit : c'est une évidence « sinon il meurt ».
« C'est peut-être comme pour les têtards. Au début, il respire avec des branchies ».
Il est par ailleurs évident que le « bébé » mange et reçoit une partie de ce que mange la maman.
Comment savoir ? La recherche sur des documents est indispensable. À ce stade, les documents ne doivent pas donner directement la réponse au problème, mais apporter des informations sur lesquelles les élèves vont réfléchir, organiser leurs réponses…

• Investigation

La recherche s'effectue sur des documents appropriés.

• Structuration des connaissances

L'enseignant organise la confrontation des réponses fournies par les enfants après l'analyse des documents. La trace écrite comprend :
– un schéma ;
– un texte court.

Un stade essentiel de la démarche d'investigation : la confrontation des propositions des élèves

■ De la situation de départ (« que devient l'eau d'arrosage ? ») à l'investigation (« Imaginez une expérience qui prouve que les plantes absorbent de l'eau »).

Ces premiers stades de la démarche sont présentés page 20.

■ Confrontation

Les différents groupes d'élèves affichent au tableau l'expérience qu'ils ont imaginée. Voici les propositions de trois groupes différents.

Groupe 1

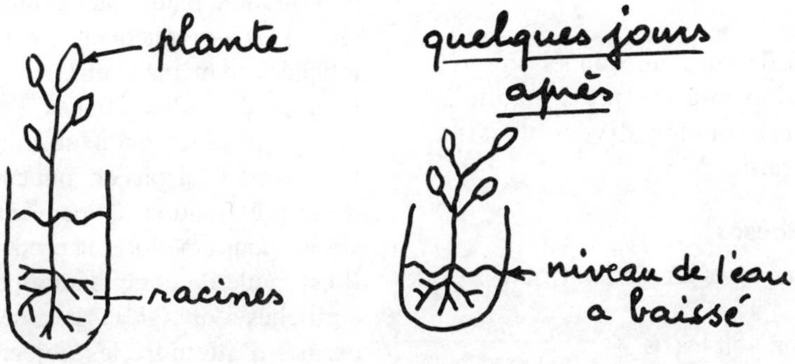

Groupe 5

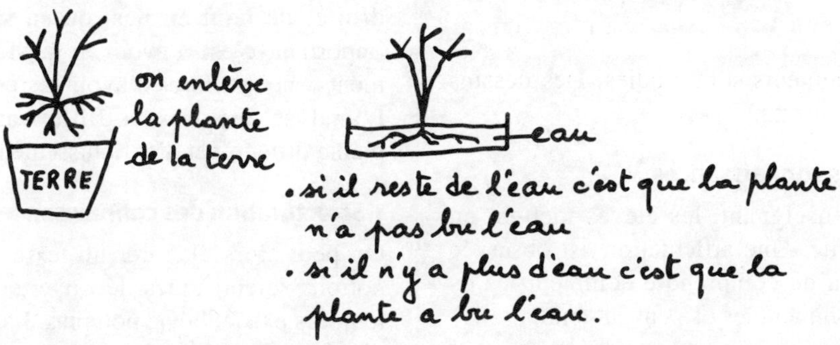

Groupe 6

Fig. 1 Rechercher, individuellement puis en groupe, et ensuite soumettre sa production à l'analyse des autres élèves afin de l'améliorer est une étape fondamentale de la démarche d'investigation.

7 - Des baguettes rigides articulées (cycle 3)

• Situation de départ

L'enseignant distribue une feuille sur laquelle il y a des silhouettes d'enfants dans des attitudes différentes. Des élèves proposent de se mettre dans des positions analogues. Il faut pour cela repérer les articulations des membres, c'est-à-dire les endroits où on peut plier la jambe ou le bras. L'enseignant pose alors une question : « Pourquoi peut-on plier le membre supérieur au coude, au poignet, mais pas entre les deux ? ».

• Représentations initiales et formulation du problème

Chaque enfant fait un dessin pour donner son avis (***fig. 2***). Une discussion intéressante s'établit au cours de la comparaison des divers dessins. Comment savoir qui a raison ?

• Formulation d'hypothèses

« Il faudrait pouvoir regarder dedans pour voir comment c'est fait ».
Sur une radiographie, on voit les os.
On peut aussi voir des vrais os sur une patte d'animal ou sur des photographies.

• Investigation

Les différents documents sont étudiés. Des dessins sont réalisés et confrontés.

• Structuration des connaissances

Avec l'aide de l'enseignant, les élèves mettent en forme la trace écrite. Une articulation est observée avec précision afin de comprendre comment les os peuvent bouger, comment les os peuvent tenir…

8 - L'histoire de la vie sur la Terre (cycle 3)

• Situation de départ

L'enseignant distribue aux élèves un document. Que représente ce document ? Quel titre pourrait-on lui donner ?

• Représentations initiales et formulation du problème

Après une discussion dans les groupes, une première confrontation est organisée.
Le document propose certaines étapes de l'apparition des êtres vivants sur la Terre. Il montre que la vie n'a pas toujours existé et que tous les êtres vivants ne sont pas apparus en même temps.

• Formulation d'hypothèses

Sur le document, les étiquettes sont placées dans le désordre. On pourrait les mettre dans l'ordre chronologique.
L'enseignant propose alors l'activité suivante : découper les étiquettes et les coller sur une grande feuille de papier, à la convenance des enfants, mais afin de rendre la disposition « la plus parlante possible ». Une deuxième consigne est ajoutée : illustrer l'affiche ainsi constituée.

• Investigation et confrontation des résultats

La consigne précédente déclenche une vingtaine de minutes d'activité réelle : discussion, choix de la présentation, nature du dessin d'illustration…
Quand les « productions » sont prêtes, elles sont toutes affichées en même temps.
Pour chacune des affiches, l'enseignant demande au groupe producteur de se taire ; les autres doivent imaginer les raisons qui ont conduit le groupe à adopter sa présentation. Ils peuvent aussi faire des propositions pour améliorer la production.
Il est facile de comprendre que c'est la diversité des « affiches » qui fait la richesse de la discussion et qui permet d'atteindre les objectifs visés. Il n'y a pas qu'une seule manière de disposer les étiquettes. Peu importe que leur rangement se lise de gauche à droite, de haut en bas, ou en spirale ; ce qui est important, c'est d'avoir vu qu'il s'agissait d'événements successifs et d'avoir respecté la chronologie. L'analyse des dessins d'illustration est également pleine d'intérêt et d'enrichissement mutuel.

• Structuration des connaissances

On peut alors élaborer un texte court résumant les notions scientifiques découvertes. La Terre n'a pas toujours existé, la vie non plus. Les différents groupes d'animaux ne sont pas apparus en même temps et l'ordre d'apparition n'est pas quelconque.

Quelques réflexions sur la démarche d'investigation

1 - Une souplesse d'adaptations

Les étapes présentées précédemment peuvent paraître très directives et même parfois caricaturales. En fait, elles ont pour but d'aider les enseignants à la condition de ne pas les enfermer dans une succession rigide d'étapes. L'enseignant doit adapter chacune d'elles au niveau de ses élèves.

Des représentations initiales à analyser

■ Où est le sang dans ma main ?

Une écorchure à un doigt, à la paume de la main…
Quel que soit l'endroit, du sang apparaît.
Où est le sang dans ma main ?

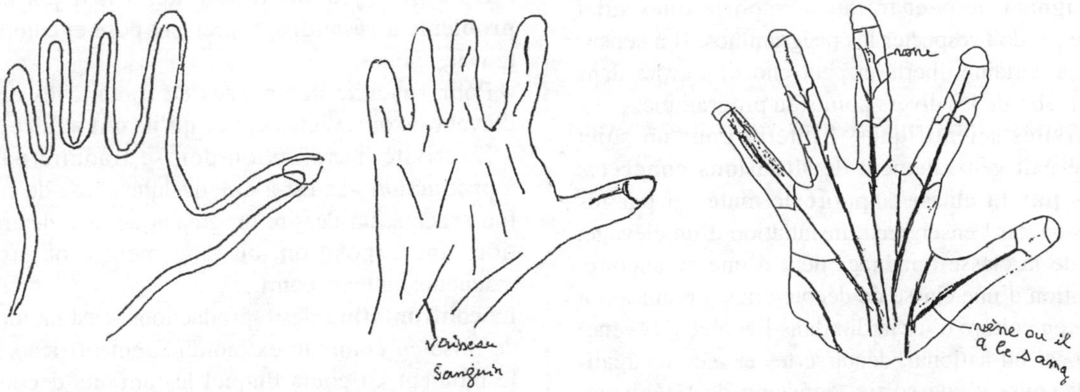

■ Où sont placés les os de mes jambes ?

Une silhouette de profil est fournie à chaque élève.

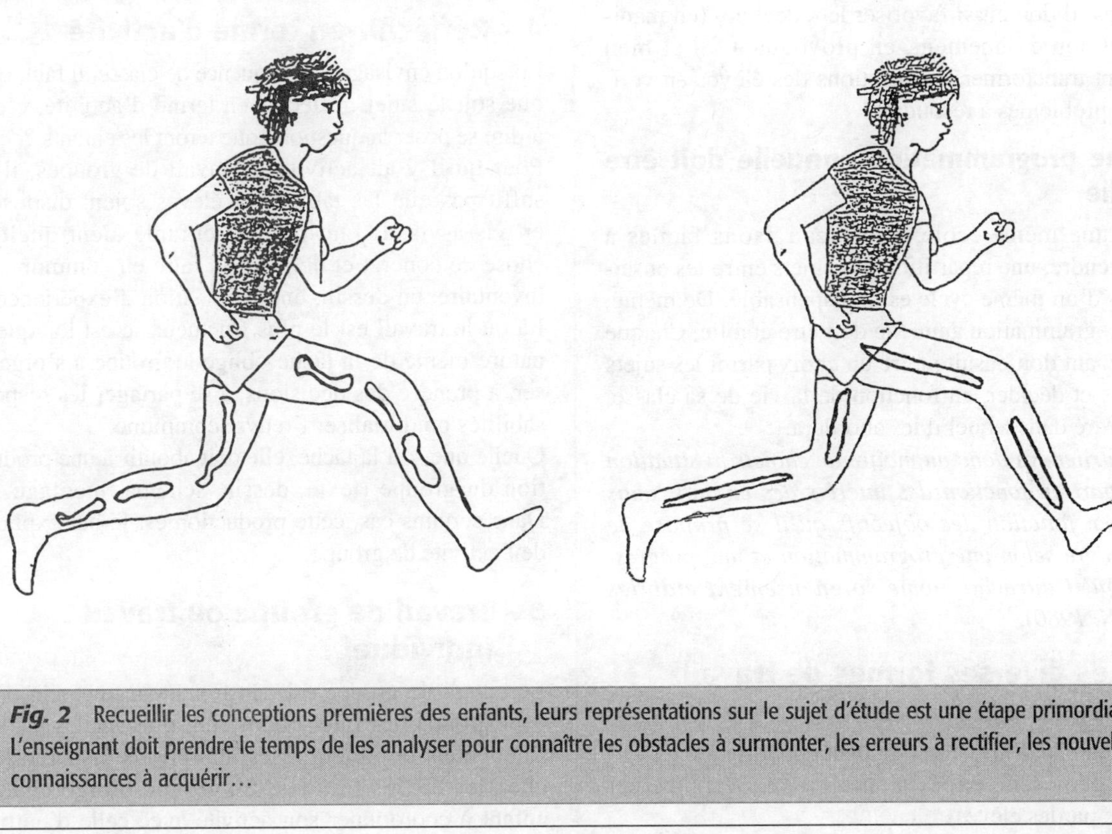

Fig. 2 Recueillir les conceptions premières des enfants, leurs représentations sur le sujet d'étude est une étape primordiale. L'enseignant doit prendre le temps de les analyser pour connaître les obstacles à surmonter, les erreurs à rectifier, les nouvelles connaissances à acquérir…

2 - La situation de départ : le choix des sujets

La responsabilité du choix de la situation de départ revient à l'enseignant et non aux élèves. Il y a pour cela deux raisons :
– les sujets d'étude sont imposés par le programme ;
– l'intérêt pour un sujet dépend de la nature des activités possibles.

a) L'enseignant doit respecter les programmes

L'enseignant ne peut traiter n'importe quel sujet d'étude : il doit respecter les programmes. Il a cependant une certaine liberté et peut choisir l'ordre dans lequel il aborde les divers points du programme.
En activités scientifiques, l'intérêt pour un sujet d'étude naît généralement de **situations concrètes vécues par la classe** : apport de matériel par les enfants ou par l'enseignant, installation d'un élevage, projet de la classe (aménagement d'une balançoire, préparation d'une classe de découvertes, organisation et mise en culture d'un jardin dans l'école...), événement local ou national, découvertes et récoltes réalisées au cours d'une sortie, émission de télévision, lecture d'un document écrit... les points de départ sont donc divers et il n'est jamais très difficile de créer une motivation sur un sujet intéressant.
Mais l'enseignant ne doit pas se contenter d'exploiter l'occasionnel. Il doit aussi créer des situations riches et variées, et donc prendre des initiatives, dans le choix du sujet, si les occasions attendues ne se présentent pas. Il doit aussi favoriser le « déclic » (en manifestant son étonnement, en provoquant...) et bien souvent transformer les questions des élèves en véritables problèmes à résoudre.

b) Une programmation annuelle doit être établie

Dans une même école, pour des raisons faciles à comprendre, une répartition des sujets entre les enseignants d'un même cycle est indispensable. De même, une programmation annuelle doit être établie. Chaque enseignant doit ensuite faire un choix parmi les sujets retenus et décider, en fonction de la vie de sa classe, de l'ordre dans lequel il les abordera.
Il appartiendra donc au maître de choisir la situation de départ en fonction des intérêts des enfants, mais aussi en fonction des objectifs qu'il se propose de poursuivre selon une programmation et une progression qu'il aura lui-même soigneusement établies (BOEN, 1980).

3 - Les diverses formes de travail possibles

La démarche d'investigation peut conduire à :
– une démarche expérimentale (l'expérience est conçue par les élèves) ;
– une démarche scientifique non expérimentale ;
– une activité documentaire ;
– la recherche d'une solution technique.
En biologie et en géologie, la plupart des sujets imposés par le programme (sur le fonctionnement du corps humain, sur les tremblements de terre...) ne conduisent pas à faire des expériences. Ces sujets peuvent cependant amener les élèves à réaliser des activités très riches et très formatrices.
Insistons sur plusieurs points :
– Il ne peut y avoir d'activité, s'il n'y a pas de **problème à résoudre**, clairement posé et compris de tous les élèves.
– Pour chacune des phases de travail, les enfants doivent savoir exactement **ce qu'ils ont à faire**.
– L'activité de réflexion doit se traduire par une « **production** », c'est-à-dire quelque chose de concret (un schéma, un dessin, un graphique, une détermination, une exposition, un rangement d'objets, une maquette, un texte court...).
La **confrontation** des « productions » est un moment de mise en commun extraordinairement riche. C'est le moment au cours duquel les enfants découvrent que, tout en réfléchissant au même problème, les autres ont trouvé d'autres éléments de réponse, ont eu d'autres idées qu'ils peuvent à leur tour enrichir. Ainsi, chaque enfant s'enrichit au contact des autres, d'abord dans son groupe, ensuite avec l'ensemble de la classe. Il apporte de l'aide aux autres. Il a alors envie de s'exprimer, de se faire comprendre de tous.

4 - Réfléchir en terme d'activité

Lorsqu'on envisage une séquence de classe, il faut, quel que soit le sujet, réfléchir en terme d'activité, c'est-à-dire se poser la question : que feront les enfants ?
Pour qu'il y ait activité et travail de groupes, il ne suffit pas que les tables des élèves soient disposées en vis-à-vis. Il faut que les enfants aient quelque chose de concret et de précis à faire en commun : un inventaire, un dessin, une proposition d'expérience...
Là où le travail est le plus fructueux, c'est lorsque la nature même de la tâche oblige le groupe à s'organiser, à prendre des décisions, à se partager les responsabilités pour réaliser l'œuvre commune.
Quelle que soit la tâche, elle doit aboutir à une production du groupe (texte, dessin, schéma, montage...). Dans certains cas, cette production est le but explicite de l'activité de groupe.

5 - Travail de groupe ou travail individuel ?

Le travail de groupe est très formateur : au sein d'un petit groupe, les interactions sont plus faciles et plus fréquentes, de nombreuses inhibitions disparaissent chez les élèves timides. Le groupe oblige chaque enfant à coordonner son activité avec celle d'autrui ;

Document pour l'enseignant

Le dessin de Josée (CE2)

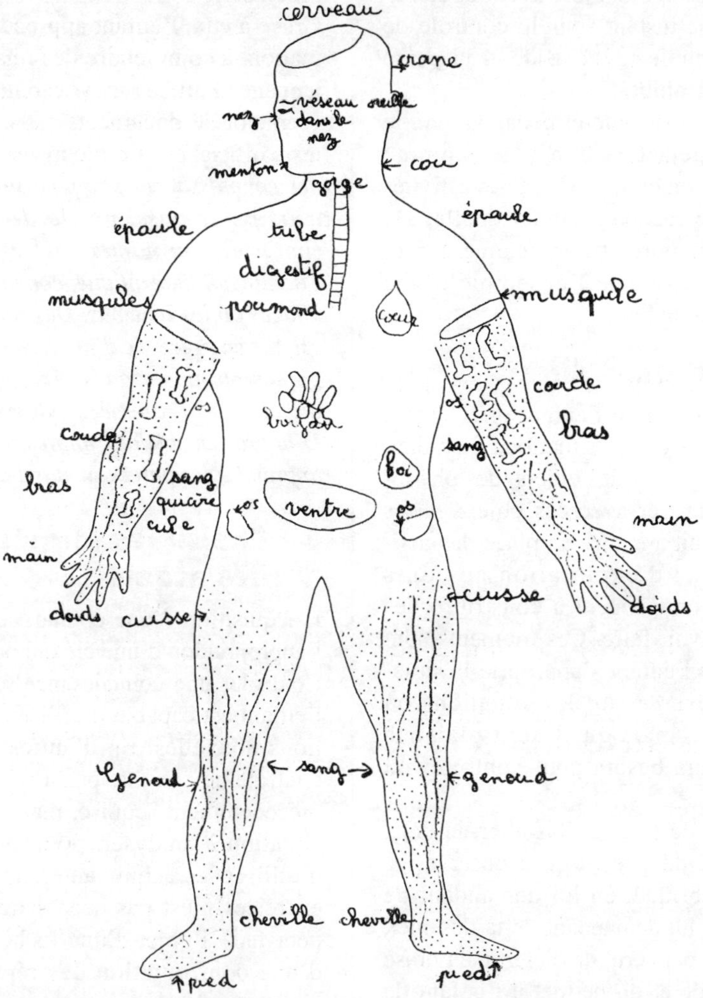

Contrairement à Bertrand, Josée n'a aucune connaissance livresque du corps humain. Ses notions viennent, semble-t-il, essentiellement du vécu.

Le sang n'est pas représenté dans l'ensemble du corps mais seulement dans les membres que Josée a coloriés en rouge (en pointillé sur la figure). Or les petites blessures courantes, chez les enfants, sont celles des doigts, des genoux, des coudes. De même la mention « vaisseau dans le nez » indique que Josée a vu un camarade saigner du nez, ou a elle-même saigné du nez. Elle sait en outre que le sang « circule », mais ne se représente pas cette circulation. Des vaisseaux sont suggérés sur les mains (où les veines sont souvent visibles), dans les jambes (a-t-elle vu des varices ?), et bien sûr dans le nez.

Mais ces vaisseaux n'ont aucune relation avec le cœur. Les os sont stéréotypés (os de chien de bande dessinée). Le rôle des os et des articulations est manifestement ignoré. Des os sont indiqués au niveau des hanches : on les sent facilement sous les doigts.

Les viscères sont l'objet d'une représentation extrêmement pauvre. Le tube digestif est, semble-t-il, confondu avec une trachée-artère peut-être vue sur un poulet… Le « foie » et le « ventre » sont la localisation courante de troubles digestifs divers.

Les muscles représentés par Josée, comme par la plupart des enfants, sont les biceps. On peut remarquer l'étrange forme de bracelet qu'elle leur a donnée. Josée n'a probablement jamais eu l'occasion de feuilleter un dictionnaire médical ou une encyclopédie.

Fig. 3 Comparez ce dessin à celui de la figure 4.

il lui apprend à écouter, à argumenter, à coopérer. En favorisant les échanges, le groupe stimule la créativité de chacun et aide à la construction d'une pensée objective. De plus, le travail en équipe permet à l'élève de mener une activité et de communiquer avec ses camarades sans être à chaque instant sous le contrôle de l'enseignant. Cette formule favorise donc la **prise d'initiative et de responsabilité**.

Cependant, malgré son grand intérêt pédagogique, le travail de groupe ne peut être considéré comme l'unique forme de travail autonome. Certaines activités se prêtent mieux à une recherche individuelle. De plus, il est également important que chaque enfant apprenne à organiser lui-même l'ensemble d'une tâche et à la mener jusqu'au bout.

6 - Privilégier le contact direct

Le rôle de l'école est de mettre l'enfant directement en contact avec les objets ou les situations à étudier, de lui donner à voir, à agir sur des objets, des phénomènes... pour le familiariser avec ces objets et ces phénomènes. Cela conduit à mettre en place des activités d'investigation et d'exploration au cours desquelles les élèves commencent à construire des connaissances et des savoir-faire. Ces moments sont indispensables pour que l'enfant s'approprie la situation, ou pour qu'il s'exerce sur des situations ou objets déjà rencontrés, mais qu'il aura plaisir à retrouver, ou dont il aura besoin pour conforter ou consolider ses acquis.

Pour autant, l'ambition de l'école doit aller au-delà. En demandant à l'élève de dire ce qu'il observe, ce qu'il fait, ce qu'il a fabriqué, en lui demandant de mimer une situation, en lui demandant de la dessiner, de mettre un classement par écrit, de dicter une phrase à l'adulte..., on demande et on permet à l'enfant de prendre du recul par rapport à l'action, et ainsi de l'objectiver. La mise en mots, aidée par l'adulte, permet à l'enfant d'affiner le découpage conceptuel de l'expérience : le mot juste, s'il est fourni par l'adulte au moment où l'enfant en a besoin, aide à structurer la pensée : il rend compte d'une ressemblance ou d'une différence jusque-là confusément ressentie, éclaire la mise en relation des faits ou des éléments d'une situation, distingue entre l'avant et l'après, met en lumière une relation de cause à effet... Ce faisant, l'enfant peut commencer à construire, à son niveau, de véritables connaissances scientifiques.

7 - Enrichir l'investigation grâce à l'analyse de documents

Si les situations réelles d'exploration sont primordiales, le recours à des documents est très souvent indispensable. Ils peuvent servir à un moment ou à un autre de la démarche d'investigation, permettre un développement particulier du thème étudié, compléter l'apprentissage ou susciter une nouvelle recherche. Par exemple, les manuels pour les élèves fournissent, sur les différentes parties du programme, des documents à interpréter (photographies, dessins, schémas...).

Grâce à eux, l'enfant apprend à rechercher une information, à comprendre des relations, à développer son langage, à utiliser un vocabulaire nouveau...

L'emploi de documents est vivement conseillé par le texte officiel dès l'école maternelle : « *L'enrichissement des connaissances s'appuie sur des expériences réelles mais passe aussi par la découverte de documents (imprimés ou numérisés) grâce à la médiation de l'adulte qui lit, explique, commente les textes comme les images ou les schémas. Dès son plus jeune âge, l'enfant est mis en présence d'un grand nombre d'images analogiques ou numériques, fixes (photographies, affiches, albums...) ou animées (vidéo, télévision, cinéma...). D'abord sensible aux impressions qu'elles produisent, il apprend à les percevoir aussi comme des documents.* ».

8 - Choisir les formes d'évaluation des acquis

L'acquisition d'une connaissance est, pour un enfant, l'appropriation d'une clé qui ouvre de nouvelles portes. Contrôler une connaissance revient donc à vérifier si l'enfant est capable d'utiliser cette clé dans des situations nouvelles. En d'autres termes, un exercice de contrôle ne consiste pas à faire « réciter » une notion précédemment acquise, mais à proposer une nouvelle situation à analyser, pour laquelle il est nécessaire d'utiliser les acquis antérieurs. La réponse à de tels exercices n'est pas nécessairement individuelle ; elle peut faire l'objet d'une recherche en groupes, suivie d'une confrontation des réponses proposées. Il ne s'agit pas de mettre une note individuelle mais de se faire une idée des aptitudes de compréhension (d'une consigne, d'une information, d'une question, d'un problème...), d'imagination, d'interprétation (dessin, graphique, tableau, photographie...), d'expression et de communication (orale ou écrite), de réflexion...

Le B.O.E.N. de septembre 1980 précisait déjà sur l'évaluation :

« *Le maître ne peut connaître de façon précise les objectifs réellement atteints que par un contrôle des acquisitions des élèves, c'est-à-dire de leurs connaissances et de leur savoir-faire. Cette évaluation aide aussi chaque enfant à se situer par rapport aux objectifs visés et à prendre conscience de ses progrès, de l'exactitude et de la précision de ses connaissances, de ses possibilités d'action.*

Cette activité peut intervenir au cours du déroulement même des activités (les comportements des enfants au cours d'une séquence témoignant de la portée des séquences précédentes). Elle peut faire l'objet d'exercices particuliers ; il s'agit de vérifier ce que les

Le dessin de Bertrand (CM2)

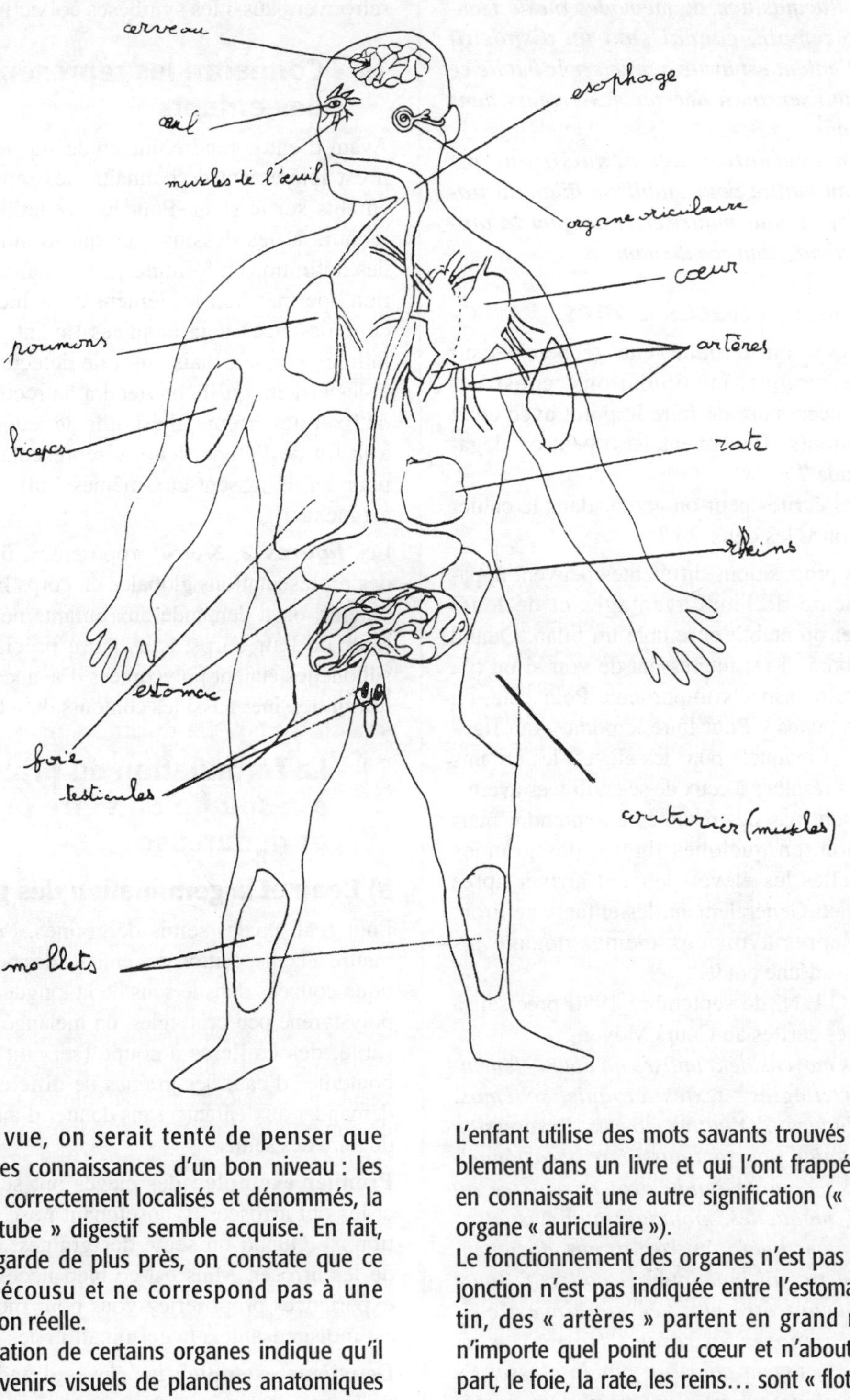

À première vue, on serait tenté de penser que Bertrand a des connaissances d'un bon niveau : les organes sont correctement localisés et dénommés, la notion de « tube » digestif semble acquise. En fait, lorsqu'on regarde de plus près, on constate que ce savoir est décousu et ne correspond pas à une compréhension réelle.

La représentation de certains organes indique qu'il s'agit de souvenirs visuels de planches anatomiques (l'œil, le cerveau, l'oreille interne, le cœur, le poumon gauche à demi masqué…).

L'enfant utilise des mots savants trouvés très probablement dans un livre et qui l'ont frappé parce qu'il en connaissait une autre signification (« couturier », organe « auriculaire »).

Le fonctionnement des organes n'est pas compris : la jonction n'est pas indiquée entre l'estomac et l'intestin, des « artères » partent en grand nombre de n'importe quel point du cœur et n'aboutissent nulle part, le foie, la rate, les reins… sont « flottants » sans relation avec d'autres organes…

Signalons que la mère de Bertrand est infirmière.

Fig. 4 Analyser les dessins d'enfants apporte des informations essentielles sur les connaissances qu'ils possèdent déjà. Comparez ce dessin à celui de la figure 3.

élèves ont retenu de ce qu'ils ont vu, leur compréhension d'une notion, leur capacité à réutiliser cette notion dans une situation nouvelle. D'autres situations, fortuites ou délibérément aménagées, permettent d'évaluer l'acquisition de méthodes ou de techniques : par exemple, connaissant un dispositif expérimental, l'enfant est invité à préciser le but de ce dispositif, à l'utiliser, ou à déceler des erreurs dans les interprétations.
Cette phase d'évaluation des acquisitions est indispensable au maître pour établir le bilan du travail de sa classe et pour maîtriser et adapter la progression des activités dans ce domaine ».

9 - À propos des traces écrites

Lorsque les élèves ont terminé leurs recherches sur un sujet (observations, manipulations, constructions...), il est nécessaire de faire le point avec eux :
– Quelle(s) notion(s) fondamentale(s) peut-on dégager de notre étude ?
– Quelles traces écrites peut-on garder dans le cahier (dessin, texte court, les deux...) ?

À ce stade, des propositions différentes peuvent apparaître ; on discute de leurs avantages et de leurs inconvénients et on établit ensemble un bilan. Quand celui-ci est élaboré, il est intéressant de voir si on n'a pas oublié certains aspects importants. Pour cela, en lisant les courts textes « Pour faire le point » qui figurent dans certains manuels pour les élèves, les enfants confrontent leurs résultats à ceux de scientifiques avertis. Ces bilans ne sont pas des résumés à apprendre mais une présentation, en quelques lignes, des grandes notions auxquelles les élèves peuvent arriver après l'étude d'un sujet. Généralement, les enfants ne liront ces bilans qu'après avoir eux-mêmes dégagé les notions générales d'une étude.
Le texte du B.O.E.N. de septembre 1980 précisait à propos des traces écrites au Cours Moyen :
« *À cet effet, les moyens déjà utilisés au cours élémentaire seront privilégiés : textes, croquis, schémas, tableaux, graphiques... D'autres moyens d'expression ou de représentation pourront aussi être occasionnellement utilisés : compte-rendu oral enregistré au magnétophone, maquettes, montages audiovisuels... Chaque enfant constituera ainsi sa propre documentation, reflet du travail individuel et collectif. Toute trace écrite devant être motivée et réinvestie, il s'agira, non d'imposer un résumé (forme), mais d'arriver à un document construit par la classe. En effet, ces productions auront d'autant plus de portée éducative que le maître n'imposera pas de forme stéréotypée, mais que les enfants prendront en charge la responsabilité de veiller à ce qu'elles correspondent à des besoins bien déterminés* ».
Le carnet individuel s'avère également un support de travail indispensable. Il est le reflet des activités menées et permet à l'enfant de garder personnellement en mémoire ses propres travaux (ses recherches, ses observations sous forme de dessins, d'échantillons... ses exercices d'évaluation). On y retrouvera aussi les synthèses collectives.

10 - Connaître les représentations des enfants

Avant d'entreprendre une étude sur un sujet nouveau, il est intéressant de connaître les représentations des enfants sur le sujet. Pour les recueillir, on peut avoir recours à des dessins, des questionnaires à remplir, des définitions à formuler... Connaître les représentations permet non seulement d'évaluer le niveau des connaissances déjà acquises (avant l'étude qui sera faite en classe), mais aussi de détecter les confusions et les erreurs qu'il conviendra de rectifier. Pour éviter de fixer des erreurs, il est utile de redonner aux élèves, à la fin de l'étude, leurs « représentations initiales » pour qu'ils fassent eux-mêmes l'inventaire de ce qui est inexact.

Les ***figures 2***, ***3*** et ***4*** proposent, à titre d'exemples, des représentations globales du corps humain. Pour les obtenir, on a demandé aux enfants de dessiner l'intérieur de leur corps, sans autre précision. Tantôt les silhouettes étaient polycopiées d'avance, tantôt l'enfant devait dessiner aussi les contours du « bonhomme ».

11 - La formulation du problème à résoudre doit être précise et rigoureuse

a) L'eau et la germination des graines

Pour réaliser des semis de graines, l'enseignant peut mettre à la disposition des enfants des bouteilles en plastique coupées dans le sens de la longueur, des boîtes en polystyrène peu profondes, un mélange de terreau et de sable, des cuillères à soupe (servant de pelles), des bouteilles d'eau, des graines de différentes espèces, et demander aux enfants, sans donner d'autres indications, de faire des semis.

Premier exemple : des élèves ont semé des graines et les ont arrosées. L'enseignant pose alors une question : « Quand on sème des graines, on a l'habitude de les arroser. Mais est-ce bien nécessaire ? Quelles expériences proposeriez-vous pour montrer que l'eau est indispensable à la germination des graines ? »

Deuxième exemple : les élèves d'une classe ont fait des semis de graines de pois nain et ont suivi la vie des plantes pendant plusieurs semaines : celles-ci ont grandi, fleuri et ont redonné des graines. À ce stade de l'étude, l'enseignant présente un pot de germination sans aucune plante visible. Il précise : « J'ai semé des graines et elles n'ont pas germé. Quelles explications pouvez-vous proposer ? ».

Un exemple de lecture de schéma (l'appareil respiratoire)

■ 1re étape : où va l'air inspiré ?

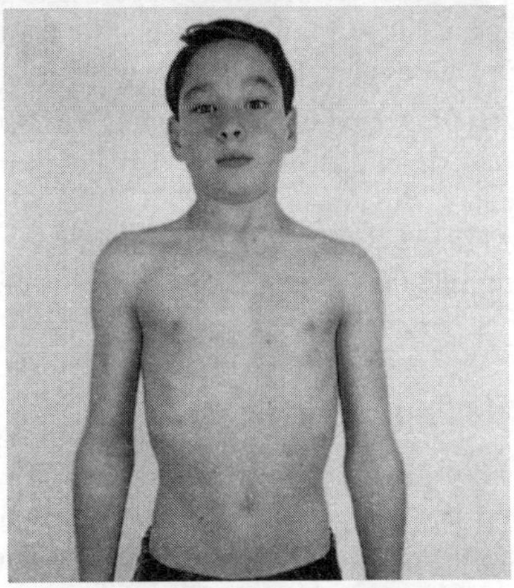

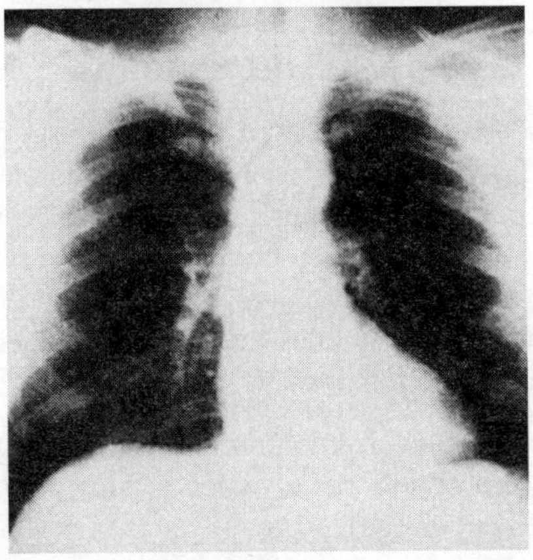

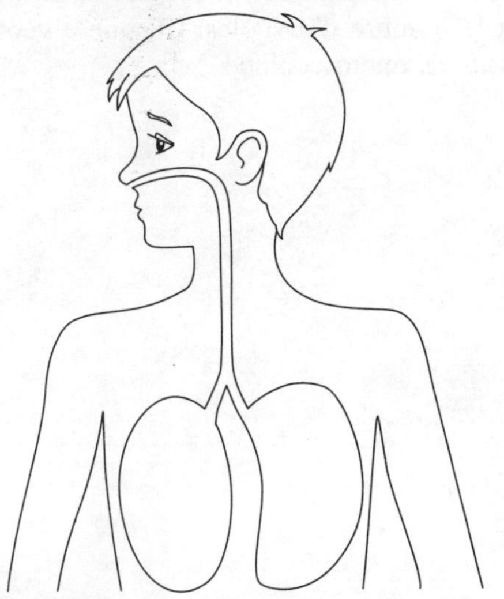

Premier schéma

■ 2e étape : l'air peut entrer par le nez ou par la bouche.

Il y a donc au fond de la bouche un carrefour « dangereux », on peut « avaler de travers ».

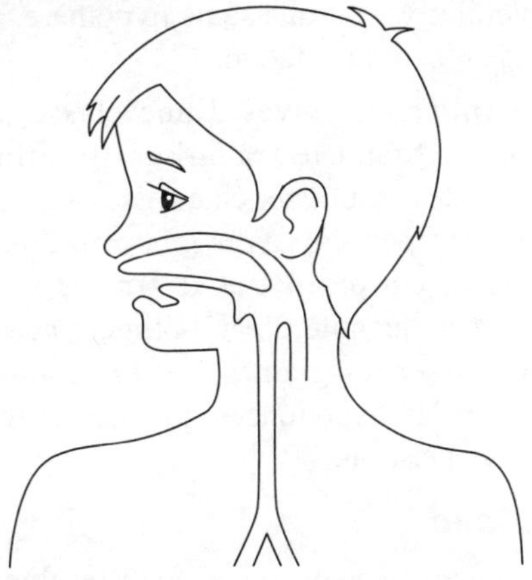

■ 3e étape : le schéma des scientifiques

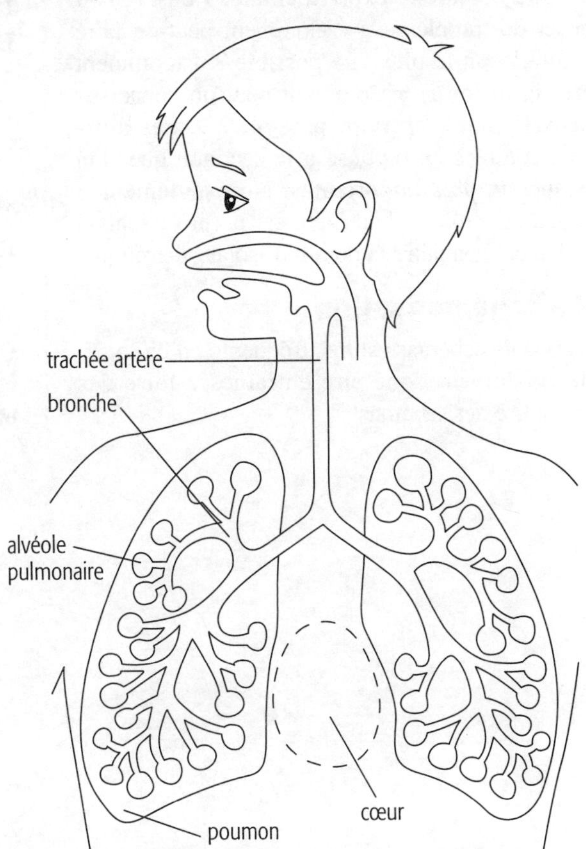

On évalue le nombre d'alvéoles pulmonaires à 700 millions.

Fig. 5 Un schéma n'est pas un dessin d'observation ; il privilégie certaines informations, illustre certaines notions fondamentales à retenir.

Le problème posé ainsi amène les élèves à formuler des hypothèses : « c'est peut-être le manque d'eau », « c'est peut-être parce que les graines étaient trop enterrées… ». « Comment savoir ? » « En faisant des expériences ». Mais on ne peut mettre à l'épreuve toutes les hypothèses avec une seule expérience. Il faut, comme disent les scientifiques séparer les variables. Dans le premier exemple au contraire, la formulation propose une explication et il n'y a qu'une seule hypothèse. La situation est évidemment plus facile.

Troisième exemple : les élèves d'une classe ont semé des graines. Quand le travail est terminé, l'enseignant les invite à expliquer ce qu'ils ont fait. Il constate que certains pensent avoir mis trop d'eau, d'autres pas assez. Un problème se trouve ainsi posé : « Quelle est la quantité d'eau optimale nécessaire pour faire germer les graines ? ». Les enfants vont alors inventer des expériences qui permettront de répondre à cette question.

b) Un glaçon fond

Un glaçon, placé dans une soucoupe, fond (et donne de l'eau, rien que de l'eau). Pour amener les élèves à réaliser une démarche expérimentale, l'enseignant peut poser des problèmes : « Comment peut-on faire fondre un glaçon le plus vite possible ? » (comment accélérer la fusion ?) « Comment peut-on conserver un glaçon le plus longtemps possible ? ». Les difficultés rencontrées en réponse à la seconde question sont beaucoup plus importantes. Non seulement il faut connaître le rôle de la chaleur sur la fusion mais il faut également connaître la notion d'isolant thermique.

12 - La schématisation

L'utilisation de schémas est très fréquente en biologie. Les élèves doivent donc être entraînés à faire des schémas, à lire des schémas.

a) Schéma d'une dent

Un schéma fait la synthèse de toutes les informations découvertes.

Les élèves ont à leur disposition des radiographies de dents saines et de dents cariées. Ils ont également une mâchoire d'animal (qui montre que les dents sont solidement implantées dans l'os).

Sur les radiographies on voit les différentes parties de la dent. Au cœur de la dent, la pulpe dentaire, partie vivante (contenant les vaisseaux sanguins et les fibres nerveuses) est bien visible. Sur un schéma, il faut par ailleurs montrer que la dent est plantée dans l'os de la mâchoire.

b) Schéma de l'appareil digestif

Un schéma privilégie une information.

Un schéma de l'appareil digestif montre que le tube digestif débute à la bouche et se termine à l'anus. C'est un tube continu plus ou moins large.

c) Schéma de l'appareil respiratoire

Un schéma n'est pas un dessin d'observation.

Dans ce cas, (***fig. 5***), il est essentiel de faire comprendre quelle est la structure des poumons :

– les bronches se ramifient en bronchioles de plus en plus petites ;

– à l'extrémité des bronchioles, se trouvent des petits sacs, les alvéoles pulmonaires.

Il est aussi important de montrer que l'air pénètre dans les alvéoles et sort des alvéoles par les mêmes voies (voies en cul de sac).

Ce qui est volontairement inexact dans le schéma, c'est le nombre d'alvéoles. Chaque alvéole est en effet un sac microscopique.

Partie

1

Qu'est-ce que le monde vivant ?

Chapitre 1

L'unité du monde vivant : le point des connaissances

Dans notre environnement, quel que soit le milieu dans lequel on se trouve (une forêt, un bord de mer, au cœur d'une ville...), on distingue deux grandes composantes, le « vivant » (appelé aussi le monde vivant) et le « non vivant » :
– le « vivant » désigne les êtres vivants (les animaux, les plantes, les hommes), mais également tout ce qui provient des êtres vivants (une feuille morte, une plume d'oiseau, un morceau de bois...) ;
– le « non vivant » représente les substances minérales ; ce sont les roches, l'eau, l'air ainsi que tous les produits fabriqués par l'homme à partir des roches (ciment, plâtre, verre...).

Les scientifiques définissent le monde vivant en trois mots : diversité, unité, parenté.

- **Diversité**

Un petit pot de yaourt de 125 grammes contient 12,5 milliards de bactéries, c'est-à-dire 12,5 milliards d'êtres vivants microscopiques (soit deux fois le nombre d'hommes sur la Terre !).

Une baleine bleue, qui mesure 30 mètres, pèse 150 tonnes.

Un séquoia (il s'agit d'un arbre appelé « big tree » en Amérique du Nord) peut dépasser 100 mètres de hauteur et vivre cinq ou six mille ans.

Certaines algues vivent à la surface des neiges alpines à une température proche de zéro degré alors que certaines bactéries vivent dans l'océan à plus de 2 000 mètres de profondeur, près de sources volcaniques, à plus de cent degrés !
Les êtres vivants présentent donc une grande diversité de taille, de forme, de mode de vie, de longévité…

- **Unité**

Quels points communs y a-t-il entre une bactérie du yaourt, une baleine bleue, un séquoia, un être humain, une puce, un éléphant, un champignon… ?
Répondre à cette question c'est à la fois définir ce qu'est le monde vivant et préciser les grandes lignes de son fonctionnement. C'est l'objet de ce chapitre qui sera complété ultérieurement.

- **Parenté**

Tous les êtres vivants actuels sont les descendants de bactéries primitives apparues il y a 4 milliards d'années dans les océans du globe. Les êtres vivants appartiennent donc à une seule et même « grande famille » qui s'est diversifiée au cours de l'histoire de la Terre.

Il n'est donc pas étonnant que les êtres vivants présentent entre eux des ressemblances.
Nous reviendrons sur ce point capital.

Tous les organismes vivants sont composés de cellules

■ Observations de cellules au microscope optique

(A) Cellules animales

1. Recueillir avec une pince, dans l'eau d'un aquarium où vivent des grenouilles, des lambeaux de peau desquamés. Ces lambeaux constituent la « mue ».
2. Placer un fragment dans une goutte d'eau.
3. Recouvrir d'une lamelle et observer au microscope.

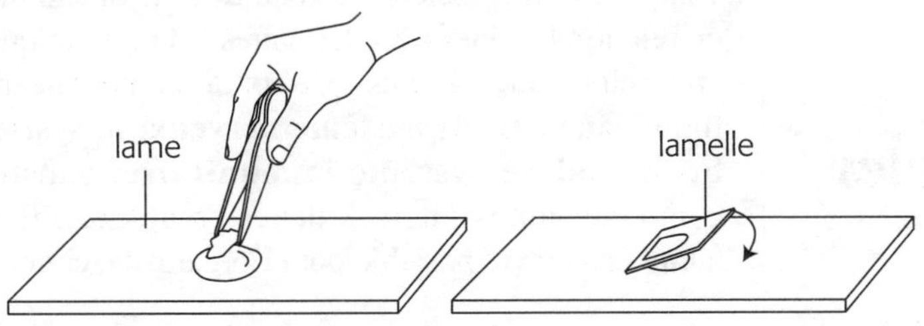

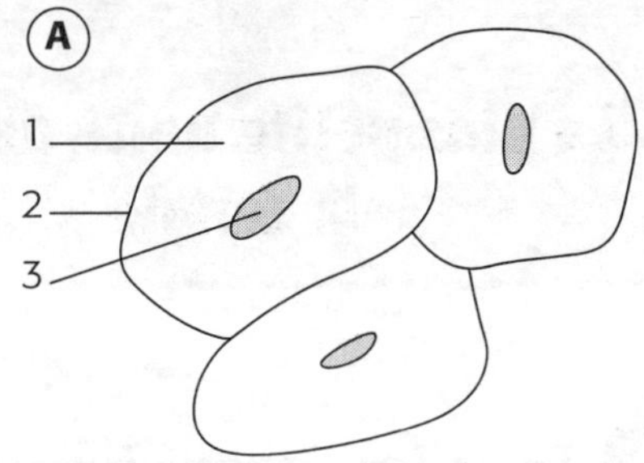

1. Cytoplasme. **2.** Membrane plasmique. **3.** Noyau. **4.** Chloroplaste. **5.** Vacuole. **6.** Membrane cellulosique.

(B) Cellules végétales

• Monter une feuille d'élodée ou de mousse entre lame et lamelle.

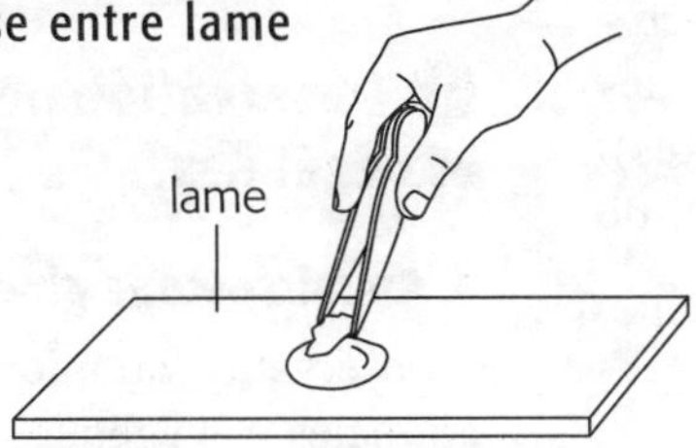

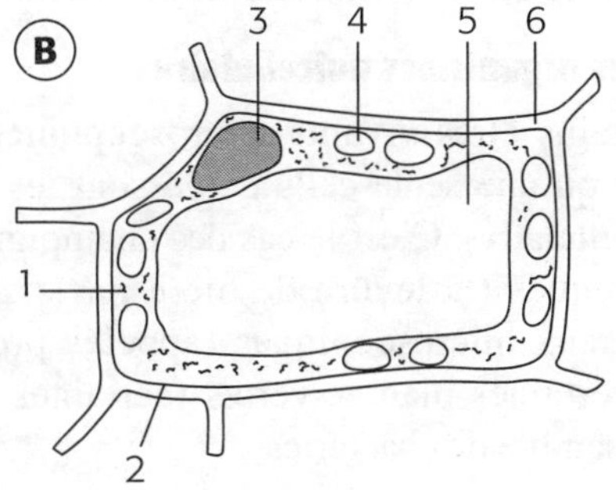

(C) Bactéries

1. Déposer une goutte de yaourt sur une lame de verre.
2. Étaler la goutte de yaourt à l'aide d'une lamelle.
3. Recouvrir le frottis obtenu d'une goutte de bleu de méthylène.

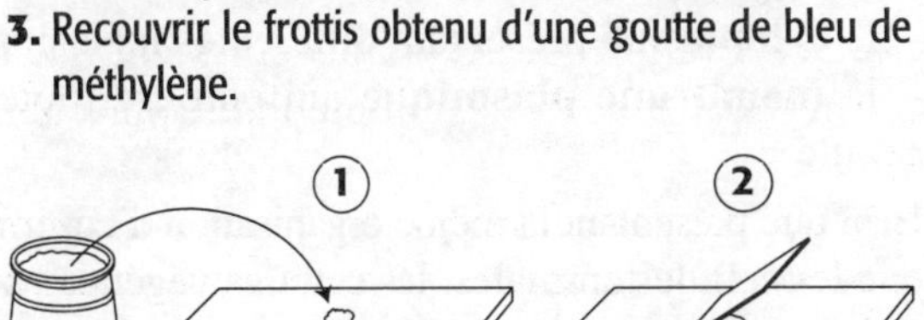

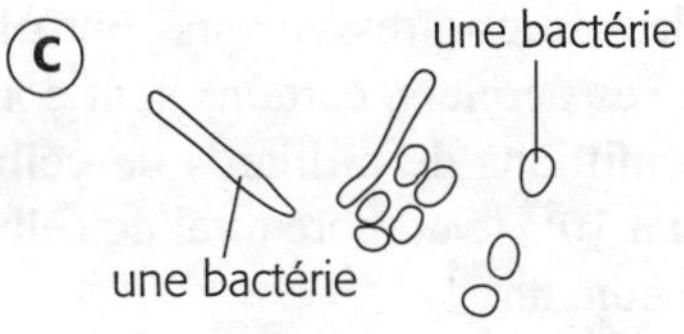

■ Observation au microscope électronique

L'observation de cellules animales ou végétales au microscope électronique révèle l'existence de nombreux organites intracellulaires (mitochondries, réticulum endoplasmique, ribosomes, appareil de Golgi…). Chacun d'eux a un rôle précis dans le fonctionnement cellulaire.

Lexique

- **Cytoplasme :** contenu d'une cellule, à l'exception du noyau.
- **Membrane plasmique :** enveloppe externe d'une cellule qui délimite le compartiment intracellulaire.
- **Noyau :** élément intracellulaire volumineux limité par une membrane (appelée enveloppe nucléaire) et renfermant l'information génétique.
- **Chloroplaste :** organite cytoplasmique globuleux contenant la chlorophylle.
- **Organite :** nom désignant une structure cellulaire de forme bien définie, et qui remplit une fonction cellulaire déterminée (exemple : chloroplaste).

Fig. 1 Comment peut-on voir des cellules ? Quels constituants des cellules sont visibles au microscope optique ? Pourquoi les connaissances sur la cellule ont-elles fait un pas de géant avec la découverte du microscope électronique ?

Ainsi nous allons voir que le monde vivant forme un ensemble étonnant, un tout autonome, présentant une remarquable unité.

La plus petite unité de vie : la cellule

A Tous les êtres vivants sont constitués de cellules

1 Unicellulaires et pluricellulaires

Tous les êtres vivants sont constitués de **cellules**.

a. Les organismes unicellulaires

Certains êtres vivants microscopiques ne possèdent qu'une seule cellule : ce sont les organismes **unicellulaires**. C'est le cas des champignons microscopiques (la levure de bière par exemple), des animaux microscopiques (appelés protozoaires), de certaines plantes vertes (certaines algues), de l'ensemble des bactéries.

b. Les organismes pluricellulaires

Tous les autres êtres vivants sont **pluricellulaires**. Parmi ces derniers, certains sont composés de plusieurs millions de milliards de cellules. Ainsi, on évalue à 10^{17} le nombre total de cellules d'un organisme humain.

Remarque : En dépit de leur taille microscopique, les organismes unicellulaires représentent plus de la moitié de la biomasse totale de la Terre (la biomasse est la masse de l'ensemble des êtres vivants).

2 Toutes les cellules proviennent de la division d'une cellule préexistante

• Les 10^{17} cellules du corps humain proviennent toutes d'une cellule initiale (la **cellule œuf**) et ont été obtenues par d'innombrables divisions cellulaires. En dépit de leur origine commune, ces cellules, tout en conservant le même plan d'organisation, présentent une **grande diversité**.

• On distingue chez l'homme environ **200 types cellulaires différents** : cellules nerveuses, cellules du foie, cellules osseuses, cellules adipeuses, cellules musculaires, globules blancs… On appelle **tissu** un ensemble de cellules semblables qui assurent une même fonction.

• Différents tissus peuvent participer à la constitution d'un **organe**.

Ajoutons que :
– des milliards de cellules naissent chaque jour même chez un adulte dont la taille ne varie pas ;
– des remaniements moléculaires ont lieu en permanence, même dans les cellules apparemment définitives.

3 Des sociétés de cellules

Le corps d'un animal pluricellulaire peut être comparé à une société de cellules qui fonctionnent en relation les unes avec les autres et communiquent entre elles grâce à trois réseaux de communication interconnectés : le **système nerveux**, le **système hormonal**, le **système immunitaire**. Sans ces communications intercellulaires complexes, il n'y aurait pas de vie possible pour l'organisme entier.

B Toutes les cellules ont le même plan d'organisation

1 Observation de cellules animales et végétales

a. Au microscope photonique

L'observation au microscope photonique de cellules animales et végétales (***fig. 1***) montre que, en dépit de leur grande variété, les cellules sont toutes construites selon un **même plan d'organisation**. On trouve dans toute cellule :
– un **noyau** ;
– le **cytoplasme** présentant différentes inclusions ;
– la **membrane plasmique** qui entoure toute la cellule.

Bien que présentant la même organisation d'ensemble que les cellules animales, les cellules végétales possèdent quelques caractéristiques remarquables :
– la membrane plasmique est doublée extérieurement d'une **paroi rigide de cellulose** qui constitue une sorte de « squelette » ;
– les cellules chlorophylliennes possèdent des organites spécialisés, les **chloroplastes**, qui sont le siège de la photosynthèse ;
– le cytoplasme des cellules adultes contient généralement des **vacuoles**, poches remplies de liquide qui occupent la plus grande partie du volume cellulaire.

b. Au microscope électronique

De nombreuses structures cellulaires, trop petites pour être vues au microscope photonique,

La cellule est l'unité de base de tous les êtres vivants

D'après la structure de la cellule révélée par le microscope électronique, on distingue deux grands groupes d'êtres vivants.

■ Les procaryotes

Ce sont les bactéries. Toutes les bactéries sont des organismes unicellulaires procaryotes. Certaines possèdent des pigments chlorophylliens. C'est le cas des cyanobactéries (abusivement appelées algues bleues).

Bactérie

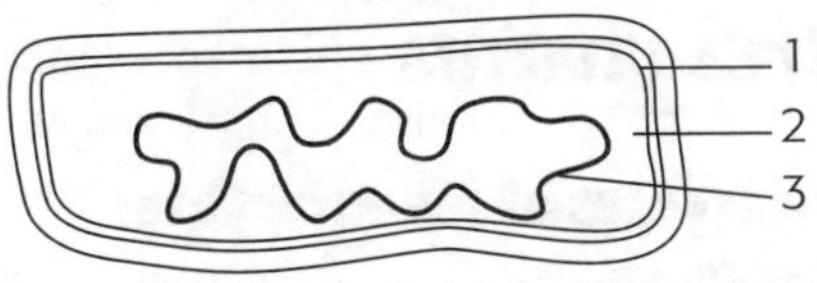

Cyanobactérie

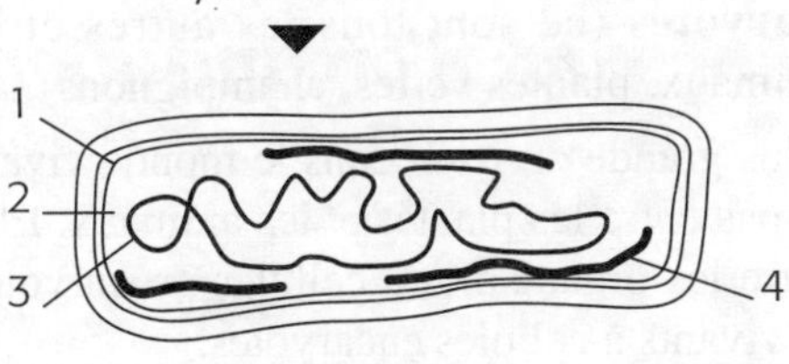

1. Membrane plasmique. **2.** Cytoplasme.
3. Chromosome bactérien unique.
4. Pigments chlorophylliens.

■ Les eucaryotes

Ce sont tous les êtres vivants unicellulaires ou pluricellulaires autres que les bactéries.

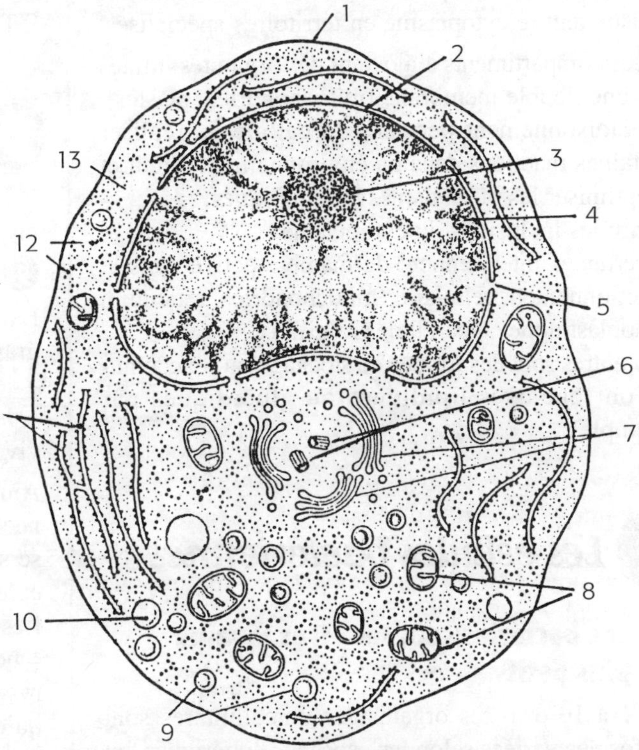

1. Membrane plasmique. **2.** Membrane nucléaire. **3.** Nucléole. **4.** Chromatine. **5.** Pore nucléaire. **6.** Centriole. **7.** Appareil de Golgi. **8.** Mitochondries. **9.** Gouttelettes lipidiques. **10.** Lysosomes. **11.** Réticulum endoplasmique. **12.** Ribosomes. **13.** Cytosol.

Qu'elle soit simple **(procaryote)**, ou complexe **(eucaryote)**, chaque cellule possède un programme génétique localisé dans le chromosome bactérien ou dans la chromatine. Il dirige la synthèse des matériaux cellulaires et contient le plan de développement de l'organisme. Il se réplique chaque fois que la cellule se divise.

• **Procaryotes** (du grec *pro* = avant et *karyon* = noyau) : organismes dont le matériel génétique n'est pas enfermé à l'intérieur d'un noyau.

• **Eucaryotes** (du grec *eu* = vrai et *karyon* = noyau) : organismes dont le matériel génétique se trouve dans le noyau des cellules, séparé du cytoplasme par l'enveloppe nucléaire.

Fig. 2 En quoi la structure des bactéries est-elle beaucoup plus simple que celle des cellules eucaryotes ? Présentez, sous forme d'un tableau, une comparaison entre cellule eucaryote et cellule procaryote. Pourquoi peut-on parler de complexification ?

ont été découvertes au microscope électronique. Le pouvoir de résolution de ces appareils est en effet de 0,2 nanomètre environ, soit 1 000 fois plus précis que celui des meilleurs « microscopes à lumière ».

L'observation au microscope électronique de cellules animales et végétales (***fig. 2***) permet de retrouver les constituants fondamentaux déjà mis en évidence par l'observation au microscope photonique : noyau, cytoplasme et membrane plasmique. Elle montre par ailleurs que des systèmes membranaires cloisonnent le cytoplasme en territoires spécialisés.

À ces compartiments s'ajoutent des organites limités par une double membrane (mitochondries, plastes). Ce cloisonnement permet à la cellule de réaliser certaines réactions dans un environnement réduit et d'optimiser les mécanismes biochimiques.
Parmi les inclusions du cytoplasme :
– certaines interviennent de manière active dans le fonctionnement cellulaire (mitochondries, réticulum endoplasmique, appareil de Golgi…) ;
– d'autres sont des formes de stockage ou d'accumulation (enclaves lipidiques ou glucidiques par exemple).

C Les cellules bactériennes

1 Les bactéries sont les êtres vivants les plus petits

De 1 à 10 μm, ces organismes unicellulaires sont de formes variées selon les espèces : sphériques, en bâtonnets, en « tire-bouchon »… (***fig. 1***). Ils se reproduisent très rapidement en se divisant en deux. Dans des conditions optimales (nourriture abondante), une bactérie se divise toutes les 20 minutes et donne ainsi naissance à 4 milliards de cellules en moins de 11 heures.
Dans la nature, on trouve des bactéries dans une variété considérable de milieux (sols, fonds des océans, sources chaudes, glaces polaires…).

2 L'organisation d'une cellule bactérienne

Au microscope électronique, l'intérieur d'une bactérie apparaît comme une matrice sans structure organisée évidente (***fig. 2***). L'observation permet cependant de retrouver les constituants fondamentaux d'une cellule :
– la **membrane plasmique** qui limite un compartiment unique contenant le cytoplasme ;
– le **matériel génétique** réduit à un seul chromosome (qui n'apparaît d'ailleurs jamais sous une forme condensée).

La cellule des bactéries présente par ailleurs trois caractéristiques particulières :
– elle n'a **pas d'enveloppe nucléaire** donc pas de noyau (le chromosome unique est au contact du cytoplasme) ;
– elle est **dépourvue d'organites intracellulaires** limités par une membrane et n'est donc pas compartimentée ;
– la membrane plasmique est **doublée extérieurement** d'une paroi épaisse, rigide (très différente cependant de la paroi des cellules végétales).

D Deux grands groupes d'êtres vivants

1 Les procaryotes et les eucaryotes

La structure cellulaire permet de distinguer deux grands groupes d'êtres vivants (***fig. 2***) :
– les **procaryotes** (c'est le monde des bactéries) ;
– les **eucaryotes** (ce sont tous les autres êtres vivants, animaux, plantes vertes, champignons)…

Ainsi, la plus grande division dans le monde vivant ne se situe pas entre les plantes et les animaux. Elle se situe entre les organismes à cellules procaryotes et les êtres vivants à cellules eucaryotes.
Les cellules eucaryotes (du grec *eu* = vrai, *karyon* = noyau ou noix) ne diffèrent pas des cellules procaryotes (du préfixe *pro* = avant) par le seul fait qu'elles possèdent un noyau, mais par de nombreux caractères.

Principales différences entre procaryotes et eucaryotes

Procaryotes	Eucaryotes
• Tous sont des organismes microscopiques unicellulaires.	• Ce sont soit des organismes pluricellulaires soit des organismes unicellulaires microscopiques (champignons, levures…).
• Cellules petites (1 à 10 μm)	• Cellules généralement grandes (10 à 100 μm).
• ADN (une seule boucle le plus souvent) libre dans le cytoplasme (il n'y a pas de membrane nucléaire).	• ADN organisé en chromosomes et enfermé dans le noyau.
• Pas de mobilité intracellulaire.	• Importante mobilité intracellulaire.
• Pas d'organites limités par une membrane.	• Organites cellulaires (mitochondries, chloroplastes…).
• Anaérobies stricts et aérobies.	• Ont tous besoin de dioxygène pour vivre (respiration).

Ces deux groupes d'êtres vivants sont un des aspects de la diversification et de la complexification de l'histoire du monde vivant.

Les bactéries procaryotes (comparables aux bactéries actuelles sont apparues dans les océans vers – 3,5 à 4 milliards d'années (ce sont les premiers êtres vivants apparus sur la Terre). Elles se sont beaucoup diversifiées et sont toujours présentes actuellement.

Pendant 2 milliards d'années, ces bactéries restent les seuls organismes habitants de notre planète.

Les premières cellules eucaryotes apparaissent beaucoup plus tard, vers – 1,5 milliard d'années. Ces cellules, beaucoup plus complexes que les cellules procaryotes, donnent naissance à de nombreux organismes pluricellulaires.

On peut dire que l'histoire de la vie « s'emballe » après l'apparition de la cellule eucaryote.

2 La cellule est la plus petite unité de vie

Qu'elles aient une organisation simple comme les cellules bactériennes, ou plus complexe comme les cellules des autres espèces vivantes, toutes les cellules contiennent les éléments nécessaires à une vie autonome :
– de l'information génétique (enfermée ou non dans un noyau) ;
– l'appareillage de synthèse de leurs constituants organiques (en particulier des protéines) ;
– des systèmes producteurs d'énergie (nécessaire au fonctionnement de toute cellule).

La cellule peut donc être définie comme la plus petite « unité de vie ».

Tous les êtres vivants se reproduisent

Tous les êtres vivants sont capables de donner naissance à d'autres êtres vivants de la même espèce : les souris donnent naissance à des souris, les éléphants à des éléphants, les chênes à des chênes… Cette reproduction se réalise selon deux modalités différentes :
– la **reproduction sexuée** ;
– la **reproduction asexuée**.

A La reproduction sexuée

1 Ce mode de reproduction existe chez tous les êtres vivants

En apparence, la reproduction sexuée présente de grandes différences selon les espèces. Ainsi, certains animaux sont **ovipares** (ils pondent des œufs), d'autres sont **vivipares** (les petits sortent vivants du corps de la femelle) ; chez certains, il y a accouplement, chez d'autres non…

Cependant, en dépit de cette diversité apparente, la reproduction sexuée présente une grande unité : c'est le même phénomène chez tous les êtres vivants. Mettre en évidence cette unité est l'un des grands objectifs de l'étude de la reproduction sexuée.

2 Des cellules spéciales pour la reproduction

Dans la reproduction sexuée, les êtres vivants produisent des cellules reproductrices spéciales appelées **cellules sexuelles** (ou **gamètes**). Il existe deux types de gamètes :
– les gamètes mâles ou **spermatozoïdes** ;
– les gamètes femelles ou **ovules**.

3 La fécondation : un phénomène capital

La fécondation (fusion d'un ovule et d'un spermatozoïde) est l'événement central et constant de toute reproduction sexuée. Ce qui peut changer d'une espèce à l'autre, ce sont le lieu où se fait la rencontre des spermatozoïdes et des ovules (**fécondation externe** ou **fécondation interne**) et la façon dont se développe et se nourrit l'embryon.
Au niveau cellulaire, la reproduction sexuée est donc caractérisée par cette égalité bizarre : 1 + 1 = 1 (1 ovule + 1 spermatozoïde = 1 cellule unique, la cellule œuf).
La cellule œuf qui résulte de la fécondation est le point de départ du nouvel individu.

4 Des exemples pour illustrer

– À sa naissance, le nouveau-né humain est formé de 60 000 milliards de cellules. Au départ, il n'y avait qu'une seule cellule, la cellule œuf, qui s'est divisée en 2, 4, 8, 16, 32… cellules.
– En germant, une graine donne une nouvelle plante. Dans toutes les graines, quelle que soit leur taille, il y a un **embryon**. Celui-ci s'est formé à partir d'une cellule œuf qui résulte de l'union d'un ovule et d'un spermatozoïde.

B La reproduction asexuée

1 Quelques exemples

Pour cultiver des pommes de terre, l'agriculteur ne sème pas des graines mais plante des **tubercules**. De même, pour avoir un parterre de fleurs, on ne sème pas des graines de tulipe ou de jacinthe, mais on plante des **bulbes**. Dans tous ces cas, il s'agit de reproduction asexuée.

La reproduction asexuée (encore appelée **multiplication asexuée**) est le processus par lequel un individu donne naissance à deux (ou parfois plusieurs) individus de même espèce sans intervention de phénomènes sexuels, c'est-à-dire sans formation de gamètes et sans fécondation.

Le nouvel individu obtenu par reproduction asexuée ne se forme pas à partir d'une cellule unique (la cellule œuf), mais à partir de plusieurs cellules non spécialisées (un morceau de tige, un fragment de racine, une partie du corps d'un animal…).

2 Ce n'est pas un phénomène général

La reproduction asexuée existe chez un certain nombre de végétaux. Certains exemples sont connus de tous : bouturage, plantation de tubercules de pommes de terre… Elle est beaucoup plus rare chez les animaux.

C Une comparaison riche d'enseignement

1 Deux phénomènes très différents

La reproduction sexuée et la reproduction asexuée sont deux phénomènes indépendants qui ne s'excluent pas et peuvent se produire chez un même individu. Par exemple, on obtient un pied de glaïeul soit en plantant un bulbe soit en semant une graine. Le premier procédé, dont les résultats sont beaucoup plus rapides, est le seul utilisé par le jardinier amateur. Le semis de graines est réservé aux spécialistes qui recherchent de nouvelles variétés de glaïeuls.

2 Une différence capitale

Tous les individus qui naissent par multiplication asexuée sont parfaitement **identiques entre eux** et **identiques à l'animal ou à la plante qui leur a donné naissance**.

Les individus qui naissent par reproduction sexuée sont au contraire **différents les uns des autres**, différents comme le sont les frères et les sœurs nés des mêmes parents. Chacun de ces « enfants » est **une création nouvelle et unique**. En effet, même si les enfants nés du même père et de la même mère ont un « air de famille », aucun d'eux n'est exactement comme le père ou la mère ; ils sont tous différents et sont tous une **« création nouvelle »** qui n'a jamais existé.

Ce fait, capital dans le fonctionnement du « monde vivant », explique **son évolution**. En effet, pour tous les êtres vivants, la reproduction sexuée n'est pas seulement le moyen d'assurer la survie de l'espèce (avant de disparaître, car la durée de vie est limitée, les adultes donnent naissance à des jeunes qui grandissent et se reproduisent à leur tour), mais c'est l'occasion d'assurer le **brassage de l'information génétique** et donc de créer des individus nouveaux qui assurent la variabilité et l'évolution des espèces.

Remarque :
La reproduction sexuée n'est pas à proprement parler une « reproduction » (au même titre qu'une photocopie). C'est pourquoi les scientifiques emploient à son sujet le terme « procréation » (c'est-à-dire une création nouvelle).

Nous verrons plus loin :
– pourquoi chaque naissance est une création nouvelle ;
– pourquoi un tel mécanisme permet l'évolution du monde vivant.

Tous les êtres vivants ont les mêmes constituants chimiques

Tous les êtres vivants (un homme, une puce, un éléphant, une abeille, un ver de terre, un chêne, un roseau, une bactérie…) ont à peu près la même composition chimique (***fig. 3***). Cette caractéristique est un aspect fondamental de l'unité des êtres vivants.

• **Trois idées importantes doivent être soulignées.**

– Un être vivant est composé d'une **série limitée d'éléments chimiques** dont six (carbone, hydrogène, oxygène, azote, phosphore et soufre) constituent plus de 99 % de son poids !

Tous les êtres vivants sont faits des mêmes constituants chimiques

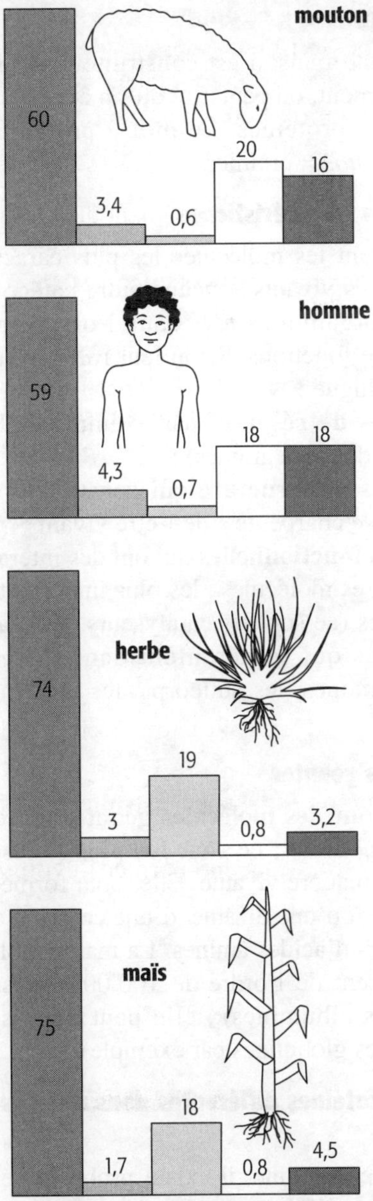

Les principaux glucides

	Formule chimique	Principaux glucides	Il y en a dans…
Oses	$C_6H_{12}O_6$ représentation symbolique 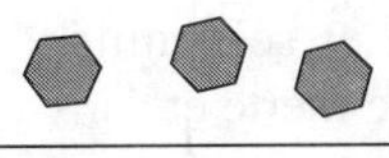	glucose fructose	les fruits
		galactose	le lait
Diosides	$C_{12}H_{22}O_{11}$ représentation symbolique 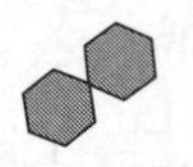	saccharose	la betterave et la canne à sucre
		maltose	l'orge germé
		lactose	le lait
Polyosides	$(C_6H_{10}O_5)\ n$ représentation symbolique 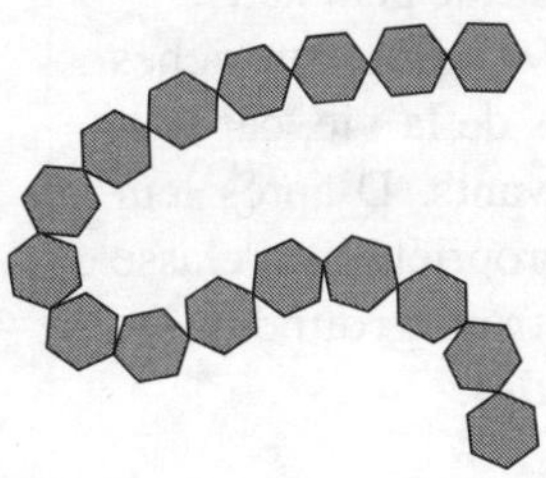	amidon	les réserves des végétaux (pommes de terre, céréales…)
		cellulose	la paroi des cellules végétales
		glycogène	les réserves des cellules animales

Lexique

- **Matière organique :** constituants chimiques caractéristiques des êtres vivants. C'est « la matière des organes », d'où son nom. Compte tenu de sa richesse en carbone, la matière organique est aussi appelée « matière carbonée ». On distingue trois groupes de constituants organiques : les glucides, les lipides, les protides.
- **Glucides :** sucres et amidon.
- **Lipides :** matières grasses.
- **Protides** (= protéines) : constituant abondant dans les aliments d'origine animale.

Fig. 3 Quelles conclusions peut-on dégager de l'analyse de l'ensemble de ces documents ?

– La substance la plus abondante d'un être vivant n'a absolument rien de spécial : il s'agit de l'**eau**, mais l'eau possède des propriétés uniques.
– La matière vivante est caractérisée par l'association en **grosses molécules organiques** des éléments carbone, hydrogène, oxygène, azote. Parmi tous les éléments chimiques de la Terre, le carbone a un caractère exceptionnel : la capacité à former avec d'autres éléments de très grosses molécules ; ainsi la chimie des êtres vivants est-elle fondée sur celle des composés carbonés.

• **La matière vivante est formée de substances minérales et de substances organiques.**

– Les **substances minérales** (eau et sels minéraux) existent à la fois dans le monde inerte et dans le monde vivant.
L'**eau** représente 70 à 80 % du poids frais de la plupart des organismes. Une partie importante de l'eau est dite libre (eau du sang, de la lymphe, des sucs digestifs, des vacuoles des cellules...). Le reste est lié aux autres molécules de la matière vivante.
Les **sels minéraux** (chlorures, sulfates, phosphates, sels de calcium...) peuvent facilement être mis en évidence dans le sérum sanguin, l'urine, le petit lait...
– Les **substances organiques**, constituants riches en carbone, sont caractéristiques de la vie, car toujours élaborées par les êtres vivants. D'après leur composition chimique et leurs propriétés, on classe les substances organiques en trois groupes : les **protides,** les **glucides** et les **lipides**.

A Les protides

Les molécules de protides sont formées par l'association de quatre éléments chimiques (carbone, hydrogène, oxygène, azote) auxquels s'ajoutent des éléments complémentaires tels que soufre et phosphore. Parmi les protides, on distingue les **acides aminés** et les **protéines**.

1 Les acides aminés

Ce sont les molécules protidiques les plus simples. À titre d'illustration, voici la formule chimique d'un acide aminé (l'alanine). On peut constater que cet acide aminé est formé de carbone, oxygène, hydrogène et azote.

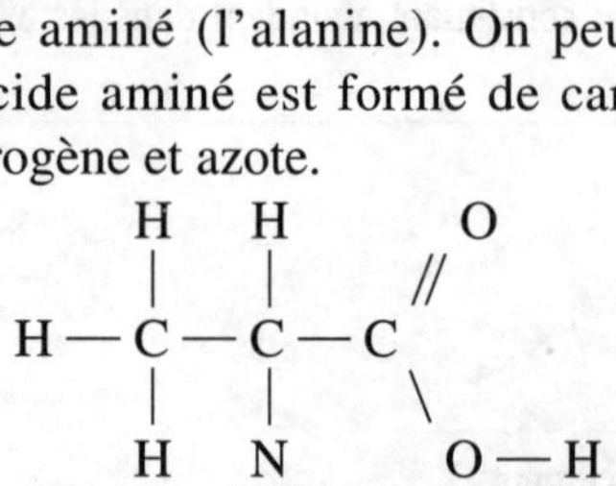

Fait capital : La matière vivante ne contient que **20 acides aminés différents**, les mêmes dans tout le monde vivant (***fig. 4***).

2 Les protéines

De même qu'une maison est construite avec des briques et du ciment, on peut dire qu'un être vivant est constitué de protéines. Le mot « protéine » vient du grec *protos* = premier.

a. Des molécules caractéristiques

Les protéines sont les molécules les plus caractéristiques des êtres vivants : aucune autre catégorie de molécules organiques n'a, dans l'organisme vivant, autant de fonctions. Selon leur rôle physiologique, on distingue :
– des **protéines de réserve** (par exemple celles que l'on trouve dans les graines) ;
– des **protéines de structure** qui constituent en quelque sorte la « charpente » de l'être vivant ;
– des **protéines fonctionnelles** qui ont des interactions avec d'autres molécules ; les plus importantes sont les enzymes (ce sont les catalyseurs des réactions chimiques qui se déroulent dans l'organisme), les hormones, les anticorps, les protéines de transport...

b. Des molécules géantes

Les **protéines sont des molécules géantes** (on dit des **macromolécules**) ; ce sont les plus grosses molécules de la matière vivante. Elles sont formées de l'enchaînement d'une dizaine, d'une centaine ou même de milliers d'acides aminés. La masse moléculaire est souvent de l'ordre de 100 000 (masse moléculaire des albumines) ; elle peut dépasser 1 million (pour les globulines par exemple).

c. Vingt mille protéines différentes dans une seule cellule

Dans une cellule humaine, il existe probablement **20 000 protéines différentes**. Bien entendu, une protéine donnée existe souvent en un très grand nombre d'exemplaires, et chaque type de protéine a un rôle déterminé. Ajoutons que toutes les protéines de tous les êtres vivants dans le monde, quelles que soient leur taille et leur fonction, sont constituées des mêmes 20 acides aminés. On retrouve partout ces mêmes 20 « briques » de construction.

Fait capital : Les différentes protéines (albumines, collagène, insuline, hormone de croissance, anticorps, caséine du lait, kératine des ongles, hémoglobine...) diffèrent les unes des autres par le **nombre** des acides aminés qui les composent et par l'**ordre** de leur enchaînement.

Informations pour l'enseignant

La construction d'une protéine

■ Qu'est-ce qu'une protéine ?

À titre d'exemple, une protéine formée de 191 acides aminés :

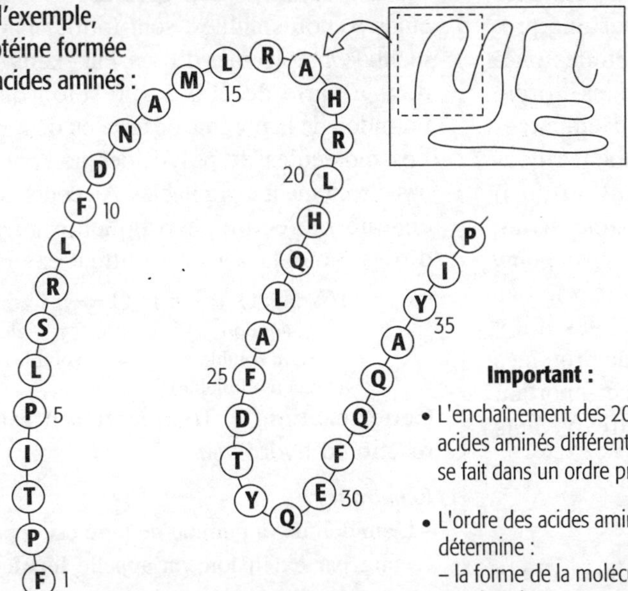

Important :

- L'enchaînement des 20 acides aminés différents se fait dans un ordre précis.
- L'ordre des acides aminés détermine :
  – la forme de la molécule ;
  – sa fonction.

Il existe **20 acides aminés** différents. Pour les désigner plus facilement, on utilise un symbole :

Nom	Symbole
Acide aspartique	D
Acide glutamique	E
Alanine	A
Arginine	R
Asparagine	N
Cystéine	C
Glutamine	Q
Glycine	G
Histidine	H
Isoleucine	I
Leucine	L
Lysine	K
Méthionine	M
Phénylalanine	F
Proline	P
Sérine	S
Thréonine	T
Tryptophane	W
Tyrosine	Y
Valine	V

■ La construction d'une protéine

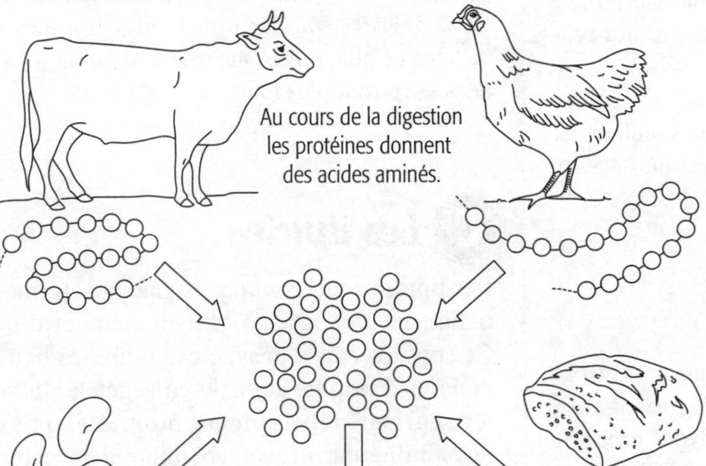

À retenir

La synthèse des protéines est une opération fondamentale de la vie cellulaire.

Le programme génétique d'une cellule renferme les plans de fabrication de toutes les protéines (enzymatiques et de structure).

La vie d'une cellule dépend donc de sa capacité à synthétiser toutes les enzymes qui catalysent les réactions chimiques du métabolisme cellulaire.

Fig. 4 La synthèse d'une protéine nécessite un « plan de fabrication » qui donne des indications précises sur l'ordre des différents acides aminés.

L'ordre dans lequel s'enchaînent ces acides aminés détermine la structure de la protéine (et donc sa forme) et lui confère sa fonction (la fonction dépend de la structure de la molécule).

Pour un être vivant, **synthétiser une protéine** consiste donc à assembler des acides aminés dans un ordre correct, toujours le même pour une protéine donnée et ceci dans toutes les cellules où a lieu cette synthèse (une seule erreur dans l'ordre des acides aminés peut avoir des conséquences dramatiques). Comment cet enchaînement rigoureux est-il possible ? On sait aujourd'hui qu'il existe dans chaque cellule d'un organisme vivant des « plans de fabrication » des protéines (on pourrait dire aussi des « plans de montage »). Les mêmes plans existent dans toutes les cellules et il y a autant de plans de montage qu'il y a de protéines différentes. Nous retrouverons cet aspect important de la biologie dans la partie 3 « Les êtres vivants se reproduisent ».

Remarques

1. On distingue deux groupes de protéines :
– les **holoprotéines** constituées uniquement d'une chaîne d'acides aminés ;
– les **hétéroprotéines** formées d'une ou plusieurs chaînes d'acides aminés, associées à d'autres substances. C'est le cas par exemple de l'**hémoglobine** (une substance riche en fer appelée **hème** est associée à des molécules protéiques appelées **globines**).

2. On appelle **peptides** des chaînes courtes d'acides aminés (oligopeptides si le nombre d'acides aminés est inférieur à 10, polypeptides si le nombre est plus élevé).

B Les glucides

Les glucides sont formés par l'association de trois éléments chimiques : le carbone, l'hydrogène, l'oxygène. La ***figure 3*** présente les trois groupes de glucides avec leur représentation symbolique.

– Les **oses** (parmi lesquels il faut connaître le glucose dont la formule chimique est $C_6H_{12}O_6$) sont des sucres solubles, directement assimilables (ingérés par l'homme, ils franchissent sans transformation la paroi intestinale et passent donc dans le sang).

– Les **diosides** (parmi lesquels le saccharose, poudre blanche que l'on utilise pour sucrer les aliments) sont des sucres solubles, non directement assimilables ; ils passent dans le sang après rupture de la molécule en deux molécules d'oses selon la réaction :

$$\underset{\text{sucre non directement assimilable}}{\text{dioside}} + H_2O \rightarrow \underset{\text{sucres assimilables}}{\text{2 molécules d'oses}}$$

$$\underset{\text{saccharose}}{C_{12}H_{22}O_{11}} + H_2O \rightarrow \underset{\text{glucose}}{C_6H_{12}O_6 + C_6H_{12}O_6}$$

La réaction chimique qui vient d'être écrite fait intervenir une molécule d'eau, c'est une réaction d'**hydrolyse**.

– Les **polyosides** ou glucides à « grosses molécules », non solubles, sont formés par le regroupement de *n* molécules d'oses. Par exemple pour l'amidon, *n* varie de 200 à 900 selon qu'il s'agit de l'amidon de la pomme de terre ou de l'amidon de blé. Les molécules de polyosides ne sont évidemment pas directement assimilables. Au cours de la **digestion**, chaque molécule se fragmente en *n* molécules d'oses. Voici la réaction à titre d'exemple :

$$\underset{\text{amidon (non soluble et non assimilable)}}{(C_6H_{10}O_5)_n} + n\,H_2O \rightarrow \underset{\text{glucose (soluble assimilable)}}{n\,C_6H_{12}O_6}$$

Cette réaction de fragmentation est encore une réaction d'hydrolyse.

Remarques :

– L'amidon de la pomme de terre est appelé **fécule**. De ce fait, par extension, on appelle **féculents** toutes les substances alimentaires riches en amidon.
– Le **glycogène** est le glucide de réserve des cellules animales. Il a la même formule que l'amidon, c'est pourquoi on l'appelle parfois « amidon animal ».
– Les glucides sont les « molécules alimentaires » des cellules et plus précisément leur « carburant » comme nous le verrons plus loin.

C Les lipides

Les lipides sont, comme les glucides, formés essentiellement de carbone, d'hydrogène et d'oxygène. Ce sont **les corps gras**, c'est-à-dire les huiles et les graisses d'origine animale ou végétale. Ils se caractérisent surtout par leurs propriétés physiques : insolubilité dans l'eau, solubilité dans certains solvants tels que le benzène.

Par hydrolyse, les lipides se transforment en glycérol et acides gras (acide oléique, acide palmitique, acide stéarique…).

Des substances plus complexes, telles que le cholestérol, la lécithine du jaune d'œuf, sont également classées parmi les lipides.

La fonction la plus importante des lipides est liée à la place qu'ils occupent dans la constitution des membranes cellulaires.

En résumé

L'un des aspects importants de l'unité des êtres vivants est **l'unité de leur constitution chimique**

que l'on peut résumer ainsi : d'abord les mêmes atomes pour tous, ensuite l'assemblage en molécules et les mêmes types de molécules pour tous. Ces molécules sont groupées en **sociétés de molécules** qui constituent les cellules (une petite goutte de cytoplasme est en grande partie constituée de protéines, molécules les plus caractéristiques des êtres vivants).
La matière vivante est constituée pour plus de 90 % de carbone, d'hydrogène, d'oxygène et d'azote : des atomes de nature bien banale et sans grande « valeur ». Et pourtant, cette matière vivante peut être un enfant qui joue, chante, rit ou pleure, et qui n'a bien sûr pas de prix à nos yeux. Pourquoi cette différence entre la « matière première » et la « construction terminée » ? La richesse de la matière vivante repose essentiellement sur :
– la **grande diversité des espèces moléculaires** qui composent une cellule ;
– la grande complexité de ces molécules qui exercent des **fonctions précises** (défense de l'organisme contre les microbes dans le cas des anticorps, catalyse des réactions chimiques dans le cas des enzymes…) ;
– les **communications** entre ces molécules qui assurent le fonctionnement de l'ensemble.

***Remarque* :**
Nous n'avons pas parlé d'une autre famille de molécules organiques, les **nucléotides**. Ce sont les constituants de base de molécules dont nous verrons l'importance ultérieurement : l'**ADN** (acide désoxyribonucléique) et l'**ARN** (acide ribonucléique). Nous verrons en particulier que l'ADN contient les « plans de montage » des molécules de protéines ; elle a donc un rôle considérable dans la conservation de l'information génétique.

D'autres aspects du monde vivant

A Les êtres vivants construisent de la matière vivante

Au cours de sa vie, une plante chlorophyllienne (un arbre, un pied de maïs…) grandit, grossit et donc produit de la matière vivante. Il en est de même pour un animal, quel qu'il soit. Les êtres vivants sont donc des **producteurs de matière vivante** (on pourrait dire des **fabricants** de matière vivante).

Dans tous les cas, la **matière produite est la même**. En effet, les animaux et les végétaux verts sont formés des **mêmes constituants organiques** (protides, glucides, lipides) caractéristiques de la vie, car toujours élaborés par des êtres vivants. Les êtres vivants sont donc des **producteurs de matière organique**.

Entre les végétaux chlorophylliens et les animaux, il y a cependant une différence fondamentale :
– les plantes vertes font la synthèse de leurs constituants organiques à partir de substances minérales (elles sont **autotrophes**) ;
– les animaux font la synthèse de leurs constituants organiques à partir des constituants organiques de leurs aliments (ils sont **hétérotrophes**).

Les plantes chlorophylliennes sont appelées **producteurs primaires**. Les animaux sont des producteurs secondaires. On les appelle également des **consommateurs** (c'est-à-dire consommateurs de matière organique).

Nous verrons plus loin que le fonctionnement du monde vivant repose sur la dualité autotrophie/hétérotrophie.

B Les êtres vivants sont des convertisseurs d'énergie

Tous les êtres vivants, même les plus petits microbes, ont en permanence **besoin d'énergie** pour :
– réaliser la **construction** de leur matière vivante (construire coûte cher en énergie !) ;
– assurer les **remaniements incessants** de cette matière vivante (dans un organisme adulte, dont le poids reste constant, il y a constamment destruction et construction de nouvelle matière) ;
– assurer la remise en ordre dans chacune des cellules.

De plus, chez les animaux s'ajoutent d'importantes dépenses énergétiques pour réaliser les **déplacements** (le travail mécanique est coûteux du point de vue énergétique) et maintenir constante la température du corps dans le cas des **homéothermes** (animaux dont la température interne du corps est constante).

Chaque **cellule** d'un organisme vivant a donc, en permanence, besoin d'énergie.

Comment se procure-t-elle cette énergie ?

Chapitre 2

Les cycles de développement

Construire le cycle de développement d'un être vivant, c'est raconter l'histoire d'un animal, d'une plante, d'une bactérie... Comparer les cycles de développement d'êtres vivants d'espèces différentes permet de découvrir des notions fondamentales sur le fonctionnement du monde vivant.
Le monde vivant est constitué d'êtres vivants dont la durée de vie est limitée. Une souris (une truite, un cerisier, un papillon, une grenouille...) naît, grandit, se reproduit, vieillit et meurt. Quelle que soit la durée de leur vie (30 minutes pour certains microorganismes, plusieurs millénaires pour certains arbres), les êtres vivants changent au cours du temps mais présentent la même succession de phases.

Le mode de naissance varie selon les espèces. La croissance, qui correspond à une augmentation irréversible de taille et de poids, s'arrête, pour la plupart, autour de la maturité sexuelle. Cependant, les arbres grandissent toute leur vie mais de façon discontinue.

Pour chaque espèce, on peut établir un « dessin » qui résume les caractéristiques les plus marquantes de sa vie. Sur un dessin, on ne peut pas tout dire : on privilégie telle ou telle information (***fig. 1 et 2***). Ainsi, pour une même espèce, on peut dessiner son cycle de développement de manière différente : l'important est de pouvoir expliquer les raisons de son choix, de pouvoir expliciter ce qu'on a voulu dire.

Par exemple :
– Un cycle de développement met en évidence que la reproduction assure la descendance et donc le maintien de l'espèce. Ce n'est évidemment pas le même animal ou la même plante qui recommence une nouvelle vie. En effet, la vie d'un individu n'est pas un éternel recommencement ; elle est caractérisée par un début et une fin. La mort est le terme inéluctable de l'existence d'un organisme vivant.
– Dans le cas des espèces fixées (la plupart des plantes, certains animaux...), la reproduction sexuée offre une phase permettant la dissémination de l'espèce.
– La comparaison entre différents cycles de développement souligne l'unité du monde vivant et exprime des notions tout à fait accessibles aux enfants.

La « construction » d'un cycle avec les élèves est la traduction d'une « histoire ». Pour l'établir, il faut privilégier l'observation directe et régulière du développement d'animaux (petits élevages) ou de plantes (cultures dans la classe, réalisation d'un jardin d'école). Les étapes non visibles par l'observation (par exemple la vie de l'embryon dans l'utérus maternel ou le développement du poussin à l'intérieur de l'œuf) sont introduites à l'aide de documents.
La lecture des cycles de développement de différentes espèces et leur comparaison est un exercice indispensable. Ceci explique l'abondante illustration de ce chapitre.

Informations pour l'enseignant

Les cycles présentés en exemple ne retiennent qu'une information limitée. On pourrait bien sûr les enrichir par des compléments portant sur tel ou tel aspect.

A Dans tous les cas, il y a reproduction sexuée

1 La fécondation

En dépit d'une grande diversité, la reproduction des animaux et des autres êtres vivants est le même phénomène. Dans tous les cas, il y a **fécondation** (union d'un gamète mâle et d'un gamète femelle). La **cellule œuf** qui en résulte est le point de départ du nouvel être vivant, que ce soit une grenouille ou un chêne de la forêt. Chez les animaux ovipares, l'œuf se développe hors du corps de la femelle. Chez les animaux vivipares, l'œuf se développe à l'intérieur du corps de la femelle.

2 Le cycle de vie d'une plante à spores

Certains groupes d'êtres vivants ne fleurissent pas (fougères, mousses, algues, lichens). Il existe, pour tous ces êtres vivants, un mode de reproduction sexuée avec formation de gamètes, fécondation et formation d'une cellule œuf. Le document de la ***figure 3*** propose, à titre d'exemple, la reproduction sexuée d'une mousse. On ne retiendra de cet exemple que quelques idées :

– la pluie est nécessaire à la fécondation (les gamètes mâles nagent dans l'eau) ; la fécondation est dite aquatique ,

– la cellule œuf ne donne pas naissance directement à un nouveau pied de mousse mais à un organe transitoire qui libère des milliers de **spores**. Une spore, en germant, redonne un nouveau pied de mousse. La formation de spores assure donc la multiplication et le transport de la plante.

En bref, on retrouve donc chez les mousses, plantes à spores, les étapes fondamentales de la reproduction sexuée. La fécondation chez les mousses rappelle d'ailleurs beaucoup celle des animaux (les gamètes mâles nagent vers les gamètes femelles immobiles). La ***figure 3*** présente un autres exemple de plante à spores : une fougère.
L'analyse de la ***figure 3*** permet des comparaisons intéressantes.

3 La conquête de nouveaux milieux

La plupart des animaux disposent de un ou plusieurs modes de déplacement. Ils peuvent donc « aller ailleurs » trouver des conditions de vie meilleures, conquérir de nouveaux espaces. Ce n'est pas le cas pour les végétaux et pour certains animaux (comme les moules ou les huîtres) qui sont fixés et donc immobiles. La reproduction sexuée offre une occasion unique d'assurer la « colonisation » d'espaces vierges.

a. Les spores

Les **spores** (du grec *spora* = semence) sont les organes de dispersion des mousses, des fougères, des champignons… Les spores sont de très petite taille (1 à 15 millimètres) ; elles sont très légères et peuvent aisément être transportées à de grandes distances par l'air ou par l'eau, ou être transportées par les animaux.
Elles sont toujours produites en nombre étonnamment élevé. On a calculé par exemple que certaines vesses-de-loup pouvaient en produire sept millions de millions (soit 7 suivi de 12 zéros). Une fois libérées, après une phase de dormance plus ou moins longue, les spores germent dès qu'elles rencontrent des conditions favorables.
En réalité, en dépit d'une longévité étonnante (2 ans pour les spores de la moisissure du pain, 20 ans pour celles de la moisissure de la confiture, 50 ans pour d'autres), il n'y a dans la nature qu'un nombre dérisoire de spores qui germent. Pour le rosé des prés, on a établi qu'une seule spore sur deux milliards trouve les conditions favorables à sa germination et qu'une seule fois sur dix ce mycélium va jusqu'à son complet développement. Ainsi une spore sur vingt milliards aboutit à la naissance d'un champignon. Ce gaspillage est le plus énorme de tout le monde vivant.

b. Les graines

Les plantes à fleurs (ou angiospermes) et les conifères (ou gymnospermes) produisent des **graines**.
Les graines sont des organes étonnants :

– chaque graine contient une plante miniature (un embryon) prête à se développer si on lui offre des conditions favorables (notamment de l'eau) ;

– chaque graine est à l'état de vie ralentie et peut attendre pendant des années avant de se développer ;

– la graine est donc une forme de transport qui permet un changement de milieu de vie.

Ajoutez à cela que de nombreuses graines présentent un dispositif qui favorise leur dispersion par le vent, par les animaux ou par l'eau.

Informations pour l'enseignant

La construction du cycle de développement d'un animal ovipare

Ces deux documents présentent la même histoire, celle du développement de la truite, de l'œuf à l'adulte. La présentation est différente, mais il suffit de découper les images du document du haut et de les coller sous forme d'un cycle (document du bas).

Un point important à préciser : d'où vient l'œuf ? Pour faire un bébé, il faut être deux : la femelle pond des ovules ; ces derniers sont fécondés par le mâle.

■ L'histoire d'une jeune truite

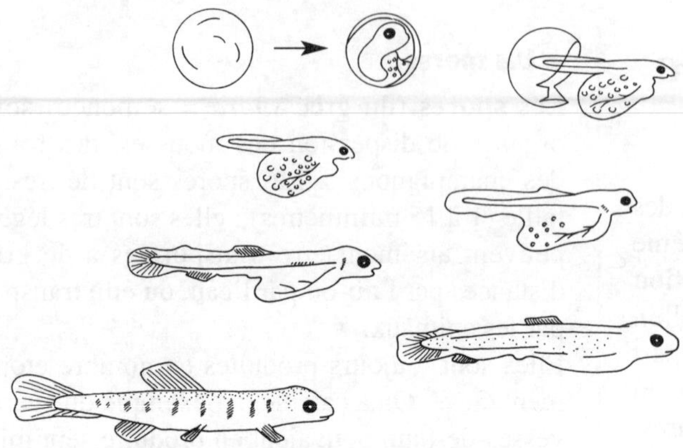

L'alevin de poisson est issu d'un œuf pondu dans l'eau ; il ne quittera jamais ce milieu. Sa croissance continue ne s'accompagne d'aucune modification importante de forme. Toutefois, certains alevins, comme ceux de la truite, naissent avec une poche ventrale pleine de réserves, qui se résorbe peu à peu.

Tous ces dessins sont à la même échelle.

- Dessine des flèches pour raconter l'histoire.
- Écris sous chacun des dessins les mots qui conviennent : œuf, éclosion de l'œuf, jeune alevin, jeune truite.

■ Une présentation en forme de cycle

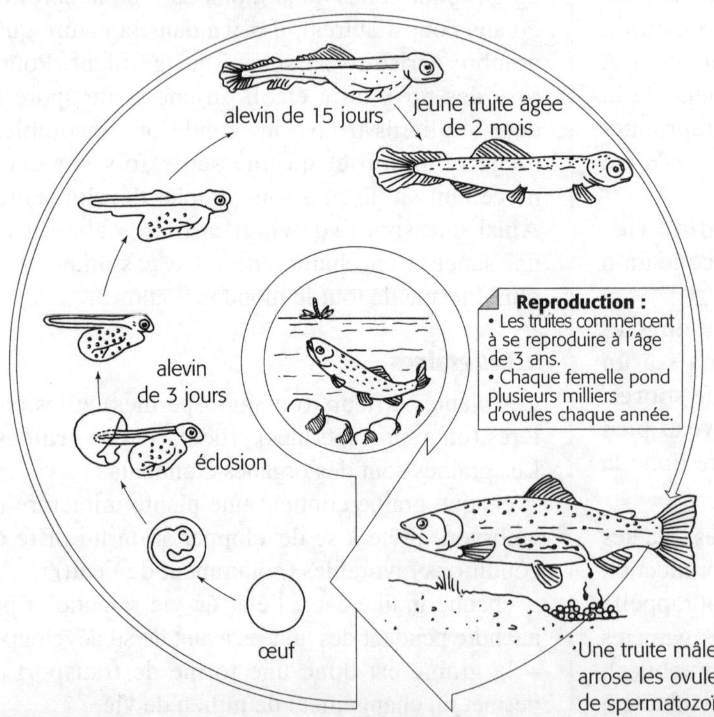

Reproduction :
- Les truites commencent à se reproduire à l'âge de 3 ans.
- Chaque femelle pond plusieurs milliers d'ovules chaque année.

Mots importants
- œuf
- alevin
- fécondation
- ovule
- spermatozoïde

Fig. 1 La vie d'une truite commence par un œuf. Qui a pondu cet œuf ? Pourquoi parle-t-on de reproduction sexuée ?

La construction du cycle de développement d'un animal vivipare

■ L'histoire d'une souris

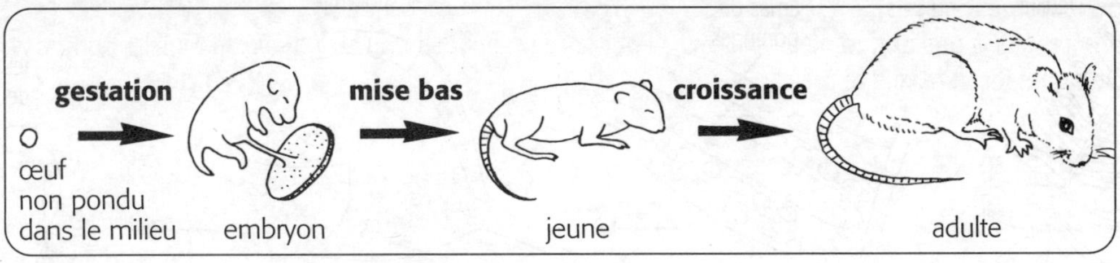

La vie de la souris ne commence pas le jour de sa naissance, mais 21 jours plus tôt.

■ Une présentation en forme de cycle

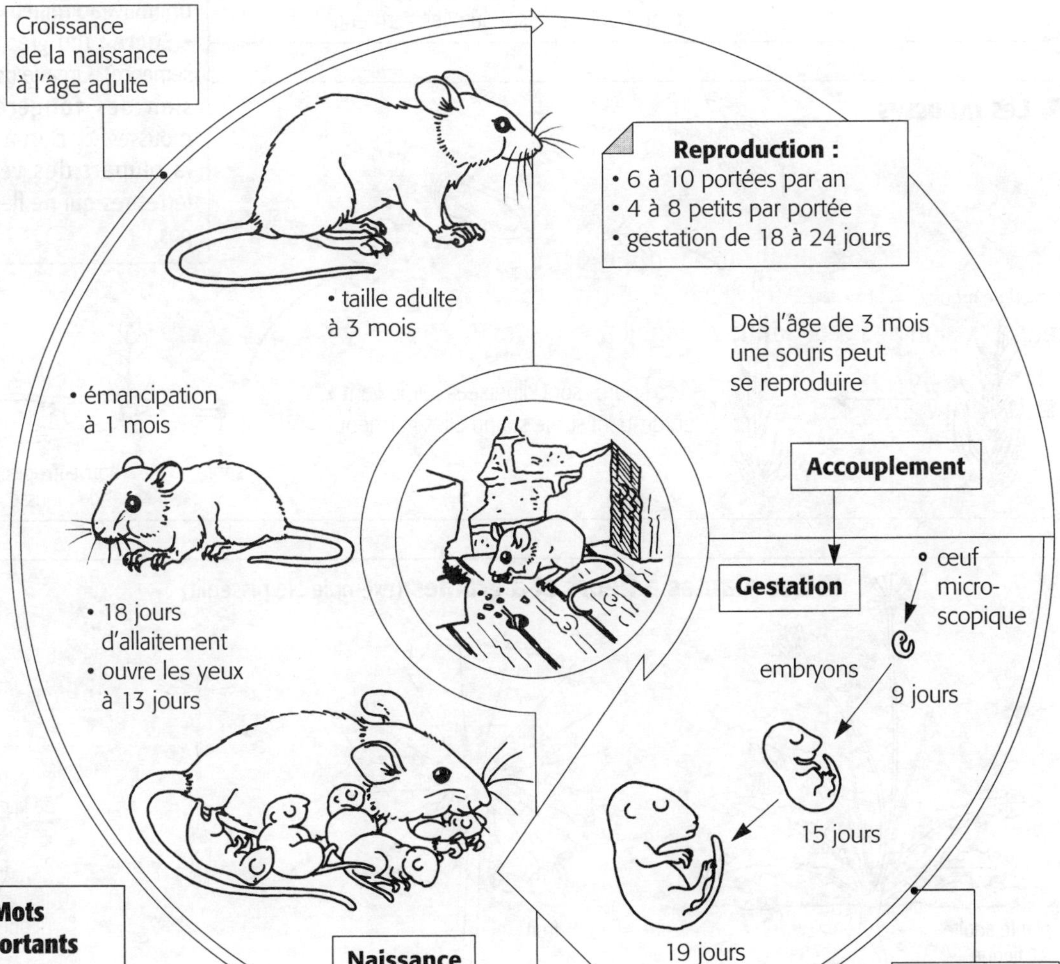

Mots importants

- œuf
- gestation
- allaitement
- vivipare
- accouplement

Fig. 2 Quelles informations fournit ce cycle de vie ? Comparez avec le cycle de la truite.

Comment des êtres vivants fixés peuvent-ils coloniser des espaces lointains ?

■ Les fougères (exemple : polypode)

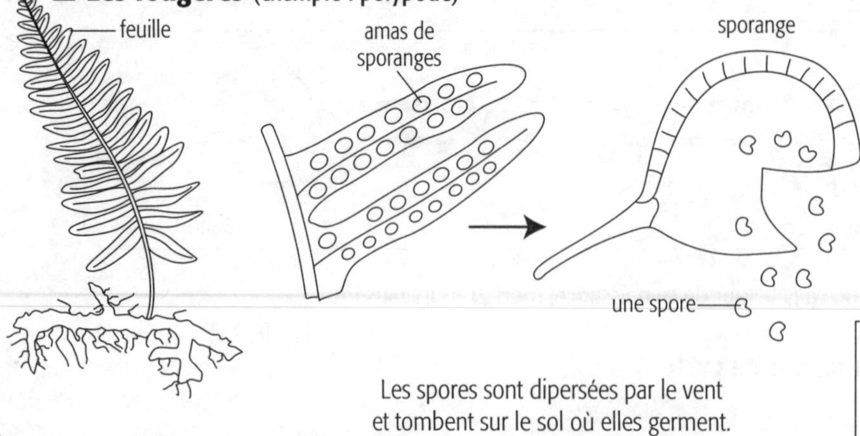

- **Colonisation :** installation des êtres vivants dans un nouveau milieu.
- **Spore :** (du grec *spora* = semence). Organe de dispersion des fougères, des mousses…, c'est-à-dire de la plupart des végétaux terrestres qui ne fleurissent pas.

■ Les mousses

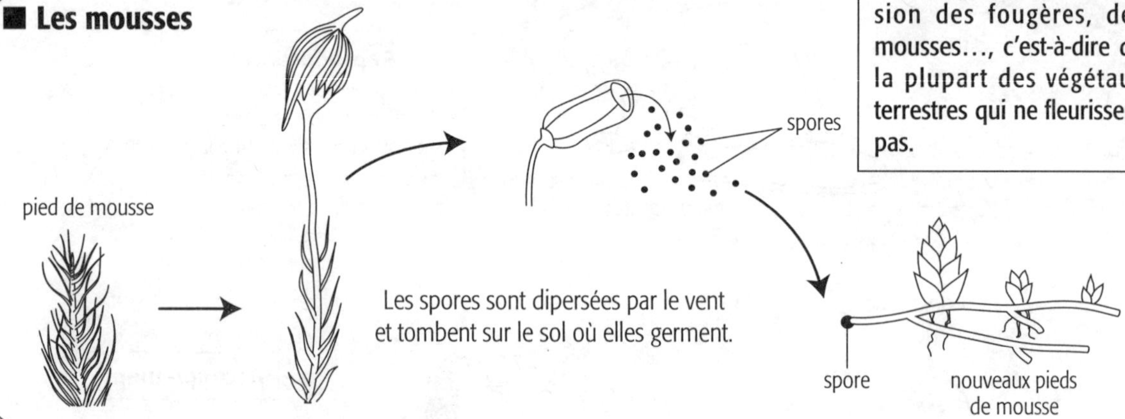

■ Les plantes à fleurs et à graines (exemple : le pissenlit)

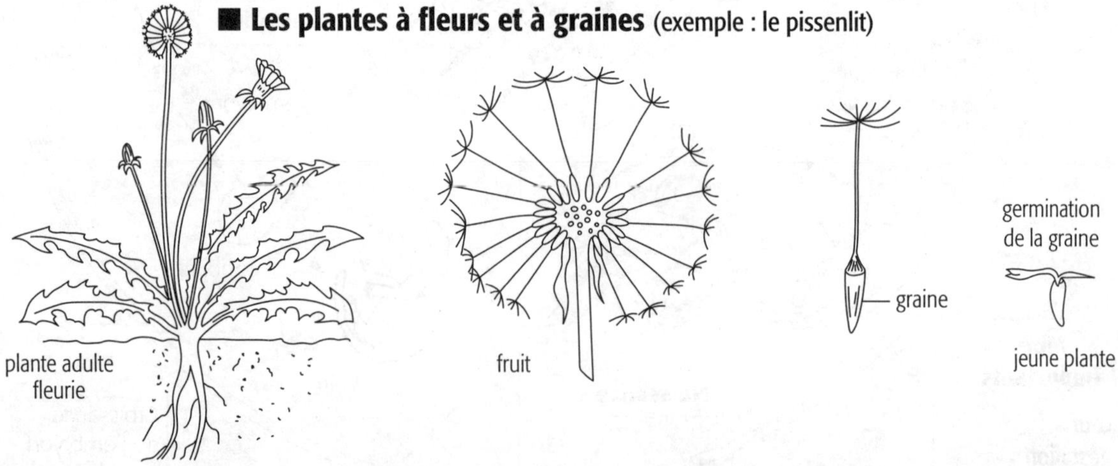

Fig. 3 Certaines plantes se reproduisent en donnant des graines (ce sont les plantes à fleurs et les conifères). D'autres ne produisent pas de graines, mais produisent des spores. C'est le cas des fougères, des mousses, des champignons. Ce document a pour objet de montrer que les graines et les spores sont des formes de dispersion de plantes fixées. Ce que le document ne montre pas, c'est qu'il s'agit dans tous les cas d'une reproduction sexuée.

Le cycle de vie d'une grenouille

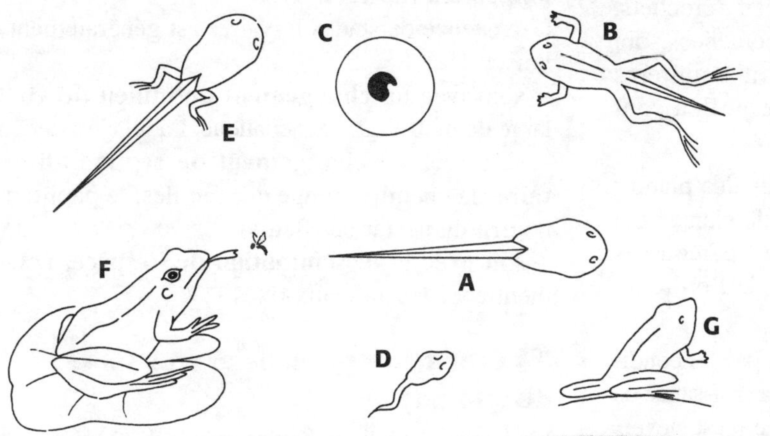

Des têtards sont élevés quelques jours dans l'aquarium de la classe avant d'être remis dans la mare.

À l'éclosion, le jeune têtard reste deux ou trois jours fixé à une plante aquatique, puis il se met à nager. Il respire grâce à des branchies. Lorsqu'il est muni de quatre pattes, il commence à sortir de l'eau et respire par des poumons. Le têtard, animal aquatique, s'est progressivement transformé en grenouille capable de vivre hors de l'eau.

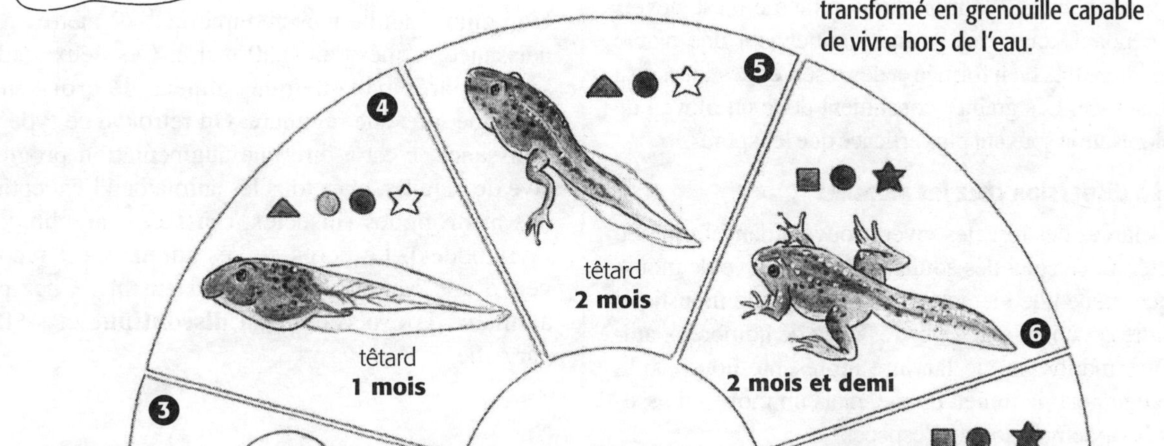

Fig. 4 Le têtard de grenouille subit des modifications très importantes en rapport avec un changement de milieu de vie. Lesquelles ? Ces changements constituent les métamorphoses.

• **Par le vent :** il s'agit de semences de petite taille, munies d'un dispositif qui améliore la prise au vent (poils, ailes…).

• **Par les animaux :** Les animaux transportent à leur insu les semences qui se fixent dans les poils ou les plumes grâce à un système adhésif (crochets, substance collante). Les porteurs de semences sont le plus souvent des oiseaux ou des mammifères alors que les porteurs de grains de pollen sont généralement des insectes.

• **Par l'eau :** l'eau transporte les graines des plantes aquatiques telles que le nénuphar ou de plantes qui vivent au bord de l'eau. Les distances parcourues par les semences sont très variables, de l'ordre du mètre à celui du millier de kilomètres.

Toutes les graines produites ne trouvent pas les conditions favorables à la germination puis à la croissance de la jeune plante, et la mortalité « infantile » est élevée. Cependant, toutes les graines contiennent une plante miniature très bien formée et des réserves destinées à sa croissance. Les graines constituent donc un moyen de colonisation souvent plus efficace que les spores.

c. La dispersion chez les animaux

Les larves des insectes vivent souvent dans un milieu différent de celui des adultes. Ainsi, la larve de moustique mène une vie aquatique alors que le moustique adulte est un animal terrestre. Chez de nombreux animaux marins, la vie larvaire représente non pas un changement de milieu de vie, mais un moyen d'assurer la dissémination de l'espèce.

B Qu'appelle-t-on métamorphose ?

Un jeune chat ou un lézard qui vient de naître… ressemblent déjà à un chat ou à un lézard adultes. Ce n'est pas le cas de tous les animaux. Une chenille deviendra un papillon, un têtard se transformera peu à peu en grenouille.

Certains animaux connaissent, au cours de leur croissance, des modifications très importantes de forme et de mode de vie. On dit qu'ils subissent des **métamorphoses**. On donne le nom de **larve** à un jeune animal dont l'aspect est très différent de celui de l'adulte.

1 Développement direct et développement indirect

Chez certains animaux, la croissance ne s'accompagne d'aucune modification importante de forme, il y a **développement direct**.

Chez d'autres espèces (grenouille, moule, huître, doryphore, moustique…), les jeunes à la naissance sont très différents des adultes. Ce sont des larves. Au cours de leur croissance, ces larves subissent des métamorphoses. Ces animaux sont dits à **développement indirect**.

L'existence de stades larvaires est généralement en liaison :

– soit avec un **changement de milieu de vie** (la larve de moustique est aquatique, l'adulte est aérien) ;

– soit avec un **changement de régime alimentaire** (la chenille mange des feuilles, le papillon se nourrit du nectar des fleurs) ;

– soit avec la **dissémination de l'espèce**, notamment chez les animaux fixés.

2 Croissance continue et croissance discontinue

Un homme adulte mesure environ 1,70 mètre ; à la naissance, il mesurait 0,50 mètre. Ces deux stades sont séparés par quelques années de croissance continue, presque régulière. On retrouve ce type de croissance, c'est-à-dire une augmentation progressive de la taille, chez tous les animaux à l'exception des arthropodes (insectes, crustacés, arachnides, myriapodes). Le corps de ces animaux est recouvert d'une carapace rigide, inextensible. Chez ces animaux, la **croissance** est **discontinue** et se fait par paliers.

Des activités possibles

Pour établir le cycle de développement ou le cycle de vie d'un être vivant, il faut connaître les différentes étapes de sa vie et être capable de les ordonner. Pour cela, il est nécessaire de proposer aux enfants des activités qui leur permettent d'observer plusieurs étapes de la vie d'un animal ou de celle d'une plante. Si toutes les étapes ne sont pas observables, le recours à des documents (photographies, dessins, textes…) complète les observations réelles.

A Des élevages d'insectes

L'élevage d'un insecte à métamorphose complète et celui d'un insecte à métamorphose progressive est tout à fait souhaitable. Voici quelques exemples faciles à mettre en œuvre dans une classe.

Document pour l'élève

Le cycle de vie d'un papillon

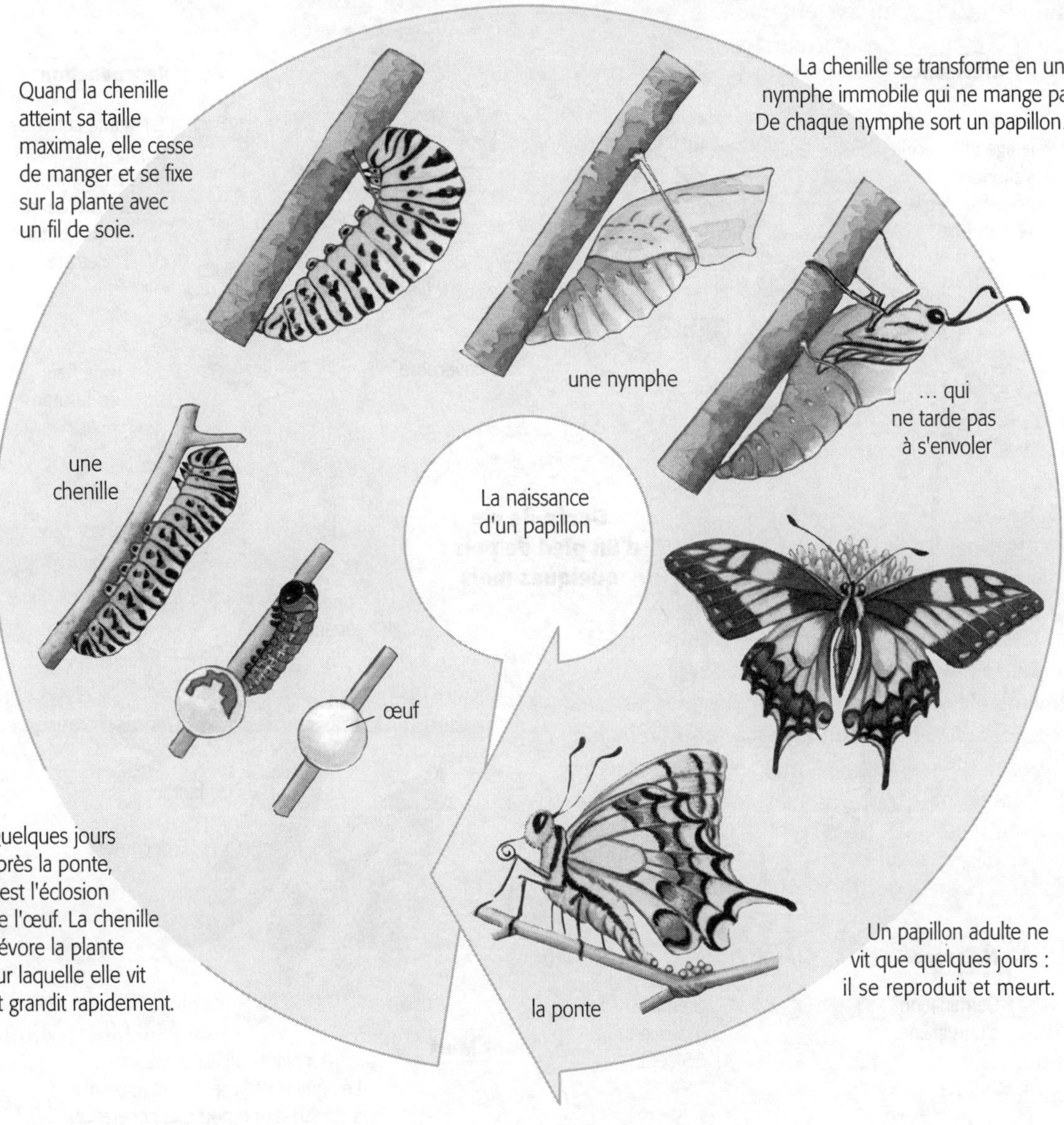

À la naissance, certains animaux ne ressemblent pas à leurs parents. Ils connaissent, au cours de leur croissance, des modifications très importantes de forme et de mode de vie. On dit qu'ils subissent des métamorphoses. On donne le nom de larve à un jeune animal dont l'aspect est très différent de celui de l'adulte.

Après avoir terminé sa croissance, la larve de papillon (ou chenille) devient une nymphe, puis un adulte (un papillon).

Mots importants

- Larve
- Nymphe
- Adulte
- Métamorphose

Fig. 5 Un document peut être utilisé à différents moments de la démarche d'investigation. À quel moment envisageriez-vous d'utiliser celui-ci ?

Le cycle de vie d'une plante annuelle : le pois

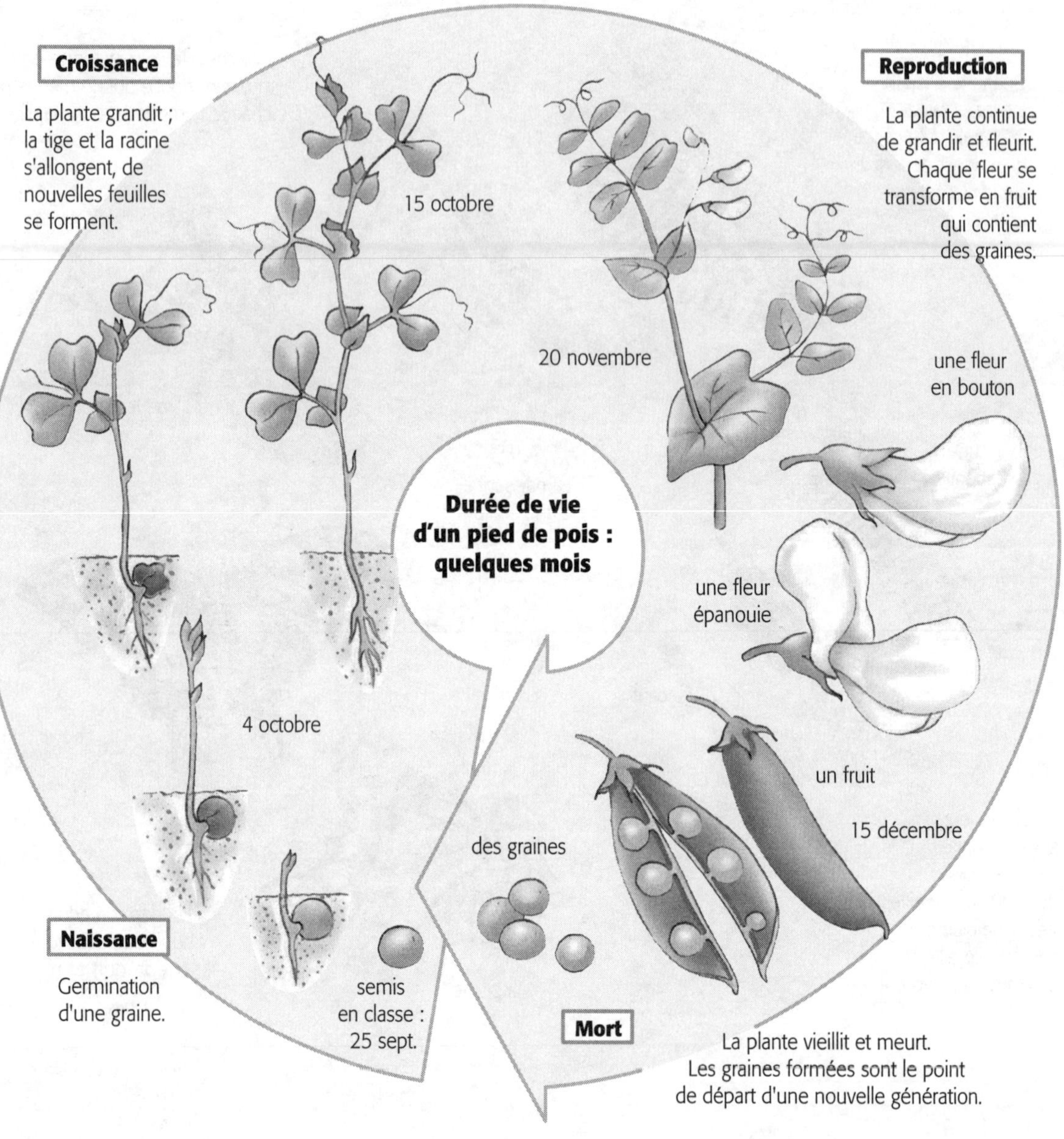

Fig. 6 Comme les animaux, les plantes naissent, grandissent, se reproduisent, vieillissent et meurent. Pour se reproduire, un pied de pois fleurit. Lorsqu'une fleur se fane, elle donne naissance à un fruit qui contient des graines. Celles-ci, en germant, redonnent de nouvelles plantes. Quand le cycle de vie d'une plante dure moins d'une année, on dit que la plante est annuelle.

Mots importants

- Germination
- Croissance
- Fleur
- Fruit
- Graine
- Plante annuelle

Document pour l'élève

Le cycle de vie d'une plante vivace

■ L'histoire d'un cerisier

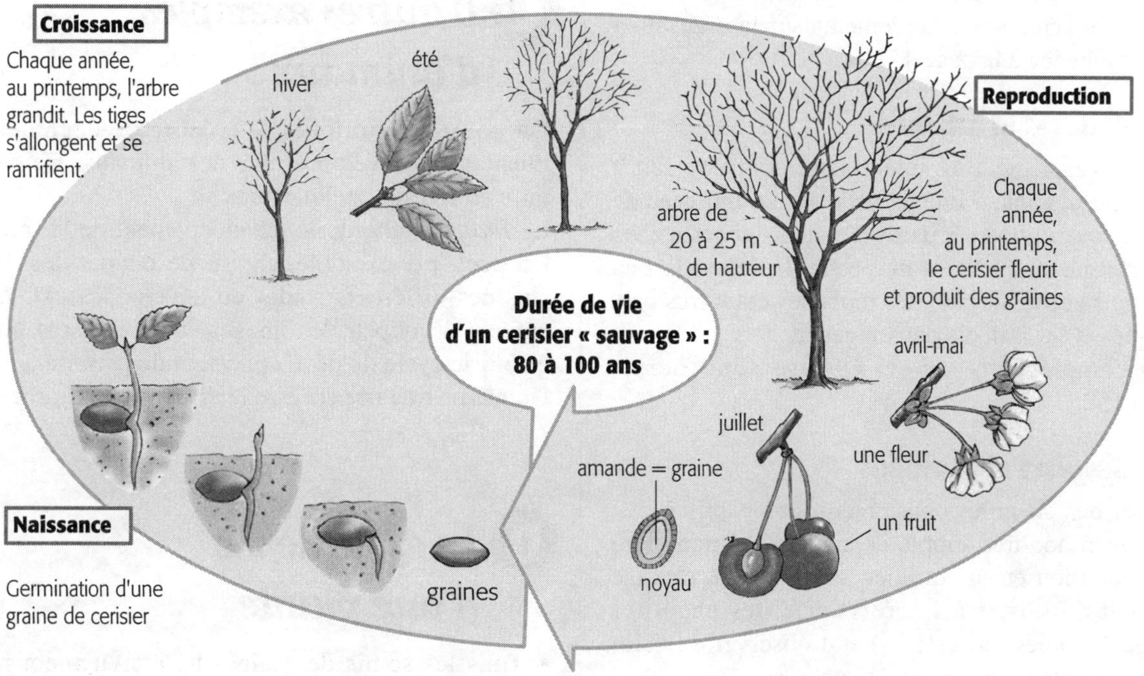

■ Les plantes vivaces vivent plusieurs années

Nom de l'arbre	Sa taille maximale	Il vit pendant...	Il a ses premiers fruits vers...
Le marronnier	30 à 35 m	plus de 200 ans	10 ans
Le bouleau	20 à 30 m	plus de 100 ans	25 ans
Le chêne pédonculé	30 à 35 m	500 ans	50 ans
Le pommier	15 m	80 à 100 ans	5 à 10 ans
Le pin	45 m	400 à 600 ans	50 ans

Mots importants
- Floraison
- Fluctification
- Vivace

Fig. 7 Comme les animaux, les arbres naissent, grandissent, se reproduisent, vieillissent et meurent. À partir d'un âge variable selon les espèces, un arbre se reproduit, c'est-à-dire fleurit et fructifie. Les fruits contiennent des graines qui, en germant, redonnent de nouveaux arbres.
Les arbres sont des plantes qui vivent plus de deux ans : ce sont des plantes vivaces.

❶ Les vers de farine

C'est un élevage extrêmement facile à réussir et qui permet des exercices variés. Dans le même élevage, on obtient simultanément tous les stades du développement : des adultes, des nymphes, des larves de différentes tailles, des œufs. Il est alors aisé de reconstituer le cycle de vie de l'animal, les différentes étapes étant nettement distinctes.
Vous trouverez des compléments sur la réalisation de cet élevage à la page 152.

❷ Mouches et asticots

Cet élevage, facile et intéressant, peut être fait à partir de la ponte d'une mouche sur un morceau de viande ou, en hiver, à partir d'asticots achetés chez un marchand d'articles de pêche. Il demande peu de soins et réussit bien, les mouches étant très prolifiques et les asticots peu exigeants.
Des compléments sur cet élevage sont fournis page 152.

❸ Chenilles et papillons

Élever des chenilles pour obtenir des papillons est une opération très simple demandant un minimum d'installation et un entretien sommaire. L'élevage permet d'assister à la croissance des chenilles (avec ses mues successives) et d'observer « l'éclosion » du papillon sortant de la chrysalide.
La ***figure 5*** peut être fournie aux enfants pour compléter les observations qui n'auraient pu être réalisées.

❹ Les grillons

L'élevage de grillons permet de découvrir le cycle complet d'un insecte : ponte, éclosion des œufs, développement progressif des jeunes, mues de croissance, comportement des adultes (en particulier le chant du mâle), accouplement.
Tous ces élevages d'insectes donnent lieu, à la fin de l'observation continue, à la réalisation d'un cycle de développement.

B Du têtard à la grenouille

Si on découvre, en mars – avril, des têtards dans un fossé plein d'eau ou dans une mare, il est intéressant d'en récolter quelques-uns et de les installer pour en suivre les transformations.
L'installation des têtards dans un aquarium, leur nourriture, les précautions à prendre... sont détaillées page 154.
La ***figure 4*** rappelle les différents stades de la transformation. On peut l'utiliser pour compléter les observations réalisées au cours de l'élevage (car on observe rarement la « série complète » de l'œuf à la grenouille adulte).

C D'autres exemples d'animaux

On pourrait multiplier le nombre de documents illustrant le développement des animaux. Ce chapitre en fournit quelques-uns.
La ***figure 1*** aborde le développement de la truite. On peut, par exemple, choisir de donner des dessins des différents stades du développement. Les enfants découpent les images et les utilisent pour établir le cycle de développement de la truite.
Un même travail peut être réalisé avec la ***figure 2***.

D Le cycle de vie d'une plante

• Tous les semis de graines ne conviennent pas pour établir un cycle de développement. Pour réaliser cette activité, on choisira des plantes dont le développement complet « de la graine à la graine » se réalise en quelques semaines seulement. Le pois ou le haricot conviennent bien. La ***figure 6*** peut être fournie aux enfants en fin d'étude pour comparer avec le cycle qu'ils auront eux-mêmes élaboré.

• On peut également réaliser le cycle de développement pour un arbre, plante vivace qui vit plusieurs années. Par exemple, on peut, en classe, obtenir les premières étapes de la vie d'un marronnier ou de celle d'un chêne. L'observation d'un marronnier qui fleurit et donne ensuite des marrons complète l'observation continue de la germination d'un marron et de la croissance d'un jeune marronnier. Les informations fournies dans la ***figure 7*** apportent des compléments intéressants sur la taille maximale de l'arbre, sur sa durée de vie, sur l'âge d'apparition des premières fleurs. Ces données peuvent être portées sur le cycle de vie que les enfants auront élaboré.
L'analyse complète de la ***figure 7*** permet de se familiariser avec un autre exemple, celui du cerisier.

Partie

2

Les êtres vivants se nourrissent

Chapitre 1

Pour vivre, les êtres vivants ont besoin de manger

Chaque être vivant (un chat, un être humain, un arbre, un champignon, une bactérie...) construit sa matière vivante à partir de la matière qu'il prélève dans son milieu de vie. Ces substances, qui servent de ***matériaux de construction*** *à chaque organisme, sont appelées* ***aliments****. Le besoin d'aliments est l'un des aspects de* ***l'unité du monde vivant****.*
Le fonctionnement du monde vivant repose sur plusieurs ensembles de faits :
– le mode de nutrition des êtres vivants permet de les classer en deux groupes, les autotrophes et les hétérotrophes ;
– chaque cellule d'être vivant a un besoin permanent d'énergie ;
– les cellules d'un organisme pluricellulaire échangent entre elles des substances chimiques (du glucose par exemple) qui sont des sources d'énergie mais ne peuvent pas échanger entre elles de l'énergie.

Deux grands groupes d'êtres vivants

Tous les êtres vivants fabriquent leur matière vivante (faite de protides, lipides, glucides). La distinction entre les deux groupes d'êtres vivants apparaît quand on fait la liste des besoins alimentaires de ces organismes (***fig. 1***).
On constate alors que :
– les organismes **autotrophes** fabriquent leur matière organique uniquement à partir de substances minérales (dioxyde de carbone, eau, sels minéraux) ;
– les organismes **hétérotrophes** fabriquent leur matière organique à partir des constituants organiques de leurs aliments ; ils se nourrissent de végétaux ou d'animaux, c'est-à-dire d'autres êtres vivants.

	Aliments	Composition de la matière produite
Végétaux chlorophylliens	• eau • sels minéraux • dioxyde de carbone	• eau • sels minéraux ○ matière organique
Animaux	• eau • sels minéraux ○ matière organique	• eau • sels minéraux ○ matière organique

• Substances minérales
○ Substances organiques (= matière organique)

A Les hétérotrophes

Les hommes, les animaux, les champignons sont des hétérotrophes (en grec *hetero* = autre, *trophê* = nourriture). Ils construisent leur matière organique à partir des constituants organiques d'autres êtres vivants.

1 Les animaux

Quel que soit leur régime alimentaire, les animaux se nourrissent en mangeant d'autres animaux ou des végétaux. Ils construisent donc leur matière organique en mangeant de la **matière organique** préexistante, c'est-à-dire fabriquée par d'autres êtres vivants. Comment cela se passe-t-il ? Au cours de la **digestion**, les protéines (grosses molécules insolubles) contenues dans les aliments se fragmentent en acides aminés (petites molécules solubles). Les acides aminés passent dans le sang (c'est l'**absorption**) et sont distribués par le sang à toutes les cellules du corps. Ces dernières les utilisent comme des « briques » pour construire leurs protéines : c'est l'**assimilation**.

Nous avons vu précédemment que ces « briques » (il s'agit des 20 acides aminés) sont les mêmes pour tous les animaux : dans le sang du lapin, du mouton, du loup circulent les mêmes acides aminés, mais chaque animal a sa manière à lui de les associer.

On comprend ainsi qu'avec la même « matière herbe » le mouton fabrique de la « matière mouton » et le lapin de la « matière lapin ». Une telle constatation implique que chaque être vivant possède un plan de construction qui lui est propre. Nous le verrons ultérieurement.

2 Les êtres humains

Les hommes se nourrissent en mangeant des aliments d'origine végétale (pomme de terre, riz, pain…) et des aliments d'origine animale (viande, lait, fromage…). Ils construisent donc leur matière organique en mangeant de la matière organique préexistante.

3 Les champignons

À première vue, on pourrait supposer qu'un arbre de la forêt et un champignon qui pousse dans le voisinage ont la même alimentation. En réalité, les champignons ont des besoins alimentaires comparables à ceux des animaux. Ainsi une **moisissure** (les moisissures sont des champignons) qui pousse sur un citron « mange » du citron, une moisissure qui pousse sur du pain « mange » du pain… On pourrait dire que ces champignons sont « végétariens ». En revanche, le penicillium qui pousse sur un camembert (il s'agit d'un champignon « semé » par le fabricant pour donner du goût au fromage) « mange » du camembert ; comme le montre l'observation courante, le fromage est progressivement digéré et se liquéfie. On pourrait alors dire que ce penicillium est « carnivore ».

B Les autotrophes

Les plantes vertes, certaines bactéries sont des autotrophes (en grec *auto* = soi-même, *trophê* = nourriture). Elles construisent leur matière organique à partir de substances uniquement minérales.

1 L'autotrophie par photosynthèse

• **Les plantes vertes** ont un mode de nutrition très différent de celui des êtres vivants précédents : ils ne « mangent » pas d'autres êtres vivants mais font la **synthèse de leur matière organique à partir** de substances minérales simples : eau, sels minéraux et dioxyde de carbone.

• **L'équation simplifiée de cette synthèse** (appelée **photosynthèse** = synthèse de matière organique grâce à l'énergie des photons présents dans la lumière) est la suivante :

$$CO_2 + H_2O \rightarrow \text{amidon} + \overrightarrow{O_2}$$

Cette équation, très simplifiée, ne laisse pas apparaître la complexité du phénomène. De plus, la synthèse d'amidon n'est que la première d'un ensemble de réactions qui conduisent à la synthèse des acides aminés (glucide + sels minéraux) puis des lipides et des protides.

• **Cette équation simplifiée** a le mérite de souligner que la nutrition des plantes chlorophylliennes s'effectue grâce à des **échanges gazeux** entre le végétal et le milieu dans lequel il vit, l'air pour les végétaux aériens, l'eau pour les végétaux aquatiques. Les végétaux chlorophylliens réalisent :
– une absorption de dioxyde de carbone ;
– un rejet de dioxygène.
Le rejet de dioxygène est un « déchet » de la nutrition des végétaux chlorophylliens.

• **Une source d'énergie** est nécessaire pour réaliser la synthèse de matière organique. Cette énergie est celle de la lumière solaire captée par la chlorophylle. Une conséquence évidente : les échanges gazeux de la photosynthèse n'ont lieu que pendant le jour et uniquement dans les cellules chlorophylliennes.

• **Les cyanobactéries,** comme leur nom l'indique sont des bactéries de couleur vert bleuâtre qui contiennent de la chlorophylle et d'autres pigments.

Ces pigments leur ont valu l'appellation abusive d'algues bleues. Les mécanismes photosynthétiques mis en jeu sont les mêmes que pour les plantes vertes. Ainsi que nous le verrons, les cyanobactéries ont joué un rôle capital dans la conquête du monde continental.

2 L'autotrophie par chimiosynthèse

Certaines bactéries sont hétérotrophes ; d'autres sont capables de faire la synthèse de leur matière organique sans en trouver dans leur alimentation, elles sont alors **autotrophes**. Pour réaliser cette synthèse, ces bactéries utilisent uniquement des molécules minérales (eau, dioxyde de carbone, sels minéraux). Leur source d'énergie n'est pas celle de la lumière mais celle d'une réaction chimique qu'elles provoquent (d'où le mot **chimiosynthèse** utilisé pour caractériser leur mode de nutrition).

C Des mots à connaître

– **Matière organique :** constituants chimiques caractéristiques des êtres vivants. C'est « la matière des organes », d'où son nom. Compte tenu de sa richesse en carbone, la matière organique est aussi appelée « matière carbonée ».

– **Substances minérales :** eau, sels minéraux, dioxyde de carbone. Matière qui existe non seulement dans le monde inerte mais aussi dans le monde vivant.

– **Producteurs :** les êtres vivants (animaux et végétaux) grandissent et grossissent, ils produisent de la matière : ce sont des **producteurs**. Les animaux et les plantes vertes, formés des mêmes constituants organiques, sont des **producteurs de matière organique**.

– **Producteurs primaires, producteurs secondaires :** les plantes vertes sont des producteurs primaires : ils produisent leur matière organique à partir des substances minérales (eau, sels minéraux, dioxyde de carbone) qu'ils prélèvent dans leur milieu. Les animaux sont des producteurs secondaires : ils produisent leur matière organique à partir de la matière organique provenant d'autres êtres vivants.

– **Consommateurs :** pour désigner les producteurs secondaires, on emploie aussi le terme de consommateurs (sous entendu consommateurs de matière vivante).

Nutrition et énergie

Tous les êtres vivants, même les plus petits microbes, ont en permanence besoin d'**énergie** pour :
– réaliser la **construction** de leur matière vivante (construire coûte cher en énergie !) ;
– assurer les **remaniements incessants** de cette matière vivante (dans un organisme adulte, dont le poids reste constant, il y a constamment destruction et construction de nouvelle matière) ;
– assurer la remise en ordre dans chacune des cellules.

De plus, chez les animaux s'ajoutent d'importantes dépenses énergétiques pour réaliser les **déplacements** (le travail mécanique est coûteux du point de vue énergétique) et maintenir constante la température du corps dans le cas des **homéothermes** (animaux dont la température est constante).

Un problème important : comment les cellules se procurent-elles l'énergie dont elles ont besoin ?

A Les sources d'énergie

1 Les sources d'énergie des êtres vivants hétérotrophes

Chacun sait qu'il est facile de faire brûler du bois, des feuilles d'arbre, de l'huile, du sucre... En brûlant, ces diverses matières organiques dégagent de la **chaleur**. Celle-ci représente l'énergie libérée par l'oxydation complète des matières organiques (une combustion est une oxydation puisque le dioxygène est indispensable à la réaction chimique).

Deux idées importantes doivent être retenues :

• Toutes les molécules organiques (glucides, lipides, protides) possèdent une certaine quantité d'énergie. Les scientifiques disent qu'elles possèdent une **énergie chimique potentielle**.

• Toutes les molécules organiques libèrent l'énergie qu'elles contiennent au cours de réactions chimiques particulières qui portent le nom de :
– combustion ;
– respiration cellulaire ;
– fermentation.

Seules les deux dernières existent chez **les êtres vivants** et nous allons donc les étudier avec plus de précision.

Pour les combustions (du sucre, de l'huile ou encore du carbone, du gaz naturel, etc.), précisons seulement que la libération d'énergie se fait sous forme de **chaleur dégagée**.

Deux grands modes de nutrition : autotrophie et hétérotrophie

■ Une cellule autotrophe

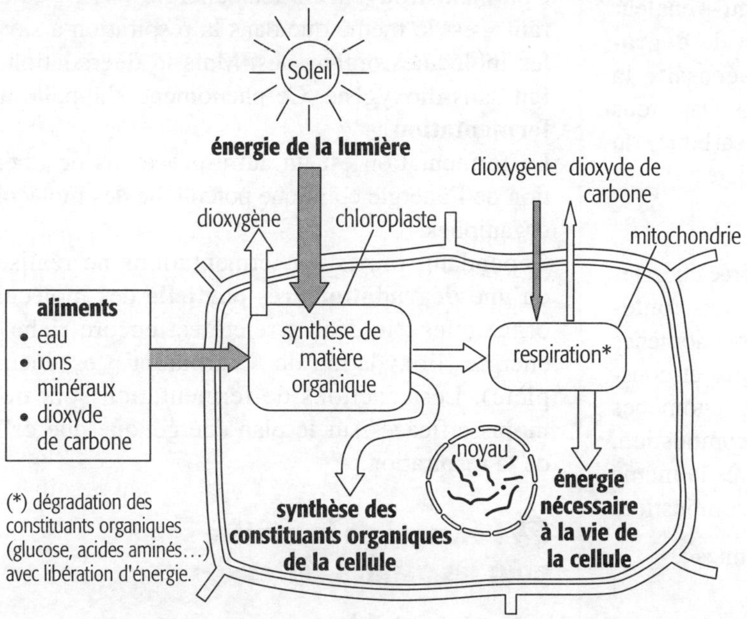

Les cellules chlorophylliennes captent l'énergie solaire et utilisent celle-ci pour faire la synthèse de matière organique à partir de substances minérales (c'est la photosynthèse).

Une partie de cette matière organique est utilisée dans la cellule elle-même, comme source d'énergie. L'autre partie sert à la synthèse des constituants cellulaires.

■ Une cellule hétérotrophe

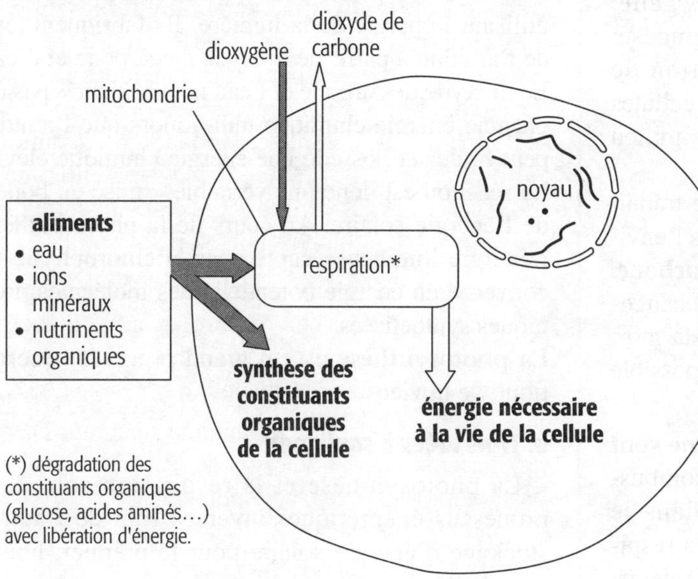

Les cellules non chlorophylliennes (cellules animales, cellules non chlorophylliennes d'une plante verte…) ne sont pas capables de réaliser la photosynthèse. Les aliments assimilés par ces cellules servent d'une part pour la respiration cellulaire, d'autre part pour la synthèse des constituants cellulaires.

Fig. 1 Le mode de nutrition permet de diviser les êtres vivants en deux grands groupes, les autotrophes et les hétérotrophes. Précisons toutefois qu'une plante verte possède des cellules non chlorophylliennes donc hétérotrophes.

Les réactions de combustion peuvent s'écrire ainsi :

carbone + dioxygène → dioxyde de carbone + chaleur

glucose + dioxygène → dioxyde de carbone + eau + chaleur

gaz naturel + dioxygène → dioxyde de carbone + eau + chaleur

Une combustion est donc une réaction de **dégradation totale du combustible** qui nécessite la présence d'un comburant (le dioxygène). Dans tous les cas, on retrouve le carbone (atome carbone) du carburant dans le dioxyde de carbone rejeté.

a. La respiration cellulaire

• **L'énergie des molécules organiques est libérée** chez les êtres vivants (animaux et végétaux), dans toutes les cellules de l'organisme, au cours de phénomènes d'oxydation qui se produisent **par étapes** et constituent la **respiration cellulaire**. Ces phénomènes d'oxydation sont très différents d'une combustion. Cependant l'énergie libérée est à peu près la même que celle qui apparaît au cours d'une combustion.

Voici à titre indicatif, des valeurs moyennes :

1 g de lipides libère 38 kJ ;
1 g de glucides libère 17 kJ ;
1 g de protides libère 17 kJ.

• **La respiration cellulaire n'est possible** que si les cellules sont **constamment ravitaillées en dioxygène**. L'oxydation des molécules organiques (glucose, lipides...) s'accompagne d'une production de **déchets** (eau et dioxyde de carbone) que les cellules rejettent à l'extérieur (c'est-à-dire dans le « milieu intérieur » pour les cellules animales).
Au niveau de l'être vivant, la respiration se traduit donc par un **prélèvement de dioxygène** dans l'environnement et par un **rejet de dioxyde de carbone**. Le maintien de la vie est d'ailleurs lié à ces échanges gazeux : l'impossibilité de respirer entraîne la mort dans un délai généralement bref (pas de vie possible sans énergie, donc sans oxygène).

• Les réactions de la respiration cellulaire **ne sont pas des combustions**. En effet, dans une combustion, le dioxygène utilisé se retrouve dans le dioxyde de carbone rejeté alors que, dans la respiration, le dioxygène se retrouve dans l'eau rejetée. La respiration est cependant bien une oxydation, mais une oxydation par **déshydrogénations** des molécules organiques auxquelles s'ajoutent des **décarboxylations** (rejet de dioxyde de carbone).

• La plus grande partie de ces réactions complexes se déroule dans des structures hautement spécialisées, les **mitochondries**, appelées de ce fait « centrales thermiques » de la cellule.

b. Les fermentations

Certains êtres vivants microscopiques (des bactéries, des champignons microscopiques...) sont capables de vivre en absence totale de dioxygène, c'est-à-dire sont capables de vivre sans respirer. Comment trouvent-ils leur énergie ? Le « carburant » est le même que dans la respiration à savoir les molécules organiques. Mais la dégradation se fait sans dioxygène. Ce phénomène s'appelle une **fermentation.**
La fermentation est un autre processus de libération de l'énergie chimique potentielle des molécules organiques.
Cependant, toutes les fermentations ne réalisent qu'une **dégradation très partielle** des molécules organiques ; le déchet rejeté est encore riche en énergie (l'oxydation du « carburant » est incomplète). Les réactions de fermentation sont donc moins efficaces sur le plan énergétique que celles de la respiration.

2 L'énergie de la lumière solaire pour les plantes vertes

a. La photosynthèse

Nous avons vu précédemment que les végétaux chlorophylliens faisaient la synthèse de constituants organiques à partir de substances minérales, en utilisant l'énergie de la lumière. Ils fabriquent ainsi de l'amidon à partir de dioxyde de carbone et d'eau. Le dioxyde de carbone et l'eau ne « brûlent » pas (ils ont une énergie chimique nulle) alors que l'amidon peut brûler et possède une énergie chimique élevée. La réaction est donc une véritable « mise en boîte » de l'énergie solaire. Au cours de la photosynthèse, l'énergie lumineuse captée par la chlorophylle est convertie en énergie potentielle des molécules organiques synthétisées.
La **photosynthèse** est un grand processus énergétique de la vie.

b. Trois idées à souligner

– La photosynthèse et la respiration sont deux processus énergétiques inverses l'un de l'autre : stockage d'énergie solaire pour le premier, libération de l'énergie pour le second.
– Pour les hétérotrophes, les aliments sont à la fois des **matériaux de construction** et le **« carburant »**. De plus, si on remonte à la source première de fabrication de ces aliments, on peut dire que la source d'énergie des hétérotrophes est l'**énergie solaire** stockée sous forme d'énergie chimique potentielle : les hommes, les animaux, les champignons « fonctionnent », d'une certaine façon, à l'énergie solaire.

Les êtres vivants dépendent les uns des autres

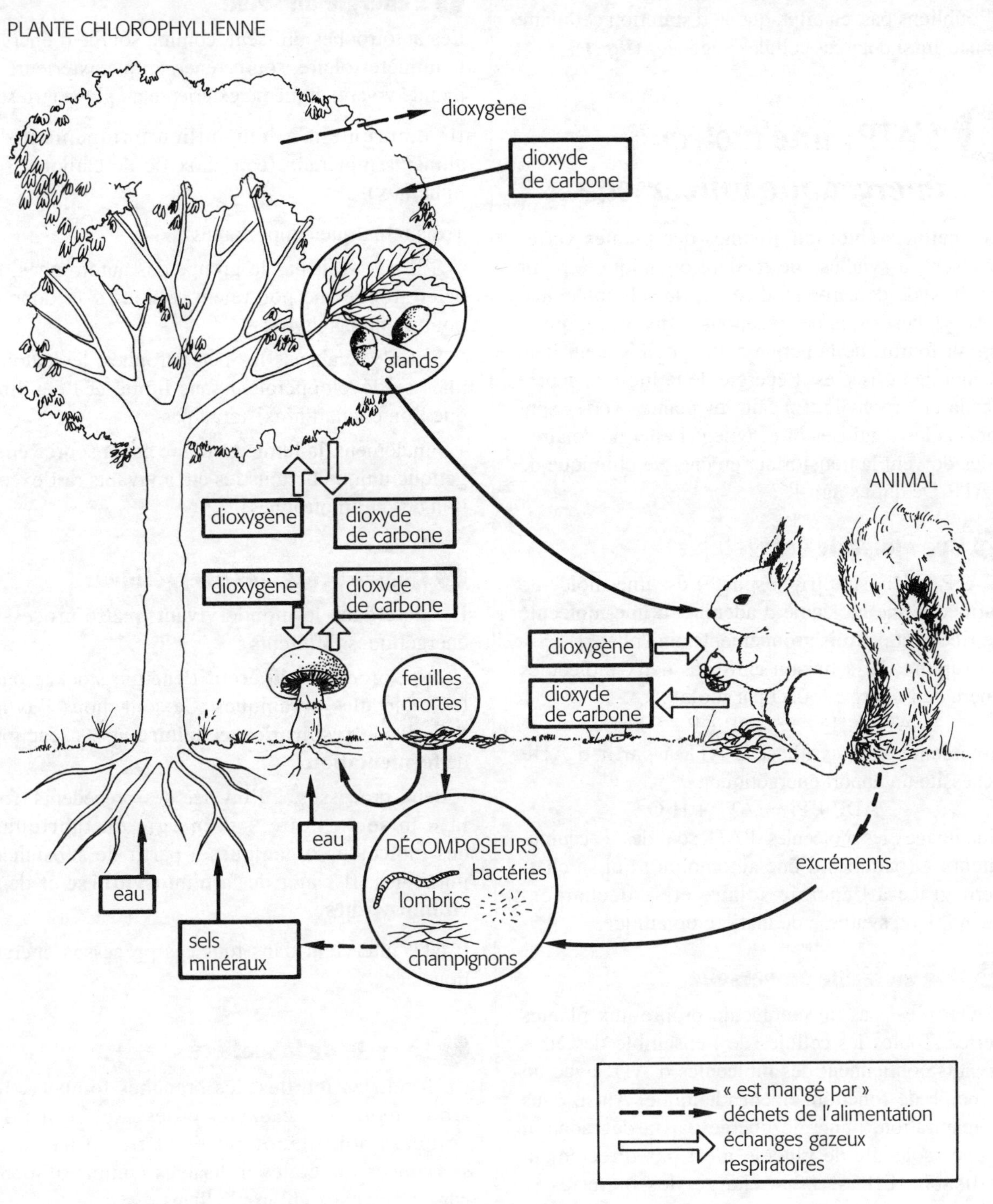

Fig. 2 Faites l'inventaire des notions importantes exprimées par ce dessin.

– Pour les végétaux chlorophylliens, les aliments sont uniquement des **matériaux de construction**. Mais les molécules synthétisées dans les cellules chlorophylliennes sont utilisées par toutes les cellules du végétal à la fois comme matériaux de construction et comme source d'énergie.
N'oublions pas, en effet, que la respiration cellulaire existe aussi pour ces cellules végétales (***fig. 1***).

B L'ATP : une molécule énergétique universelle

Les cellules chlorophylliennes des plantes vertes réalisent la synthèse de matière organique à partir du dioxyde de carbone, d'eau et de sels minéraux. Ces synthèses sont des réactions endoénergétiques : il faut fournir de l'énergie pour qu'elles aient lieu. L'énergie utilisée est l'énergie de la lumière captée par la chlorophylle. En fait, les plantes vertes sont incapables d'utiliser directement l'énergie solaire : elles doivent la transformer en énergie chimique de l'ATP. De quoi s'agit-il ?

1 Une molécule énergétique

L'ATP (adénosine triphosphate) est une molécule formée d'une molécule d'adénine, d'une molécule de ribose et de trois groupements phosphate P.
La rupture de la liaison entre les deux molécules libère de l'énergie (50 kJ par mole) :

$$ATP + H_2O \rightarrow ADP + P + 50\ kJ$$

Inversement, la synthèse d'ATP à partir d'ADP nécessite un apport énergétique :

$$ADP + Pi \rightarrow ATP + H_2O$$

Une image : les molécules d'ATP sont des « accumulateurs » (batteries d'une automobile) qui se chargent grâce à l'énergie solaire et se déchargent quand il y a synthèse de matière organique.

2 Une molécule universelle

L'ATP n'est pas une molécule propre aux plantes vertes. Toutes les cellules de l'ensemble des êtres vivants contiennent des molécules d'ATP, avec un principe de fonctionnement identique. Ainsi, dans la respiration, l'énergie libérée par la dégradation d'une molécule de glucide n'est pas directement utilisable. Elle sert à « charger les batteries », c'est-à-dire à transformer l'ADP en ATP. Ces molécules d'ATP libèrent l'énergie accumulée afin d'assurer une synthèse ou de produire le raccourcissement d'une fibre musculaire.
La présence d'ATP chez tous les êtres vivants est un autre aspect de l'unité du monde vivant.

Quelques mises au point importantes

1 L'énergie du soleil

Les autotrophes utilisent, comme source d'énergie, la lumière solaire, source énergétique extérieure au monde vivant, et même extérieure au globe terrestre.

Ils empruntent à leur milieu uniquement des aliments minéraux (eau, dioxyde de carbone, sels minéraux).

Trois remarques importantes :

– S'il n'y avait pas le groupe des autotrophes, les hétérotrophes ne pourraient se nourrir et donc ne pourraient pas vivre ;

– S'il n'y avait pas les hétérotrophes, les autotrophes se développeraient sans limite et l'équilibre que l'on connaît n'existerait pas ;

– Finalement, la lumière solaire est la source énergétique unique de tous les êtres vivants (à l'exception des chimiotrophes).

2 Quatre processus énergétiques

Il existe dans le monde vivant quatre processus énergétiques différents :

– deux processus **libèrent** l'énergie stockée dans les molécules organiques. Ce sont, nous l'avons déjà dit, la **respiration cellulaire** et les réactions de **fermentation** ;

– deux processus, à l'inverse des précédents, font la « mise en boîte » d'énergie en fabriquant des molécules organiques à partir de substances minérales. Il s'agit de la **photosynthèse** et de la **chimiosynthèse**.

L'ATP intervient dans tous ces processus énergétiques.

3 Le cycle de la matière

En forêt, les feuilles, les branches tombées, les arbres morts, les cadavres et les excréments des animaux sont décomposés et transformés en substances minérales utilisables comme aliments par les végétaux chlorophylliens.

Tous les éléments constitutifs des êtres vivants effectuent donc un cycle au cours duquel ils sont successivement intégrés à des molécules organiques puis à des molécules ou à des ions minéraux (***fig. 2***).

Qu'est-ce qu'une symbiose ?

■ L'association entre une vache et des micro-organismes

Dans la panse d'une vache, et de tout mammifère ruminant, vit une quantité impressionnante de micro-organismes (bactéries et animaux microscopiques).

Les micro-organismes trouvent, dans la panse de la vache, un abri, une nourriture abondante (l'herbe qu'ils digèrent), un milieu de vie qui leur convient.

La vache, grâce à la digestion réalisée par les bactéries, utilise une grande partie de l'herbe, bien qu'elle soit incapable de la digérer par elle-même. De plus, elle digère de nombreux micro-organismes morts, utilisant ainsi leur substance. Par ailleurs, les bactéries présentes dans la panse empêchent, par leurs sécrétions, l'installation de bactéries pathogènes qui ne tarderaient pas à pulluler.

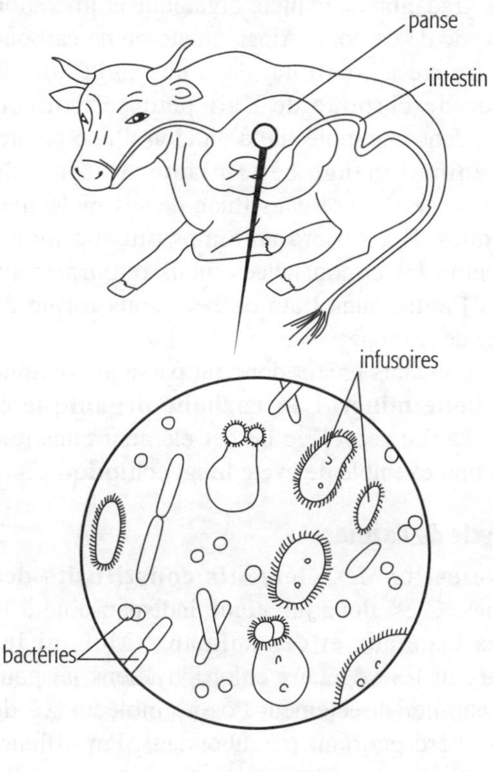

■ Un lichen = une algue + un champignon

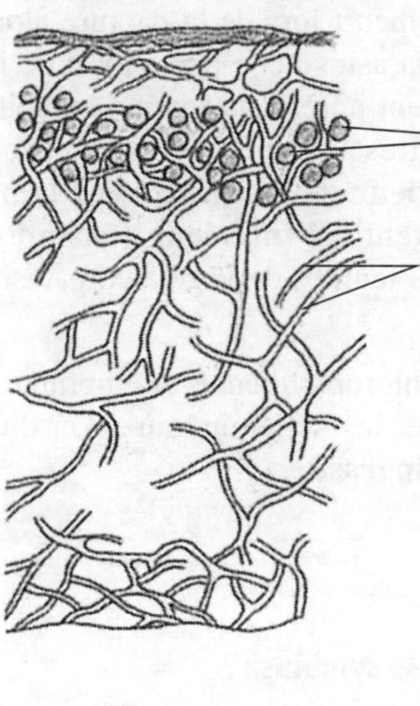

Les lichens sont des végétaux très communs. On en trouve sur les troncs d'arbre, les vieux murs, les sols forestiers…

Un lichen est un être vivant curieux : un végétal formé par l'association d'un champignon et d'une algue.

Le champignon serait incapable de vivre isolément sur les pierres car il a besoin de matière organique pour se nourrir. Les algues vertes lui en fournissent.

Les algues ne pourraient survivre seules sur des pierres sèches en raison de leur important besoin en eau ; les mailles du champignon retiennent assez d'eau pour leur permettre de se développer. Ces algues peuvent cependant mener une vie libre à la condition de trouver un milieu suffisamment humide.

Fig. 3 Une symbiose est une association à bénéfices réciproques. Quels sont les avantages de ce type d'association ? Comparez entre eux les deux exemples présentés ici.

a. Le cycle du carbone

Nous avons vu qu'au cours de la photosynthèse, les plantes chlorophylliennes prélèvent du dioxyde de carbone dans leur environnement et l'utilisent pour élaborer leurs constituants organiques. À l'inverse, lorsqu'un être vivant (animal ou végétal) respire, il y a dégradation de matière organique et libération de dioxyde de carbone. Ainsi, un atome de carbone qui se trouve aujourd'hui dans une molécule de dioxyde de carbone de l'air peut se trouver, demain, dans une molécule d'amidon d'une plante. Si un animal mange cette plante, l'atome de carbone se retrouvera dans l'une de ses molécules organiques. Il y restera un temps plus ou moins long, selon les circonstances, mais retournera un jour ou l'autre dans l'atmosphère sous forme de dioxyde de carbone.
Les êtres vivants créent donc un passage continue du **carbone minéral au carbone organique** et vice versa. Le recyclage de cet élément constitue un très bon exemple de **cycle biogéochimique**.

b. Le cycle de l'azote

L'azote est un des **éléments constitutifs** des protéines. C'est donc un atome indispensable à la vie des végétaux et des animaux. Mais ni les animaux ni les végétaux chlorophylliens ne peuvent assimiler directement l'azote moléculaire de l'atmosphère pourtant très abondant. Par ailleurs au cours de la dégradation des protéines animales ou végétales, il n'y a pas libération d'azote gazeux. Dans le cycle de l'azote, diverses bactéries jouent un rôle capital : certaines d'entre elles transforment les déchets organiques azotés du sol en ammoniaque, elle-même transformée en **nitrates**. Ces derniers constituent la principale source d'azote pour la nutrition des plantes chlorophylliennes. D'autres bactéries, du genre rhizobium, qui vivent en association avec des plantes de la famille des légumineuses, et vivent aussi à l'état libre, sont capables d'assimiler l'azote de l'air...

4 La concurrence alimentaire

Des animaux qui consomment les mêmes aliments et qui vivent dans un même milieu, en forêt par exemple, entrent en compétition pour la recherche de leur nourriture. Cette concurrence est en fait très limitée grâce à une efficace **répartition de l'espace vital. Celle-ci résulte :**
– d'un partage de la forêt en **territoires** pour chaque animal d'une même espèce ; ainsi, un rouge-gorge ne peut supporter qu'un autre rouge-gorge empiète sur son territoire ;
– d'une **exploitation de tous les niveaux** et de toutes les zones du milieu concerné ;
– d'une **répartition différente des moments d'activité** : certains animaux recherchent leur nourriture pendant le jour, d'autres pendant la nuit.
Cette répartition en territoires ne concerne pas tous les animaux et, en pratique, la concurrence alimentaire n'existe qu'en cas de disette.

5 Le parasitisme

• **Les parasites sont des animaux** (ce sont presque uniquement des invertébrés) ou **des végétaux** (surtout des champignons microscopiques) qui vivent **sur un organisme** animal (homme ou autre animal) ou sur un végétal et se nourrissent **à ses dépens**. Celui qui héberge le parasite fournit à la fois la nourriture et le milieu de vie. C'est l'**hôte** du parasite. Il ne tire aucun bénéfice de l'association entre les deux êtres vivants.

• **La présence d'un parasite provoque chez l'hôte des troubles plus ou moins importants.** Le parasite peut prélever seulement des aliments, sans autre conséquence pour l'hôte ; il peut entraîner une maladie plus ou moins grave, parfois mortelle ; il peut enfin, par sa présence, favoriser l'installation d'autres parasites.

• **Les parasites se nourrissent aux dépens de leurs hôtes ;** ils peuvent donc être considérés comme des **prédateurs.** Une différence cependant distingue **prédation** et **parasitisme** : dans le cas de la prédation, la proie (animale) meurt lors de la capture alors que dans le cas du parasitisme, s'il y a mort de l'hôte, c'est généralement après une longue exploitation. Certains parasites (les poux, les pucerons...) vivent à l'**extérieur** de leur hôte mais la plupart d'entre eux vivent à **l'intérieur** (champignons installés dans les feuilles de végétaux, parasites du sang...).

Le gui, plante chlorophyllienne, n'emprunte à son hôte que l'eau et les sels minéraux. On dit qu'il s'agit d'un **hémiparasite**.

6 La symbiose

a. Qu'est-ce que la symbiose ?

La symbiose peut être, selon les cas, une association entre deux végétaux, entre deux animaux ou entre un animal et un végétal. Cette association durable entre deux partenaires d'espèces différentes ne se fait aux dépens d'aucun des deux ; chacun des associés en tire un important profit.

Pour certains êtres vivants, la vie en symbiose est obligatoire ; d'autres au contraire pourraient mener une vie libre, bien que l'association soit la règle dans la nature.

b. Un exemple simple pour illustrer

On voit souvent les pique-bœufs, oiseaux africains, perchés sur le dos de divers ruminants. Ils mangent les insectes et les larves qui vivent sur et sous la peau de leurs hôtes. En cas de danger, l'envol de l'oiseau est un signal pour l'hôte. À qui profite l'association ?

La réponse est simple :
Le pique-bœuf trouve sa nourriture sur la peau de son hôte, mais les deux animaux tirent profit de la situation. L'un se nourrit, l'autre est débarrassé de ses parasites.
L'association est donc à **bénéfice réciproque**.

c. L'importance de la symbiose

La ***figure 3*** fait découvrir que la symbiose a, dans le monde vivant, **une importance beaucoup plus grande** qu'on ne l'imagine parfois :
Tout un groupe de plantes, les **lichens**, est le résultat d'une symbiose entre une algue et un champignon.
Un très grand nombre d'arbres de nos forêts et de nombreuses plantes (graminées et autres plantes herbacées) ont une croissance nettement améliorée par la symbiose avec des champignons **(mycorhizes)**.

La nutrition des ruminants, qui se réalise à partir d'herbe, aliment peu digestible, n'est efficace que grâce à la symbiose avec des micro-organismes.
Par ailleurs, l'intestin de la plupart des animaux, celui de l'homme compris, abrite des microrganismes qui jouent un rôle non négligeable dans la digestion **(flore intestinale).**

L'association de certaines plantes (trèfle, luzerne, pois...) avec des bactéries, fixatrices d'azote libre et présentes dans des **nodosités** de leurs racines, leur permet de pousser sur des sols pauvres en azote. On comprend dès lors l'espoir des chercheurs de réaliser des symbioses qui n'existent pas à l'état naturel, par exemple entre des plantes alimentaires (blé, maïs, riz...) et des bactéries fixatrices d'azote.

7 Les échanges gazeux

Nous avons vu dans les chapitres précédents que :
– les êtres vivants animaux et végétaux **respirent**, c'est-à-dire réalisent avec le milieu des échanges gazeux de nature bien définie (absorption de dioxygène, rejet de dioxyde de carbone) ;
– les plantes chlorophylliennes, **à la lumière**, absorbent du dioxyde de carbone pour leur photosynthèse et rejettent de le dioxygène.

La nature des échanges gazeux de la **respiration** des êtres vivants d'une part et celle des échanges gazeux de la photosynthèse des végétaux chlorophylliens d'autre part sont donc inverses l'une de l'autre.

Rappelons de plus que, dans la nature, d'autres phénomènes absorbent du dioxygène et rejettent du dioxyde de carbone (combustions de l'industrie, fermentations...).

Or, à l'échelle de la planète, **la quantité de dioxygène et celle de dioxyde de carbone restent constantes. Il y a donc un équilibre entre les deux types d'échanges.**

8 Comment éviter d'être mangé ?

Pour échapper aux prédateurs, les animaux utilisent divers moyens :

– La **fuite** est la solution la plus efficace. La plupart des végétariens sont bien adaptés à la course ; certains se mettent à l'abri dans un terrier.

– La **défense passive** se rencontre chez la tortue qui se réfugie dans sa carapace ou chez le hérisson qui, se mettant en boule, se trouve protégé par ses piquants.

– Le **camouflage** prend différents aspects : certains animaux s'enterrent dans le sable ; d'autres, comme la bécasse, prennent la couleur du milieu environnant.

– L'**attaque** provoque parfois la fuite de l'adversaire : la martre, l'hermine, le putois jettent un liquide dont l'odeur est très désagréable. D'autres utilisent des mimiques d'intimidation. D'autres, comme la torpille qui est une sorte de raie, produisent une décharge électrique.

Chapitre **2**

Que mangent les animaux ?

*Nous avons vu que les animaux « construisent » leur matière vivante à partir de la matière organique de leurs aliments : les animaux sont donc des êtres vivants **hétérotrophes** ; pour se nourrir, ils dépendent de la présence de plantes chlorophylliennes autotrophes. Sans ces plantes, il n'y a pas d'animaux. Il s'agit là d'une notion capitale.*
Ce chapitre a pour objet de répondre à plusieurs questions : les animaux ont-ils tous le même régime alimentaire ? Comment les scientifiques connaissent-ils le régime alimentaire des animaux dans la nature ? Le régime d'un être vivant peut-il se modifier en fonction de la nourriture disponible ?...
Ces questions peuvent être le point de départ de nombreuses activités au cycle 2. Le sujet est en effet aisément accessible à de jeunes enfants.

Informations pour l'enseignant

L'ensemble des aliments consommés par un animal constitue son **régime alimentaire**.

❶ Les animaux n'ont pas tous le même régime alimentaire

Les régimes alimentaires des animaux sont diversifiés. Ils peuvent même varier à l'intérieur d'une même espèce selon l'âge, selon les saisons, selon le lieu de vie… Mais, un animal se nourrit toujours en mangeant des êtres vivants ou des morceaux d'êtres vivants.
Certains animaux sont **végétariens (= phytophages)**, d'autres **carnivores (= zoophages)**, d'autres **omnivores** (c'est-à-dire qu'ils mangent à la fois des aliments d'origine végétale et d'origine animale).

• Le régime alimentaire est parfois **très spécialisé**. On peut alors distinguer des sous-groupes :
– parmi les végétariens, les **herbivores** (qui mangent de l'herbe), les **granivores** (des graines), les **frugivores** (des fruits), les **nectarivores** (du nectar des fleurs) ;
– parmi les carnivores, les **insectivores** (qui se nourrissent d'insectes), les **piscivores** (de poissons)…
De plus, d'après la manière de capturer la nourriture, on distingue, parmi les carnivores, les **prédateurs** (qui attaquent leurs proies), des **charognards** (qui se nourrissent de cadavres). D'autres animaux, le hareng ou la moule, par exemple, se nourrissent uniquement d'animaux ou de végétaux microscopiques ; ce sont des **microphages**.
Certains animaux ne consomment pas d'êtres vivants entiers mais se contentent de débris ou de matière organique en décomposition ; ce sont des **détritivores**. Les débris consommés peuvent être soit d'origine animale, soit d'origine végétale.
En dépit de la diversité des régimes alimentaires, une constatation importante doit être faite : les **aliments consommés par les animaux sont tous d'origine animale ou d'origine végétale** (hormis l'eau, toujours indispensable).

❷ Les animaux choisissent leur menu

Les animaux font un choix parmi les divers aliments disponibles (***fig. 1***). Ils n'en consomment que certains et dans des proportions

Deux exemples d'étude scientifique sur le régime alimentaire des animaux

■ Le menu du renard

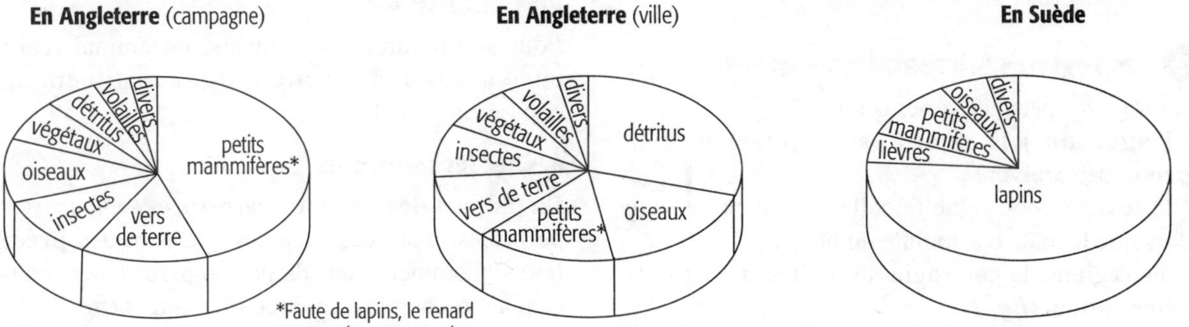

*Faute de lapins, le renard mange des campagnols et des mulots.

D'après les travaux de Von Schantz (1980), en Suède, et de Harris (1981), en Angleterre, cités par F. Moutou dans T.D.C. 600.

■ Une étude faite sur une chouette effraie

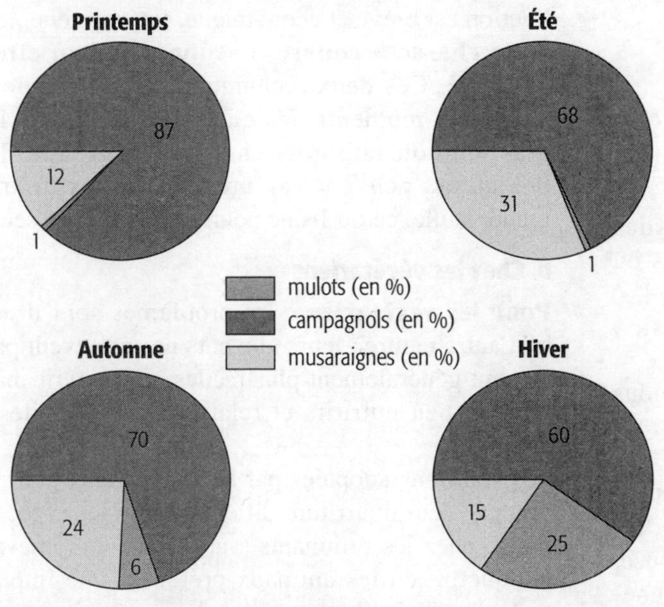

Les pelotes de régurgitation (appelées aussi pelotes de réjection) des rapaces (chouette, buse, hibou…) permettent de connaître avec précision ce que mangent ces oiseaux.
Pour cela, il est nécessaire d'analyser le contenu de nombreuses pelotes.

Lexique

- **Régime alimentaire :** un animal ne mange pas n'importe quel être vivant. L'ensemble des aliments qu'il consomme constitue son régime alimentaire.
- **Végétarien (= phytophage) :** régime alimentaire d'un animal qui se nourrit surtout de végétaux.
- **Carnivore (= zoophage) :** régime alimentaire d'un animal qui se nourrit surtout d'aliments d'origine animale (animaux entiers ou morceaux d'animaux).
- **Omnivore :** régime alimentaire d'un animal qui se nourrit d'aliments d'origine animale et d'aliments d'origine végétale.

Fig. 1 En quoi consistent les travaux présentés ici ? Quelles informations fournissent-ils ?

assez constantes : ils manifestent alors des **préférences alimentaires**.
Étudier les régimes alimentaires des animaux présente un aspect non seulement **qualitatif** mais aussi **quantitatif**. On dira cependant que tel ou tel animal a un régime carnivore même s'il mange une très faible quantité de nourriture végétale.

3 Les régimes alimentaires varient

Les régimes peuvent varier selon :
– l'**âge,** ainsi le têtard est végétarien et la grenouille carnivore ;
– le **sexe,** le moustique femelle se nourrit de sang alors que le mâle consomme du nectar ;
– les **régions,** la nourriture disponible n'est pas la même partout (***fig. 1***) ;
– le **mode de vie,** le chat sauvage est strictement carnivore alors que le chat domestique s'adapte à la consommation d'autres aliments ;
– les **besoins de l'animal,** de nombreux oiseaux omnivores ou même végétariens deviennent carnivores pendant la période de nourrissage des jeunes ;
– la **saison,** de nombreux animaux changent de régime selon les saisons (***fig. 1***).

4 Comment savoir ce que mangent les animaux ?

Diverses méthodes sont utilisées :
– l'observation directe du comportement des animaux par des guetteurs munis de jumelles ou par des pêcheurs sous-marins ;
– l'analyse des restes de repas (plumes, os...) observés sur le territoire de l'animal ;
– l'examen du contenu de l'estomac d'individus capturés ou trouvés morts ;
– l'observation des excréments ;
– l'analyse de réjections, c'est-à-dire du contenu de l'estomac vomi naturellement par l'animal ; les pelotes de réjection des rapaces (chouette, buse, faucon, hibou...) fournissent ainsi des renseignements précis (***fig. 1***).
Par exemple, lorsqu'une chouette mange un campagnol, un mulot ou une musaraigne, elle l'avale en entier. Dans son estomac, les chairs de l'animal sont digérées, par contre les poils et les os sont agglomérés en une boule noirâtre qui est rejetée par la bouche quelques heures après le repas. L'analyse du contenu de cette pelote de réjection indique non seulement le nombre mais aussi l'espèce des proies consommées au cours d'un seul repas.

La mise en élevage des animaux, quand elle est possible, fournit des informations complémentaires sur leur régime alimentaire, notamment sur les quantités de nourriture consommée.

5 Qu'appelle-t-on « comportement alimentaire » ?

Pour se procurer ses aliments, un animal réalise une succession d'actions qui constituent son comportement alimentaire.

a. Chez les carnivores

La plupart des animaux carnivores se nourrissent de proies capturées vivantes : ce sont des **prédateurs**. Comment font-ils pour repérer leurs proies, s'en approcher, les capturer, les manger (***fig. 2***) ?
La plupart d'entre eux s'approchent de leurs proies en utilisant des **techniques de chasse** efficaces (chasse à l'affût, approche camouflée, chasse à courre, chasse en maraude). Certains chassent en solitaire, d'autres en groupe.
Selon les organes des sens et les armes dont ils disposent, les prédateurs utilisent telle ou telle technique bien définie. Lors de la **chasse à l'affût**, l'action est brève et économique. En revanche, lors de la **chasse à courre**, l'action exige un effort prolongé. Ces deux techniques nécessitent donc à certains moments des qualités différentes. De plus, on constate que, chassant en groupe, les prédateurs peuvent capturer des proies de très grande taille, ce qu'ils ne pourraient pas faire seuls.

b. Chez les végétariens

Pour les végétariens, les problèmes sont d'une tout autre nature : leurs aliments ne se sauvent pas, ils sont généralement plus faciles à découvrir mais ils sont peu nutritifs et relativement difficiles à digérer.
Les solutions adoptées par les végétariens pour se procurer leur nourriture diffèrent selon les espèces. Ainsi, chez les ruminants (vache, mouton, chèvre, bouquetin...), les animaux prélèvent une importante quantité d'herbe et l'avalent précipitamment sans mastiquer. Quand la provision est suffisante, ils se couchent puis, par une sorte de régurgitation naturelle, font remonter une à une des boulettes d'aliments dans leur bouche. L'herbe est alors longuement mastiquée : c'est la **rumination**.

La recherche de nourriture représente une part importante de l'activité des animaux. Les carnivores passent plus de temps à la recherche de la nourriture qu'au repas. Pour les végétariens, c'est le contraire.

Ces deux prédateurs chassent à l'affût. L'un chasse le jour, l'autre la nuit

■ La buse a de bons yeux

Perchée sur un piquet, une buse, parfaitement immobile, surveille son territoire. Soudain, elle aperçoit un campagnol qui sort de la haie. Ce petit rongeur examine les environs et se hasarde à découvert. La buse reste immobile. Lorsque le campagnol atteint le milieu de la prairie, la buse s'élance, puis, d'un vol rapide, s'abat sur lui. Les griffes du rapace s'enfoncent dans le corps de la proie qui est tuée sur le coup. Grâce à son bec crochu, la buse déchire les chairs et mange sa proie.

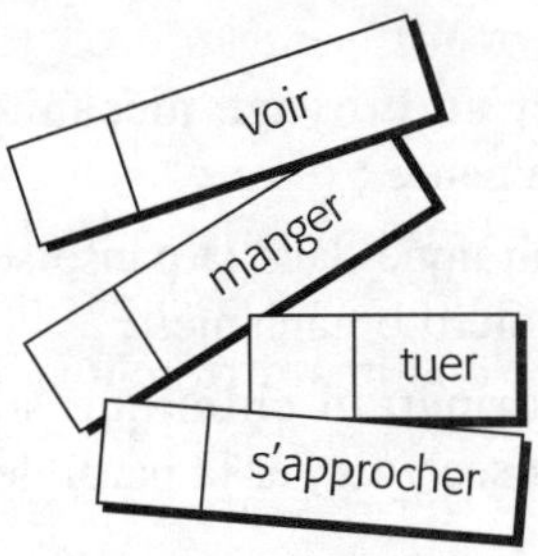

■ La chouette chasse la nuit même dans l'obscurité totale

Des expériences pour comprendre

1. Une chouette est installée dans un local totalement obscur dont le sol est jonché de feuilles mortes. Si on lâche une souris, la chouette tourne immédiatement la tête en direction du nouvel arrivant et se laisse tomber sur sa victime avec une extraordinaire précision.

2. On bouche les deux oreilles de la chouette, et on recommence la première expérience. L'oiseau est devenu incapable de capturer la souris.

Fig. 2 Ce document permet d'aborder les techniques de chasse des animaux prédateurs. Quelles informations fournit-il ?

❻ Les outils des prédateurs

Les prédateurs disposent « d'outils » particulièrement bien adaptés à chacune des phases de la chasse.

a. Les organes de repérage

Tout prédateur dispose de plusieurs organes des sens mais, le plus souvent, un seul joue un rôle capital dans la détection des proies : vue pour les rapaces diurnes qui sont capables d'évaluer avec précision la distance qui les sépare de leur proie, ouïe pour les rapaces nocturnes, odorat pour le loup ou le renard qui pistent leur proie bien avant de la voir ou de l'entendre, perception des vibrations de l'eau pour le brochet ou le requin.

b. Les « outils » pour capturer et tuer

- **Certains prédateurs tuent leurs proies avant de les manger.**

Par exemple, les félins (chat, lion...) saisissent leurs proies avec leurs pattes et les tuent avec leurs crocs. On retrouve des « outils » très comparables avec les serres et le bec des rapaces (on parle alors de **convergence** de forme).
Certains serpents, comme la vipère, disposent d'une arme chimique. Une vipère tue grâce à deux dents en forme de crochets, reliées chacune à une glande à venin. Les crochets, couchés vers l'arrière dans la gueule fermée, se redressent vers l'avant quand la bouche s'ouvre.

- **D'autres prédateurs avalent leurs proies vivantes.**

Certains chasseurs d'insectes (grenouilles...) capturent leurs proies avec leur langue visqueuse qu'ils peuvent projeter en avant.
Dans ce cas, les proies sont de taille très réduite par rapport à celle des prédateurs.

c. Les « outils » pour dépecer et broyer

Beaucoup de prédateurs, comme les félins ou les rapaces, détachent des morceaux de viande au moyen de leurs crocs ou de leur bec fonctionnant comme des lames de ciseaux. Les insectivores, comme le hérisson, écrasent leurs proies entre leurs molaires. D'autres prédateurs avalent leurs proies en entier ; ainsi la bouche de la vipère peut s'agrandir démesurément permettant d'avaler une souris entière.

❼ Les outils des végétariens

On retrouve aussi chez les végétariens des « outils » adaptés à leur régime, en particulier :
– une denture spécialisée ;
– un tube digestif adapté.
Voici deux exemples parmi les végétariens les plus communs.

a. Chez les ruminants

La rumination est possible grâce à un estomac spécial formé de quatre poches.

Au moment de la récolte, l'animal avale précipitamment, sans la mastiquer, une importante quantité d'herbe qu'il accumule dans la panse utilisée alors comme « sac à provision ». Quelques heures plus tard, des boulettes d'herbe remontent par le bonnet jusque dans la bouche où se réalise la mastication. Les molaires, aux crêtes d'émail saillantes, portées par la mâchoire supérieure et par la mâchoire inférieure, frottent alors les unes sur les autres grâce à des mouvements latéraux de la mâchoire inférieure. Lorsque le broyage de l'herbe est suffisant, celle-ci gagne directement le feuillet et la caillette puis l'intestin sans repasser par la panse, en suivant une sorte de tube, la gouttière œsophagienne.

Ainsi, le temps consacré à la récolte de l'herbe est séparé de celui consacré au broyage.

De plus, les aliments subissent plusieurs phases de transformations :

– un ramollissement et un broyage mécanique dans la bouche et dans la panse ;

– une décomposition chimique dans la panse sous l'action de milliards de micro-organismes ;

– une nouvelle transformation chimique sous l'action de sucs digestifs secrétés par la paroi de la caillette ;

– la poursuite des transformations chimiques dans l'intestin particulièrement long (25 m chez un bouquetin alors que celui d'un homme est de 7 m en moyenne).

b. Chez les rongeurs (lapin, lièvre, mulot, campagnol...)

Leur dispositif de récolte des aliments est caractéristique. De longues incisives, taillées en biseau comme un ciseau de menuisier et constamment aiguisées par l'usure (elles sont à croissance continue), sont capables de ronger, c'est-à-dire de prélever de petits copeaux de nourriture même dans des matières très dures.

Ces fragments sont ensuite cisaillés entre les molaires supérieures et inférieures, hérissées de crêtes d'émail, qui frottent les unes contre les autres grâce à des déplacements de la mâchoire inférieure s'effectuant de droite à gauche.

Remarque : le mot rongeur ne désigne pas un régime alimentaire puisque certains rongeurs sont végétariens, d'autres sont omnivores (souris, rat). Mais, quel que soit leur régime, tous les rongeurs ont les mêmes dents.

Document pour l'élève

Des menus pour tous les goûts

Végétarien, carnivore, omnivore : que signifient ces mots ?
Pour le préciser, voici le menu de quelques animaux.

Menu de la cigogne
- petits rongeurs
- grenouilles
- poissons
- vers de terre
- escargots, limaces
- insectes

Menu du pigeon
- feuilles
- glands
- fruits
- graines
- insectes
- escargots

Menu du bec croisé
- graines d'épicéas, de sapins, de pins

Menu de la perdrix
- feuilles
- graines
- araignées
- insectes

Menu du gros bec
- amandes des noyaux de cerises, de prunes…

Menu du martin-pêcheur
- poissons
- insectes aquatiques
- crevettes d'eau douce

Menu du héron
- grenouilles
- poissons
- petits rongeurs
- insectes

1. Sur chacun de ces menus, souligne :
– en rouge les aliments d'origine animale ;
– en vert les aliments d'origine végétale.

2. Quels sont :
– les animaux omnivores ?
– les animaux végétariens ?
– les animaux carnivores ?

Fig. 3 Comparer les menus de plusieurs animaux permet d'exprimer qu'il existe trois grands types de régimes alimentaires. Proposez pour ce document des utilisations pédagogiques possibles. À quel moment l'intégrer dans une étude sur l'alimentation des animaux ? Parmi les diverses informations fournies, quelles notions les enfants doivent-ils retenir ?

Des activités possibles

❶ Les animaux de la classe

Les élevages d'animaux dans la classe constituent un bon moyen d'aborder les problèmes liés à leur alimentation. Que mangent-ils ? Mangent-ils beaucoup ? Préfèrent-ils certains aliments à d'autres ?...

Ainsi, prendre en charge l'alimentation des animaux mis en élevage dans la classe, permet de :

– faire la liste des aliments qu'ils mangent, de ceux qu'ils préfèrent, de ceux qu'ils ne mangent pas ;

– réaliser des « menus décorés » avec des dessins ; des collages..., en adoptant des dispositions variées afin de montrer ce que mange un animal donné ;

– établir des comparaisons entre les menus des animaux ;

– comparer avec sa propre alimentation.

On peut aussi réaliser des études quantitatives et faire des expériences simples. En voici deux exemples.

a. Premier exemple

Une classe de CE1 vient d'installer un cochon d'Inde. Spontanément, les enfants disent qu'ils doivent donner à l'animal des carottes, du pain, des épluchures de légumes... Mais ils ne tardent pas à constater que l'animal ne touche pratiquement pas certains aliments (pomme, pomme de terre...) alors qu'il se précipite sur d'autres. Avec l'aide de l'enseignant, ces constatations deviennent aisément des problèmes.

« A-t-il des aliments préférés ? Lesquels ? Que peut-il manger ? Que refuse-t-il ?... ».

La recherche des réponses aux questions précédentes peut comprendre :

– une brève discussion, collective ou par groupe, pour définir la façon de procéder ;

– des travaux précis et organisés qui peuvent conduire à faire des pesées (aliments donnés au cochon d'Inde et restes) ;

– la discussion des résultats quelques jours plus tard.

Divers modes de représentation des résultats sont utilisés : textes rédigés, dessins des aliments, images découpées dans des magazines ou des publicités...

b. Deuxième exemple

Les élèves d'un CE2 sont invités à apporter en classe des aliments variés pour le couple de tourterelles mis en élevage. Parmi tous les aliments apportés (pommes, oranges, feuilles de salade, viande, graines de nature variée, pain...) ils constatent que les tourterelles ne mangent que les graines. Ils cherchent ensuite quelles sont les graines qu'elles préfèrent : blé, millet, tournesol, lentilles, haricots...

Pour cela, ils remplissent des pots de yaourt avec, dans chacun, une catégorie de graines déterminée. Pour éviter que les tourterelles ne renversent les pots, ils sont amenés à fixer ces derniers sur une planche. La comparaison entre les quantités de graines consommées peut se faire soit en évaluant le volume restant soit en pesant.

Si on dispose de plusieurs tourterelles et de plusieurs cages, les enfants peuvent vérifier si la préférence alimentaire constatée est liée à l'espèce ou à l'individu.

❷ L'analyse de documents

Pour construire la notion de régime alimentaire, on ne peut, pour différentes raisons, se contenter de l'étude des animaux de la classe. Le recours à des documents est donc indispensable. Il permet d'établir des comparaisons et fournit certains aspects qui n'ont pas été abordés précédemment. La ***figure 3*** est un exemple de document possible.

❸ À chacun sa manière de chasser

• **Les élevages en classe** peuvent fournir des occasions d'observer des animaux capturant leurs proies : araignée des jardins, mante religieuse, grenouille, poisson, certains insectes aquatiques... Mais ces occasions assez exceptionnelles ne permettent pas toujours l'organisation d'un travail collectif.

• **L'observation du comportement d'animaux domestiques** est souvent intéressante : par exemple, l'observation d'un chat dans un jardin. Il est couché dans l'herbe, l'air distrait. Soudain ses oreilles se dressent. Il vient d'entendre un oiseau qui s'est posé à quelques mètres de lui. Il le surveille quelques instants et s'en approche discrètement...

• **Le recours à des documents** (***fig. 2*** par exemple) constitue un moyen supplémentaire à ne pas négliger.

❹ Des dents pour chaque menu

Le chat tue et mange des souris, le lapin ronge des carottes.

Ont-ils les mêmes dents ? Cette simple question conduit à une recherche intéressante. Mais l'observation de documents photographiques ou de dessins ne suffit pas, il est nécessaire que chaque élève puisse non seulement voir mais aussi toucher les dents, faire « jouer » l'articulation de la mâchoire. Il est facile de se procurer des têtes osseuses de lapin, des morceaux de mâchoires de mouton... et de les préparer pour une longue conservation.

L'étude des dentures spécialisées du lapin, du chat... est plus facile si les enfants savent comment

fonctionnent leurs propres dents (sur le devant, des dents capables de couper un morceau de pomme ou de sandwich ; sur l'arrière, des dents qui écrasent les aliments et les réduisent en bouillie). Il est donc préférable de n'aborder l'étude des dents des animaux qu'après avoir fait celle des dents des enfants.
Deux remarques sont par ailleurs importantes :
– Une étude simultanée (donc comparée) de la denture de deux, ou même trois animaux, est préférable à des études successives suivies d'une comparaison.
– L'étude de la denture des animaux a pour but de faire découvrir que les dents sont des « outils » adaptés au régime alimentaire ; ainsi, le lapin qui mange de l'herbe et des carottes n'a pas les mêmes « outils » que le chat qui doit tuer ses proies avant de détacher de petits morceaux de viande crue. Ceci n'est possible que si, au préalable, les élèves ont compris par exemple qu'on peut déchiqueter un morceau de carotte crue avec une râpe à légumes, mais que la même méthode est inefficace avec un morceau de viande non cuite. Dans ce cas, pour obtenir des petits morceaux, il vaut mieux prendre une paire de ciseaux, c'est-à-dire qu'il faut couper. En d'autres termes, l'adaptation des dents ne peut être comprise que si les enfants ont préalablement manipulé avec des outils spécialisés, c'est-à-dire ont essayé divers outils pour réduire en petits fragments un morceau de viande, une carotte, un morceau de pomme…

• **Comparer globalement les dentures de plusieurs animaux** afin de découvrir qu'ils n'ont pas tous les mêmes dents. Dans un premier temps, l'analyse reste superficielle.

• **Rechercher le pourquoi de ces différences.** À ce stade, deux questions peuvent être formulées : Que mangent ces animaux ? Manger qu'est-ce que c'est ?

– Pour un lapin, c'est :
  1. détacher dans une carotte un petit morceau qui est ensuite introduit dans la bouche ;
  2. réduire ce petit morceau en minuscules fragments.
– Pour un chat (qui vivrait à l'état sauvage), c'est :
  1. tuer une proie ;
  2. détacher des morceaux de viande.

• **Choisir dans un lot d'outils** (une paire de ciseaux, un pilon, un ciseau à bois de menuisier, une râpe à carottes ou à fromage…) ceux qui conviennent le mieux pour faire le même travail que les animaux précédents.

• **Essayer de comprendre comment « fonctionnent » les dents** des animaux choisis comme exemples. Pour cela, effectuer un retour à l'observation des têtes osseuses (avec l'idée de comprendre le fonctionnement des dents par comparaison avec les outils que l'on vient d'utiliser). Si vous n'avez à votre disposition que des têtes osseuses de lapin, des photographies ou des dessins seront fournis dès la première phase pour servir de documents de substitution.

Notions visées à l'école élémentaire

• Pour vivre, les animaux ont besoin de manger, mais ils ne mangent pas n'importe quoi. Ils n'ont pas tous le même **régime alimentaire**.

• Pour définir le régime alimentaire d'un animal, il faut tenir compte, pour chaque type d'aliment, de la quantité consommée.

• Pour capturer leurs proies, les animaux chasseurs utilisent des techniques qui diffèrent selon les espèces.

• Qu'ils soient **végétariens** ou **carnivores**, les animaux possèdent tous des « outils » adaptés à leur régime alimentaire.

Mots-clés

• végétarien
• carnivore
• omnivore
• régime alimentaire
• préférence alimentaire
• prédateur
• technique de chasse
• adaptation

Chapitre 3

Les relations alimentaires

S'il n'y avait pas de végétaux (les arbres, les carottes, l'herbe...), les animaux (aussi bien les végétariens que les carnivores) ne pourraient pas se nourrir. C'est une découverte étonnante pour des enfants. Elle peut s'exprimer, comme on le voit, de façon très simple et il n'est pas indispensable d'employer les expressions « chaînes alimentaires », « réseau alimentaire ».

La notion précédente est essentielle. Elle permettra de comprendre de nombreux problèmes écologiques (équilibre d'un milieu et sa fragilité...) et d'aborder certains grands problèmes qui se posent aux hommes ; par exemple, le problème de la faim dans le monde. Nourrir tous les hommes de la planète, c'est augmenter la production végétale dans les pays qui souffrent de la faim.

Informations pour l'enseignant

Dans un milieu donné, des **relations alimentaires** s'établissent entre les différents animaux et végétaux qui y vivent. La ***figure 1*** présente des exemples de relations alimentaires.
Qu'est-ce qu'une chaîne alimentaire ? et un réseau alimentaire ?
Que signifient ces expressions ?

1 Les réseaux alimentaires

Lorsqu'on établit les relations alimentaires entre les êtres vivants d'un milieu (forêt, prairie, haie, étang...), on peut toujours faire les mêmes constatations :

– Chaque proie a plusieurs prédateurs différents, chaque prédateur consomme plusieurs proies d'espèces différentes. Il s'établit ainsi un véritable réseau de relations que les scientifiques appellent réseau trophique (en grec « trophos » signifie nourriture) ou réseau alimentaire.

– Quel que soit le milieu, les animaux se nourrissent en mangeant des plantes ou d'autres animaux. En revanche, les plantes chlorophylliennes ne « mangent » pas d'autres êtres vivants ; elles fabriquent leurs constituants, à la lumière, à partir d'eau, de sels minéraux et de dioxyde de carbone.

2 Les chaînes alimentaires

Une **chaîne alimentaire** est la relation alimentaire la plus simple : une suite d'êtres vivants dans laquelle chaque individu mange celui qui le précède.

Deux remarques sont importantes :

– le nombre des **maillons** peut varier d'une chaîne à l'autre ;

– chaque chaîne débute par un végétal chlorophyllien.

On dit que des organismes appartiennent au même **niveau trophique** quand ils sont séparés des végétaux chlorophylliens par le même nombre de maillons.

• **Ce mode de représentation des relations alimentaires** a l'avantage de faire apparaître le **transfert de matière** d'un être vivant à un autre, d'un maillon de la chaîne au suivant.

De « mangeur » en « mangé », on remonte toujours au même **point de départ** : **les plantes chlorophylliennes** capables de produire de la matière organique à partir de substances minérales.

Une chaîne alimentaire ne s'écrit pas n'importe comment

■ Dans quel ordre doit-on placer ces images pour raconter l'histoire ?

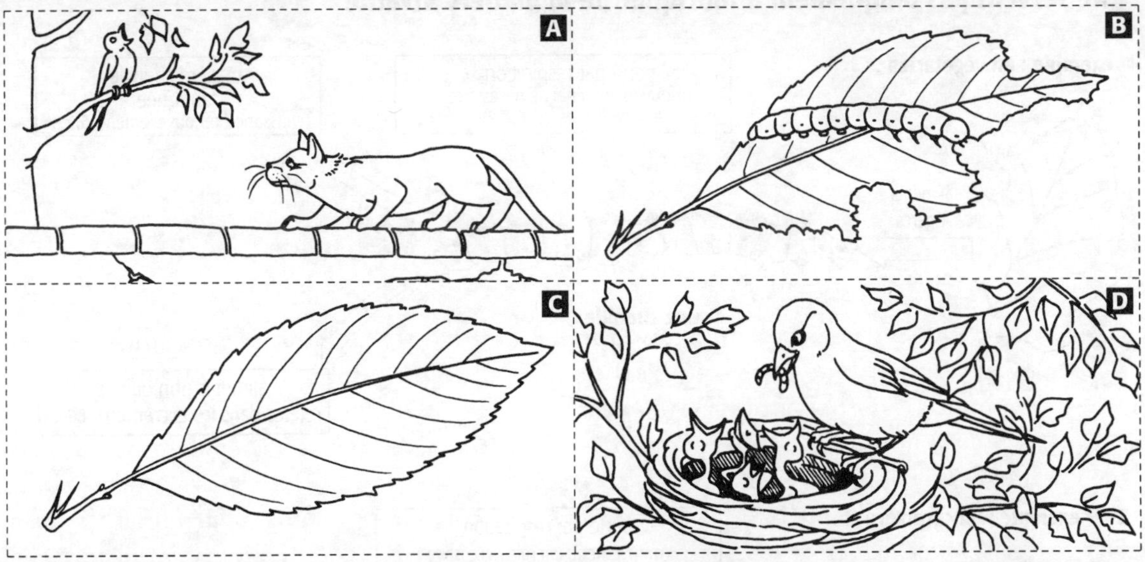

un oiseau | une feuille | une chenille | un chat

■ Une chaîne alimentaire indique le trajet de la nourriture depuis les plantes vertes jusqu'aux animaux carnivores

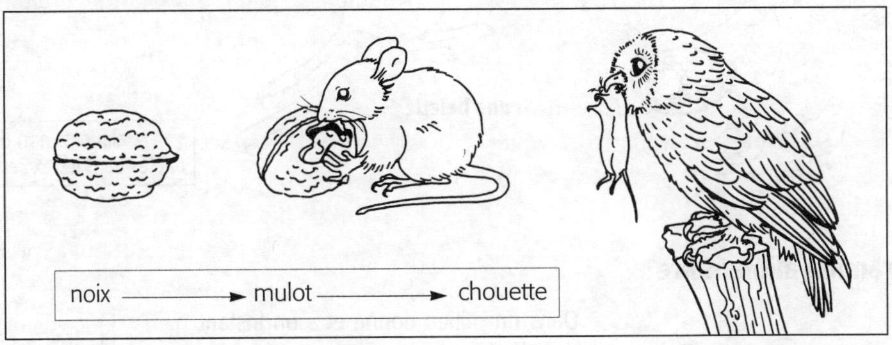

Fig. 1 Ces documents permettent à des élèves de CE2 de se familiariser avec le code employé pour écrire une chaîne alimentaire. Comment peut-on les utiliser ?

Une perte de matière d'un maillon à l'autre

■ Les aliments consommés par un animal ne servent pas uniquement à fabriquer de la matière vivante

1er exemple : un végétarien

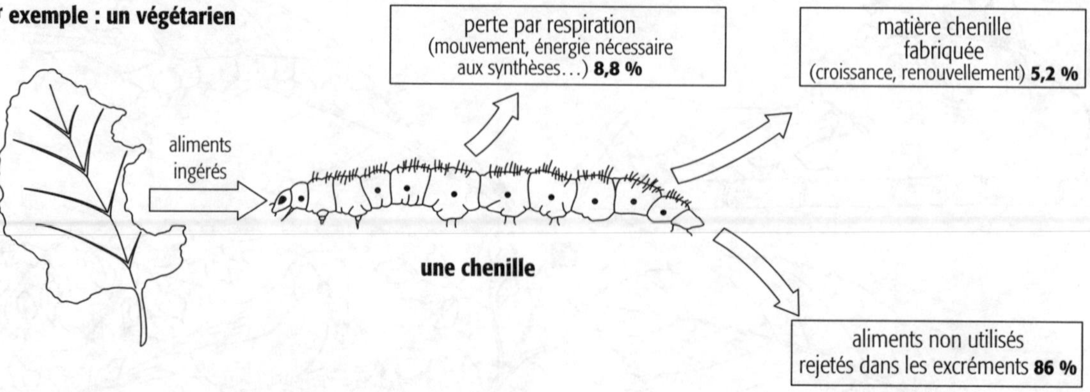

2ème exemple : un carnivore

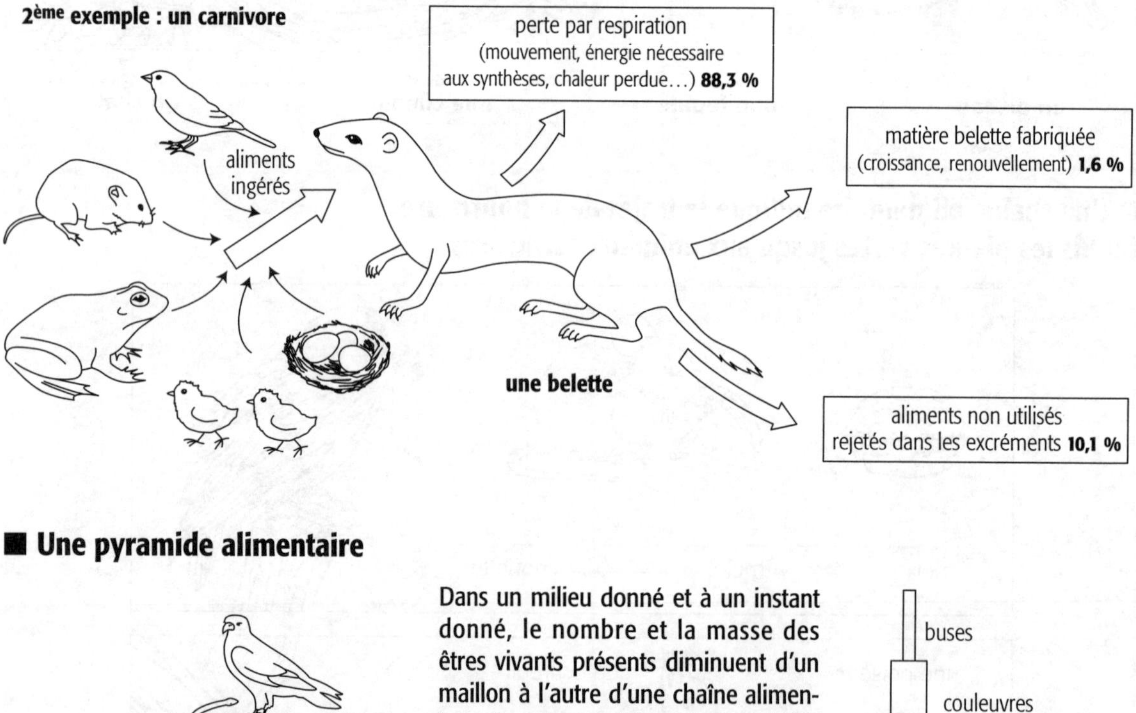

■ Une pyramide alimentaire

Dans un milieu donné et à un instant donné, le nombre et la masse des êtres vivants présents diminuent d'un maillon à l'autre d'une chaîne alimentaire donnée. Ce phénomène est habituellement représenté sous forme d'une pyramide alimentaire.

Pyramide des nombres

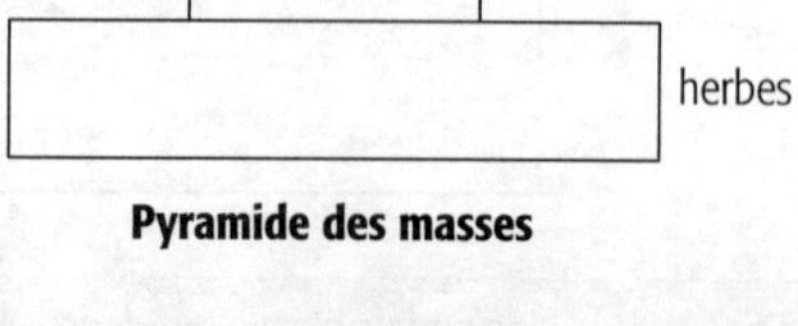

Pyramide des masses

Fig. 2 Exprimez clairement les notions visées par ces documents.

Document pour l'élève

Mangeurs puis mangés

• Écris ces deux chaînes alimentaires.

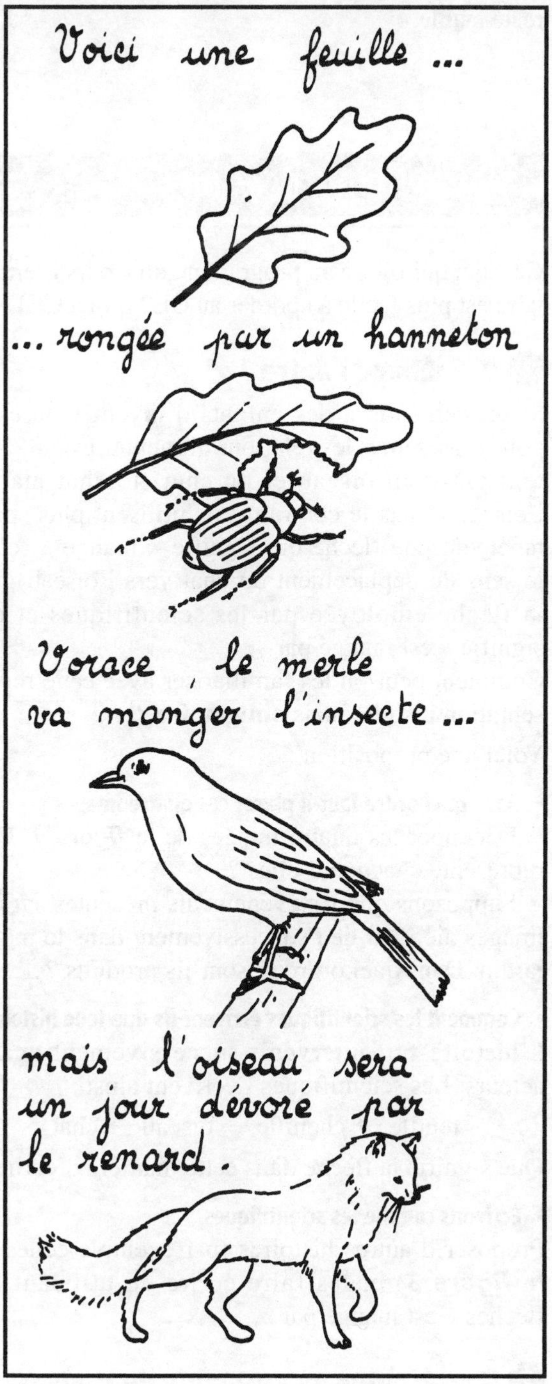

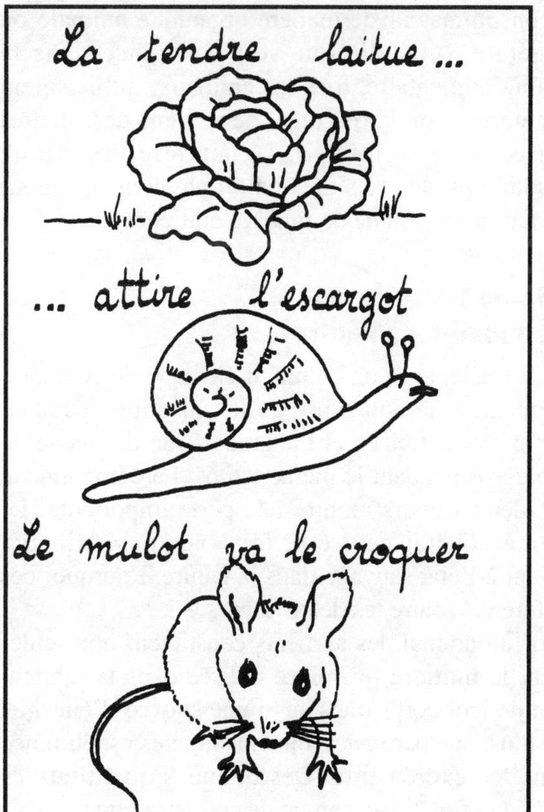

Fig. 3 Si les enfants ont déjà écrit des chaînes alimentaires, ce document est utilisé pour contrôler qu'ils maîtrisent bien le code obligatoire pour écrire une chaîne alimentaire. Dans le cas contraire, il peut servir de point de départ pour la découverte de cette notion.

• **Les plantes chlorophylliennes, premiers maillons** des chaînes alimentaires, sont appelées les **producteurs**, ce qui signifie « producteur de matière organique à partir de matière minérale ». Les animaux sont appelés des **consommateurs**, ce qui signifie « consommateur de matière organique animale ou végétale ». Quelle que soit leur place dans la chaîne alimentaire, tous les animaux, qu'ils soient végétariens ou carnivores, dépendent des plantes vertes pour se nourrir. La matière organique produite par les végétaux chlorophylliens est, pour les animaux, source de matière et d'énergie.

3 Une perte de matière d'un maillon à l'autre

Il est facile, avec un animal d'élevage, de connaître la quantité de nourriture qu'il consomme pendant une période donnée et l'augmentation de masse de son corps pendant le même temps. La comparaison des deux valeurs montre une perte importante. Le même constat peut être fait avec des animaux vivant à l'état sauvage dans la nature. Pourquoi ces différences entre les deux valeurs ?
Pour un animal, les aliments constituent non seulement la **matière première** utilisée dans la fabrication de leur corps mais aussi une **source d'énergie**. De plus, une partie des aliments ingérés est éliminée dans les excréments. Des données quantitatives précises (***fig. 2***) permettent de constater que :
– la masse de matière construite est toujours réduite par rapport à la masse des aliments consommés ;
– la part des aliments ingérés non utilisés est plus importante chez les végétariens que chez les carnivores ;
– les pertes par respiration sont plus importantes chez les animaux qui maintiennent leur corps à température constante que chez les animaux dont la température du corps est proche de celle du milieu extérieur.

4 Une représentation « en pyramide »

Dans un milieu donné, le nombre des êtres vivants et leur masse ne sont pas quelconques. La ***figure 2*** en fournit, sous forme de **pyramide,** une représentation quantitative aux différents niveaux d'une chaîne alimentaire prise comme exemple. La diminution du **nombre** des individus et celle de la **masse** de matière vivante, d'un maillon à l'autre, s'expliquent par l'emploi d'une partie des aliments comme source d'énergie.
Ainsi, lorsqu'une grenouille mange des sauterelles, une partie seulement de la « matière sauterelle » sert à faire de la « matière grenouille », l'autre servant de « carburant ». Sur le plan quantitatif, on constate donc une perte considérable de la masse des êtres vivants, d'un maillon à l'autre. Cependant, dans un **milieu en équilibre**, la masse des différentes espèces d'un même niveau trophique reste stable.

Des activités possibles

Ce sujet qui figure au programme du Cours Élémentaire est plus facile à aborder au CE2 qu'au CE1.

1 Qui mange l'autre ?

Si on demande à des enfants d'inventer un code pour représenter les relations alimentaires qui existent entre un oiseau et un chat (le chat mange l'oiseau et pas le contraire) ils utilisent plus spontanément une flèche qui signifie « mange » (c'est le sens du déplacement du chat vers l'oiseau) que la flèche employée par les scientifiques et qui signifie « est mangé par ».
Comment peut-on les familiariser avec cette représentation insolite mais **obligatoire** ?

Voici une proposition :

• **Dans quel ordre faut-il placer ces quatre images ?**
– Découper les quatre images de la ***figure 1***. Que représente chacune d'elles ?
– Supposons que les événements présentés sur ces images aient eu lieu successivement dans le même jardin. Dans quel ordre se sont-ils produits ?

• **Comment les scientifiques écrivent-ils une telle histoire ?**
L'histoire fait intervenir successivement quatre acteurs. Les scientifiques l'écrivent ainsi :

feuille → chenille → oiseau → chat

Que signifie la flèche dans cette manière d'écrire ?

• **Écrivons comme les scientifiques.**
Proposer d'autres histoires (par exemple celles de la ***figure 3***) et les faire écrire en utilisant les flèches « est mangé par ».

2 Représenter un ensemble de chaînes entremêlées

Avec le document de la ***figure 4*** l'enfant doit écrire des chaînes alimentaires. Il n'a pas à les inventer. Il doit donc :
– employer un code imposé ;
– écrire les chaînes alimentaires représentées sur le dessin.

Document pour l'élève

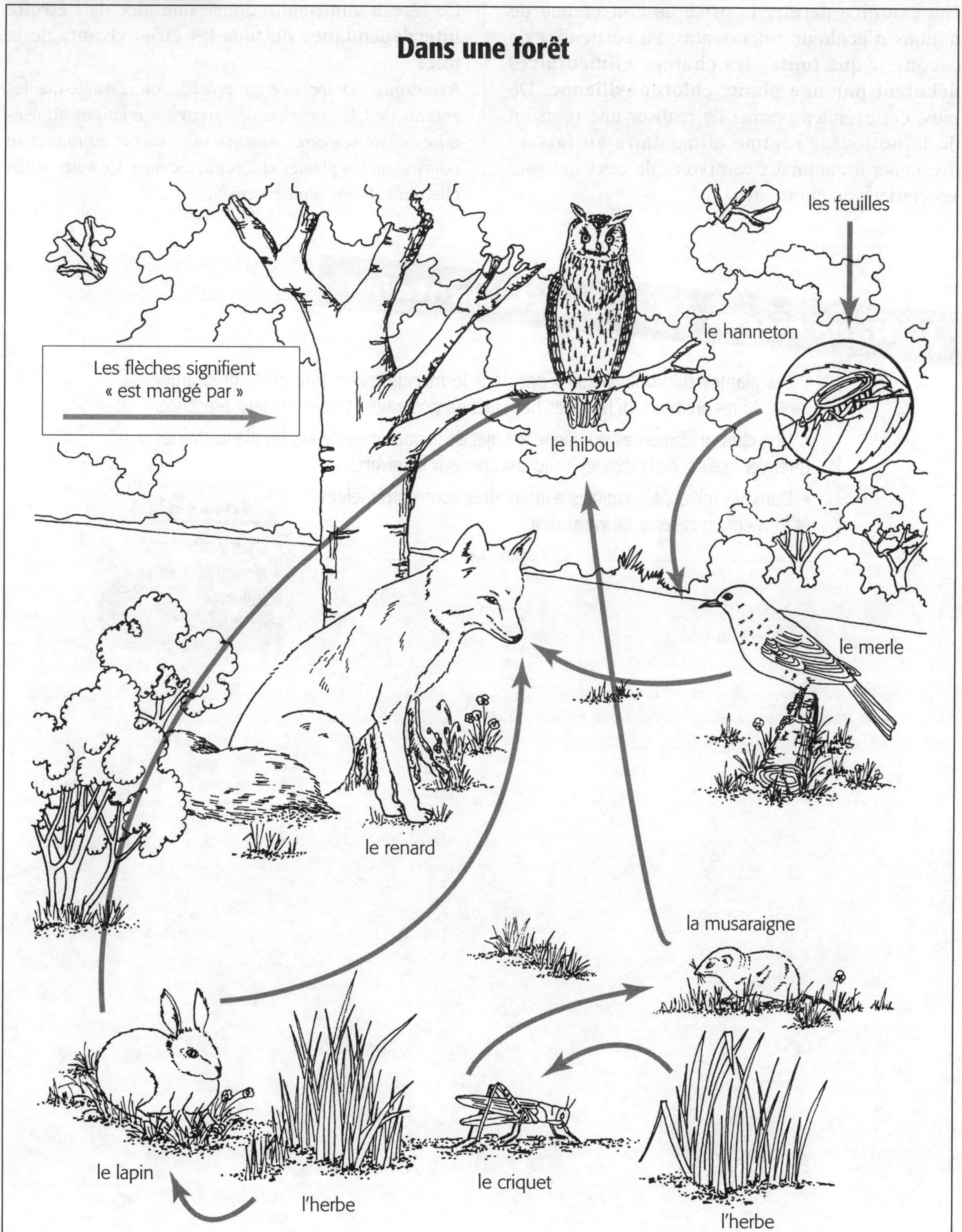

Fig. 4 **Être capable d'exploiter en autonomie des documents scientifiques de ce type est un objectif du cycle 3.**

Cet exercice permet la prise de conscience de notions d'écologie importantes, en particulier de découvrir que **toutes les chaînes alimentaires débutent par une plante chlorophyllienne**. De plus, cet exercice permet de réaliser une révision de la notion de régime alimentaire en faisant distinguer les animaux carnivores de ceux qui sont végétariens ou omnivores.

Ce réseau alimentaire donne une idée de l'**étroite interdépendance de tous les êtres vivants** de la forêt.

Remarque : D'après ce qui précède, on constate que les enfants de CE2 peuvent découvrir les relations alimentaires entre les êtres vivants sans savoir comment se nourrissent les plantes chlorophylliennes. Ce sujet, difficile, sera abordé ultérieurement.

Notions visées à l'école élémentaire

- Les plantes chlorophylliennes ont dans le monde vivant une place prépondérante. Ni les animaux, ni les êtres humains ne pourraient vivre sans leur présence.
- Une **chaîne alimentaire** indique le trajet de la nourriture depuis les plantes vertes (premier maillon de la chaîne) jusqu'aux animaux carnivores.
- Dans un milieu, les chaînes alimentaires sont entremêlées et forment un **réseau alimentaire**.

Mots-clés

- chaîne alimentaire
- réseau alimentaire
- milieu
- maillon

Chapitre 4

Que mangent les « plantes vertes » ?

Un enfant admet volontiers qu'un chat (ou une souris ou un moineau) est un être vivant : il bouge, mange, peut faire des petits qui grandissent... En revanche, découvrir que le marronnier de la cour de l'école, qu'une plante qui pousse dans un pot de la classe... sont aussi des êtres vivants, n'est pas évident. Les obstacles à surmonter sont nombreux. Chez les plantes, la manifestation de la vie la plus accessible est la reproduction : un marronnier ou un pied de pois naît, grandit, produit des graines (« se reproduit »), meurt.

Pour un enfant, il est évident et normal qu'un oiseau ou un chat mange : un oiseau ou un chat... a une bouche et on peut le voir manger. Un arbre n'a pas de bouche, on ne le voit pas manger. Pourtant, si on n'arrose pas une plante de la classe, elle se dessèche et meurt. C'est important, mais pour un enfant, l'eau n'est pas un aliment. C'est le premier obstacle à franchir : bien que l'eau soit un « liquide », c'est cependant un aliment puisqu'il entre dans la fabrication de l'animal ou de la plante. D'ailleurs, l'eau est aussi un aliment pour les êtres humains.

Une autre difficulté à surmonter : il suffit d'arroser une plante qui pousse dans un pot pour qu'elle vive pendant des années. La quantité de terre dans le pot ne semble pas diminuer. L'eau serait-elle le seul aliment que les végétaux chlorophylliens puisent dans le sol ? Pour les enfants, les engrais utilisés en agriculture ne sont pas des aliments pour les plantes mais des « médicaments ».

Ajouter une difficulté dans un sujet déjà si complexe n'est pas indispensable. Pourtant nous devons préciser que l'un des aliments des plantes vertes (le dioxyde de carbone = gaz carbonique) est un aliment invisible !!!.

Une question vient alors à l'esprit : pourquoi les textes officiels proposent-ils un sujet aussi complexe à l'école élémentaire ?

Il y a différentes raisons à cela, en voici deux :

– S'intéresser à la nutrition des plantes vertes permet de découvrir une notion capitale pour comprendre le fonctionnement du monde vivant : l'existence d'êtres vivants qui fabriquent de la matière vivante à partir de matières minérales (c'est-à-dire non vivantes). On découvre ainsi l'existence de deux grands groupes d'êtres vivants : les autotrophes et les hétérotrophes ; les premiers étant nécessaires à la nutrition des seconds. Découvrir l'autotrophie permet donc de comprendre pourquoi les plantes vertes sont le premier maillon de toutes les chaînes alimentaires.

– L'étude de la nutrition des plantes vertes permet de mettre en pratique une démarche expérimentale en biologie (par exemple « comment peut-on montrer qu'une plante a besoin d'eau pour vivre ? »).

Remarque : Les termes « dioxygène » et « dioxyde de carbone » correspondent à une nomenclature chimique correcte de l'oxygène gazeux et du gaz carbonique présents dans l'air ambiant. Leur usage n'est cependant pas une nécessité à l'école primaire.

Informations pour l'enseignant

A Qu'est-ce qu'une plante verte ?

Des changements récents sont apparus dans la classification des êtres vivants ; il est important de les mentionner ici avant une étude plus approfondie plus tard.

1 L'ancienne classification

Jusqu'à une date récente, les scientifiques classaient les êtres vivants en trois groupes : les animaux, les végétaux, les bactéries. On distinguait deux groupes de végétaux : les végétaux chlorophylliens (plantes à fleurs, fougères, mousses, algues) et les végétaux non chlorophylliens (les champignons).

Dans ce contexte, le mot végétal avait un sens plus large que le mot plante. Les plantes désignaient communément les plantes à graines et à fleurs ainsi que les mousses et les fougères. Les algues étaient rarement appelées « plantes ». Étymologiquement, une plante est un végétal « planté ». C'est pourquoi pour désigner tous ces végétaux, on parlait de végétaux chlorophylliens.

2 La classification actuelle

Dans la classification actuelle, le groupe des « végétaux » n'existe plus. On distingue à sa place plusieurs groupes :

– les champignons (organismes hétérotrophes, exemples : bolet, girolle, moisissures...) ;

– les algues brunes (avec les algues brunes et de nombreux organismes unicellulaires, exemples : fucus, ascophyllum...) ;

– les plantes vertes.

Les plantes vertes comprennent :

– les algues vertes ;

– les mousses;

– les fougères ;

– les conifères (plantes à graines qui ne sont plus des plantes à fleurs, exemples : pin, épicea, sapin...) ;

– les angiospermes (ou plantes à fleurs et à graines, exemples : fraisier, pommier...).

B Qu'est-ce que la chlorophylle ?

1 La couleur la plus répandue sur terre

La chlorophylle dont nous verrons le rôle exact dans les pages qui suivent, donne une couleur verte aux êtres vivants qui en possèdent. C'est le cas, bien évidemment, des arbres, des arbustes, des plantes herbacées (blé, carotte, primevère, « herbe » du gazon…) mais aussi des mousses, des lichens, des fougères, des algues. Parmi ces dernières, il ne faut pas oublier les algues microscopiques qui vivent, selon les espèces, non seulement dans les étangs et les rivières mais aussi dans la mer. Elles constituent le plancton végétal (ou phytoplancton) dont l'importance écologique est considérable.

Les parties chlorophylliennes de ces êtres vivants contiennent non seulement de la chlorophylle mais aussi d'autres pigments qui, dans certains cas, peuvent modifier la couleur verte ou même parfois la masquer (dans les algues rouges par exemple).

2 Dans quels organes d'une plante y a-t-il de la chlorophylle ?

La chlorophylle est localisée dans la plupart des feuilles, dans les tiges des plantes herbacées, dans les jeunes rameaux des arbres, dans certaines parties des fleurs (sépales, pistil…). On la trouve dans des organes normalement exposés à la lumière ***(fig. 1)***.

3 Où est la chlorophylle dans une cellule ?

L'observation au microscope d'une feuille de mousse ou d'élodée montre que la chlorophylle est localisée dans des organites appelés **chloroplastes**. Les cellules non chlorophylliennes sont dépourvues de chloroplastes.

C Les aliments des plantes vertes

Que mange une plante verte cultivée dans un pot ? et un arbre qui pousse dans la forêt ?

C'est en faisant des expériences que les scientifiques ont été capables de répondre à ces questions.

Document pour l'élève

Qu'est-ce qu'une plante verte ?

Le pissenlit

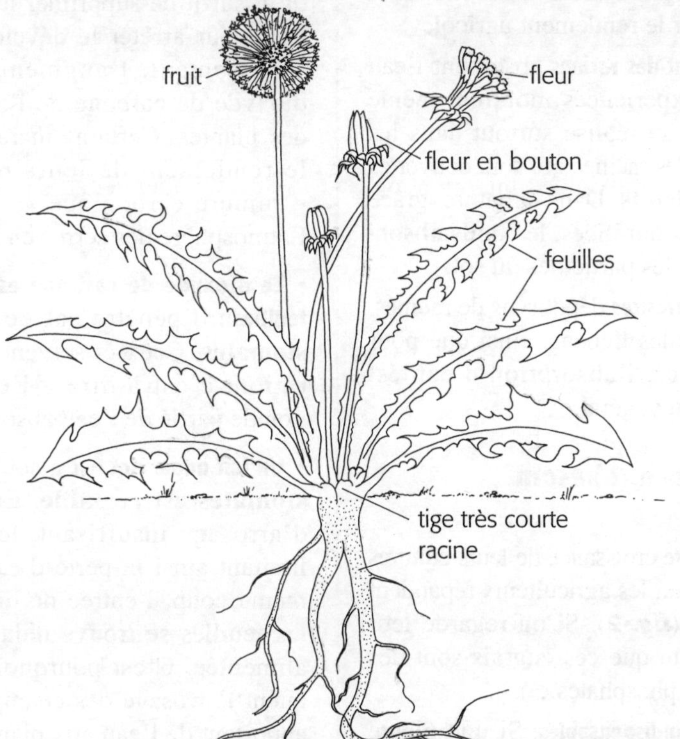

La primevère

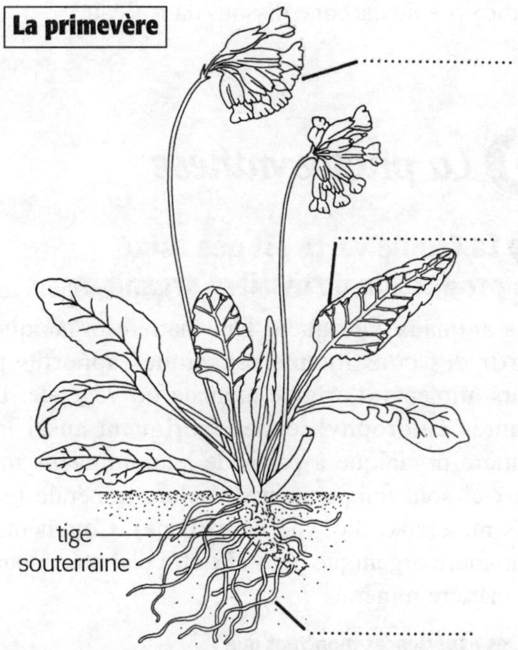

Le muguet

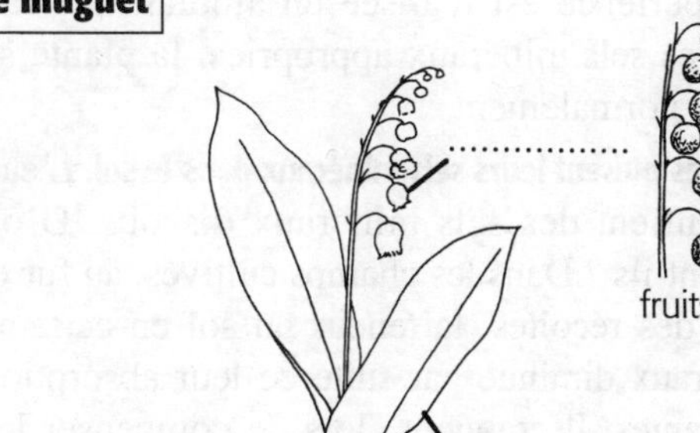

Fig. 1 Voici trois plantes vertes. Colorie en vert les parties qui contiennent de la chlorophylle.

❶ Les plantes vertes ont besoin d'eau

• **Si l'on oublie d'arroser** des plantes d'appartement, elles ne tardent pas à flétrir puis à mourir. On sait, par ailleurs, que les agriculteurs arrosent leurs cultures pour augmenter le rendement agricole.

• **Les plantes qui possèdent des racines** absorbent l'eau par ces racines. Des expériences montrent même que l'absorption d'eau se réalise surtout dans les dernières ramifications des racines qui sont couvertes de très fins **poils absorbants**. Dans la nature, grâce au réseau de racines très ramifiées, les **poils absorbent** l'eau retenue entre les particules du sol.

• **Pour certains végétaux terrestres** dépourvus de racines, comme les mousses ou les lichens, ainsi que pour les végétaux aquatiques, l'absorption d'eau est réalisée par la totalité du végétal.

❷ Les plantes vertes ont besoin de sels minéraux

Pour obtenir une meilleure croissance de leurs cultures et un rendement supérieur, les agriculteurs répandent des **engrais** sur le sol (***fig. 2***). Si on regarde leur composition, on constate que ces engrais sont des **sels minéraux** (nitrates, phosphates…).

• **Les sels minéraux sont indispensables.** Si une plante est cultivée dans un récipient contenant seulement de l'eau distillée, on constate l'arrêt de sa croissance ; si l'expérience est prolongée un certain temps, la plante ne tarde pas à mourir (***fig. 2***). Si la même expérience est réalisée en ajoutant à l'eau distillée des sels minéraux appropriés, la plante se développe normalement.

• **Les plantes puisent leurs sels minéraux dans le sol.** L'eau du sol contient des sels minéraux dissous. D'où proviennent-ils ? Dans les champs cultivés, au fur et à mesure des récoltes, la teneur du sol en certains sels minéraux diminue par suite de leur absorption par les plantes. Il convient alors de compenser les pertes en répandant des engrais. En revanche, dans une forêt, l'apport d'engrais n'est pas nécessaire. En effet, la décomposition des feuilles, des branches tombées entraîne le retour au sol des minéraux précédemment absorbés par les plantes.

• **Les plantes aquatiques** (non seulement les algues mais aussi les lentilles d'eau, l'élodée… qui ne sont pas enracinées au fond de l'étang ou de la rivière) trouvent dans l'eau (eau de mer ou eau douce selon les cas), les sels minéraux qui leur sont nécessaires. De même les lichens (végétaux terrestres qui se développent sur les troncs d'arbre, les murs, les rochers…) prélèvent les sels minéraux disponibles sur leur support.

❸ Un aliment invisible absorbé par les feuilles : le dioxyde de carbone

• **Des expériences réalisées au laboratoire** montrent qu'il suffit de supprimer le dioxyde de carbone de l'air pour arrêter le développement d'une plante. Inversement, l'augmentation de la teneur en dioxyde de carbone de l'air accroît la croissance des plantes. Certains maraîchers, pour augmenter le rendement de leurs récoltes, pratiquent la « fumure carbonique », qui consiste à enrichir l'atmosphère des serres en dioxyde de carbone.

• **Le dioxyde de carbone est absorbé au niveau des feuilles ;** il pénètre par de petits orifices appelés **stomates**. Ceux-ci servent également à la transpiration, c'est-à-dire à l'élimination de la plus grande partie de l'eau absorbée par les racines.

• **Un fait important** est à souligner : l'**ouverture des stomates** est **réglable**. En cas de sécheresse ou d'arrosage insuffisant, les stomates se ferment limitant ainsi la perte d'eau par transpiration. Du même coup, l'entrée de dioxyde de carbone dans les feuilles se trouve réduit et la plante est sous-alimentée. C'est pourquoi les agriculteurs pratiquent l'arrosage des champs en été. Ainsi, tout en apportant de l'eau aux plantes, ils évitent la fermeture des stomates et donc la sous-alimentation en dioxyde de carbone.

• **Les plantes chlorophylliennes aquatiques** prélèvent le dioxyde de carbone dissous dans l'eau.

D La photosynthèse

❶ La feuille verte est une usine de production de matière organique

Les animaux fabriquent leur matière organique à partir des constituants organiques apportés par leurs aliments d'origine animale ou végétale. Les plantes chlorophylliennes fabriquent aussi leur matière organique à partir de leurs aliments mais ceux-ci sont uniquement de nature minérale (eau, sels minéraux, dioxyde de carbone). Comment de la matière organique peut-elle être élaborée à partir de matière minérale ?

• **Des expériences montrent que :**

– de la matière organique est élaborée dans les feuilles uniquement dans les **zones chlorophylliennes exposées à la lumière** (il n'y a pas de synthèse si les feuilles sont maintenues à l'obscurité) ;

Étude expérimentale des besoins alimentaires des plantes vertes

■ Expérience au laboratoire

1. L'expérience

Des grains de maïs sont semés dans deux pots remplis de sable de Fontainebleau. Ce support meuble dans lequel vont se développer les racines a subi un traitement qui le prive totalement des sels minéraux qui pourraient servir d'aliments aux plantes.
Les deux pots sont arrosés régulièrement :
– le **pot 1** avec de l'eau privée de sels minéraux (eau distillée) ;
– le **pot 2** avec de l'eau distillée contenant des sels minéraux convenablement dosés.

Composition du liquide nutritif en g/L

- nitrate de calcium :1
- nitrate de potassium : 0,25
- sulfate de magnésium : 0,25
- phosphate de potassium : 0,25
- chlorure ferrique : traces

2. Les résultats

Ils sont présentés sur les photographies ci-contre.
a. 15 jours après la mise en route de l'expérience.
b. Après 30 jours, les plantes du pot 1 finissent par mourir.

■ Expérience sur le terrain

Les résultats présentés ici ont été obtenus à la station agronomique de Grignon. Celle-ci possède des champs d'expérience qui n'ont pas reçu d'engrais depuis 1902. Les rendements des cultures sont exprimés en quintaux par hectare (1 quintal = 100 kg ; 1 hectare = 10 000 m^2). Les valeurs fournies correspondent à une moyenne des rendements obtenus au cours des 5 récoltes successives de 1976 à 1980.

Betteraves

sans engrais depuis 1902	avec engrais
144	422

Blé

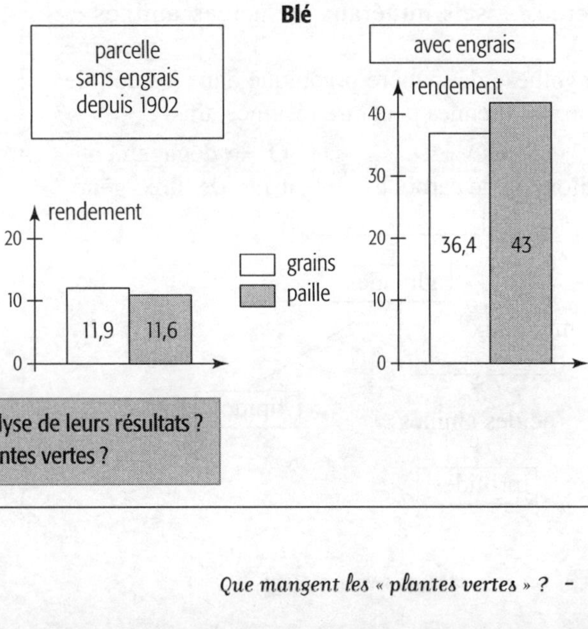

Fig. 2 En quoi consiste ces expériences ? Que montre l'analyse de leurs résultats ? Quelles informations fournissent-elles sur les aliments des plantes vertes ?

– le **dioxyde de carbone** absorbé par les feuilles entre dans la constitution de cette matière organique ;
– l'**eau** et les **sels minéraux** absorbés au niveau des racines sont les deux autres matières premières de la fabrication de matière organique.

• **Chaque cellule chlorophyllienne peut donc** être comparée à une usine qui, **à la lumière**, utilise des matières premières (les substances minérales : eau, sels minéraux, dioxyde de carbone) pour fabriquer des substances organiques (***fig. 3***).
Sans entrer dans le détail, mais pour mieux se faire comprendre, précisons que, **dans les cellules chlorophylliennes**, la synthèse de matière organique se fait en deux étapes :
– **Première étape : synthèse de glucides**
dioxyde de carbone (CO_2) + eau (H_2O) → glucides + dioxygène (O_2) libéré
Rappelons que les glucides (sucres et amidon) ne contiennent que trois éléments chimiques (carbone, hydrogène, oxygène). Le carbone et le dioxygène du dioxyde de carbone d'une part, l'hydrogène de l'eau d'autre part entrent dans la constitution du glucide. Le dioxygène libéré est le dioxygène de l'eau et non pas le dioxygène du dioxyde de carbone.
– **Deuxième étape : synthèse des autres composés organiques** (protides et lipides)
Les lipides contiennent les mêmes éléments chimiques que les glucides. On comprend donc que la synthèse des lipides à partir des glucides puisse se faire à l'intérieur des cellules.
En revanche, les protides contiennent non seulement du carbone, de l'hydrogène et du dioxygène mais aussi de l'azote et du phosphore. Leur synthèse à partir des glucides nécessite l'apport de sels minéraux (nitrates, phosphates…). La synthèse des protides peut donc s'écrire de façon très simplifiée :
glucides + sels minéraux → acides aminés → protéines
La synthèse de matière organique dans les cellules chlorophylliennes peut être résumée ainsi :

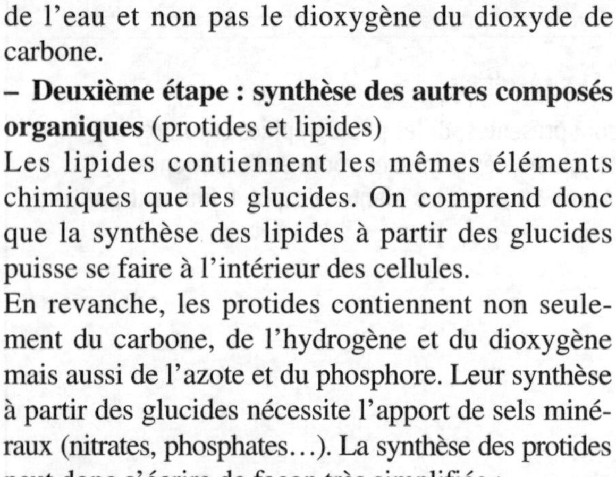

2 La lumière est indispensable. Quel est son rôle ?

Des plantes chlorophylliennes cultivées en absence de lumière se décolorent, ne se nourrissent pas normalement et finissent par mourir.

• **La lumière constitue la source d'énergie** utilisée par les cellules chlorophylliennes pour effectuer les synthèses de matière organique. On parle pour cette raison de **photosynthèse** (synthèse utilisant l'énergie des **photons**, c'est-à-dire de la lumière).

• **La chlorophylle absorbe de la lumière** et la feuille joue donc le rôle de **capteur de l'énergie solaire**. Les feuilles vertes présentent d'ailleurs les caractères d'un capteur solaire : surface plane, orientée vers la lumière et d'assez faible épaisseur.

• **La matière organique produite** par les cellules chlorophylliennes peut brûler et représente donc une source d'**énergie**. Nous pouvons donc dire que la photosynthèse est un **stockage de l'énergie solaire sous forme chimique**.

• **Une erreur fréquente :** La lumière, indispensable à la photosynthèse, est souvent citée comme un aliment des plantes vertes. Ce n'est pas un aliment mais un apport d'énergie indispensable à la réalisation d'une réaction chimique. Voici une « image » pour comprendre : pour faire de la soupe de légumes, il faut de l'eau, des pommes de terre, des carottes… et une gazinière. L'eau, les carottes… sont des aliments qui entrent dans la composition du potage ; la gazinière n'est pas un aliment, elle fournit la chaleur nécessaire à la cuisson.

• **Des transformations d'énergie :** dans les chloroplastes des cellules chlorophylliennes, l'énergie lumineuse captée par la chlorophylle est transformée en énergie chimique contenue dans l'ATP. Cet ATP fournit l'énergie nécessaire à la synthèse de matière organique à partir de substances minérales. Les molécules organiques ainsi formées sont riches en énergie chimique potentielle. Leur dégradation en présence de dioxygène (respiration cellulaire) libère cette énergie et fabrique de l'ATP (molécule énergétique universelle).

3 Une différence fondamentale

• **Chez les animaux,** les aliments sont à la fois les matériaux de construction de leur propre matière et leur unique source d'énergie.

• **Chez les plantes chlorophylliennes,** les aliments, puisés dans le milieu extérieur, sont les matières

La synthèse de matière organique par les plantes vertes

■ La photosynthèse se déroule dans les chloroplastes

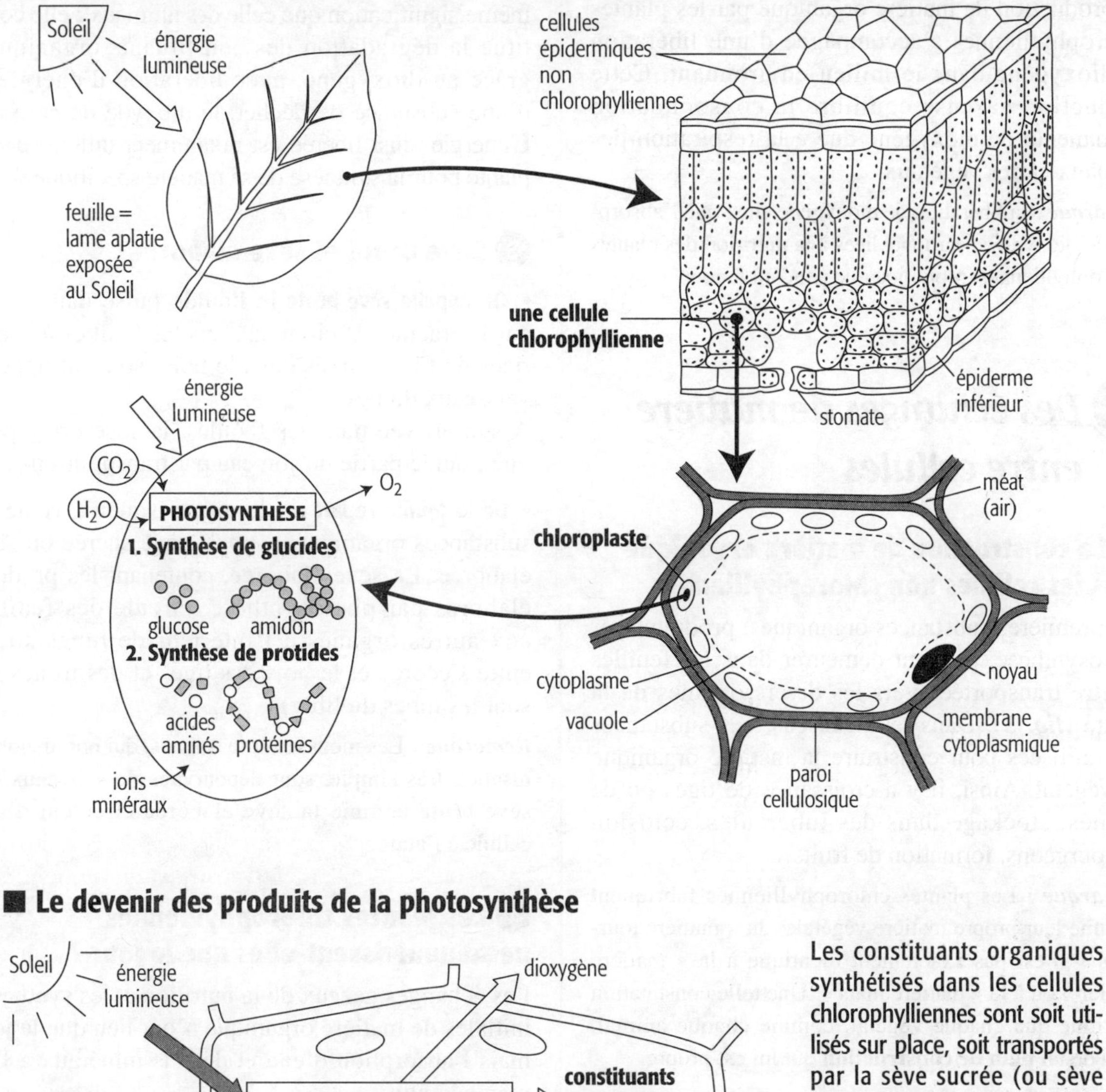

■ Le devenir des produits de la photosynthèse

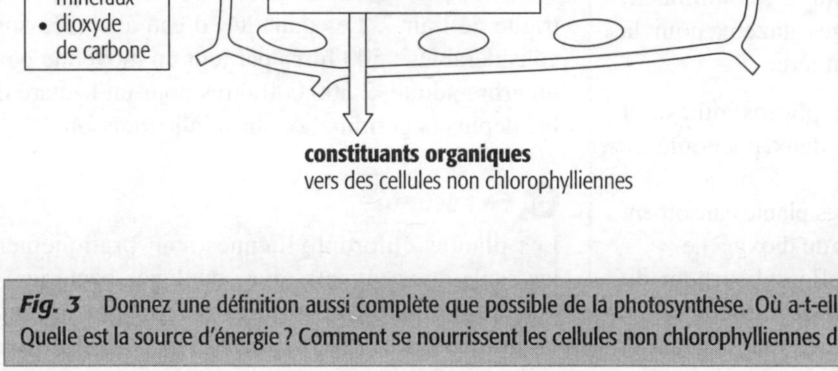

Les constituants organiques synthétisés dans les cellules chlorophylliennes sont soit utilisés sur place, soit transportés par la sève sucrée (ou sève élaborée) vers les différents organes de la plante.
Ces constituants servent :
– soit de matériaux de construction (croissance de la plante, développement des fruits, mise en réserve…) ;
– soit de « carburant » (la respiration cellulaire est la seule source énergétique des cellules non chlorophylliennes).

Fig. 3 Donnez une définition aussi complète que possible de la photosynthèse. Où a-t-elle lieu ? De quelle synthèse s'agit-il ? Quelle est la source d'énergie ? Comment se nourrissent les cellules non chlorophylliennes d'une plante verte ?

premières avec lesquelles ils fabriquent les matériaux de construction de leur propre matière mais ils ne sont pas leur source d'énergie.

❹ La libération de dioxygène

La production de matière organique par les plantes chlorophylliennes s'accompagne d'une libération de dioxygène dans le milieu environnant. Cette production gazeuse équilibre la consommation permanente de dioxygène due à la respiration des animaux et des végétaux.

Remarque : la libération de dioxygène ainsi que l'absorption de dioxyde de carbone, liées à la nutrition des plantes chlorophylliennes, n'ont lieu que pendant le jour.

E Des échanges de matière entre cellules

❶ La construction de matière organique dans les cellules non chlorophylliennes

Les premières substances organiques, produites par photosynthèse, peuvent demeurer dans les feuilles ou être transportées vers les divers organes de la plante (***fig. 3***). Dans les deux cas, ces substances sont utilisées pour construire la matière organique du végétal. Ainsi, il y a croissance de tiges ou de racines, stockage dans des tubercules, éclosion de bourgeons, formation de fruits…

Remarque : Les plantes chlorophylliennes fabriquent chacune leur propre matière végétale ; la « matière tournesol » n'est pas exactement identique à la « matière fraisier » ou à la « matière maïs ». Une telle constatation implique que chaque végétal, comme chaque animal, possède un **plan de construction** qui lui est propre.

❷ Photosynthèse et respiration

Nous avons vu que les plantes chlorophylliennes respirent 24 heures sur 24 comme les animaux, mais elles réalisent des échanges gazeux pour la photosynthèse seulement à la lumière.

• **Sur le plan des échanges gazeux,** photosynthèse et respiration apparaissent comme deux phénomènes inverses l'un de l'autre :
– au cours de la photosynthèse, les plantes absorbent du dioxyde de carbone et rejettent du dioxygène ;
– au cours de la respiration, elles absorbent du dioxygène et rejettent du dioxyde de carbone.

Globalement, bien qu'ils n'aient lieu que pendant la journée, les échanges gazeux de la photosynthèse l'emportent largement sur ceux de la respiration. C'est pourquoi, pour mettre en évidence les échanges respiratoires d'une plante chlorophyllienne, il est indispensable de la placer à l'obscurité.

• **À quoi sert la respiration ?** La respiration végétale a la même signification que celle des animaux : elle constitue la dégradation des constituants organiques, grâce au dioxygène, avec libération d'énergie et d'une substance de déchet, le dioxyde de carbone. L'énergie ainsi libérée est notamment utilisée par la plante pour la synthèse de sa matière spécifique.

❸ Sève brute et sève élaborée

• **On appelle sève brute** le liquide puisé dans le sol par les racines et circulant vers les feuilles à l'intérieur de tubes situés dans le bois (souvent appelés vaisseaux du bois).
À son arrivée dans les feuilles, la sève brute perd une grande partie de son eau par transpiration.

• **De la feuille repart** un liquide visqueux, riche en substances organiques, appelé sève sucrée ou sève élaborée. La sève élaborée, contenant les produits élaborés par photosynthèse, circule des feuilles aux autres organes à l'intérieur de tubes situés entre l'écorce et le bois des tiges et des troncs (ce sont les tubes du liber).

Remarque : Les mousses et les algues, qui ont une organisation très simple, sont dépourvues de vaisseaux. La sève brute comme la sève élaborée circulent d'une cellule à l'autre.

❹ Les plantes chlorophylliennes ne se nourrissent-elles que le jour ?

Les échanges gazeux de la nutrition et les synthèses initiales de matière organique n'ont lieu que le jour mais l'absorption d'eau et de sels minéraux a lieu même la nuit.
L'absorption d'eau subit d'énormes variations en fonction de la température extérieure, de la quantité d'eau disponible dans le sol, du degré hygrométrique de l'air… Les quantités d'eau absorbée sont considérables : 500 litres par jour en moyenne pour un arbre adulte, 2 500 000 litres pour un hectare de blé depuis la germination jusqu'à la moisson.

❺ En résumé

Les plantes chlorophylliennes sont pratiquement les seuls êtres vivants (avec quelques bactéries) à être capables de fabriquer leur propre matière organique carbonée, sans avoir besoin d'utiliser celle déjà fabriquée par d'autres organismes.

Les feuilles des plantes vertes sont des usines

■ Un aliment invisible est puisé dans l'air

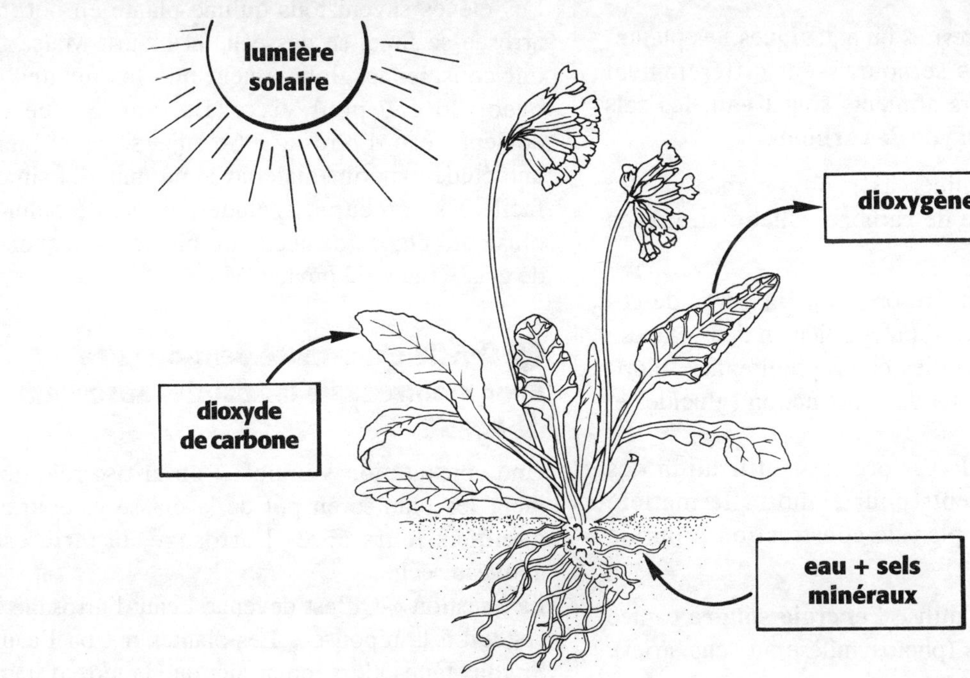

■ Le fonctionnement de l'usine « feuille verte »

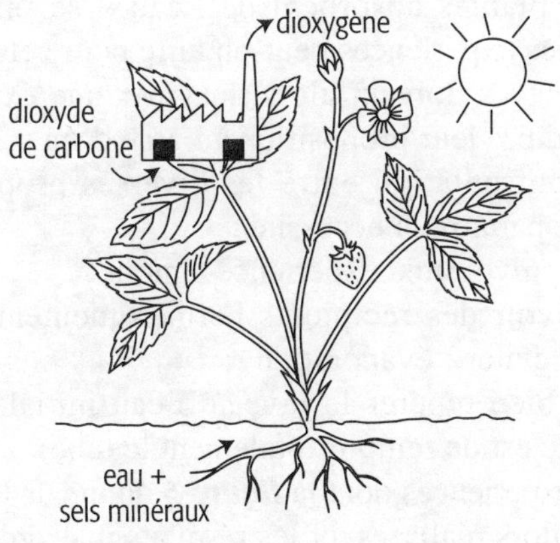

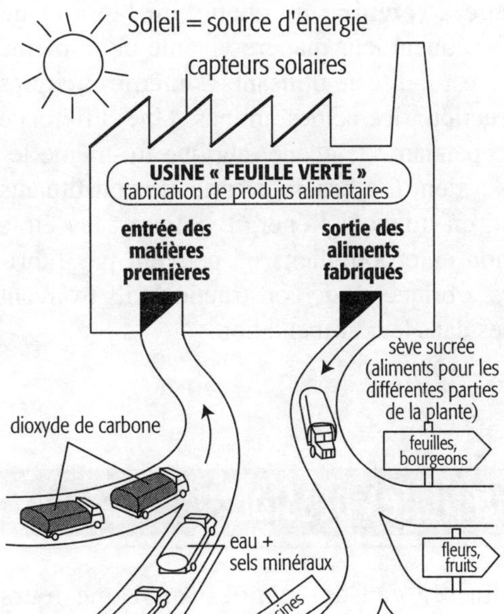

- On compare souvent les feuilles à des usines. Regarde ces dessins et explique.
- Où le fraisier puise-t-il ses aliments ? Comment la fraise fait-elle pour grossir ?
- Pourquoi cette usine fonctionne-t-elle le jour et non la nuit ?

Fig. 4 Ce document permet d'aborder avec des enfants cet aspect fondamental de la nutrition des plantes vertes : à la lumière, avec l'eau et les sels minéraux absorbés par les racines d'une part, le dioxyde de carbone capté par les feuilles d'autre part, une plante verte fabrique sa propre substance.

Cette propriété, appelée **autotrophie**, est due au processus de la photosynthèse : la plante fabrique sa propre matière organique en utilisant de l'eau, des sels minéraux, du dioxyde de carbone et l'énergie de la lumière.

Qu'elles soient terrestres ou aquatiques, les plantes **chlorophylliennes** se nourrissent différemment des animaux. Leurs aliments sont l'**eau**, les **sels minéraux** et le **dioxyde de carbone**.

L'eau et les sels minéraux sont absorbés par les racines, le dioxyde de carbone pénètre au niveau des feuilles.

La synthèse de matière organique à partir de ces substances minérales simples a lieu en deux étapes :
– au niveau des feuilles chlorophylliennes, fabrication des « briques » de construction (glucides et acides aminés) ;
– au niveau des divers organes, utilisation des matériaux précédents pour élaborer la matière végétale selon un plan de construction propre à chaque végétal.

La première étape utilise l'**énergie solaire** captée par la chlorophylle (photosynthèse au sens strict).

La deuxième étape utilise l'énergie stockée dans les premiers matériaux formés et libérée lors de la respiration.

Une image à retenir : un chêne, un lapin et un homme fabriquent leur matière vivante de la même manière, c'est-à-dire en utilisant **les mêmes briques** de construction : les acides aminés. Une différence capitale cependant : le chêne fabrique lui-même les « briques » dont il a besoin à partir de constituants minéraux, en utilisant l'énergie solaire ; les êtres vivants non chlorophylliens ne peuvent pas fabriquer leurs « briques » de construction : ils trouvent ces briques dans leur alimentation.

▸ Des activités possibles

Les besoins en eau des plantes ainsi que leurs besoins en sels minéraux peuvent donner lieu à des études expérimentales intéressantes. Cependant, on ne doit pas laisser croire que l'eau et les sels minéraux sont les seuls aliments des plantes chlorophylliennes. Aussi ces activités doivent-elles être complétées par une information qui peut être faite en donnant par exemple un document tel que celui de la ***figure 4***.

A Les plantes ont besoin d'eau

Les élèves savent tous qu'une plante en pot, non arrosée se fane, se dessèche et meurt. Mais, s'ils ont conscience globalement que les plantes ont besoin d'eau pour vivre, ils ignorent ce que devient l'eau d'arrosage. Ce sujet se prête bien à une étude expérimentale, avec un matériel simple, facile à se procurer. L'étude peut se dérouler en plusieurs étapes et nécessite plusieurs séquences de classe (au CE2 ou au CM).

❶ Quelle expérience peut-on faire pour montrer que les plantes absorbent de l'eau ?

Une constatation s'impose : on arrose régulièrement les plantes en pot de la classe et pourtant, quelques jours après l'arrosage, la terre est à nouveau sèche.
La question « Qu'est devenue l'eau d'arrosage ? » conduit à la réponse « Les plantes ont bu l'eau ». Si vous faites alors remarquer que la terre d'un pot dans lequel il n'y a pas de plante se dessèche également, l'affirmation énoncée par les enfants devient supposition et la nécessité de prouver que « les plantes absorbent de l'eau » se fait sentir. Quelles expériences peut-on faire pour cela ?
Les élèves doivent alors imaginer une expérience et traduire leur proposition à l'aide d'un schéma.
La confrontation entre les diverses propositions fait apparaître la nécessité :
– de prévoir une expérience témoin ;
– d'avoir des récipients hermétiquement fermés (pour éviter l'évaporation) ;
– de bien repérer le niveau d'eau initial (le plus simple est de remplir totalement le tube).
Des expériences dont la ***figure 5*** donne un exemple, sont alors réalisées, et les résultats interprétés deux jours plus tard. L'eau « qui manque » a été absorbée par la plante.

❷ Les plantes gardent-elles toute l'eau absorbée ?

Une telle question est importante sur le plan scientifique et fait rebondir la recherche. Comment faire pour le savoir ? L'eau absorbée par une plante est rejetée sous forme de vapeur d'eau (gaz invisible) au niveau des feuilles. Mais si l'on enferme la plante dans un sachet, la vapeur se condense sous forme de gouttelettes sur les parois froides du sac.

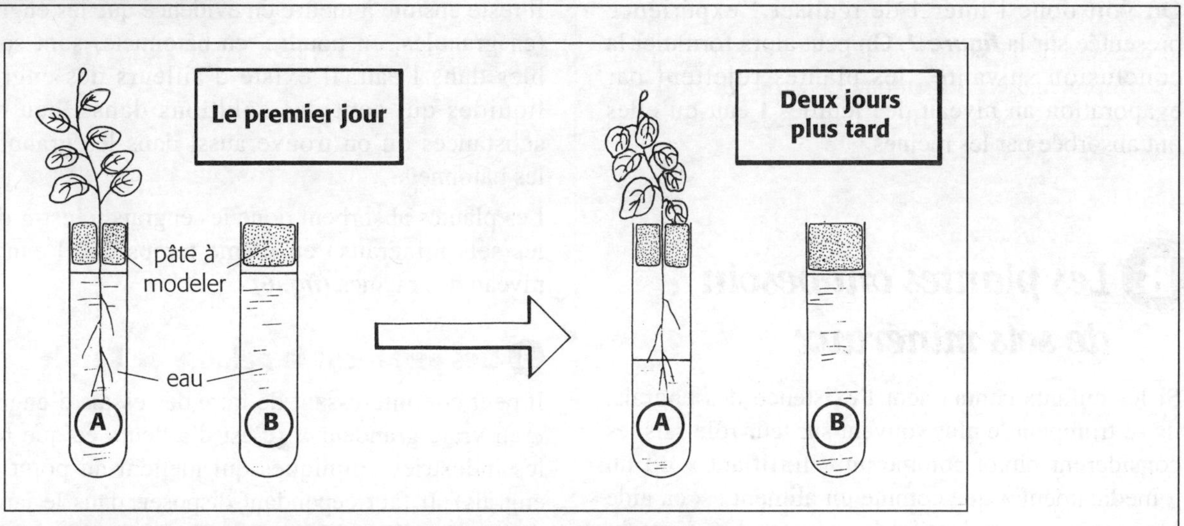

Fig. 5 Pourquoi l'eau a-t-elle baissé dans le tube (A) ? À quoi sert le tube (B) ?

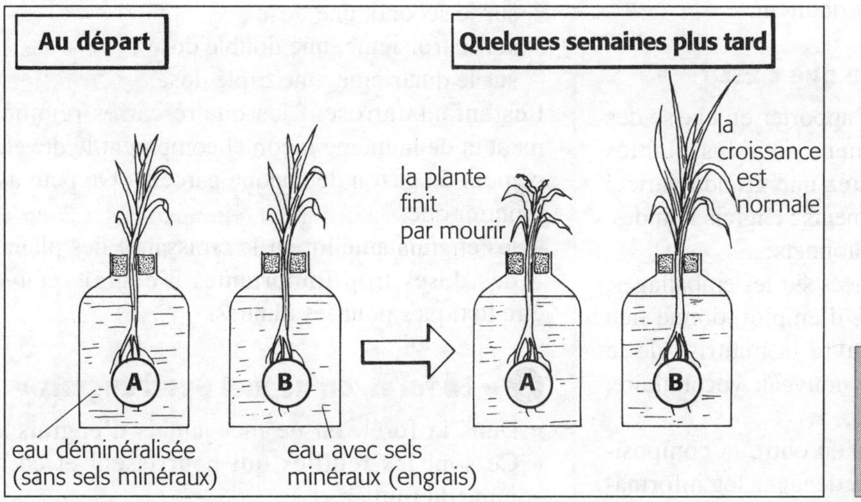

Fig. 6 Cette expérience met en évidence certains « aliments » d'une plante chlorophyllienne. Précisez lesquels.

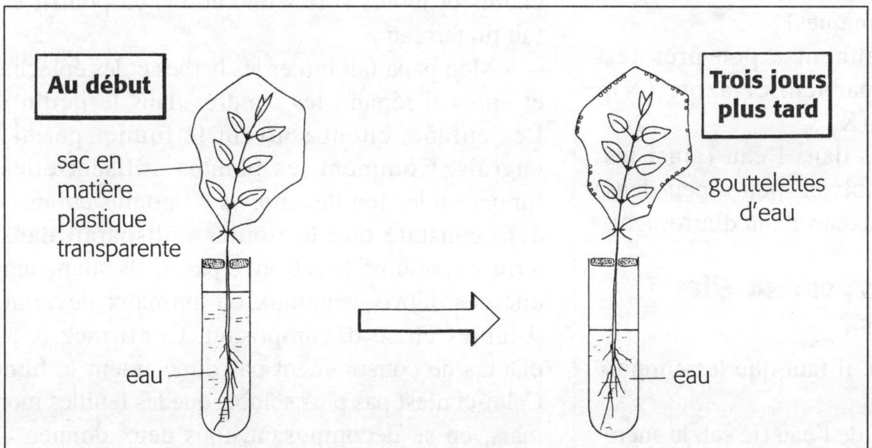

Fig. 7 Les plantes rejettent, par évaporation au niveau des feuilles, l'eau absorbée par les racines : c'est le phénomène de transpiration.

On voit donc l'intérêt de réaliser l'expérience présentée sur la ***figure 7***. On peut alors formuler la conclusion suivante : les plantes rejettent par évaporation au niveau des feuilles l'eau qu'elles ont absorbée par les racines.

B Les plantes ont besoin de sels minéraux

Si les enfants connaissent l'existence des engrais, ils se trompent le plus souvent sur leur rôle : ils les considèrent plutôt comme un « fortifiant » ou un « médicament » que comme un aliment : « ça aide à pousser », « ça fortifie les plantes »... En fait, toutes les plantes, les arbres de la forêt comme les légumes du jardin, puisent dans le sol par leurs racines, non seulement de l'eau, mais aussi des substances chimiques dissoutes, analogues aux engrais du fleuriste ou de l'agriculteur.

1 De l'engrais, qu'est-ce que c'est ?

En demandant aux enfants d'apporter en classe des engrais utilisés habituellement pour les plantes d'appartement, vous obtiendrez une grande variété de couleurs et de conditionnements : engrais liquides, en granulés, en poudre, en bâtonnets...
La lecture des indications portées sur les emballages, ou celle des notices de mode d'emploi, donne lieu à un exercice mettant en œuvre la maîtrise de la lecture, l'apprentissage d'un nouveau vocabulaire, la compréhension d'un texte...
La lecture des notices révèle en outre la composition des engrais et permet de dégager les informations suivantes :
– les engrais contiennent plusieurs substances chimiques (il est bien sûr inutile de détailler la nature de ces composés chimiques) ;
– tous les engrais contiennent à peu près les mêmes constituants, en particulier azote (N), phosphore (P) et potassium (K) ;
– les engrais sont solubles dans l'eau (ainsi les bâtonnets d'engrais se dissolvent peu à peu dans l'eau contenue dans le sol ou dans l'eau d'arrosage).

2 Comment les plantes peuvent-elles « manger » des granulés ?

Pour aborder cette question, il faut que les enfants connaissent :
– les propriétés dissolvantes de l'eau (le sel, le sucre sont solubles dans l'eau, la farine ne l'est pas) ;
– l'absorption d'eau par les racines.

Il reste ensuite à mettre en évidence que les engrais (en granulés, en poudre, en bâtonnets) sont solubles dans l'eau. Il existe d'ailleurs des engrais liquides qui sont des solutions dans l'eau des substances qu'on trouve aussi dans les granulés, les bâtonnets...
Les plantes absorbent donc les engrais (c'est-à-dire les sels minéraux) en même temps que l'eau au niveau des racines ***(fig. 6)***.

3 Des essais sur la pelouse de l'école

Il peut être intéressant de faire des essais d'engrais « en vraie grandeur » (c'est d'ailleurs ce que font les industries chimiques qui mettent au point les engrais). Il faut cependant disposer, dans le jardin de l'école, d'un espace de gazon. On peut, par des piquets et des ficelles, délimiter quatre carrés (de 1 m de côté) et faire des essais de dosage avec de l'engrais pour gazon :
– sur un carré pas d'engrais du tout ;
– sur le second, une dose ;
– sur le troisième, une double dose ;
– sur le quatrième, une triple dose.
Les enfants arrosent les quatre carrés régulièrement et de la même façon et comparent le développement du gazon de chaque parcelle. On peut ainsi montrer que :
– les engrais améliorent la croissance des plantes ;
– des doses trop importantes d'engrais peuvent être toxiques pour les plantes.

4 « En forêt, on ne met pas d'engrais »

« Dans la forêt, on ne met jamais d'engrais » – « Ce sont les feuilles qui pourrissent et ça fait comme du fumier ».
– « Dans les jardins, on utilise aussi du fumier, celui des chevaux ou des chèvres » – « Des épluchures et toutes sortes de choses, ça pourrit et ça fait du terreau »
– « Mon papa fait brûler les herbes et les épluchures et après il répand les cendres dans le jardin »... Les enfants citent souvent le fumier parmi les engrais. Comment les plantes utilisent-elles le fumier ou les feuilles mortes ? Certains enfants ont déjà constaté que le fumier « disparaît dans la terre » ; « on ne le retrouve pas ». Ils soupçonnent que ces débris végétaux ou animaux deviennent solubles en se décomposant. Confirmez-le : les plantes ne consomment pas directement le fumier. Celui-ci n'est pas plus soluble que les feuilles mortes mais, en se décomposant, tous deux donnent des substances chimiques solubles comparables aux engrais, et appelées sels minéraux.

C Un aliment invisible, le dioxyde de carbone

Les enfants ne peuvent découvrir seuls la nécessité du dioxyde de carbone comme aliment indispensable. On ne peut aborder cette question à l'école élémentaire qu'en donnant l'information. Le document de la ***figure 4*** le permet. Il donne, en même temps, l'occasion d'insister sur la nécessité de la lumière.

D Les plantes vertes ont besoin de lumière

Les plantes vertes ne sont pas totalement vertes. Avec un document comme celui de la ***figure 1***, vous pouvez faire préciser quels sont les organes verts d'une plante, c'est-à-dire ceux qui contiennent de la chlorophylle.

Les enfants savent, en général pour l'avoir observé fortuitement, que l'herbe, maintenue longtemps à l'abri de la lumière, se décolore. Ils ont constaté aussi qu'une plante d'appartement peu éclairée prend une direction oblique et s'oriente vers la fenêtre…

Des expériences peuvent être faites en classe pour vérifier et compléter ces observations, mais il est hors de question de vouloir expliquer le rôle de la chlorophylle et de la lumière.

Il suffit de préciser que la lumière est la source d'énergie qu'utilise la plante verte pour fabriquer de la matière végétale, donc pour vivre et se développer.

Notions visées à l'école élémentaire

• Les **plantes vertes** sont des êtres vivants et, comme tous les êtres vivants, elles ont besoin d'aliments.

• On sait que les animaux et les hommes se nourrissent en mangeant des végétaux ou des animaux, c'est-à-dire d'autres êtres vivants.

• La nutrition des plantes vertes est très nettement différente. Ces plantes se nourrissent en absorbant :
– de l'**eau** et des **sels minéraux** par leurs racines ;
– du **dioxyde de carbone** par leurs feuilles.

• Avec ces trois aliments, elles fabriquent leur matière vivante.

• La **lumière** est nécessaire à cette fabrication ; elle fournit l'énergie. La **chlorophylle** joue le rôle de capteur solaire.

Mots-clés

- plante verte
- chlorophylle
- sels minéraux
- engrais
- lumière

Chapitre 5

Que mangent les champignons ?

Les champignons ont longtemps été classés parmi les végétaux : ce sont des êtres vivants fixés, immobiles, avec un pied qui ressemble un peu à un tronc d'arbre et quelques « racines » visibles si on les déterre. On distinguait alors deux groupes de végétaux :
– les végétaux chlorophylliens (exemples : un chêne, un marronnier, un pin...) ;
– les végétaux non chlorophylliens (exemples : un bolet, une girolle, une amanite...).
Dans la classification actuelle, les champignons forment un groupe à part au même titre que les animaux, les plantes vertes... On parle donc du règne animal, du règne des champignons...

Trois raisons justifient l'étude de la nutrition des champignons :

– Les champignons sont des êtres vivants **dépourvus de chlorophylle**. Ils sont donc incapables d'utiliser l'énergie de la lumière pour faire la synthèse de leur matière organique à partir de substances minérales.

L'étude de leur nutrition est donc intéressante sur le plan biologique.

– Les champignons occupent une place importante dans la nature : ce sont, dans la forêt, des **décomposeurs** actifs de matière organique morte. Ils assurent en effet (avec d'autres décomposeurs que nous étudierons ultérieurement) la décomposition des feuilles tombées, du bois mort, des cadavres de toutes sortes.

– Une troisième raison justifie l'étude de la nutrition dès l'école élémentaire : elle permet des **études expérimentales simples**, faciles à concevoir et à interpréter (sur les moisissures et leurs conditions de développement, sur la décomposition des feuilles et du bois mort...).

Informations pour l'enseignant

A Quelques caractéristiques importantes

1 Un champignon, c'est comme une pomme

Les champignons sont, en fait, très mal connus des enfants et de nombreux adultes. Quand un enfant récolte un champignon en forêt (un bolet, une girolle…), il pense qu'il a arraché une plante entière. D'ailleurs, même les scientifiques parlent du « pied » du champignon, comme on parle d'un pied de tomate. Le vocabulaire invite donc à la confusion. En fait, quand on cueille un bolet ou une girolle, c'est comme si on récoltait une pomme sur un pommier. Le pommier est la **plante**, la pomme est seulement un **organe** de cette plante. Ce qu'on appelle habituellement un « champignon » n'est que le « fruit » d'un être vivant souterrain qui n'a

Deux exemples pour comprendre ce qu'est un champignon

■ Un champignon = une pomme sur un pommier

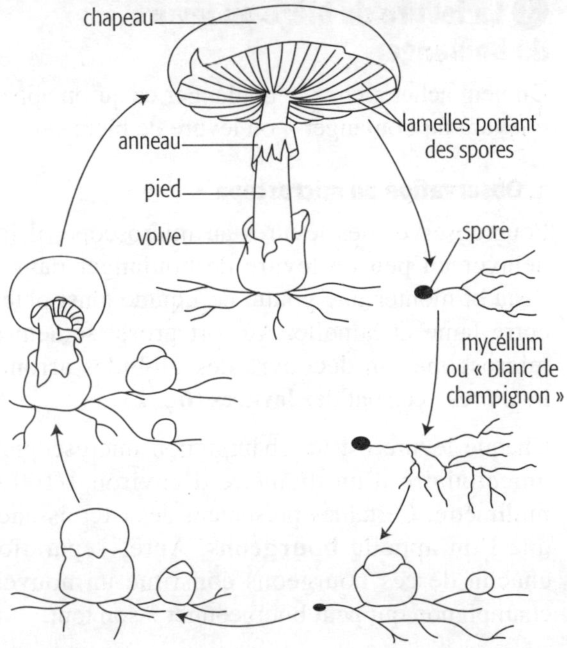

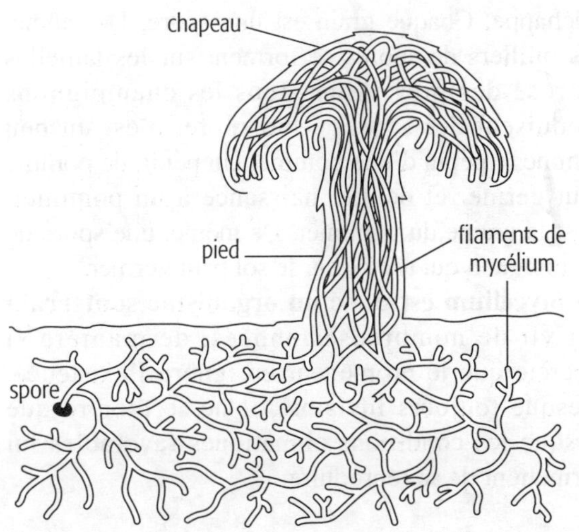

■ On peut cultiver des champignons dans la classe

Abandonnons pendant quelques jours une tranche de pain maintenue humide : celle-ci ne tarde pas à se recouvrir d'un feutrage blanc constitué par les filaments d'un champignon appelé la moisissure blanche.

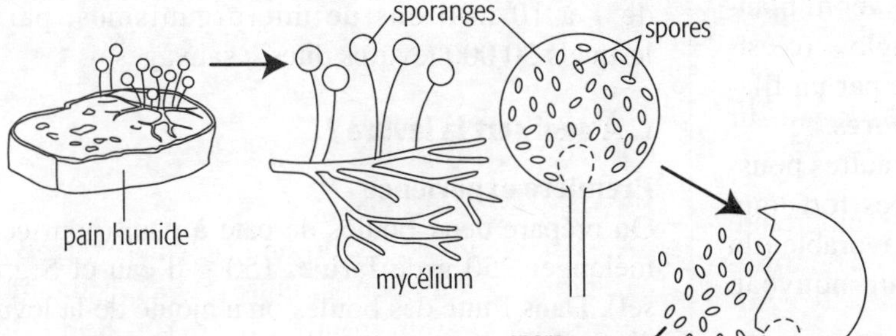

Pourquoi ne pas appeler « graine » la semence des moisissures ?

La spore :
- est une cellule unique ;
- ne provient pas d'une fleur ;
- ne contient pas de plantule.

Fig. 1 Justifiez cette « image » : Quand on cueille un « rosé » dans un pré ou une « vesse de loup » dans une forêt, on ne récolte pas un organisme entier, c'est comme si on cueillait une pomme sur un pommier. Ce que, dans le langage courant, on appelle un « champignon » n'est que le « fruit » d'un organisme souterrain. À quoi servent les spores ?

pas de feuilles, pas de tiges, pas de racines et qui est constitué uniquement de filaments blancs enchevêtrés appelés **mycélium**. Ce mycélium, facile à découvrir si on « émiette » une branche d'arbre en train de pourrir dans une forêt, est donc l'organisme sur lequel des organes reproducteurs se développent quand les conditions sont favorables. Que sont ces organes reproducteurs ? La ***figure 1*** répond à cette question. Quand on serre dans sa main une vesse-de-loup à maturité, une fine poudre s'échappe. Chaque grain est une spore. De même, des milliers de spores se forment sur les lamelles du rosé-des-prés. Ainsi, tous les champignons produisent des spores. Une spore, c'est un peu comme le pépin d'une pomme. Un pépin de pomme peut germer et donner naissance à un pommier, c'est la graine du pommier. De même, une spore de champignon qui tombe sur le sol peut germer.

Le mycélium est donc un organisme souterrain qui vit de nombreuses années, de manière si discrète que le promeneur en ignore l'existence. Presque toujours invisible, il ne se montre que lorsque les conditions climatiques favorables lui permettent de se reproduire.

2 Les moisissures sont des champignons

a. Cultiver des moisissures, c'est facile

Il suffit d'enfermer un morceau de pain humide dans un sachet en matière plastique, pour qu'il se couvre de moisissures (***fig. 1***). Ce sont des filaments fins, blancs, enchevêtrés, c'est-à-dire du mycélium : un organisme non chlorophyllien sans feuilles, sans tiges, sans racines. Quelques jours plus tard apparaissent les organes reproducteurs. Ils ressemblent à des épingles à tête, d'abord blanches puis noires. Chaque « tête d'épingle » (c'est-à-dire chaque petite boule noire portée par un filament dressé) se déchire et libère des **spores**.

Ces spores, très légères, se mêlent aux autres poussières de l'air et peuvent être entraînées fort loin. Si l'une d'elles tombe sur un support favorable (du pain humide), elle germe et donne un nouveau mycélium.

Cette histoire est importante car elle permet de comprendre pourquoi il n'est pas nécessaire d'ensemencer le pain humide pour obtenir des moisissures.

Remarque : les « têtes d'épingles » de la moisissure blanche sont l'équivalent des « champignons » récoltés en forêt (bolet, vesse-de-loup...).

b. Il existe de nombreuses espèces de moisissures

Elles se développent sur les fruits (un citron ou une orange peut moisir), les légumes (carottes, courgettes...), les restes d'aliments. Une moisissure est connue de tous, celle du camembert : c'est le « duvet » blanchâtre, formé d'un feutrage très dense, ensemencé pour affiner le fromage.

3 La levure de bière ou levure du boulanger

On peut acheter chez le boulanger ce qu'on appelle « levure du boulanger » ou levure de bière.

a. Observation au microscope

Pour observer des levures au microscope, il faut délayer un peu de levure de boulanger dans de l'eau et monter une goutte de liquide ainsi obtenu entre lame et lamelle. Au fort grossissement du microscope, on découvre des globules arrondis incolores : ce sont des **levures** (***fig. 2***).

Chaque levure est un champignon microscopique unicellulaire d'un diamètre d'environ 1/100 de millimètre. Certaines présentent des excroissances que l'on appelle **bourgeons**. Après séparation, chacun de ces bourgeons constitue un nouveau champignon qui peut bourgeonner à son tour.

Les levures, champignons « en poudre », sont très répandues dans la nature. Elles vivent à la surface des fruits (grains de raisin, pommes...), dans la farine...

b. Des nombres surprenants

Dans un gramme de levure de boulanger, il y a environ 10 milliards de levures, c'est-à-dire 10 milliards de champignons.

Dans 100 grammes de farine vivent naturellement de 1 à 10 millions de microrganismes, parmi lesquels 30 000 levures dites « sauvages ».

c. À quoi sert la levure ?

Première expérience
On prépare deux boules de pâte à pain (pour cela, mélanger 250 g de farine, 150 g d'eau et 5 g de sel). Dans l'une des boules on a ajouté de la levure de boulanger, dans l'autre il n'y a pas de levure. On obtient dans le premier cas un pain léger qui a bon goût, dans l'autre une galette pas « levée ».

Deuxième expérience
Lors de la fabrication du pain, des champignons microscopiques (la levure de boulanger) transforment une partie des glucides de la farine en dioxyde de carbone (qui fait gonfler la pâte) et en alcool. Cette transformation est une fermentation, appelée dans ce cas **fermentation alcoolique** (***fig. 2***).

Informations pour l'enseignant

Deux études expérimentales avec des champignons

■ Expérience avec de la levure de bière

Chaque levure est un champignon microscopique unicellulaire d'un diamètre d'environ 1/100e de millimètre.

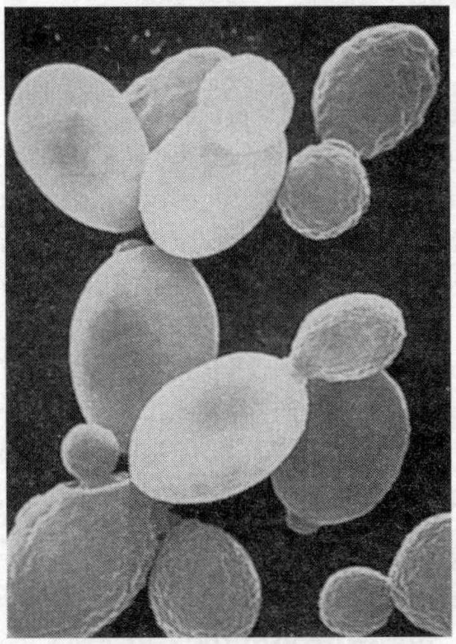

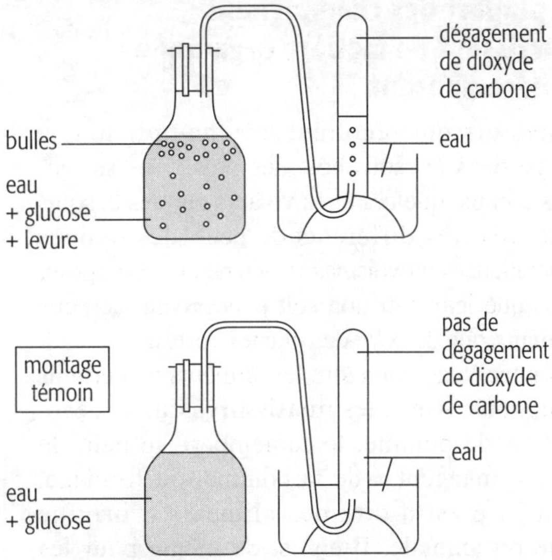

Le glucose peut être remplacé par de la farine de blé contenant de l'amidon.

■ Étude expérimentale réalisée avec des moisissures

Les moisissures sont des champignons.
On a ensemencé un petit fragment de moisissure blanche dans huit boîtes en verre avec couvercle (boîtes de Pétri) préalablement stérilisées. Les résultats observés huit jours plus tard sont présentés dans ce tableau. Pour les interpréter, il faut savoir que la gélose a pour but de gélifier le milieu nutritif, mais n'apporte pas d'aliments. On lui ajoute ensuite des éléments nutritifs choisis. Le mélange est versé dans une boîte de Pétri. Le mélange refroidi forme une gelée sur laquelle on repique un fragment de moisissure.

	Milieu de culture	Lumière	Température	Résultats
1	pain humide	+	20 °C	moisissures abondantes
2	pain humide	–	20 °C	moisissures abondantes
3	pain sec	+	20 °C	pas de développement
4	pain humide	+	0 °C	pas de développement
5	pain humide	+	70 °C	pas de développement
6	eau + gélose	+	20 °C	pas de développement
7	eau + gélose + sels minéraux	+	20 °C	peu de développement
8	eau + gélose + sels minéraux + sucre ou fécule	+	20 °C	moisissures abondantes

Fig. 2 Que nous apprennent ces expériences ? Analysez l'action des facteurs lumière et température sur le développement des moisissures.

B Que mangent les champignons ?

1 La plupart des champignons se nourrissent de matière organique qu'ils décomposent

Les amateurs qui récoltent les champignons à l'automne dans les sous-bois, les prés… ne se rendent pas compte que ces êtres vivants ont des besoins alimentaires très différents de ceux des plantes chlorophylliennes du voisinage ; rien ne laisse supposer non plus que leur nutrition soit plus proche de celle des animaux que de celle des plantes vertes.

Il est très facile de connaître les aliments de certains **champignons**. Ainsi, les **moisissures** qui se développent sur la pomme, le camembert, le pain, le citron… « mangent » de la pomme, du fromage, du pain…, c'est-à-dire des aliments d'origine végétale ou animale. Il en est de même pour les champignons de la forêt :

– le polypore qui pousse sur un tronc abattu se nourrit de bois mort ;
– le bolet se nourrit de feuilles mortes…

2 La digestion est visible

Lorsqu'une moisissure se développe sur du pain humide, du fromage ou une autre substance, le support est progressivement liquéfié et digéré sur place. Comment expliquer ces faits ?

Les filaments microscopiques qui constituent le champignon sécrètent des « sucs digestifs » responsables de cette digestion. Les « nutriments » qui en résultent sont alors absorbés par la surface de tous ces filaments.

Les champignons se nourrissent donc par absorption de petites molécules du milieu. Ils digèrent leur nourriture à l'extérieur de leur « corps » au moyen de puissantes enzymes digestives.

3 Une étude expérimentale

La ***figure 2*** présente une étude expérimentale simple réalisée avec la moisissure du pain. Attention : pour faire une analyse rigoureuse des résultats, il faut comparer deux à deux des expériences qui ne diffèrent que par un seul facteur.

Interprétations

– l'eau et les sels minéraux ne suffisent pas ; les végétaux non chlorophylliens doivent obligatoirement trouver dans leur milieu une source de matière organique ;
– la lumière n'est pas nécessaire ;
– une température trop élevée tue la plante et ne permet donc aucun développement ;
– une température basse (0 °C) stoppe le développement qui reprend normalement à 20 °C.

Bien entendu le dioxyde de carbone n'est pas utilisé comme aliment.

4 Trois façons de se procurer de la matière organique

• Certains champignons sont saprophytes.

Lorsqu'un polypore pousse sur un tronc abandonné, il suffit de soulever l'écorce pour découvrir un chevelu blanchâtre relié aux chapeaux des champignons : ces filaments de mycélium sont responsables de la digestion du bois, donc de sa décomposition. On découvre des filaments identiques sur les feuilles mortes qui nourrissent les champignons du sous-bois, dans le fumier qui sert d'aliment aux champignons de Paris.

Dans tous les cas, la matière végétale ou animale est **décomposée**. Pour cette raison les champignons sont dits **saprophytes** (du grec, sapros : pourri, décomposé ; phyton : **plante**) ; **ils puisent leurs aliments dans de la matière en décomposition, ou plus exactement dans la matière qu'ils décomposent**.

• Certains champignons sont parasites.

Certains champignons (tels que ceux qui vivent dans les feuilles de certaines plantes) se nourrissent de la matière vivante de leur hôte. Ils vivent donc aux dépens d'autres êtres vivants et leur causent des préjudices : ce sont des **parasites**.

• Certains champignons vivent en symbiose avec les arbres de la forêt.

De nombreux arbres des forêts, le chêne, le hêtre, le châtaignier, le sapin, le bouleau… ont fréquemment leurs jeunes racines entourées d'un manchon formé de filaments enchevêtrés : c'est le mycélium d'un champignon. Ces manchons sont appelés **mycorhizes** (***fig. 3***).

Les arbres qui ont des mycorhizes ont une croissance plus rapide que ceux qui n'en ont pas. Le manchon de filaments mycéliens facilite en effet l'absorption d'eau et de sels minéraux par les racines de l'arbre, assurant ainsi une meilleure nutrition de celui-ci.

Les champignons ont besoin de substances organiques pour se nourrir ; ils les trouvent dans la sève de l'arbre qui les a fabriquées par photosynthèse.

La nutrition des champignons

■ Une comparaison intéressante

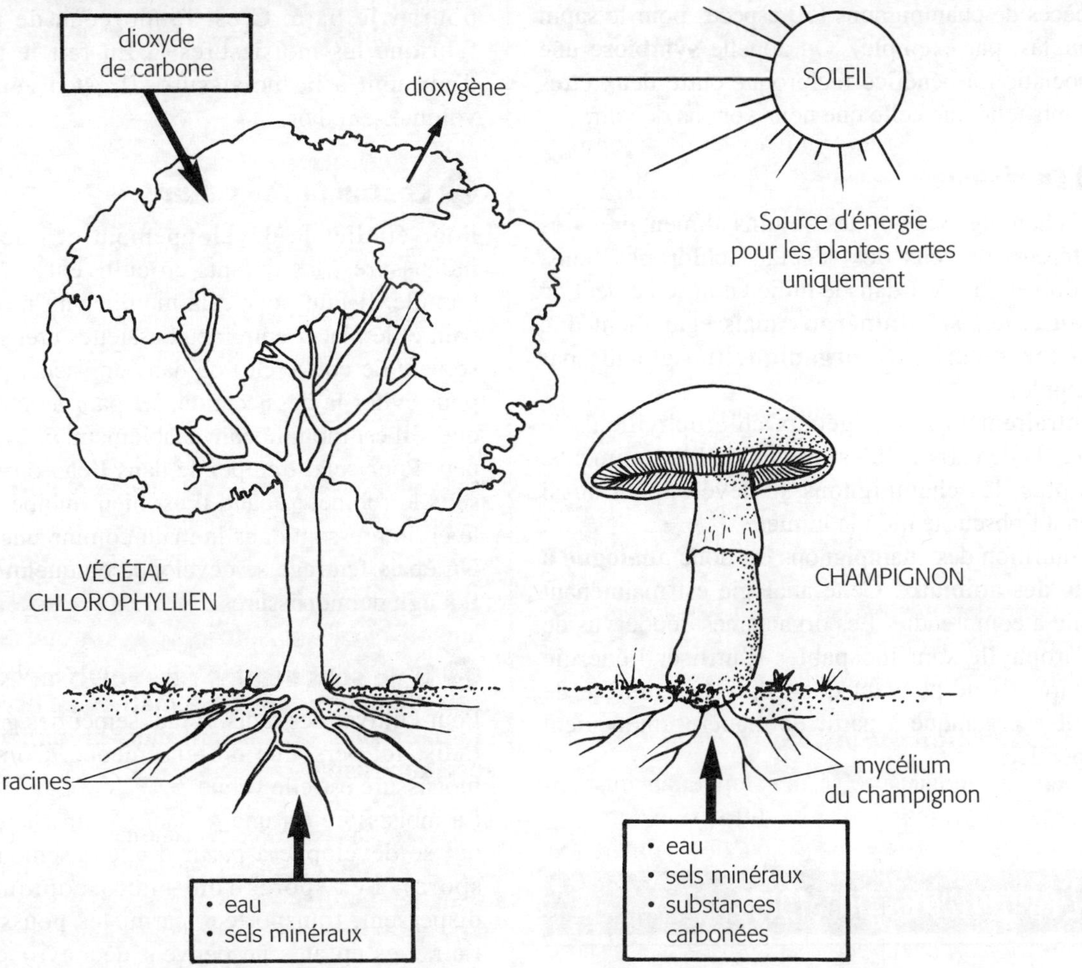

■ Un bel exemple de symbiose

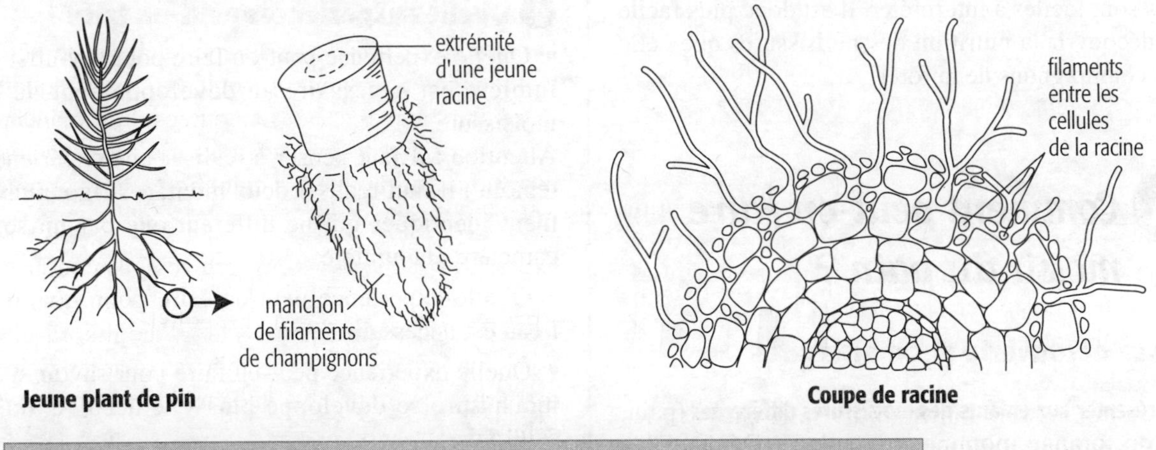

Jeune plant de pin **Coupe de racine**

Fig. 3 Comparez la nutrition d'une plante verte à celle d'un champignon. Qu'est-ce qui est pareil ? Qu'est-ce qui est différent ? Qu'est-ce qu'une symbiose ?

L'association arbre-champignon n'est pas obligatoire (les arbres et les champignons peuvent pousser isolément), mais elle favorise la croissance des deux partenaires.
L'association se réalise souvent avec plusieurs espèces de champignons (50 espèces pour le sapin Douglas, par exemple). On appelle **symbiose** une association à bénéfice réciproque entre deux êtres vivants telle que celle que nous venons de voir.

5 En résumé

Les champignons ont des besoins alimentaires très différents de ceux des végétaux chlorophylliens. Ils doivent trouver dans le milieu non seulement de l'**eau** et des **sels minéraux** mais également une **substance carbonée organique** (un glucide par exemple).
Contrairement aux végétaux chlorophylliens, le dioxyde de carbone n'est pas un de leurs aliments. De plus, les champignons se développent aussi bien à l'obscurité qu'à la lumière.
La nutrition des champignons est donc **analogue à celle des animaux**. Cette analogie est maintenant facile à comprendre. Les organismes dépourvus de chlorophylle sont incapables d'utiliser l'énergie solaire. Ils ne peuvent donc faire la synthèse de matière organique à partir de matière uniquement minérale.

Des activités possibles

La moisissure blanche se développe en quelques jours sur une tranche de pain humide enfermée dans un sachet en plastique. Les expériences possibles sont faciles à interpréter. Il est donc plus facile de découvrir la nutrition des moisissures que celle des champignons de la forêt.

A Comment peut-on faire moisir du pain ?

1 La découverte des moisissures

• **Présenter aux enfants des moisissures différentes** (pain, citron, orange, pomme, riz cuit...). Dégager les ressemblances et les différences.
Que mangent ces champignons ? Ils se développent tous sur de la matière organique.

• **Le pain moisi se liquéfie. Pourquoi ?**
Au cours des premières observations, les enfants interprètent parfois la relation entre le développement de la moisissure et l'altération de l'aliment en disant : « ce ne sont pas les moisissures qui font pourrir le pain. C'est le morceau de pain qui fabrique les moisissures ». En fait le pain sert d'aliment à la moisissure. Il est digéré et son volume se réduit.

2 Chacun fait sa culture

Pour étudier le développement et l'action des moisissures, les enfants en cultivent sur du pain humide. Il faut pour cela mouiller un morceau de pain et le placer entre deux assiettes creuses (l'une servant de couvercle) ou dans un sachet plastique, pour éviter la dessiccation. Le pain ne moisit bien que s'il est mouillé convenablement, ni trop ni trop peu. Pour cela, trempez-le dans l'eau ou placez-le sous le robinet : quand il est bien imbibé, essorez-le en le pressant dans la main comme une éponge. Un épais feutrage se développe en quelques jours. Il s'agit de moisissures.

3 D'où sont venues ces moisissures ?

Pour cultiver des radis, il faut semer des graines de radis. Ici personne n'a ensemencé. Comment la moisissure est-elle venue ?
La moisissure est une « plante » (un champignon) qui se développe à partir d'une « semence » (la spore). Les spores sont microscopiques et se dispersent, transportées parmi les poussières de l'air. Les enfants ne peuvent découvrir cela tout seuls. C'est vous qui, le moment venu, devrez le leur dire.

4 Quelles expériences peut-on faire ?

• Quelle expérience peut-on faire pour savoir si la lumière est nécessaire au développement de la moisissure ?
Attention : il faut penser à réaliser une expérience témoin : il faut réaliser deux montages rigoureusement identiques qui ne diffèrent que par un seul caractère : la lumière.

• Quelle expérience peut-on faire pour savoir si l'eau est nécessaire ?

• Quelle expérience peut-on faire pour savoir si la moisissure se développe plus vite à 20 °C qu'à 5 °C ?

Attention : la température et la lumière sont des facteurs du milieu mais ne sont pas des aliments. Cette distinction doit être faite avec netteté.

Les décomposeurs

■ Des milliards d'êtres vivants

Dans une forêt, des milliards d'êtres vivants (des champignons, des bactéries, des animaux de petite taille…) se nourrissent des feuilles mortes, des branches tombées, des cadavres d'animaux…) qu'ils **décomposent** et transforment en sels minéraux.

Ces êtres vivants sont appelés des **décomposeurs**.

Les sels minéraux ainsi produits sont des aliments indispensables des plantes chlorophylliennes. Un arbre, par exemple, grandit et grossit (c'est-à-dire fabrique de la matière végétale) à partir :
– de l'eau et des sels minéraux absorbés par les racines ;
– du dioxyde de carbone absorbé par les feuilles.

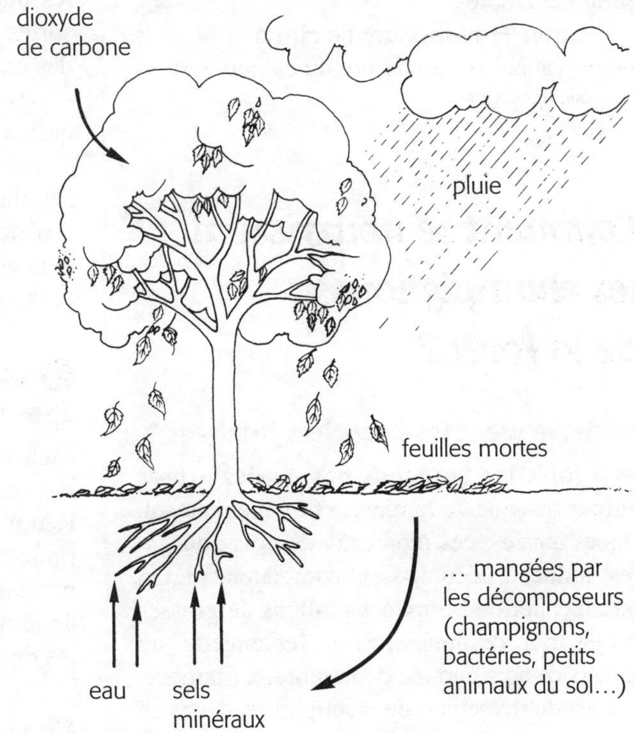

■ Les grandes familles de décomposeurs

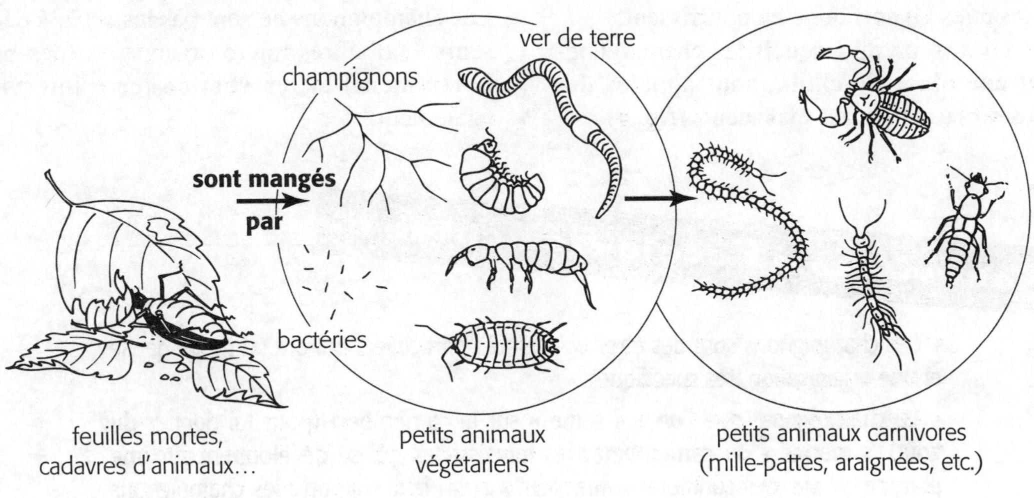

Fig. 4 Beaucoup de champignons sont des décomposeurs. Que signifie ce terme ? Quel est leur rôle dans la nature ?

❺ Comment écrire les chaînes alimentaires ?

Les végétaux chlorophylliens occupent toujours la première place dans une **chaîne alimentaire**. Et les champignons ? On peut essayer de les situer sur quelques exemples :

citron → moisissure du citron

herbe → vache → moisissure du camembert
(lait, fromage)

B Comment se nourrissent les champignons de la forêt ?

❶ Que deviennent les branches tombées ?

Dans une forêt les branches basses des arbres meurent (par manque de lumière) et tombent au sol. En quelques années, ces morceaux de bois pourrissent, c'est-à-dire se décomposent complètement. On peut donc récolter de beaux échantillons de grosses branches en train de pourrir. Si on les émiette, on observe dans ce bois humide de nombreux filaments blancs : c'est du mycélium de champignon. Dans ce bois on trouve aussi des animaux vivants, des galeries d'animaux, des excréments…

Il faut expliquer aux enfants que le bois ne se décompose pas tout seul. Il est mangé, « digéré » par tous les êtres vivants qui s'en nourrissent.

Ces êtres vivants, parmi lesquels les champignons occupent une place de choix, sont appelés des **décomposeurs** (un mot très évocateur) (***fig. 4***).

❷ Que deviennent les feuilles tombées ?

En examinant la **litière** et en creusant, on observe successivement les couches suivantes :
– des feuilles entières, brunes, généralement sèches ;
– des feuilles humides, presque entières, collées les unes aux autres sur lesquelles se trouvent des sortes de « toile d'araignée » blanchâtres : ce sont des champignons ;
– des fragments de feuilles (on reconnaît encore qu'il s'agit de feuilles) noirâtres et humides ;
– une terre noirâtre. Dites aux enfants que c'est de l'humus, et qu'il provient de la décomposition des feuilles et des branches. Dans cette litière, les enfants signalent la présence de nombreux insectes, vers, mille-pattes, cloportes.

❸ Des champignons poussent dans la classe

Mettre dans un aquarium des feuilles d'arbre et des morceaux de branches pourries, récoltés en forêt. Recouvrir d'une feuille de plastique transparent pour éviter la dessiccation. On peut garder ce montage simple pendant des mois (en humidifiant de temps en temps). La décomposition se poursuit, les champignons se développent.

❹ En résumé

De même que la moisissure du pain « digère » le pain, les champignons de la forêt « mangent » le bois mort, les feuilles mortes…

Les champignons ne sont pas les seuls « décomposeurs », d'autres micro-organismes (des bactéries notamment) et les vers de terre interviennent également.

Notions visées à l'école élémentaire

- Les champignons sont des êtres vivants très particuliers qui ont un mode de vie et une organisation très spécifiques.
- Le champignon, que l'on a « semé » sur le camembert (pour lui donner du goût), « mange » du camembert ; les moisissures qui se développent sur une pomme ou sur des confitures « mangent » aussi leur support ; les champignons qui poussent sur du bois mort « mangent » du bois…
- L'alimentation des champignons est donc voisine de celle des animaux : ils ont besoin, en plus de l'**eau** et de **sels minéraux,** d'**aliments d'origine animale** ou d'**origine végétale**.

Mots-clés
- champignon
- moisissure
- décomposeur

Chapitre 6

Les êtres vivants respirent

Si on se pince le nez et si on ferme la bouche en même temps, on est rapidement obligé ou d'ouvrir la bouche, ou de supprimer la « pince ». On ne peut s'empêcher de respirer. Mais respirer, c'est quoi ? Où va l'air que nous inspirons ? À quoi correspondent les mouvements respiratoires ?... Une étude de la respiration humaine apporte sur la respiration des éléments importants.

En réalité, les mouvements respiratoires ne sont que la manifestation extérieure d'un phénomène qui se produit au niveau de tous les organes du corps.

Il est évident qu'on ne peut laisser supposer aux enfants que l'homme est seul à respirer. De plus, il est facile d'exploiter certaines circonstances de la vie d'une classe pour évoquer des problèmes concernant la respiration : par exemple l'installation d'un « bulleur » dans un aquarium pour faciliter la respiration des poissons, l'observation de certains insectes, récoltés dans une mare, qui montent régulièrement à la surface de l'aquarium, la découverte des mouvements respiratoires d'un animal, le fait de vouloir faire des trous dans une boîte pour permettre à des insectes de respirer…
Le présent chapitre a pour objet de fournir des informations générales sur la respiration des êtres vivants ***(fig. 4)***.

Informations pour l'enseignant

Pour un enfant, la respiration est une succession de mouvements respiratoires (inspiration et expiration). Au cours de ces mouvements, de l'air entre dans les poumons puis ressort.
Mais, en réalité, l'air inspiré et l'air expiré n'ont pas la même composition. L'air inspiré (air prélevé dans l'atmosphère) contient plus de dioxygène et moins de dioxyde de carbone que l'air expiré. Au niveau de l'organisme humain, la respiration se caractérise donc par des **échanges gazeux** : un prélèvement de dioxygène et un rejet de dioxyde de carbone. Mais à quoi sert le dioxygène consommé ? Pour se déplacer, pour réaliser la construction de sa matière vivante, pour maintenir constante la température de son corps, l'organisme humain a besoin d'énergie. Il s'en procure en « brûlant » une partie de ses nutriments. Cette dégradation des nutriments a lieu dans chaque organe du corps et peut être illustrée par la réaction suivante :

glucose + dioxygène → dioxyde de carbone + eau + **énergie**

On comprend dès lors la signification des échanges gazeux de la respiration : le dioxygène absorbé est nécessaire à la dégradation des nutriments, le dioxyde de carbone en constitue un déchet.
De même, tous les êtres vivants se procurent l'**énergie** dont ils ont besoin en « brûlant » une partie des aliments consommés. Ce phénomène appelé **respiration cellulaire** (qui n'est pas une combustion mais une dégradation progressive) :
– se déroule au niveau de chaque cellule ;
– consomme du dioxygène ;
– produit des déchets (dioxyde de carbone).
Étudier la respiration d'un être vivant revient donc essentiellement à comprendre comment le dioxygène de l'air, ou le dioxygène de l'eau, **parvient à chacune des cellules de son corps**.

A Mise en évidence des échanges gazeux

❶ Mise en évidence du dégagement de dioxyde de carbone chez les animaux

La ***figure 1*** propose divers montages mettant en évidence le dégagement du dioxyde de carbone. Dans la deuxième expérience, qui comporte l'emploi d'un manomètre, il est nécessaire d'utiliser un bain thermostatique pour pouvoir affirmer que la dépression observée est due à l'absorption d'un gaz et non à une variation de température.

❷ Mise en évidence de la consommation de dioxygène

La consommation de dioxygène est plus délicate à montrer. Cependant il existe actuellement des oxymètres électroniques qui affichent directement le pourcentage de dioxygène de l'air (ou de l'eau) placé au contact du capteur (fine membrane) d'une sonde (***fig. 1***).

❸ Mise en évidence de la respiration des végétaux

Le marronnier du jardin respire-t-il ? Et les plantes en pot de l'appartement ? Posez ces questions et vous serez surpris des réponses. Certains diront peut-être que les plantes respirent la nuit, mais pas le jour ; d'autres hésiteront. En effet, si la respiration des animaux ne fait aucun doute pour personne, il n'en est pas de même de celle des végétaux. Chez ces derniers, aucun mouvement respiratoire n'est décelable et cependant ils réalisent des échanges gazeux que l'on peut mettre en évidence en employant les techniques déjà utilisées pour les animaux. Mais, pour les mettre en évidence, il faut prendre certaines précautions, et, dans le cas des plantes chlorophylliennes, il faut les placer à l'obscurité. Il ne faudrait surtout pas en déduire que les plantes chlorophylliennes ne respirent qu'à l'obscurité. Des expériences montrent que les échanges respiratoires sont indépendants de la présence ou non de lumière et se produisent pendant toute la vie du végétal même lorsqu'il est à l'état de vie ralentie (pendant l'hiver, sous forme de graine…).

Comme pour les animaux, les plantes réalisent avec le milieu extérieur (air ou eau) des échanges gazeux respiratoires (absorption de dioxygène, dégagement de dioxyde de carbone).

❹ Mise en évidence des échanges gazeux d'un fragment d'organe

Un organe est constitué de cellules. Or, un fragment d'organe vivant, isolé, consomme du dioxygène et libère du dioxyde de carbone ; cette respiration, réalisée par les cellules qui le constituent, découverte par Paul Bert en 1870, peut être mise en évidence par un montage expérimental du type de celui de la ***figure 1***. On peut réaliser une expérience semblable en utilisant des cellules isolées, cellules de levure de bière par exemple, placées dans une solution glucosée très diluée et convenablement oxygénée.

B Poumons, branchies, trachées…

❶ Respiration aérienne et respiration aquatique

• **Un homme ne peut respirer en gardant la tête dans l'eau ;** un poisson au contraire ne tarde pas à mourir asphyxié si on le sort de l'eau. En effet, les poissons utilisent pour leur respiration le dioxygène dissous dans l'eau (ils ont une **respiration aquatique**) alors que l'homme ne peut utiliser que le dioxygène de l'air (il a une **respiration aérienne**). Ainsi, certains animaux ne peuvent pas respirer sous l'eau, d'autres ne peuvent pas respirer en dehors de l'eau. Mais en dépit de ces différences, tous respirent et il va de soi que la respiration est le même phénomène dans les deux cas : au cours de la respiration, tous les animaux prélèvent du dioxygène dans le milieu extérieur (l'air ou l'eau) et y rejettent du dioxyde de carbone.

Beaucoup d'animaux aquatiques (grenouille, crocodile, éléphant de mer, de nombreux insectes de la mare…), même excellents nageurs, ont une respiration aérienne : ils sont obligés de remonter régulièrement, leurs narines ou leurs orifices respiratoires affleurant juste au-dessus de la surface de l'eau.

• **On trouve pour les végétaux** des conditions de vie analogues : certains vivent dans l'air, d'autres dans l'eau (eau douce ou eau de mer). Les échanges gazeux respiratoires entre un végétal terrestre et son milieu s'effectuent essentiellement au niveau de la partie aérienne, mais des échanges ont également lieu au niveau des organes souterrains (il y a de l'air dans le sol).

Mise en évidence des échanges gazeux respiratoires

■ Chez l'homme

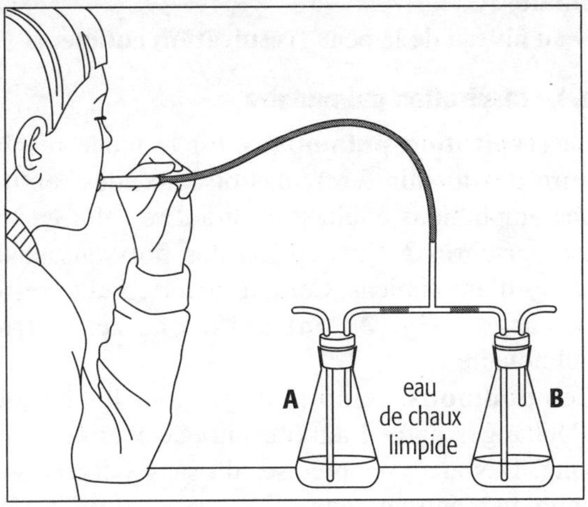

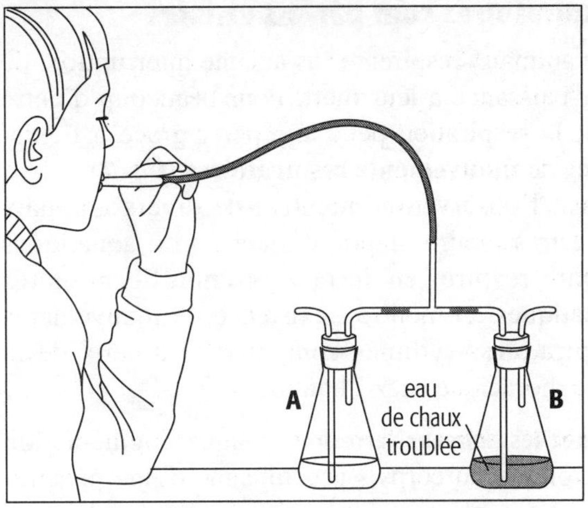

■ Chez une souris

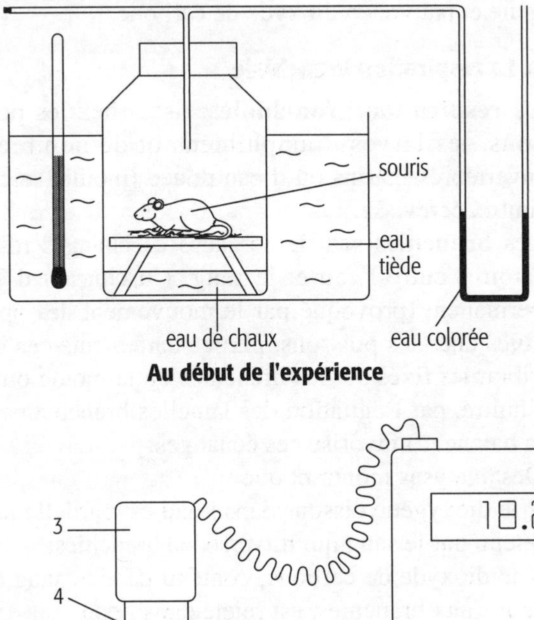

Au début de l'expérience

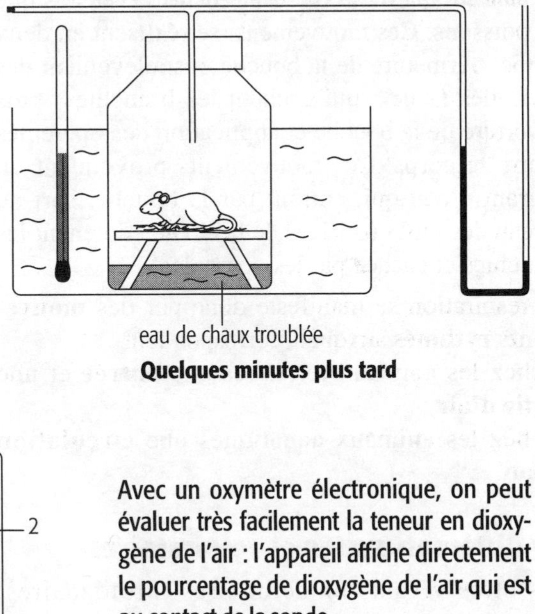

Quelques minutes plus tard

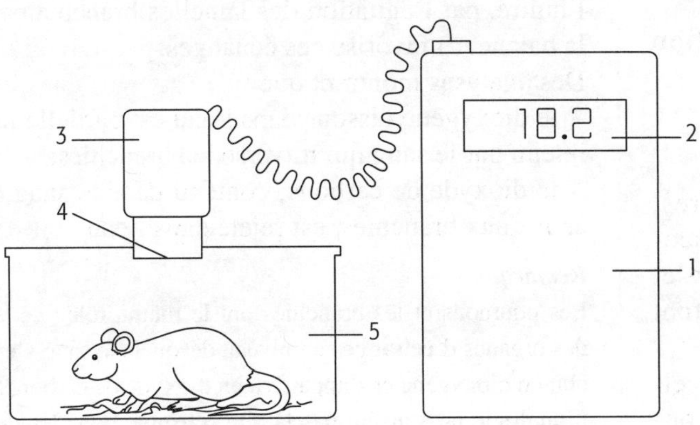

Avec un oxymètre électronique, on peut évaluer très facilement la teneur en dioxygène de l'air : l'appareil affiche directement le pourcentage de dioxygène de l'air qui est au contact de la sonde.

1. Oxymètre électronique. **2.** Affichage direct de la teneur en dioxygène de l'air (exprimée en %). **3.** Sonde. **4.** Fine membrane (capteur). **5.** Boîte contenant l'animal.

Fig. 1 L'air expiré par l'enfant barbote dans le flacon **B** alors que l'air qu'il inspire traverse le flacon **A**. En quelques minutes l'eau de chaux du flacon **B** est trouble, celle du flacon **A** demeure limpide. Que montre cette expérience ?
À quoi voit-on que la souris rejette du dioxyde de carbone ? Pourquoi le volume d'air diminue-t-il dans le récipient qui contient l'animal ?

Pour les végétaux aquatiques, les échanges s'effectuent entre les gaz dissous dans l'eau et les différentes parties immergées du végétal.

2 Chez les animaux, les mouvements respiratoires sont parfois visibles

Les animaux respirent sans aucune interruption, de leur naissance à leur mort. Pour beaucoup d'entre eux, la respiration peut se repérer grâce à l'existence de **mouvements respiratoires (*fig. 2*)**.
Ainsi, l'observation attentive de divers animaux terrestres (souris, lapin, criquet...) ou aquatiques venant respirer en surface (grenouille, insectes aquatiques...) montre l'existence de mouvements respiratoires rythmés comparables à ceux de la cage thoracique chez l'homme.

• **Chez les animaux terrestres,** chaque augmentation du volume du corps s'accompagne d'une pénétration d'air, chaque diminution correspond à une sortie d'air.

• **Des mouvements rythmés sont également visibles chez des animaux qui vivent constamment dans l'eau** tels que les poissons. Ces mouvements se réalisent en deux temps : fermeture de la bouche et soulèvement des opercules (volets qui cachent les branchies) puis ouverture de la bouche et application des opercules contre le corps. Ces mouvements provoquent un courant d'eau qui, entrant par la bouche, sort au niveau des ouïes (orifices de la cavité contenant les branchies et cachée par les opercules).

La respiration se manifeste donc par des **mouvements rythmés** auxquels correspondent :
– chez les animaux terrestres une **entrée** et une **sortie d'air** ;
– chez les animaux aquatiques une **circulation d'eau**.

3 Différents systèmes respiratoires

Les êtres vivants unicellulaires (protozoaires, champignons microscopiques, algues microscopiques...) n'ont pas d'**appareil respiratoire** et pourtant ils respirent. Les échanges gazeux se font directement entre l'unique cellule et le milieu.
C'est aussi le cas de certains organismes pluricellulaires très simples tels que les hydres, les éponges, les méduses... dont le corps est constitué d'un nombre limité de cellules, toutes en contact avec l'eau.
En revanche, pour les organismes complexes, les cellules, dans leur immense majorité, ne sont pas au contact de l'air ou de l'eau et ne peuvent pas prélever directement le dioxygène dans le milieu extérieur : elles sont alors ravitaillées par le sang qui, selon les espèces, s'approvisionne :
– au niveau des **poumons** (la respiration est alors dite pulmonaire) ;
– au niveau des **branchies (respiration branchiale)** ;
– au niveau de la peau **(respiration cutanée)**.

a. La respiration pulmonaire

La **respiration pulmonaire** est le mode respiratoire des mammifères, des oiseaux, des reptiles, des amphibiens adultes, c'est-à-dire celui de tous les vertébrés à l'exception des poissons et des larves d'amphibiens. Certains invertébrés terrestres (escargot, ***fig. 2***) ont aussi une respiration pulmonaire.
Les **poumons**, remplis d'air, sont les organes d'échanges entre l'air (du milieu extérieur) et le sang. Des analyses précises du sang qui irrigue le poumon montrent que :
– le sang entrant dans le poumon est pauvre en dioxygène et riche en dioxyde de carbone,
– le sang sortant du poumon est riche en dioxygène et pauvre en dioxyde de carbone.

b. La respiration branchiale

La **respiration branchiale** existe chez les poissons, les larves d'amphibiens et de nombreux invertébrés marins ou d'eau douce (moule, seiche, huître, écrevisse...).
Les **branchies** sont les organes d'échanges respiratoires entre l'eau et le sang. Un courant d'eau permanent (provoqué par le mouvement des opercules chez les poissons, par les battements des cils vibratiles fixés sur les branchies de la moule ou de l'huître, par l'agitation des lamelles branchiales de la balane...) favorise ces échanges.
Des analyses montrent que :
– le dioxygène dissous dans l'eau est partiellement retenu par le sang qui traverse les branchies,
– le dioxyde de carbone, contenu dans le sang qui arrive aux branchies, est rejeté dans l'eau.

Remarque

Les poumons et les branchies ont le même rôle : ce sont des organes d'**échanges** au niveau desquels le sang s'enrichit en dioxygène et s'appauvrit en dioxyde de carbone.
L'analogie ne s'arrête pas là. On retrouve dans les deux cas :
– une **surface d'échange** très grande (on l'évalue à 200 m^2 environ pour les deux poumons chez l'homme) ;
– une **irrigation sanguine** très riche ;
– une **faible épaisseur** séparant sang et air ou sang et eau ;
– un **renouvellement constant** du milieu extérieur (air ou eau) ;

Des mouvements respiratoires améliorent les échanges

■ Chez le lapin

Expiration

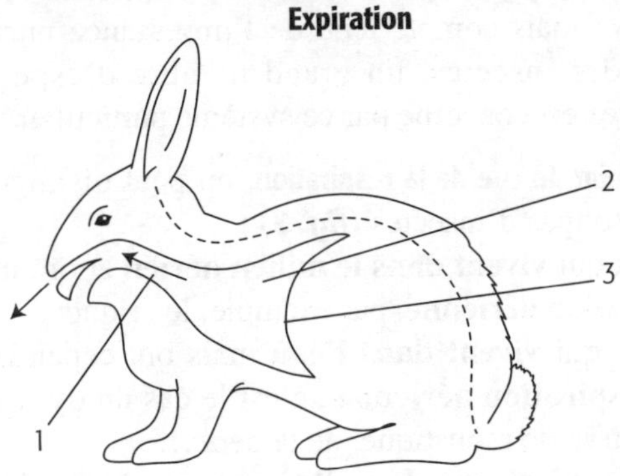

Inspiration

→ trajet de l'air
1. trachée - artère
2. poumon
3. diaphragme

Le poumon est représenté de manière très simplifiée sur ces schémas. Ceux-ci signalent surtout les différences entre l'expiration et l'inspiration (trajet de l'air, volume du poumon, position du diaphragme qui repousse le poumon lors de l'expiration…).

■ Chez l'escargot

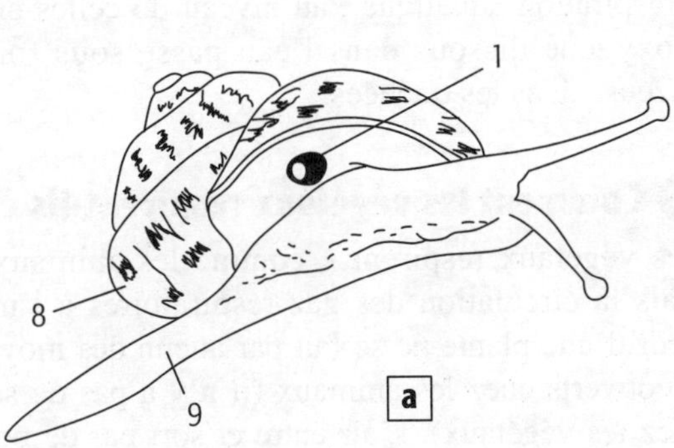

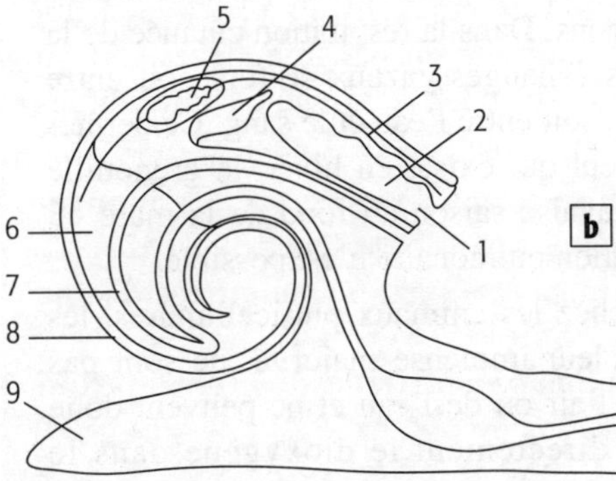

1. Orifice du poumon. **2.** Poumon contenant de l'air. **3.** Vaisseau sanguin. **4.** Rein. **5.** Cœur. **6.** Foie. **7.** Intestin. **8.** Coquille. **9.** Pied.

a : La coquille a été basculée pour voir l'orifice du poumon.

b : Coupe schématique montrant seulement quelques organes.

Le poumon est caché sous la coquille. Quand on retourne un escargot et qu'on regarde près du bord de la coquille, on observe un orifice qui s'ouvre et se ferme rythmiquement. Cet orifice donne accès à une cavité qui se remplit d'air et dont la paroi est très riche en vaisseaux sanguins.

Fig. 2 Qu'appelle-t-on « mouvements respiratoires » ? À quoi servent-ils ?

– une **surface d'échanges** constamment humide car les gaz ne traversent les minces parois que dissous dans l'eau ; une substance liquide maintient la paroi de l'alvéole pulmonaire constamment humide ; les branchies des poissons baignent dans l'eau et deviennent imperméables aux gaz hors de l'eau (d'où l'asphyxie du poisson).

c. La respiration cutanée

La **respiration cutanée** est un mode respiratoire moins répandu que les précédents. Un ver de terre respire. Mais il meurt asphyxié dès qu'il se dessèche. Si on dissèque un ver mort, on n'observe pas d'appareil respiratoire. Comment respire-t-il ? Les échanges gazeux respiratoires se font à travers la « peau » très mince, maintenue constamment humide et parcourue par de nombreux vaisseaux sanguins. Dans ce mode de respiration, appelé **respiration cutanée**, les échanges se font – comme dans la respiration pulmonaire – entre l'air et le sang.

La mort par asphyxie d'un ver de terre qui se dessèche (s'il se trouve hors de la terre humide) est identique à la mort par asphyxie d'un poisson sorti de l'eau ; dans les deux cas, les échanges gazeux à travers la surface d'échanges sont bloqués.

La respiration cutanée existe chez d'autres animaux. Elle a par exemple une grande importance chez la grenouille ; cet animal à peau fine, maintenue humide par la sécrétion d'un mucus, possède cependant des poumons. Dans la respiration cutanée de la grenouille, les échanges gazeux se font soit entre l'air et le sang, soit entre l'eau et le sang. Ce dernier mode est le seul qui existe en hiver, la grenouille passant la mauvaise saison au fond de la mare où aucune respiration pulmonaire n'est possible.

En résumé, chez les animaux pluricellulaires, les cellules, dans leur immense majorité, ne sont pas au contact de l'air ou de l'eau et ne peuvent donc pas prélever directement le dioxygène dans le milieu extérieur. Leur ravitaillement en dioxygène et leur rejet de dioxyde de carbone se font par deux systèmes intermédiaires :

– l'**appareil respiratoire** qui permet les échanges gazeux entre le « milieu extérieur » et le sang,

– l'**appareil circulatoire** qui assure par le sang le transport des gaz.

❹ Un système respiratoire très particulier : les trachées

• **Les échanges de dioxygène et de dioxyde de carbone** se font dans les exemples précédents,

– soit entre le **sang** et l'**air** à travers la paroi du **poumon** ou à travers la **peau** ;

– soit entre le **sang** et l'**eau** au niveau des **branchies**.

Dans les deux cas, le sang transporte les gaz respiratoires aux organes.

Il existe un mode de distribution différent dans lequel le sang n'est pas le transporteur. L'air est conduit directement aux organes par des tubes ramifiés appelés **trachées**. Ce mode est à peu près limité au groupe des insectes et à quelques animaux voisins ; mais compte tenu de l'importance numérique des insectes, un grand nombre d'espèces animales est concerné par ce système particulier.

• **Du point de vue de la respiration**, on peut distinguer trois groupes d'insectes (***fig. 3***) :

– ceux qui **vivent dans le milieu aérien** et ont **une respiration aérienne**, par exemple, le criquet ;

– ceux qui **vivent dans l'eau** mais ont cependant une **respiration aérienne** ; c'est le cas du dytique, de la larve de moustique, de la nèpe…

– ceux qui **vivent dans l'eau** et **respirent dans l'eau** ; c'est le cas de la larve d'éphémère.

On retrouve dans les trois cas le même **système de distribution** : grâce aux trachées, l'air est conduit **directement** aux organes.

L'entrée et la sortie des gaz respiratoires dans le réseau trachéen se font de deux façons différentes :

– par un ou plusieurs orifices appelés **stigmates** chez les insectes à respiration aérienne,

– au niveau des **trachéo-branchies** chez les insectes à respiration aquatique ; au niveau de celles-ci, le dioxygène dissous dans l'eau passe sous forme gazeuse dans les trachées.

❺ Comment les végétaux respirent-ils ?

Les végétaux respirent « comme les animaux », mais la circulation des gaz respiratoires à l'intérieur d'une plante ne se fait par aucun des moyens découverts chez les animaux (il n'y a pas de sang chez les végétaux). L'air entre et sort par de petits orifices appelés **stomates** (situés notamment à la surface des feuilles) et pénètre dans des espaces remplis d'air entre les cellules. Les plantes contiennent donc de l'air. Celles qui vivent dans l'eau en contiennent aussi. Dans ce dernier cas, les échanges gazeux s'effectuent entre l'air contenu dans la plante et les gaz dissous dans l'eau.

On constate donc que les échanges gazeux des végétaux rappellent un peu ceux que nous avons vus chez les insectes. Chez ces derniers, l'air pénètre à l'intérieur du corps par un réseau de tubes, les trachées ; chez les végétaux, l'air pénètre et circule à l'intérieur par un réseau de lacunes remplies d'air. Dans les deux cas, l'entrée et la sortie des gaz dans le réseau se font par des orifices (stigmates pour les insectes, stomates pour les végétaux).

Informations pour l'enseignant

Respirer avec des trachées

■ Insectes terrestres

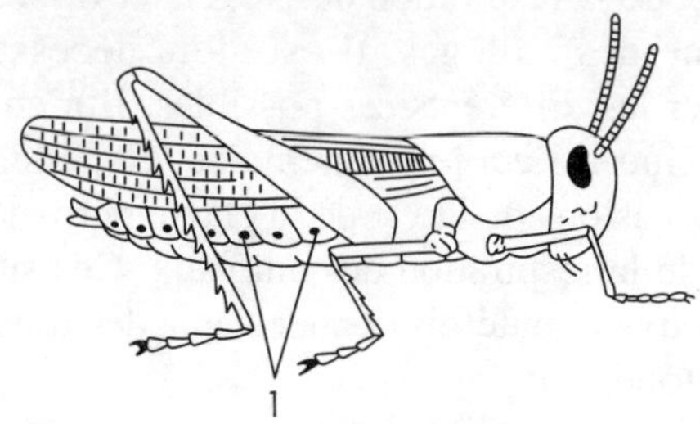

Un criquet

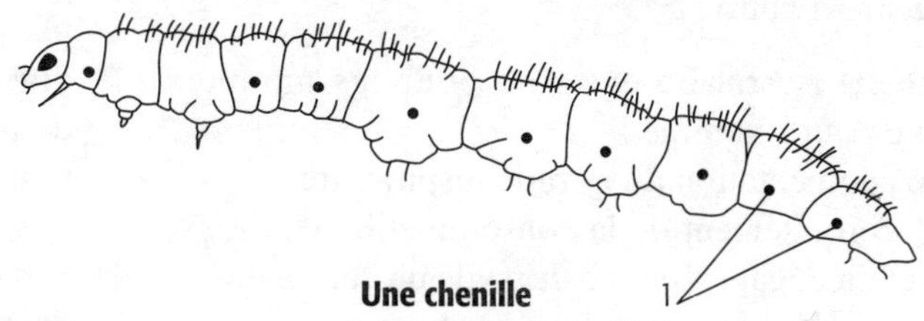

Une chenille

De chacun des orifices visibles latéralement (**1**) sur le corps de ces insectes partent des tubes minuscules appelés trachées qui conduisent directement l'air aux organes.

■ Insectes aquatiques à respiration aérienne

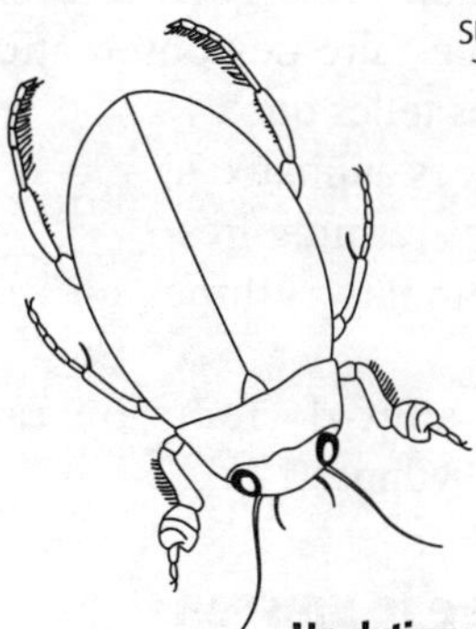

Un dytique

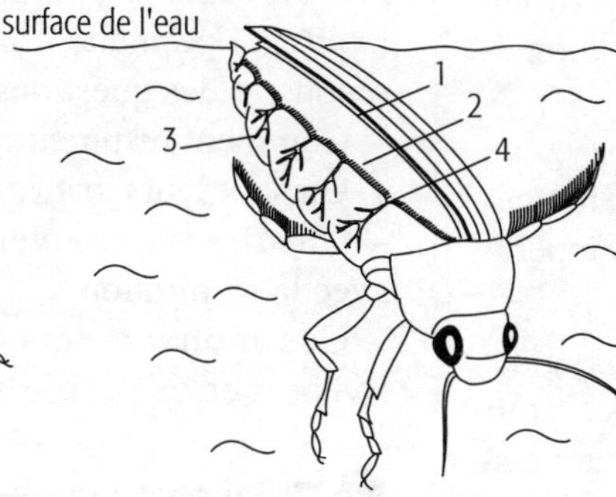

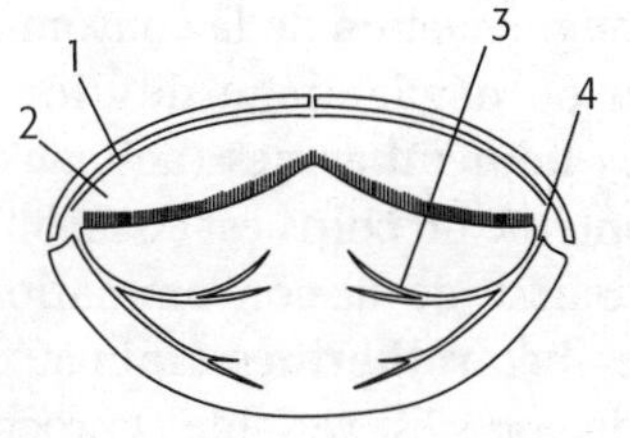

1. ailes
2. provision d'air
3. trachée
4. orifice respiratoire

Ces insectes remontent régulièrement à la surface de l'eau pour faire une provision d'air.

■ Insectes à respiration aquatique

Une larve d'éphémère

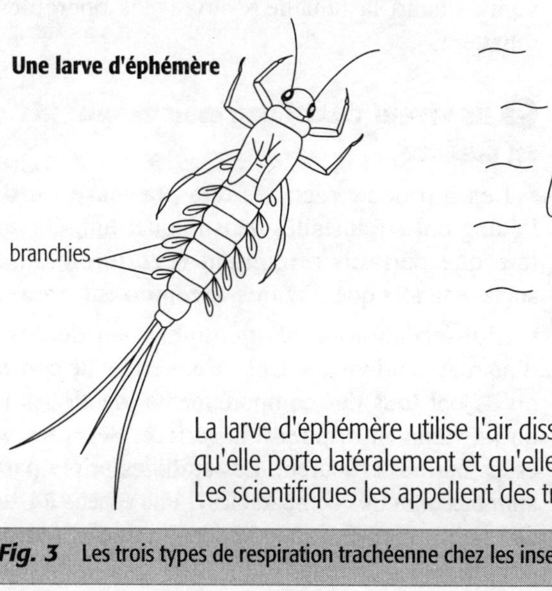

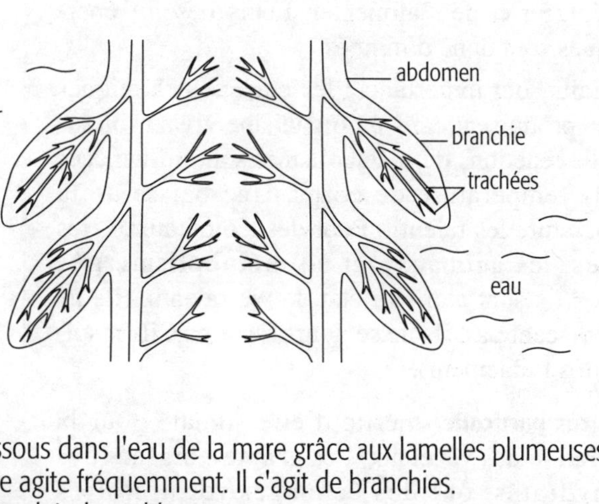

La larve d'éphémère utilise l'air dissous dans l'eau de la mare grâce aux lamelles plumeuses qu'elle porte latéralement et qu'elle agite fréquemment. Il s'agit de branchies. Les scientifiques les appellent des trachéo-branchies.

Fig. 3 Les trois types de respiration trachéenne chez les insectes.

❻ Des variations de la consommation de dioxygène à interpréter

Chez les animaux, deux facteurs influencent l'intensité des échanges gazeux respiratoires et du même coup la consommation de dioxygène : l'activité musculaire d'une part, la température extérieure d'autre part.

• **L'activité musculaire** entraîne pour les animaux comme pour l'homme :
– une augmentation du rythme respiratoire,
– un accroissement de la consommation de dioxygène et du dégagement de dioxyde de carbone,
– une accélération du rythme cardiaque.

Les faits sont faciles à interpréter : l'activité musculaire s'accompagne d'une augmentation de la consommation d'énergie, donc de dioxygène.

• **Une baisse de la température du milieu** entraîne :
– une augmentation de la consommation de dioxygène et du dégagement de dioxyde de carbone chez les **homéothermes** (animaux dont la température interne du corps est constante),
– une baisse de la consommation de dioxygène chez les **hétérothermes** (animaux dont la température du corps est variable et proche de la température extérieure).

L'augmentation de consommation de dioxygène s'explique aisément dans le premier cas : pour maintenir la température du corps à sa valeur constante, ces animaux augmentent leur production d'énergie.

La baisse de consommation de dioxygène dans le second cas est liée au fait que, lorsque la température baisse, les animaux hétérothermes cessent de se déplacer et de s'alimenter. Leurs besoins énergétiques sont donc diminués.

Ces faits sont importants : les réactions chimiques qui se produisent dans un organisme vivant (on les appelle réactions du métabolisme) sont influencées par la température du corps. Une baisse de la température les ralentit. Pour des températures très basses, les animaux ont un **métabolisme** très faible : ils sont alors à l'état de vie ralentie (ils ne se déplacent pas, ils ne se nourrissent pas, ils respirent très faiblement).

• **Un cas particulier** mérite d'être signalé pour la respiration des végétaux. Les **graines**, organes très déshydratés, ont des échanges respiratoires infimes ; on dit que les graines sont à l'état de vie ralentie. La reprise des échanges respiratoires a lieu au moment de la germination avec le retour à la vie active.

Des activités possibles

L'étude des différents appareils respiratoires des animaux et de la respiration des végétaux figure au programme des collèges. Il est alors nécessaire d'envisager les différents cas possibles. Il n'en est pas de même à l'école élémentaire. Cependant, diverses occasions de la vie de la classe permettent de parler de la respiration des animaux. Ces situations ne peuvent toutefois donner lieu à des travaux très approfondis.
Les enfants savent qu'ils ne peuvent pas s'empêcher de respirer et n'ignorent pas que l'arrêt de la respiration entraîne la mort. Par analogie, ils admettent volontiers que tous les animaux respirent.

❶ La présence d'animaux vivants dans la classe

Les élevages d'animaux (escargots, tourterelles, lapins…) permettent de faire des observations en réponse à des questions telles que :
– Comment respirent ces animaux ?
– Où sont leurs orifices respiratoires ?
– Ont-ils des mouvements rythmés en relation avec la respiration ?
– Ces mouvements sont-ils lents ou rapides (on peut en évaluer le rythme) ?

❷ Comment respire le poisson de l'aquarium ?

Le poisson ouvre puis ferme sa bouche régulièrement. Une observation plus attentive montre que, lorsque la bouche se ferme, les opercules se soulèvent ; quand la bouche s'ouvre, les opercules se rabattent.

❸ Ils vivent dans l'eau mais respirent en surface

• Les animaux récoltés dans la mare ou dans l'étang ont été installés dans l'aquarium. On constate que certains remontent régulièrement à la surface tandis que d'autres ne remontent jamais.

• L'observation de photographies ou de dessins d'animaux qui vivent dans l'eau permet de constater qu'ils ont tous des comportements identiques lorsqu'ils viennent respirer à la surface. Seuls les yeux et les narines affleurent. Les attitudes prises par ces animaux sont très comparables d'une espèce à l'autre. On peut alors évoquer la respiration d'animaux aquatiques qui respirent dans l'eau, utilisant le dioxygène dissous (poisson, écrevisse, crabe…).

Les différents systèmes respiratoires chez les animaux

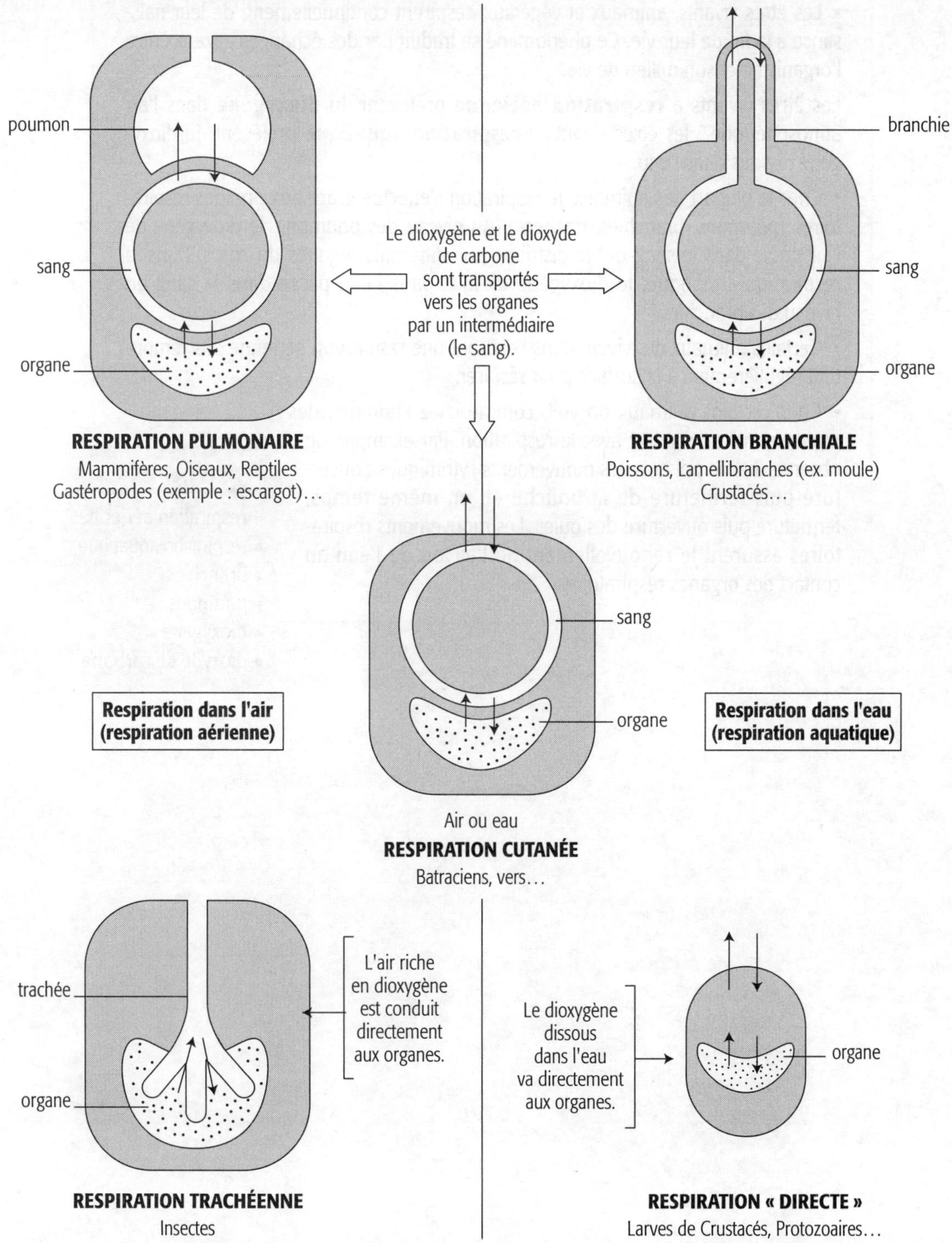

Fig. 4 Comparez ces différents types de systèmes respiratoires (milieu de vie de l'animal, poumon ou branchie ou autre, zone des échanges respiratoires, mode de transport des gaz jusqu'aux organes…).

Notions visées à l'école élémentaire

• Les êtres vivants, animaux et végétaux, respirent continuellement, de leur naissance à la fin de leur vie. Ce phénomène se traduit par des échanges gazeux entre l'organisme et son milieu de vie.

Les êtres vivants à **respiration aérienne** prélèvent du **dioxygène** dans l'air atmosphérique ; les êtres vivants à **respiration aquatique** prélèvent du dioxygène dissous dans l'eau.

• Chez la plupart des animaux, la respiration s'effectue grâce aux organes respiratoires (poumons, branchies, trachées). Au niveau des poumons, le dioxygène de l'air passe dans le sang qui le distribue aux différents organes du corps. Dans la respiration aquatique, le dioxygène dissous dans l'eau passe dans le sang au niveau des branchies.

• Certains animaux qui vivent dans l'eau ont une respiration aérienne : ils remontent régulièrement à la surface pour respirer.

• Chez certains animaux on voit, comme chez l'homme, des mouvements en rapport avec la respiration. Par exemple, on observe chez le poisson des mouvements rythmiques : ouverture puis fermeture de la bouche et, en même temps, fermeture puis ouverture des ouies. Les mouvements respiratoires assurent le renouvellement de l'air ou de l'eau au contact des organes respiratoires.

Mots-clés

- respiration aérienne
- respiration aquatique
- branchies
- poumons
- dioxygène
- dioxyde de carbone

Partie

3

Les êtres vivants se reproduisent

Chapitre 1

Les êtres vivants assurent la survie de l'espèce

*Tous les êtres vivants sont capables de donner naissance à d'autres êtres vivants de la même espèce. Nous avons vu que cette reproduction se réalise selon deux modalités différentes : la **reproduction sexuée** et la **reproduction asexuée**.*

*• La **reproduction asexuée** se présente sous des aspects très variés et n'existe que chez certaines espèces (végétales surtout).*

*• La **reproduction sexuée** au contraire est un phénomène très général qui présente chez tous les êtres vivants une remarquable unité (il y a dans tous les cas formation de gamètes et fécondation).*

Tous les individus qui naissent par reproduction asexuée sont parfaitement **identiques entre eux** et identiques à l'animal ou à la plante qui leur a donné naissance. Les individus qui naissent par reproduction sexuée sont au contraire différents les uns des autres, différents comme les frères et les sœurs nés de mêmes parents. De plus, chacun de ces enfants est une **création nouvelle** et **unique** (d'où le nom de **procréation** donné à la reproduction sexuée).
Cette différence fondamentale entre reproduction sexuée et reproduction asexuée s'explique de façon simple :
– dans la reproduction asexuée le nouvel être vivant se forme à partir de cellules « ordinaires » (des cellules de la tige dans le cas du bouturage). Tous les caractères héréditaires sont transmis aux descendants ;
– dans la reproduction sexuée le nouvel être vivant possède la moitié du **génome** de son père et la moitié du génome de sa mère. Dans ce mode de reproduction se produit un brassage de l'information génétique.
Ces aspects de la reproduction sexuée expliquent pour une part le fonctionnement et l'évolution du monde vivant.

Quelques rappels

A Les êtres vivants produisent des gamètes

1 Ovules et spermatozoïdes

Dans la reproduction sexuée (ou procréation), les êtres vivants produisent des cellules reproductrices spéciales appelées **cellules sexuelles** (ou **gamètes**).
Il existe deux types de gamètes :
– les gamètes mâles ou **spermatozoïdes** ;
– les gamètes femelles ou **ovules**.

Chez toutes les espèces animales des caractères distinguent nettement les spermatozoïdes des ovules.
– Les **spermatozoïdes** sont toujours très **nombreux**, mobiles et de **petite taille**. Chez l'homme, par exemple, il y a 300 millions de spermatozoïdes dans 3 cm^3 de sperme.

– Les **ovules** sont en **nombre plus limité**, **immobiles**, et **très volumineux** par rapport aux spermatozoïdes. La femme, par exemple, produit un ovule tous les 28 jours environ, c'est-à-dire quelques centaines seulement au cours de sa vie. Ces ovules, pourtant de petite taille, car ils contiennent peu de réserves, ont cependant un volume 2 000 fois supérieur à celui des spermatozoïdes. Chez la poule, la différence est encore plus considérable puisque les spermatozoïdes du coq ont sensiblement la même taille que ceux de l'homme, alors que l'ovule (le jaune d'œuf) a trois centimètres de diamètre. Chez presque tous les végétaux (plantes à fleurs, fougères, mousses, algues…) on retrouve ces différences entre gamète mâle et gamète femelle :

– gamètes femelles peu nombreux, immobiles et de grosse taille ;

– gamètes mâles très nombreux, mobiles et de petite taille.

2 La fécondation

La **fécondation** (fusion d'un ovule et d'un spermatozoïde) est l'événement central et constant de toute reproduction sexuée. Ce qui peut changer d'une espèce à l'autre ce sont le lieu où se fait la rencontre des spermatozoïdes et des ovules (**fécondation externe** ou **interne**) et la façon dont se développe et se nourrit l'embryon…

Au niveau cellulaire, la reproduction sexuée est donc caractérisée par cette égalité bizarre : 1 + 1 = 1 (1 ovule + 1 spermatozoïde = 1 cellule unique, la cellule œuf).

La **cellule œuf** qui résulte de la fécondation est le point de départ du nouvel individu.

Deux remarques importantes :

• **La fécondation par un seul spermatozoïde.** Chez toutes les espèces, il existe des mécanismes qui empêchent la pénétration dans l'ovule de plusieurs spermatozoïdes. Ce phénomène est important car un œuf résultant de la fécondation d'un ovule par plusieurs spermatozoïdes est un œuf anormal, incapable de se développer.

• **Au départ une cellule unique.** À sa naissance, le nouveau-né humain est formé de 60 000 milliards de cellules. Toutes proviennent d'une cellule unique : la cellule œuf. Il en est de même pour tous les êtres vivants. L'œuf se divise en 2, 4, 8, 16… cellules au cours d'une prodigieuse explosion de vie dont le terme est l'édification d'un nouvel individu.

3 Une reproduction sexuée même chez les bactéries

Les **bactéries** se reproduisent généralement par simple division en deux (il s'agit alors de reproduction asexuée). Mais, aussi surprenant que cela puisse paraître, les bactéries se reproduisent aussi par reproduction sexuée. L'accouplement entre deux bactéries (l'une est dite « mâle », l'autre « femelle ») dure 2 heures environ. Au cours de celui-ci, il y a injection du chromosome de la bactérie « mâle » dans la bactérie « femelle ». La bactérie « femelle » se divise alors en deux bactéries ayant chacune un chromosome issu de la fusion partielle ou totale des chromosomes initiaux.

B Un cas particulier, la parthénogenèse

On appelle **parthénogenèse** le développement d'un nouvel individu à partir d'un ovule vierge, c'est-à-dire non fécondé par un spermatozoïde. Il ne s'agit pas d'un mode de reproduction particulier mais d'une variante de la reproduction sexuée.
La parthénogenèse naturelle s'observe chez quelques animaux (pucerons, abeilles…).

1 Les pucerons

Les **pucerons** sont des insectes piqueurs qui se nourrissent de la sève des plantes. Ils se reproduisent très rapidement : la population peut doubler tous les trois jours et demi.

– Au printemps, en été et en automne, la reproduction a lieu sans l'intervention des mâles. Les ovules des femelles se développent sans fécondation : des petits sortent du corps de leur mère (il y a **ovoviviparité**).

– À la fin de l'automne, quand les jours raccourcissent, apparaissent des femelles qui donnent naissance à des mâles et à des femelles ovipares. Ces dernières, fécondées par les mâles, pondent des œufs qui entrent en diapause jusqu'au printemps suivant. L'œuf présente donc ici une **forme de résistance** à des conditions climatiques difficiles. On constate par ailleurs que reproduction sexuée et parthénogenèse coexistent au cours de l'année.

2 Les abeilles

Chez les abeilles, les phénomènes de parthénogenèse n'ont pas lieu dans les mêmes conditions. Les œufs fécondés par un spermatozoïde se développent en donnant :

– soit des ouvrières (femelles stériles, aux organes génitaux atrophiés en raison de la nourriture qui leur est donnée pendant leur vie larvaire) ;

– soit des reines (femelles fertiles, dont les larves sont nourries de gelée royale ; dans une ruche, il n'existe qu'une seule reine qui assure toute la descendance ; sa seule fonction est de pondre des œufs). Des ovules non fécondés sont, à certaines périodes, pondus par la reine. Leur développement parthénogénétique donne naissance à des mâles.

C La reproduction asexuée

• **La reproduction asexuée** existe chez un certain nombre de végétaux (certains exemples sont connus de tous : bouturage, plantation de tubercules de pomme de terre, ...). Elle est beaucoup plus rare chez les animaux.

La reproduction asexuée (encore appelée **multiplication asexuée**) est le processus par lequel un individu donne naissance à deux (ou parfois plusieurs) individus de même espèce sans intervention de phénomènes sexuels, c'est-à-dire sans formation de gamètes et sans fécondation.

Le nouvel individu obtenu par reproduction asexuée ne se forme pas à partir d'une cellule unique (la cellule œuf), mais à partir de plusieurs cellules non spécialisées (un morceau de tige, un fragment de racine, une partie du corps d'un animal…).

• **La reproduction sexuée et la reproduction asexuée sont deux processus indépendants** qui ne s'excluent pas et peuvent se produire chez un même individu. Voici un exemple : on obtient un pied de pomme de terre soit en plantant un tubercule, soit en semant une graine. Le premier procédé, beaucoup plus rapide que le second, est le seul utilisé par les agriculteurs et les jardiniers.

D L'homme intervient dans la reproduction

Nous en avons vu des exemples dans la reproduction asexuée des plantes. Voici quelques informations concernant la reproduction des animaux.

• **L'homme favorise la reproduction de certaines espèces.**

C'est le cas de toutes les espèces domestiquées ou utilisées pour l'alimentation humaine. La nature des interventions de l'homme est diverse. Citons à titre d'exemples :

– la récolte du naissain (huîtres, moules…) ;

– la fécondation artificielle aussi bien pour les bovins, les ovins que pour les poissons élevés en aquaculture ;

– la réalisation de croisements nouveaux, etc.

• **L'homme limite la reproduction de certaines espèces.**

Il s'agit :

– d'insectes ravageurs qui causent des dégâts aux récoltes et peuvent pulluler en un temps très court ;

– d'animaux qui causent ou transmettent des maladies.

Les moyens de lutte sont divers.

– La **lutte chimique** consiste à provoquer la mort des animaux que l'on veut éliminer par des produits chimiques fabriqués dans cette intention. Ainsi, les agriculteurs pulvérisent, dans les champs, divers insecticides pour supprimer les ravageurs de leurs cultures. Ce procédé est encore plus couramment utilisé. Il présente pourtant bien des inconvénients. Les pesticides utilisés ne sont pas sans danger. Ils détruisent indistinctement amis et ennemis et peuvent entraîner une modification des équilibres naturels.

– La **lutte biologique** consiste à utiliser des êtres vivants pour réduire les pertes ou les dommages causés à l'homme par d'autres êtres vivants. On utilise pour cela les ennemis naturels des animaux gênants. On élève parfois ces auxiliaires pour réaliser, au moment favorable, un lâcher massif qui consiste à en introduire rapidement une grande quantité dans la zone infestée.

• **L'homme réalise des hybridations.**

Faire une hybridation consiste à réaliser un croisement entre deux individus différents de la même espèce, choisis à l'avance pour leurs qualités complémentaires.

Ce mariage imposé entre deux roses ou entre deux porcs permet d'obtenir des descendants intéressants pour un certain nombre de leurs caractères.

L'information génétique

La cellule est l'unité de base de chaque être vivant. Dans chaque cellule, il y a, à chaque instant, de multiples réactions chimiques :

– des réactions de synthèse qui produisent notamment des molécules de protéines ;

– des réactions de dégradation de molécules.

La synthèse des protéines est donc une opération fondamentale de l'activité cellulaire.

Qu'est-ce qu'un chromosome ?

■ Observation au microscope

Dans une cellule humaine, les chromosomes ne sont visibles qu'au moment de la division cellulaire. On observe alors, dans une cellule humaine, 23 paires de chromosomes présentés ici, dans ce caryotype, appariés deux à deux en fonction de leur taille.

Le nombre et l'aspect des chromosomes sont identiques dans toutes les cellules de l'organisme.

La comparaison du caryotype d'un homme à celui d'une femme révèle que, sur les 23 paires de chromosomes, seules 22 paires sont rigoureusement semblables dans les deux sexes. La 23e paire est formée de deux chromosomes semblables chez la femme (désignés par XX), mais différents chez l'homme (un chromosome X et un chromosome plus petit appelé Y). Ces chromosomes, différents selon le sexe, sont appelés chromosomes sexuels.

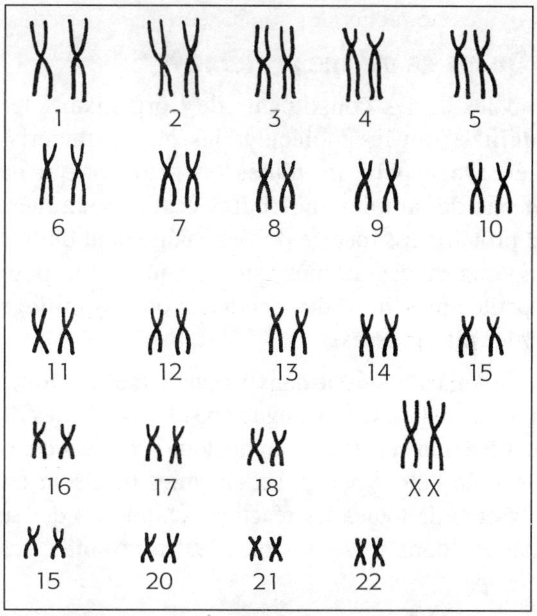

■ Chaque chromosome est constitué d'une molécule d'ADN

Les chromosomes ne sont pas visibles en dehors de la période de division. **Éléments permanents de la cellule**, ils prennent en interphase (entre deux divisions) l'aspect d'un très long filament non visible au microscope optique.

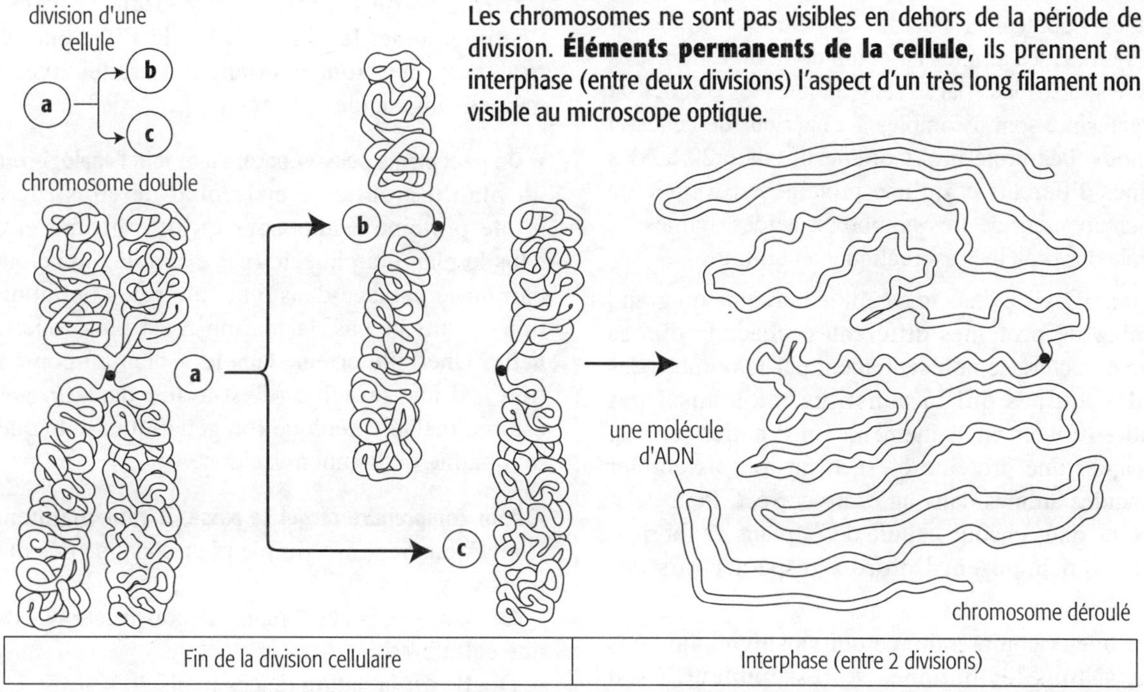

Fig. 1 Au moment d'une division cellulaire, les chromosomes sont bien visibles au microscope. Ils ont alors la forme d'un X majuscule. Il s'agit de « chromosomes doubles » constitués de deux exemplaires du même chromosome.

A La synthèse d'une protéine nécessite une information

1 Qu'est-ce qu'une protéine ?

Parmi les divers constituants de l'organisme, les **protéines** sont les molécules les plus caractéristiques. On appelle protéines les protides qui ne sont pas de simples molécules d'acides aminés. Une protéine est formée de l'enchaînement de très nombreux acides aminés : une cinquantaine pour les petites protéines, des centaines ou des milliers pour les plus grosses.

Les protéines assurent dans l'organisme des fonctions essentielles. On distingue ainsi les **protéines de structure** (qui constituent en quelque sorte la « charpente » de l'être vivant), les **enzymes** (qui sont les catalyseurs de toutes les réactions chimiques qui se déroulent dans l'organisme), les **hormones**, les **anticorps**...

Une cellule humaine comporte un très grand nombre de protéines différentes : probablement plus de 20 000. Bien entendu, une protéine donnée existe en un très grand nombre d'exemplaires.

Nous savons que, quelle que soit leur origine (pain, viande de bœuf, œuf, viande de mouton...), les protéines contenues dans les aliments sont transformées en acides aminés au cours de la digestion. Ces derniers, distribués par le sang à toutes les cellules de l'organisme, sont assemblés à l'intérieur de celles-ci en nouvelles protéines. Comme il existe 20 acides aminés différents et qu'une protéine est formée de l'enchaînement de très nombreux acides aminés, la variété des protéines est pratiquement infinie.

En fait, il existe dans une cellule humaine un grand nombre de protéines différentes, chacune d'elles étant caractérisée non seulement par le nombre des acides aminés qui la constitue mais aussi par l'ordre de leur enchaînement. En d'autres termes, fabriquer une protéine c'est avant tout assembler les acides aminés dans un ordre correct. Pour cela, il existe dans chaque cellule des « plans de fabrication » qui imposent l'ordre à respecter lors des synthèses.

Pour mieux comprendre ce qui va suivre, ajoutons que, si tous les hommes se ressemblent, c'est qu'ils possèdent en commun un certain nombre de protéines identiques.

De plus si, entre une mère et son enfant, les ressemblances sont plus grandes qu'avec une personne extérieure à la famille, c'est que cette mère et cet enfant ont en commun certaines protéines que ne possède pas la personne sans lien de parenté avec eux. Par ailleurs, deux enfants d'une même famille (ou deux souris d'une même portée, ou deux chênes de la forêt) sont différents l'un de l'autre (en dépit des nombreuses ressemblances) parce que l'un « sait fabriquer » certaines protéines que l'autre « ne sait pas » fabriquer.

2 Les plans de construction des protéines

Des milliers de protéines sont fabriquées en permanence dans les cellules d'un organisme vivant, et, pour une protéine donnée, l'enchaînement des acides aminés ne se fait pas au hasard : il se réalise en respectant un **« plan de construction »**.

Chaque plan est une suite d'instructions qui indiquent comment fabriquer la protéine correspondante, c'est un **gène** (***fig. 2***).

• **Une image permet de comprendre :** imaginons, sur deux chantiers différents, deux équipes de maçons qui ont à leur disposition les mêmes matériaux de construction (les mêmes types de briques) mais un plan de construction différent. Ces équipes vont évidemment construire deux maisons différentes.

C'est ce qui se passe dans la construction des protéines. Le plan X permet la fabrication de l'hormone de croissance, le plan Y celle de l'hémoglobine, le plan Z celle de l'insuline. Ces trois protéines sont pourtant construites avec les mêmes vingt acides aminés.

• **On peut même pousser encore plus loin l'analogie** entre un plan d'architecte et le plan de construction d'une protéine. Supposons qu'il y ait une erreur dans le plan d'architecte (par exemple, une cloison barrant le passage dans un couloir de communication) ; dans ce cas, la maison n'est plus fonctionnelle. Une telle erreur dans le « plan de construction » d'une protéine (c'est-à-dire dans un gène) est une maladie génique (ou génétique) telle que la myopathie ou la mucoviscidose.

• **Pour comprendre ce qui se passe,** il faut maintenant trouver une réponse simple pour chacune des questions suivantes :
– Où sont situés ces « plans de construction » dans une cellule ?
– Quelle est la nature de ces plans ?
– Comment passe-t-on du plan de construction à une protéine ?
– D'où viennent ces plans ?
– Qu'appelle-t-on programme génétique ?
– Qu'est-ce qu'une maladie génétique ?

Chez tous les êtres vivants, l'ADN est le support de l'information génétique

■ L'information génétique est localisée sur les chromosomes

On appelle gène la « portion » d'un chromosome qui commande la fabrication d'une molécule chimique précise (une protéine).

De nombreux caractères héréditaires (la couleur des yeux par exemple) sont commandés non pas par un seul gène, mais par plusieurs situés sur des chromosomes différents. On estime qu'il y a, dans l'espèce humaine, entre 30 000 et 50 000 gènes différents. En 1987, près de 3 000 gènes étaient localisés sur les chromosomes et ainsi s'établissent peu à peu les cartes génétiques.

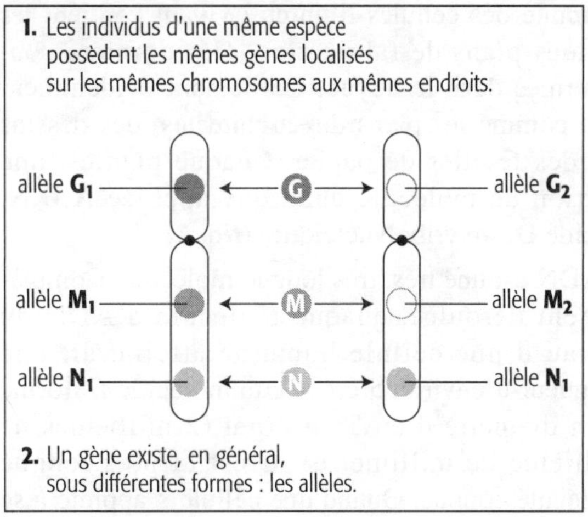

■ Un gène est une portion d'une molécule codée (l'ADN)

Un chromosome est constitué d'une molécule filiforme très longue d'ADN (**A**cide **D**ésoxyribose **N**ucléique) capable de se pelotonner pour prendre l'allure de bâtonnet au moment de la division cellulaire.

La molécule d'ADN est une molécule codée : on peut la représenter par un « mot » formé de plusieurs millions de lettres, écrit avec un alphabet réduit à 4 lettres : A, T, G et C.

Ces quatre lettres symbolisent les quatre constituants chimiques principaux de la molécule d'ADN. L'ordre dans lequel sont placés ces quatre constituants constitue une information codée.

Un gène est une portion de cette molécule d'ADN, une séquence d'environ 1 000 lettres (parfois davantage), qui porte l'information indispensable à la synthèse d'une protéine.

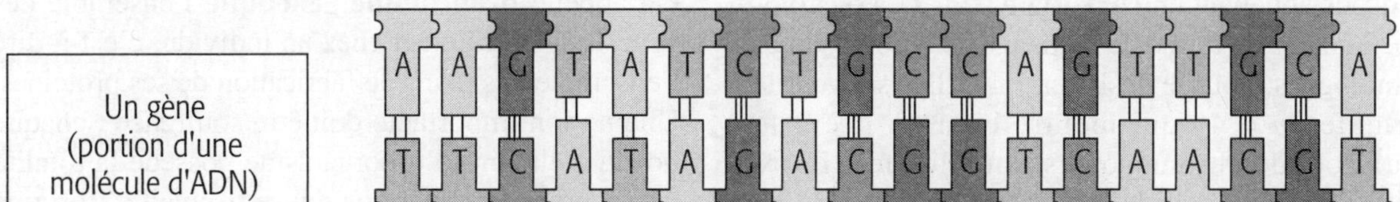

Fig. 2 Les chromosomes déterminent tous les caractères héréditaires d'un individu, aussi bien la couleur des yeux que la forme du nez ou l'appartenance à tel ou tel groupe sanguin. Comment est-ce possible ? Quelle est la nature de ces « plans de construction » contenus dans les chromosomes ?

B Où sont situés les plans de construction ?

1 Qu'est-ce qu'un chromosome ?

Chacune des cellules d'un être vivant contient **les mêmes** plans de fabrication. Ces derniers sont enfermés dans le noyau. Ce ne sont évidemment pas, comme les plans des architectes, des dessins sur des feuilles de papier. Chaque plan est une portion de molécule chimique appelée **A.D.N.** (Acide **D**ésoxyribo**N**ucléique) (***fig. 2***).

L'ADN est une très, très longue molécule. Complètement déroulée, chaque molécule d'ADN du noyau d'une cellule humaine atteindrait une longueur d'environ 5 cm. Cette molécule filiforme a un diamètre d'environ 2 nm (2 millièmes de millième de millimètre). C'est la plus longue molécule connue. Quand une cellule s'apprête à se diviser, la molécule d'ADN s'enroule sur elle-même et prend alors la forme d'un « bâtonnet » visible au microscope ordinaire. Chacun de ces bâtonnets est un **chromosome**. En comptant les chromosomes, on constate qu'ils sont toujours en **nombre pair** et semblables morphologiquement deux à deux.

Ainsi, à chaque chromosome correspond un chromosome de même forme et de même longueur dit **chromosome homologue**. De même que l'on peut ranger des chaussures par paires, les biologistes rangent les chromosomes par paires et établissent ce qu'ils appellent un **caryotype** (***fig. 1***). Le caryotype humain est formé de 23 paires de chromosomes homologues. Pour le désigner, on utilise souvent la formule $2n = 46$ qui montre bien qu'il existe deux lots de chromosomes homologues. Entre deux divisions cellulaires, les chromosomes ne sont pas visibles parce que les molécules d'ADN sont déroulées.

Le nombre de chromosomes varie selon les espèces, mais il est toujours un nombre pair dans les **cellules diploïdes**. À titre d'exemple : $2n = 8$ chez la mouche drosophile, $2n = 24$ chez la grenouille, $2n = 32$ chez la poule, $2n = 64$ chez le cheval, $2n = 78$ chez le chien, $2n = 14$ pour le pois, $2n = 48$ pour le tabac.

2 ADN et chromosomes

Insistons sur le fait suivant : un chromosome est constitué d'une molécule d'ADN filiforme qui prend l'allure d'un bâtonnet au moment de la division cellulaire.

Puisqu'il y a plusieurs chromosomes dans une cellule, il y a donc plusieurs molécules d'ADN. Si on déroulait toutes les molécules d'ADN d'**une seule** cellule humaine et si on les plaçait bout à bout, on obtiendrait un filament de 1,50 mètre de longueur. (Une curiosité : mises bout à bout, les molécules d'ADN de toutes les cellules d'un homme donneraient un filament d'une longueur égale à la distance de la Terre à la Lune !).

3 Chromosomes et plans de fabrication

Un plan de fabrication d'une protéine donnée est une portion de l'une des molécules d'ADN. Ce plan est appelé **gène**, (un mot étrange mais qu'il faut connaître).

- **De ce fait, un chromosome porte plusieurs gènes,** c'est-à-dire plusieurs plans de fabrication. On estime qu'il y a, dans l'espèce humaine, entre 30 000 et 50 000 gènes différents. En 1987, on avait déjà localisé près de 3 000 gènes sur les chromosomes ; ainsi s'établissent peu à peu les **cartes génétiques**.

- **De nombreux caractères héréditaires (**la couleur des yeux par exemple) sont commandés non par un seul gène mais par plusieurs situés sur des chromosomes différents. En d'autres termes, la fabrication des protéines intervenant dans la synthèse des substances responsables de la couleur des yeux nécessite plusieurs plans de fabrication.

4 Qu'appelle-t-on programme génétique ?

On appelle **programme génétique** l'ensemble des gènes qui se trouvent chez un individu, c'est-à-dire l'ensemble des plans de fabrication de ses protéines. Une notion importante doit être soulignée : chaque noyau cellulaire d'un organisme possède la totalité du programme génétique qui se trouvait à l'origine dans la cellule œuf. Comment est-ce possible ? Prenons un exemple : le corps humain est constitué de plus d'un milliard de milliards de cellules qui proviennent toutes de la cellule œuf (qui s'est divisée en 2, puis en 4, en 8, en 16… cellules).

Ces innombrables divisions cellulaires (appelées **mitoses**) (***fig. 3***) conservent le même nombre de chromosomes dans chacune des cellules obtenues. Juste avant qu'une cellule ne se divise, il se produit une synthèse d'ADN rigoureusement identique à l'ADN préexistante. Ainsi, au cours d'une mitose, le programme génétique de la cellule qui se divise est transmis dans son intégralité à chacune des deux cellules qui en sont issues. On dit que la mitose est une **reproduction conforme** de la cellule.

La mitose ou reproduction conforme d'une cellule

■ Les étapes de la mitose d'une cellule

On appelle **mitose** le mode de division qui conserve dans chaque cellule le même nombre de chromosomes que dans la cellule mère. C'est le mode de division de la cellule œuf, puis de toutes les cellules de l'organisme, à l'exception des cellules sexuelles.
Par mitose, une cellule reçoit exactement les mêmes informations génétiques que celles qui existent dans la cellule mère. C'est pourquoi on parle de **reproduction conforme de la cellule**.

Sur ce schéma, on n'a représenté que deux paires de chromosomes.

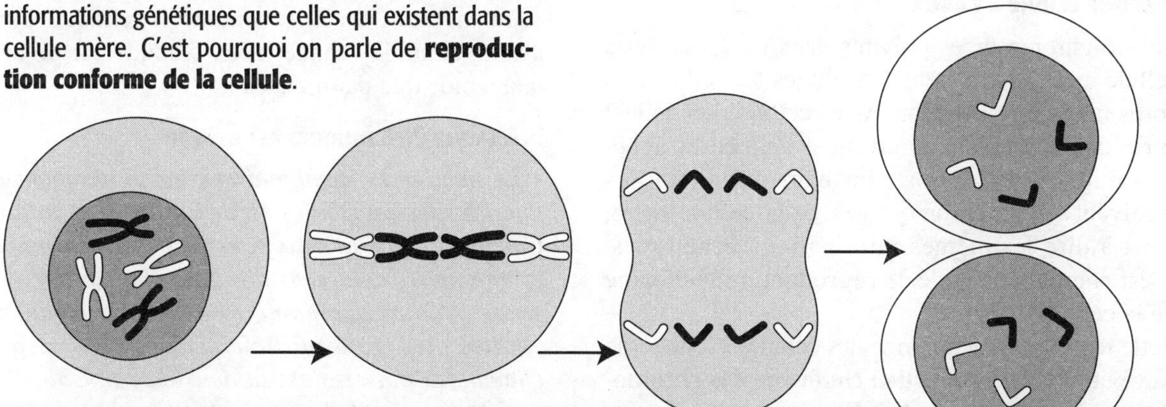

■ La reproduction conforme des chromosomes

La reproduction conforme des cellules est possible parce qu'il y a reproduction conforme des chromosomes. Celle-ci a lieu au cours de l'interphase, c'est-à-dire entre deux divisions cellulaires.
En effet, pendant l'interphase et préparant la division cellulaire, il y a synthèse d'ADN et réalisation d'une véritable photocopie de chaque chromosome.

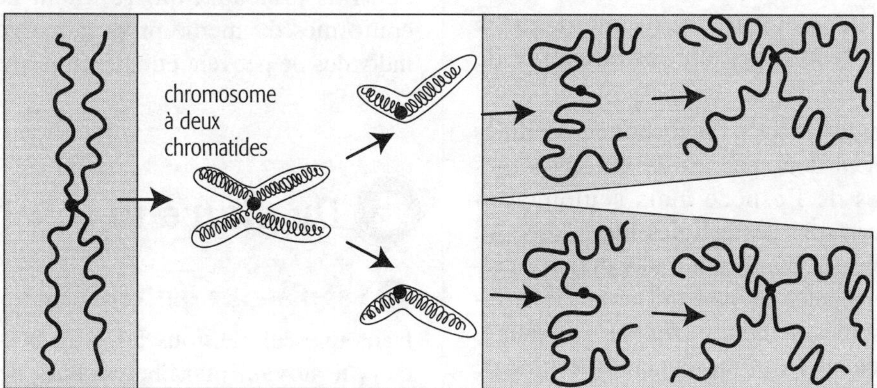

Fig. 3 Toutes les cellules d'un organisme contiennent le même nombre de chromosomes. Comment les chromosomes présents dans le noyau de la cellule œuf parviennent-ils aux différentes cellules du corps ?

Remarque : Au moment de la division cellulaire, chaque chromosome humain a la forme d'un X majuscule. Il est en effet formé de deux parties identiques, appelées **chromatides**, facilement repérables sur un caryotype. Chacune de ces chromatides est formée d'une molécule d'ADN rigoureusement identique à celle de l'autre chromatide.

❺ Deux modes de transmission de l'information génétique

a. D'une cellule à l'autre

Les 46 chromosomes présents dans le noyau de la cellule œuf se retrouvent dans toutes les cellules du corps humain (à l'exception des cellules sexuelles) après une succession de divisions cellulaires appelées mitoses. Par mitose, les deux cellules filles reçoivent les 46 chromosomes de la cellule mère, c'est-à-dire les mêmes informations génétiques. C'est pourquoi on parle de **reproduction conforme de la cellule**.

Cette reproduction conforme des cellules est possible parce qu'il y a **reproduction conforme des chromosomes**. En effet, à la fin d'une mitose, chaque chromosome est formé d'une seule chromatide (c'est-à-dire d'une seule molécule d'ADN). Au cours de l'interphase, il y a **réplication de l'ADN**, c'est-à-dire synthèse d'une autre molécule d'ADN rigoureusement identique à la molécule mère. Cette phase de synthèse d'ADN prépare la transmission rigoureuse des messages codés, qui a lieu lors de la mitose suivante.

b. D'une génération à l'autre

La transmission des chromosomes d'une génération à la suivante se fait par l'intermédiaire des gamètes. Ces derniers ne contiennent que n chromosomes c'est-à-dire un chromosome de chaque paire.

Les spermatozoïdes et les ovules sont des cellules qui ne contiennent donc pas les $2n$ chromosomes caractéristiques de l'espèce mais seulement n chromosomes : ce sont des **cellules haploïdes**. Au cours de leur formation se produit une division cellulaire spéciale appelée **méiose** qui réduit le nombre de chromosomes de $2n$ à n (***fig. 4***). Les gamètes ne contiennent alors qu'un seul chromosome de chaque paire.

La fécondation rétablit le nombre $2n$ de chromosomes et, fait capital, les deux chromosomes d'une paire (bien que morphologiquement semblables) n'ont pas la même origine (l'un provient du père et l'autre de la mère) et ne sont donc pas identiques du point de vue génétique.

❻ Le brassage de l'information génétique

a. La loterie de l'hérédité

La transmission des chromosomes d'une génération à l'autre fait intervenir trois fois le hasard :
– au moment de la formation des spermatozoïdes (il y a plus de 8 millions de combinaisons chromosomiques, donc de spermatozoïdes différents au point de vue génétique) ;
– au moment de la formation des ovules (la variété est la même que pour les spermatozoïdes) ;
– au moment de la fécondation (chaque ovule ayant autant de chance d'être fécondé par un spermatozoïde que par un autre).

b. Chaque être humain est unique

« Le nombre de combinaisons lorsqu'un monsieur fait des spermatozoïdes est de l'ordre de 8 millions. Comme il faut être deux pour faire un bébé, un père et une mère, cela veut dire que chacun des deux sexes produit ses gamètes avec une fréquence égale : plus de 8 millions de possibilités pour chacun. D'où, et c'est le deuxième niveau où se joue l'aléatoire de la loterie de l'hérédité, il y a une chance sur environ 7 puissance 13 pour que l'on retrouve les mêmes combinaisons génétiques. À ceci s'ajoute le fait que, toujours au cours de la méiose, il y a des possibilités d'échanges entre des chromosomes homologues, et donc entre gènes différents. Ce brassage des gènes fait que chacun de nous est un être unique ! » (d'après J. Tavlitzki, *12 clés pour la biologie,* Éditions Belin).

Chaque être humain reçoit donc de ses parents une combinaison de gènes qui lui est propre et qu'il ne partage avec aucun autre être humain. À l'exception de vrais jumeaux, qui résultent de deux copies conformes du même programme génétique, deux individus ne peuvent être génétiquement semblables.

C Du plan à la construction

❶ Les plans ne quittent jamais le noyau

Dans une cellule, tous les « plans » sont localisés dans le noyau, mais les ateliers de montage des protéines se trouvent dans le cytoplasme. De même que les plans d'un architecte sont stockés dans un bureau, les gènes ne sortent pas du noyau. Sur les chantiers, les ouvriers travaillent sur des photocopies. Ce sont également des photocopies, ou plus précisément la photocopie de l'un des plans, qui arrive dans « l'atelier de montage »

La transmission des caractères d'une génération à l'autre

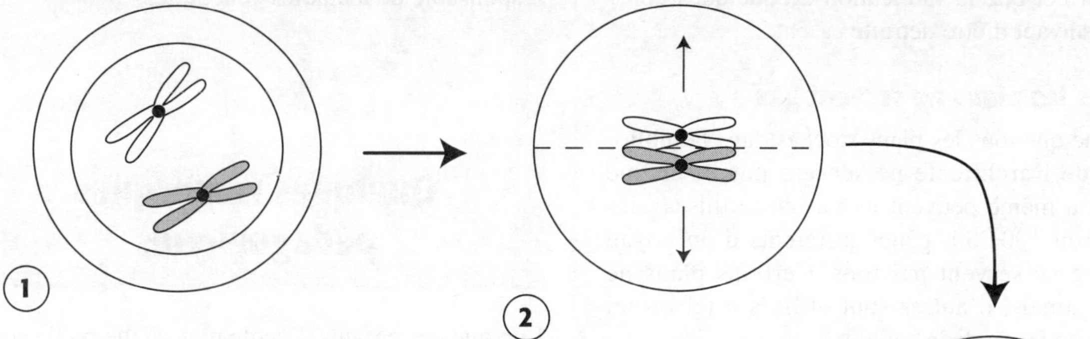

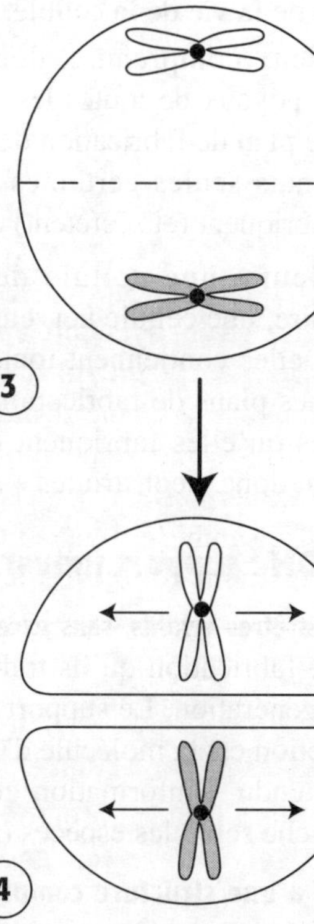

La transmission des chromosomes d'une génération à la suivante se fait par l'intermédiaire des gamètes, c'est-à-dire des spermatozoïdes et des ovules. Ces derniers contiennent non pas la totalité de l'équipement chromosomique (2*n*), mais seulement la moitié (*n*). La fécondation rétablit le nombre 2*n* chromosomes, caractéristique de l'espèce (46 chez l'homme).

Au cours de la formation des gamètes, on passe de 2*n* à *n* chromosomes par un mode de division particulier appelé **méiose** (du grec *meiosis*, décroissance). La méiose comporte deux divisions cellulaires successives qui, à partir d'une cellule à 2*n* chromosomes, permettent d'obtenir 4 cellules à *n* chromosomes.

Un fait capital : chaque gamète ne contient que l'un (ou l'autre) des deux chromosomes d'une même paire d'homologues. De ce fait, les chromosomes homologues de la cellule œuf, bien que morphologiquement semblables, n'ont pas la même origine : l'un est d'origine maternelle, l'autre d'origine paternelle.

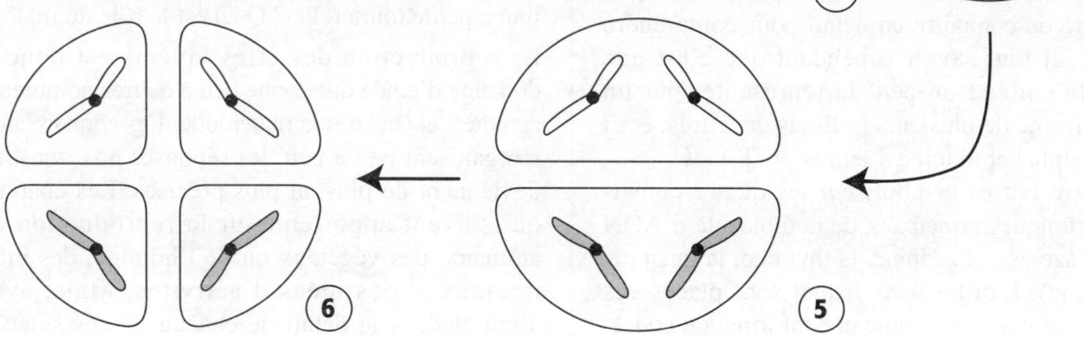

Sur ces schémas, on n'a représenté qu'une seule paire de chromosomes.

Fig. 4 Dans un spermatozoïde et dans un ovule humains, il n'y a que 23 chromosomes, au lieu de 46 dans toutes les autres cellules de l'organisme. Comment se réalise ce partage ?

d'une protéine. On voit toute l'efficacité d'un tel système : plusieurs copies d'un même plan peuvent être faites et envoyées sur des chantiers différents ; chaque photocopie a une durée de vie limitée et ne permet que la fabrication de quelques constructions avant d'être détruite…

2 Tous les plans ne servent pas

De même que tous les plans stockés dans la bibliothèque de l'architecte ne servent pas en même temps (ou même peuvent ne pas être utilisés), les 50 000 (ou 100 000) gènes différents d'un noyau cellulaire ne servent pas tous. Certains plans ne servent jamais, d'autres sont utilisés à tel ou tel moment de la vie de la cellule...

Pour mieux comprendre, donnons un exemple : dans les noyaux de toutes les cellules humaines se trouve le plan de fabrication de l'hormone de croissance, mais seules certaines cellules de l'hypophyse fabriquent (et sécrètent) cette hormone.

Par ailleurs, une cellule de foie, une cellule musculaire, une cellule nerveuse ne se ressemblent pas. Or, elles contiennent toutes, dans leur noyau, les mêmes plans de fabrication, mais la nature des protéines qu'elles fabriquent n'est pas la même ; elles sont donc « construites » différemment.

3 L'ADN : support universel

• **Tous les êtres vivants, sans exception,** possèdent des plans de fabrication qu'ils transmettent de génération en génération. Le support de tous ces plans de construction est la molécule d'ADN.

Bien entendu, l'information génétique est plus ou moins riche selon les espèces (***fig. 5***).

• **L'ADN a une structure complexe** qu'il n'est pas nécessaire de connaître en détail pour comprendre son rôle. Il faut savoir cependant que c'est une **molécule codée** : on peut la représenter par un « mot » formé de plusieurs millions de lettres, écrit avec un alphabet réduit à 4 lettres, A, T, G, C.

Ces quatre lettres symbolisent les quatre constituants chimiques principaux de la molécule d'ADN (4 bases azotées : l'adénine, la thymine, la guanine, la cytosine). L'ordre dans lequel sont placés ces quatre constituants constitue une information codée.

Un gène est une portion de cette molécule d'ADN, une séquence d'environ 1 000 lettres (parfois davantage), qui porte l'information indispensable à la synthèse d'une protéine (***fig. 2***). La substitution d'une lettre de l'information contenue dans un gène modifie le « plan de fabrication » et peut être responsable de maladies génétiques.

Quelques remarques pédagogiques

Lorsque des enfants d'école maternelle ou de cours élémentaire sèment des graines, ils « voient naître » de nouvelles plantes. Si un adulte les aide alors à observer, ils posent un grand nombre de questions : toutes les graines donnent-elles une plante ? Qu'est-ce qui grandit dans la **graine** ? De combien une plante pousse-t-elle en un jour ? Est-ce que les plantes poussent le jour ou la nuit ?.... Il est facile d'imaginer les différents travaux à entreprendre pour répondre à ces questions.

De même, l'installation dans une classe d'un couple de souris, d'un couple de cochons d'Inde ou d'un couple de tourterelles… permet de « voir naître » des animaux. De nombreuses observations passionnantes peuvent être réalisées sur le comportement des parents vis-à-vis des petits auxquels ils ont donné naissance, sur les transformations qui accompagnent la croissance des jeunes… Ces **élevages** ont un succès évident et permettent de poser bien des questions : Comment les petites souris vivaient-elles dans le ventre de la « maman » ? Comment l'œuf de tourterelle devient-il une petite tourterelle ? Quel est le rôle du mâle ?...

La reproduction des êtres vivants est donc un domaine d'étude qui donne lieu à de très nombreuses activités, et ceci dès la maternelle. Les connaissances s'organisent peu à peu, les réponses aux questions deviennent de plus en plus précises. Les chapitres qui suivent apportent, sur la reproduction des animaux, des végétaux ou de l'homme, des informations et des idées d'activités. Mais, avant d'entrer dans le détail de chacun de ces sujets, il était nécessaire de faire le point sur quelques notions de base importantes.

Des images pour comprendre ce qu'est l'information génétique

■ Un gène est le « plan de construction » d'une protéine

En mangeant de l'herbe, un mouton fabrique de la viande de mouton ; avec la même herbe, un lapin fabrique de la viande de lapin. En mangeant du pain, de la viande de bœuf, de la viande de lapin ou de mouton, chacun de nous fabrique son propre organisme en suivant des plans de fabrication situés sur les chromosomes.

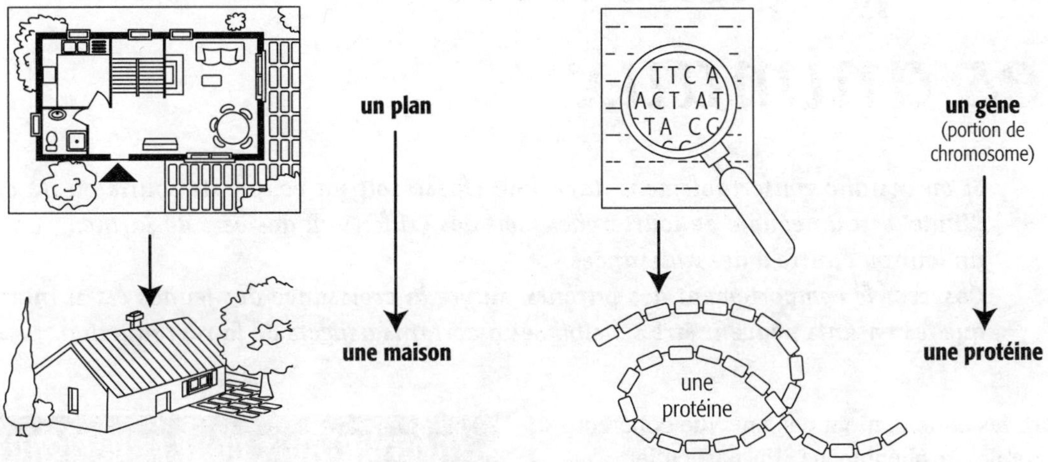

■ La richesse de l'information génétique varie selon les espèces

L'INFORMATION GÉNÉTIQUE...

...d'un virus

c'est 3 000 lettres environ.

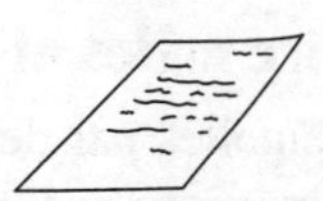

soit une page de 3 000 caractères à raison de 100 caractères par ligne et de 30 lignes par page.

...d'une bactérie

c'est 3 millions de lettres.

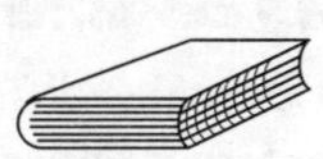

soit une encyclopédie de 1 000 pages chacune comprenant 3 000 caractères par page (5 cm d'épaisseur).

...d'une cellule humaine

c'est 6,5 milliards de lettres.

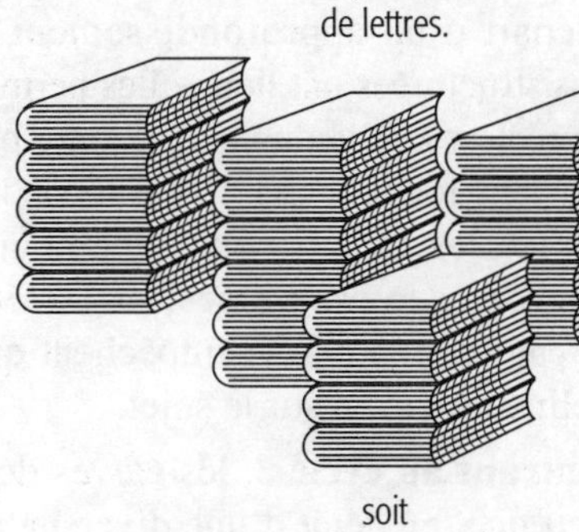

soit 2 000 encyclopédies de 5 cm d'épaisseur empilées les unes sur les autres : 100 m de hauteur, soit un immeuble de 40 étages.

Fig. 5 Le support de l'information génétique est le même chez tous les êtres vivants.

Chapitre 2

La reproduction des animaux

Si on installe confortablement dans une classe soit un couple de souris ou de cochons d'Inde, soit un couple de tourterelles, soit des grillons ou des vers de farine..., on assiste un jour ou l'autre à des naissances.
Observer le comportement des parents, suivre la croissance des jeunes est si intéressant que les enfants peuvent être sensibilisés à certains aspects de la reproduction.

Au départ, les enfants n'ont pas une vue cohérente de l'ensemble du phénomène. En particulier, s'ils savent que, pour avoir des petits, il faut non seulement une femelle, mais aussi un mâle, ils en ignorent les raisons.
Ils ont parfois assisté à des accouplements d'animaux (« ils s'accouplent, on aura bientôt des petits ») mais ils ne connaissent pas la signification de l'accouplement.

• **Au cycle 2**, les naissances dans les élevages sont le point de départ d'un approfondissement ; des recherches plus structurées ont lieu ; elles permettent d'une part de préciser le rôle du mâle, d'autre part de découvrir que, dans tous les cas, il y a fécondation. À cet âge en effet, les enfants ne ressentent aucune gêne pour aborder ces problèmes, et les études faites dans le cadre de la classe empêchent que ne s'installe un climat malsain sur le sujet.

• Ainsi, **en entrant au cycle 3**, les élèves doivent avoir découvert que, en dépit d'une diversité apparente, la reproduction constitue chez les animaux un seul et même phénomène : c'est l'un des aspects de **l'unité du monde vivant**.
Compte tenu de son importance, la notion de fécondation est reprise au CM. Le transfert de cette notion à la reproduction humaine permet de comprendre le rôle de l'homme dans la naissance d'un enfant.
Par ailleurs, de nouveaux aspects de la reproduction sont alors abordés.

Informations pour l'enseignant

A Pour avoir des petits, il faut être deux

Chez les animaux, la reproduction sexuée fait intervenir deux parents de sexe différent, l'un mâle, l'autre femelle.

1 Les différences entre mâles et femelles

Les mâles diffèrent des femelles par des caractères externes et par des caractères internes.

a. Les différences externes

Les différences externes permettent chez certaines espèces de reconnaître aisément le mâle de la femelle :
– soit par certaines parties des **organes reproducteurs visibles extérieurement** (pénis et bourse chez le mâle, vulve et mamelles chez la femelle), ce sont les **caractères sexuels primaires** ;
– soit par la présence, chez le mâle, de caractères tels que la crinière du lion, les bois du cerf, la crête et les ergots du coq, la couleur du corps de l'épinoche mâle, le plumage de certains

Qu'est-ce que la fécondation ?

■ Une expérience chez les animaux

En comprimant avec la main le ventre d'une truite femelle, on récolte des centaines de petits ovules qui sont répartis en deux lots.

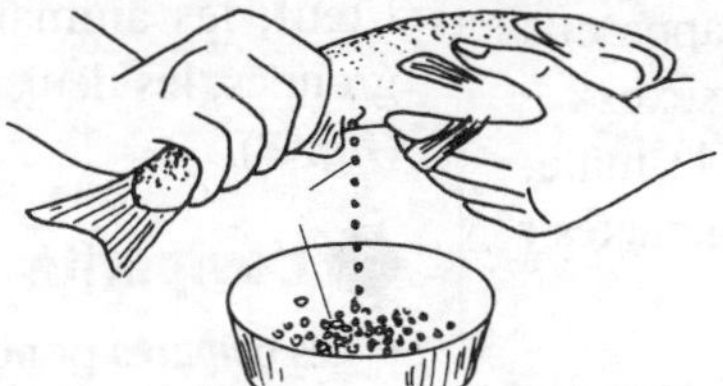

Premier cas

Le premier lot d'ovules est aussitôt placé dans une eau bien aérée.

↓

Les ovules **ne se développent pas** et dégénèrent en quelques jours. Dans ce cas, on n'obtient pas de petits poissons.

Deuxième cas

Le deuxième lot est arrosé par les spermatozoïdes d'une truite mâle (récoltés en comprimant le ventre d'un poisson mâle). Ces ovules sont ensuite placés dans une eau aérée.

Quelques semaines plus tard chaque ovule a donné un petit poisson.

- Quelle conclusion peux-tu dégager de cette expérience ?
- Comment appelle-t-on un ovule fécondé ?

■ Une observation au microscope électronique

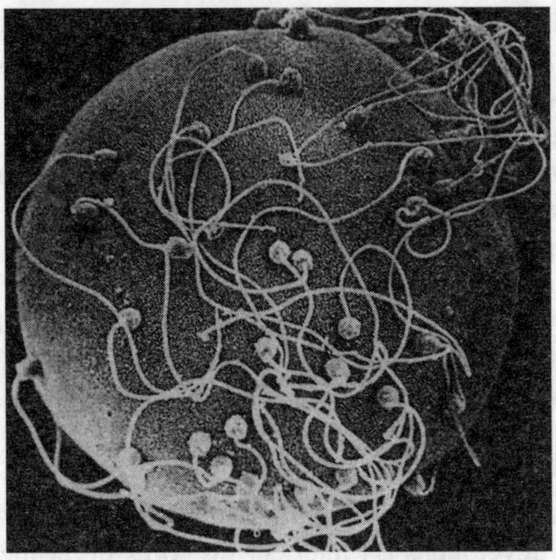

Dès qu'un spermatozoïde a pénétré dans l'ovule, l'entrée des autres est bloquée.

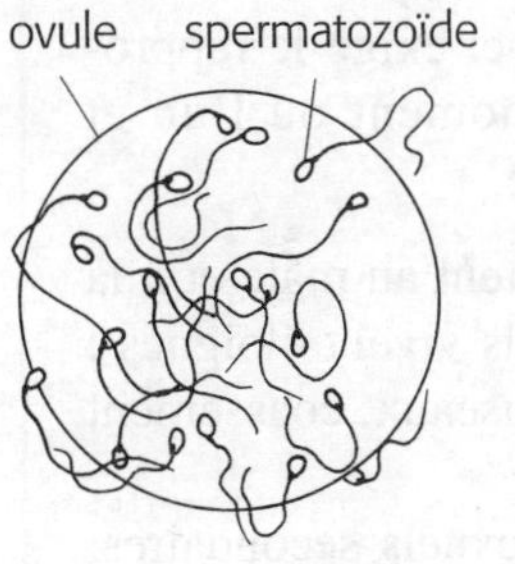

1 ovule
+
1 spermatozoïde
=
1 œuf

1 œuf
↓
1 nouvel être vivant

Fig. 1 La fécondation artificielle de la truite, couramment pratiquée dans les élevages, est présentée ici sous forme d'une description d'expérience. Quelles notions peut-on en dégager ?

oiseaux… Ces caractères qui n'interviennent directement ni dans l'accouplement, ni dans l'élaboration des gamètes sont appelés **caractères sexuels secondaires**.

b. Les différences internes

Les différences internes concernent les appareils reproducteurs. On distingue dans les deux sexes :
– **les glandes génitales** (**testicules** chez le mâle, **ovaires** chez la femelle) qui produisent les gamètes ;
– **les conduits génitaux**.

Chez les mammifères, le conduit génital femelle n'est pas un simple tube permettant d'évacuer les ovules à l'extérieur. Il comprend l'utérus dans lequel se fixe l'œuf fécondé ; l'embryon s'y développe jusqu'à sa naissance.

2 La rencontre des gamètes

La rencontre des gamètes, ou **fécondation**, s'effectue différemment selon les espèces (***fig. 1***).

• **La fécondation externe.** Chez certaines espèces comme la truite, la grenouille… la rencontre des ovules et des spermatozoïdes a lieu à l'extérieur du corps : la fécondation est dite **externe**.

La rencontre des gamètes s'effectue dans l'eau. Plusieurs mécanismes peuvent favoriser cette rencontre. Citons en particulier :
– le très grand nombre de gamètes émis (huître, ousin…) ;
– l'accouplement (grenouille) ;
– les parades nuptiales (épinoche…).

• **La fécondation interne.** Il y a fécondation interne lorsque les ovules sont fécondés dans le corps de la femelle. Chez les animaux à fécondation interne, la rencontre des gamètes ne peut avoir lieu qu'après l'accouplement. Celui-ci exige le rapprochement des partenaires au moment où l'un et l'autre sont aptes à se reproduire.

Divers types de signaux permettent au mâle et à la femelle de se retrouver lorsqu'ils vivent éloignés :
– **signaux sonores** (chant des oiseaux, coassement de la grenouille mâle…),
– **signaux visuels** (caractères sexuels secondaires, émission de lumière par la femelle du ver luisant…),
– **signaux olfactifs** (le chien repère une chienne « en chaleur » en flairant la vulve…).

De plus, l'accouplement est très souvent précédé de comportements particuliers constituant la **parade nuptiale**. Ces signaux et ces comportements favorisent indirectement la rencontre des gamètes (***fig. 2***).

B Oviparité et viviparité

Quel que soit le mode de fécondation, la rencontre entre un ovule et un spermatozoïde donne une cellule œuf. Selon le mode de développement de l'œuf, les animaux peuvent être répartis en trois groupes, les deux premiers étant les plus représentés (***fig. 3***).

1 L'oviparité

• **Les ovipares** pondent leurs œufs.
Certains pondent **dans l'eau**. C'est le cas des poissons, des amphibiens (grenouille, crapaud…), des mollusques aquatiques…
D'autres pondent **à terre**, dans le sable ou dans la terre (tortue, lézard, escargot, nombreux insectes…), sur des plantes (papillons et autres insectes…), dans un nid construit de manière plus ou moins élaborée (oiseaux, abeille, frelon…).

• Les oiseaux, dont la température du corps est constante, couvent leurs œufs, c'est-à-dire les maintiennent constamment aux environs de 40 °C. Pour une espèce donnée, la durée de l'**incubation** est à peu près toujours la même (21 jours chez la poule par exemple).
Les ovipares autres que les oiseaux sont tous des « animaux à température variable » : la température de leur corps est très voisine de celle du milieu extérieur. La durée du développement est alors très variable et dépend de la température extérieure. Par exemple, l'œuf de la mouche domestique, qui se transforme en adulte en 15 jours à 18 °C, ne met plus que 10 jours à 25 °C, alors que la durée s'allonge à 38 ou 40 jours à 8 °C (allongement surtout de la phase de nymphe). Le développement est stoppé pendant tout l'hiver, les œufs pondus à l'automne donnent des nymphes qui ne se transforment en mouches adultes qu'au printemps suivant. Lorsque les œufs sont abandonnés par les parents, beaucoup sont mangés ou détruits ; mais les pertes sont compensées par une ponte relativement très abondante. La ponte est d'autant plus limitée que les parents s'occupent davantage de leurs petits (oiseaux, épinoche…).

2 La viviparité

• **Les vivipares** mettent au monde des petits qui se sont développés à l'intérieur du corps de la mère. Les vivipares vrais appartiennent au groupe des mammifères.
Après son expulsion de l'ovaire, l'ovule fécondé, qui commence son développement, ne tarde pas à se fixer dans la paroi de l'utérus.

La naissance des tourterelles

Un couple de tourterelles élève 3 à 4 couvées par an. Chaque fois, les mêmes événements se déroulent.

① Le mâle roucoule, fait des courbettes à la femelle : c'est la parade nuptiale.

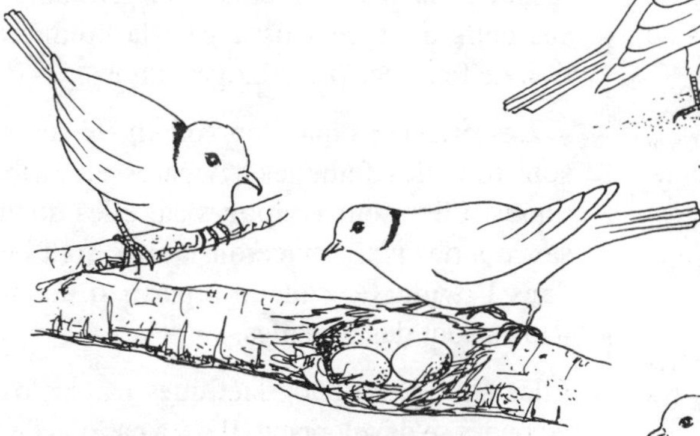

② Une semaine après l'accouplement, la femelle pond deux œufs dans un nid construit avec des branchettes et de la paille.

③ Le mâle et la femelle couvent les œufs à tour de rôle. Quinze jours plus tard naissent deux oisillons nus et aveugles.

④ Le mâle et la femelle nourrissent les jeunes pendant 3 à 4 semaines avec une production de leur jabot qui a l'aspect de fromage blanc. La croissance des jeunes est très rapide.

• Numérote les étiquettes dans l'ordre afin de reconstituer l'histoire.

- la couvaison
- la ponte
- l'éclosion des œufs
- les jeunes quittent le nid
- l'accouplement
- la fécondation
- le nourrissage
- la parade nuptiale

• La tourterelle est-elle ovipare ou vivipare ?

Fig. 2 Un comportement caractéristique accompagne chacune des étapes de la reproduction ; ces dernières se déroulent toujours dans le même ordre pour une espèce donnée. Ce document peut être utilisé au cycle 3.

L'œuf donne alors naissance non seulement à l'embryon, mais également à :

– **des organes de protection** (l'embryon est entouré d'une poche remplie de liquide) ;

– **un organe d'échanges** (le placenta) à l'élaboration duquel participe aussi la paroi de l'**utérus** ; le placenta est relié à l'embryon par le **cordon ombilical**. C'est au niveau de cet organe que s'effectuent les échanges entre le sang de la mère et celui de l'embryon : échanges d'aliments et d'oxygène de la mère vers l'embryon, échanges de déchets de l'embryon vers la mère.

• Chez les vivipares, le nombre des œufs « pondus » est souvent très réduit. Mais leur mode de développement assure à l'**embryon** une protection efficace, ses chances de survie sont ainsi nettement plus élevées que celles observées chez les ovipares.

Après la naissance, les mères allaitent leurs petits avec le lait de leurs mamelles (d'où le nom de mammifères donné à ce groupe d'animaux).

3 L'ovoviviparité

• **Les ovovivipares** sont des animaux beaucoup moins répandus que les ovipares. Une vipère met au monde de jeunes vipereaux qui sortent vivants du ventre de leur mère. Apparemment, cette naissance ressemble à celle des jeunes mammifères. En réalité, le phénomène est très différent : au cours de son développement dans les voies génitales femelles, le jeune vipereau s'est nourri des réserves contenues dans l'œuf (comme c'est le cas du poussin dans l'œuf de la poule) ; il ne s'est jamais fixé dans les voies génitales de la mère. Celle-ci ne possède d'ailleurs pas d'utérus. Certains reptiles (orvet, vipère...), certains poissons tels que les guppy, sont ainsi des ovipares apparemment vivipares : ils sont appelés ovovivipares.

• L'ovoviviparité existe aussi chez les invertébrés.

En voici deux exemples :

– **Les daphnies** ou « puces d'eau » sont de petits crustacés qui nagent de façon saccadée dans l'eau des mares et des étangs. Quand on les observe à la loupe binoculaire, on voit très souvent de petites daphnies prêtes à naître, rassemblées à l'intérieur d'une poche incubatrice portée par la femelle adulte, et qui auparavant contenait les œufs pondus par cette femelle.

Du printemps à l'automne, les populations de daphnies sont composées uniquement de femelles. Il n'y a pas de mâles. Les ovules des femelles se développent sans être fécondés.

De nombreuses générations parthénogénétiques se succèdent et la reproduction est très rapide. En moyenne, il apparaît une génération tous les dix jours. On a calculé qu'une daphnie peut donner naissance à un million de descendants en un mois. À l'automne, le froid arrive ; les femelles donnent naissance par parthénogénèse à des mâles et à des femelles. Après fécondation, les œufs pondus par ces dernières sont appelés « œufs de durée » ; ils résistent au froid hivernal. Au printemps suivant, ces œufs donnent naissance à la première génération de femelles parthénogénétiques.

– **Les pucerons** que l'on voit en été sur les plantes sont tous des femelles vivipares et parthénogénétiques. Elles sont **vivipares** car elles donnent naissance à des petits pucerons qui se sont développés dans l'oviducte, chacun à partir d'un ovule. Ces jeunes sont des femelles.

Elles sont **parthénogénétiques** car les ovules non fécondés se développent. Il n'y a pas d'accouplement.

La pullulation des pucerons est extrêmement rapide, chaque femelle pouvant donner naissance chaque jour à une douzaine d'autres femelles. Les jeunes femelles sont déjà « enceintes » à la naissance ; les cycles de reproduction se succèdent donc très rapidement.

C Développement direct et développement indirect

Certaines espèces animales (poule, vache, seiche, truite...) sont dites à **développement direct** car la croissance des jeunes ne s'accompagne d'aucune modification importante de forme.

Chez d'autres espèces (grenouille, oursin, huître, divers insectes...), les jeunes à la naissance sont très différents des adultes ; on les appelle des **larves**. Au cours de leur croissance, les larves subissent des **métamorphoses**. Ces animaux sont dits à **développement indirect** (***fig. 5***).

L'existence de stades larvaires est souvent en liaison :

– soit avec un changement de milieu de vie (le têtard du crapaud vit dans l'eau, l'adulte est terrestre) ;

– soit avec un changement de régime alimentaire ;

– soit avec la dissémination de l'espèce (les huîtres ; animaux fixés, donnent naissance à des larves nageuses pouvant aller coloniser des supports libres).

Apparemment deux modes de naissance

■ Ovipare ? Vivipare ?

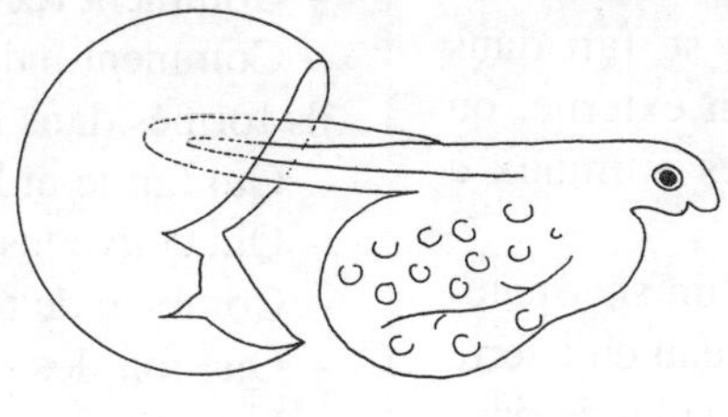

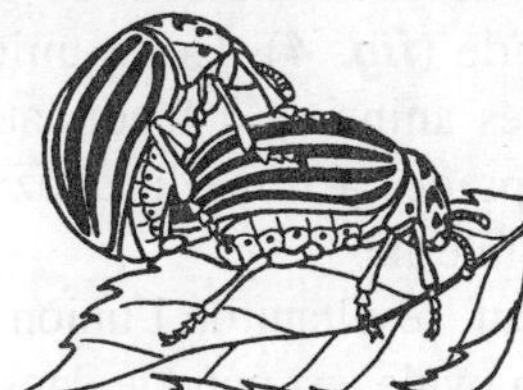

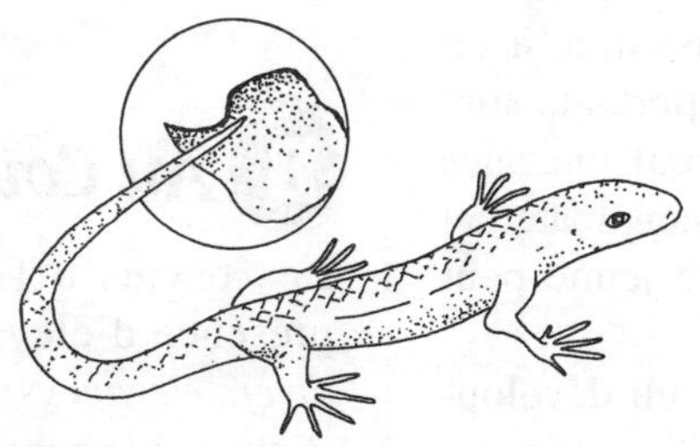

- Jument
- Canard
- Doryphore
- Truite
- Lézard
- Doryphore
- Fauvette
- Souris

■ Combien de petits peuvent-ils avoir ?

	Durée maximale de la vie (en années)	Durée de la gestation (en jours)	Nombre de petits par portée	Nombre de portées par an
le chat	20	60	3 à 6	2
le cheval	60	335	1	1
le chien	20	65	2 à 10	2
le hamster	2	20	4 à 15	2 ou 3
le lapin	10	30	10 à 15	6 ou 7
le mouton	14	150	1	1
le porc	15	115	6 à 15	2 ou 3
le souris	4	21	4 à 10	4 ou 5

Fig. 3 Que représentent ces différentes images ? Quelles informations fournissent-elles sur la naissance des animaux ? Proposez, pour ce document, une stratégie d'utilisation pédagogique.

D En résumé

La reproduction sexuée des animaux est caractérisée par la fécondation, c'est-à-dire l'union d'un gamète femelle ou ovule et d'un gamète mâle ou spermatozoïde (***fig. 4***). Cette union se fait dans l'eau chez les animaux à fécondation externe, ou dans le corps de la femelle chez les animaux à fécondation interne.
La cellule œuf, résultant de l'union d'un spermatozoïde et d'un ovule, est pondue dans l'eau ou à terre chez les animaux ovipares ; elle se développe dans l'organisme maternel chez les animaux vivipares.
Dans tous les cas, l'œuf donne naissance à un embryon dont les besoins nutritifs importants sont satisfaits soit par les réserves de l'œuf chez les ovipares, soit par les échanges avec le sang maternel chez les vivipares. À la naissance, le jeune peut être selon les espèces :
– soit semblable à l'adulte, il a alors un développement direct,
– soit très différent de l'adulte, il a alors un développement indirect.

Des activités possibles

Regarder couver les tourterelles, assister à l'éclosion des œufs, observer les parents nourrir les tourtereaux, voir les transformations qui accompagnent la croissance des jeunes… sont des occasions de découvertes exceptionnelles. Quelques élevages bien choisis d'animaux qui se reproduisent facilement tels que des souris, des tourterelles, des cochons d'Inde… représentent donc une source d'informations particulièrement riches.

A Au Cours Préparatoire

L'installation dans la classe d'un couple de souris ou d'un couple de tourterelles déclenche un immense enthousiasme et apporte une très grande richesse d'informations. Elle donne lieu à la réalisation d'un album de l'élevage qui comprend surtout des dessins mais aussi de courts textes proposés par les enfants et le plus souvent écrits par l'enseignant. Ils racontent ainsi le comportement des parents, la naissance des jeunes, les changements observables au cours de leur croissance…

Des questions, bien adaptées à l'âge des enfants et à l'élevage réalisé, permettent de préciser les observations, de prolonger l'intérêt et d'approfondir les découvertes. Par exemple, un élevage de tourterelles permet de poser des questions telles que :
– Comment reconnaît-on le mâle de la femelle ?
– Comment naissent les petits ? Comment se sont-ils formés dans l'œuf ?
– Qui fait le nid ?
– Qui couve les œufs ?
– Combien de temps les couve-t-on ?
– Que font les petits les premiers jours ?
– Les parents s'occupent-ils des petits ?

B Au Cours Élémentaire

Les textes officiels ont toujours proposé la présence d'élevage dans les classes : *« Réaliser divers élevages (vertébrés, invertébrés…) permettant d'obtenir la reproduction d'animaux. Compléter les informations obtenues par l'analyse de documents divers (photographies, textes, dessins…). »*

1 L'installation des élevages

Il est souhaitable d'envisager l'installation d'au moins deux élevages distincts, l'un d'animaux vivipares (souris, cochons d'Inde…), l'autre d'animaux ovipares (oiseaux, insectes…). Les observations sont plus approfondies qu'au Cours Préparatoire et donnent lieu à des activités plus structurées, menées en réponse à des questions posées.
Ainsi, à la question : « Comment grandissent les petits ? », on peut trouver des réponses en suivant la croissance des jeunes sur plusieurs jours ou semaines.
Prenons un exemple. L'étude de la croissance de jeunes mammifères est particulièrement intéressante chez la souris où le nombre de petits par portée est assez élevé (5 à 8). Pour commencer les mesures, il faut attendre quinze jours après la naissance, c'est-à-dire le moment du sevrage (arrêt de l'allaitement par la mère).
De nombreux problèmes se trouvent ainsi posés, liés non seulement au principe des mesures, mais aussi à la rigueur scientifique qui doit les accompagner.

– **La croissance en taille.** Les enfants choisissent de mesurer ou bien la longueur totale de l'animal (queue comprise), ou bien celle du tronc et celle de la queue séparément. Les mesures sont faites chaque jour ; la croissance est assez rapide.
Pour contrôler une croissance individuelle, il faut pouvoir reconnaître les souris ; on recherche alors le moyen de les « marquer ».

Document pour l'élève

Une étape précède la fécondation

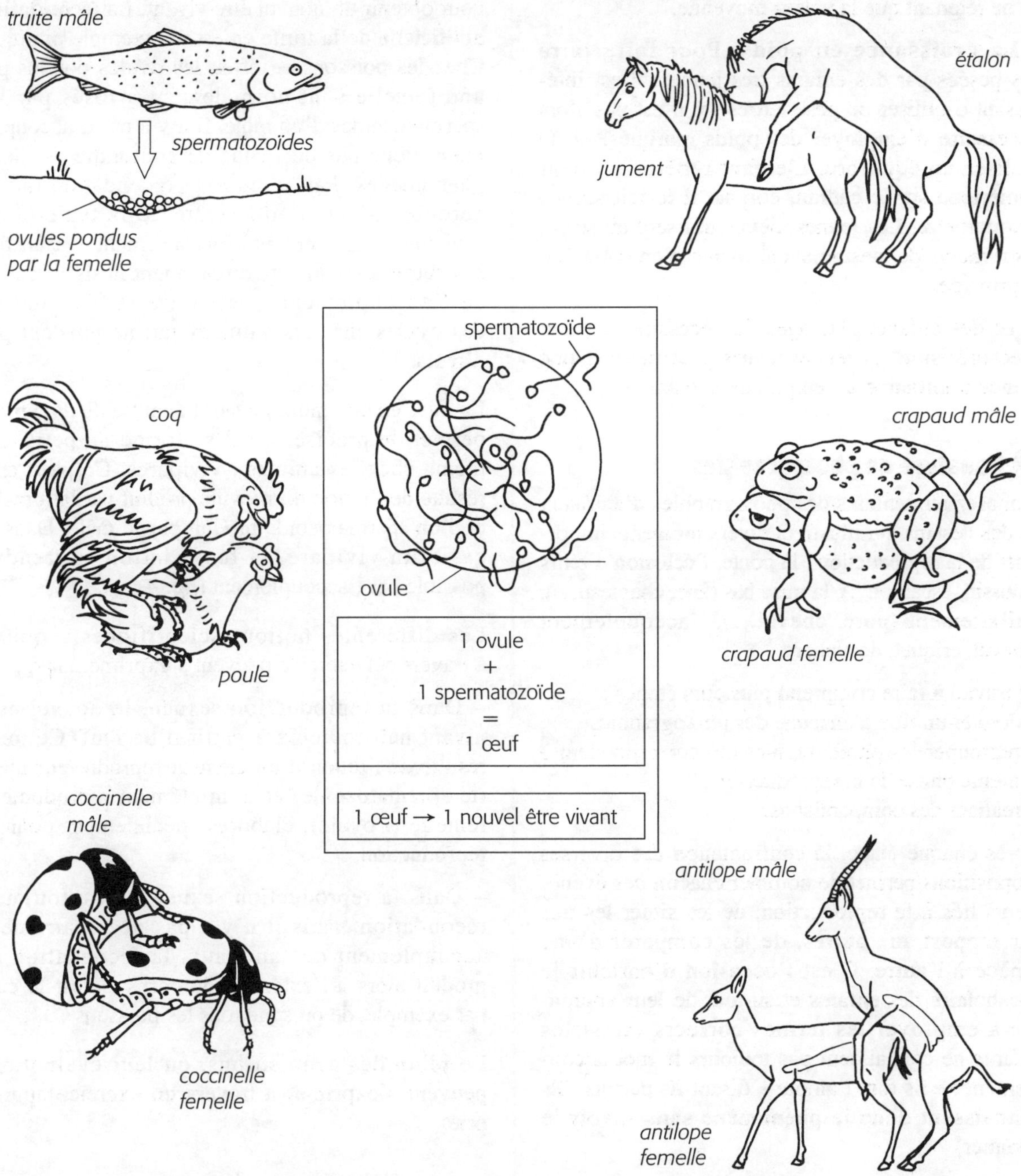

1. Propose un titre pour chaque image.
2. Qui produit les ovules ? Qui produit les spermatozoïdes ?
3. Un ovule non fécondé peut-il se développer ?
4. Propose une définition pour les mots : fécondation, œuf.

Fig. 4 Quelles notions scientifiques peut-on dégager de ce document ? Après une découverte libre et un premier entretien, l'enseignant souhaite poser des questions précises pour approfondir l'analyse.

Vous pouvez également initier à la notion de « valeur moyenne de la taille » en mesurant indistinctement toutes les souris d'une même portée et en ne retenant que la valeur moyenne.

– **La croissance en poids.** Pour faire faire des pesées par des enfants très jeunes, il est intéressant d'utiliser un pèse-lettres ; il n'est pas alors nécessaire d'employer des poids marqués, ni de réaliser un équilibre. L'enfant repère la valeur numérique sur le cadran, comme il le fait sur un thermomètre. Les jeunes élèves utilisent ainsi des instruments de mesure avant même d'en connaître le principe.

Avec des enfants plus âgés, la nécessité de peser avec précision les jeunes souris peut motiver une séance d'initiation à l'emploi de la balance.

2 L'analyse de photographies

Proposez aux enfants des photographies d'animaux ou des dessins qui illustrent divers moments importants de la reproduction : la ponte, l'éclosion d'œufs (poussin, escargot...), la mise bas (âne, chameau...), l'allaitement (porc, cheval...), l'accouplement (cheval, criquet, doryphore...).

Le travail à faire comprend plusieurs étapes :
– donner un titre à chacune des photographies ;
– regrouper les photographies qui correspondent à la même phase de la reproduction ;
– réaliser des comparaisons.

Après chaque étape, la confrontation des diverses propositions permet de nommer chacun des événements liés à la reproduction, de les situer les uns par rapport aux autres, de les comparer d'une espèce à l'autre. C'est l'occasion d'enrichir le vocabulaire des enfants et surtout de leur apprendre à employer les termes corrects (ainsi les enfants ne connaissent pas toujours le mot accouplement ; « ils font l'amour » disent-ils parfois ; ils connaissent donc le phénomène sans savoir le nommer).

3 À quoi correspond l'accouplement ?

L'objectif de cette activité est de définir le mot fécondation, de montrer sa nécessité pour obtenir des naissances, de préciser d'une part la signification de l'accouplement, d'autre part la différence entre fécondation et accouplement.

Proposez aux enfants un document tel que celui de la ***figure 4*** en leur demandant de préciser :
– la différence entre un ovule et un œuf ;
– la signification de l'accouplement chez la souris (ou chez un autre mammifère).

Ce document montre la nécessité de la fécondation pour obtenir un nouvel être vivant. La **fécondation artificielle** de la truite en est un exemple pratique. Chez les poissons en effet, les ovules pondus par une femelle sont normalement arrosés par les spermatozoïdes d'un mâle. Il n'y a pas d'accouplement, donc pas de risque de confondre les deux phénomènes. Par ailleurs, la fécondation qui se déroule en dehors du ventre de la femelle est « visible ». Les enfants font aisément le transfert à d'autres animaux et comprennent la signification de l'accouplement : permettre la fécondation des ovules chez les animaux qui ne pondent pas d'œufs.

La mise en commun qui suit l'analyse du document permet de préciser qu'il se forme un petit œuf même chez les animaux vivipares. Ce petit œuf résulte de l'union d'un ovule produit par la femelle et d'un spermatozoïde produit par le mâle. Dans le cas d'un vivipare, la fécondation est rendue possible par l'accouplement (***fig. 4***).

Les différentes notions scientifiques acquises à travers cet exercice peuvent s'exprimer ainsi :

– Dans la reproduction sexuée, le nouvel être vivant naît toujours à partir d'un œuf. Cet œuf résulte de l'union d'un élément reproducteur mâle (le spermatozoïde) et d'un élément reproducteur femelle (l'ovule), élaborés spécialement pour la reproduction.

– Dans la reproduction sexuée, il y a toujours fécondation, mais il n'y a pas nécessairement accouplement des animaux, la fécondation se produit alors à l'extérieur du corps ; c'est le cas, par exemple, de presque tous les poissons.

Le bilan des acquisitions, ou leur évaluation, peuvent s'exprimer à travers un exercice approprié.

4 Une série d'événements dans un ordre précis

Pour chaque espèce animale, la reproduction est jalonnée d'une série d'événements qui se déroulent toujours dans le même ordre. L'utilisation d'un document tel que celui de « la naissance des tourterelles » (***fig. 2***) permet de souligner que la reproduction sexuée exige un enchaînement d'événements. Si l'un d'entre eux ne se produit pas, il n'y a pas de naissance de petits.

De l'œuf à l'adulte

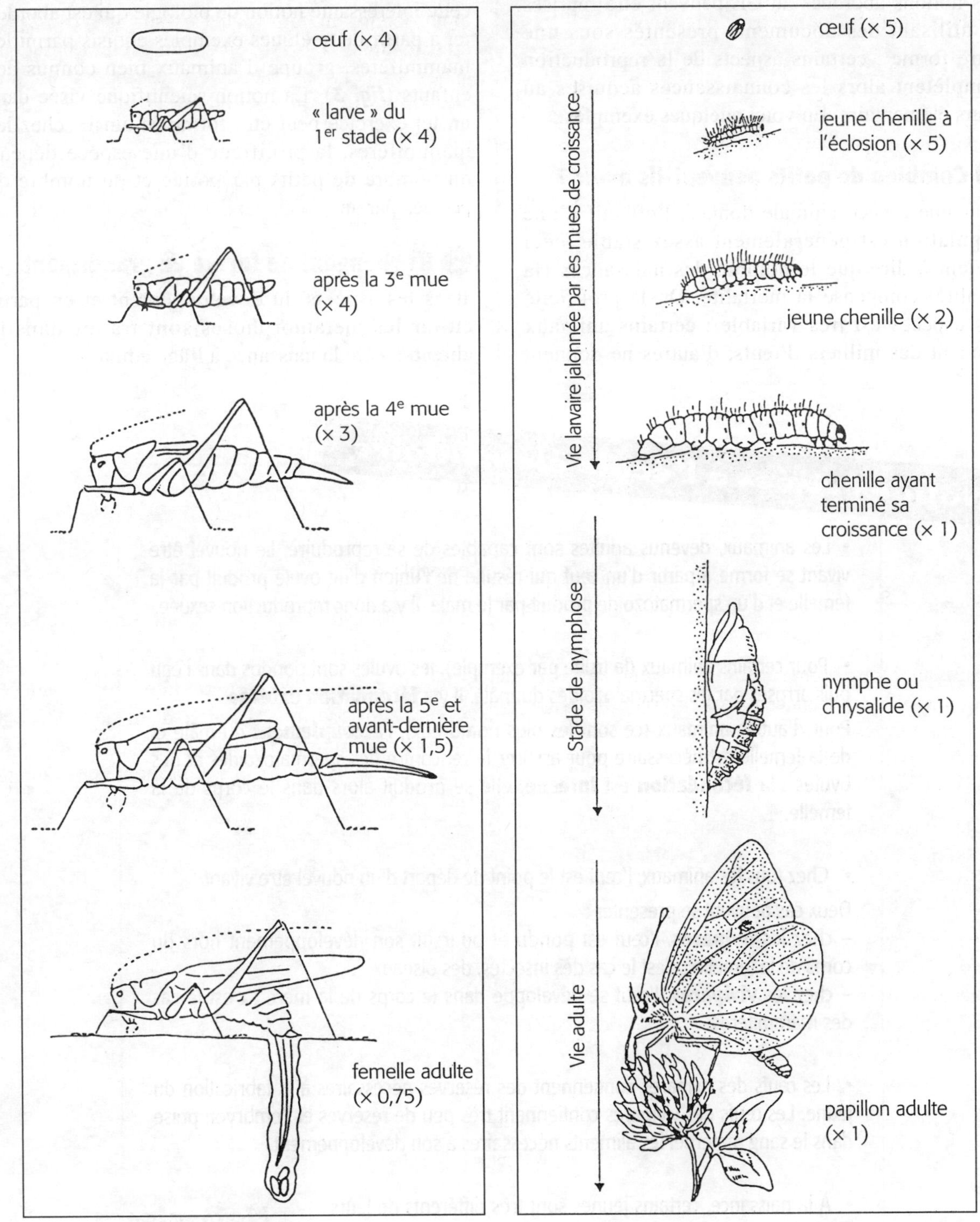

Fig. 5 Bien qu'elle soit dépourvue d'ailes, une jeune sauterelle ressemble déjà à l'adulte. Une chenille, en revanche, ne ressemble pas du tout au papillon qui sortira de la nymphe. Sauterelle et papillon illustrent donc les deux types de métamorphose qui existent chez les insectes : métamorphose progressive chez la sauterelle (les mues de croissance successives déterminent un développement progressif) ; métamorphose complète chez le papillon (caractérisée par l'existence d'une larve et d'une nymphe).

C Au Cours Moyen

Les notions abordées au CE peuvent être reprises en utilisant des documents présentés sous une autre forme : certains aspects de la reproduction complètent alors les connaissances acquises au cours élémentaire. En voici quelques exemples :

1 Combien de petits peuvent-ils avoir ?

Pour une espèce animale donnée, l'effectif d'une population est généralement assez stable, ceci revient à dire que le nombre des naissances (la natalité) compense la mortalité. Or, la prolificité des espèces est très variable : certains animaux pondent des milliers d'œufs, d'autres ne donnent naissance qu'à un seul petit à la fois. La natalité est donc très variable. Elle dépend beaucoup des soins que les parents prodiguent aux jeunes. C'est cette intéressante notion de biologie qui est abordée ici à partir de quelques exemples choisis parmi les mammifères, groupe d'animaux bien connus des enfants (***fig. 3***). La notion scientifique visée dans un tel exercice peut être formulée ainsi : chez les mammifères, la prolificité d'une espèce dépend du nombre de petits par portée et du nombre de portées par an.

2 Ils changent de forme en grandissant

Tous les aspects du développement et en particulier les métamorphoses sont traités dans le chapitre « De la naissance à l'âge adulte ».

Notions visées à l'école élémentaire

• Les animaux, devenus adultes sont capables de se reproduire. Le nouvel être vivant se forme à partir d'un œuf qui résulte de l'union d'un ovule produit par la femelle et d'un spermatozoïde produit par le mâle. Il y a donc reproduction sexuée.

• Pour certains animaux (la truite par exemple), les ovules sont pondus dans l'eau puis arrosés par les spermatozoïdes du mâle. Il y a **fécondation externe**.

Pour d'autres animaux (ce sont les plus nombreux), l'**accouplement** du mâle et de la femelle est nécessaire pour assurer la rencontre des spermatozoïdes et des ovules : la **fécondation** est **interne**, elle se produit alors dans le corps de la femelle.

• Chez tous les animaux, l'œuf est le point de départ d'un nouvel être vivant.

Deux cas peuvent se présenter :

– chez les **ovipares**, l'œuf est pondu et poursuit son développement hors du corps de la femelle ; c'est le cas des insectes, des oiseaux... ;

– chez les **vivipares,** l'œuf se développe dans le corps de la mère : c'est le cas des mammifères.

• Les œufs des ovipares contiennent des réserves nécessaires à la fabrication du jeune. Les œufs des vivipares contiennent très peu de réserves et l'embryon puise dans le sang maternel les aliments nécessaires à son développement.

• À la naissance, certains jeunes sont très différents de leurs parents ; appelés **larves**, ils changent profondément de forme au cours de leur croissance. On dit qu'ils subissent des **métamorphoses**.

Mots-clés

- accouplement
- fécondation externe
- fécondation interne
- vivipare
- métamorphose
- ovipare

Chapitre 3

La vie des « bébés » animaux avant la naissance

Comment les « bébés souris » peuvent-ils manger dans le ventre de leur mère ? Comment un œuf de poule se transforme-t-il en poussin ?... Ces questions sont souvent posées par les enfants. Elles peuvent recevoir une réponse adaptée à leur âge en utilisant des documents simples et accessibles.

De nombreuses questions sont également posées sur la naissance des « bébés humains ». Dans ce livre, la reproduction humaine est abordée avec les diverses études sur le corps humain. Il va de soi que le rapprochement entre la viviparité animale et la viviparité humaine est tout à fait souhaitable.

Informations pour l'enseignant

A Oviparité et viviparité

Quel que soit le lieu où s'effectue la fécondation, la rencontre entre un ovule et un spermatozoïde donne une cellule œuf qui est à l'origine d'un nouvel individu. Le développement de celui-ci s'effectue de manière différente chez les ovipares et chez les vivipares.

1 Des points communs et des différences

Chez tous les animaux, dès que la fécondation est réalisée, la cellule œuf subit des transformations profondes qui aboutissent à la construction d'un nouvel individu. Cette édification comporte plusieurs types de phénomènes notamment :

– la **multiplication du nombre de cellules** ; pour tous les organismes pluricellulaires la cellule œuf se divise en 2, 4, 8, 16, 32… cellules (à titre d'exemple, le nouveau-né humain est formé de 60 000 milliards de cellules qui proviennent toutes d'une cellule unique) ;

– la **différenciation des cellules** selon les plans qui existent dans le noyau de la cellule œuf (ainsi se forment les différents organes) ;

– la **croissance de l'embryon.**

Ces phénomènes se réalisent en des lieux différents selon les animaux : dans l'œuf pour les ovipares, dans l'utérus maternel pour les vivipares.

2 Ne pas confondre œuf et cellule œuf

Le terme de cellule œuf est très précis : il désigne **la** cellule (c'est une cellule unique) qui résulte de l'union d'un spermatozoïde et d'un ovule. Ce terme n'est pas employé à l'école élémentaire puisque la notion de cellule n'est abordée qu'au niveau du collège.

De ce fait, on appelle « œuf » la cellule œuf (***fig. 1***). Le mot œuf a donc deux sens différents :

– l'ovule fécondé (la cellule œuf) ;

– l'œuf pondu par l'animal.

Par exemple dans le langage courant, on appelle œuf ce qui est pondu par la poule, c'est-à-dire le « jaune » (qui est en réalité un ovule fécondé ou non) entouré par le « blanc » et la coquille (***fig. 1***).

On peut cependant expliquer à des enfants du CM que :
– le jaune d'un œuf de poule est un ovule (un ovule très gros, surchargé de réserves nutritives) qui, après fécondation, devient l'œuf proprement dit ;
– une poule (ou une femelle de pigeon, de canard ou de n'importe quel oiseau) pond des œufs même s'ils ne sont pas fécondés ; dans ce cas, si l'œuf est mis à couver, il ne donne évidemment pas de poussin.

3 La croissance de l'embryon

Le mot croissance mérite quelques explications.

• **Chez les vivipares,** l'embryon (qui s'est formé par développement d'une cellule œuf de taille microscopique) puise dans le sang maternel les aliments nécessaires à sa croissance.

• **Chez les ovipares,** l'œuf pondu est de grosse taille (il contient beaucoup de réserves) ; pendant le développement de l'embryon, cet œuf **ne grossit pas**. Peut-on alors de parler de croissance ? Pour comprendre, prenons l'exemple de l'œuf de poule (***fig. 2***).
On observe à la surface du jaune d'œuf de poule une petite tache blanche, le germe. Dans les premiers jours de l'incubation, celui-ci s'étend progressivement sous forme d'une membrane riche en vaisseaux sanguins qui entoure bientôt tout le jaune. En même temps, le corps du futur poussin se forme et grossit. Peu à peu, le blanc et le jaune sont absorbés servant ainsi à la fabrication du corps de l'animal. À la fin de l'incubation, le poussin occupe entièrement le volume de l'œuf. Il brise alors la coquille et éclôt.

B Le rôle du placenta chez les vivipares

Après la fécondation, l'œuf d'un vivipare commence son développement dans l'oviducte et ne tarde pas à se fixer dans la paroi de l'utérus. Il ne donne pas seulement naissance à l'embryon mais également à :
– des **organes de protection** (l'embryon est entouré d'une poche remplie de liquide, la poche des eaux ou **cavité amniotique**) ;
– un **organe d'échanges, le placenta**, à l'élaboration duquel participe aussi la paroi de l'utérus (***fig. 3***).
Au niveau du placenta, le sang de la mère et celui de l'embryon ne se mélangent pas. Cependant, sur une très grande surface (le placenta présente un grand nombre de replis qui contiennent un réseau très riche de capillaires sanguins), ils ne sont séparés que par une cloison très mince permettant des échanges d'aliments et de dioxygène de la mère vers l'embryon, des échanges de déchets de l'embryon vers la mère.

C Le développement des œufs chez les ovipares

Les œufs des ovipares se développent dans des conditions très variables selon les espèces (***fig. 1***). Limitons-nous ici à quelques informations simples.

• **Les œufs pondus dans l'eau** (poissons, amphibiens, nombreux invertébrés) ne risquent pas la dessiccation. En revanche, les œufs pondus en milieu aérien (reptiles, oiseaux, nombreux insectes…) sont protégés par une coquille rigide, qui empêche la dessiccation mais reste cependant perméable à l'air.

• **Les œufs des oiseaux** (seuls ovipares à température constante) sont couvés (on dit aussi incubés), c'est-à-dire maintenus à une température constante de 38 à 40 °C.
Pour une espèce donnée, la durée de l'**incubation** est constante à quelques heures près (21 jours chez la poule, 14 à 16 jours chez la tourterelle…).
Lorsqu'un éleveur fait éclore des œufs dans les couveuses artificielles, il reconstitue les conditions indispensables au développement régulier des œufs, maintien d'un certain degré hygrométrique.

• **La « mortalité infantile »** est considérable chez de nombreux ovipares (beaucoup d'œufs sont mangés par des prédateurs). Cette perte est compensée par une ponte abondante (une grenouille pond environ 10 000 œufs par an).
Chez les vivipares au contraire, le nombre des œufs « pondus » est souvent très réduit, mais leur mode de développement assure à l'embryon une protection efficace ; ses chances de survie sont ainsi nettement plus élevées que celles des embryons d'ovipares.

Des activités possibles

1 De l'œuf de poule au poussin

Les poules pondent des œufs de grosse taille, faciles à observer. C'est un matériel commode pour comprendre comment se développent les œufs des animaux ovipares.

Des œufs de toutes sortes

œuf de grenouille

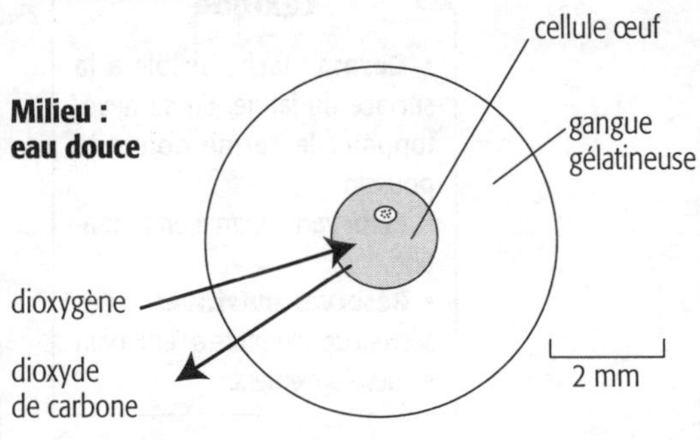

œuf d'oursin

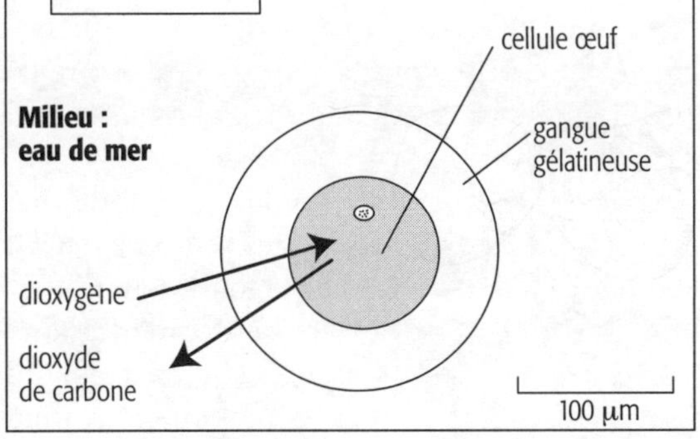

œuf d'escargot

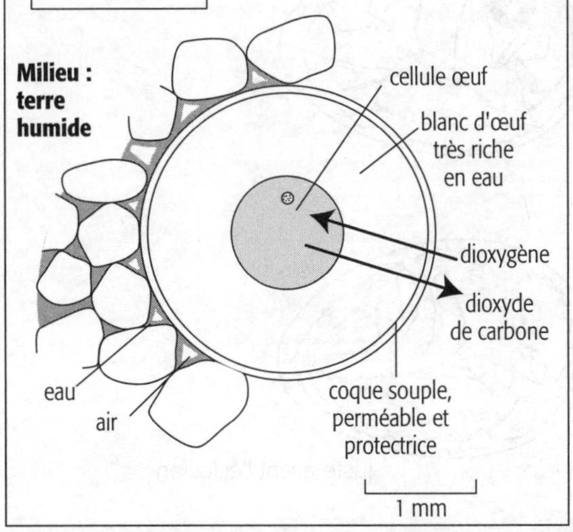

œuf de poule

(1) **coquille** calcaire poreuse*
- ○ laisse passer l'air et la vapeur d'eau.
- ● constitue une réserve de calcium pour l'embryon.
- □ résiste à la couvaison.

(2) **« germe »** = embryon au début de son développement.

(3) **jaune** (= cellule œuf)
- ● lipides et protides

(4) **poche à air**
- ● fournit au poussin l'air dont il a besoin juste avant de percer la coquille au moment de l'éclosion.

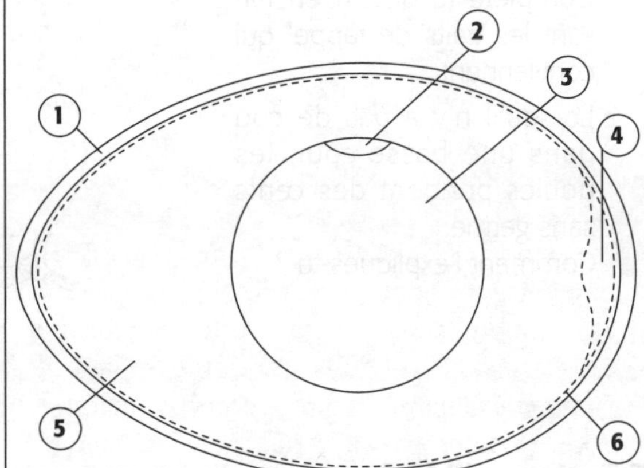

(5) **blanc**
- ● très riche en eau**, protides et sels minéraux

(6) **membranes**
- ●○

□ protection
● réserves
○ permet les échanges

* Un œuf de poule possède environ 10 000 pores répartis sur toute la surface.

** Dans l'air, les risques de dessiccation d'un œuf sont importants. Le blanc d'œuf de poule contient près de 90 % d'eau !

Un œuf de poule pèse en moyenne 60 grammes. Au cours des 21 jours d'incubation, il consomme 6 litres de dioxygène, libère 4,5 litres de dioxyde de carbone et… 11 litres de vapeur d'eau (soit environ 9 g).

Au moment de l'éclosion, l'œuf ne pèse plus qu'une cinquantaine de grammes et le petit poussin ne pèse que 39 g environ.

Fig. 1 Une comparaison intéressante entre les œufs de différents ovipares. Quels sont les points communs et les différences ?

Un poussin s'est construit dans l'œuf

■ Que trouve-t-on dans un œuf ?

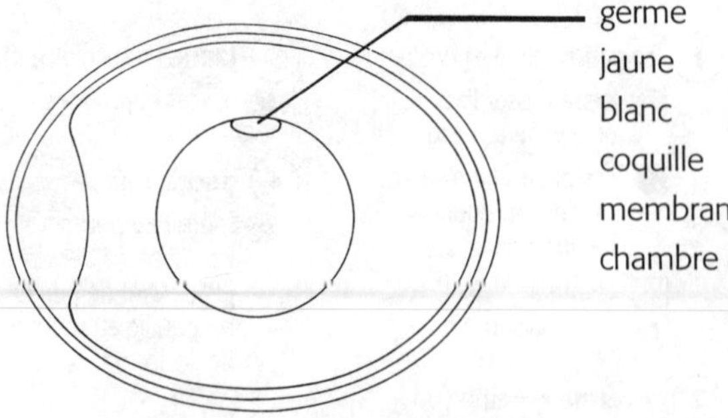

Lexique

- **Germe** : tache visible à la surface du jaune. En se développant, le germe donne le poussin.
- **Embryon** : animal en formation.
- **Réserves nutritives** : elles servent de nourriture à l'embryon en développement.

- Complète le dessin en faisant les traits de rappel qui conviennent.
- Lorsqu'il n'y a pas de coq dans une basse-cour, les poules pondent des œufs sans germe.
  Comment l'expliques-tu ?

■ Tout ce qu'il faut pour construire un poussin

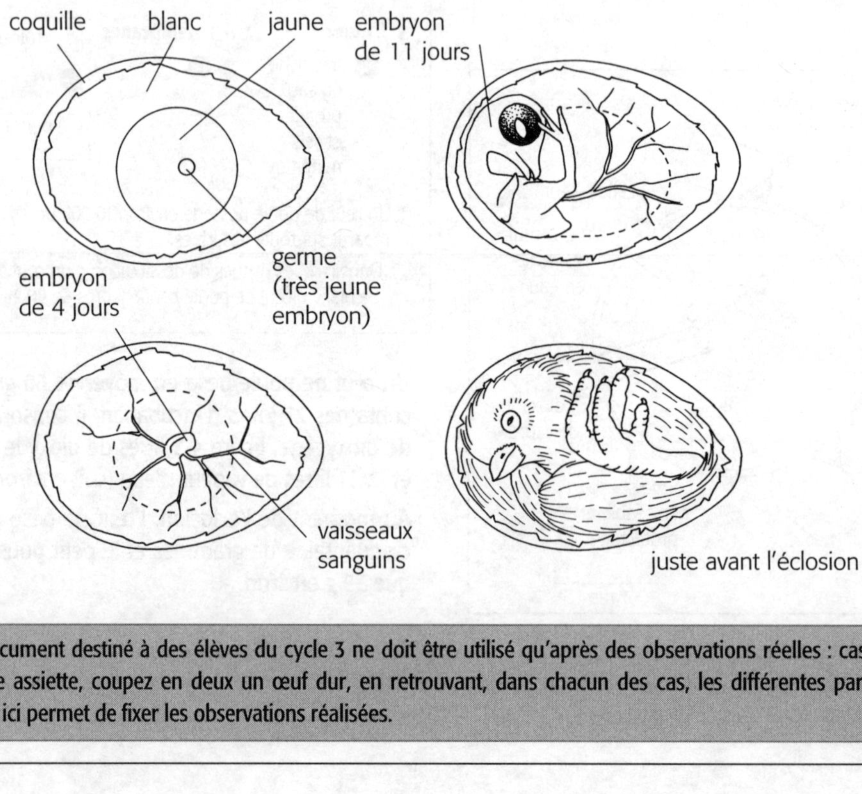

Fig. 2 Ce document destiné à des élèves du cycle 3 ne doit être utilisé qu'après des observations réelles : cassez un œuf de poule dans une assiette, coupez en deux un œuf dur, en retrouvant, dans chacun des cas, les différentes parties. Fléchez le dessin proposé ici permet de fixer les observations réalisées.

Comment l'embryon se nourrit-il ?

■ Avant la naissance

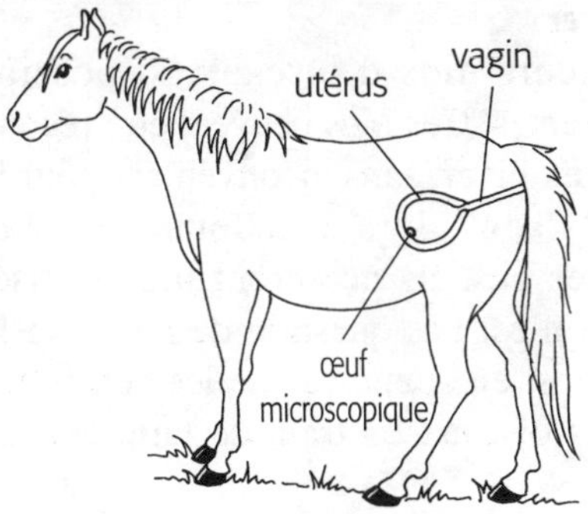

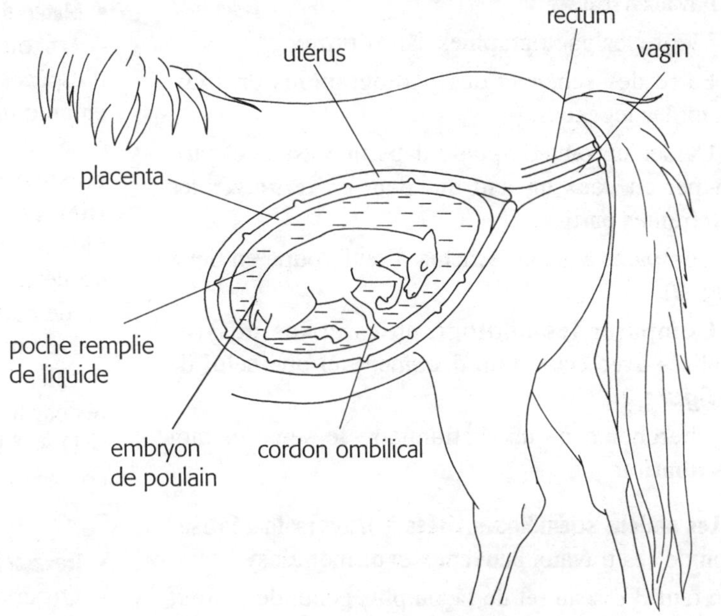

Bien à l'abri dans sa poche remplie de liquide, l'embryon est relié au placenta par le cordon ombilical.
Au niveau du placenta, les aliments et le dioxygène passent du sang de la mère dans celui de l'embryon, et les déchets de l'embryon sont rejetés dans le sang maternel.

Mots importants

- Œuf
- Embryon
- Cordon ombilical
- Placenta
- Gestation

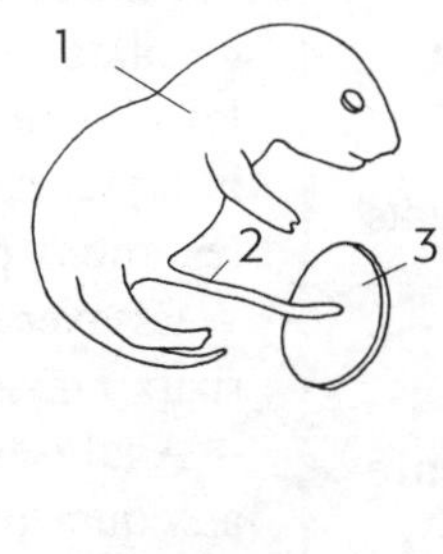

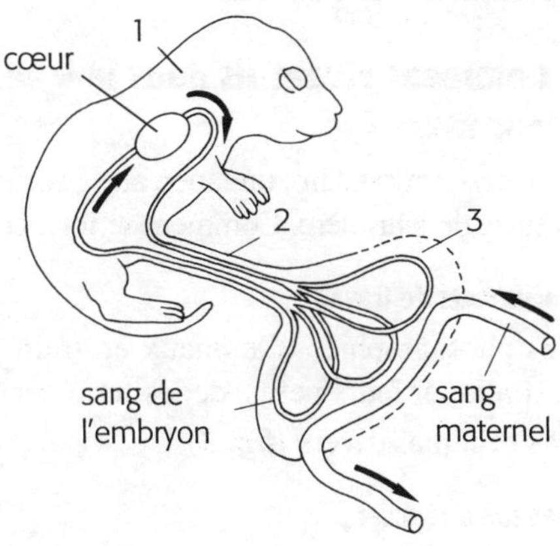

1. embryon de souris
2. cordon ombilical
3. placenta

■ Après la naissance

Les souriceaux roses, nus et aveugles ont bon appétit !

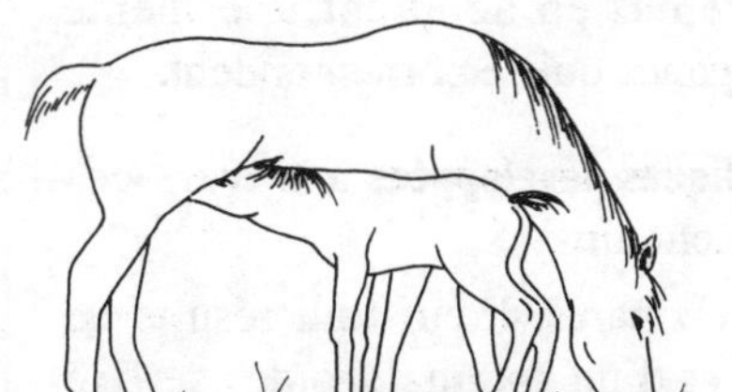

Le poulain tète le lait de sa mère jusqu'à l'âge de 6 mois.

Fig. 3 Comment l'embryon se nourrit-il dans le ventre de sa mère ? Ce problème intrigue toujours les enfants. Les dessins proposés ici permettent de répondre à une telle question.

• **Matériel à utiliser**

– Des photographies présentant plusieurs stades du développement du poussin dans l'œuf ; elles seront distribuées dans le désordre.

– Des œufs de poule (un œuf dur et un œuf cru).

• **Travaux à réaliser**

– Mettre les photographies dans l'ordre.

– Faire des schémas des photographies en indiquant les légendes.

– Casser un œuf de poule dans une assiette, puis couper en deux un œuf dur pour en retrouver les différentes parties.

– Comparer avec un schéma d'œuf coupé en deux (***fig. 2***).

– Comparer les photographies et les dessins réalisés avec ceux d'un document tel que celui de la ***figure 2***.

– Chercher dans un dictionnaire le sens du mot **incubation**.

• **Les notions scientifiques visées** à travers la réalisation de ces travaux peuvent s'exprimer ainsi :

Un œuf d'oiseau (et de façon plus générale un œuf d'ovipare) contient les réserves nécessaires à la « fabrication » de l'animal.

2 Comment vivent-ils dans le « ventre » de leur mère ?

Une souris, un poulain, un lapereau… sortent vivants du ventre de leur mère. Comment se forment-ils ?

• **Documents de travail**

– des photographies d'animaux en train de mettre bas, d'allaiter leurs petits, de les protéger…

– des schémas divers (***fig. 3***).

• **Travaux à réaliser**

– Mettre un titre à chaque photographie.

– Regrouper les photographies qui concernent les mêmes événements et les comparer.

– Colorier les schémas en adoptant une même couleur pour des organes qui se correspondent.

• **Les notions scientifiques développées** à travers ces documents s'expriment ainsi :

Chez les animaux vivipares, l'œuf (qui résulte de l'union d'un ovule et d'un spermatozoïde) se fixe dans l'utérus de la femelle et s'y développe. Il devient ainsi un embryon. Le cordon ombilical le relie à sa mère à travers le placenta, et lui apporte les aliments et le dioxygène indispensables à sa croissance.

3 Comment les oiseaux construisent-ils leur nid ?

Ce sujet n'est pas obligatoire, mais il est très intéressant à condition de disposer, en quantité suffisante, de documents adaptés et d'un peu de matériel.

• **Matériel à utiliser**

– Un ou plusieurs nids d'oiseaux, si possible d'espèces différentes. Ces nids peuvent être récoltés en automne ou en hiver, sans inconvénient pour les oiseaux, car ils sont alors abandonnés et, dans presque tous les cas, ils ne seront plus utilisés. Bien entendu il n'est pas question de ramasser les nids au printemps, en aucun cas de les détruire, ni de déranger des oiseaux en train de faire leur nid ou de couver.

– Des matériaux de « construction » (brindilles, feuilles, mousse, paille…) qui pourront être apportés par les enfants.

– Des films présentant des oiseaux en train de construire leur nid.

– Des documents tels que ceux de la ***figure 4***.

• **Travaux à réaliser**

– Observer attentivement les nids dont on dispose, établir la liste des matériaux employés dans leur construction, rechercher les techniques d'assemblage des matériaux (enchevêtrement de brindilles, « collage » par la boue séchée…), chercher parmi les nids ceux qui sont le plus difficiles à construire, indiquer dans quels nids les œufs et les jeunes sont les mieux protégés…

– Essayer de « construire » un nid avec des matériaux ramassés dans la nature et rapportés en classe.

– Analyser le document de la ***figure 4*** et répondre aux questions. Même en l'absence de travaux préalables, ce document intéresse beaucoup les enfants.

• **Les notions scientifiques visées** s'expriment ainsi :

– Le nid des oiseaux n'est pas leur maison d'habitation mais seulement le berceau pour couver les œufs et élever les jeunes ;

– Pour construire leur nid, les oiseaux utilisent des matériaux d'origine très variée qui sont généralement récoltés dans le voisinage ;

– La construction du nid est souvent l'œuvre commune du mâle et de la femelle ;

– Certains nids sont plus élaborés que d'autres ; certains demandent de la part de l'oiseau des efforts considérables ;

– Les jeunes oisillons sont mieux protégés du froid et des prédateurs dans certains nids que dans d'autres ; parfois l'ouverture étroite ou trop bien cachée ne permet l'accès qu'aux parents eux-mêmes.

À chacun son nid

Le nid n'est pas la « maison » des oiseaux mais le « berceau » dans lequel ils pondent leurs œufs et élèvent leurs petits. Quels matériaux les oiseaux utilisent-ils pour construire leur nid ?

Le grèbe
Mon nid est un radeau flottant, formé de roseaux entrelacés. Il est fixé aux plantes voisines.

La pie
Au sommet d'un peuplier, mon nid ressemble à une grosse boule de branchettes enchevêtrées, mais l'intérieur est tapissé de boue séchée et de fines racines. J'y entre par un trou étroit dissimulé sur le côté.

Le pic
Je suis le seul oiseau capable de creuser mon nid dans le tronc d'un arbre.

La perdrix
Pour faire mon nid, je me contente de creuser une petite cuvette dans le sol ; je la garnis d'un peu d'herbe séchée et de feuilles mortes.

La mésange à longue queue
Mon nid ressemble à une grosse boule creuse suspendue à une branche. Il faut 15 jours pour construire les murs avec des lichens arrachés aux arbres, de la mousse, des crins entrelacés. Je ramasse ensuite des centaines de plumes pour tapisser l'intérieur.

1. Fais la liste des divers matériaux employés pour construire les nids présentés sur cette page.
2. De ces divers nids, quel est, à ton avis, le plus facile à construire ?
3. Dans quels nids les jeunes oiseaux sont-ils le mieux protégés ? Le moins bien protégés ? Explique pourquoi.

Fig. 4 Les oiseaux construisent leurs nids de manière différente selon les espèces.
À partir de vrais nids récoltés dans la nature, de photographies ou de dessins, on peut réaliser des activités très intéressantes. L'exercice présenté ici permet non seulement de préciser certaines notions scientifiques mais aussi de développer des aptitudes (analyser un dessin et comprendre ce qu'il représente, tirer des informations d'un texte écrit, établir des comparaisons…).

Notions visées à l'école élémentaire

- Chez **tous** les animaux, la **fécondation** aboutit à la formation d'un **œuf**.
- Chez les **ovipares**, les œufs se développent à l'extérieur de l'organisme maternel, dans le milieu extérieur (dans l'eau, dans la terre, dans l'air, selon les espèces). L'édification de l'embryon se fait entièrement à l'intérieur d'un œuf généralement de grosse taille, à partir des réserves nutritives qu'il contient.
- Chez les **vivipares**, l'édification de l'embryon se réalise dans l'organisme maternel, à l'intérieur d'un organe spécial, l'**utérus**.
- Par l'intermédiaire du **placenta** et du **cordon ombilical** qui le relie à sa mère, l'embryon puise dans le sang maternel les aliments et le dioxygène dont il a besoin.
- La **gestation** est la période au cours de laquelle l'embryon de vivipare se développe dans le ventre de sa mère.

Mots-clés

- œuf
- embryon
- cordon ombilical
- placenta

Chapitre 4

De la naissance à l'âge adulte

La naissance de petites souris, de petites tourterelles... dans les élevages de la classe est toujours un événement. Mais, au Cours Moyen, c'est surtout l'occasion de réaliser des travaux portant sur :
– les transformations des jeunes (apparition des poils ou des plumes, évolution du comportement...) ;
– les soins donnés par les parents (alimentation, protection...) ;
– l'étude de la croissance (mesures de longueur, pesées, réalisation de graphiques de la croissance en taille ou en poids).

De plus, les élevages d'insectes (chenilles, vers de farine, grillons…), toujours faciles à réaliser, sont particulièrement intéressants au Cours Moyen car ils permettent d'une part de nombreuses découvertes (observation de la transformation des asticots en mouches, des chenilles en papillons ; découvertes de « peaux vides » qui sont les mues de croissance…), d'autre part de nombreux travaux (mesure de la taille, réalisation de graphiques…).

Nous allons voir que toutes ces observations concrètes :
– peuvent être complétées par des analyses de documents ;
– débouchent sur des notions biologiques importantes.

Informations pour l'enseignant

A Les soins aux jeunes

Lorsque les œufs sont abandonnés après la ponte, les jeunes ne sont, à l'éclosion, l'objet d'aucun soin particulier. C'est le cas de la plupart des poissons, des amphibiens (grenouille, crapaud…), des reptiles (lézard, tortue…).

Chez les oiseaux et les mammifères, deux cas se présentent : ou bien les jeunes sont totalement dépendants de leurs parents ou bien ils sont relativement autonomes.

❶ Des jeunes totalement dépendants

Certains jeunes naissent nus, faibles, aveugles, incapables de se tenir sur leurs pattes (tourterelles, hirondelles, lapins, souris...). Totalement dépendants des adultes, ils ont besoin de soins et ne peuvent survivre que si les parents les nourrissent sans relâche.

Leur croissance est rapide (par exemple, un rouge-gorge passe de 2 g à l'éclosion à 15 g en 12 jours), leur transformation spectaculaire : ainsi, trois semaines environ après la naissance, les oisillons, couverts de plumes et ayant presque atteint la taille des adultes, quittent le nid et s'envolent.

Les oiseaux qui passent les premières semaines de leur vie à l'abri dans un nid sont appelés **nidicoles** (étymologiquement : qui habitent un nid).

❷ Des jeunes relativement autonomes

D'autres jeunes (comme le poussin de la poule, le caneton, le zèbre, la gazelle, le cochon d'Inde) peuvent dès leur naissance, se déplacer et commencer à s'alimenter seuls. Ils ne dépendent donc pas complètement de leurs parents pour l'alimentation. Dans ce cas, le mâle ne s'intéresse généralement pas aux jeunes, mais ces derniers suivent toujours un certain temps leur mère qui les protège du froid et des prédateurs.

Si, à la naissance, le développement de ces jeunes animaux est plus avancé que dans le cas précédent, leur croissance est ensuite plus longue.

Chez les oiseaux qui sont dans ce cas, la mère et les oisillons abandonnent le nid dès que le dernier né de la nichée est sec. Aussi sont-ils appelés **nidifuges** (étymologiquement : qui fuient le nid).

Le nid des oiseaux nidifuges est situé soit sur le sol, soit à proximité du sol, celui des nidicoles est beaucoup moins accessible.

Chez les mammifères, les jeunes sont, dans tous les cas, allaités et protégés par la mère pendant un temps plus ou moins long.

❸ Soins aux jeunes et survie de l'espèce

Pendant les premiers jours de la vie, les jeunes animaux sont particulièrement exposés aux prédateurs. La prise en charge des jeunes par leurs parents est donc favorable à leur survie.

Dans les espèces qui ne protègent pas leur progéniture, la forte mortalité des jeunes est compensée par le grand nombre des naissances : ainsi, chaque année, une truite femelle pond 1 000 à 4 000 œufs alors que le singe n'a qu'un seul petit.

B Les transformations des jeunes

Chez certains animaux, la croissance des jeunes ne s'accompagne d'aucune modification importante de forme, il y a **développement direct**.

Chez d'autres espèces (grenouille, moule, huître, doryphore, moustique...), les jeunes à la naissance sont très différents des adultes. On les appelle des **larves**. Au cours de leur croissance, ces larves subissent des **métamorphoses**. Ces animaux sont dits à **développement indirect**.

L'existence des stades larvaires est généralement en liaison :

– soit avec un **changement de milieu de vie** (la larve de moustique est aquatique, l'adulte est aérien) ;

– soit avec un **changement de régime alimentaire** ;

– soit avec la **dissémination de l'espèce**, notamment chez les animaux fixés.

❶ Croissance continue ou croissance discontinue

• **Un homme adulte** mesure environ 1,70 mètre ; à sa naissance, il mesurait 0,50 mètre. Ces deux stades sont séparés par quelques années de **croissance continue**, presque régulière.

On retrouve ce type de croissance, c'est-à-dire une augmentation progressive de la taille, chez tous les animaux à l'exception des arthropodes (insectes, crustacés, arachnides, myriapodes). Le corps de ces derniers est recouvert d'une carapace rigide, inextensible. Chez ces animaux, la **croissance** est **discontinue** et se fait par paliers ***(fig. 1)***.

• **Pour comprendre ce qui se passe chez les arthropodes,** prenons l'exemple de la croissance des insectes.

Leur **carapace** empêche la croissance. Celle-ci ne peut avoir lieu qu'au moment des **mues** (encore appelées **mues de croissance**). En général, la carapace se fend longitudinalement sur le dos ; l'animal en sort, perdant ainsi toute son ancienne « peau » ; il est alors très mou, le plus souvent blanchâtre. La pigmentation revient en même temps que la nouvelle carapace durcit à l'air. Pendant que celle-ci est encore souple, une intense contraction des muscles assure une importante absorption d'air par tous les orifices, ainsi qu'un afflux de sang dans les extrémités. On assiste à un gonflement général de toutes les parties du corps (ce qui assure l'augmentation de la taille de l'animal). La carapace devient ensuite progressivement rigide. Ainsi, à chaque mue de croissance, l'animal grandit brusquement et la croissance est

Mesure de la croissance de deux insectes

■ Le phasme

Le phasme est un animal facile à élever dans une classe. Encore appelé « bâton du diable », c'est une curiosité de la nature : il présente des phénomènes de mimétisme (il ressemble à une brindille de bois et prend la couleur du milieu dans lequel il se trouve lors de sa dernière mue). Quand il tombe sur le sol, il « fait le mort » ; allongeant ses pattes le long de son corps, il reste immobile un certain temps.

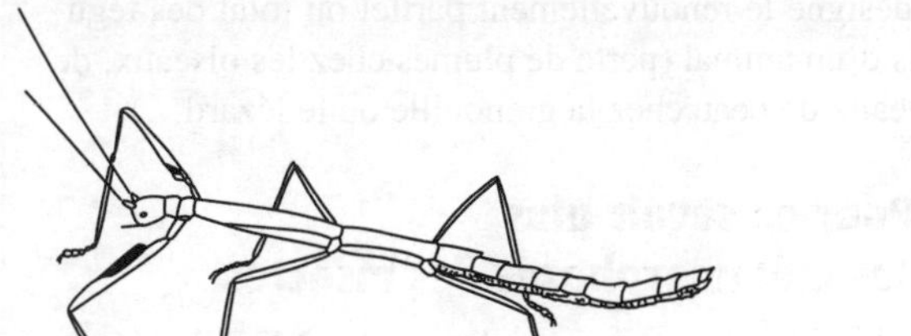

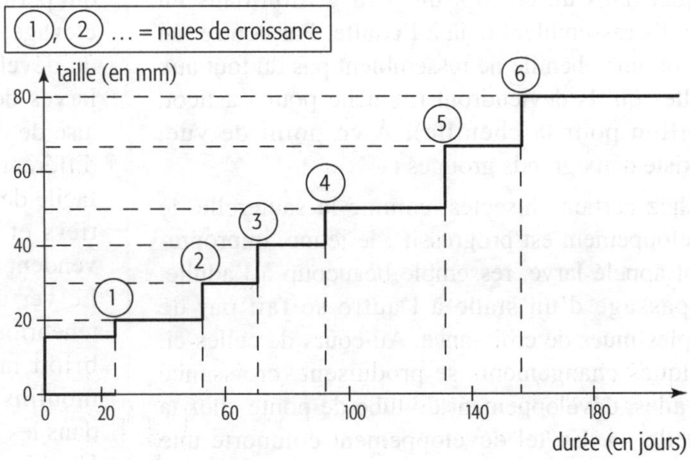

■ Le ver à soie

Le ver à soie est la chenille du bombyx du mûrier. Il est facile à élever en classe à condition de pouvoir lui fournir chaque jour des feuilles fraîches de mûrier.

Au bout de 30 jours environ, et après 4 mues de croissance, le ver tisse un cocon de soie dans lequel il se transforme en chrysalide. Le papillon sort du cocon trois semaines plus tard.

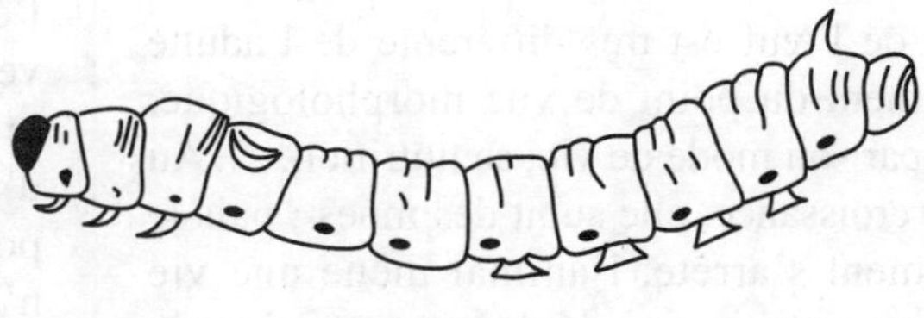

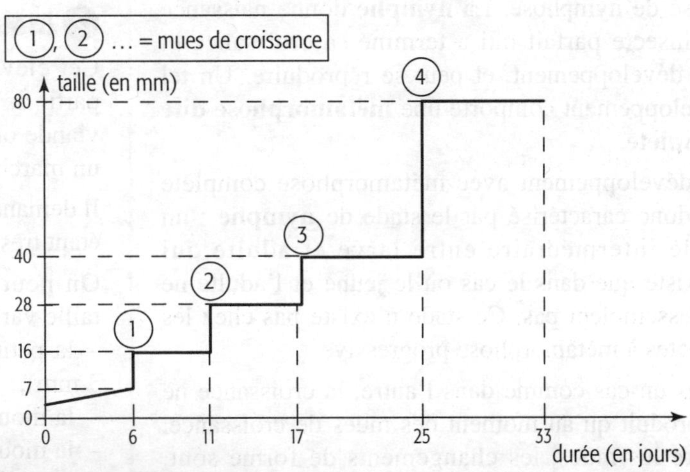

Fig. 1 Comparez la courbe de croissance du ver à soie à celle du phasme.

stoppée jusqu'à la prochaine mue. Le nombre des mues de croissance varie selon les espèces.

Remarques : chez les arthropodes, on appelle mue aussi bien la phase de croissance que nous venons de voir que la dépouille de l'animal qui a mué. Par extension, ce mot désigne le renouvellement partiel ou total des téguments d'un animal (perte de plumes chez les oiseaux, de lambeaux de peau chez la grenouille ou le lézard...).

2 Pour en savoir plus sur les métamorphoses des insectes

Tous les insectes pondent des œufs. Mais le développement après l'éclosion diffère selon les espèces. Lorsqu'on trouve une petite sauterelle ou un petit criquet dans un champ, un petit grillon dans un bois, ils ressemblent déjà à l'adulte. Par contre, un asticot, une chenille ne ressemblent pas du tout aux adultes qu'ils deviendront (mouche pour l'asticot, papillon pour la chenille). À ce point de vue, il existe deux grands groupes :

- Chez certains insectes, comme la sauterelle, le développement est progressif ; le jeune, improprement appelé larve, ressemble beaucoup à l'adulte. Le passage d'un stade à l'autre se fait par de simples mues de croissance. Au cours de celles-ci, quelques changements se produisent (croissance des ailes, développement du tube de ponte chez la femelle...). Un tel développement comporte une métamorphose dite progressive.

- Chez d'autres insectes, comme le papillon, la larve issue de l'œuf est très différente de l'adulte (non seulement du point de vue morphologique, mais aussi par son mode de vie, sa nutrition...). Au cours de la croissance, elle subit des mues ; puis le développement s'arrête, l'animal mène une vie ralentie, sans nutrition ni déplacement : c'est la phase de nymphose. La **nymphe** donne naissance à l'insecte parfait qui a terminé sa croissance et son développement, et peut se reproduire. Un tel développement comporte une **métamorphose dite complète**.

Le développement avec métamorphose complète est donc caractérisé par le stade de **nymphe** : un stade intermédiaire entre larve et adulte qui n'existe que dans le cas où le jeune et l'adulte ne se ressemblent pas. Ce stade n'existe pas chez les insectes à métamorphose progressive.

Dans un cas comme dans l'autre, la croissance ne se produit qu'au moment des mues de croissance. Entre les mues, les changements de forme sont, comme la croissance, impossibles ; ils ne se produisent qu'au moment des mues. Ils sont donc brusques et discontinus.

Des activités possibles

A Des élevages d'insectes

L'élevage d'un insecte à métamorphose complète (ver de farine, mouche, papillon...) et d'un insecte à métamorphose progressive (grillon, phasme...) est tout à fait souhaitable avant de travailler sur des documents (photographies, dessins...).

1 Les vers de farine

C'est un élevage extrêmement facile à réussir et qui permet des exercices très variés. Dans le même élevage, on obtient simultanément tous les stades du développement : des adultes, des nymphes, des larves de différentes tailles, des œufs. Il est alors aisé de reconstituer le cycle de vie de l'animal, les différentes étapes étant nettement distinctes. Il est facile de se procurer des vers de farine : les grainetiers et les marchands d'articles de pêche les vendent comme appâts pour poissons.

Le ver de farine est la larve d'un insecte appelé ténébrion. L'espèce la plus répandue est le « ténébrion meunier ». Il est très commun dans les moulins et les boulangeries, et fait des ravages dans les stocks de céréales.

Une simple cuvette, une boîte en matière plastique ou un grand bocal conviennent parfaitement pour l'élevage. Il n'est pas nécessaire de mettre un couvercle car les adultes volent très rarement. Remplir le récipient de son, y ajouter un peu de flocons d'avoine, quelques croûtes de pain, des tranches de pomme ou de pomme de terre crue. La boisson n'est pas nécessaire.

2 Mouches et asticots

Cet élevage, facile et intéressant, peut être fait à partir de la ponte d'une mouche sur un morceau de viande ou, en hiver, à partir d'asticots achetés chez un marchand d'articles de pêche.

Il demande peu de soins et réussit bien, les mouches étant très prolifiques et les asticots peu exigeants.

On peut élever différents types de mouches de taille variable :

– la petite mouche du vinaigre ou drosophile (2 à 3 mm),
– la mouche domestique (6 à 7 mm),
– la mouche bleue de la viande (8 à 12 mm).

Ce sont des animaux très communs.

- Placez des fruits mûrs (bananes, poires, pommes...) dans un bocal ouvert ; vous verrez très vite des petites mouches voler autour : ce sont des drosophiles ; récoltez-les en fermant le bocal avec un morceau de gaze.

• L'élevage de mouches domestiques et celui de mouches bleues peuvent débuter à partir de pontes. En été ou au printemps, laissez à l'air un morceau de viande ; très vite, vous y observerez des œufs de mouche bleue. Vous obtiendrez des œufs de mouches domestiques sur des matières en décomposition ou sur un œuf dur.

3 Chenilles et papillons

Élever des chenilles pour obtenir des papillons est une opération très simple demandant un minimum d'installation et un entretien sommaire. L'élevage permet d'assister à la croissance des chenilles (avec ses mues successives) et d'observer « l'éclosion » du papillon sortant de la chrysalide.

On peut entreprendre l'élevage à partir de chenilles, de chrysalides ou d'œufs, plus difficilement à partir de papillons adultes, car ils ne pondent pas en captivité.

Pour réussir l'élevage de chenilles, il faut récolter en même temps le rameau sur lequel vous les trouvez ; en effet, elles se nourrissent de cette plante, ce qui résout immédiatement le problème du choix de la nourriture.

4 Les phasmes

• Un élevage facile

Cet animal curieux s'élève très facilement. L'adulte est peu actif, et les enfants se lassent vite de le regarder. Mais l'intérêt s'éveille avec les premières éclosions : les observations continues et les recherches peuvent alors débuter. Cet insecte se prête bien à l'étude de la croissance discontinue.

Vous trouverez des œufs de phasmes dans de nombreux laboratoires de Facultés des Sciences ou bien, plus simplement, dans une école qui en fait l'élevage. Le phasme élevé dans les laboratoires est le phasme morose, originaire de l'Inde ; il se nourrit de feuilles de lierre (***fig. 1***). En Provence et dans le sud-ouest de la France, on trouve, dans la nature, un animal très voisin : le Bacille de Rossi ; il s'élève beaucoup moins facilement que le précédent et se nourrit de feuilles de ronce.

Le phasme est un insecte sans ailes. Sous nos climats et dans les élevages, il n'existe que des femelles. Celles-ci pondent pendant plusieurs mois des œufs non fécondés capables de donner de nouveaux individus, eux-mêmes femelles à l'état adulte (phénomène de parthénogénèse).

• Comment grandit-il ?

En raison de sa forme en bâton, le phasme se prête très bien à des mesures de taille. On peut ainsi s'apercevoir qu'il a une croissance discontinue. Il faut d'abord décider de ce qu'on va mesurer. Certains enfants conviennent de mesurer l'animal depuis la tête jusqu'à l'extrémité du corps ; d'autres, de l'extrémité des pattes antérieures tendues à l'extrémité des pattes postérieures (« lorsqu'il fait le mort »).

Telle équipe veut faire ses mesures en plaçant le phasme sur une feuille de dessin et en marquant 2 repères ; d'autres le placent sur une feuille quadrillée ou sur du papier millimétrique. Il est surtout important de conserver chaque fois les mêmes repères.

Les propositions concernant le rythme des mesures sont très variées : certains voudraient les mesurer tous les jours mais ils s'aperçoivent très vite que ce n'est pas nécessaire ; le bon rythme est en général découvert après plusieurs essais, par exemple une fois par semaine.

Pour la présentation des résultats, les enfants suggèrent le plus souvent une représentation « en bâtons », chaque mesure étant figurée par un segment de droite de la longueur de l'animal ; tous les segments, s'ils sont verticaux, débutent sur une même ligne horizontale. Ces travaux peuvent donner l'occasion d'introduire d'autres types de représentations (graphes, histogrammes...).

5 Les grillons

L'élevage de grillons permet de découvrir le cycle complet d'un insecte : ponte, éclosion des œufs, développement progressif des jeunes, mues de croissance, comportement des adultes, accouplement.

De plus, les enfants assistent aux repas ; ils apprennent à reconnaître le mâle de la femelle : ils observent le comportement belliqueux des mâles et recherchent la signification des différents types de chants...

Cet élevage demande très peu d'entretien et une nourriture simple (pain dur, pomme, salade, lait en poudre).

Si vous avez des adultes, il est indispensable de leur fournir un pondoir : bol de verre rempli de terreau ou de sable maintenu toujours humide. La femelle y pond ses œufs à 1 ou 2 cm de profondeur, ceux-ci peuvent être observés par transparence le long des parois de verre.

B Des documents sur les métamorphoses des insectes

Les observations réelles réalisées grâce aux élevages peuvent être complétées par un travail sur des photographies ou des dessins présentant les phases principales du développement des insectes. La ***figure 5*** p. 55 (cycle du papillon) en fournit un exemple. Les documents peuvent être utilisés comme :

– **document de synthèse** (par exemple, un élevage de papillons a débuté par la récolte des chenilles et une vue complète du cycle de vie de l'animal n'a pas été possible),

– **document de découverte** d'un exemple nouveau (si on connaît la métamorphose du papillon grâce aux élevages, on peut alors interpréter par analogie la métamorphose de la coccinelle),

– **document d'évaluation** qui permet de contrôler si les enfants sont capables de réinvestir dans de nouvelles situations les connaissances acquises grâce aux élevages.

Même si les enfants n'ont pas eu l'occasion de réaliser des mesures pour étudier la croissance des insectes, les deux graphiques de la ***figure 1*** sont intéressants à analyser et à comparer :

– chez le phasme, il y a 6 mues de croissance (c'est-à-dire 6 « crises » de croissance) ; à chaque mue, l'animal grandit brusquement ; après la dernière mue, la taille adulte est atteinte, elle ne variera plus ;

– chez le ver à soie (qui est la chenille d'un papillon, le bombyx du mûrier), il y a seulement 4 mues de croissance avant la transformation de la chenille en nymphe. La nymphe est une phase de « transformation » en papillon au cours de laquelle l'animal ne subit aucune croissance.

C Du têtard à la grenouille

1 Un élevage facile

• Si on découvre en mars-avril des têtards dans un fossé plein d'eau ou dans une mare, il est intéressant d'en récolter quelques-uns et de les installer pour en suivre les transformations.

• **L'installation** est réalisée dans un aquarium avec une couche de sable de 4 à 5 cm, quelques plantes aquatiques et un bulleur qui assure l'aération de l'eau.

Plusieurs précautions à respecter permettent de réussir l'élevage :

– Éviter la suralimentation : les jeunes têtards sont herbivores (laitue, rondelle de pomme de terre crue) ; ils deviennent rapidement omnivores puis carnivores ; le mieux est alors de les nourrir d'aliments séchés pour poissons d'aquarium.

– Éviter de mettre l'aquarium au soleil.

– Se méfier de la surpopulation, c'est-à-dire ne pas mettre trop de têtards dans l'aquarium.

La durée totale du développement est assez longue (2 à 3 mois).

• **Les travaux à réaliser** sont ceux de toute observation continue :

– tenir un « carnet de bord » de l'élevage en notant les changements au moment où ils se produisent,

– réaliser des dessins des différents stades observés,

– décrire comment nage le têtard, comment il se nourrit…

2 Un document de synthèse

• La ***figure 2*** rappelle les différents stades de la transformation d'un têtard en grenouille. On peut l'utiliser pour compléter les observations réalisées au cours de l'élevage (car on observe rarement la « série complète » de l'œuf à la grenouille adulte) ou pour généraliser la notion de métamorphose après l'installation en classe d'élevages d'insectes. Notons que, à la différence de ce que l'on observe chez les insectes, chez la grenouille les changements de forme sont **continus** ; entre deux dessins, on pourrait placer tous les intermédiaires.

• Voici quelques informations biologiques précises :

– Le jeune têtard, d'abord végétarien, devient omnivore puis carnivore.

– Le têtard nage d'abord avec sa queue, puis avec sa queue et ses pattes, puis seulement avec ses pattes ; il peut alors se déplacer hors de l'eau en sautant.

– Le têtard vit dans l'eau et respire dans l'eau (grâce à des branchies) ; la jeune grenouille respire en surface et hors de l'eau (grâce à des poumons).

Les métamorphoses de têtard en grenouille se font donc très progressivement et s'accompagnent de changements dans le mode de vie.

D D'autres exemples

On pourrait multiplier le nombre des documents illustrant le développement des animaux.

Vous en trouverez plusieurs exemples dans le chapitre « Les cycles de développement » page 48.

Les métamorphoses de la grenouille

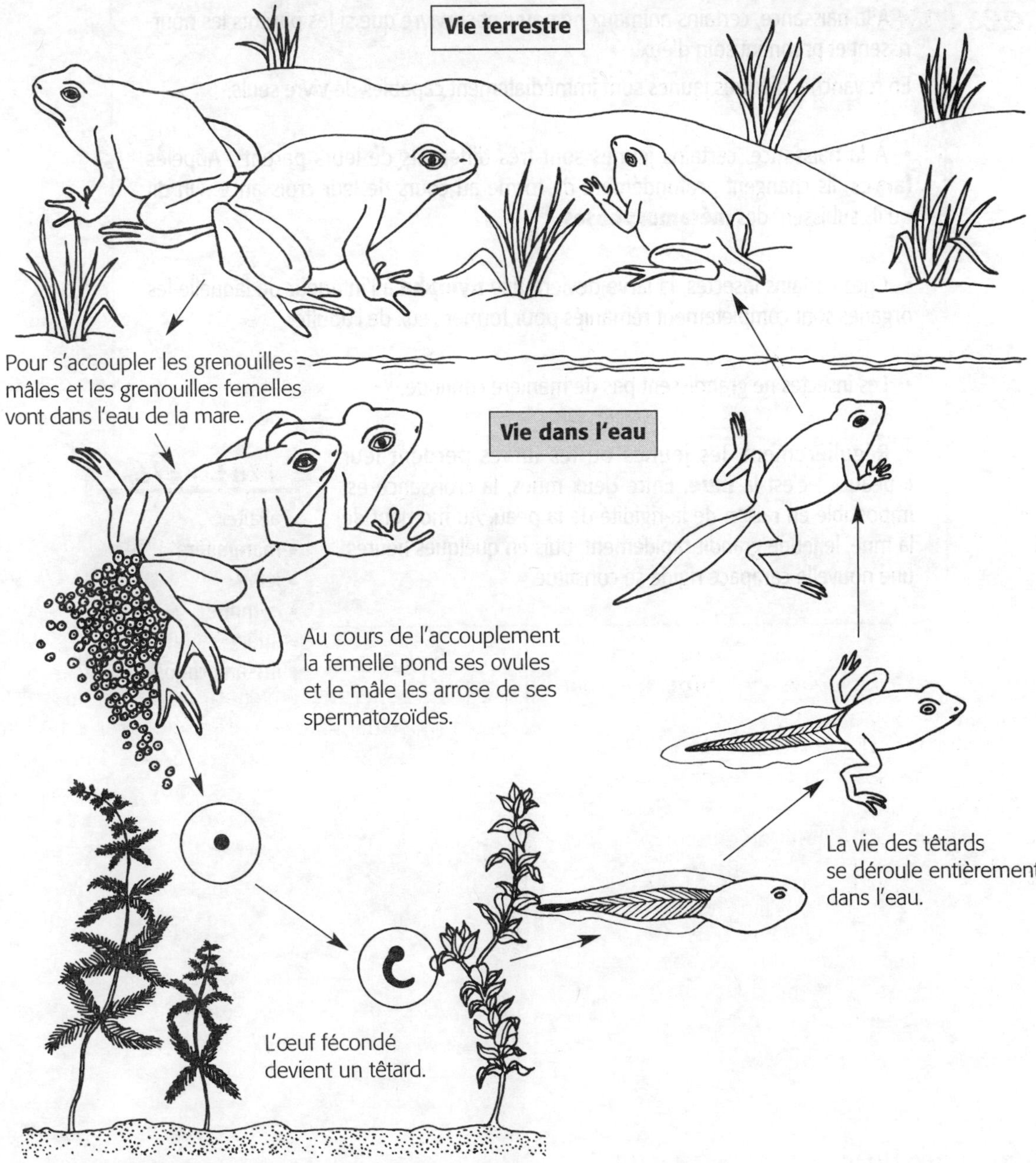

- **La grenouille fait partie du groupe des amphibiens.**
- **Que signifie le mot « amphibie » ?**
- **Cherche dans le dictionnaire.**

Le têtard de grenouille subit des modifications très importantes en rapport avec un changement de milieu de vie. Le têtard, animal bien adapté à la vie dans l'eau, devient une grenouille bien adaptée à la vie au bord de l'eau. Ces changements de forme et de mode de vie accompagnent la croissance du jeune et constituent les métamorphoses.

Fig. 2 Que signifie « adapté à la vie dans l'eau » ? Définissez le mot métamorphose.

Notions visées à l'école élémentaire

- À la naissance, certains animaux ne peuvent survivre que si les parents les nourrissent et prennent soin d'eux.

En revanche, d'autres jeunes sont immédiatement capables de vivre seuls.

- À la naissance, certains jeunes sont très différents de leurs parents. Appelés **larves**, ils changent profondément de forme au cours de leur croissance. On dit qu'ils subissent des **métamorphoses**.

- Chez certains insectes, la larve devient une **nymphe** à l'intérieur de laquelle les organes sont complètement remaniés pour former ceux de l'adulte.

- Les insectes ne grandissent pas de manière continue.

- Régulièrement, les jeunes ou les larves perdent leur « peau » : c'est la **mue**. Entre deux mues, la croissance est impossible en raison de la rigidité de la peau. Au moment de la mue, le jeune grandit rapidement, puis en quelques heures, une nouvelle carapace rigide se constitue.

Mots-clés

- allaiter
- mammifère
- larve
- nymphe
- adulte
- métamorphose

Chapitre 5

Le secret des graines

Semer des graines, puis voir « naître » et grandir des plantes sont des activités indispensables pour de nombreuses raisons.

*D'une part, ces travaux débouchent sur des **notions scientifiques** essentielles (notions de plante, espèce, germination, croissance, cycle de vie, besoin en eau...), d'autre part, ces activités fournissent un moyen de **structurer le temps** (observation d'un phénomène continu qui se déroule sur quelques jours, qui peut se traduire par divers modes de représentation : dessins, repérages de croissance...).*

*Par ailleurs, et c'est important, les enfants aiment « **jouer** » **au jardinier**. Ils sont ensuite émerveillés devant l'apparition de plantes nouvelles dont ils surveillent la croissance avec intérêt. Nous verrons que les semis de graines donnent lieu à de nombreuses activités concrètes. Avant d'entrer dans le détail, faisons le point des connaissances.*

Informations pour l'enseignant

A La naissance d'une plante

1 La germination d'une graine

Il suffit de mettre des **graines** dans du sable ou de la terre humide pour qu'elles germent au bout de quelques jours. La **germination** débute toujours par l'apparition de la racine qui déchire l'enveloppe de la gaine ou **tégument**. Sur cette racine se développeront ultérieurement des racines secondaires. Ainsi, la jeune plante peut s'ancrer rapidement dans le sol et y puiser l'eau et les sels minéraux nécessaires à sa croissance.

La tige feuillée commence son développement avec un léger retard sur celui des racines. Dès qu'apparaissent les premières feuilles vertes, la jeune plante peut commencer à fabriquer sa matière organique et devenir autonome. Jusque-là, il lui faut utiliser les réserves présentes dans la graine.

2 D'où vient la plante ?

a. Dans toutes les graines : une plante miniature

Il suffit de retirer le tégument d'une graine de haricot mise à tremper pendant quelques heures et d'écarter ses deux cotylédons pour découvrir le germe (***fig. 1***).

La graine est donc formée d'une plante miniature (= l'embryon) reliée à deux sacs contenant des réserves nourricières (**les cotylédons**), le tout entouré d'une enveloppe protectrice (**le tégument**). On retrouve une organisation identique chez d'autres graines : le pois, la fève, la lentille, le pépin de pomme... D'une espèce à l'autre (ricin, maïs, blé...), on note des différences : nombre de téguments, zone où sont emmagasinées les réserves... Mais, dans toutes les graines, on observe une plante miniature ayant des réserves à sa disposition (***fig. 1***).

b. L'utilisation des réserves

Selon les graines, la nature chimique des réserves diffère.

Certaines sont riches en glucides (haricot, pois, blé, riz...), d'autres riches en lipides (noix, arachide, lin, ricin, tournesol...) ; d'autres contiennent beaucoup de protides (haricot, pois…). Quelle que soit leur nature, l'observation au microscope des réserves d'une graine en cours de germination montre qu'elles sont progressivement « digérées ». Ainsi les grains d'amidon d'une graine de haricot, normalement sphériques, se fissurent et finissent par disparaître.

❸ Les conditions de germination

- **Eau, dioxygène, température**

Des expériences faciles à réaliser montrent que certaines conditions doivent se trouver réunies pour que des graines puissent germer : une température suffisamment élevée, une humidité convenable, une bonne oxygénation. Les résultats de ces expériences sont présentés sur la ***figure 2***.

Dans la nature, il suffit qu'un seul de ces facteurs soit défavorable pour empêcher la germination : la sécheresse estivale en climat méditerranéen, le froid hivernal en climat tempéré. Dans les pays tropicaux comme la Martinique et la Guadeloupe, la température reste à peu près la même toute l'année (27 °C environ). Elle ne peut pas empêcher la germination des graines, mais cette dernière est rendue difficile par la saison sèche.

- **La dormance des graines**

En climat tempéré, l'automne est, comme le printemps, doux et humide, et pourtant, peu de semences germent pendant cette saison. Des expériences ont montré en effet qu'il faut que les graines subissent une température froide pendant un certain temps pour pouvoir germer. Dans la nature, cette « dormance » préserve les semences formées en automne d'une germination prématurée qui exposerait au gel les fragiles plantules.

- **Une erreur fréquente :** la plupart des élèves (et beaucoup d'adultes) pensent que la lumière est indispensable à la germination des graines. C'est inexact : les graines germent parfaitement à l'obscurité. Mais en l'absence de lumière, ne pouvant pas réaliser la photosynthèse, elles meurent quelques semaines plus tard.

❹ La vie ralentie des graines

- **Les graines sont des organes très déshydratés**

Tous les êtres vivants contiennent une forte proportion d'eau (90 % dans une laitue, 77 % dans une pomme de terre, 66 % dans le corps humain…). Il n'y a pas de vie sans eau.

Cependant des graines ont une très faible teneur en eau : 18 % dans des graines d'orge, 16 % dans des fèves, 11 à 14 % dans du blé, 5 à 6 % dans des graines d'arachide. Même placées à l'intérieur d'un fruit très riche en eau, les graines contiennent très peu d'eau ; c'est le cas d'un pépin de pomme, d'orange…

La déshydratation s'effectue dans les fruits au cours de la maturation des graines.

- **Qu'appelle-t-on vie ralentie ?**

La faible teneur en eau est responsable de la vie ralentie :

– il n'y a ni fabrication de nouvelle matière ni croissance ;
– les échanges avec le milieu sont infimes ;
– les échanges nutritifs sont pratiquement nuls.

Pourtant la graine n'est pas morte puisqu'elle pourra reprendre une vie active dès qu'elle retrouvera des conditions favorables. L'activité est réduite au strict minimum indispensable au maintien de la vie.

Pour bien saisir les caractères de la vie ralentie des graines, il convient d'opposer leur vie ralentie à leur vie active.

❺ Le retour à la vie active

- **L'absorption d'eau**

Si on sème des graines dans de la terre sèche, elles ne germent pas. La germination débute par une intense absorption d'eau ; 100 g de graines de pois absorbent 300 à 400 g d'eau.

La plus grande partie de l'eau absorbée se concentre dans la plantule dont le poids va être multiplié par 10 ou 12 en quelques heures. Lorsque la graine est suffisamment réimbibée, la vie active reprend et on ne tarde pas à voir la radicule s'allonger.

- **La croissance de la plantule**

Nous avons vu que toutes les graines contiennent une petite plante miniature ou plantule. Après la réhydratation de la graine, la radicule s'allonge la première et passe à travers le tégument déchiré, puis la tige se met à grandir à son tour.

La nouvelle plante résulte ainsi de la croissance de cette plantule.

- **La reprise des échanges respiratoires**

Nous avons vu dans la partie consacrée à la nutrition quelle était, pour un être vivant, la signification des échanges respiratoires. Or, lorsqu'une graine germe, les échanges respiratoires reprennent : cette consommation de dioxygène nous indique qu'il y a une reprise de réactions chimiques libératrices d'énergie utilisée essentiellement à la croissance, c'est-à-dire à la fabrication de nouvelle matière.

Les molécules permettant cette libération d'énergie et cette synthèse de nouvelle matière sont contenues dans les réserves de la graine (les cotylédons flétrissent et se « vident » au cours de la germination).

Un embryon dans chaque graine

■ Une graine de haricot

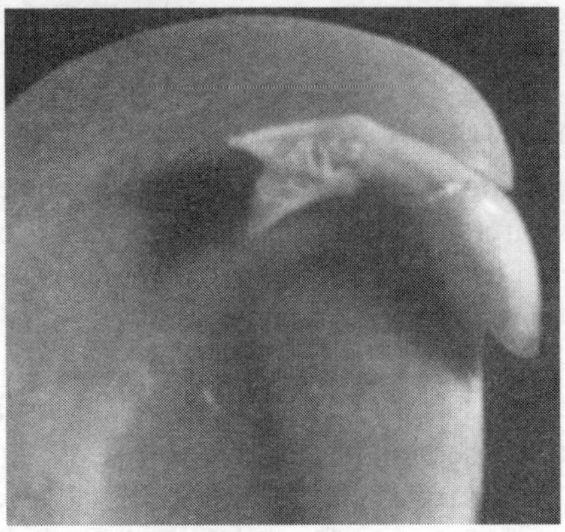

L'embryon du haricot

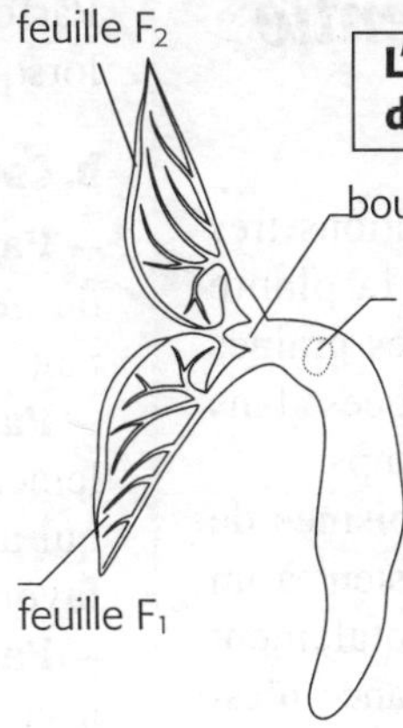

Jeune pied de haricot

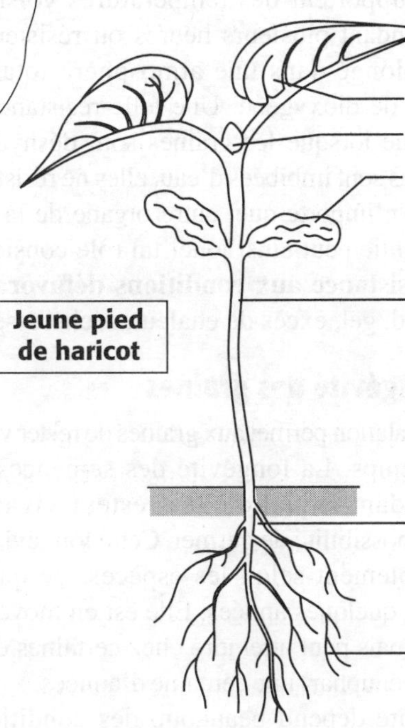

La graine de haricot ouverte

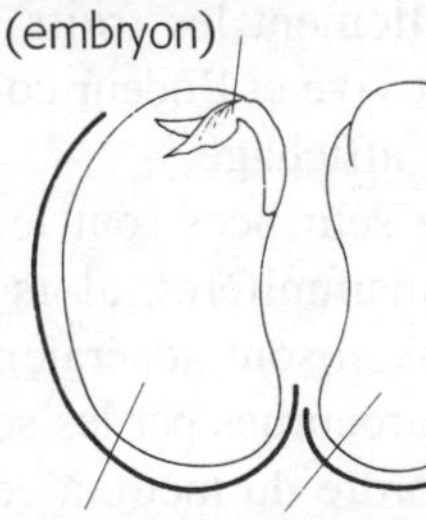

■ D'autres exemples

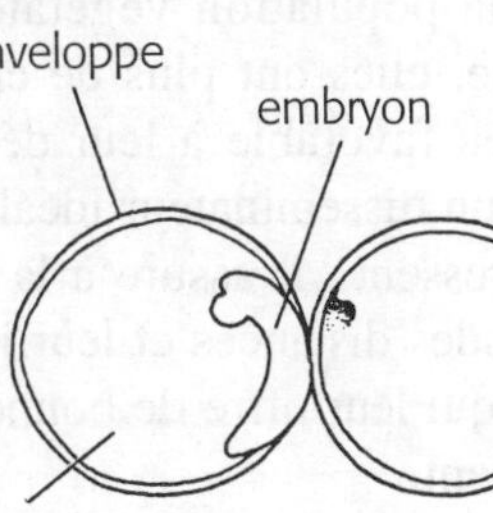

Graine de pois

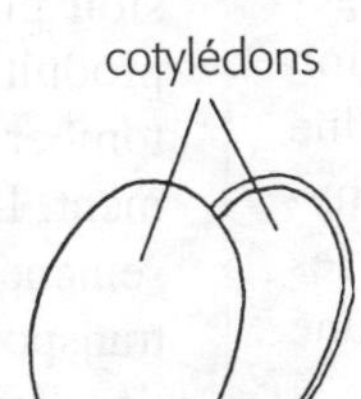

Pépin de pomme

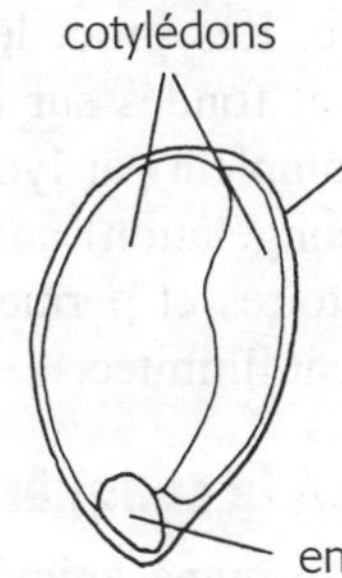

Pépin d'orange

Fig. 1 Pour comprendre comment une graine de haricot donne un pied de haricot, il faut comparer la plantule de la graine à un jeune pied développé.
Quelle que soit l'espèce de plante qui les a produites, toutes les graines ont les mêmes constituants. Lesquels ?

Les réserves de la graine constituent donc d'une part, les matériaux pour la construction de matière, d'autre part, la source d'énergie.

B L'intérêt de la vie ralentie

1 Une forme de résistance

Les graines peuvent résister à des conditions très sévères qui entraîneraient la mort de la plante entière. On a montré par exemple que des graines pouvaient germer après avoir été plongées dans l'azote liquide à – 196 °C pendant longtemps.
Certains supportent des températures voisines de 100 °C pendant plusieurs heures ou résistent à un séjour prolongé dans une atmosphère totalement dépourvue de dioxygène. Une telle résistance n'est possible que lorsque les graines sont déshydratées. Lorsqu'elles sont imbibées d'eau, elles ne résistent pas mieux que n'importe quel autre organe de la plante.
La vie ralentie peut ainsi jouer un rôle considérable dans la **résistance aux conditions défavorables à la vie** (froid, gel, excès de chaleur, sécheresse).

2 La longévité des graines

La déshydratation permet aux graines de rester vivantes très longtemps. La longévité des semences est la durée pendant laquelle elles restent vivantes et gardent la possibilité de germer. Cette longévité varie considérablement selon les espèces, de quelques semaines à quelques années. Elle est en moyenne de 2 à 5 ans, mais peut atteindre chez certaines espèces (mimosa, nénuphar) une centaine d'années.
La longévité dépend beaucoup des conditions de conservation.
L'abaissement de la température ou une dessiccation artificielle plus poussée permet de prolonger leur durée de vie. Les procédés de conservation des semences sont fondés sur ces principes. Une déshydratation complète par lyophilisation (déshydratation après congélation) annule totalement les échanges respiratoires et permet une survie d'une durée pratiquement illimitée.

3 Les graines à la conquête du milieu

Alors que, dans le règne animal, les larves et les jeunes se dispersent dans le milieu par leurs propres moyens, les plantes enracinées dans le sol sont immobiles. Elles peuvent pourtant envahir rapidement les milieux disponibles (champ labouré non semé, talus d'autoroute, tas de terre abandonné...). Comment et sous quelle forme sont-elles transportées ?

a. Quel est l'organe transporté ?

Cet organe, que nous appelons **semence**, est celui qui se détache de la plante mère. La semence est donc :
– la graine, si le fruit s'ouvre ;
– le fruit, s'il ne s'ouvre pas.
Parfois la semence est un organe plus complexe, lorsque plusieurs fruits se détachent ensemble.

b. Comment la semence est-elle dispersée ?

– **Par projection :** certains fruits secs, comme celui du genêt, s'ouvrent brutalement à maturité, projetant leurs graines tout autour de la plante mère.
– **Par le vent :** de nombreuses semences, généralement de petite taille, sont munies d'un dispositif qui accroît leur surface (poils, ailes) et, de ce fait, favorise leur dispersion par le vent.
– **Par les animaux :** certains transportent, à leur insu, les semences qui se fixent à la surface de leur corps grâce à un système adhésif (substance collante, crochets). L'homme, lui-même, peut véhiculer des semences sur ses vêtements, lorsqu'il se promène dans un champ.
Par ailleurs, de nombreux animaux recherchent activement les semences qui leur servent de nourriture, essentiellement les fruits charnus, dont la couleur souvent vive et l'odeur constituent un véritable système d'affichage.
Les porteurs de semences sont le plus souvent les oiseaux et les mammifères, alors que les porteurs de grains de pollen sont généralement les insectes.
Les distances parcourues par les semences sont très variables, de l'ordre du mètre à celui du millier de kilomètres. Les semences « aventureuses » – qui se dispersent loin, grâce au vent ou aux animaux migrateurs – permettent la conquête par les végétaux de territoires disponibles parfois très éloignés. Les semences « casanières » réalisent une expansion plus lente de la population végétale qui les produit. En revanche, elles ont plus de chance de tomber sur un milieu favorable à leur développement. L'homme est un disséminateur idéal pour les semences qui l'intéressent : il assure à la fois leur transport sur de grandes distances et leur implantation dans un milieu qui leur offre de bonnes conditions de développement.

c. Les étapes de la vie d'une semence

À partir du moment où la semence se détache de la plante mère, sa vie présente les étapes suivantes :
1 - **Dispersion** en état de vie ralentie.
2 - **Acquisition de l'aptitude à germer**, lorsqu'elle est dormante. Cette phase est inapparente, car la semence ne sort pas pour autant de son état de vie ralentie.

	Conditions du milieu				Résultats
	Température	Humidité	Lumière	Oxygénation	
1	Température ambiante (environ 20 °C)	Papier filtre humide	Lumière du jour	Air	+
2	Température ambiante	Papier filtre sec	Lumière du jour	Air	-
3	Température du réfrigérateur (environ 6 °C)	Papier filtre humide	Obscurité	Air	-
4	Température ambiante	Papier filtre humide	Obscurité	Air	+
5	Température ambiante	Papier filtre humide	Lumière du jour	Air privé d'oxygène	-

Fig. 2 Des graines sont mises à germer sur du papier filtre dans cinq boîtes en verre. Les résultats obtenus précisent quels sont les facteurs favorables à la germination des graines. Le signe (+) indique que la plupart des graines ont germé ; le signe (-) qu'aucune graine n'a germé.

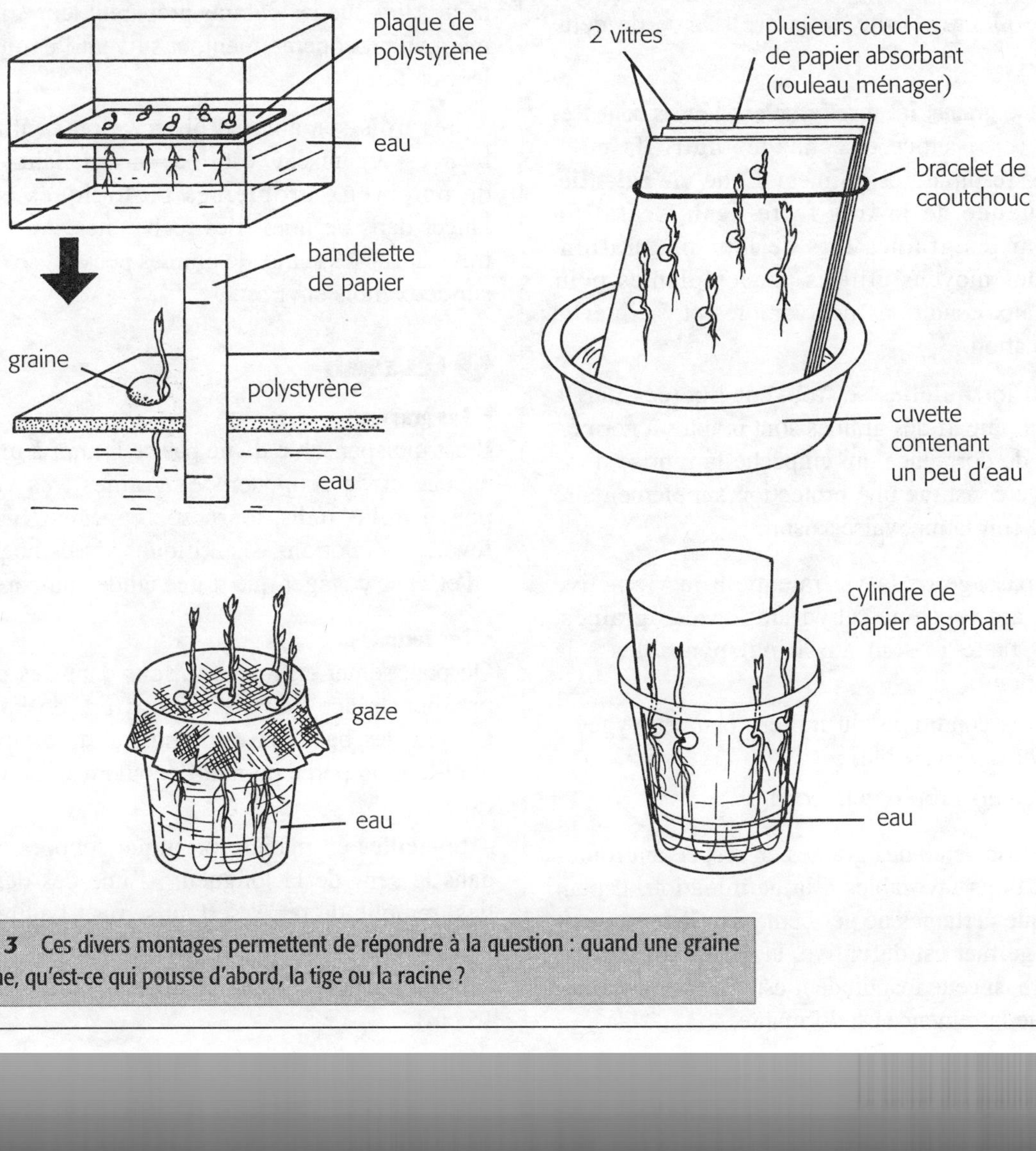

Fig. 3 Ces divers montages permettent de répondre à la question : quand une graine germe, qu'est-ce qui pousse d'abord, la tige ou la racine ?

3 - **Germination** lorsque le milieu lui fournit les conditions requises.

Dans la nature, beaucoup de graines ne germent pas.

Certaines sont consommées par les animaux, insectes et oiseaux surtout.

D'autres ne trouvent pas les conditions favorables à leur germination.

❹ Toutes les plantes ne naissent pas à partir de graines

Pour voir « naître » des plantes, on peut non seulement semer des graines, mais aussi planter des bulbes, des tubercules…

Ce mode de reproduction des plantes sera étudié plus tard.

En résumé

• **Une graine contient toujours une petite plante miniature (l'embryon)** et des réserves nutritives. Quand on met une graine à germer, on constate que la nouvelle plante résulte de la croissance de cette plantule.

• **Dans une graine, les manifestations vitales sont très réduites** (croissance et échanges nutritifs nuls, échanges respiratoires infimes). Cette **vie ralentie**, conséquence de la très forte déshydratation subie par les graines lors de leur maturation, est un des moyens utilisés par les plantes pour résister aux conditions défavorables et faciliter la dissémination.

De plus, lorsqu'elles se trouvent libérées par la plante, la plupart des graines sont inaptes à germer. Cet état de dormance qui empêche la reprise de la vie active constitue une protection supplémentaire pour franchir la mauvaise saison.

• Si le passage de la vie ralentie à la vie active exige avant tout une réhydratation des graines, d'autres facteurs sont aussi indispensables à la germination :

– certaines conditions du milieu (eau, dioxygène, température convenable) ;

– des facteurs propres à la graine.

• Lorsqu'on sème des graines en respectant toutes les conditions favorables à la germination, il peut arriver que certaines ne germent pas. Si cette inaptitude à germer est définitive, la graine est morte ; par contre, si cette inaptitude n'est que momentanée, on dit que la semence est dormante.

Des activités possibles

La vie des plantes, un peu secrète, attire moins les jeunes enfants que la vie des animaux. Cependant, à l'école maternelle ou au CP, les enfants sont heureux de semer des graines. À cet âge, chaque enfant a son « jardin » (une petite barquette en polystyrène remplie d'un mélange de terreau et de sable). Les enfants sèment également dans le jardin de l'école, pour le décorer de jolies fleurs, pour récolter des radis ou des carottes…

Des activités plus structurées sont, conformément aux programmes, décrites ici pour le Cours Élémentaire.

A Semons des graines

L'étude de la reproduction des plantes doit commencer par la réalisation des semis. Il est nécessaire que les enfants préparent leur « jardin », manipulent concrètement, et suivent l'évolution de leur culture.

Après trois semaines d'observation continue, un bilan est organisé. C'est l'occasion de faire émerger de nombreux problèmes biologiques et de se lancer dans de nouvelles recherches. Au total, les travaux sur les semis de graines peuvent se dérouler sur deux mois environ.

❶ Les semis

• Les graines

Il est indispensable de ne pas se limiter à une seule espèce et de proposer des graines très variées : pois, lentille, radis, tournesol, capucine, blé, maïs, fève… Les notions scientifiques visées ne peuvent en effet se dégager que d'une étude comparée.

• Les récipients

On peut semer en toutes saisons dans des pots qui prennent place dans le coin-nature de la classe. Choisir des bacs peu profonds, à large ouverture, dont le fond percé permet l'écoulement de l'eau en excès :

– bouteilles en matière plastique coupées en deux dans le sens de la longueur ; l'une des deux parties, remplie de terre, sert au semis ; l'autre forme un couvercle limitant l'évaporation ;

– boîte en polystyrène de format suffisant (30 × 15 cm).

Document pour l'élève

La croissance de l'embryon

Lupin
- usage : bouquets et massifs
- semis : avril à juillet
- floraison : juin à septembre de l'année suivante

J4 = 4 jours après les semis

J15 = 15 jours après les semis

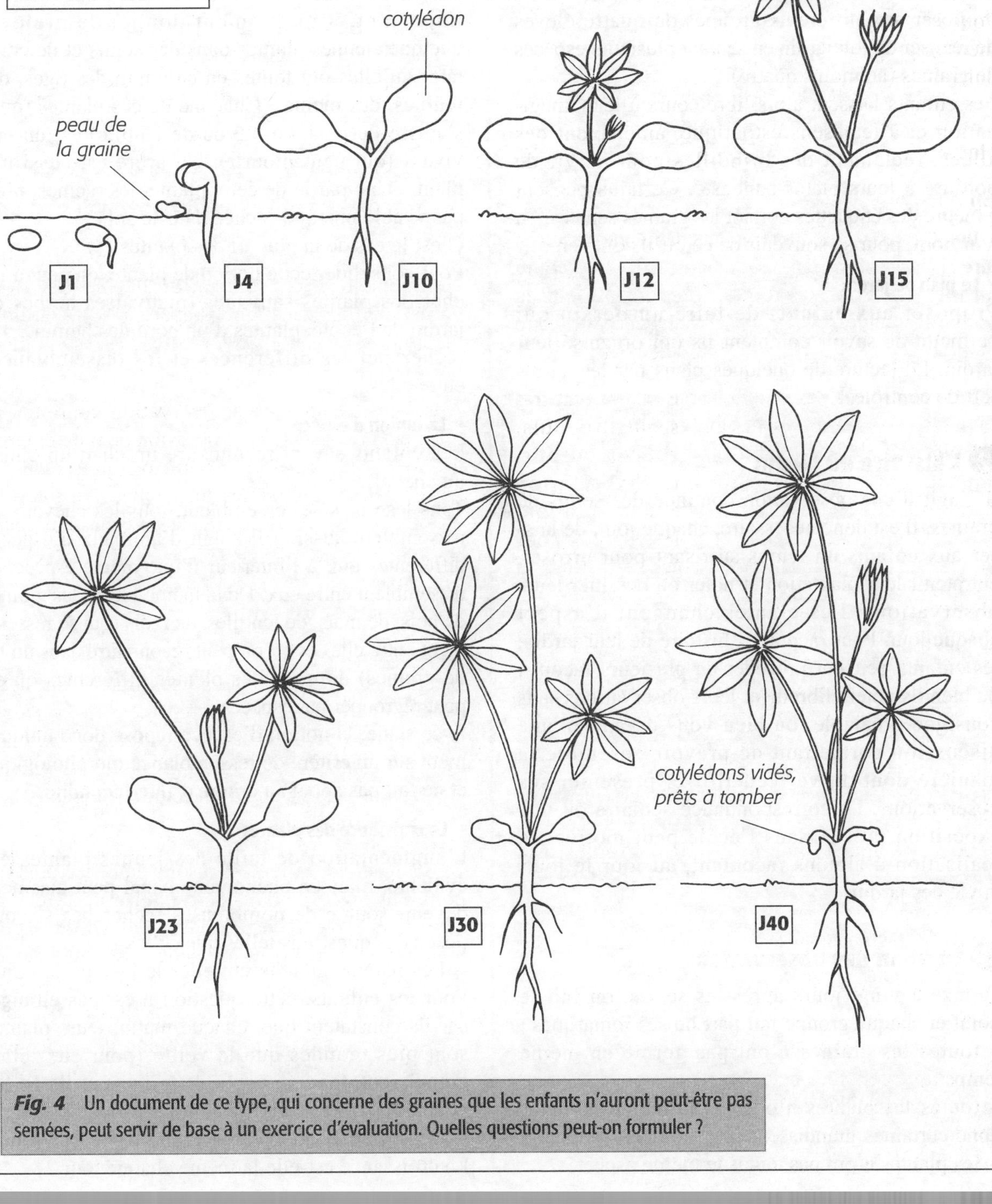

Fig. 4 **Un document de ce type, qui concerne des graines que les enfants n'auront peut-être pas semées, peut servir de base à un exercice d'évaluation. Quelles questions peut-on formuler ?**

• **La terre**

L'étude de la reproduction des plantes doit commencer par la réalisation de semis dans des conditions aussi proches que possible de celles des cultures de jardinier. On évitera donc de semer dans du coton hydrophile humide, sur du papier humide… On utilisera un mélange de terre fine, de sable et de terreau.

• **Les semis**

Mettre à la disposition des enfants le mélange de terre et de sable, des cuillères, un arrosoir d'eau, des graines, des récipients divers, une éponge ; proposer aux différents groupes de quatre élèves de réaliser un joli jardin en semant plusieurs espèces de graines (au moins quatre).

Les enfants laissent alors libre cours à leur imagination et à leur sens esthétique, aménagent des allées, réclament des brindilles pour servir de bordure à leurs plates-bandes… Certains pensent à mettre des étiquettes portant les graines semées, ou leur nom, pour se souvenir de ce qu'ils ont semé…

• **Le plan du jardin**

Proposer aux enfants de faire un dessin qui permette de savoir comment ils ont organisé leur jardin. La lecture de quelques plans par les autres sert de contrôle.

2 L'histoire du jardin

Il s'agit d'une observation continue des semis de graines. Il est donc nécessaire, chaque jour, de laisser aux enfants un temps suffisant pour arroser, entretenir leur plantation et noter ou dessiner leurs observations. Les plantes changent d'aspect chaque jour. Pour raconter l'histoire de leur jardin, les enfants peuvent procéder de plusieurs façons : ou bien ils notent librement leurs observations sans consigne préalable, ou bien vous organisez une discussion permettant de prévoir ensemble la manière dont on va recueillir et présenter ses observations. La correspondance scolaire ou une exposition prévue dans l'école peut motiver la réalisation d'albums racontant, au jour le jour, la vie des jardins.

3 Le bilan des observations

Quinze à vingt jours après les semis, on fait le point et chaque groupe fait part de ses remarques :
– toutes les graines n'ont pas germé en même temps ;
– toutes les plantes n'ont pas la même hauteur, donc certaines grandissent plus vite que d'autres ;
– les plantes n'ont pas toutes le même aspect.

À partir de l'observation continue des semis, de nombreux problèmes sont ainsi soulevés et relancent les activités.

Le document de la ***figure 4*** peut servir de bilan de l'observation continue.

4 De nouvelles recherches à entreprendre

• **Qu'est-ce qu'une plante ?**

Les enfants savent qu'un chat, un chien… sont des animaux, mais le sens du mot plante leur est généralement inconnu. Si vous leur présentez une plante, ils disent : « c'est une fleur ». Il est donc important, à un moment donné, de prélever quelques jeunes plantes dans des semis et de constater qu'elles ont toutes en commun des tiges, des feuilles, des racines. Chacune de ces plantes (qu'il s'agisse de pois, de blé ou de lentille) est un être vivant (qui peut mourir). Un arbre est aussi une plante. Une partie de cette plante, les racines, n'est pas visible puisque cachée dans le sol.

C'est le cas de la plupart des plantes.

Pour consolider cette notion de plante, on peut arracher des plantes sauvages (mauvaises herbes du jardin de l'école, plantes d'un bord de chemin…) et rechercher les différences et les ressemblances entre elles.

• **La notion d'espèce**

Les enfants savent reconnaître un chat, un chien, un cheval…

Tous les chats se ressemblent, tous les chevaux se ressemblent aussi… Il s'agit d'animaux d'espèces différentes qui, à l'intérieur d'une même espèce, se ressemblent entre eux. De la même façon, les graines de pois, de maïs, de lentilles, de radis (qui se ressemblent entre elles et qu'on peut reconnaître dans un lot de graines) donnent des plantes différentes qu'on peut regrouper par espèces.

À ce stade, la notion d'espèce repose donc uniquement sur un critère de ressemblance morphologique et ne fait pas appel au critère d'interfécondité.

• **La croissance des plantes**

L'augmentation de taille des jeunes plantes est évidente, mais ce phénomène banal peut aisément devenir source de nombreuses recherches si vous posez des questions telles que celles-ci :
– Les plantes grandissent-elles le jour ou la nuit ? Pour les enfants, cette question n'est pas étrange, car ils constatent que, chaque matin, leurs plantes sont plus grandes que la veille (pour eux, elles grandissent donc au cours de la nuit) et ils ne les voient pas grandir au moment où ils les observent.
– De combien une plante grandit-elle par jour ? La croissance est-elle la même chaque jour ?

La naissance d'un chêne

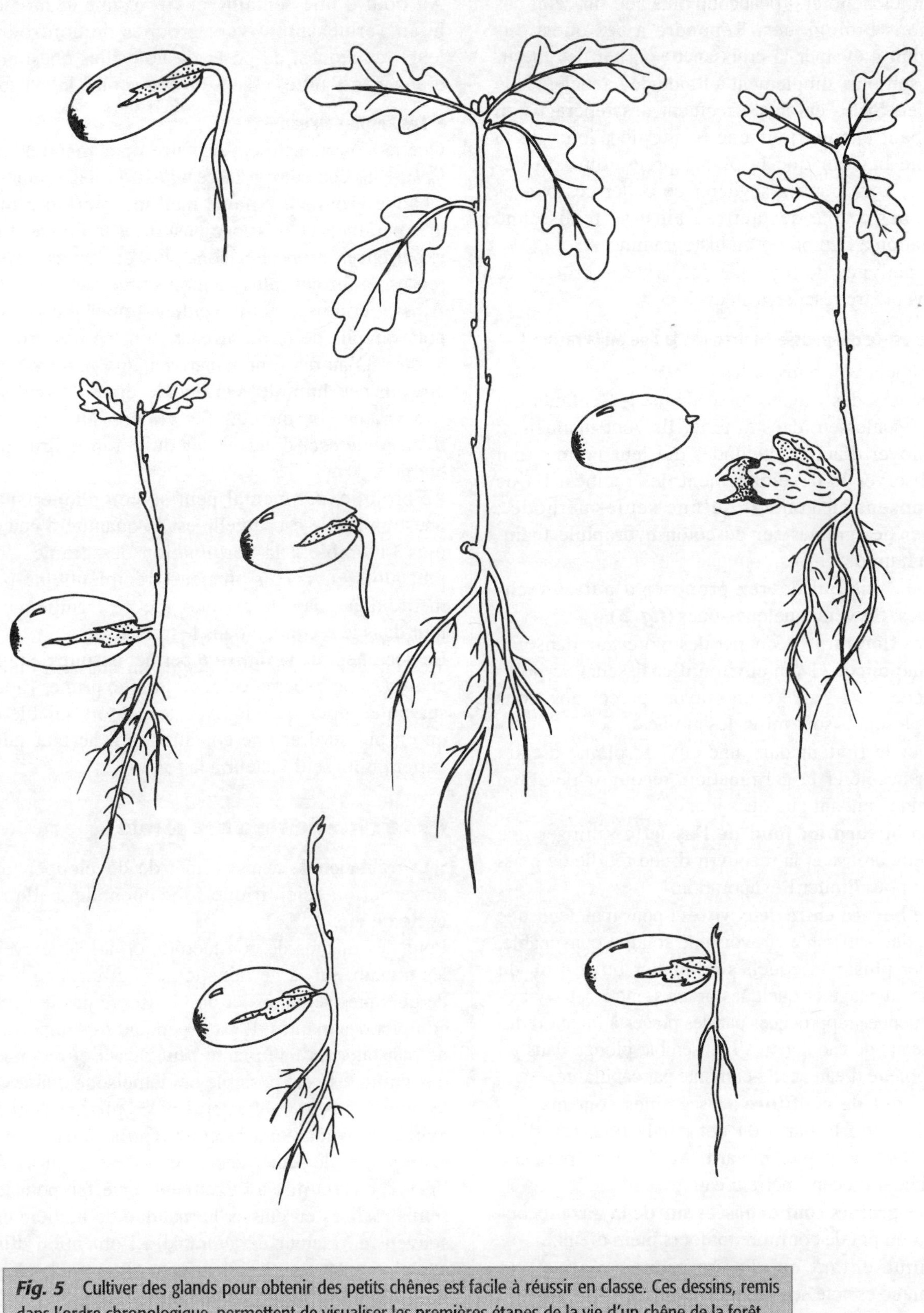

Fig. 5 Cultiver des glands pour obtenir des petits chênes est facile à réussir en classe. Ces dessins, remis dans l'ordre chronologique, permettent de visualiser les premières étapes de la vie d'un chêne de la forêt.

Cette nouvelle recherche, qui peut s'étendre sur une dizaine de jours, est intéressante sur le plan de la méthode – à imaginer, à mettre en œuvre, à critiquer, à améliorer – beaucoup plus que sur celui des notions biologiques. Répondre à ces questions conduit à évaluer la croissance soit par des mesures, soit plus simplement à l'aide de bandelettes de papier. Si les enfants effectuent des repérages en coupant chaque jour une bande de papier de la même hauteur que la plante prise comme référence, vous pouvez suggérer de coller ces bandes les unes à côté des autres ; ainsi se réalise une initiation à l'emploi d'un histogramme.
Ces activités de repérage précis de la croissance peuvent être réservées au cycle 3.

- **Qu'est-ce qui pousse en premier, la tige ou la racine ?**

Comment voir pousser les racines ?
Au cours des travaux précédents, les enfants ont semé seulement dans la terre. Ils vont maintenant employer d'autres méthodes qui leur permettront d'observer le développement des racines. Ils ne proposent en général qu'une seule méthode : semer des graines sur du coton hydrophile maintenu humide.
C'est vous qui devrez proposer d'autres techniques. En voici quelques-unes (***fig. 3***).
– Les **flotteurs** : découper des morceaux dans une plaque mince (1 cm environ d'épaisseur) de polystyrène et, à l'aide d'un crayon, percer des trous dans lesquels sont mises les graines.
Placer le flotteur dans une cuvette pleine d'eau ; pour accélérer la germination, recouvrir de coton humide pendant quelques jours.
– Le **buvard au fond de l'assiette** : utiliser une assiette creuse et la recouvrir d'une feuille de plastique pour limiter l'évaporation.
– Le **buvard entre deux vitres** : pour maintenir une humidité suffisante et avoir une solidité convenable, placer plusieurs couches de papier buvard ou du papier ménage et quelques graines entre deux vitres maintenues rapprochées par des pinces à linge ou des bracelets de caoutchouc. L'ensemble plonge dans un centimètre d'eau ; celle-ci monte par capillarité.
– Le **pot de confiture** : les graines sont maintenues contre la paroi du pot par la pression d'un manchon de papier buvard. Au fond du pot, une couche d'un centimètre d'eau.
– Les **graines sont déposées sur de la gaze** recouvrant un pot de confiture toujours plein d'eau.
Chaque enfant ou chaque groupe réalise son montage et note ses observations :
– par un dessin aussi fidèle que possible et grandeur nature ;
– par une marque au crayon-feutre sur le verre du pot de confiture ou de la vitre ; elle permet de visualiser la croissance des racines.
Au bout d'une semaine environ, une séance de bilan permet aux divers groupes de confronter leurs remarques, de poser de nouvelles questions, d'engager d'autres essais, en classe ou à la maison.

- **Les besoins en eau**

Quelle expérience peut-on faire pour montrer que l'eau est nécessaire à la germination des graines ?
Chaque groupe d'enfants met au point un projet d'expérience et l'expose ensuite à la classe. Les expériences proposées sont plus ou moins rigoureuses, les projets plus ou moins précis.
Ainsi, certains enfants veulent semer dans deux pots remplis de terre, arroser l'un, ne pas arroser l'autre. D'autres font remarquer que la terre peut être un peu humide. On décide donc de réaliser l'expérience en mettant des graines sur du coton hydrophile sec, d'autres sur du coton hydrophile humide.
Le projet expérimental peut se compliquer si la question posée est : quelle est la quantité d'eau la plus favorable à la germination des graines ? Il faut alors envisager plusieurs récipients, ne pas mettre d'eau dans le premier, mettre 1 cuillère par jour dans le second, 5 dans le troisième…
Le document de la ***figure 6*** permet ensuite de faire analyser une expérience et de faire exprimer l'idée suivante : pour qu'une expérience soit valable et qu'on puisse tirer une conclusion, il ne faut faire varier qu'un seul facteur à la fois.

5 Le cycle de vie d'une plante

- **La réalisation de semis** permet de développer une autre notion scientifique fondamentale, celle de **cycle de vie**.

Pour des raisons de commodité, on arrête souvent les travaux sur la germination des graines au bout de quelques semaines et on n'observe pas le cycle complet des plantes. Il est cependant très important de constater qu'une plante peut fleurir et redonner des graines. C'est possible et même souhaitable de le faire à condition de choisir des plantes dont le cycle est relativement court (pois, haricot par exemple) et de semer ces graines dans le jardin de l'école, c'est-à-dire à l'extérieur ; en effet, pour les semis réalisés en classe, le manque de lumière est souvent un facteur défavorable à l'obtention d'un cycle complet ; on l'obtient cependant si on place les plantes très près d'une fenêtre.
À partir des dessins qu'ils ont pu réaliser, les enfants reconstituent le cycle de vie de leurs plantes.

Toutes les graines germent-elles ?

Philippe et Catherine pensent que, pour obtenir rapidement de belles germinations, il faut de l'eau et une température suffisante. Chacun sème des graines de pois. Quinze jours plus tard, Philippe conclut :

« Mon expérience me permet d'affirmer que les graines de pois ont besoin d'eau pour germer. » Catherine lui rétorque : « Ton expérience ne prouve rien. »

Expériences de Philippe

Conditions	Résultats
1. Arrosage régulier 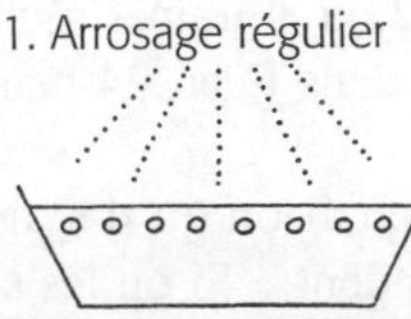 dans la classe (20 °C)	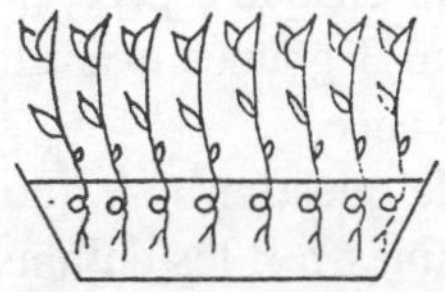
2. Pas d'arrosage 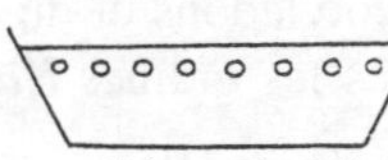 dehors (5 °C)	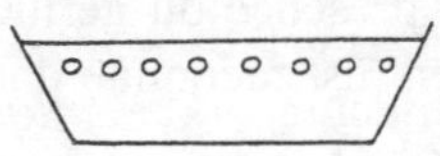

Expériences de Catherine

Conditions	Résultats
1. Arrosage régulier 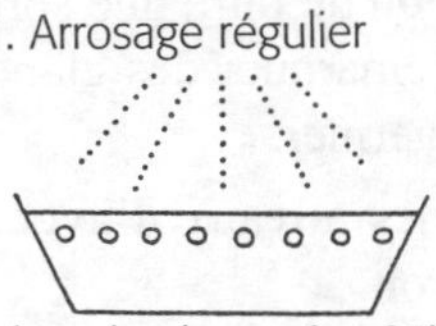 dans la classe (20 °C)	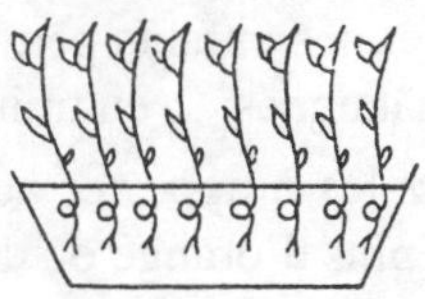
2. Pas d'arrosage 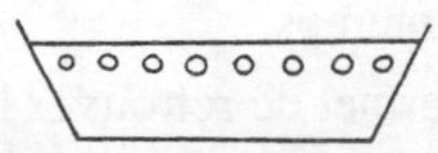 dans la classe (20 °C)	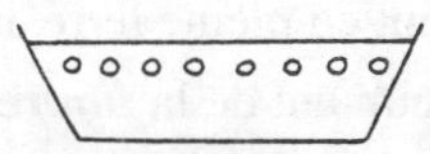
3. Arrosage régulier 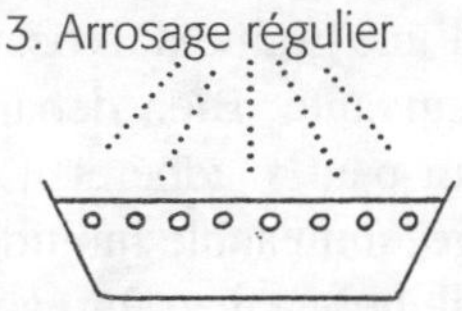 dehors (5 °C)	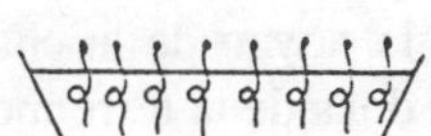

1. Quelles conclusions Catherine peut-elle tirer de ses expériences (compare-les deux à deux) ? Les semis ont été faits à la même profondeur, dans la même terre, dans des pots identiques placés dans les mêmes conditions d'éclairement.

Les expériences de Catherine	diffèrent par…	donnent comme résultats	Conclusion
1 et 2	l'arrosage	les graines • germent en 1 • ne germent pas en 2	À 20 °C, les graines ont besoin d'eau pour germer
1 et 3			
2 et 3			

2. Compare de la même façon les deux expériences de Philippe. Peut-on tirer une conclusion quand deux conditions varient à la fois ?

3. Quelles expériences proposes-tu pour savoir si la lumière est nécessaire à la germination des graines ?

Fig. 6 Au cours de leurs activités scientifiques d'investigation et pour répondre à une question posée, les élèves sont parfois conduits à imaginer des expériences leur permettant de mettre à l'épreuve les hypothèses formulées. Ils apprennent alors qu'on ne peut comparer les résultats de deux expériences qu'à la condition qu'elles ne diffèrent l'une de l'autre que par un seul caractère. Ce document permet de vérifier ou de consolider cette acquisition fondamentale.

La notion scientifique acquise par cette activité s'exprime ainsi : une plante qui naît de la germination d'une graine, fleurit, donne des graines puis meurt. Elle accomplit son cycle de vie.

B La naissance d'un arbre

• **Souvent, à l'automne,** les enfants apportent en classe des glands, des châtaignes, des marrons... Si, de plus, vous avez l'occasion de faire une sortie en forêt, les enfants peuvent remarquer des glands, des châtaignes, ... en train de germer.

Invitez-les à apporter aussi des noyaux d'avocat, des pépins d'orange ou de citron...

Ces diverses graines, ainsi que celles de pin, de cyprès, d'érable... germent très bien en classe. Vos élèves obtiennent ainsi de jeunes plants qu'ils mettront en pleine terre au printemps.

Le document de la ***figure 5*** permet de retrouver les observations réalisées et de les compléter.

• **Pour obtenir** la germination d'une graine d'avocat, il faut procéder de la façon suivante. Bien débarrasser le noyau de la chair qui peut y adhérer. Le placer dans de la terre mélangée à du sable humide (ou simplement dans l'eau), la pointe vers le haut et le tiers supérieur du noyau dépassant la surface.

Quand les premières feuilles sont développées, mettre dans un pot avec de la terre sableuse, en prenant soin de ne pas léser les jeunes racines au cours de l'opération. Si la graine ne germe pas, c'est qu'elle a perdu son pouvoir germinatif ; celui-ci est de durée très courte, mais les avocats sont le plus souvent cueillis avant leur maturation, la graine est à peine mûre au moment où vous consommez le fruit. L'avocatier que vous obtenez pousse vite ; pour le conserver, placez-le dans une pièce claire et arrosez-le très régulièrement.

• **Pour conserver plus longtemps** les plantations et éviter les arrosages quotidiens, il existe un moyen efficace de fabriquer des bacs à réserve d'eau.

Deux bacs en polystyrène sont superposés : le récipient inférieur contient la réserve d'eau, le supérieur a son fond tapissé par un tissu (de fibres synthétiques pour éviter le pourrissement), qui sort par des fentes et plonge dans l'eau. Vous garnissez le bac supérieur de terre. L'alimentation en eau de la terre se fait par l'intermédiaire du tissu qui joue le rôle de mèche. L'arrosage consiste à remplir le bac inférieur dès qu'il est vide.

C À quoi reconnaît-on une graine ?

Il ne s'agit pas d'identifier des espèces mais d'affiner la notion de graine. Après avoir réalisé des semis, les enfants ont une **notion biologique** de la graine (« ça pousse quand on la met dans la terre »). Ils vont maintenant en découvrir l'**organisation**. Pour acquérir le concept général de graine, il faut travailler sur des graines diverses et non sur des graines d'une seule espèce.

• **Chaque groupe d'enfants** a à sa disposition tout un assortiment de graines (lentille, pois, fève, haricot, pépin de pomme, de citron, de melon, de citrouille, graine de tournesol...). On évitera des graines dont l'interprétation est plus difficile (maïs, blé, avoine...). Pour chaque espèce, prévoir 2 ou 3 graines sèches et 2 ou 3 graines ayant trempé dans l'eau 24 heures à l'avance.

À la question « À quoi reconnaît-on qu'il s'agit de graines ? », les enfants répondent « Si on les sème, ça va pousser ».

Proposez-leur de décortiquer les différentes graines et de rechercher les ressemblances et les différences. La présence du germe, des cotylédons et du tégument est reconnue dans toutes les graines (***fig. 1***).

• **Il ne faut pas se contenter** d'analyser l'organisation d'une graine, il faut relier cette organisation à la biologie de la graine en posant la question : « Quelle partie de la graine grandit au cours de la germination ? »

D Les plantes voyagent

Ce sujet concerne la dispersion des semences. Pour l'aborder, il est souhaitable d'organiser une brève sortie au bord d'un chemin à proximité de l'école lorsque sa situation le permet.

L'objectif est alors de ramasser le plus grand nombre possible de semences différentes et de préciser leur mode de dispersion (en soufflant sur certaines, en les plaçant en l'air...). Si la sortie hors de l'école n'est pas réalisable, on se contentera de récolter quelques semences sur les arbres et arbustes de la cour de l'école (tilleul, érable, buisson ardent, troène...), de rechercher leur mode de dispersion et de demander aux élèves d'enrichir la récolte au cours d'une promenade familiale. L'objectif n'est pas d'identifier les semences, c'est-à-dire de connaître le nom de la plante sur laquelle tel

échantillon a été récolté, mais de découvrir les **différents modes de dispersion de ces semences** et de réfléchir aux conditions qui leur permettent d'effectuer le plus long voyage.
Les semences ainsi ramassées sont classées par catégories et collées avec du ruban adhésif sur un panneau d'affichage ou sur une feuille de cahier (celles qui « font de l'auto-stop » en s'accrochant à la fourrure des animaux, celles qui « font du vol à voile », celles qui tombent tout simplement).

E Des graines n'ont pas germé. Pourquoi ?

Ce travail prend naissance à la suite d'échecs rencontrés au cours de la réalisation des plantations ou de constats faits après le développement des semis.
Cette activité présente des difficultés car il s'agit d'étudier l'action de certains facteurs externes (eau, température, lumière…) sur la germination et la croissance des plantes. Il ne faut pas poser le problème globalement, c'est-à-dire sous la forme « Comment faut-il semer des graines pour qu'elles germent bien ? », mais initier les élèves à la méthode expérimentale :
– formuler clairement le problème posé ;
– étudier l'action d'un seul facteur à la fois ;
– proposer une expérience simple et son expérience témoin…
Il est préférable de réserver ce travail au cycle 3 et peut être de ne faire travailler que sur un seul facteur : Quelle est la quantité d'eau la plus favorable à la germination des graines ? La réponse ne sera valable que pour une espèce donnée, dans des conditions de température et d'ensoleillement très précises.
Le document de la ***figure 6*** peut être utilisé de deux manières différentes :
– avant la mise en œuvre d'expériences, pour insister sur la rigueur expérimentale ;
– après la recherche sur des projets d'expériences à réaliser, pour contrôler que les enfants ont bien compris qu'on ne peut faire varier qu'un seul paramètre à la fois. Cet exercice est plutôt réservé à des élèves de CE2 (d'un bon niveau) ou à des CM.
Le document propose l'analyse critique d'expériences :
Catherine pourra tirer des conclusions alors que Philippe ne peut en tirer aucune. En effet, les graines du pot n° 2 de Philippe n'ont pas germé, mais il ne peut savoir si la cause en est l'absence d'arrosage ou une température trop basse. En revanche, la comparaison entre les expériences 1 et 2 de Catherine permet d'affirmer que l'eau est nécessaire à la germination. La comparaison entre 1 et 3 montre qu'à une température basse (5 °C), la germination a bien lieu, mais que la croissance des plantes est alors beaucoup plus lente qu'à une température plus élevée (20 °C par exemple).
La question n° 2 oblige à formuler clairement la condition nécessaire pour que la conclusion d'une expérience puisse être tirée. La question n° 3 amène à formuler un nouveau projet expérimental et ainsi à évaluer les compétences méthodologiques acquises après le travail sur la question n° 1.

Notions visées à l'école élémentaire

• Beaucoup de végétaux naissent à partir de graines qui germent et donnent de nouvelles plantes.

• Dans toutes les graines, on trouve une petite plante miniature, l'embryon, entouré de « sacs » contenant des réserves (ce sont les **cotylédons**).

• Lors de la germination d'une graine, la plantule qu'elle contient grandit et devient la nouvelle plante. Au cours de ces transformations, les cotylédons se flétrissent car la jeune plante utilise, pour grandir, les **réserves** de nourriture qu'ils contiennent.

Mots-clés
• graine
• germination
• embryon
• réserves nutritives

Chapitre 6

Comment se forment les graines ?

Dès l'école maternelle, les enfants sèment des graines et voient naître et grandir des plantes. Ils « jouent au jardinier » et découvrent beaucoup de choses sur la vie des plantes qu'ils cultivent (pois, blé, maïs, fève...). D'où viennent les graines ainsi semées ? À ce stade, ils ne se posent même pas la question.

La plupart des enfants savent que « les fleurs de cerisier deviennent des cerises » et que « les fleurs de pommier deviennent des pommes ». Mais, si vous leur posez la question : « Que devient une fleur de tulipe ? », ils répondent « La tulipe se fane, les pétales tombent et il n'y a que la queue qui reste ». Les enfants ne connaissent donc pas le rôle des fleurs dans la formation des graines. C'est un sujet d'étude indispensable qui peut être abordé en CE1 ou en CE2.

Informations pour l'enseignant

Pour voir « naître » des plantes, il suffit de semer des graines. À première vue, cette reproduction semble différente de celle des animaux. Chez ces derniers, en effet, le nouvel être vivant se forme à partir d'un œuf et a donc un père et une mère alors que chez les plantes à fleurs, pour obtenir des graines, il suffit en général d'une seule plante. Pourquoi parle-t-on alors de **reproduction sexuée** ?

1 De la fleur au fruit et à la graine

Quelques jours après la floraison, une **fleur** de cerisier (***fig. 1***) ou de pois (***fig. 2***) ou de tulipe… se fane et se transforme en **fruit** qui contient une ou plusieurs graines.

Le mot fruit évoque communément un organe charnu et sucré, qui se mange en dessert, tel que la cerise, le raisin, la pomme…

En réalité, les botanistes appellent **fruit** l'organe qui contient la (ou les) **graine(s)** et qui provient du développement d'une partie de la fleur (le pistil).

Ainsi, le fruit du pavot ou celui de la tulipe est un organe sec, non consommable.

2 Qu'est-ce qu'une fleur ?

En dépit de leur diversité apparente, les fleurs présentent une même organisation (***fig. 1*** et **2**).

Les pièces florales, disposées à l'extrémité de l'axe appelé le **pédoncule floral**, sont :

– les **sépales**, formant le **calice** ;
– les **pétales**, formant la **corolle** ;
– les **étamines** ;
– le **pistil**.

• **Chaque étamine présente** à l'extrémité du filet une partie renflée, l'anthère. À maturité, l'**anthère** s'ouvre par deux fentes et libère une poudre jaune formée d'une multitude de **grains de pollen** microscopiques.

• **Le pistil est constitué** d'un **ovaire** surmonté d'un **style** lui-même terminé par un **stigmate**. L'ovaire contient un ou plusieurs **ovules**.

Que devient une fleur de cerisier ?

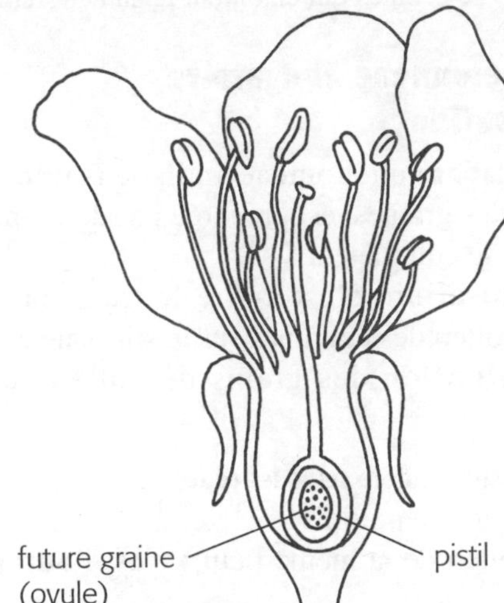

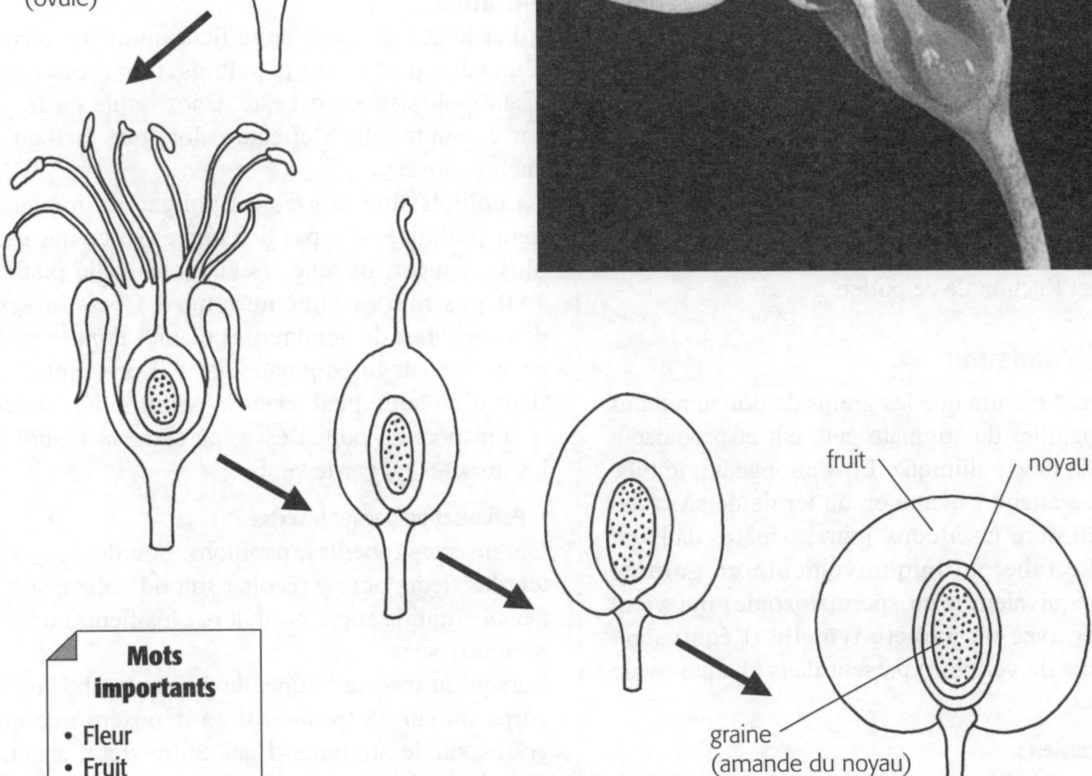

Mots importants

- Fleur
- Fruit
- Pistil
- Ovule
- Graine

Lorsqu'une fleur de cerisier fane, elle ne disparaît pas complètement : son pistil se transforme en fruit (cerise). L'ovule contenu dans le pistil devient alors la graine.

Fig. 1 Que représentent ces dessins ? Quelle pourrait être la place de ce document dans une démarche d'investigation ? En quoi permettent-ils de répondre à la question : d'où viennent les graines ?

❸ Toutes les fleurs sont-elles semblables ?

Bien qu'ayant la même organisation, les fleurs présentent des différences : nombre de sépales, de pétales, d'étamines, forme du pistil, pièces florales soudées ou non… (***fig. 3***).
D'autre part, certaines plantes (le chêne, le noisetier, le blé…) produisent des graines et apparemment ne fleurissent pas. En réalité, ces plantes portent aussi des fleurs mais celles-ci n'ayant pas de pétales vivement colorés peuvent passer inaperçues.

Chez certaines plantes, le chêne par exemple, il existe deux sortes de fleurs :
– des fleurs à étamines sans pistil ;
– des fleurs à pistil sans étamines. Ces dernières seules produisent des fruits et des graines.

❹ Des expériences pour comprendre le rôle du pollen

Le pistil d'une fleur se transforme en fruit ; durant le même temps, les ovules qu'il contenait deviennent des graines. Les autres parties de la fleur ont-elles un rôle ?
Les expériences présentées sur la ***figure 4*** montrent qu'une fleur ne produit des graines que si le pollen d'une autre fleur **de la même espèce** se dépose sur le stigmate du pistil.
Quelle est l'action de ce pollen ?

❺ La fécondation

La ***figure 4*** montre que les grains de pollen retenus par les papilles du stigmate germent et produisent chacun un tube pollinique. En s'allongeant, le tube pollinique atteint l'ovaire et, au terme de sa croissance qui dure un à deux jours, pénètre dans un ovule. Le tube pollinique véhicule un **gamète mâle** (l'équivalent d'un spermatozoïde) qui vient fusionner avec un **gamète femelle** (l'équivalent d'un ovule de vertébré) présent dans chaque ovule de la fleur.

• **En conclusion :**
Pour qu'un « ovule » se transforme en graine, il doit être fécondé. On retrouve dans cette fécondation, à quelques différences près dans les mécanismes, les mêmes faits que pour la fécondation animale :
– il y a union d'un gamète mâle et d'un gamète femelle avec formation d'une cellule œuf ;
– la cellule œuf formée se divise et donne naissance au germe, c'est-à-dire au nouvel individu.
Les étamines, productrices de pollen, sont donc les **organes mâles** de la fleur ; le pistil, qui renferme les « ovules », est l'**organe femelle** et la reproduction par graines est une **reproduction sexuée**.

Remarque
Le mot « ovule » n'a pas exactement le même sens chez les animaux et chez les plantes. Dans le premier cas, l'ovule est le gamète femelle ; dans le second cas, c'est un ensemble de cellules qui entourent le gamète femelle.

❻ Un phénomène obligatoire : la pollinisation

• **La fécondation,** phénomène indispensable à la formation des graines, est préparée par deux mécanismes qui se complètent :
– la **pollinisation**, c'est-à-dire le transport des grains de pollen des étamines sur le stigmate ;
– la **germination** des grains de pollen sur le stigmate.

• **La pollinisation diffère selon les espèces.**
Le pistil peut être pollinisé :
– par le pollen de la même fleur : c'est l'**autopollinisation** ;
– par le pollen d'une autre fleur du même pied ou d'un autre pied : c'est la **pollinisation croisée**.
L'autopollinisation est rare. Chez le blé ou le pois par exemple, elle s'effectue alors que la fleur est encore close.
La pollinisation croisée est obligatoire lorsque la fleur pollinisée n'a pas d'étamine ou, ce qui est le plus fréquent, lorsque les étamines et le pistil ne sont pas mûrs en même temps. C'est la seule possible chez de nombreuses plantes dont le pollen ne germe sur un stigmate que s'il provient d'une fleur d'un autre pied. Dans la pollinisation croisée, le transport du pollen est généralement assuré par les insectes ou par le vent.

• **Pollinisation par les insectes**
Les insectes (abeilles, papillons, bourdons…) visitent les fleurs pour y récolter soit du pollen, soit du nectar (liquide sucré produit par les fleurs) dont ils se nourrissent.
Lorsqu'un insecte butine, du pollen tombe sur son corps ou sur sa trompe. Il en déposera quelques grains sur le stigmate d'une autre fleur, assurant ainsi la pollinisation. Dans son territoire de récolte, chaque abeille ne visite que des **fleurs de même espèce**, ce qui garantit l'efficacité de la pollinisation. Elle sait donc distinguer ces fleurs de toutes les autres.
Tout se passe comme si les **fleurs affichaient ostensiblement leur identité** : en effet la forme, la couleur, le parfum sont caractéristiques de chaque espèce de fleur. La corolle est généralement l'élément principal du **« système de signalisation »**.
Certaines fleurs, notamment celles dont l'ouverture est très étroite, présentent sur un fond coloré

Les ovules deviennent des graines

■ L'observation d'une fleur de pois

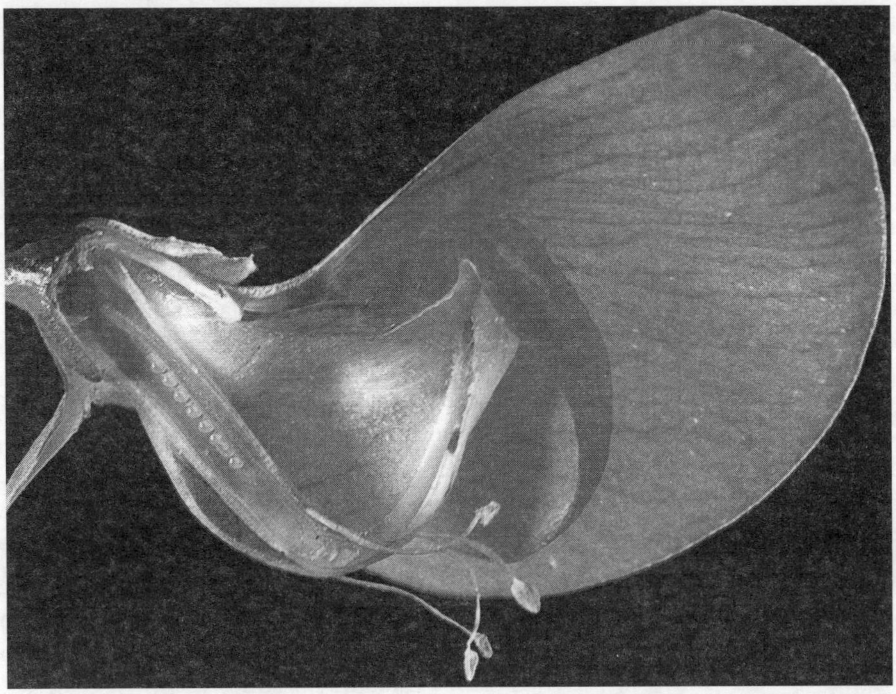

■ L'histoire d'une fleur de pois

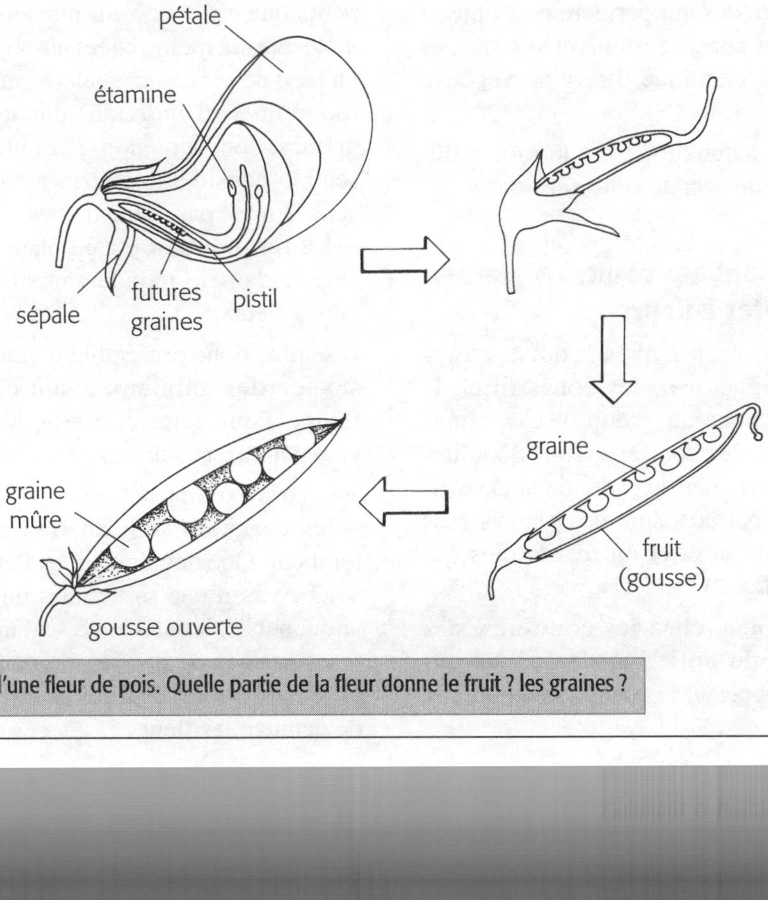

Fig. 2 L'histoire d'une fleur de pois. Quelle partie de la fleur donne le fruit ? les graines ?

une tache de couleur différente, dont la fonction est de guider l'insecte vers l'intérieur où se trouve le nectar. Chez le marronnier, cette « marque indicatrice de nectar » vire même du jaune au pourpre lorsque la production de nectar est tarie ; les insectes « savent » alors que la fleur ne mérite plus d'être visitée.

• **Pollinisation par le vent**

Certaines fleurs comme celles des graminées, du pin, du noisetier, du saule... dépourvues de corolle, ne secrètent pas de nectar et, de ce fait, ne sont pas visitées par les insectes. Leurs étamines libèrent une grande quantité de pollen que le vent transporte au hasard, parfois très loin.

Dans ces conditions, chaque grain de pollen a peu de chances de tomber sur un stigmate où il puisse se développer ; l'abondance du pollen compense les pertes.

Les grains de pollen transportés par le vent sont soit très petits et très légers comme ceux des graminées, soit munis de deux ballonnets remplis d'air comme le pin et le sapin.

7 Des fruits sans graines

Il existe des fruits sans graines (citrons, clémentines, tomates...) ou dont les graines sont avortées (banane, fruit-à-pain...). Les agronomes cherchent à en obtenir parce qu'ils sont plus agréables à consommer. La fécondation n'est donc pas absolument nécessaire à la transformation de l'ovaire en fruit. L'une des méthodes qui permettent d'obtenir des fruits sans pépin consiste à pulvériser sur des fleurs une substance chimique d'origine végétale (appelée auxine).

Dans les conditions naturelles, c'est le tube pollinique en croissance qui secrète cette substance.

8 Les conifères sont des plantes à graines mais pas des plantes à fleurs

Le pin, le cèdre, l'épicéa, le cyprès... ont des fruits formés d'écailles ligneuses : les cônes (d'où le nom de conifères donné au groupe). Ces cônes libèrent des graines : les conifères sont donc des plantes à graines. Mais, dans le cadre de la classification actuelle, les conifères sont des plantes sans fleurs. Les fleurs ont en effet un ovaire clos qui contient les ovules (***fig. 2***).

Cependant, il y a bien, chez les conifères, des cônes qui libèrent du pollen et des cônes qui portent les ovules, rappelant les fleurs de nombreux feuillus.

• **En résumé**

La reproduction sexuée des plantes à fleurs est caractérisée par la **fécondation**, c'est-à-dire l'union d'un gamète mâle (qui provient du grain de pollen) et d'un gamète femelle (situé dans l'ovule). L'œuf qui résulte de cette union est le point de départ du nouvel individu : il donne le germe de la graine, puis la nouvelle plante quand la graine germe.

Des activités possibles

• **Quand un enfant du cours préparatoire** sème des graines et voit grandir de jeunes plantes, il fait des observations sur la reproduction des plantes. Mais il ignore ce qu'est une graine et d'où viennent les graines. En d'autres termes, il ne sait pas qu'il s'agit d'une étape de la reproduction sexuée.

Au Cours Élémentaire, de nouvelles observations viendront enrichir ses connaissances :
– la transformation de la fleur en fruits contenant des graines (l'origine des graines est alors connue) ;
– le rôle du pollen dans la formation des graines (une comparaison avec la reproduction des animaux est alors possible).

• **Il est plus facile d'étudier la reproduction sexuée des animaux que celle des plantes à fleurs :**
– **Chez les animaux,** chaque individu a un père et une mère (une souris femelle ne peut avoir des petits que s'il y a, à un moment donné, une souris mâle dans la même cage) alors que chez les plantes, un pied de pois et un seul, un unique pied de haricot (donc un seul individu) donnent naissance à des graines, donc à de nouvelles plantes. La différence semble considérable et la notion de reproduction sexuée n'est pas évidente.
– **La fécondation** est un phénomène plus facile à décrire dans le monde animal que chez les végétaux à fleurs.

Il semble donc préférable d'étudier la reproduction sexuée des animaux avant celle des plantes à fleurs. Pour cette dernière, les points de départ peuvent être très divers.

Voici des exemples :
– les cerisiers sont en fleurs, puis les pétales tombent. Que deviennent les fleurs ?
– au cours d'une sortie dans un champ ou dans un jardin public, les élèves ne sont intéressés aux fleurs ;
– les graines de haricot, de pois... semées dans la classe ont poussé et les plantes fleurissent. Que deviennent les fleurs ?

Toutes les fleurs donnent des graines

■ La tulipe

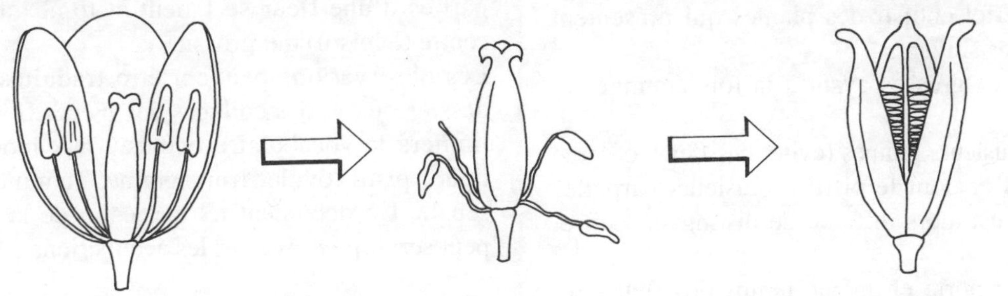

■ Le coquelicot

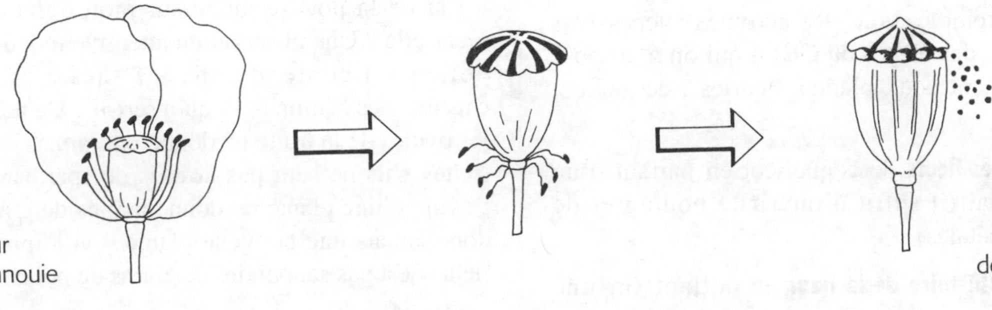

■ La giroflée

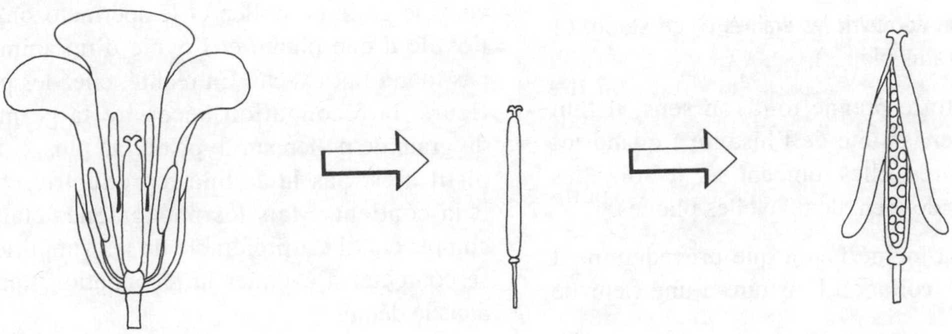

■ Le mouron

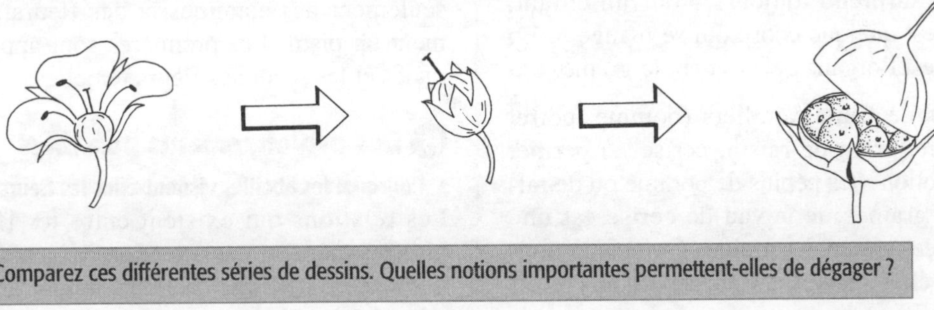

Fig. 3 Comparez ces différentes séries de dessins. Quelles notions importantes permettent-elles de dégager ?

❶ Que deviennent les fleurs ?

Selon la saison et la région, les enfants du CE1 ou du CE2 peuvent répondre à cette question si vous leur proposez des espèces végétales telles que tulipe, coquelicot, genêt, pois de senteur…

Il faut en effet choisir des plantes qui présentent les caractères suivants :
– fleurs assez grosses ayant à la fois étamines et pistil ;
– pistil à plusieurs graines (éviter des fleurs comme le bouton d'or dont le pistil a plusieurs carpelles séparés ; il est alors difficile de distinguer fruit et graine) ;
– plante qui porte en même temps des fleurs (et même des boutons floraux) et des fruits bien formés ; il sera ainsi possible de mettre côte à côte tous les stades.

À titre d'exemple, voici les activités successives réalisées par des élèves du CE1 à qui on a proposé successivement deux plantes fleuries : coquelicot et genêt.

• **« Faire » des fleurs** de coquelicot en partant d'un bouton floral (il suffit d'ouvrir le bouton et de déplier les pétales).

• **Raconter l'histoire de la fleur** en collant sur une feuille de papier les stades successifs, du bouton à la fleur épanouie et de la fleur épanouie à la « boîte à graines ».

• **Ouvrir le fruit et découvrir les graines** (à ce stade, ce sont de petits grains blancs).

Pour que l'histoire prenne tout son sens, il faut bien sûr évoquer la suite de l'histoire : quand les graines sont mûres, elles tombent sur le sol, elles germent et elles donnent de nouvelles plantes.

• **Raconter,** de la même façon que précédemment (c'est-à-dire par **collage**), l'histoire d'une fleur de genêt.

• **Dessiner** le fruit du coquelicot et celui du genêt (les graines sont ici visibles par transparence).

Le mot fruit surprend toujours. Pour un enfant, « un fruit, c'est quelque chose qui se mange ». En botanique, c'est l'organe qui contient la graine.

• **L'observation** de fruits familiers (pomme, poire, citron, orange, grain de raisin, cerise…) permet d'élargir la notion : les pépins de pomme ou de raisin sont des graines, le noyau de cerise est une graine. Si on les plante, les graines germent et donnent de nouvelles plantes. Et au départ, il y avait des fleurs.

❷ Comment les fleurs donnent-elles des graines ?

Il s'agit de découvrir que la fleur contient déjà le futur fruit : le pistil dans lequel il y a déjà les futures graines (ce sont les ovules). En effet, les différentes parties d'une fleur se fanent et tombent, sauf le centre (le pistil) qui grossit.
Les observations peuvent être traduites par des dessins ou par des collages des pièces florales. On limitera le vocabulaire nouveau aux mots essentiels : pistil, ovule, fruit, graine, étamine, pétale, sépale. Un document tel que celui de la ***figure 3*** peut servir pour évaluer les acquisitions.

❸ À quoi sert le pollen ?

En général, les enfants découvrent l'existence du pollen au cours des manipulations sur les fleurs : « j'ai de la poudre jaune sur mon doigt ». D'où vient-elle ? Une observation attentive montre que le pollen est contenu dans les sacs à pollen de chacune des étamines. À quoi sert-il ? De même que les ovules de la truite ne donneront jamais de petites truites s'ils ne sont pas arrosés de spermatozoïdes, l'ovule d'une plante ne donne jamais de graine – et donc jamais une nouvelle plante – si le pistil de la fleur n'est pas saupoudré de grains de pollen.

• **Un document,** tel que celui présenté en ***figure 4***, peut apporter une aide intéressante dans la découverte. Nous avons vu plus haut que l'analogie entre le grain de pollen et le spermatozoïde, entre l'ovule d'une plante et l'ovule d'un animal n'est pas tout à fait exacte. En réalité, chez les plantes à fleurs, la fécondation nécessite la germination du grain de pollen sur le pistil. De plus, l'ovule du pistil n'est pas la cellule reproductrice femelle, il la contient. Mais les phénomènes étant assez complexes, il est préférable de les simplifier, et de se contenter d'évoquer la fécondation sans entrer dans le détail.

• **Pourquoi parle-t-on parfois** de fleurs mâles et de fleurs femelles ? Certains arbres (le chêne, l'érable, l'orme, le châtaignier…) possèdent des fleurs avec seulement des étamines et des fleurs avec seulement un pistil. Les premières sont appelées fleurs mâles et les secondes fleurs femelles.

❹ Des prolongements possibles

• **Pourquoi les abeilles visitent-elles les fleurs ?**
Les relations qui existent entre les fleurs et les insectes méritent une attention particulière :
– l'insecte pollinise la fleur, jouant ainsi un rôle essentiel dans la reproduction de la plante ;

La fécondation chez les plantes à fleurs

■ Une expérience pour comprendre

1er cas

Les étamines mûres d'une fleur de pois libèrent des milliers de grains de pollen.

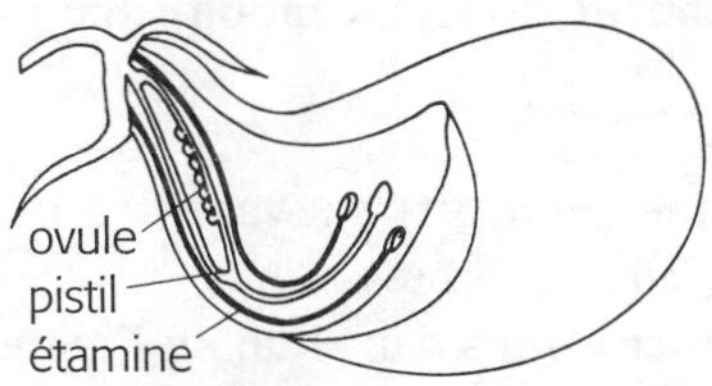

Si on laisse les étamines en place, les ovules de la fleur deviennent les graines.

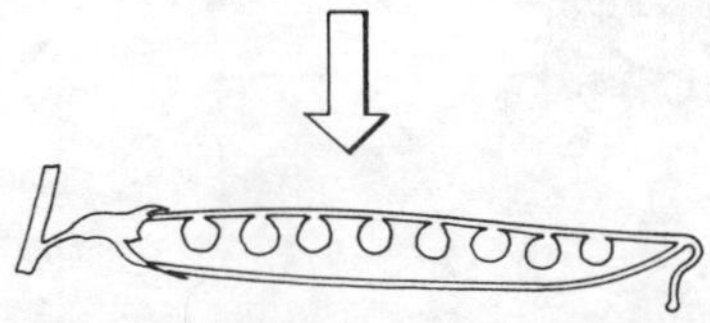

2e cas

On supprime les étamines d'une fleur jeune et on entoure cette fleur d'une toile fine afin d'éviter l'apport de pollen.

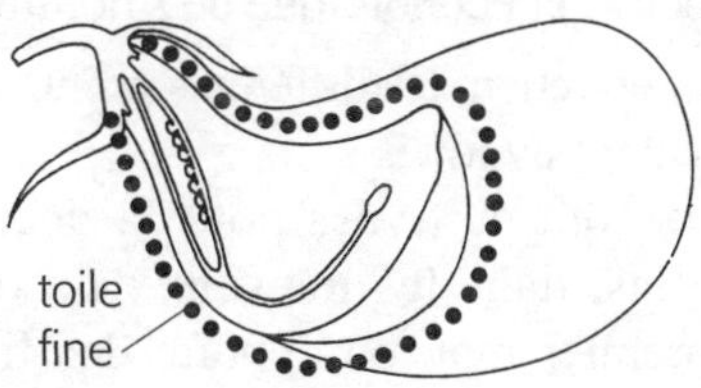

Les ovules ne grossissent pas.
Le pistil se dessèche et tombe.

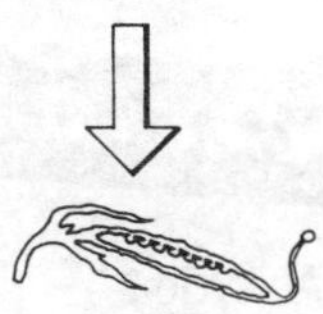

- Quelle conclusion peux-tu dégager de cette expérience ?
- Par analogie avec ce qui se passe chez les animaux, les étamines sont appelées organes mâles de la fleur, et le pistil organe femelle. Explique oralement pourquoi.

■ La fécondation de l'ovule

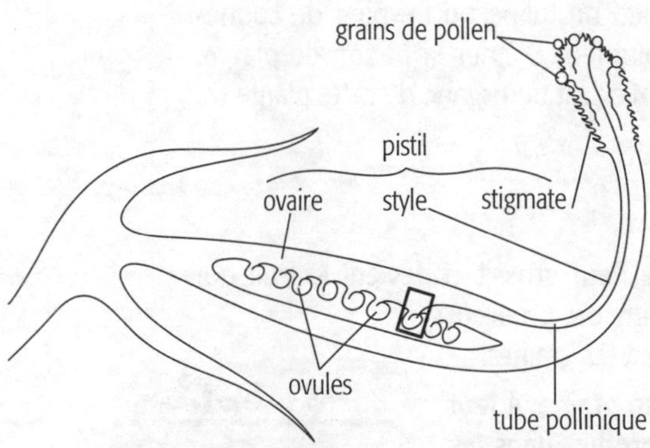

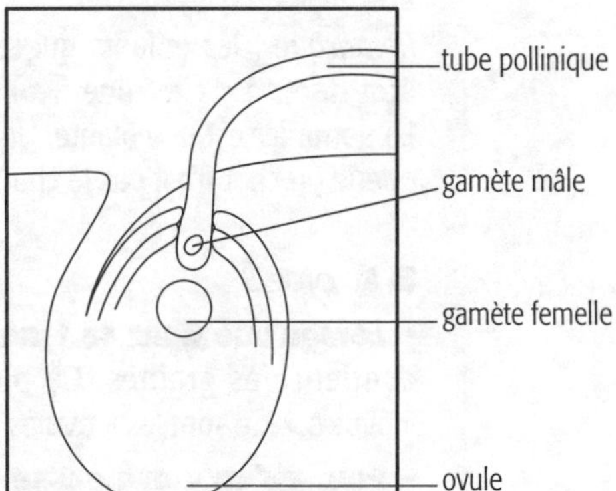

Les grains de pollen qui tombent sur le stigmate germent et donnent naissance à un tube qui s'enfonce dans le style en direction des ovules. Ce tube pollinique conduit le spermatozoïde (ou gamète mâle) du grain de pollen jusqu'à la cellule reproductrice femelle (ou gamète femelle) contenu dans l'ovule, préparant ainsi la fécondation, c'est-à-dire l'union des deux gamètes et donc la formation de la cellule œuf.

Attention ! Le mot ovule n'a pas le même sens chez les animaux et chez les plantes à fleurs. Dans le premier cas, l'ovule est le gamète femelle, dans le second, l'ovule est l'organe qui contient le gamète femelle.

Fig. 4 Quelles notions scientifiques le document permet-il de dégager ? À quel moment pourrait-il prendre place dans une étude sur les fleurs ?

ce phénomène a, pour l'homme, une grande importante économique : une partie importante des fruits et des graines de notre alimentation est la conséquence de l'intervention des insectes.

• **L'homme et les fleurs**

Les fleurs sont, pour les plantes, le moyen de produire des graines. Elles sont aussi source de nourriture pour de nombreux animaux (bien des insectes notamment viennent y chercher nectar et pollen). De plus, elles tiennent une place importante dans la vie sociale et économique de l'homme.

Au cours d'un entretien, les différents points suivants sont généralement évoqués :

– « les fleurs sont cultivées pour la décoration, dans les jardins, dans les maisons : on offre du muguet au premier mai, on apporte des fleurs au cimetière ;

– on fait du parfum avec des fleurs ;

– les peintres ont fait beaucoup de tableaux représentant des fleurs ; des écrivains et des poètes parlent des fleurs ;

– certaines fleurs sont utilisées en pharmacie (tilleul, verveine…) », etc.

• **Les différents types de fruits**

En dépit de leur diversité, tous les fruits :

– proviennent de la transformation d'une fleur (une fleur de vigne → grain de raisin) ;

– contiennent (sauf exception) une ou plusieurs graines.

Activités

– Récolter des fruits sauvages (à l'automne) y compris ceux des arbres.

– Classer ces fruits dans l'un ou l'autre des quatre groupes (***fig. 5***).

Notions visées à l'école élémentaire

■ Au cycle 2

• **Lorsqu'une fleur** (de tulipe, de pois, de coquelicot, de cerisier…) se fane, elle ne disparaît pas complètement. Elle donne une sorte de « boîte » qui contient une ou plusieurs graines. Cette « boîte », qu'elle soit comestible ou non, est appelée un fruit par les botanistes (on découvre un sens nouveau au mot fruit).

• **Tous les fruits** (pomme, poire, melon, citron, orange…) contiennent des graines. Ces fruits résultent tous de la transformation d'une fleur. Avant la pomme, il y avait une fleur sur le pommier.

Remarque : les enfants qui regardent un pied de tulipe ou un pied de coquelicot disent : « c'est une fleur ». Il faut absolument donner la notion de plante. Le pommier est une plante. Un fleur de pommier est un organe de cette plante (la queue du chat n'est pas le chat).

■ Au cycle 3

• **Lorsqu'une fleur se fane,** le pistil de la fleur grossit et devient le fruit qui contient des graines. Ce pistil contient un ou plusieurs « ovules ». Ce sont les « ovules » qui deviennent les graines.

• **Pour qu'un « ovule » se transforme** en graine, il faut qu'il soit fécondé par un grain de pollen (produit dans les étamines).

• La reproduction par graines est donc une reproduction sexuée comparable à celle que l'on connaît chez les animaux. Les étamines sont les organes mâles d'une fleur. Le pistil est l'organe femelle.

Mots-clés

- plante
- fleur
- graine
- fruit
- pistil
- « ovule »
- étamine
- grain de pollen
- fécondation

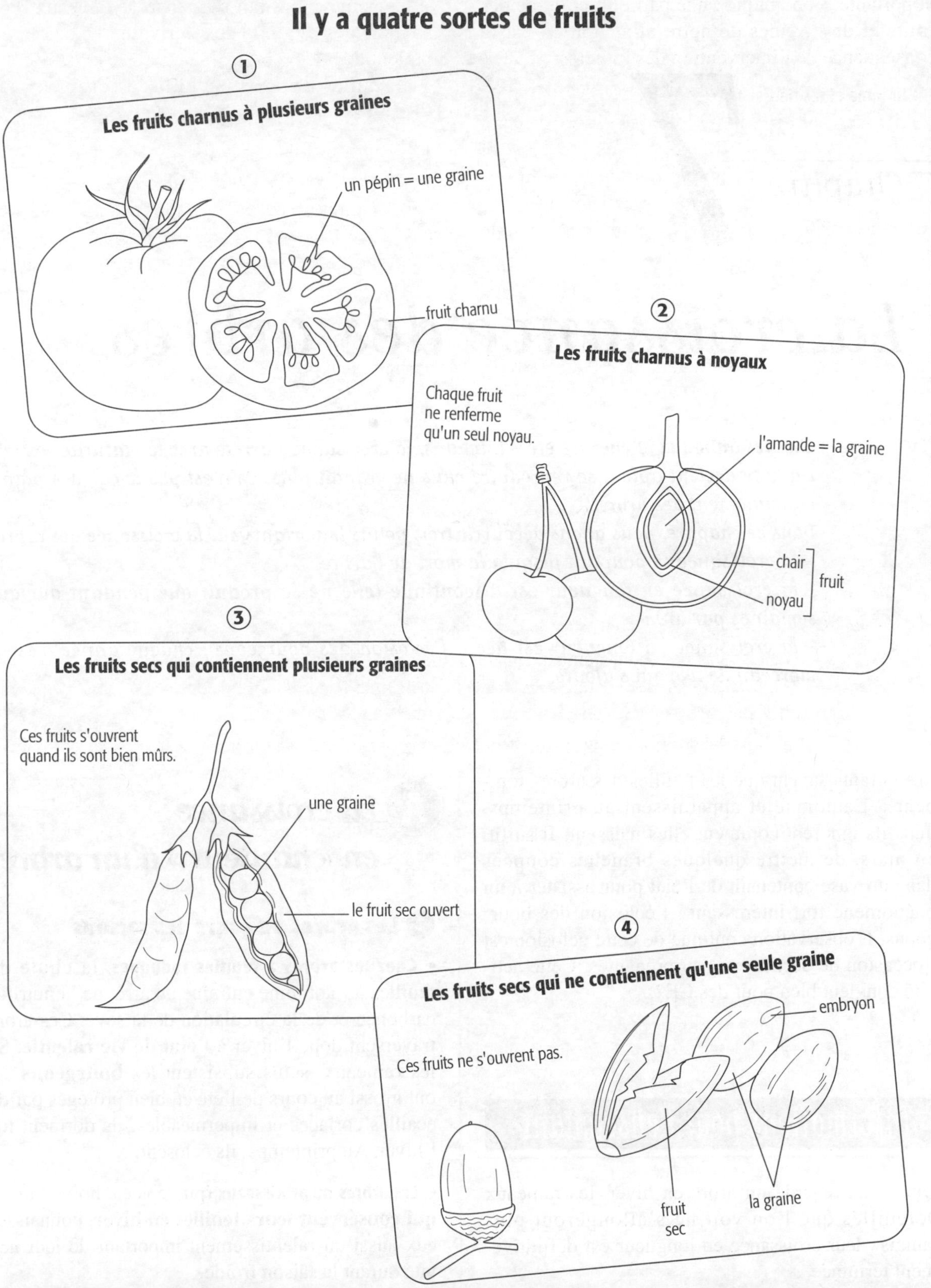

Fig. 5 **Au cours d'un travail sur les fruits (fruits comestibles et fruits récoltés dans la nature), les élèves essaient de réaliser des classements d'après les indications fournies sur cette figure.**

Chapitre 7

La croissance des arbres

Chez les animaux et chez les êtres humains, la croissance s'arrête avec la maturité sexuelle. L'adulte devient apte à se reproduire mais ne grandit plus. Ce n'est pas le cas des plantes et notamment des arbres.
Dans ce chapitre, nous allons découvrir trois points importants sur la croissance des arbres :
– la croissance se poursuit jusqu'à la mort de l'arbre ;
– la croissance en longueur est discontinue (elle ne se produit que pendant quelques semaines par an) ;
– la croissance en longueur est liée à l'éclosion des bourgeons ; chaque année c'est un morceau de tige qui s'ajoute.

Les enfants savent que les feuilles des arbres tombent à l'automne et apparaissent au printemps, mais ils ignorent comment elles naissent. Il suffit, en mars, de mettre quelques branches coupées dans un vase contenant de l'eau pour assister à un phénomène fort intéressant : l'éclosion des bourgeons. L'observation continue de cette éclosion est l'occasion de découvertes surprenantes. Cette activité convient bien pour des CE2.

Informations pour l'enseignant

Quand on regarde un arbre en hiver, les rameaux défeuillés que l'on voit ne s'allongeront plus jamais : leur croissance en longueur est définitivement terminée.

Pourtant l'arbre continue de grandir. La croissance se fait par addition chaque année de nouveaux tronçons de tige qui naissent, sous forme de rameaux feuillés, au moment de l'éclosion des bourgeons.

A La croissance en « hauteur » d'un arbre

1 Les arbres au cours des saisons

• **Chez les arbres à feuilles caduques,** la chute des feuilles à l'automne entraîne un arrêt de la nutrition carbonée et de la circulation de la sève. Ces arbres traversent donc l'hiver à l'**état de vie ralentie.** Sur les rameaux, seuls subsistent les **bourgeons** ; ils ont grossi au cours de l'été et, bien protégés par des écailles coriaces et imperméables, ils dorment tout l'hiver. Au printemps, ils éclosent.

• **Les arbres ou arbrisseaux** (pin, épicéa, houx, buis…) **qui conservent leurs feuilles en hiver**, connaissent eux aussi un ralentissement important de leur activité durant la saison froide.

Remarque : Pour tous les arbres, la belle saison n'est pas seulement celle de la croissance ; c'est également celle de la reproduction, c'est-à-dire celle de la floraison et de la production de fruits et de graines.

L'éclosion des bourgeons

■ Un bourgeon de tilleul

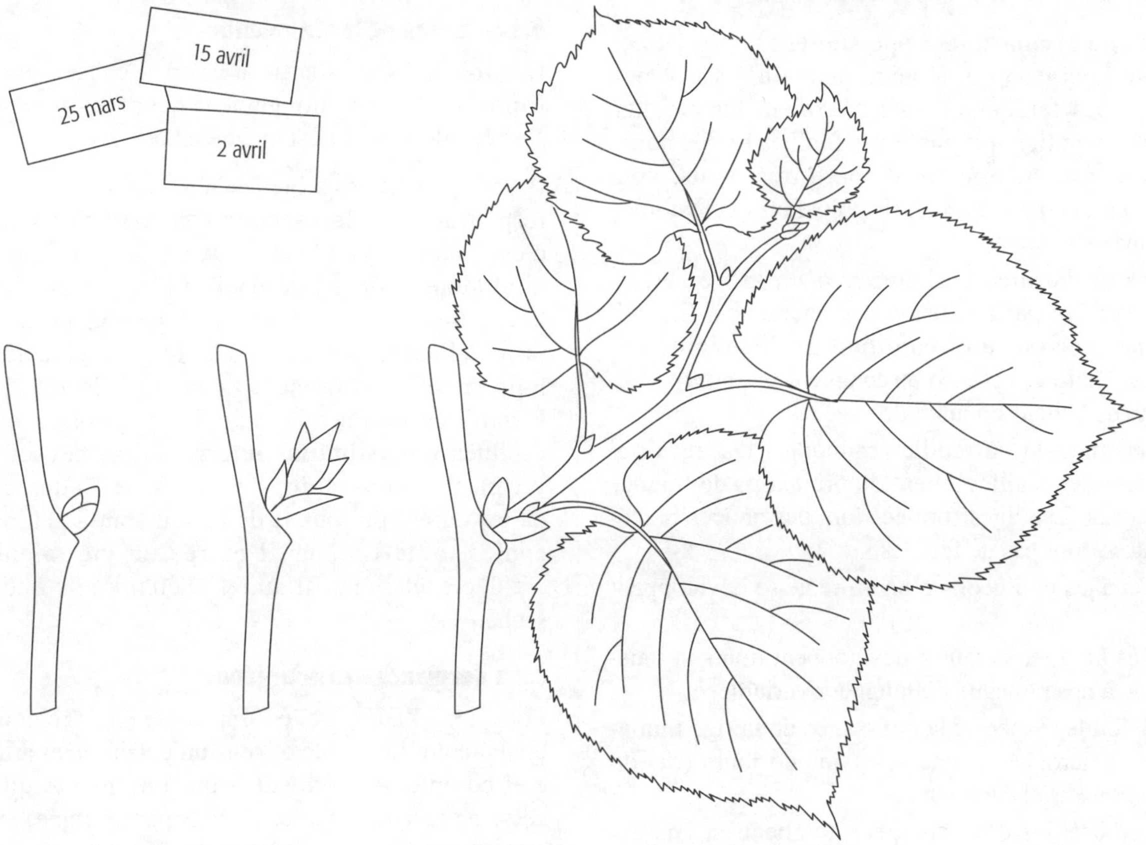

■ Un bourgeon de lilas

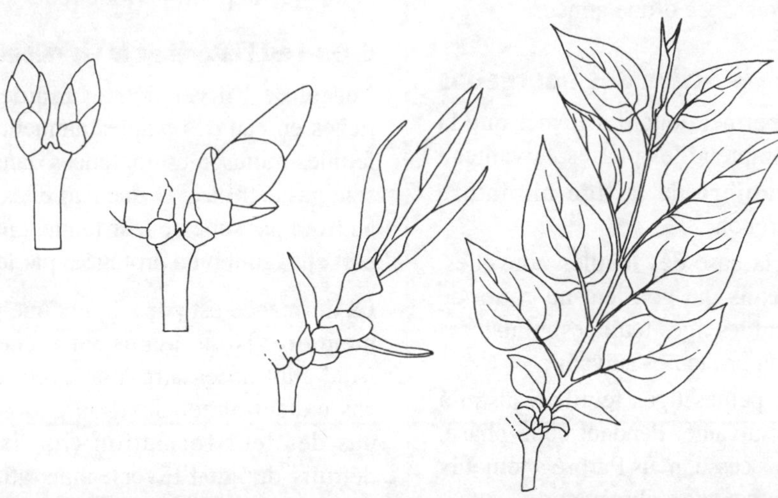

Fig. 1 Quelles informations scientifiques peut-on dégager de ces documents ? À quel moment des activités les utiliseriez-vous ? Quelles questions pourrait-on poser à leur sujet ?

2 L'éclosion des bourgeons

Un bourgeon est une tige miniature qui porte des feuilles minuscules (***fig. 2***). Cette petite tige feuillée est protégée par des **écailles** qui s'écartent au début de l'éclosion. Alors, la tige miniature s'allonge et devient la pousse de l'année.

Quelques remarques importantes :

– Un bourgeon qui s'ouvre donne naissance non pas à des feuilles comme le croient les enfants, mais à une **tige qui porte des feuilles et des bourgeons**. Ces bourgeons, d'abord très petits, vont grossir au cours de l'été. Ils préparent l'éclosion de l'année suivante.

– La croissance en hauteur d'un arbre se fait uniquement par l'éclosion des bourgeons. Il s'agit d'une **croissance discontinue** de l'extrémité des tiges. Cette croissance en longueur est donc différente de celle d'un animal.

– Sur un arbre à feuilles caduques, les tiges qui portent des feuilles datent du printemps de l'année en cours. Les tiges formées lors des années précédentes n'ont pas de feuilles.

– Tous les bourgeons d'un arbre ne se développent pas.

– Les bourgeons qui se développent donnent naissance à des rameaux de longueur variable.

– Selon les espèces, la croissance de la tige miniature se déroule sur une vingtaine de jours (cas du lilas) ou sur plusieurs mois.

– Les écailles d'un bourgeon tombent en laissant des **cicatrices annulaires** à la base de la jeune tige. On peut ainsi repérer sur une branche les pousses annuelles successives. La distance entre deux cicatrices représente la croissance d'une année.

3 Vie ralentie et vie active des bourgeons

Tout ce qui précède permet donc d'affirmer que la vie des bourgeons comprend les phases suivantes :

– **croissance printanière** de la tige miniature contenue dans le bourgeon ;

– « **fabrication** », à la base des feuilles nouvelles, **de nouveaux bourgeons** qui gonflent au cours de l'été ; ainsi se préparent les tiges feuillées miniatures qui se développeront au printemps suivant ;

– **vie ralentie** de ces petites tiges feuillées jusqu'à l'éclosion de l'année suivante. Pendant cette phase, l'activité des bourgeons cesse, mais l'arbre a toujours ses feuilles et donc continue de s'alimenter.

a. Les caractères de la vie ralentie

L'arrêt de la croissance est le caractère le plus apparent, mais des études précises montrent que la petite tige feuillée contenue dans le bourgeon possède les mêmes caractères que la plantule des graines :

– des échanges respiratoires et nutritifs très réduits ;

– une absence de croissance donc de fabrication de matière nouvelle.

b. Les causes de la vie ralentie

L'entrée en vie ralentie n'est pas causée par le froid ; en effet l'allongement des tiges feuillées s'arrête alors qu'on est encore en été.

Pour la plupart des arbres de nos régions, le facteur responsable est le **raccourcissement des jours**, c'est-à-dire la modification de ce que l'on appelle la **photopériode**. Mais, pour le lilas par exemple, la croissance des rameaux cesse automatiquement jusqu'à l'année suivante dès la floraison et le développement d'un nombre déterminé de feuilles. L'entrée en vie ralentie est, pour cette espèce, sous l'influence de **stimulus internes**. Pour des arbres vivant dans les régions proches de l'équateur, où les durées du jour et de la nuit sont à peu près égales toute l'année, l'entrée en vie ralentie est déclenchée par d'autres facteurs tels que la sécheresse.

c. La dormance des bourgeons

Lorsque, à l'automne, on transporte en serre, à une température favorable et sous un éclairement artificiel complémentaire suffisant, une plante qui a cessé de grandir (un pied de lilas par exemple), elle ne reprend pas sa croissance, les bourgeons sont à l'état de **dormance**. Dans la nature, la dormance est levée lorsque la plante a subi le froid de l'hiver et lorsque la photopériode redevient favorable.

d. Quel est l'intérêt de la vie ralentie des bourgeons ?

Le gel de l'hiver détruit rapidement les feuilles riches en eau des plantes annuelles. À l'inverse, les feuilles minuscules contenues dans les bourgeons ne sont pas détruites. D'une part elles sont peu sensibles au froid par suite de leur faible teneur en eau, d'autre part elles sont bien protégées par les écailles.

La dormance est par ailleurs une protection supplémentaire. Nous avons vu précédemment que le froid était nécessaire à la levée de dormance. Sauf cas exceptionnel, les bourgeons n'éclosent donc pas dès leur formation (ils risqueraient d'être détruits durant l'hiver), mais attendent les conditions favorables du printemps.

La vie ralentie des bourgeons est, pour les arbres, une remarquable **adaptation** leur permettant de **franchir la mauvaise saison**.

Un bourgeon contient une tige miniature

■ Un schéma pour comprendre

Un bourgeon contient, sous la protection d'écailles, une tige miniature qui porte des feuilles minuscules.

Au printemps, les écailles s'écartent, la tige miniature s'allonge, les feuilles se déplissent et s'élargissent. Le bourgeon donne alors naissance à une nouvelle tige qui porte des feuilles : c'est ainsi que l'arbre grandit.

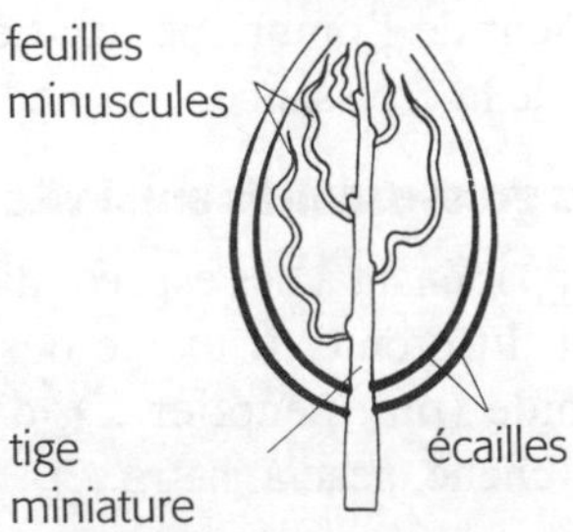

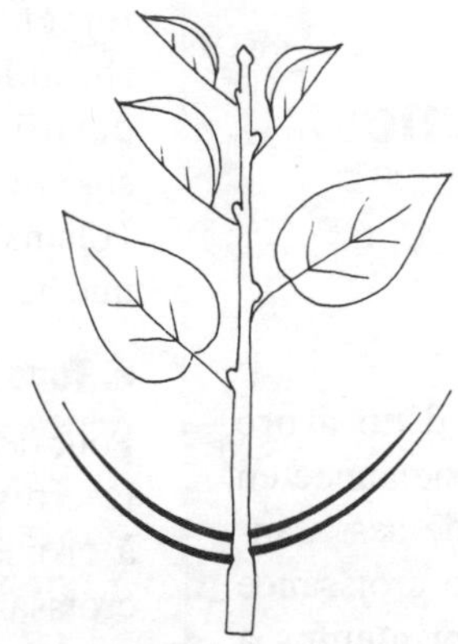

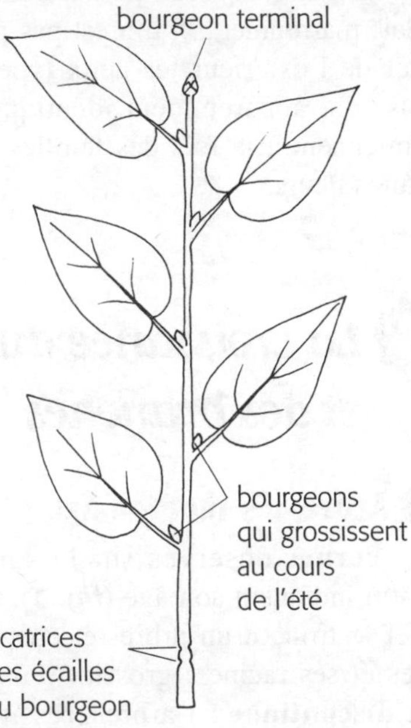

■ Une croissance discontinue

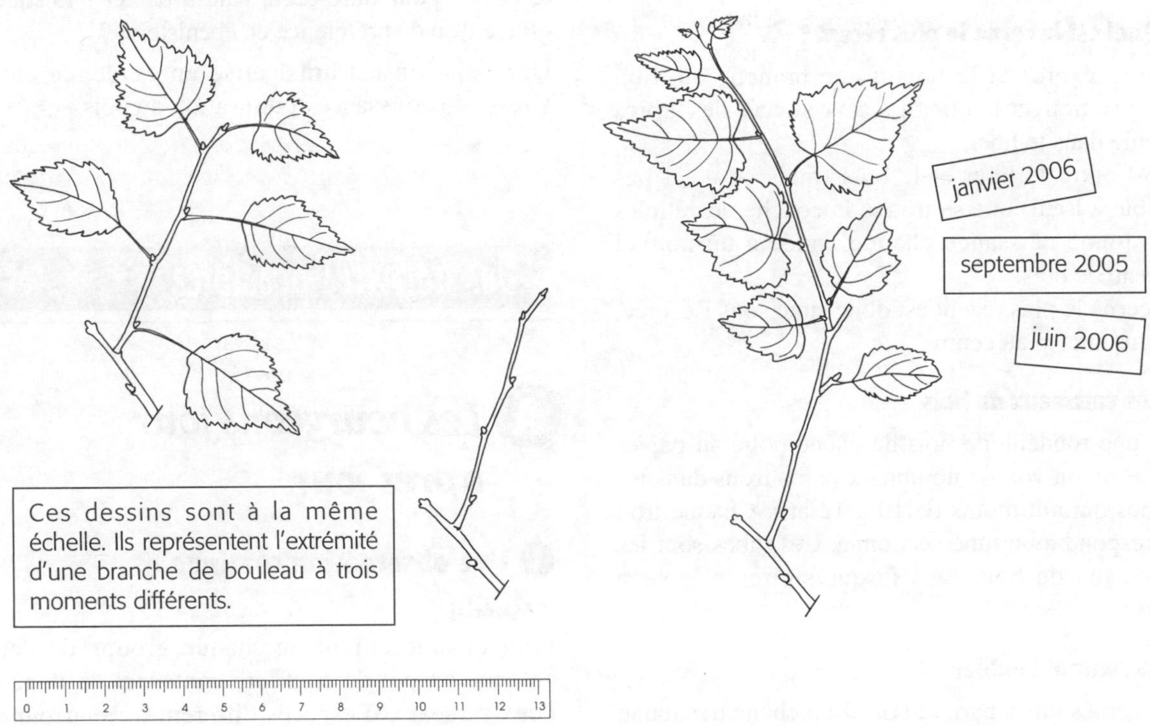

Fig. 2 **Quelles questions pourraient accompagner l'utilisation de ces documents ?**

❹ Bourgeons à fleurs et bourgeons à bois

Dans certaines espèces (poirier, cerisier...), on distingue nettement deux sortes de bourgeons : ceux dont la croissance donne un rameau et ceux qui donnent un bouquet de fleurs. Dans d'autres espèces (lilas, marronnier,...), il n'est pas possible de distinguer de l'extérieur les deux types de bourgeons : tous sont apparemment identiques, mais certains contiennent à la fois des feuilles minuscules et de futures fleurs.

B La croissance du tronc et des branches

❶ Arbre, dis-moi ton âge

Les **cernes** observés sur la souche d'un arbre abattu indiquent son âge (***fig. 3***). Chaque année en effet le tronc d'un arbre (et chacune de ses branches et ses racines) grossit. Mais cette croissance est **discontinue** : l'arbre grossit du printemps à l'automne ; chaque année se forme ainsi une nouvelle couche de bois. Il suffit donc de compter les cernes pour connaître l'âge.

a. Quel est le cerne le plus récent ?

Entre l'écorce et le bois d'une branche ou d'un tronc se trouver le liber. La **sève sucrée** des arbres circule dans le liber.
C'est entre le liber et le bois (mais ce n'est pas visible à l'œil) que se trouve la couche de cellules qui donne naissance chaque année à un nouvel anneau de bois.
Le cerne le plus récent est donc situé sous l'écorce, le plus ancien au centre.

b. Les vaisseaux du bois

Sur une rondelle de bois de chêne polie au papier de verre, on voit de nombreux petits trous dans les cernes qui ont moins de 10 à 12 ans. Chaque trou correspond à un tube sectionné. Ces tubes sont les vaisseaux du bois dans lesquels circule la **sève brute**.

c. Le cœur et l'aubier

Les cernes mis à part, le bois d'un chêne très jeune est uniformément clair, alors que sur un tronc plus âgé on distingue deux régions :
– la zone périphérique, claire, tendre (l'aubier),
– la zone centrale, de couleur foncée, dure et solide (le cœur).

L'aubier est formé par les couches du bois le plus jeune. Le cœur ne sert plus à la circulation de la sève : les vaisseaux se sont bouchés et tout ce bois s'est imprégné de substances chimiques (tanin du chêne, résine du pin) qui lui donnent une grande dureté. En charpente, on utilise le cœur de préférence à l'aubier. Dans certains arbres au bois tendre (bouleau, peuplier), le cœur ne se forme pas : le bois est uniformément clair.

d. L'arbre « raconte » son histoire

Pour un arbre donné, la croissance n'est pas parfaitement régulière. Quelles hypothèses peut-on formuler ? La sécheresse ou le froid expliquent parfois l'épaisseur moindre d'une couche ; la suppression de broussailles ou l'abattage d'arbres voisins qui faisaient de l'ombre peuvent expliquer une accélération de la croissance.

e. Tous les arbres grossissent-ils aussi vite ?

Pour des arbres appartenant à des espèces différentes, la croissance est différente. Il existe des espèces à croissance rapide (pin, peuplier...), d'autres à croissance lente (chêne, acacia, hêtre...).

Quel est le bois le plus dur ? Les arbres à croissance lente ont un bois moins poreux, donc plus dur, que les arbres à croissance rapide. Lesquels conviennent le mieux pour faire de la pâte à papier ? Lesquels utilise-t-on de préférence en ébénisterie ?

Une relation est ainsi mise en évidence entre vitesse de croissance et utilisation du bois.

Des activités possibles

A Les bourgeons jour après jour

❶ Une observation continue

• **Matériel**

Pour chaque enfant ou chaque groupe de deux enfants, un pot de confiture contenant de l'eau et deux rameaux d'espèces différentes : marronnier et lilas conviennent bien. À la température de la classe, l'éclosion des bourgeons se produit en une dizaine de jours. Le travail est bien sûr commencé avant l'éclosion des bourgeons dans la nature (début mars par exemple).

Chaque année, les arbres grossissent

Le pin maritime

Mots importants

- Croissance en épaisseur
- Écorce
- Bois
- Vaisseau contenant la sève

1. couche de bois formée au cours d'une année.
2. bois de printemps.
3. bois d'été.

Le chêne

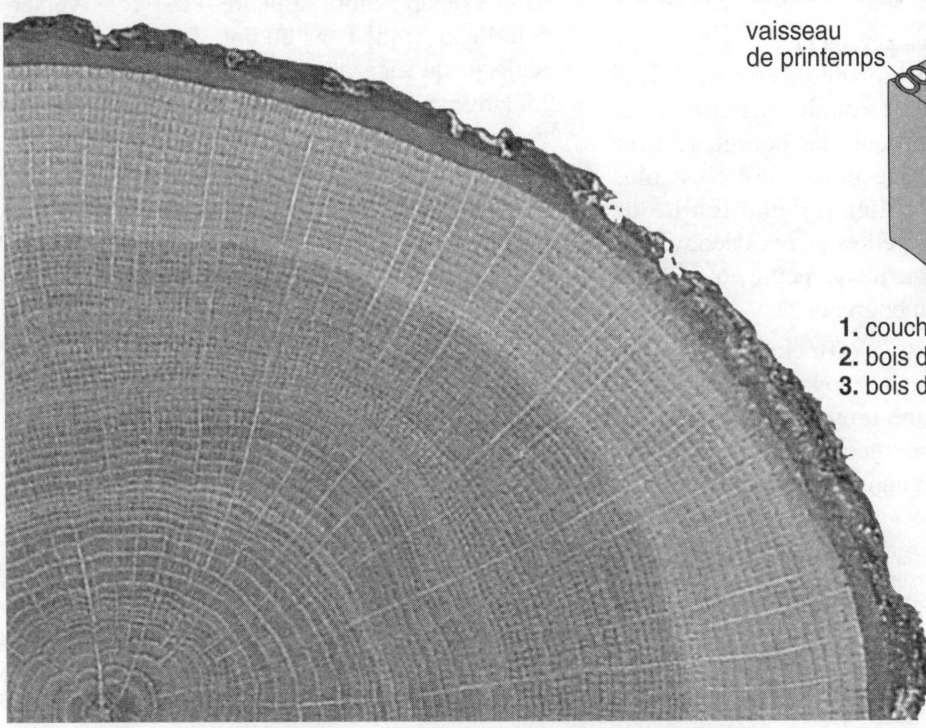

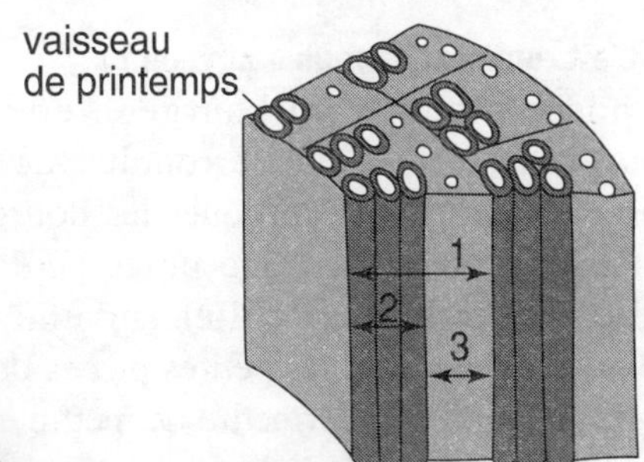

1. couche annuelle.
2. bois de printemps.
3. bois d'été.

Fig. 3 Faites l'inventaire des activités qui peuvent être réalisées à partir de ce document.

• **Une observation continue**

Demandez aux enfants de dessiner tous les deux à trois jours les deux rameaux.

• **Précautions à prendre :**

– Dessiner grandeur nature. C'est plus facile et cela permettra de mieux constater la croissance quand on comparera les dessins successifs.

– Colorier en respectant le plus possible les couleurs réelles ; pour cela, il faut utiliser des crayons de couleur et non des pointes feutres. Cela permet de mettre en évidence l'apparition de la chlorophylle.

2 Un bilan des observations

Une séance de bilan est organisée lorsque les jeunes tiges ont suffisamment poussé, soit 15 à 20 jours après la réalisation du premier dessin.

Les dessins sont d'abord mis dans l'ordre puis affichés. Leur analyse permet d'exprimer les notions essentielles. Des photographies viennent éventuellement compléter et enrichir les observations.

Le document de la ***figure 1*** constitue, sur le cahier des enfants, une trace écrite précise de l'ensemble des observations réalisées.

3 Des questions qui relancent la recherche

• **« C'est comment dans un bourgeon ? »**

Proposez d'ouvrir un bourgeon encore fermé (bourgeon de lilas, de marronnier, de tilleul par exemple). On peut décortiquer les bourgeons avec les ongles, mais avec une pince fine c'est plus facile. Faites ensuite coller sur une feuille de papier Canson toutes les petites pièces découvertes. La présentation doit permettre de mettre en évidence l'organisation interne du bourgeon.

Invitez alors les enfants à réfléchir au rôle des écailles et à formuler leurs réponses. Le document de la ***figure 2*** donne une représentation schématique de l'intérieur du bourgeon et de son développement. Il peut figurer dans le cahier des élèves à la suite du « collage » des différentes pièces découvertes dans le bourgeon.

• **Pourquoi les bourgeons se sont-ils ouverts dans la classe et pas sur l'arbre dans la cour ?**

Une telle question permet d'aborder l'initiation à la démarche expérimentale. Quelle hypothèse peut-on formuler pour répondre à une telle question ? Le facteur température est bien sûr évoqué ; les enfants ne peuvent pas penser aux autres facteurs (longueur du jour, intensité lumineuse…).

L'hypothèse étant correctement formulée, comment peut-on la vérifier ?

4 Les objectifs visés

L'activité qui vient d'être présentée sur l'éclosion des bourgeons est importante à mettre en œuvre dans une classe. En premier lieu, elle ne vise pas seulement l'acquisition de connaissances scientifiques (bien que sur ce sujet les connaissances de la plupart des adultes soient floues ou même inexactes), mais surtout le développement de savoir faire. Citons-en quelques-uns :

– être capable de mener l'observation continue d'un phénomène en repérant les caractères pertinents et en sachant les noter ;

– initier au dessin d'observation ;

– formuler des hypothèses et rechercher comment les vérifier…

5 Des moulages de bourgeons

Il est possible de faire un moulage en plâtre d'un bourgeon ou d'un rameau. Pour cela, préparer un rectangle de pâte à modeler un peu plus grand que le bourgeon et épais de quelques centimètres. Bien l'aplanir avant d'y enfoncer à moitié le bourgeon. Retirer délicatement le bourgeon : il laisse son empreinte en creux. Entourer ce moule d'une bande de papier qui fasse un rebord de 2 à 3 cm de haut. Préparer alors le plâtre. Pour cela, verser un peu d'eau froide dans un bol, y ajouter le plâtre en pluie jusqu'à ce qu'il affleure le niveau de l'eau. Mélanger rapidement pour obtenir une pâte lisse et verser aussitôt dans le moule. Ce plâtre est pris au bout d'une demi-heure à une heure. On peut alors démouler et peindre le « bourgeon » de plâtre.

La classe peut ainsi constituer une collection de bourgeons variés.

B De combien a-t-il poussé cette année ?

• Sur un rameau de plusieurs années, repérer les cicatrices des bourgeons des différentes années, les entourer d'un brin de laine et les dater en fixant une étiquette. Chaque zone d'écailles, soulignée par ses cicatrices, correspond à une éclosion de bourgeon donc à une année. À partir de l'année en cours, on « remonte ainsi le temps » le long de la branche. Si la branche choisie présente des ramifications, on fait le même travail sur chacune d'elles.

• On peut aussi mesurer et comparer la longueur des pousses des différentes années.

On constate alors que la longueur n'est pas la même d'une année à l'autre. Diverses hypothèses peuvent être proposées (température, sécheresse, attaque de parasites...). On peut aussi comparer la croissance de différentes espèces d'arbres. Le document de la ***figure 2*** permet de faire un bilan des connaissances acquises.

C Arbre, dis-moi ton âge

Certains enfants savent que les cernes observés sur la souche d'un arbre abattu indiquent son âge. Vous pouvez utiliser cette connaissance pour proposer, dès le CE2, un exercice de réflexion intéressant.

1 Matériel

Pour chaque groupe de deux enfants :
– une rondelle de bois coupée dans le jeune tronc d'un arbre à croissance lente (chêne ou acacia par exemple) ;
– une rondelle coupée dans le tronc d'un arbre à croissance rapide (sapin Douglas, pin, peuplier...) ; une face au moins de chacune de ces deux rondelles doit être polie au papier de verre pour permettre une meilleure observation ;
– un cube de bois sans écorce.

Remarque : si vous ne pouvez pas vous procurer des rondelles de bois en nombre suffisant, vous pouvez photocopier les rondelles disponibles et vous obtenez alors de remarquables documents de travail.

2 Activités

– Quel était l'âge de l'arbre quand on l'a coupé ?
– Quelle était l'épaisseur moyenne d'une couche annuelle ?
– Comment peut-on expliquer que certaines couches soient moins épaisses que d'autres ?
– Tous les arbres grossissent-ils aussi vite ?
– Quelle était la position du cube de bois dans le tronc ?
– À quoi correspondent les petits trous visibles dans le bois ?

3 Notions visées

– La croissance des arbres est saisonnière et discontinue.
– Le bois contient les vaisseaux conducteurs de la sève.
– Le bois dur contient peu de vaisseaux et se forme plus lentement que le bois tendre.

Notions visées à l'école élémentaire

• Un **bourgeon** contient, sous la protection d'**écailles**, une tige miniature qui porte des feuilles minuscules.

• Au printemps, les écailles s'écartent, la tige miniature s'allonge, les feuilles se déplissent et s'élargissent.

• En tombant, les écailles laissent des **cicatrices** sur la tige.

• Le bourgeon donne alors naissance à une nouvelle tige qui porte des feuilles : c'est ainsi que l'**arbre grandit.**

• **La croissance** des arbres n'a pas lieu durant toute l'année. On peut constater que les rameaux de certains arbres (lilas ou pin, par exemple) ont une croissance rapide, qui ne dure que quelques semaines, au printemps. Par contre, chez d'autres plantes telles que la vigne vierge, les rameaux continuent de grandir jusqu'à l'automne.

Mots-clés

• bourgeon
• tige
• feuille
• écaille
• cicatrice
• croissance

Chapitre 8

La reproduction asexuée

*Semer des graines n'est pas la seule façon de voir naître des plantes. Il en existe bien d'autres (**fig. 1**). Les enfants savent déjà, ou vont découvrir, qu'ils peuvent aussi planter des bulbes (tulipe, jacinthe, crocus...), planter des tubercules, faire des boutures de certaines plantes. Ces activités, faciles à réaliser, se font parfois dès l'école maternelle. L'objet de ce chapitre est d'apporter quelques informations sur ce mode de reproduction des plantes, très utilisé dans la vie courante et appelé reproduction (ou multiplication) asexuée.*

Informations pour l'enseignant

1 Ne pas confondre : reproduction sexuée et reproduction asexuée

• **L'étude d'un exemple, la plantation de tubercules de pomme de terre** (***fig. 2***), permet de dégager les notions suivantes :

– Un **tubercule** de pomme de terre n'a pas du tout la même origine qu'une graine. Il ne provient pas du développement d'un ovule fécondé ; c'est une tige souterraine gorgée de réserves.

– La reproduction par tubercules n'est donc pas une reproduction sexuée. Ce mode de reproduction, qui utilise un organe tel que tige, feuille, racine, est appelé **multiplication végétative**.

– La multiplication végétative donne rapidement une plante entière qui a exactement les qualités de la plante mère alors que la reproduction par graines est généralement plus lente ; de plus, les plantes obtenues ont, en raison du brassage des patrimoines génétiques dû à la fécondation, des caractères plus variables.

• **La reproduction (ou multiplication) asexuée** est donc le processus par lequel un individu donne naissance à deux ou plusieurs individus sans intervention de phénomènes sexuels, c'est-à-dire sans formation de gamètes et sans fécondation. La reproduction sexuée et la multiplication asexuée sont **deux processus indépendants** qui ne s'excluent pas et peuvent se produire chez les mêmes individus.

Par exemple, pour de nombreuses plantes, il existe une multiplication végétative naturelle (à partir des racines, des tiges ou des bulbes) à côté d'une reproduction par graines.

2 La multiplication asexuée naturelle des végétaux

La multiplication végétative naturelle, qui s'effectue chez de nombreuses plantes parallèlement à la reproduction sexuée, présente une très grande diversité. Les nouvelles plantes se forment selon les cas à partir :

– de tiges rampantes ou **stolons**, ou de tiges souterraines **(rhizomes, tubercules)** ;
– de racines tubéreuses ou de racines traçantes ;
– de **bulbes**.

Dans tous les cas, de nouvelles plantes naissent sans l'intervention des éléments mâles et femelles contenus dans la fleur. Il ne s'agit donc pas de reproduction sexuée.

De nombreux végétaux présentent ce mode de « naissance ». Il apparaît comme un procédé de multiplication **plus sûr** et **plus rapide** que celui qui s'effectue au moyen de graines. En effet, les organes qui assurent la multiplication végétative restent au voisinage immédiat de la plante mère, donc dans un sol et un milieu favorables. De plus, ils contiennent souvent des **réserves** abondantes qui permettent une croissance rapide au moment de la reprise de la vie active.

Différentes façons de voir naître des plantes

■ Semer des graines

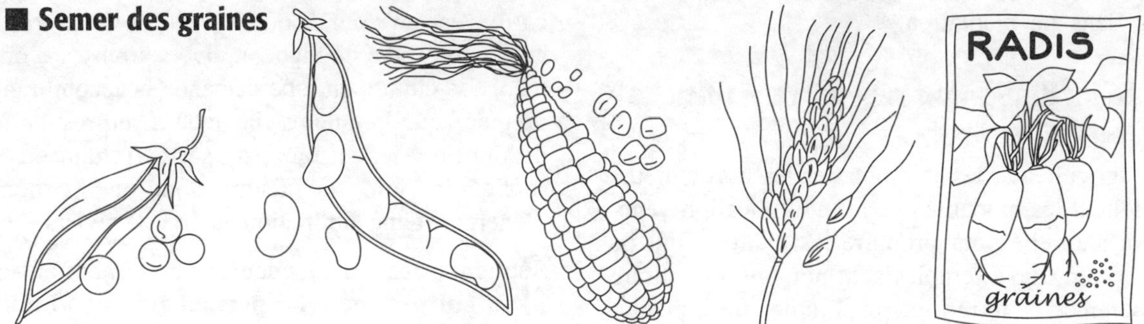

pois haricot maïs blé radis

■ Planter des bulbes

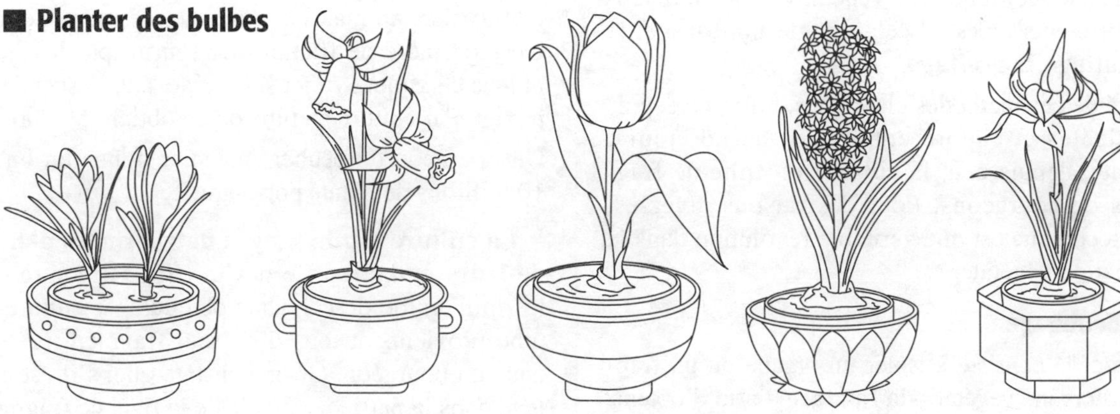

des crocus des jonquilles une tulipe une jacinthe un iris nain

■ Faire des boutures

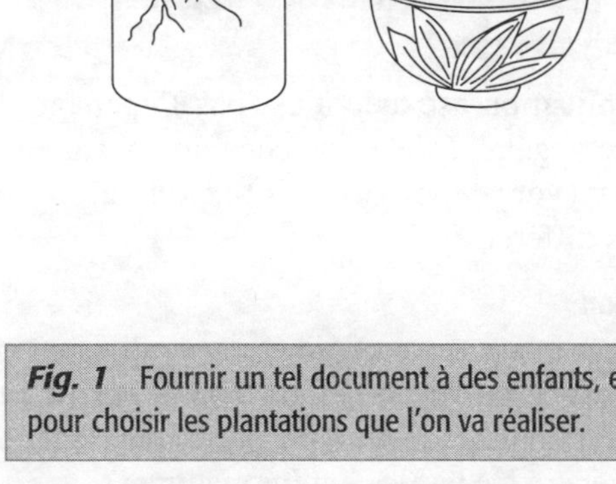

■ Planter des tubercules

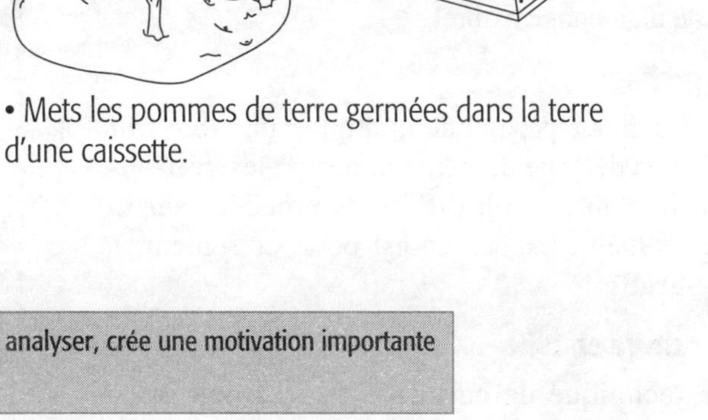

• Mets les pommes de terre germées dans la terre d'une caissette.

Fig. 1 Fournir un tel document à des enfants, et le faire analyser, crée une motivation importante pour choisir les plantations que l'on va réaliser.

La multiplication végétative réalise un **envahissement progressif du milieu**. Ainsi s'explique l'extension d'une touffe de jonquilles dans un bois, de framboisiers ou d'iris dans un jardin, de bananiers dans une plantation.

❸ La multiplication végétative artificielle des végétaux

Les agriculteurs, les jardiniers et les horticulteurs exploitent les modalités de la multiplication végétative naturelle pour produire les plantes dont ils ont besoin. Les exemples sont nombreux : culture de pommes de terre à partir de tubercules, plantation de jeunes fraisiers produits naturellement sur les stolons…

Les hommes savent aussi créer des situations artificielles de multiplication végétative. On en distingue différents types : l'**éclatage**, le **bouturage**, le **marcottage**, le **greffage**.

À côté de ces méthodes classiques, utilisées depuis des siècles et encore employées de nos jours, s'ajoute, depuis peu, la **culture en tube** de fragments de bourgeons. Pour des raisons diverses, cette technique est une véritable révolution dans la production végétale.

a. Le bouturage

Ce procédé consiste à isoler un organe ou un fragment d'organe végétal – **la bouture** – afin d'obtenir une nouvelle plante. Tous les organes végétaux sont susceptibles d'être bouturés, par exemple, une feuille (chez le bégonia, le kalanchoë…), une étamine ou un pistil (chez le lis)… Dans la pratique, cependant, les boutures sont presque toujours des morceaux de tige ; déjà pourvues de bourgeons et souvent de feuilles, il leur reste à fabriquer des racines.

b. Le marcottage

Ce procédé consiste à enterrer un rameau, des racines apparaissent puis une tige. Quand les racines sont suffisamment développées, on sépare le nouveau pied. La multiplication végétative du fraisier est une sorte de marcottage naturel.

c. Le greffage

Cette technique permet de multiplier un arbre fruitier. On en détache de petits rameaux, les **greffons**, qu'on implante selon différents procédés sur un arbre de même espèce choisi pour sa vigueur, le **porte-greffe**.

d. La culture en tube

Cette technique de culture est présentée sur la ***figure 3***. Elle permet d'obtenir des plantes toutes identiques en réalisant un clonage de la plante mère. D'abord appliquée aux plantes horticoles, la méthode est maintenant couramment utilisée pour la multiplication des fraisiers, des rosiers… L'application est en cours pour les arbres fruitiers, les arbres forestiers, la vigne et divers arbustes d'ornement. La culture en tube demande beaucoup moins de place que la culture classique. Il en résulte une diminution des surfaces de serres (chauffées ou réfrigérées selon la saison), donc une économie d'énergie et une diminution du prix de revient.

Soulignons par ailleurs deux aspects importants :

– **La culture en tube permet une production massive.** Par exemple, avec un bourgeon de rosier on produit, en un an, 200 000 à 400 000 descendants. Par les méthodes traditionnelles (greffage), un pied mère de rosier permettait de produire 20 à 50 rosiers au maximum pendant le même temps. Un pied mère de framboisier fournit par les techniques classiques (rejet sur racines) 50 descendants par an. Par culture en tube on en obtient 50 000.

Un bourgeon de pêcher-amandier donne en un an 10 millions de plants porte-greffe.

– **La culture est un moyen de guérir les plantes de leurs maladies.** Le dessin (***fig. 3***) montre que les milliers de descendants obtenus par culture en tube proviennent tous d'un seul fragment prélevé dans un bourgeon. Or on constate que, s'il est prélevé dans la partie terminale de la tige, ce fragment est toujours sain – c'est-à-dire indemne de virus – même s'il provient d'une plante malade. La culture en tube est donc un moyen de guérir certains espèces dont l'état sanitaire était déplorable. C'est le cas par exemple de la pomme de terre « Belle de Fontenay ». Son état sanitaire était tellement mauvais que sa fin était proche. Les pieds obtenus par culture en tube produisent des tubercules parfaitement sains qui peuvent être plantés.

La culture en tube a ainsi permis de guérir de leurs maladies de nombreuses autres espèces.

❹ La reproduction asexuée existe-t-elle chez les animaux ?

La multiplication asexuée n'est pas l'apanage du seul règne végétal. Elle existe chez divers animaux inférieurs (vers, éponges, coraux…) selon des modalités différentes.

- **La division**

Certains animaux se multiplient en se divisant en deux. C'est le cas de la planaire, ver plat d'eau douce. L'animal se déchire en deux, puis chaque partie régénère les parties qui lui manquent.

La culture des pommes de terre dans le jardin de l'école

Pourquoi parle-t-on de reproduction asexuée ?

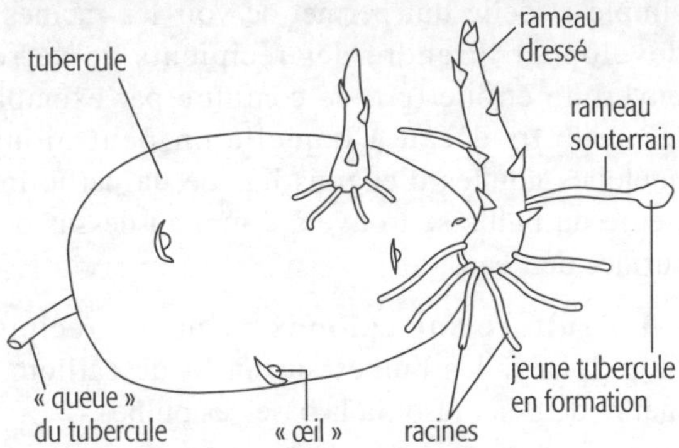

Mis en terre au printemps, un tubercule de pomme de terre « germe ». Certains « yeux » se développent en donnant de nouveaux plants (avec tiges et racines) qui se nourrissent d'abord des réserves du tubercule, puis deviennent autonomes. Des tiges souterraines gonflent pour devenir de nouveaux tubercules. De plus, le pied de pomme de terre fleurit et donne des graines qui, semées, redonnent des pieds de pomme de terre.
La pomme de terre a donc deux modes de reproduction.

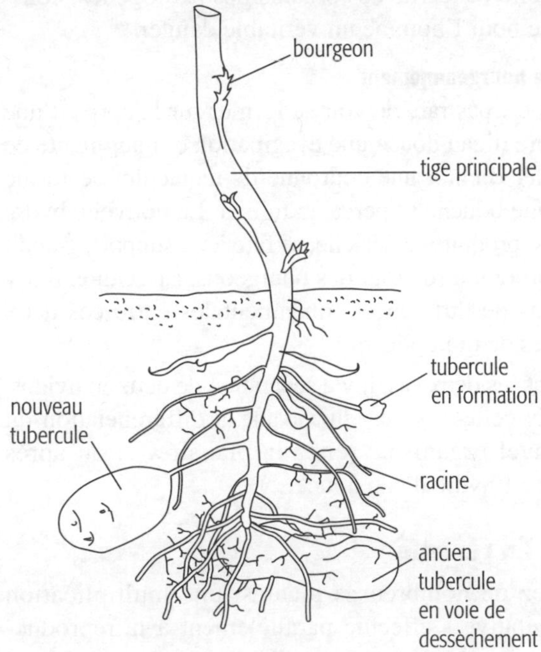

Un tubercule est un morceau de tige

Cette comparaison entre un rameau de tilleul **(a)** et un tubercule de pomme de terre **(d)** permet de comprendre que le tubercule est une tige gorgée de réserves, et que les « yeux » sont des bourgeons qui donneront de futures tiges. Les figures **b**, **c** et **d** sont trois stades de l'évolution du tubercule avec accumulation progressive de réserves.

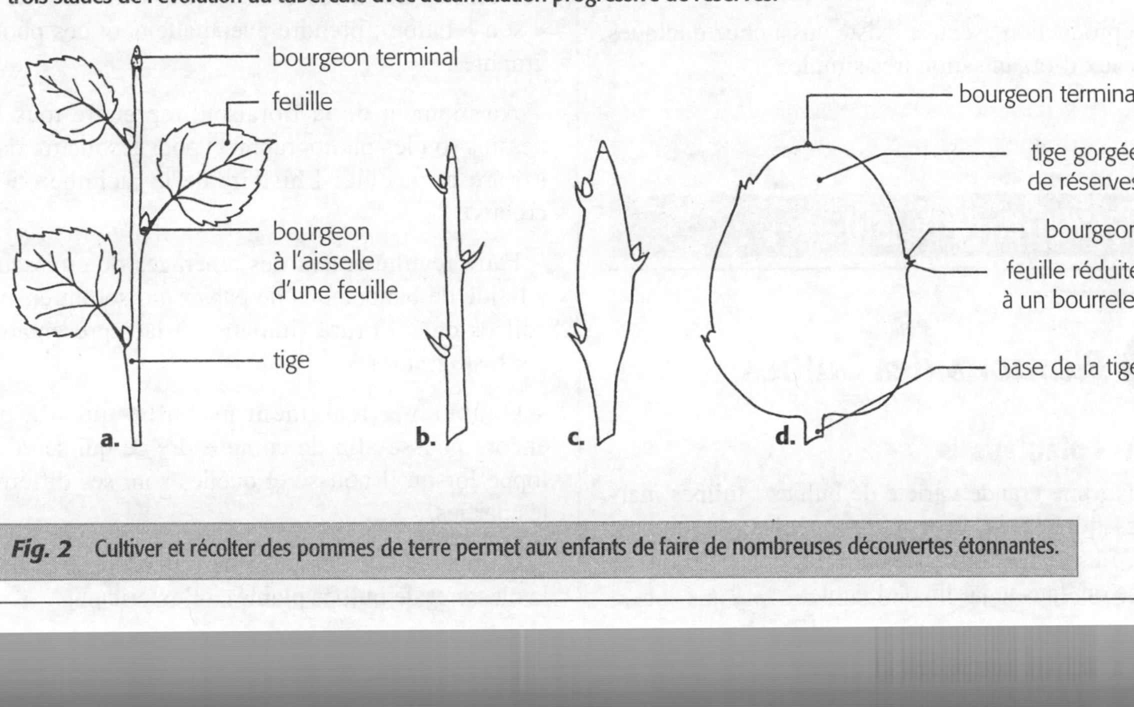

Fig. 2 Cultiver et récolter des pommes de terre permet aux enfants de faire de nombreuses découvertes étonnantes.

Des phénomènes analogues existent chez d'autres animaux. C'est le cas de nombreux organismes unicellulaires comme la paramécie. La reproduction asexuée représente pour eux un mode de multiplication très rapide. Mais cette rapidité, lorsqu'elle concerne des organismes pathogènes, constitue pour l'homme un véritable danger.

• Le bourgeonnement

Il n'est pas rare de voir se former sur le corps d'une hydre d'eau douce une évagination qui augmente de taille. Bientôt une couronne de tentacules se forme et une bouche se perce au milieu. La nouvelle hydre ainsi produite se détache, se fixe à un support, grandit et produit à son tour des bourgeons. En réalité, il n'y a pas de différences fondamentales entre ces deux types de multiplication.

Dans les deux cas, il y a séparation de deux individus, mais celle-ci se produit avant la différenciation du nouvel organisme (chez la planaire…) ou après (chez l'hydre d'eau douce…).

5 En résumé

Chez de nombreuses plantes, une multiplication végétative s'effectue parallèlement à la reproduction sexuée. Par ce procédé, un fragment végétal donne rapidement une plante entière qui conserve toutes les qualités de la plante mère. L'homme utilise cette propriété en agronomie ou en horticulture pour propager des variétés intéressantes en raison de la qualité de leurs fruits, de leur résistance aux maladies…

Les plantes, nées par multiplication végétative, envahissent de proche en proche le milieu où vit la plante mère, alors que la reproduction sexuée assure plutôt une dispersion à distance.

La reproduction asexuée existe aussi chez quelques animaux d'organisation très simple.

Des activités possibles

A Plantons des bulbes

1 Les plantations

Choisir une grande variété de bulbes : tulipes, narcisses, jonquilles, crocus, renoncules, anémones, lis… Les plantations peuvent être réalisées dans la classe ou dans le jardin de l'école.

• Dans la classe

– **La culture en pots** : utiliser des pots présentant un écoulement d'eau à la base, remplis d'une terre légère ou de terreau ; arroser régulièrement.

– **La culture en carafe** : c'est à la fois la plus simple et celle qui permet de voir les racines se développer. Prendre des récipients de verre à ouverture étroite (pot de confiture par exemple), les remplir d'eau à laquelle on peut ajouter quelques gouttes d'engrais liquide, la partie inférieure du bulbe se trouve à 2 mm au-dessus de la surface de l'eau.

– **La culture sur cailloux** : dans un récipient large, placer les bulbes sur un lit de cailloux et mettre de l'eau jusqu'à la base des bulbes.

Attention : certains bulbes ne donneront des plantes capables de fleurir que s'ils ont été placés quelques semaines au froid avant d'être plantés (c'est le cas des jonquilles…).

• Dans le jardin de l'école

Il n'est pas nécessaire d'avoir beaucoup de place, on peut planter au pied des arbustes d'une haie, en pleine terre ou dans des jardinières. La partie supérieure du bulbe doit se trouver à une profondeur de 4 à 6 cm pour les crocus et les tulipes, de 10 cm pour les jacinthes et les narcisses.

Si vous voulez conserver vos bulbes plusieurs années, enlevez-les de terre après la floraison et conservez-les dans un endroit sec.

2 Les activités possibles

– Réaliser tous les 3 ou 4 jours un dessin de « son » bulbe ; prendre éventuellement des photographies.

– Au moment de la floraison, reprendre tous les dessins (ou les photographies) pour les mettre dans l'ordre et raconter l'histoire de la jacinthe ou du crocus…

– Faire régulièrement des repérages de croissance à l'aide de bandelettes de papier qui seront ensuite collées dans l'ordre (initiation à la représentation par histogramme).

– Couper verticalement un bulbe qui n'a pas encore poussé afin de comprendre ce qui se développe lorsqu'il pousse et quelles sont ses différentes parties.

– Comparer la croissance de bulbes plantés dans la classe et de bulbes plantés à l'extérieur.

La culture in vitro, qu'est-ce que c'est ?

Le dessin présente la culture en tube du rosier. Pour cette plante, la production est passée des laboratoires de recherche au stade industriel en 1982. Pour d'autres, elle est encore au stade expérimental.
La méthode est la même dans tous les cas. Les milieux de culture diffèrent selon les espèces et doivent être mis au point par tâtonnement.

(1) On prélève dans le bourgeon d'une plante un fragment végétal minuscule (1/10 mm). On le place dans un tube qui contient un milieu de culture convenable avec, en particulier, une substance provoquant la formation de bourgeons.

(5) Un mois plus tard, chaque petite plante est sortie du tube, plantée dans un pot et mise en serre. Deux mois plus tard les rosiers mesurent 20 cm de haut. Ils sont commercialisables au bout de 6 mois.

(2) Au bout de 3 à 4 semaines, le fragment précédent a produit plusieurs petits bourgeons que l'on sépare et que l'on repique dans d'autres tubes contenant le même milieu de culture.

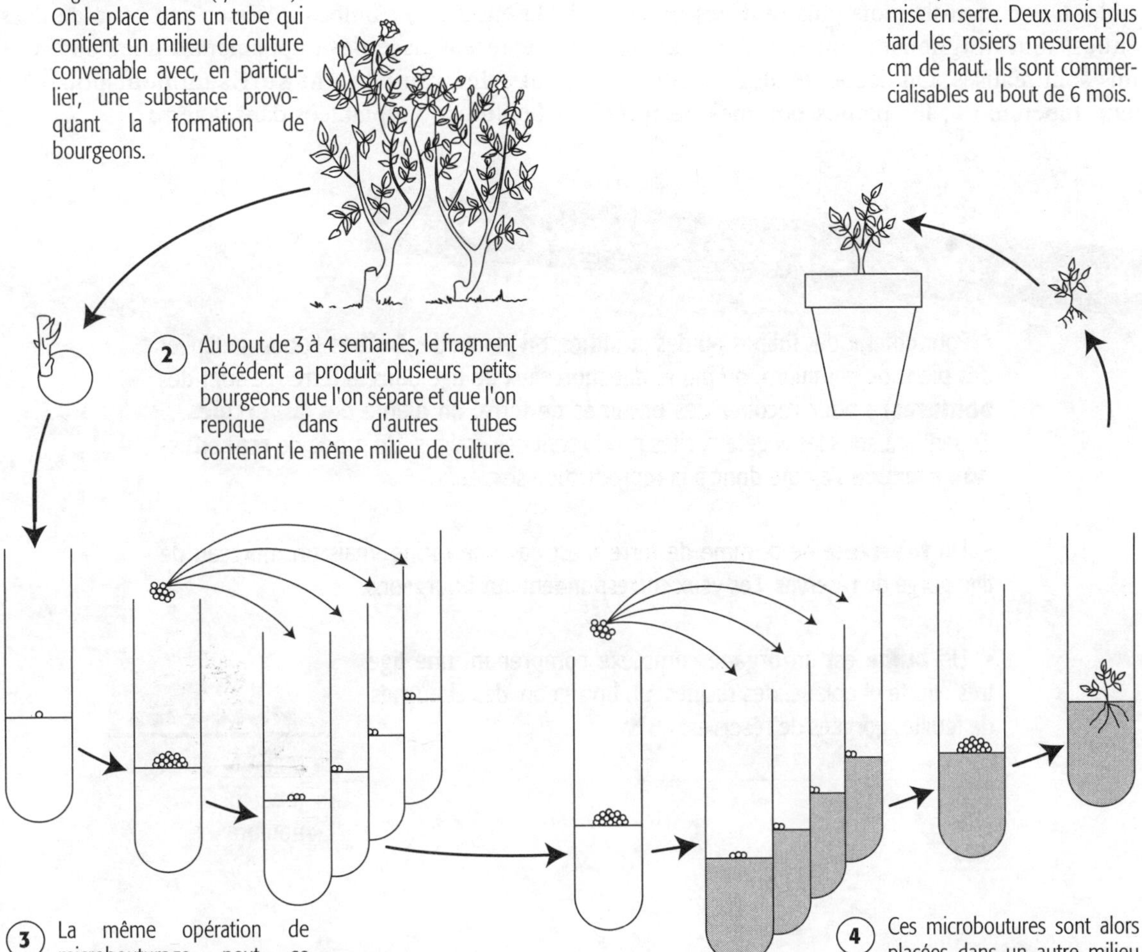

(3) La même opération de microbouturage peut se répéter toutes les 4 semaines. En 10 mois environ, on obtient à partir du fragment de départ, plus de 200 000 microboutures.

(4) Ces microboutures sont alors placées dans un autre milieu de culture qui contient notamment une substance déclenchant la formation de racines.

Fig. 3 Une technique récente, la culture de plantes en tube, a été mise au point par l'INRA (Institut National de Recherches Agronomiques). Elle est en train de révolutionner le mode de production de nouvelles plantes.

B Plantons des pommes de terre

Pour obtenir un développement complet de la pomme de terre avant les vacances d'été, il faut effectuer la plantation au début du printemps (en mars par exemple). Si elle est faite en septembre ou en octobre, les journées étant très courtes, les tiges s'allongent beaucoup, on obtient cependant le développement de petits tubercules.

Il faut planter les pommes de terre (non traitées contre la germination) dans des caissettes en bois ou en polystyrène contenant un mélange de terre et de sable. Deux ou trois mois plus tard, les plantes obtenues sont soigneusement déterrées et des dessins sont réalisés. On découvre alors, à côté du « vieux tubercule », les petites pommes de terre nouvelles. Pour comprendre l'histoire du pied de pomme de terre, il est nécessaire de comparer le pied déterré à une pomme de terre qui a commencé de germer.

C Des boutures faciles à réaliser

En mettant des rameaux de « misère » ou de « balsamine » dans de l'eau, on observe rapidement la formation de racines à l'extrémité de la tige qui plonge dans l'eau. On peut, comme pour la culture des bulbes, réaliser une série de dessins représentant le développement d'une bouture. Dès que les racines ont suffisamment poussé, les boutures sont plantées dans la terre.

Notions visées à l'école élémentaire

- Pour obtenir des tulipes ou des jacinthes, on plante des **bulbes** ; pour multiplier des pieds de géranium, on pique des morceaux de tige dans la terre (ce sont des **boutures**) ; pour récolter des pommes de terre, on plante des **tubercules**… Cependant, tous les végétaux cités produisent des graines. Un mode de **reproduction asexuée** s'ajoute donc à la reproduction sexuée.

- Un **tubercule** de pomme de terre n'est pas une racine, mais un morceau de tige gorgé de réserves. Les yeux correspondent aux bourgeons.

- Un **bulbe** est un organe complexe comprenant une tige très courte et aplatie, des racines, un bourgeon, des ébauches de feuilles gorgées de réserves.

Mots-clés

- bulbe
- tubercule
- bouture

Partie

4

Les êtres vivants se déplacent

Chapitre 1

Les déplacements d'un animal sont adaptés à son milieu de vie

La plupart des animaux se déplacent. C'est l'une des caractéristiques de la vie, celle qui est le plus facilement reconnue par les enfants.
*• **Certains animaux ne se déplacent que dans un seul milieu,** d'autres sont capables d'en explorer plusieurs.*
*• **Certains animaux sont capables d'explorer plusieurs milieux (fig. 1).** Sur le sol, le canard est un mauvais marcheur, mais c'est un excellent nageur et un champion en vol. La grenouille se déplace sur terre en sautant et progresse aisément dans l'eau en nageant.*

Un animal ne se déplace pas de la même manière dans l'eau, dans l'air ou sur le sol. Pour chacun de ces milieux, il existe aussi des variantes : dans l'air certains oiseaux effectuent un vol plané, d'autres un vol battu ; sur le sol des animaux marchent, d'autres sautent, d'autres courent. En général, un animal donné n'évolue avec aisance que dans un seul milieu : ainsi un manchot, oiseau incapable de voler, se dandine maladroitement sur terre ou saute à pieds joints comme pour une course en sac ; par contre c'est un excellent nageur. Le phoque est un bon nageur et un plongeur sous-marinexceptionnel ; en revanche, assez malhabile au sol, il peut seulement progresser par bonds ou ramper sur le ventre. Les différents chapitres qui suivent permettront d'analyser successivement les déplacements **sur terre**, **dans l'eau** et **dans l'air**.

Informations pour l'enseignant

1 Les « résistances » du milieu

Quand un animal se déplace, il prend toujours appui sur quelque chose de résistant.
- le **sol** dans la marche, la course, le saut, la reptation ;
- l'**eau** dans la nage ;
- l'**air** dans le vol.

La résistance de l'eau est nettement supérieure à celle de l'air, ce qui explique que les animaux qui se déplacent dans l'eau soient moins rapides que ceux qui se déplacent dans l'air (***fig. 2***).
Cependant, un animal se maintient dans l'eau sans effort, il n'a pas à vaincre la pesanteur, il utilise alors sa musculature pour accomplir son déplacement. Dans l'air, au contraire, l'animal utilise sa musculature, non seulement pour se déplacer, mais aussi pour éviter de tomber.

2 Les organes du mouvement

Selon les modes de déplacement, les organes mis en jeu sont les membres ou l'ensemble du corps.
Quand on s'intéresse au groupe des vertébrés, on constate que, si l'adaptation à un type de déplacement entraîne des modifications parfois très importantes des membres (la patte du cheval, l'aile de l'oiseau, la nageoire du dauphin… ne se ressemblent apparemment pas), ceux-ci ont tous **la même organisation générale**.
De plus, des animaux appartenant à des groupes différents et qui se déplacent dans le même milieu présentent des ressemblances : des ailes pour voler, des nageoires ou des palmures pour se déplacer dans l'eau. Ils montrent une **convergence de forme**.

Dans quel milieu vivent-ils ?

- Écris dans chaque case la lettre qui convient le mieux.
- Ajoute des cases où tu le juges utile.

Fig. 1 Un animal occupe dans son milieu une place déterminée, liée à son mode de vie. Certains animaux peuvent explorer plusieurs milieux, d'autres ne se déplacent que dans un seul milieu. Ce document, proposé à des enfants du CE1, permet de dégager ces notions à travers une discussion et une justification des réponses.

Quel est le champion ?

Vitesses exprimées en km/h

Vol		Course		Nage	
1. Martinet :	200	**1.** Antilope :	100	**1.** Thon :	80
2. Aigle :	190	**2.** Guépard :	100	**2.** Épaulard :	60
3. Albatros :	160	**3.** Lièvre :	75	**3.** Manchot :	40
4. Canard :	100	**4.** Cheval :	70	**4.** Tortue :	35
5. Cygne :	90	**5.** Autruche :	60	**5.** Saumon :	30
6. Pigeon :	70	**6.** Homme :	40		
7. Pinson :	30				
8. Abeille :	10				

• En piqué, le faucon, ailes repliées, se laisse tomber sur sa proie à la vitesse de 300 km/h. C'est le record absolu, mais il s'agit d'un déplacement particulier.

• Quel est l'animal le plus rapide :
– en vol ?
– à la course ?
– à la nage ?

• Comment expliques-tu que le déplacement dans l'eau soit moins rapide que le déplacement dans l'air ?

Fig. 2 Ce dessin permet d'établir des comparaisons entre les vitesses de déplacement dans les divers milieux. Quelles remarques peut-on dégager de l'analyse d'un tel document ?

Comment se déplacent-ils ?

Fig. 3 Quelles notions peut-on dégager ?

❸ Les déplacements et les organes des sens

• **Les animaux se déplacent pour :**
– rechercher leur nourriture ;
– fuir un prédateur ou poursuivre une proie ;
– se défendre ou défendre leur territoire ;
– trouver un partenaire sexuel.

• **Les comportements des animaux** sont constitués d'une suite d'actions différentes ayant une signification biologique précise (comportements liés à l'alimentation, à la reproduction, à la défense...). Généralement, le déplacement constitue seulement l'une des phases d'un comportement.

• **Les stimulus externes** sont captés par des organes particuliers, les récepteurs sensoriels, plus connus sous le nom d'**organes des sens**.

Des activités possibles

L'étude des déplacements des animaux est abordée dans plusieurs circonstances :
– lors de sorties dans la nature et dans différents milieux (forêt, jardin public, bord de rivière ou d'étang, bord de mer...) ;
– dans la cour de l'école (moineau, pigeon, escargot...) ou dans le cadre de la classe (lors de l'accueil d'un animal apporté par un enfant) ;
– à l'occasion d'élevages réalisés en classe ;
– au cours de la visite d'une ferme, ou d'une basse-cour, ou d'un zoo...

Ces observations ne doivent pas rester isolées, ponctuelles et sans suite. Des travaux en classe doivent les prolonger, les organiser, les comparer afin de dégager les notions scientifiques accessibles à l'école primaire. La réalisation de dessins, la mise en place d'échanges verbaux, l'écriture de textes permettent de structurer les observations faites.

❶ Aux cycles 1 et 2

On s'attachera surtout à préciser que :
– le mode de déplacement varie selon l'animal et selon le milieu dans lequel il vit (***fig. 1***) ;
– les modes de déplacement des animaux sont variés : marche, course, vol, nage, saut... (***fig. 3***) ;
– un même animal peut avoir plusieurs modes de déplacement ;
– selon le mode de déplacement, l'animal utilise des organes différents : ailes pour voler, pattes pour marcher ou courir...

❷ Au cycle 3

De nouveaux documents permettent de préciser les notions précédemment énoncées (***fig. 4***).

Il devient également possible d'analyser certains déplacements simples (le saut, la marche) ou certaines phases du déplacement (l'envol et l'atterrissage d'un oiseau par exemple). Le rôle des organes des sens dans le déclenchement des déplacements est envisagé.

Le document de la ***figure 2*** permet la comparaison des vitesses des animaux et leurs performances selon le milieu dans lequel ils se déplacent.

Les chapitres suivants fournissent de nombreux autres exemples d'activités.

Notions visées à l'école élémentaire

• Les animaux se déplacent pour **rechercher leur nourriture**, pour **se cacher**, pour fuir un ennemi, pour **se reproduire**...
• Ils ne se déplacent pas de la même façon sur terre, dans l'eau et dans les airs.
• Leur déplacement est **adapté** à leur milieu de vie.
• Un même animal peut avoir **plusieurs modes de déplacement**. Il peut alors explorer plusieurs milieux.

Mots-clés
• marcher
• courir
• sauter
• voler
• nager

Document pour l'élève

Des images à « lire »

Fig. 4 **Sur une silhouette, on peut identifier si un animal est immobile ou en train de se déplacer. On peut même préciser son mode de déplacement.**

Chapitre **2**

Les déplacements sur terre

Pour étudier les déplacements des animaux, il est préférable de commencer par analyser des modes de locomotion terrestre (saut, marche, course) ; les enfants peuvent en effet plus facilement les comprendre, d'une part en faisant l'analogie avec leurs propres déplacements, d'autre part en les mimant.

Bien que le saut ne soit pas le mode de locomotion terrestre le plus répandu, il est préférable de l'étudier en premier ; son analyse est en effet beaucoup plus simple que celle de la marche ou de la course.

Les déplacements des vertébrés sont souvent les seuls étudiés à l'école primaire. Ils seront donc plus largement abordés que ceux des invertébrés.

Informations pour l'enseignant

1 Le saut

Les animaux qui se déplacent en sautant sont souvent très performants. La grenouille est capable d'effectuer des sauts de 1,50 m de long. Le lièvre peut se déplacer par bonds successifs à une vitesse de 80 km/h et le kangourou atteint lui-même 70 km/h. Pour réaliser l'analyse du déplacement par bonds et en dégager les caractéristiques, il est intéressant de pouvoir faire l'**étude comparée** chez plusieurs animaux (grenouille, kangourou, lièvre… ***fig. 1***).

• Le déplacement par bonds peut être décomposé en plusieurs étapes :

– **propulsion** par poussée des deux membres postérieurs avec appui sur le sol (« sauts à pieds joints ») ;

– **déplacement, le corps en extension,** sans aucun appui au sol ;

– **réception** sur le sol, suivie d'une nouvelle propulsion.

• Comment se fait la propulsion ?

Les trois segments qui constituent les membres postérieurs, d'abord repliés en Z, se détendent comme un ressort et projettent l'animal en l'air.

• Comment est assurée la réception ?

Il existe deux cas possibles.

– **La réception est assurée par les membres postérieurs,** chez le kangourou par exemple. La réception est immédiatement suivie d'une nouvelle poussée sur le sol, obtenue par la détente des membres postérieurs. Les membres antérieurs n'interviennent pas dans la propulsion, mais, avec la queue très développée, ils assurent l'équilibre du corps pendant le bond.

– **La réception est assurée par les membres antérieurs.** Chez le lapin et le lièvre, les pattes antérieures, qui touchent le sol l'une après l'autre, amortissent le choc en fléchissant légèrement puis, par une détente rapide, lancent le corps en avant. Pendant ce temps, les pattes postérieures sont ramenées devant les pattes antérieures. Elles touchent alors le sol et, par une brusque détente, provoquent un nouveau bond.

Document pour l'élève

Une comparaison intéressante

Fig. 1 L'étude comparée de différents sauts est plus intéressante que l'analyse d'un saut isolé. Pouvez-vous proposer une démarche pédagogique utilisant ces différents documents ?

• **Les membres des animaux sauteurs présentent des adaptations particulières (*fig. 2*).**
Chez tous les animaux sauteurs, les muscles des membres postérieurs sont très développés. D'autre part, ces membres sont beaucoup plus longs que les membres antérieurs par suite du développement du pied ; de ce fait, les trois segments, cuisse, jambe, pied, sont de longueur à peu près égale. Chez la grenouille, la disposition des segments permet une très importante flexion du membre, dont une plus forte propulsion.

• **En résumé,** les animaux qui se déplacent par bonds présentent un certain nombre de caractères communs :
– des membres postérieurs très longs, repliés en Z avant le saut ;
– des pieds très longs (cuisse, jambe et pied ont sensiblement la même longueur) ;
– une musculature de la cuisse et de la jambe très développée.

2 La marche et la course de l'homme

Comme pour le saut, pendant la marche et la course, les animaux prennent appui sur un support solide, généralement le sol, par deux ou quatre membres. Certains vertébrés se déplacent sur deux membres seulement (l'homme, de nombreux singes, les oiseaux...) : ce sont des **bipèdes**. D'autres marchent ou courent sur quatre pattes : ce sont des **quadrupèdes**.

Trois remarques peuvent être faites :
– il est plus intéressant de réaliser une **étude comparée** entre la marche et la course qu'une analyse séparée ;
– exception faite de quelques oiseaux marcheurs qui ne volent pas, l'autruche par exemple, l'homme est le seul animal qui dépende uniquement de ses deux membres postérieurs pour se déplacer ;
– la marche bipède de l'homme est une succession de déséquilibres.

L'étude comparée de la marche et de la course de l'homme (***fig. 3***) permet de faire l'inventaire des différences. Elles portent essentiellement sur :
– la longueur du pas (plus grande dans la course que dans la marche) ;
– l'inclinaison du corps (le corps est penché en avant pendant la course) ;
– le mouvement des bras (bien que, dans les deux cas, ils participent à l'équilibre du corps) ;
– les positions successives du pied sur le sol (lors de la marche, attaque par le talon, puis appui sur la plante du pied) ;
– le contact avec le sol (dans la marche, un membre, au moins, est toujours en appui sur le sol alors que, dans la course, il existe une phase durant laquelle le corps est sans relation avec un support solide).
Ajoutons que la course est un mode de déplacement accéléré dans lequel la poussée exercée par les membres sur le sol est plus forte que dans la marche : la course apparaît ainsi comme une succession de bonds.

3 La marche avec 4 pattes

Quand un animal quadrupède marche (***fig. 4***), il prend appui sur le sol tantôt sur trois pattes, tantôt sur deux.
Les pattes qui ne sont pas en contact avec le sol sont projetées en avant dans un mouvement de balancier. L'ordre dans lequel elles se déplacent est toujours le même : patte postérieure gauche, puis antérieure gauche, puis postérieure droite et enfin antérieure droite. L'appui est plus ou moins long selon la cadence du pas. On constate alors que, pendant de courts instants, le corps de l'animal se trouve en appui sur deux pattes situées du même côté, donc en équilibre instable.
Les pattes en appui ne sont pas immobiles : elles servent de **pivot** et permettent la progression de l'animal.
Certains animaux (l'ours, la girafe, l'éléphant, le chameau) marchent en avançant puis en posant en même temps, les deux membres de droite, puis les deux membres de gauche (marche à l'amble).
Le chat et le chien touchent le sol par l'extrémité de leurs doigts : ils sont **digitigrades**. Pour le cheval, c'est seulement la dernière phalange des doigts, recouverte par un sabot, qui touche le sol : le cheval est un **onguligrade**. Quelques animaux, comme l'ours, marchent à la manière de l'homme. Toute la plante du pied repose sur le sol : ce sont des **plantigrades**.

4 La course avec 4 pattes

• **La plupart des animaux peuvent courir de deux façons différentes :** ils **trottent** ou ils **galopent**. Du fait de la rapidité des mouvements, une analyse précise n'est possible qu'à partir des images d'un film.
Le galop est une succession de bonds qui résultent de l'enchaînement des mouvements suivants :
– propulsion par poussée sur un membre postérieur, puis sur l'autre ; déplacement du corps en extension sans aucun appui au sol ;
– nouvelle propulsion qui résulte de l'élan précédemment acquis et d'une poussée des membres antérieurs ;

Des ressemblances étonnantes

- Sur chacun de ces quatre dessins :
  - colorie le pied ;
  - indique les mots : hanche, genou, cheville, cuisse, jambe.
- Compare la longueur du pied à la longueur de la jambe.
  Que remarques-tu ?

Fig. 2 Les membres postérieurs sont les principaux organes du saut. Ils ont des caractères particuliers chez les animaux sauteurs. Lesquels ?

Marche ou course ?

Fig. 3 Ces vignettes de marche et de course sont utilisables avec des enfants convenablement latéralisés (l'exercice convient bien en fin de CE2 ou au CM, mais serait trop difficile au CE1). Elles permettent d'une part de réaliser une comparaison entre la marche et la course, d'autre part, après découpage, de mettre les images dans l'ordre chronologique du déplacement.

Un film au ralenti

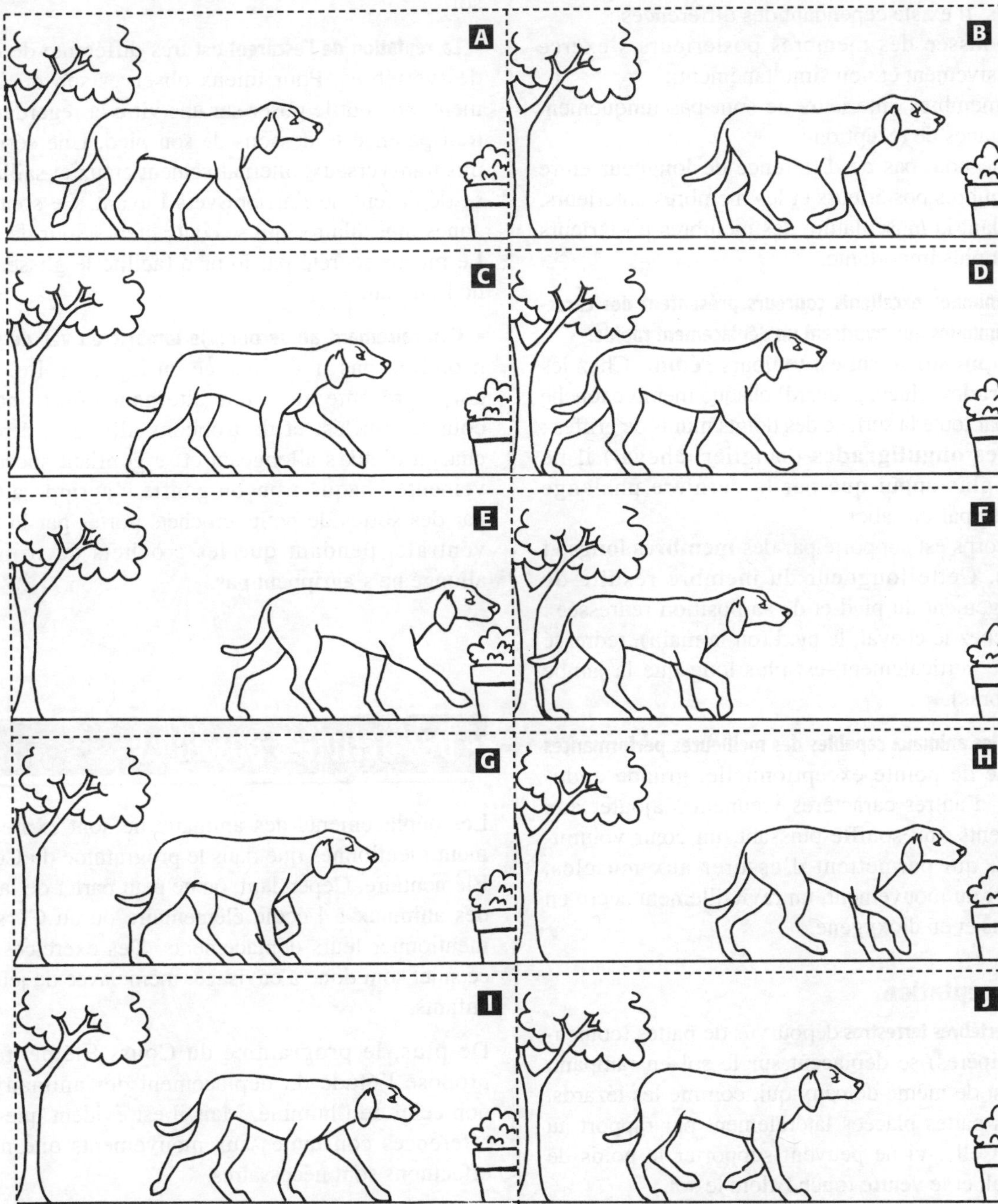

Fig. 4 Quand on regarde un chien qui marche, le déplacement des pattes est trop rapide pour permettre l'analyse du mouvement. Il faut avoir recours aux images d'un film que l'on passe au ralenti. Ces dessins, faits d'après un tel document, représentent les phases essentielles de cette marche. Leur analyse complète est difficile. On peut se limiter à quelques aspects importants : découper, mettre les images dans l'ordre et répondre à certaines questions.
Combien de pattes touchent le sol quand un chien marche ?

– réception sur une patte postérieure, puis sur l'autre, suivie d'une nouvelle propulsion.

• **Une comparaison entre le galop et le déplacement par bonds** fait apparaître un grand nombre de ressemblances. Il existe cependant des différences :
– la poussée des membres postérieurs s'exerce successivement et non simultanément ;
– les membres antérieurs ne sont pas uniquement des organes de réception ;
– on ne note pas de différence de longueur entre les membres postérieurs et les membres antérieurs, cependant la musculature des membres postérieurs reste la plus importante.

• **Les animaux excellents coureurs présentent des caractères communs qui favorisent un déplacement rapide.**
– L'**appui sur le sol** est toujours **réduit**. Chez les **digitigrades** (chien, guépard) chaque membre touche le sol par toute la surface des doigts munis de griffes ; chez les **onguligrades** (sanglier, cheval) il ne prend plus appui que par la dernière phalange protégée par un sabot.
– Le corps est supporté par des **membres longs et grêles**. Cette longueur du membre résulte de l'allongement du pied et de sa position redressée : ainsi, chez le cheval, le pied (ou la main), redressé presque verticalement, est plus long que la jambe (ou le bras).

• **Chez les animaux capables des meilleures performances** (vitesse de pointe exceptionnelle, grande endurance), d'autres caractères viennent s'ajouter aux précédents : un souffle puissant, un cœur volumineux... qui permettent d'assurer aux muscles, moteurs du mouvement, un ravitaillement accru en aliments et en dioxygène.

5 La reptation

• **Les vertébrés terrestres** dépourvus de pattes (couleuvres, vipères) se déplacent sur le sol en rampant. Il en est de même de ceux qui, comme les lézards, ont des pattes placées latéralement par rapport au corps. Celles-ci ne peuvent supporter le poids de l'animal, et le ventre touche alors le sol.

La reptation est un déplacement obtenu par de rapides mouvements d'ondulation du corps, le ventre traînant sur le sol. L'accrochage aux aspérités du sol est assuré soit par les écailles portées par la peau du ventre (serpents), soit par les membres incapables par ailleurs de supporter le poids du corps (lézards).

Les animaux dont la reptation est le mode habituel de déplacement présentent en commun des caractères qui favorisent ce type de locomotion :
– corps très allongé ;
– grande souplesse de la colonne vertébrale ;
– présence d'écailles sur la peau ou de griffes aux doigts permettant de s'accrocher aux aspérités du sol.

• **La reptation de l'escargot** est très différente de celle des vertébrés. Pour mieux observer son déplacement, on peut le poser sur une vitre et regarder par transparence le dessous de son pied. Une série de plis transversaux, alternativement creux et saillants, se déplacent de l'arrière vers l'avant. Ce sont des zones musculaires qui se contractent à tour de rôle. Le mucus secrété par le pied facilite le glissement de l'animal.

• **Contrairement au serpent, le lombric ou ver de terre** n'ondule pas mais avance en ligne droite. Son corps présente alors une alternance de tronçons courts, gonflés, et de tronçons allongés, étroits, chacun d'eux s'allongeant et se gonflant successivement. Chaque tronçon gonflé s'agrippe au sol par des sortes de petits crochets portés par la face ventrale, pendant que les crochets du tronçon allongé ne s'agrippent pas.

Des activités possibles

Les déplacements des animaux ne sont expressément mentionnés que dans le programme du Cours Élémentaire. Cependant, on ne peut parler de la vie des animaux à l'école élémentaire ou au CP sans mentionner leurs déplacements. Des exercices sur ce sujet sont donc à envisager même avec de jeunes enfants.

De plus, le programme du Cours Élémentaire propose l'étude du déplacement des animaux et non celui de l'homme. Mais il est évident que des références constantes aux mouvements que nous effectuons sont nécessaires.

On ne peut pas comprendre le déplacement à « pieds joints » des animaux sauteurs sans vivre en parallèle cette même situation. On comprend beaucoup mieux la marche sur quatre pattes du chat ou du cheval après avoir mimé ce déplacement.

Enfin, l'observation directe d'animaux qui se déplacent (d'un chat qui marche, d'un oiseau qui vole...) est évidemment souhaitable, mais le recours à des documents complémentaires (photographies, films, dessins...) est indispensable.

Document pour l'élève

Qui a laissé ces traces ?

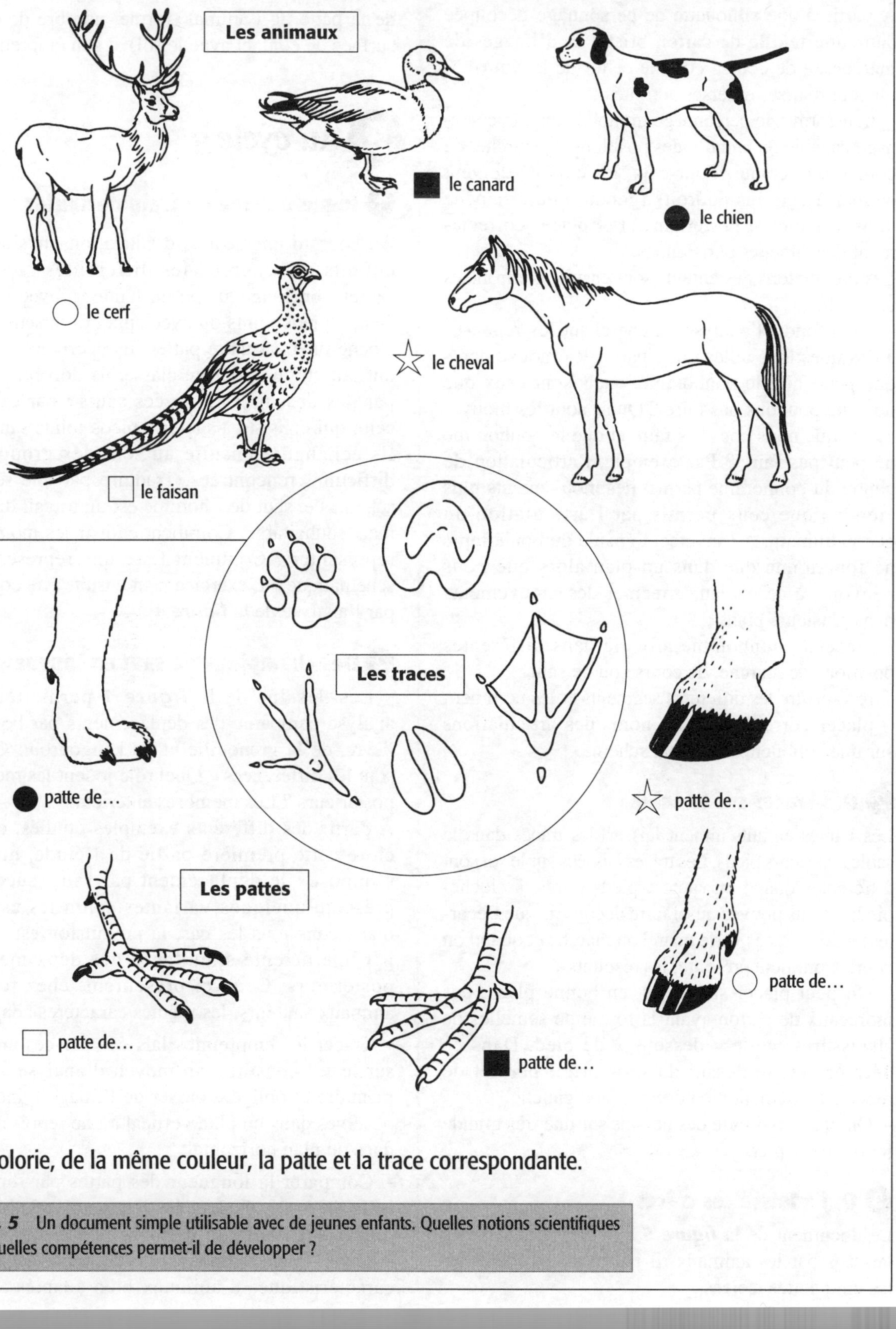

• Colorie, de la même couleur, la patte et la trace correspondante.

Fig. 5 Un document simple utilisable avec de jeunes enfants. Quelles notions scientifiques et quelles compétences permet-il de développer ?

A Au cycle 2

1 Tu peux animer ton bonhomme

À partir d'une silhouette de personnage découpée dans une feuille de carton bristol et d'images de marche ou de course comme celles de la ***figure 3***, on peut réaliser diverses activités :

– transformer le personnage immobile en un personnage capable de prendre des positions de marche, de course ou de saut. Pour cela, les enfants doivent couper à certains endroits (genou, talon, hanche pour le membre postérieur…) et placer correctement des attaches parisiennes.

Les productions des enfants sont ensuite confrontées et discutées ;

– approfondir l'analyse en cherchant les réponses à des questions telles que : parmi les mouvements que peut faire le bonhomme, quels sont ceux que nous ne pouvons pas faire ? Quels sont les mouvements que nous pouvons faire et que le bonhomme ne peut pas faire ? Par exemple, l'articulation du genou du bonhomme permet des mouvements plus étendus que ceux permis par l'articulation du genou humain. À l'inverse, l'épaule du bonhomme ne fonctionne que dans un plan alors que nous pouvons, à ce niveau, effectuer des mouvements dans plusieurs plans ;

– placer le bonhomme articulé dans différentes positions de marche, de course ou de saut ;

– reconnaître les différents segments et les nommer ;

– placer correctement les noms des articulations sur une silhouette ou sur un schéma.

2 Des traces sur le sable

Les jeunes enfants aiment laisser des traces dans le sable avec leurs pieds. Les traces laissées sur le sol sont différentes quand on saute à pieds joints, à cloche-pied… Vous pouvez aussi faire découvrir que l'écartement des traces varie quand on marche et quand on court. Comment présenter les résultats ?

– On peut placer sur le sol, en bonne place, des morceaux de carton ayant la forme de semelles de chaussures ou de « dessous » de pied. Dans ce dernier cas, le dessin du gros orteil permet de repérer facilement pied droit et pied gauche.

– On peut aussi faire des dessins sur une très grande feuille de papier.

3 Qui a laissé ces traces ?

Le document de la ***figure 5*** s'intéresse aux traces laissées par les animaux. Il faut d'abord identifier les cinq pattes isolées.

Pour cela, deux moyens sont possibles :

– observer le dessin de l'animal entier ;

– repérer le codage qui précède le nom de l'animal et celui qui accompagne la patte.

Il faut ensuite établir la relation entre l'extrémité de la patte de l'animal (forme, nombre de doigts, surface de contact avec le sol) et son empreinte.

B Au cycle 3

1 Je me dessine en train de sauter

Au cours d'une séance d'éducation physique, les enfants ont cherché les différentes façons de sauter : en longueur ou en hauteur, avec ou sans élan, à pieds joints ou avec appel d'un seul pied, à cloche-pied, à quatre pattes. Ils décrivent ce qu'ils ont fait et, de retour en classe, ils doivent traduire par des dessins l'un de ces sauts : par exemple celui qui consiste à sauter à pieds joints sans élan. Ils échangent ensuite au sein des groupes les difficultés rencontrées. Traduire par une série de schémas le saut de l'homme est un travail difficile, mais souhaitable. Comment choisir les moments à représenter ? Comment faire une représentation schématique ? L'exercice peut ensuite être complété par l'analyse de la ***figure 1***.

2 Des champions de saut en longueur

• Les dessins de la ***figure 1*** permettent une analyse comparée des déplacements par bonds du lièvre, de la grenouille et du kangourou : Quelles sont les différences ? Quel rôle jouent les membres postérieurs ? Les membres antérieurs ?…

À partir des différents exemples étudiés, et pour clore cette première partie de l'étude, un bilan s'impose : le déplacement par sauts successifs présente quelques variantes selon les espèces, mais, dans tous les cas, la propulsion est assurée par une détente simultanée des deux membres postérieurs. Ceux-ci présentent, chez tous les animaux sauteurs, les mêmes caractères adaptatifs.

• Tracer les empreintes laissées par ces animaux sur le sol constitue un moyen d'analyse supplémentaire et oblige à passer de l'image d'individus observés dans un plan vertical à une représentation dans un plan horizontal.

• Comparer la longueur des pattes par rapport à celle du tronc, évaluer les longueurs relatives des divers segments du membre postérieur, cuisse – jambe – pied, fournissent l'occasion de dégager les caractéristiques d'animaux bien adaptés au saut (les membres postérieurs sont très longs ; cuisse, jambe et pied ont sensiblement la même longueur, le pied étant très long par rapport à celui d'autres animaux).

❸ La marche et la course de l'homme

Le document de la ***figure 3*** qui prend l'allure d'un jeu, propose :
– une analyse de mouvements et leur reconstitution à partir de quelques positions dissociées ;
– une comparaison marche-course ;
– un exercice de chronologie ;
– un contrôle de latéralité.

L'exercice peut comprendre les étapes successives suivantes :
– découper et trier les images en constituant deux ensembles, l'un d'images de marche, l'autre d'images de course ;
– exprimer oralement les critères qui ont permis de faire le tri, ce qui revient à réaliser une étude comparée de deux mouvements ;
– ranger les images de marche puis de course dans l'ordre chronologique de leur succession ;
– représenter schématiquement certaines attitudes prises par le marcheur ou le coureur.

❹ Lesquels marchent ? Lesquels courent ?

À partir de photographies ou de dessins d'animaux qui courent, marchent, volent… que les enfants peuvent rassembler et apporter en classe, on peut réaliser des regroupements et mettre ensemble tous les animaux qui se déplacent de la même façon.

❺ La marche sur quatre pattes

L'observation directe d'un chat (ou d'un chien) qui marche est évidemment souhaitable, mais les mouvements sont trop rapides pour qu'on puisse réellement les décomposer. Il faut donc avoir recours à des moyens de substitution tels que des dessins (***fig. 4***). Ce document peut donner lieu à diverses activités :

– représenter, pour chaque position, les empreintes que laisserait l'animal s'il était dans la neige (repérage gauche-droite, nombre de pattes qui touchent le sol en même temps) ;

– mimer la marche de l'animal (deux enfants se tiennent debout l'un derrière l'autre ; ils ont « quatre pattes » à eux deux) ;

– décalquer l'un des dessins et le placer sur le dessin suivant, pour constater qu'aucun des membres n'est immobile, pas même ceux qui restent en contact avec le sol ; la patte raidie sert de pivot.

Si l'on dispose d'une série d'images représentant un animal en train de courir, on peut réaliser des activités analogues et procéder ensuite à une comparaison entre la marche et la course.

Notions visées à l'école élémentaire

Le saut

• Lors du saut, les membres postérieurs et antérieurs jouent des rôles différents : les membres postérieurs propulsent le corps en avant ; les membres antérieurs reçoivent l'animal après le bond ou servent à équilibrer le corps.

• Les **membres postérieurs** de tous les animaux sauteurs présentent les caractères d'adaptation suivants :

– **repliés en Z**, ils se détendent comme un ressort ;

– leur **longueur** est grande ; le pied étant très long, les trois segments, cuisse, jambe, pied ont sensiblement la même longueur.

La marche et la course

• Dans la marche, un animal tel que le chat est toujours en appui sur deux ou trois pattes.

Lorsque la marche s'effectue sur « deux pattes » (chez l'homme par exemple), il y a toujours un pied en appui sur le sol.

• Le galop est une **succession de bonds.**

Mots-clés

• marcher
• courir
• sauter
• membre

Chapitre 3

Les différents moyens de se déplacer dans l'eau

Il est facile de regarder un poisson nager dans un aquarium, mais il n'est pas facile de comprendre comment il nage, c'est-à-dire de se rendre compte que ce sont les coups de queue à droite et à gauche qui le font avancer et non pas les mouvements des nageoires. Les poissons ne sont pas les seuls animaux capables de se déplacer dans l'eau. D'autres vertébrés (des mammifères, des oiseaux, des amphibiens...), des insectes, un grand nombre d'animaux marins le font aussi. De plus certains animaux se déplacent à la surface de l'eau (canard, poule d'eau...).

Paradoxalement, la nage des poissons est la plus difficile à comprendre. Il est donc souhaitable de commencer cette étude par des animaux dont la nage est plus proche de celle de l'homme (la grenouille par exemple).

Informations pour l'enseignant

1 Nager avec des pattes

De nombreux animaux utilisent leurs membres pour progresser dans l'eau (***fig. 1***). L'étude de quelques exemples significatifs permettra de dégager des caractéristiques communes.

a. La grenouille

Il suffit de mettre une grenouille dans une bassine d'eau pour l'observer. On constate alors qu'elle flotte sans faire aucun mouvement ; les mouvements de ses membres ne servent donc qu'à assurer la progression dans l'eau.
La grenouille utilise deux sortes de nage :
– une **nage lente**, due aux mouvements des quatre membres ;
– une **nage rapide**, due aux seules pattes postérieures, les membres antérieurs sont alors rabattus le long du corps. Dans la nage rapide, la propulsion est assurée par une brusque détente des pattes postérieures fortement musclées ; la palmure, étalée entre les doigts écartés, exerce alors sur l'eau une poussée qui propulse l'animal. Quand les pattes se replient, les doigts sont resserrés et légèrement fléchis, le pied offre alors une moindre surface à la résistance de l'eau.

b. Le canard

Il nage habilement à la surface de l'eau, plonge aussi avec facilité. Il ressemble à une bouée munie de deux rames qui appuient sur l'eau alternativement au cours de la nage lente, ou simultanément lorsque l'animal se déplace rapidement.

La palmure des pattes du canard ressemble beaucoup à celle de la grenouille : une peau tendue entre les doigts. Comme chez la grenouille, elle est étalée quand la rame appuie sur l'eau, elle est repliée quand la rame est ramenée vers l'avant.

Quels organes leur permettent de nager ?

■ Des vertébrés aquatiques

le rat musqué

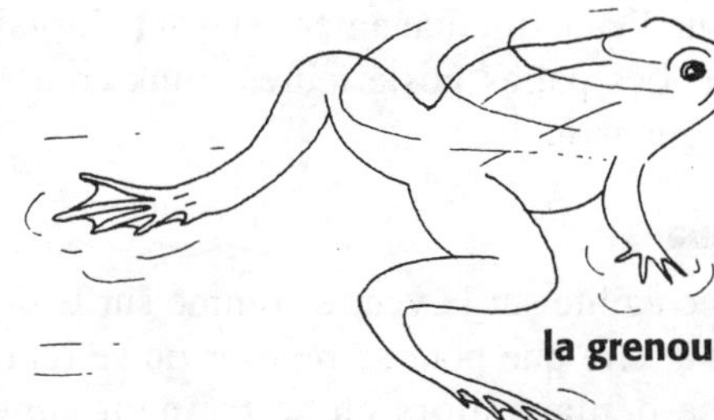

la grenouille

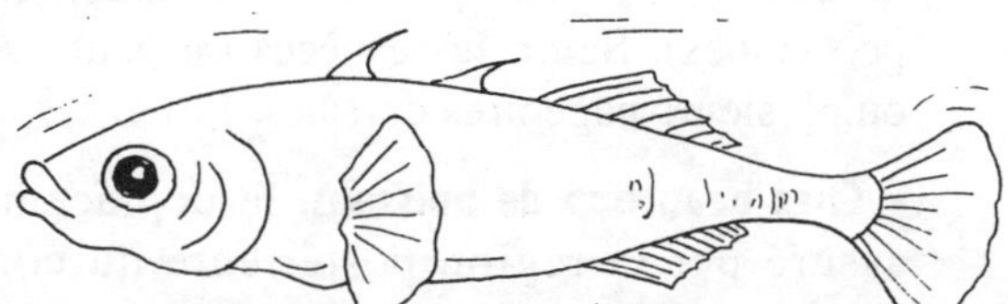

l'épinoche

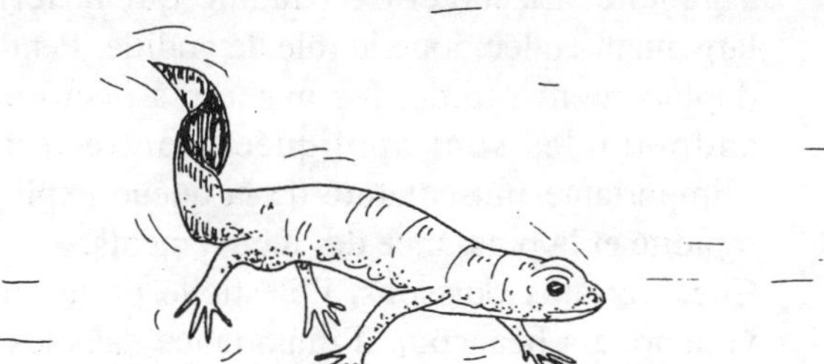

le triton

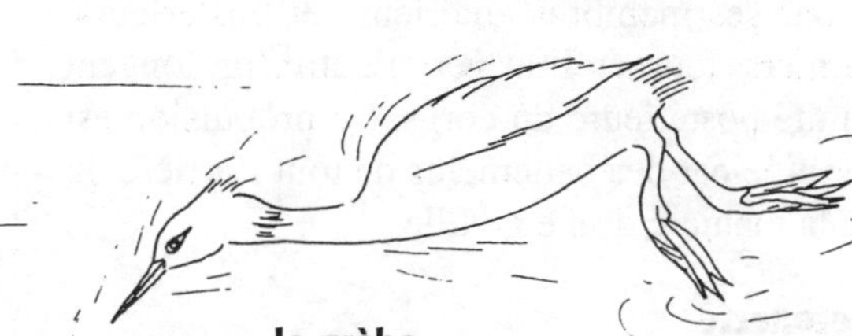

le grèbe

■ Une notonecte, insecte d'eau douce

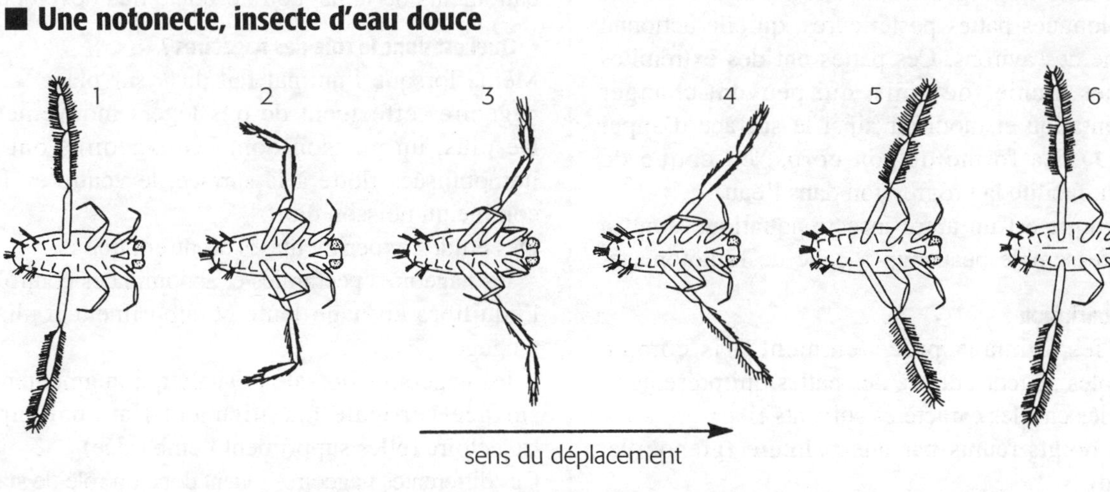

sens du déplacement

Fig. 1 Tous les animaux ne nagent pas de la même façon. Pour chaque animal, quels sont les organes qui leur permettent de nager ?

c. Le manchot

C'est un oiseau des régions polaires incapable de voler mais excellent nageur. Il « vole » véritablement dans l'eau. Ses ailes courtes lui servent de rames et constituent les propulseurs essentiels du corps ; le rôle des pattes postérieures est très réduit : pendant la nage, elles s'orientent dans le prolongement du corps.

d. La tortue marine

Très malhabile sur terre, elle se déplace avec aisance dans l'eau. Ses membres larges, aux doigts soudés entre eux par de la peau, sont de véritables rames. Les pattes antérieures, les plus longues, appuient sur l'eau simultanément et sont l'organe propulseur. Les pattes postérieures, plus courtes, servent de gouvernail.

e. Le phoque

Il nage avec agilité sur le ventre comme sur le dos. Il ne vient à terre que pour se reposer ou se reproduire. Il se déplace alors en se traînant sur le ventre, sans utiliser ses membres. Ceux-ci lui servent à nager. Le phoque prend appui sur l'eau à la fois par ses membres antérieurs et postérieurs. Ces derniers, tournés l'un vers l'autre, prolongent l'extrémité postérieure du corps. La propulsion est ainsi assurée par des battements de tout l'arrière du corps à la manière d'une godille.

f. La notonecte

Il s'agit d'un insecte des mares et des étangs que l'on voit souvent immobile sous la surface de l'eau. Elle nage grâce aux mouvements de ses deux longues pattes postérieures, qu'elle actionne comme des avirons. Ces pattes ont des extrémités aplaties munies de poils, qui peuvent changer d'orientation et modifier ainsi la surface d'appui (***fig. 1***). La forme de son corps, en coque de bateau, facilite la progression dans l'eau.
Le dytique est un autre insecte aquatique dont la nage ressemble beaucoup à celle de la notonecte.

• En conclusion
Tous les animaux précédemment pris comme exemples nagent grâce à des pattes qui présentent, selon les cas, les caractères suivants :
– des doigts réunis par une palmure (grenouille, canard) ;
– des membres courts et aplatis, transformés en rames (phoque, tortue) ;
– des pattes aux extrémités aplaties et à surface variable grâce à la présence de poils orientables (notonecte, dytique).

Dans le cas des vertébrés, on retrouve dans le membre transformé en rame les mêmes os que dans les membres des vertébrés terrestres, mais ils sont plus courts et plus larges. Chez le dauphin, les doigts ne sont plus visibles extérieurement et le membre ressemble encore plus à une nageoire.

❷ La nage des poissons

Contrairement à ce que l'on pense communément, les poissons ne sont pas propulsés par leurs **nageoires**. Celles-ci sont de plusieurs formes, mais toutes sont des replis de peau soutenus par des rayons fixés sur le squelette de l'animal. Certaines, dites **impaires**, sont placées dans le plan de symétrie du corps (nageoires dorsale, caudale, anale). D'autres, dites **paires**, sont situées de chaque côté du corps (nageoires pectorales et abdominales ou pelviennes). Selon les espèces on peut avoir une ou plusieurs nageoires dorsales.

• Chez beaucoup de poissons, le déplacement est assuré par la région postérieure du corps (ou queue), qui frappe l'eau alternativement à droite et à gauche. La nageoire caudale qui la termine, largement étalée, joue le rôle de godille. Pendant le déplacement rapide, les nageoires pectorales et abdominales sont appliquées contre le tronc. L'importante musculature de la queue explique la rapidité et la puissance des mouvements.
Chez certains poissons, l'élasticité de la colonne vertébrale a beaucoup d'importance dans les mouvements d'ondulation du corps. Chez d'autres comme le thon, le corps est beaucoup plus rigide et la propulsion est essentiellement assurée par les battements de la nageoire caudale très développée.

• Quel est donc le rôle des nageoires ?
Même lorsque l'animal fait du « sur place », ses nageoires effectuent de très légers mouvements. De plus, un poisson dont les nageoires ont été immobilisées flotte à la surface, le ventre en l'air comme un poisson mort.
Des études expérimentales montrent que :
– les nageoires pectorales et abdominales contrôlent l'équilibre en nage lente et suppriment roulis et tangage ;
– les nageoires dorsale et anale qui augmentent la surface verticale maintiennent l'animal sur sa trajectoire (elles suppriment l'embardée).
Ces différentes nageoires jouent donc un rôle de **stabilisateurs**. Le changement de direction est assuré :
– en nage rapide, par un brusque mouvement de la queue ;
– en nage lente, par le mouvement des nageoires pectorales.

Voici d'excellents nageurs

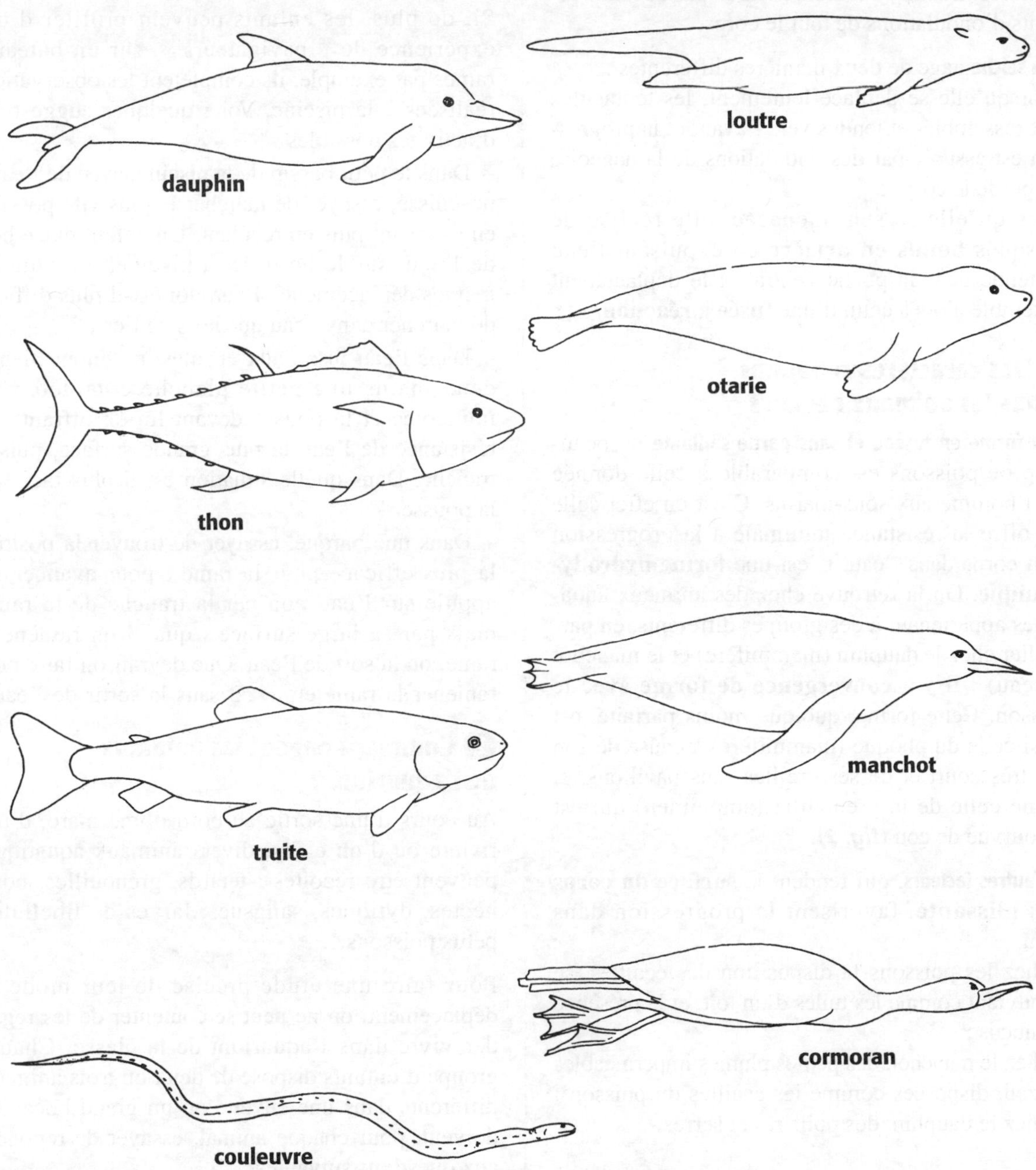

• Voici d'excellents nageurs. Compare leur forme et leur position dans l'eau.

Fig. 2 Comparer la forme du corps et la position des membres pendant la nage conduit à exprimer les notions d'adaptation et de convergence. De quoi s'agit-il ?

3 D'autres façons de nager

• **Chez certains animaux** (couleuvre, anguille, sangsue, ...), le corps très allongé est dépourvu de membres. La nage est alors assurée par des mouvements d'ondulations de tout le corps.

• **La seiche** nage de deux manières différentes :
– lorsqu'elle se déplace lentement, les tentacules sont rassemblés et tendus vers l'avant et la progression est assurée par des ondulations de la nageoire qui borde le corps ;
– lorsqu'elle se sent menacée, elle réalise de brusques **bonds en arrière** en expulsant l'eau contenue dans la poche ventrale ; le déplacement ressemble alors à celui d'une **fusée à réaction**.

4 Des caractères communs à tous les animaux nageurs

• **La forme en fuseau et sans partie saillante** de beaucoup de poissons est comparable à celle donnée par l'homme aux sous-marins. C'est en effet celle qui offre la résistance minimale à la progression d'un corps dans l'eau. C'est une **forme hydrodynamique**. On la retrouve chez des animaux aquatiques appartenant à des groupes différents, en particulier chez le dauphin (mammifère) et le manchot (oiseau) : il y a **convergence de forme** avec le poisson. Cette forme, quoique moins parfaite, est aussi celle du phoque (mammifère) à cause de son cou très court et de ses oreilles sans pavillons, et même celle de la grenouille (amphibien) qui est dépourvue de cou (***fig. 2***).

• **D'autres facteurs**, qui rendent la **surface du corps très glissante**, favorisent la progression dans l'eau :
– chez les poissons la disposition des écailles, se recouvrant comme les tuiles d'un toit, et la présence de mucus ;
– chez le manchot, des petites plumes imperméables à l'eau, disposées comme les écailles du poisson ;
– chez le dauphin, des poils ras et serrés.

Des activités possibles

1 Jeux dans l'eau

Les activités conduites en milieu aquatique, lorsque les enfants vont à la piscine, préparent efficacement l'étude de la nage des animaux. Les enfants peuvent alors découvrir les phénomènes suivants.

– l'eau oppose une résistance au mouvement ;
– l'eau est un milieu qui, par sa résistance, permet de prendre appui pour avancer ;
– l'eau équilibre à peu près le poids du corps.

Si, de plus, les enfants peuvent profiter d'une expérience de « navigateurs », sur un bateau à rames par exemple, ils complètent les observations réalisées à la piscine. Voici quelques suggestions d'activités possibles :
– Dans le petit bassin de la piscine, avec de l'eau à mi-cuisse, essayer de marcher le plus vite possible en avançant puis en reculant. Un enfant placé hors de l'eau, sur le bord de la piscine, effectue les mêmes déplacements. Pourquoi est-il plus difficile de marcher dans l'eau que hors de l'eau ?
– Dans l'eau jusqu'aux épaules, un enfant tient à deux mains une petite planche complètement immergée et la pousse devant lui en offrant à la résistance de l'eau la plus grande surface, puis la tranche. Dans quelle situation est-il plus facile de la pousser ?
– Dans une barque, essayer de trouver la position la plus efficace pour la rame : pour avancer, on appuie sur l'eau non par la tranche de la rame, mais par sa large surface ; quand on ramène la rame, on la sort de l'eau. Que devrait-on faire pour ramener la rame en avant sans la sortir de l'eau ?

2 Comment nagent les animaux de l'aquarium ?

Au cours d'une sortie au bord d'une mare, d'une rivière ou d'un étang, divers animaux aquatiques peuvent être récoltés : têtards, grenouilles, notonectes, dytiques, sangsues, larves de libellules, petits poissons…

Pour faire une étude précise de leur mode de déplacement, on ne peut se contenter de les regarder vivre dans l'aquarium de la classe. Chaque groupe d'enfants dispose de deux ou trois animaux différents dans une cuvette ou un grand bocal. Ils doivent, pour chaque animal, essayer de répondre aux questions suivantes :
– Quels mouvements fait-il en nageant ?
– Pourquoi ces mouvements le font-ils avancer ?
– Comment la nageoire ou la palmure est-elle ramenée en avant ?
– Comment l'animal change-t-il de direction ? Peut-il monter ou descendre dans l'eau ?
– Qu'est-ce qui explique l'aisance de son déplacement dans l'eau ?

Les réponses peuvent être données sous différentes formes (mime, phrase, dessin).

Le bilan des différentes découvertes conduit à la construction d'un tableau collectif et permet de regrouper les animaux qui nagent de la même manière : par ondulations du corps, par des battements de leur extrémité postérieure, par des mouvements de leurs pattes, par « réaction »...

L'observation de photographies ou de dessins permet de compléter les observations réelles en s'appuyant sur des exemples d'animaux qu'on ne peut voir en classe.

❸ Ils se ressemblent beaucoup

Les observations réalisées précédemment ont permis d'exprimer l'existence de caractères communes à tous les animaux se déplaçant dans l'eau. Même si le mot n'est pas prononcé, le phénomène (la notion) de convergence est alors abordé : des animaux appartenant à des groupes très différents, mais qui vivent dans un même milieu et s'y déplacent aisément, présentent un corps de forme comparable et possèdent des organes qui se ressemblent (***fig. 2***).

Notions visées à l'école élémentaire

• Il existe différentes façons de nager, mais tout déplacement dans l'eau est provoqué par le mouvement de certains organes qui appuient sur l'eau.

• Les animaux qui se déplacent aisément dans l'eau ont souvent un corps de forme allongée. Ils prennent appui sur l'eau par une « rame » aplatie (nageoire, palmure entre les doigts...), ou par tout le corps qui ondule.

• Les animaux aquatiques présentent en commun divers caractères d'**adaptation** à la nage :

– des organes particuliers (nageoires ou pattes palmées) ;

– une forme du corps en fuseau ;

– une musculature puissante.

Ainsi, des animaux appartenant à des groupes différents se ressemblent-ils (phénomène de **convergence**).

Mots-clés

- animal aquatique
- nage
- nageoire
- palmure

Chapitre 4

Regardons voler les animaux

Le vol est un mode de locomotion qui permet des déplacements rapides dans le milieu aérien. Il constitue, pour les animaux capables de voler, un moyen de conquérir un milieu inexploité par les animaux terrestres et par les animaux aquatiques. Il leur permet de fuir tout prédateur incapable de voler, d'atteindre une source d'alimentation ou des aires de repos d'accès difficile.
Mais l'étude de ce mode de locomotion est complexe, car les enfants n'en ont évidemment aucune expérience. Aussi n'est-il pas question de réaliser une analyse détaillée du vol et d'en faire comprendre les mécanismes. On se contentera donc à l'école primaire :
– de reconnaître certaines phases du vol ;
– de comparer entre elles diverses structures d'ailes (oiseau et chauve-souris surtout, éventuellement insecte) ;
– de regarder des plumes et de comparer leur organisation.

Informations pour l'enseignant

1 Le vol des oiseaux

Le vol des oiseaux comprend trois phases : **l'envol** ou décollage, **le vol** proprement dit, **l'atterrissage**.

• **L'envol** est un moment délicat : l'oiseau à l'arrêt doit, pour s'élever dans l'air, quitter son support et vaincre la pesanteur, c'est-à-dire l'action de son propre poids. Les solutions adoptées varient selon les espèces :
– certains oiseaux ne peuvent s'élever qu'en prenant un élan important. Ils l'obtiennent en courant sur le sol ou sur l'eau, tout en battant énergiquement des ailes (cygne) ;
– le canard qui décolle de l'eau ne peut se donner une impulsion suffisante avec ses seules pattes (bien qu'elles soient palmées). L'élan est fourni par un vigoureux battement des ailes dans l'eau ;
– la plupart des oiseaux s'élancent en prenant appui avec leurs pattes pliées en Z qui se détendent brusquement. Il en résulte un saut immédiatement suivi d'un battement rapide des ailes ;
– des oiseaux comme les martinets passent la plus grande partie de leur vie en vol. Ils ont des pattes si réduites qu'il leur est difficile de prendre leur envol à partir du sol. Ces oiseaux se posent donc toujours sur un support élevé qu'ils quittent en se jetant dans le vide.

• **Le vol proprement dit** est d'analyse plus complexe. Un oiseau qui vole doit non seulement assurer son déplacement mais aussi vaincre la pesanteur. Il y parvient en appuyant sur l'air avec ses ailes largement étalées qui se déplacent de haut en bas et de l'avant vers l'arrière. Il les relève ensuite et les ramène en avant ; mais elles sont alors pliées et inclinées de façon à offrir moins de résistance à l'air. L'aile fonctionne comme une rame : c'est le **vol ramé**.
L'oiseau peut aussi voler plus ou moins longtemps les ailes immobiles et largement étalées, se laissant alors porter par les masses ascendantes d'air chaud : c'est le **vol plané**.

Document pour l'élève

Une aile de chauve-souris, comment est-ce fait ?

1 bras

2 avant-bras

3 doigt

4 jambe

5 pied

6 queue

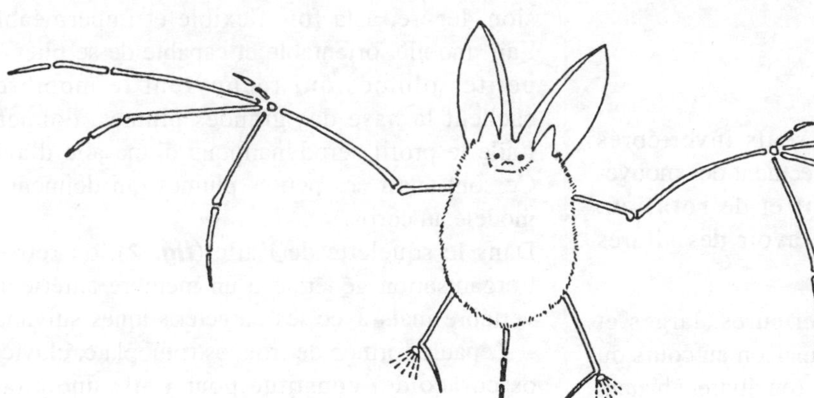

Fig. 1 On peut compléter le dessin en dessinant le contour de l'aile, puis en indiquant les nombres correspondant aux différentes étiquettes. Pourquoi compare-t-on l'aile de la chauve-souris à la toile d'un parapluie ?

L'allure prise par un oiseau en vol diffère d'une espèce à l'autre ; elle dépend de la forme du corps, de la forme et des dimensions des ailes et de la queue, de la longueur du cou. Cependant, la position du corps est toujours celle qui lui permet de vaincre au maximum la résistance de l'air. En vol, l'oiseau prend une **forme de fuseau** (comparable à celle donnée par l'homme aux avions) dépourvue de saillies (les pattes se cachent comme se rentrent les roues d'un avion, ou bien se mettent dans le prolongement du corps) : c'est la **forme aérodynamique**.

• **Au moment de l'atterrissage,** l'oiseau doit, comme un avion, réduire sa vitesse. Il y parvient :
– en modifiant la position des ailes et leurs mouvements ;
– en étalant les plumes de sa queue ;
– en amenant son corps en position verticale.

Au dernier moment, il tend ses pattes pour amortir le choc de l'atterrissage et se reçoit pattes fléchies.

❷ Le vol des chauves-souris

Accrochées à un support, la tête en bas, pendant le jour, les chauves-souris sortent à la tombée de la nuit. Elles volent à la manière des oiseaux mais de **façon plus saccadée**.

Une chauve-souris tombée accidentellement au sol ne peut pas s'envoler ; ses pattes ne lui permettent pas le saut initial nécessaire à l'envol et ses ailes sont trop encombrantes. Grâce à ses pouces munis d'une griffe crochue, elle grimpe alors le long d'une paroi rugueuse puis se laisse tomber du point ainsi atteint.

❸ Le vol des insectes

Les insectes adultes sont les seuls invertébrés capables de voler. Leurs ailes effectuent des mouvements combinés de **battement** et de **rotation**. Selon les espèces, le vol peut avoir des allures différentes.

• **Chez le criquet,** les ailes postérieures, larges et membraneuses, changent d'inclinaison au cours du mouvement ; les ailes antérieures (ou élytres) battent au même rythme mais avec un léger décalage dans le temps.

• **Chez le hanneton,** les élytres (ailes antérieures) restent soulevées et immobiles ; le vol est assuré par le battement des ailes membraneuses.

• **Chez la libellule,** les deux paires d'ailes battent au même rythme mais, pendant que les ailes antérieures s'élèvent, les ailes postérieures s'abaissent.

• **Chez l'abeille,** les deux paires d'ailes battent en même temps, les deux ailes d'un même côté étant fixées l'une à l'autre par de petits crochets.

• **Chez le papillon,** les deux paires d'ailes battent ensemble mais ne disposent d'aucun système d'accrochage.

❹ Qu'est-ce qu'une aile ?

Les ailes sont toujours des lames aplaties dont la surface portante peut se modifier et dont les battements sont assurés par des muscles puissants.

• **Les ailes des insectes** sont de simples expansions de la carapace, soutenues par des nervures, alors que celles des oiseaux ou des chauves-souris sont des membres transformés.

• **L'aile de chauve-souris** est une membrane très fine, sans poils. Cette peau est tendue entre des baguettes osseuses, qui correspondent aux squelettes du membre antérieur, du membre postérieur et de la queue (***fig. 1***).

Le squelette du membre antérieur, élément principal du squelette de l'aile, est organisé comme celui de tous les membres antérieurs de vertébrés, mais les différentes parties (à l'exception du poignet et du pouce) ont subi un allongement considérable ; les longs doigts rappellent des baleines de parapluie ; de très puissants muscles du vol sont fixés sur un bréchet comparable à celui de l'oiseau.

• **L'aile d'oiseau** est constituée d'une vingtaine de plumes qui, fixées sur l'avant-bras et la main, constituent une surface portante de grande dimension, légère, à la fois flexible et imperméable à l'air, mobile, orientable et capable de se plier. Les petites plumes qui recouvrent le membre et cachent la base des grandes plumes, donnent à l'aile le profil aérodynamique d'une aile d'avion. Ce sont aussi ces petites plumes qui donnent son modelé au corps.

Dans le squelette de l'aile (***fig. 2***), on retrouve l'organisation générale d'un membre antérieur de vertébré mais avec les caractéristiques suivantes :
– l'épaule formée de trois os (omoplate, clavicule, os coracoïde) constitue pour l'aile une attache robuste sur la colonne vertébrale ;
– la main, longue et rigide, est réduite à trois doigts.

Les ailes sont mises en mouvement par des muscles particulièrement développés (constituant le « blanc » du poulet) attachés d'une part sur l'humérus, d'autre part sur une lame osseuse perpendiculaire au sternum, le bréchet.

Chez les oiseaux, les muscles du vol représentent près de la moitié du poids du corps.

Les oiseaux possèdent des ailes inimitables

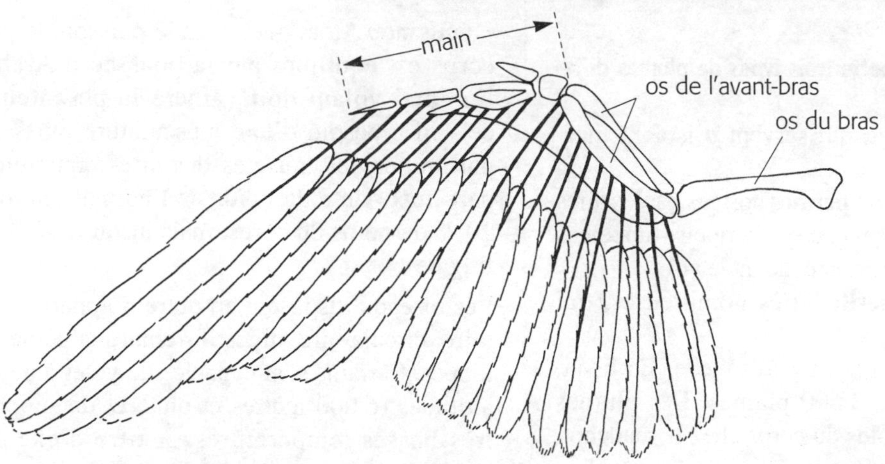

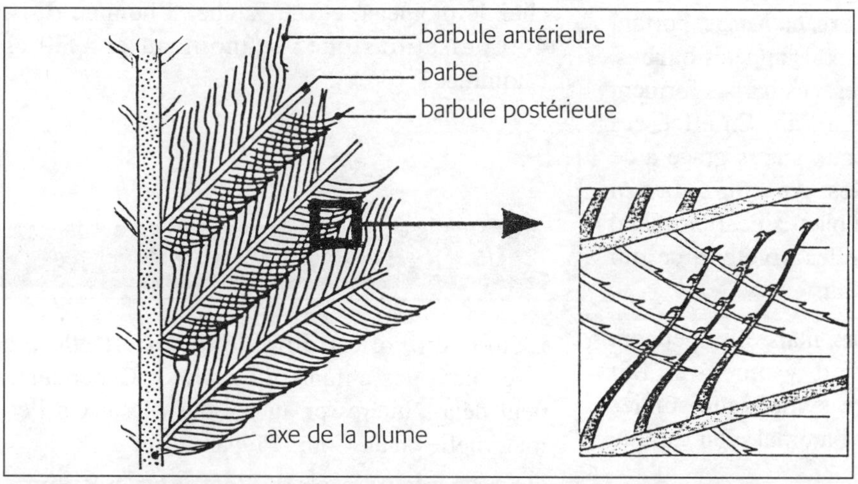

La plume d'oiseau a une structure très complexe. L'observation d'un petit fragment au microscope permet de voir les crochets des barbules et de comprendre pourquoi une plume ne laisse pas passer l'air.

Fig. 2 Les oiseaux sont d'étonnantes machines volantes qui possèdent de grandes ailes légères, flexibles, mobiles, orientables, capables de se plier. Comment est donc faite une aile d'oiseau ?

Et pourtant, notons un fait curieux : alors qu'une patte de lapin est très charnue, une aile d'oiseau ne l'est pas. En effet, chez ce dernier, presque tous les muscles sont situés dans le tronc à la base de l'aile.

• **La comparaison** entre l'aile d'oiseau et celle de chauve-souris ne manque pas d'intérêt. Le squelette d'une aile d'oiseau et celui d'une aile de chauve-souris, apparemment très différents, présentent le **même plan d'organisation**, celui de tous les membres de vertébrés. Une différence importante cependant, la surface portante de l'aile est constituée :
– chez la chauve-souris, par une expansion de la peau ;
– chez les oiseaux, par des organes très perfectionnés, les plumes.
On observe ainsi **deux types différents** d'adaptation d'un **même organe** (l'aile) à une **même fonction** (le vol).

5 Les plumes des oiseaux

• **Le corps d'un oiseau porte trois types de plumes différentes.**
– les plumes de **duvet**, qui servent d'isolant thermique ;
– les **grandes plumes** ou **pennes** portées par les ailes (appelées encore rémiges) ou par la queue (appelées aussi rectrices) et qui servent pendant le vol ;
– des **plumes plus petites**, très nombreuses, qui recouvrent tout le corps.
Le nombre total de plumes est très élevé. En hiver, un moineau a jusqu'à 3 500 plumes. Les plumes représentent 3 % du poids du corps chez le manchot, jusqu'à 12 % chez la mésange.

• **Les plumes se composent d'un axe, ou hampe,** portant de part et d'autre des sortes de poils appelés **barbes**. Dans le cas des grandes plumes, ces barbes forment une lame rigide imperméable à l'air. En effet, ces barbes s'accrochent les unes aux autres grâce à de petits poils appelés **barbules**. Au cours du vol ramé, les grandes plumes semblent s'écarter quand l'aile se relève ; en réalité, elles pivotent, ce qui réduit la résistance offerte à l'air.

• **Les plumes ne sont pas inusables,** mais elles peuvent se renouveler une à une. Cette « mue » se fait progressivement, de manière symétrique sur les deux ailes, aussi l'activité de l'animal n'en est-elle généralement pas affectée.

6 L'adaptation au vol chez les oiseaux

Plusieurs caractères témoignent de l'extraordinaire adaptation au vol chez les oiseaux.

• **Légèreté.** Les organes sont allégés au maximum. Ainsi, la masse volumique du corps, qui est environ de 1 chez la plupart des vertébrés, n'est que de 0,6 chez le canard. Ainsi, le squelette d'une frégate de 2 kg ne pèse que 112 g, soit moins que le poids de ses plumes.

Les os sont très légers, creux (ce qui augmente leur rigidité) et remplis d'air. Ces « sacs aériens », ainsi que ceux qui existent entre les organes, sont en relation avec les poumons. Leur volume peut varier et constituer ainsi une réserve d'air.

• **Aérodynamisme.** Le corps des oiseaux a une forme aérodynamique. En plein vol, les pattes sont rétractées ou étalées dans le plan horizontal. Les yeux en position latérale évitent à l'oiseau de tourner la tête en vol.

Le squelette du tronc forme une sorte de boîte osseuse très rigide dans laquelle sont situés les organes internes.

• **Puissance.** Alors que, chez le poisson, le poids du corps est équilibré par la poussée d'Archimède, l'animal volant doit vaincre la pesanteur. Pour cela, il a besoin d'une musculature puissante. En particulier, les muscles des ailes constituent une part importante du poids de l'animal (en moyenne 20 % du poids du corps, mais jusqu'à 47 % chez la frégate).

Les oiseaux disposent en outre d'appareils respiratoire, circulatoire, digestif, remarquablement développés. Certains sont capables de voler à de grandes altitudes (6 000 mètres et plus) et de supporter de très basses températures. À titre d'exemple, le poids du cœur représente 14 % du poids du corps chez le moineau, et 0,6 % chez l'homme. Il bat à 460 pulsations chez le moineau et à 70 chez l'homme.

Des activités possibles

L'étude du vol est difficile, aussi est-elle plutôt réservée à des enfants du cycle 3. Cependant, on peut déjà s'intéresser au vol des oiseaux à l'école maternelle ou au Cours Préparatoire.

On se contentera alors d'activités très simples, permettant par exemple de :
– mettre en relation le vol et l'existence d'ailes ;
– distinguer le vol battu (ou ramé) du vol plané ;
– comparer les divers types de plumes…

Des attitudes caractéristiques

■ Envol ou atterrissage ?

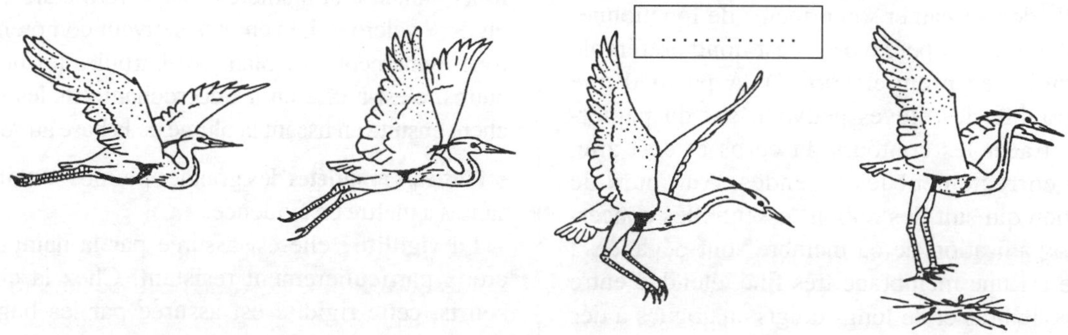

• À quoi servent les pattes dans chacune des deux situations ?

■ Des silhouettes à reconnaître

• Entoure en rouge les silhouettes des oiseaux en plein vol et en bleu celles des oiseaux qui sont en train d'atterrir.

Fig. 3 **Sur une silhouette, il est facile de distinguer un oiseau en plein vol d'un oiseau en train d'atterrir. Le choix doit être justifié oralement en précisant les caractères visibles tels que la position des pattes tendues en avant pour amortir le choc…**

❶ Envol ou atterrissage

Avec des élèves du cours élémentaire, l'observation du vol d'un pigeon (ou d'une tourterelle) permet de distinguer les trois phases caractéristiques du vol : **l'envol**, **le vol** proprement dit (ramé ou plané), **l'atterrissage**. Les résultats peuvent être exprimés oralement ou au moyen de dessins.

L'examen de la ***figure 3*** permet de retrouver des caractéristiques du vol et de l'atterrissage exprimées précédemment.

❷ Qu'est-ce qu'une aile ?

• **L'aile de la chauve-souris** est beaucoup plus simple que celle de l'oiseau et son principe de fonctionnement plus facile à percevoir. Il est donc préférable de l'étudier en premier (***fig. 1***). À partir d'une photographie, les élèves peuvent, sur du papier-calque, tracer les contours du corps et de l'aile, mettre correctement les légendes. Au cours de l'entretien qui suit, les notions essentielles concernant l'organisation de ce membre sont dégagées :
– l'aile est une membrane très fine, étendue entre le corps, le bras et de longs doigts analogues à des baleines de parapluie ;
– la membrane, extrêmement fine, est à la fois légère et imperméable à l'air.

L'aile de la chauve-souris est un membre antérieur qui a un même plan d'organisation que celui des autres vertébrés (avec des doigts très allongés).

• **L'aile de tous les oiseaux** est organisée de la même façon : une vingtaine de grandes plumes fixées sur un membre antérieur relativement court, qui se replie aisément.

❸ Toutes sortes de plumes

Lorsque vous demandez à des enfants d'apporter en classe des plumes d'oiseau, vous obtenez généralement de grandes plumes des ailes ou de la queue.
Il est intéressant de comparer les trois grands types de plumes (grandes plumes, petites plumes et duvet), en précisant les ressemblances et les différences : hampe plus ou moins longue, barbes dont les barbules sont libres ou fixées les unes aux autres par de petits crochets (***fig. 2***)…

• **L'observation au faible grossissement du microscope** révèle que les barbules qui constituent la plume de l'oiseau sont reliées entre elles par de petits crochets et fonctionnent à la manière d'une « fermeture éclair » ou du « velcro ». Les enfants peuvent comprendre ce fonctionnement en isolant des barbules les unes des autres, c'est-à-dire en les décrochant ; ils les raccrochent ensuite en lissant la plume de la base au sommet.

• **Plusieurs propriétés** des grandes plumes sont intéressantes à mettre en évidence.
– La **rigidité** : elle est assurée par la hampe, tube creux particulièrement résistant. Chez la chauve-souris, cette rigidité est assurée par les baguettes osseuses des longs doigts.
– L'**imperméabilité à l'air** : on ne parvient pas à éteindre une bougie en soufflant à travers une grande plume, sauf si, sous la violence du souffle, quelques barbules se sont décrochées.
– L'**imperméabilité à l'eau** : une goutte d'eau déposée sur une plume roule et ne la traverse pas. L'imperméabilité, due à la substance et à la structure de la plume, est renforcée par un liquide gras dont l'oiseau imprègne régulièrement son plumage ; ce liquide est produit par une glande située à la base de la queue.

Notions visées à l'école élémentaire

• Tous les animaux qui volent (oiseaux, chauves-souris, insectes) ont des ailes. Grâce à leur grande surface, les **ailes**, étalées pendant le vol, soutiennent l'animal en l'air.

• Les animaux vertébrés qui volent ont leurs membres antérieurs transformés en ailes. L'aile des oiseaux et celle des chauves-souris représentent deux modes d'**adaptation** différents d'un même organe à une même fonction.

• Il existe de nombreux autres caractères d'adaptation au vol (légèreté du corps, musculature puissante…).

Mots-clés

- vol
- atterrissage
- aile
- plume
- adaptation

Partie

5

Les êtres vivants dans leur milieu

Chapitre 1

Notions de milieu et d'écosystème

Lorsqu'on parle d'« étude du milieu » en biologie, on pense à l'étude d'une forêt, d'une haie qui borde un chemin, d'un terrain vague, d'une mare, du bord de mer... Il va de soi qu'il faut étudier un tel milieu si on le peut. Mais la plupart des écoles urbaines n'ont pas cette possibilité. Il faut cependant habituer les enfants à ***regarder les êtres vivants dans la nature.***

La présence de quelques arbres et arbustes dans la cour de l'école permet déjà des découvertes intéressantes : sur le tronc d'un arbre poussent d'autres plantes (mousses, lichens), certaines feuilles sont perforées (des animaux ont fait ces trous en se nourrissant), des tiges hébergent des pucerons, des fourmis grimpent le long du tronc, les oiseaux se posent sur les branches... L'arbre sert donc de support ou de nourriture à de nombreux êtres vivants, animaux et végétaux. Par ailleurs, les visiteurs ou les pensionnaires de l'arbre peuvent se manger les uns les autres : un oiseau peut se nourrir de la chenille qui dévore les feuilles, une coccinelle mange un puceron qui suce la sève de l'arbre...
Ainsi, la nature n'existe pas seulement à la campagne. Elle est présente aussi dans la ville, mais il faut savoir la découvrir.
Ce chapitre pourrait constituer à lui seul un livre entier, en étudiant l'un après l'autre les différents milieux terrestres (forêts, garrigues, prairies, terrains vagues...) et les différents milieux aquatiques (rivière, mare, bord de mer...), en précisant pour chacun d'eux non seulement ce qu'en savent les scientifiques, mais aussi en fournissant des suggestions concrètes d'activités et des documents de travail (documents de détermination...) pour les élèves.
Ce n'est pas l'objet de ce livre et dans ce chapitre, nous nous limiterons :
– à dégager des idées générales et à établir des définitions ;
– à poser des problèmes écologiques et ainsi à déterminer les directions d'étude applicables dans tous les cas.

Informations pour l'enseignant

A Qu'est-ce qu'un écosystème ?

Lorsque les biologistes étudient un milieu, ils emploient souvent le terme d'**écosystème**. Que signifie ce mot ? Un écosystème désigne, d'une part, **toutes les espèces animales et végétales** qui habitent un même milieu, d'autre part, **les relations** qu'elles établissent entre elles et avec le milieu.

❶ Quelques définitions

a. Facteurs abiotiques et facteurs biotiques

Les écologistes distinguent dans un milieu des **facteurs abiotiques** et des **facteurs biotiques**. Les premiers comprennent les fa**cteurs climatiques** (température, humidité, éclairement...), les **caractéristiques du sol (facteurs édaphiques)**, la **composition chimique de l'eau**... Les seconds comprennent les **relations entre les êtres vivants** (prédation, compétition, parasitisme...). Nous étudierons l'action de ces facteurs sur la répartition des êtres vivants dans les chapitres qui suivent.

b. Biotope, biocénose

Les êtres vivants animaux et végétaux qui peuplent un milieu dépendent non seulement les uns des autres mais aussi des facteurs du milieu. La communauté des organismes, végétaux et animaux, en équilibre entre eux et avec leur milieu commun, forme une **biocénose**. Si l'une des conditions du milieu est modifiée, la biocénose est transformée. L'habitat de cette biocénose, avec ses différents éléments, aussi bien abiotiques que biotiques, prend le nom de **biotope**.

c. La notion d'écosystème

Les termes de biocénose et de biotope précédemment définis recouvraient des notions statiques. Une biocénose et un biotope en fonctionnement forment un **écosystème** :

écosystème = biotope + biocénose

Un écosystème est un système écologique puisqu'il est composé de l'ensemble des espèces animales et végétales qui habitent un même lieu.

❷ Comment étudie-t-on un écosystème ?

Étudier un écosystème revient à préciser :

– **ses éléments constitutifs** (faune, flore, facteurs physico-chimiques) ;

– **sa structure**, c'est-à-dire la distribution spatiale de ses divers éléments ;

– **sa taille** et donc **ses limites** ;

– **son fonctionnement**, et en particulier les multiples interactions entre ses éléments.

❸ Chaque milieu a un peuplement spécifique

Pour faire l'étude d'un milieu, il convient d'abord de faire l'inventaire des plantes et des animaux qui l'habitent, c'est-à-dire d'établir son peuplement végétal et animal. Cette étude doit être réalisée de manière qualitative puis quantitative.

a. Le peuplement végétal et animal

• **L'étude du peuplement végétal** est relativement aisée puisque les végétaux sont immobiles et sont immédiatement visibles.

Pour la réaliser, on utilise, selon les cas, des méthodes appropriées. Ainsi, la récolte, au hasard des rencontres, des différentes espèces végétales présentes dans un milieu terrestre ne permet pas de connaître avec précision la composition du peuplement végétal. L'approche quantitative nécessite un décompte précis. Pour le réaliser, on peut utiliser la méthode des quadrats, c'est-à-dire le relevé des espèces présentes dans un carré (de 10 m sur 10 m par exemple).

La comparaison des relevés effectués dans les divers quadrats de la zone étudiée permet de définir la (ou les) association(s) végétale(s) caractéristique(s) du peuplement.

Une association végétale est déterminée par une relative homogénéité de la flore en un endroit.

• **Il est souvent difficile d'observer et surtout de quantifier la faune** des milieux terrestres, bien qu'elle soit dense et variée. Cependant, certains indices, des traces, l'utilisation des pièges ou d'autres moyens de capture... permettent d'en appréhender les caractères.

b. Les êtres vivants sont adaptés aux conditions du milieu

À l'intérieur même d'un grand milieu (terrestre, d'eau douce ou marin), des subdivisions sont possibles. Les peuplements de la chênaie sessiliflore sont différents de ceux de la garrigue, et ceux du littoral rocheux abrité ne sont pas les mêmes que ceux du littoral rocheux en mode battu.

Donc, à tout milieu particulier, correspond un peuplement précis.

Un milieu donné offre aux êtres vivants qui l'habitent des conditions de vie particulières et chaque espèce présente une organisation en rapport avec ces facteurs du milieu. Voici quelques exemples.

– **Sur une plage sableuse**, les animaux subissent des variations importantes de leurs conditions de vie (sécheresse, variations de température élevées en été, variations de salinité, mobilité du sol sous l'action du vent...) ; à marée basse, la plupart de ces espèces s'enfoncent en profondeur ou trouvent refuge sous les abris de la plage (laisses de mer, bois échoués...).

– **Les plantes d'un sous-bois** sont soumises à des conditions particulières d'éclairement ; celui-ci peut, en région tempérée, descendre à 2 % de l'éclairement reçu en terrain découvert ; il peut atteindre 0,1 % sous les frondaisons d'une forêt tropicale. Les espèces qui vivent là sont donc capables de s'accommoder d'une luminosité très réduite.

4 Les milieux présentent une organisation dans l'espace

Nous en donnerons ici deux exemples.

a. La stratification en forêt

C'est **en milieu forestier** que la stratification verticale est la plus marquée. Elle est caractérisée par plusieurs couches horizontales, appelées **strates**, dont cinq sont plus ou moins distinctes suivant la taille des végétaux :
– **strate arborescente** comprenant des arbres de plus de 10 mètres (chêne…) ;
– **strate arbustive** pour les végétaux de 1 à 10 mètres (jeunes chênes, houx…) ;
– **strate herbacée** pour les plantes atteignant au maximum 1 mètre (fougère aigle, graminées diverses…) ;
– **strate muscinale** pour les mousses, lichens ou champignons ;
– **strate hypogée** ou souterraine pour les racines et autres parties souterraines (bulbes, tubercules…).

b. La zonation des algues

La **zonation des algues** sur le littoral rocheux, la répartition des animaux fouisseurs dans un sol vaseux sont autant d'exemples de la structuration spatiale d'un milieu.
Une telle organisation n'est pas fortuite, elle est liée aux conditions du milieu (qui diffèrent selon la localisation) et aux interactions multiples entre les individus qui l'habitent.

5 Les milieux présentent une organisation fonctionnelle

Dans tout peuplement, l'existence d'interactions entre individus ou entre espèces est une évidence. Les relations trophiques fondées sur les rapports alimentaires (***fig. 1***) sont les plus aisées à identifier et les exemples observés lors de l'étude des différents milieux sont nombreux. Mais l'interactivité dans un milieu ne se limite pas aux seuls rapports alimentaires. Les soins prodigués aux jeunes par les parents, la pollinisation des fleurs assurée par des insectes, la compétition entre végétaux vis-à-vis de la lumière, les phénomènes de vie sociale… sont autant d'exemples de relations des organismes entre eux ou avec leur environnement.

6 Faire de l'écologie, c'est quoi ?

Faire de l'écologie, c'est avant tout **mieux connaître les écosystèmes**. Cette science est donc en premier lieu **analytique** (l'étude des peuplements, la détermination des facteurs physico-chimiques doivent être menées avec le plus grand soin). Cette analyse doit être associée à une réelle **synthèse**, qui fait apparaître non seulement l'**organisation spatiale et temporelle** de l'écosystème, mais aussi le caractère fugitif des équilibres observés et leur extrême fragilité. La dynamique des systèmes écologiques pourra alors être prise en compte tant au plan des considérations théoriques qu'à celui des applications, qu'il s'agisse de **conservation**, de **gestion** ou d'**exploitation** de populations ou d'écosystèmes.

B La vie au fil des saisons

1 Les arbres au cours des saisons

• **Chez les arbres à feuilles caduques** (arbres qui perdent leurs feuilles chaque année), la chute des feuilles à l'automne entraîne un arrêt de la nutrition carbonée et de la circulation de la sève. Ces arbres traversent donc l'hiver à l'**état de vie ralentie**. Sur les rameaux, seuls subsistent les bourgeons qui ont grossi au cours de l'été et qui, bien protégées par des écailles coriaces et imperméables, dorment tout l'hiver. Au printemps, c'est l'**éclosion des bourgeons** : ils se gonflent, les écailles s'écartent, libérant la tige miniature qui porte des feuilles ; cette tige s'allonge pendant que les feuilles s'épanouissent.

• **Les arbres ou arbrisseaux qui conservent leurs feuilles en hiver** (pin, épicéa, houx, buis…), connaissent eux aussi un ralentissement important de leur activité durant la saison froide. Pour tous les arbres, la belle saison n'est pas seulement celle de la croissance ; c'est également celle de la reproduction, c'est-à-dire celle de la floraison et de la reproduction des fruits et des graines.

2 Les plantes à bulbes

Un bulbe de jacinthe, planté en automne, reste à l'**état de vie ralentie** pendant l'hiver. Au printemps, une tige feuillée apparaît : elle provient de l'éclosion d'un bourgeon situé au cœur du bulbe protégé par les écailles charnues qui l'entourent. Des réserves servent à nourrir la jeune plante tant que ses racines et ses feuilles ne sont pas suffisamment développées.

Les relations alimentaires présentent les mêmes caractéristiques dans tous les milieux

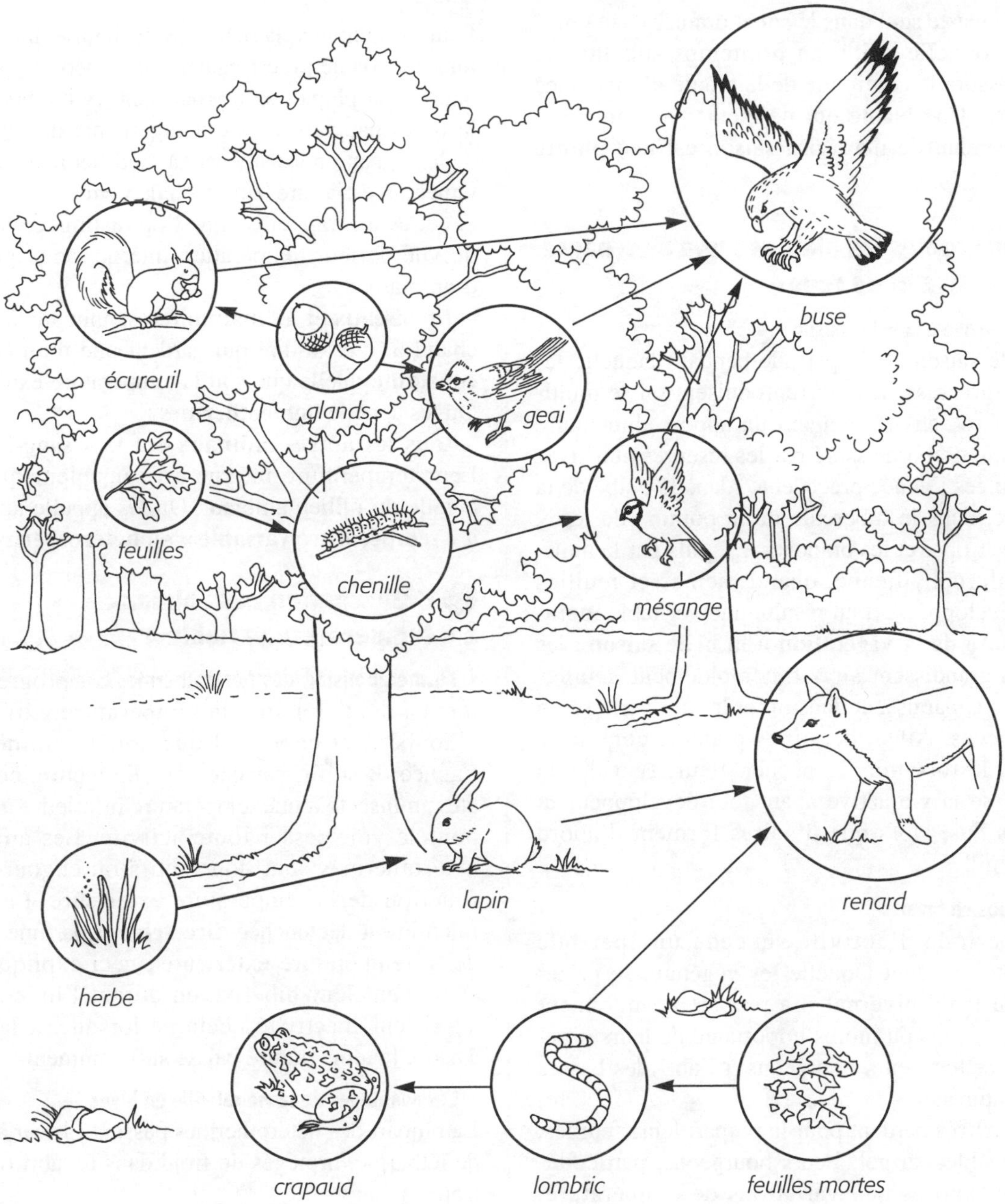

Une chaîne alimentaire est une représentation du trajet de la nourriture depuis les plantes (premier maillon) jusqu'aux animaux carnivores. S'il n'y avait plus de plantes, les animaux, qu'ils soient végétariens ou carnivores, ne trouveraient plus de nourriture.

→ est mangé par

Fig. 1 Que représente ce dessin ? Quelles notions scientifiques illustre-t-il ?

La croissance de la tige feuillée s'achève par l'éclosion d'une fêlure, qui produira des graines.

Pendant toute cette phase de vie active, à côté du bulbe qui s'est vidé de ses réserves, s'en développe un autre destiné à le remplacer. Quand ce dernier est complètement constitué, la tige feuillée qui l'a nourri se dessèche et meurt. Ce nouveau bulbe subsiste seul dans le sol et donnera naissance à une nouvelle unité, au printemps suivant. Le bulbe assure la continuité de la plante d'une année à l'autre. Une plante qui ne meurt pas complètement pendant la mauvaise saison est une **plante vivace**.

❸ Pour toutes les plantes : une alternance de vie active et de repos

• La vie active à la belle saison

La belle saison est la période pendant laquelle les plantes grandissent et se reproduisent ou se multiplient. Ces activités exigent un apport alimentaire abondant, d'abord assuré par les réserves nutritives accumulées l'année précédente (dans le bulbe de la jacinthe, dans le tubercule de la pomme de terre, dans les troncs et les branches…), puis par la nutrition chlorophyllienne, quand racines et feuilles sont développées. Il en résulte une véritable **métamorphose de la végétation à la belle saison** : les plantes grandissent alors très rapidement, feuilles et fleurs apparaissent dans un ordre qui varie selon les espèces. Ainsi, certaines plantes, comme le crocus, le forsythia, le pêcher, fleurissent dès la reprise de la vie active avant tout développement des feuilles, alors que d'autres forment d'abord leurs feuilles.

• Le repos en hiver

À la période d'activité succède une période d'attente, pendant laquelle les végétaux se protègent du froid hivernal. La plupart abandonnent une partie plus ou moins importante de leurs organes et mettent leurs bourgeons à l'abri des basses températures.

– Les **arbres** perdent pour la plupart leurs feuilles, très sensibles au gel. Leurs bourgeons, particulièrement exposés aux variations de température, s'habillent d'écailles protectrices.

– Les **herbes vivaces** perdent pour la plupart toute leur partie aérienne. Seul subsiste un organe souterrain dont les bourgeons n'ont à supporter que des variations de température très atténuées. Certaines herbes vivaces conservent une rosette de feuilles appliquées sur le sol. Elles sont bien protégées des grands froids lorsqu'un tapis neigeux les isole de l'atmosphère, par exemple en montagne.

– Les **herbes annuelles** disparaissent complètement, après avoir produit leurs graines qui, remarquablement résistantes au froid, traversent seules la mauvaise saison.

❹ Les saisons rythment la vie des animaux

Pour les animaux, la belle saison signifie une nourriture abondante ; c'est également la période pendant laquelle la plupart se reproduisent. À l'approche de la mauvaise saison, les changements du climat et de la végétation les amènent à modifier leur comportement, c'est-à-dire leur façon de vivre.

À cet égard, rappelons que l'on distingue, au point de vue de leur température interne, deux groupes d'animaux :

– **les oiseaux et les mammifères**, animaux à « sang chaud », c'est-à-dire qui gardent une **température constante** quelle que soit la température extérieure. On les appelle **homéothermes** ;

– **tous les autres animaux** ont le « sang-froid ». Leur température interne est sensiblement égale à celle du milieu ambiant. On les appelle animaux à **« température variable »** ou **hétérothermes**.

❺ L'hibernation des animaux à « température variable »

• Le métabolisme des hétérothermes est progressivement ralenti lorsque la température extérieure s'abaisse, et ceci quel que soit le moment de l'année. Il suffit, par exemple, de mettre, en plein été, un insecte à une température inférieure à 10 °C pour le voir cesser toute activité. Les animaux hétérothermes sont donc actifs ou engourdis en fonction de la température extérieure. Leur vie ralentie est déclenchée **directement** par une baisse de la température extérieure ; ceci explique non seulement leur hibernation durant l'hiver, mais aussi leur inactivité nocturne lorsque, à la belle saison, la température baisse suffisamment.

• Les avantages de la vie ralentie en hiver

La plupart des hétérothermes passent l'hiver à l'état de léthargie, protégés du froid dans un abri (cavité, trou…).

Cet état de vie ralentie présente pour eux plusieurs avantages :

– il les immobilise dans un endroit relativement protégé ;

– il réduit leur consommation de « combustible » à un moment où les aliments disponibles sont moins abondants. Si un réchauffement survient en hiver, il n'est pas rare de voir réapparaître certains d'entre eux.

Quel que soit le milieu étudié, il y a…

■ … des relations alimentaires entre les êtres vivants

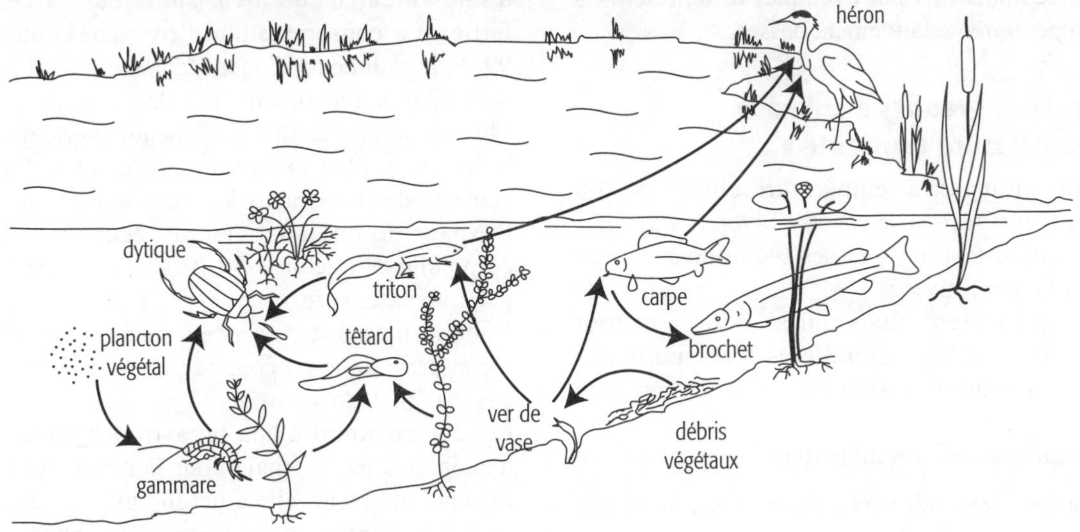

■ … des modifications de peuplement selon les saisons

En hiver…

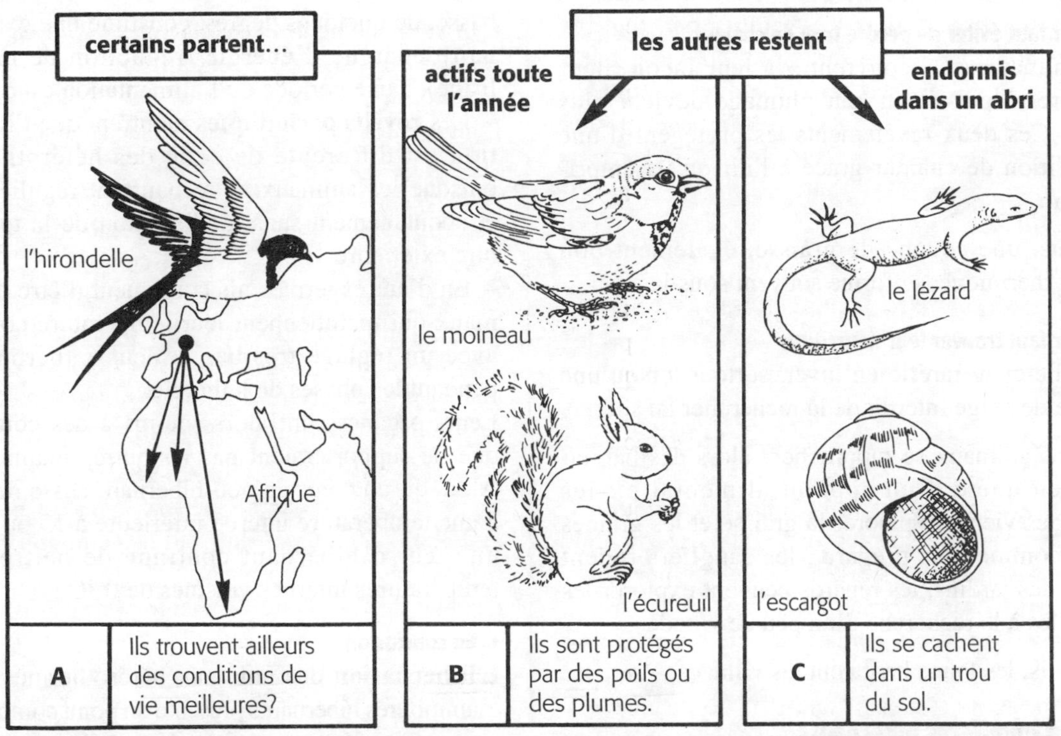

Fig. 2 **Quel que soit le milieu considéré, on peut observer des relations alimentaires, des changements selon les saisons.**

Durant l'hiver, en milieu aquatique, certains hétérothermes gardent une activité plus longtemps que les espèces hétérothermes terrestres. D'une part, les variations de température sont moins brutales dans l'eau que dans l'air, d'autre part, certains, comme les poissons par exemple, restent actifs à des températures relativement basses.

6 Les trois groupes d'animaux à « température constante »

Pour les animaux à température constante, on distingue trois façons de passer l'hiver. Il y a :
– ceux qui restent (ce sont des **sédentaires**) et qui sont actifs tout l'hiver ;
– ceux qui restent, mais qui s'endorment tout l'hiver ; ce sont les **mammifères hibernants** tels que la marmotte, le hamster, le lérot, le hérisson, etc. ;
– ceux qui partent : les **migrateurs**.

Nous allons reprendre séparément chacun de ces trois cas.

a. Les sédentaires actifs tout l'hiver

Ce sont tous les oiseaux non migrateurs et les mammifères non hibernants. L'hiver est généralement pour ces animaux une saison rude.

• Il leur faut éviter de perdre trop de chaleur

Les animaux se « couvrent » à leur façon : leur fourrure s'épaissit ou leur plumage devient plus dense. Ces deux revêtements les protègent d'une déperdition de chaleur grâce à l'air qu'ils emprisonnent.

De plus, une couche de graisse, également bon isolant thermique, se forme souvent sous la peau.

• Il leur faut trouver leur nourriture

Or, celle-ci se raréfie en hiver, surtout lorsqu'une couche de neige interdit de la rechercher au sol.

Certains animaux se rapprochent alors des habitations en quête d'un appoint alimentaire : les mésanges viennent picorer la graisse et les graines que l'homme leur prépare ; les sangliers rôdent autour des jardins, les renards peuvent explorer les poubelles à la recherche d'un peu de viande.

Autrefois, les loups hantaient les villages.

b. Les mammifères hibernants

L'étude d'un exemple permet d'illustrer le phénomène. Chaque année quand l'hiver approche, la marmotte est dans son gîte hivernal profondément enfoui sous la terre, tapissé de mousse et de foin.

À la mi-octobre, elle ferme de l'intérieur l'entrée de la galerie et, roulée en boule, elle tombe dans une profonde torpeur.
Sa température corporelle, qui était de 37 °C durant l'été, s'abaisse aux alentours de 6-7 °C, c'est-à-dire à une valeur légèrement supérieure à celle du terrier. La consommation d'oxygène diminue de 99 %, le rythme cardiaque s'abaisse à 2 ou 3 battements par minute (contre 80 à 95 en été).
Plus encore que le ralentissement général du métabolisme, le plus extraordinaire reste la fameuse capacité des hibernants à élever spontanément, en l'espace de quelques heures, leur température corporelle de quelques 30 °C au-dessus de la température extérieure.
Chez la marmotte, ce phénomène se produit de façon périodique au cours de l'hibernation, durant environ 24 heures tous les 15 jours.
Le réveil définitif a lieu fin avril début mai. C'est une époque très difficile pour la marmotte : d'une extrême maigreur, elle a perdu environ deux kilogrammes durant ses longs mois de jeûne, soit le quart de son poids automnal.

• Le thermostat est réglé plus bas

L'hibernation des hibernants présente deux caractéristiques importantes.
– La vie ralentie, avec une température interne très basse, de quelques degrés, constitue une extraordinaire épargne d'énergie (réduction de métabolisme), à une période où l'alimentation est difficile.
– Les **réveils périodiques** montrent que l'hibernation est différente de celle des hétérothermes, puisque les animaux se réchauffent régulièrement et spontanément sans modification de la température extérieure.
– En d'autres termes, ils continuent d'être des animaux qui maintiennent leur température constante avec un réglage très bas de leur « thermostat » pendant les phases de léthargie.
Leurs organes sont alors soumis à des conditions que ne supporteraient pas les autres mammifères. Alors qu'un cœur de non-hibernant cesse de battre à une température interne inférieure à 15 ou 20 °C, un cœur d'hibernant continue de battre à des températures internes voisines de 0 °C.

• En conclusion

L'**hibernation** des animaux hétérothermes et des mammifères hibernants présente un point commun : le passage à un état de vie ralentie, en relation avec une température interne basse qui constitue une économie d'énergie en raison de la baisse très importante du métabolisme. L'hibernation permet à l'animal de supporter les mauvaises conditions climatiques de l'hiver.

Hiver, été, printemps ?... À toi de le dire

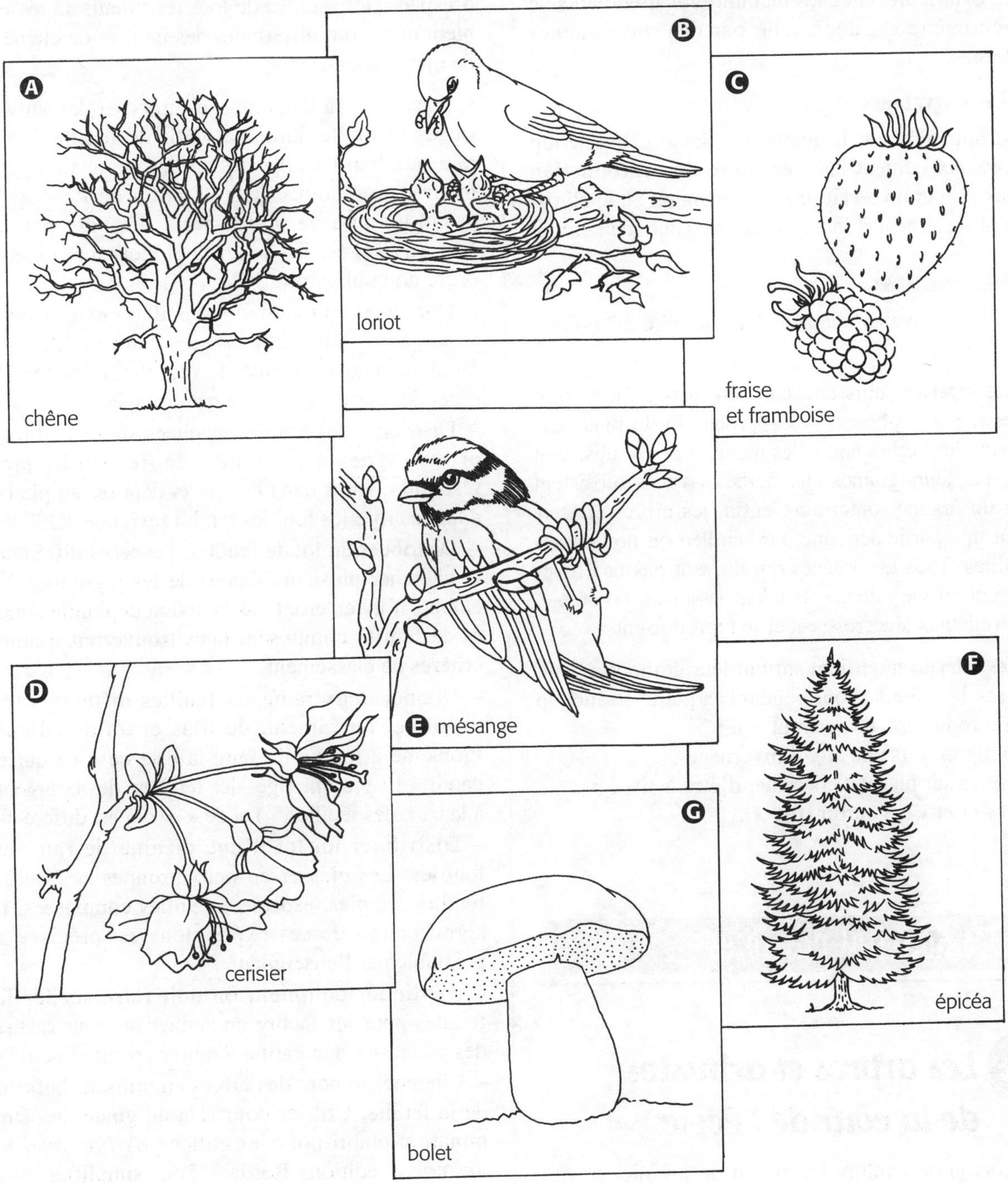

• En quelle saison se place chacune de ces images ?
Explique les raisons de ton choix.

Fig. 3 Ce document permet de parler de l'influence des saisons sur les êtres vivants.

En revanche, les conditions d'entrée en hibernation des mammifères hibernants et des animaux hétérothermes présentent une différence capitale : alors que chez les hétérothermes, l'hibernation est la conséquence directe de la baisse de la température extérieure, chez les mammifères hibernants, le phénomène est déclenché par des mécanismes internes.

c. Les migrateurs

À l'approche de la mauvaise saison, beaucoup d'oiseaux quittent leur **territoire de reproduction** pour gagner un **territoire d'hivernage**, où le climat est plus clément et la nourriture plus abondante.

7 En résumé

Les êtres vivants adaptent leur activité au rythme des saisons :

• **Les végétaux** subissent dans leur aspect de véritables métamorphoses. À l'approche de la mauvaise saison, les herbes annuelles meurent et ne subsistent que par leurs graines ; les herbes vivaces subsistent par un organe souterrain ; enfin, les arbres conservent une partie aérienne, déshabillée ou non de ses feuilles. Tous les organes qui doivent passer l'hiver entrent en vie ralentie. Pendant la saison favorable, les végétaux s'accroissent et se reproduisent.

• **Les animaux** modifient surtout leur comportement. Après la belle saison, pendant laquelle beaucoup se reproduisent, ils peuvent soit :
– émigrer vers une aire d'hivernage ;
– rester sur place et continuer d'être actifs ;
– rester et s'engourdir (***fig. 2***).

Des activités possibles

A Les arbres et arbustes de la cour de l'école

• Lorsqu'on explore un milieu, le premier travail consiste à faire l'inventaire des plantes et des animaux qui y vivent.
Avec de jeunes enfants, la détermination exacte n'est pas possible et n'est pas indispensable. Ils peuvent se contenter de chercher combien il y a de plantes différentes.
Cependant, il est souhaitable d'initier progressivement les enfants à l'utilisation de critères précis.
Un travail sur les feuilles des arbres est, dans ce domaine, à la fois accessible et indispensable, puisqu'il conduit à des connaissances importantes sur le monde des plantes : la notion de **feuille**, de **bourgeon**, de **tige**, mais également la notion d'**espèce** (les feuilles de tous les tilleuls se ressemblent mais sont différentes des feuilles de chêne ou de marronnier).

• Il est facile, à l'automne, de proposer des activités riches et intéressantes à partir de feuilles ou de rameaux feuillés apportés par les enfants ou par le maître, ou récoltés dans le jardin de l'école. Un grand nombre de problèmes à résoudre peuvent être envisagés. En voici quelques-uns, dans un ordre non obligatoire.
– Distribuer un lot de vingt feuilles environ appartenant à trois ou quatre espèces d'arbres différents. Demander aux enfants de regrouper les feuilles récoltées sur les arbres de même espèce.
– Distribuer des feuilles récoltées sur des arbres et arbustes de la cour de l'école. Problème à résoudre : sortir dans la cour et déposer au pied de chaque arbre les feuilles qui lui reviennent.
– Distribuer un lot de feuilles d'espèces différentes et chercher plusieurs façons de les regrouper. Les enfants n'inventeront pas la notion de feuille simple et de feuille composée, mais trouveront d'autres critères de classement.
– Donner deux rameaux feuillés différents (par exemple, un rameau de lilas et un de tilleul). Problème à résoudre : faire la liste de « ce qui est pareil » (il y a une tige, des feuilles, des bourgeons à la base des feuilles…) et de « ce qui est différent ».
– Distribuer un lot d'une dizaine de rameaux feuillés. Les classer en deux groupes : espèces à feuilles simples, espèces à feuilles composées. La signification de ces expressions est précisée au préalable par l'enseignant.
– Expliquer comment on doit faire sécher les feuilles pour les mettre en herbier ou pour réaliser des panneaux décoratifs. Réaliser ensuite l'activité.
– Chercher le nom des arbres en utilisant la forme de la feuille. Utiliser pour cela un guide de détermination établi pour les enfants (*Arbre, quel est ton nom ?* éditions Bordas). Pour simplifier, vous pouvez ne proposer, sous pochette plastique, que les pages qui représentent les espèces concernées.
– Détacher les feuilles d'un rameau. Demander aux enfants de résoudre ce problème : fixer la tige sur un carton avec des rubans adhésifs, puis fixer les feuilles en bonne place pour reconstituer le rameau.
– Réaliser, avec des feuilles préalablement séchées, des collages décoratifs ou de la bruine.

B *Les habitants de la forêt*

Si vous avez un coin de forêt à proximité de l'école, vous êtes dans une situation privilégiée ; nous vous conseillons alors de prévoir plusieurs sorties au cours de l'année, non seulement pour suivre l'évolution de la forêt au fil des saisons, mais surtout pour échelonner les observations et, chaque fois, monopoliser l'attention des enfants sur un des aspects de ce milieu aux multiples visages.

En revanche, si la forêt est assez éloignée de l'école, une seule sortie sera possible. Certaines municipalités mettent un car à la disposition des écoles et offrent à chaque classe une sortie annuelle ; profitez-en mais, dans ce cas, n'attendez pas les dernières semaines de classe, vous perdriez le bénéfice de nombreux travaux qui animeront vos activités scientifiques plusieurs semaines après la sortie. Même une seule sortie d'un après-midi entier permet une exploitation ultérieure très riche.

La sortie peut se faire en n'importe quelle saison ; néanmoins, c'est à l'automne que les enfants semblent être le plus attirés par ce milieu et il est fréquent qu'en début d'année scolaire, ils apportent en classe du matériel récolté au cours de sorties familiales (feuilles, marrons, champignons…).

De nombreuses questions sont posées au sujet de ces récoltes ; c'est alors qu'il peut paraître souhaitable de se rendre en forêt avec toute la classe.

❶ La sortie en forêt

C'est l'occasion de découvrir ce milieu vaste, riche et plein d'attraits. Après une approche globale, vous orienterez l'observation vers un inventaire aussi complet que possible des différentes formes vivantes.

Les enfants découvriront ainsi la présence de différents groupes de plantes : arbres, arbustes, plantes herbacées, fougères, mousses, lichens… Ils rechercheront les traces multiples de la vie animale. De retour en classe, ces découvertes seront avantageusement complétées par un travail sur documents.

❷ Travaux possibles

Réaliser une exposition sur la forêt :
- différentes plantes ;
- mise en élevage de certains animaux (grillons, escargots, cloportes…) ;
- indices divers (plumes, crottes…) ;
- moulages d'écorce, etc.

C *Un arbre est un village miniature*

Sur le tronc d'un arbre poussent des mousses, des lichens, parfois du lierre… Certaines feuilles sont rognées ou perforées, des insectes grimpent le long du tronc… Si on secoue une branche au-dessus d'un drap étendu, on est surpris par le nombre d'animaux récoltés. Quelles relations y a-t-il entre le lierre et l'arbre, le puceron et l'arbre, etc. ? À certains, il sert seulement de support ; à d'autres, il fournit de « quoi manger ».

❶ Principaux objectifs

– L'arbre sert de support et d'abri à de nombreuses plantes et à de nombreux animaux ; il sert de nourriture à certains animaux végétariens et à des plantes parasites.

– Il existe de nombreuses relations entre les habitants de l'arbre.

❷ Travaux possibles

- **Inventaire des végétaux**

Au cours d'une sortie dans la cour, ou mieux, dans un jardin de l'école, organisez le travail en trois temps :
- une première récolte libre par groupe ;
- un examen des récoltes, au cours duquel vous ferez préciser les différences entre ce que les enfants appellent les « mousses frisées blanches » (ce sont les lichens) et les « mousses vertes ». Fournissez-leur les mots « lichen » et « mousse ». Ces premières récoltes sont pauvres. Pour stimuler les recherches, vous pouvez, par exemple, leur montrer une galle ou leur faire observer la poudre verte, c'est-à-dire les algues vertes recouvrant certaines parties des troncs ;
- une recherche plus systématique. Chaque groupe doit déterminer combien il y a de sortes de mousses, de lichens, essayer de trouver des galles…

Au cours de l'entretien qui suit cette nouvelle recherche, faites préciser aux élèves ce qui différencie les mousses et les lichens.

Un pied de mousse a toujours une tige, ramifiée ou non, et des feuilles vertes, parfois très petites ; les mousses vivent en « colonies ». Les lichens sont des plantes sans tiges, sans feuilles, sans racines ; ils présentent une grande diversité de formes. Trouve-t-on des mousses et des lichens ailleurs que sur les troncs et les branches ? Ils ont une grande diversité d'habitats : troncs, murs, toits, rochers, sol. Mousses et lichens présentent une remarquable résistance à la sécheresse et au froid. En été, ils peuvent supporter des températures très élevées, sur un toit par exemple. Une touffe de mousse, abandonnée sans eau dans la classe, se dessèche ; mais, arrosée quelques semaines plus tard, elle reverdit (c'est la reviviscence des mousses).

- **Quels rapports existe-t-il entre l'arbre et ses habitants ?**

Les **mousses**, les **lichens**, les **algues** sont simplement posés sur l'écorce de l'arbre et ne portent pas préjudice à leur hôte.
Les élèves pensent en général que les galles sont des plantes qui poussent sur les feuilles des arbres. Proposez-leur d'en ouvrir une : elle contient le plus souvent une larve d'insecte. Comment cette larve est-elle venue là ? Que mange-t-elle ? Comment est-elle protégée ?
Parmi les animaux récoltés, certains peuvent être mis en élevage : pucerons, araignées, chenilles, escargots, etc.

D Tout un monde se cache dans un trou d'eau

Les classes qui ont accès à l'étude d'un **milieu aquatique** d'eau douce (un trou d'eau en forêt, une mare…) sont peu nombreuses. Par ailleurs, l'étude d'un milieu d'eau douce entraîne, quelles que soient les précautions prises, un appauvrissement du milieu, déjà très fragile naturellement.
Si la classe ne peut effectuer une sortie pour explorer un milieu aquatique, il arrive parfois qu'un enfant apporte des animaux, un dytique, des têtards…
Voici, pour ceux qui en ont la possibilité et souhaitent le faire, quelques suggestions d'activités au retour d'une sortie.
Après une sortie au bord d'une mare (ou d'un « trou d'eau » en forêt) et une récolte d'animaux aquatiques, les élèves installent leurs pensionnaires dans les meilleures conditions possibles.
On provoquera des recherches autonomes immédiates (individuelles de préférence), en demandant aux enfants :
– de préciser combien ils ont récolté d'animaux différents ;
– de chercher le nom exact de ces animaux dans un livre ;
– de décrire la façon de nager de ces divers animaux (certains se servent de leurs pattes comme rames, d'autres nagent par ondulation du corps…) ;
– d'établir une liste des animaux qui restent à la surface (ou qui remontent régulièrement à la surface) et une liste de ceux qui ne remontent jamais ;
– de chercher à voir quels sont les prédateurs et quels sont les herbivores ;
– d'observer avec attention ces prédateurs pour préciser comment ils découvrent, comment ils capturent, comment ils mangent leurs proies (les vers de vase achetés chez un marchand d'articles de pêche sont mis à la disposition des élèves pour cette recherche).
Quelques jours plus tard, un bilan collectif permet de faire le point des découvertes et de lancer de nouvelles recherches.

E La vie au fil des saisons

Suivre les transformations d'un milieu au cours des saisons est nécessaire pour montrer l'évolution qu'il subit. Voici à titre d'exemples, deux sujets possibles.

1 Mon arbre au cours des saisons

Le titre indique qu'il ne s'agit pas d'une séquence de classe, mais d'une observation continue tout au long de l'année. Il est évidemment souhaitable de la commencer dès le mois de septembre. Elle nécessite cinq à six sorties, chacune d'elles faisant l'objet d'une exploitation intéressante et le point de départ de travaux variés.
Les enfants sont répartis en groupes de quatre. Chaque groupe choisit un arbre ou un arbuste, qu'il suivra tout au long de l'année. Après la sortie, il doit présenter son arbre à l'ensemble de la classe et, pour cela, préparer un panneau en collant des échantillons récoltés et les dessins réalisés.

2 Comment les animaux passent-ils l'hiver ?

Tous les animaux ne passent pas l'hiver de la même façon. On peut les regrouper en trois ensembles :
– ceux qui partent et trouvent ailleurs des conditions de vie meilleures ;
– ceux qui restent et continuent d'être actifs (les oiseaux, les mammifères) ;
– ceux qui restent et passent l'hiver à dormir, cachés dans un trou.
Parmi ces derniers, il faut distinguer deux cas :
– le cas des mammifères hibernants, dont le sommeil hivernal est entrecoupé de courtes périodes de réveil ;
– le cas des animaux à température variable totalement engourdis par le froid.
La ***figure 3*** peut servir de bilan.

Notions visées à l'école élémentaire

- Dans un **milieu** donné vivent des plantes et des animaux variés.
- Les êtres vivants d'un même milieu dépendent les uns des autres. Il existe entre eux des **relations alimentaires**. Les animaux se nourrissent en mangeant d'autres êtres vivants (animaux ou plantes). Seules les plantes chlorophylliennes ont un mode de nutrition tout à fait différent. Premier maillon de toutes les chaînes alimentaires, les plantes sont donc absolument nécessaires à la vie des animaux.
- Un milieu **évolue selon les saisons**. Les animaux et les végétaux passent l'hiver de différentes façons (migration, hibernation, chute des feuilles…).
- Les êtres vivants trouvent dans leur environnement les conditions nécessaires à leur vie : nourriture, abri…
- Il existe **différents types de milieux** : forêt, prairie, haie, mare, plage, rivière…

Mots-clés

- milieu
- peuplement

Chapitre 2

Le rôle discret mais efficace des décomposeurs

Toute une faune d'animaux de petite taille et une flore de bactéries et de champignons vivent dans la litière d'une forêt. Ils se nourrissent de matières organiques mortes (cadavres d'animaux, feuilles mortes...), dont ils provoquent la décomposition. Sous l'action de ces ***décomposeurs****, la matière organique morte est transformée en sels minéraux qui servent de nourriture aux plantes chlorophylliennes. C'est un aspect important du* ***cycle de la matière****.*

En assurant la décomposition des cadavres, c'est-à-dire la **minéralisation** de la matière organique morte, les décomposeurs assurent le **recyclage** de cette matière organique. Sans ces décomposeurs, les plantes chlorophylliennes seraient privées des éléments indispensables à leur nutrition.
On voit donc l'importance fondamentale des décomposeurs dans l'équilibre d'un milieu.
Comprendre le rôle de ces décomposeurs permet par ailleurs de comprendre le fonctionnement des **stations d'épuration des eaux** (dont la place est essentielle pour éviter la pollution des eaux de surface) et les principes de la **conservation des aliments** (on veut ici réduire la décomposition)...
Le sujet est donc important.
Il est facile de l'aborder avec des élèves de cours moyen lors d'une sortie dans une forêt de feuillus, en posant simplement la question : Que deviennent les feuilles mortes ? Dès qu'on remue ces feuilles, une très grande quantité d'êtres vivants apparaissent.

Informations pour l'enseignant

Il y a plus d'êtres vivants dans un hectare de **forêt** que d'humains sur l'ensemble du globe : des bactéries (des dizaines de millions par gramme de sol forestier), toute une faune microscopique, des mille-pattes, des araignées, des acariens, des vers de terre (plus de 600 kg à l'hectare !), etc.

1 Des techniques de récolte ou de mise en évidence

• **Différentes techniques** sont employées pour réaliser un inventaire de la faune de la litière et du sol.
– Le tamisage d'un échantillon de litière ou de sol assure la récupération sur la grille du tamis des animaux de taille suffisante pour ne pas passer à travers les mailles.
– L'utilisation d'appareils simples (Berlèse, Baermann, aspirateur à bouche...) permet de récolter les animaux de petite taille (microarthropodes, nématodes...).
– D'autres techniques, comme l'arrosage à l'eau formolée ou l'utilisation d'un courant électrique, provoquent la sortie du sol de certains animaux, en particulier des vers de terre.

• **La mise en évidence des micro-organismes** nécessite d'autres techniques. Ainsi, dans une poignée de litière humide en décomposition, il est facile d'observer, sur la plupart des feuilles et débris végétaux, un feutrage blanc : il s'agit de mycélium de moisissures, champignons microscopiques. La présence des micro-organismes peut aussi être mise en évidence par leur activité respi-

Où sont les décomposeurs ?

■ Dans l'étang

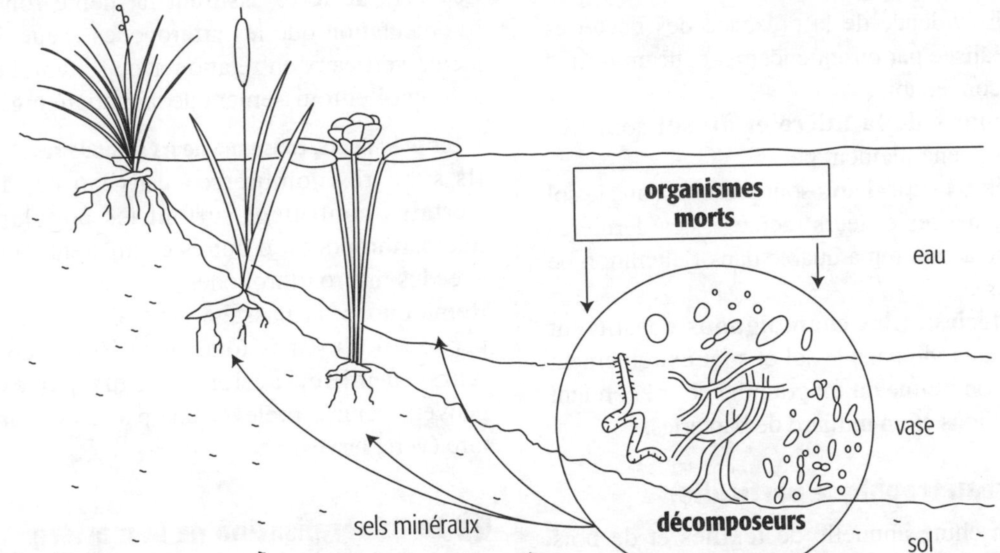

■ Dans la prairie

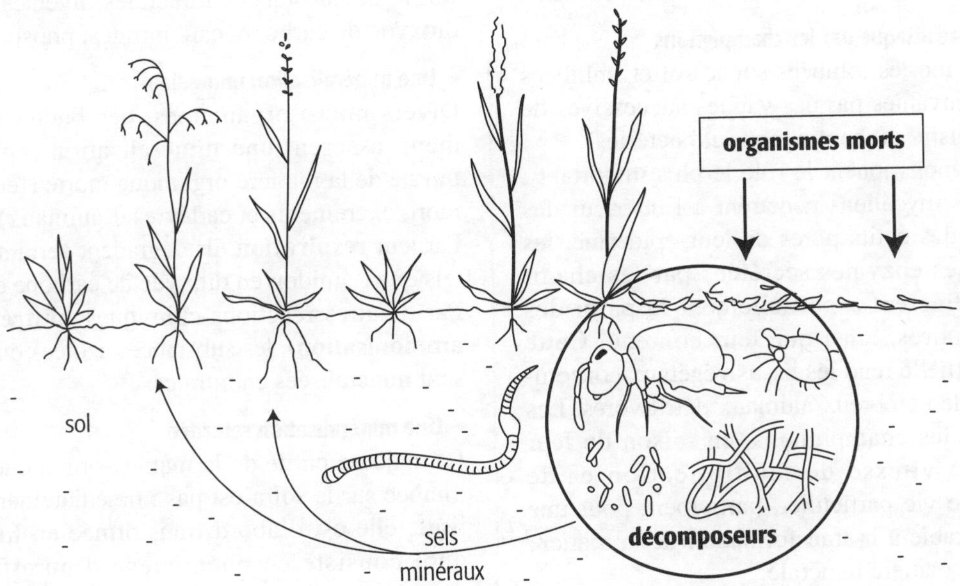

Fig. 1 **Dans un milieu terrestre (forêt, prairie…), les décomposeurs sont localisés dans le sol ; dans un étang, ils se trouvent essentiellement dans la vase. Les décomposeurs n'interviennent pas seulement en fragmentant les organismes morts, ils agissent aussi par des processus chimiques plus ou moins rapides, qui transforment la matière organique en matière minérale. Les substances minérales obtenues servent de nourriture aux plantes chlorophylliennes. Ainsi s'établit dans la nature un véritable cycle de la matière.**

ratoire : avec un montage expérimental approprié, un microrespiromètre par exemple, il est facile de mesurer la consommation d'oxygène d'un échantillon de sol.
Cette activité respiratoire disparaît si l'on stérilise l'échantillon, elle est donc bien l'œuvre des micro-organismes.
La mise en évidence de la présence des bactéries peut être réalisée par ensemencement sur un milieu de culture convenable.
– **Les animaux de la litière et du sol** sont très nombreux et généralement petits.
– **Les végétaux supérieurs** sont présents dans le sol par leurs semences et leurs racines ; ces dernières exercent une action remarquable dans l'altération de la roche mère.
– **Les bactéries et les champignons** constituent l'essentiel de la vie dans le sol et sont extrêmement nombreux : on estime qu'un gramme de sol contient entre 10 millions et un milliard de bactéries.

2 Un réseau trophique particulier

En forêt, la chute annuelle de feuilles et de bois mort représente une importante quantité de matière organique mise à la disposition des consommateurs du sol. Cette litière constitue le premier maillon du réseau trophique : elle disparaît progressivement grâce à un long travail à la chaîne.

• **Une première attaque par les champignons**

Les feuilles mortes tombées sur le sol et imbibées d'eau sont envahies par des vagues successives de micro-organismes (champignons et bactéries).
Les champignons jouent le rôle le plus important ; les filaments mycéliens pénètrent à l'intérieur des feuilles par des petits pores de leur épiderme, les stomates. Les enzymes sécrétées par les champignons « digèrent » partiellement la paroi des cellules foliaires, ainsi que leur contenu. Cette digestion partielle rend les tissus végétaux consommables par de nombreux animaux détritivores. Les bactéries et les champignons, en raison de leur prodigieuse vitesse de multiplication et de leur mode de vie particulier, participent pour une part considérable à la transformation de la matière organique en matière minérale.

• **Une fragmentation par les animaux détritivores**

C'est à la fin de l'hiver et au début du printemps que l'action des animaux détritivores est la plus importante. Les principaux consommateurs de litière sont des **arthropodes** (surtout insectes collemboles et acariens) et des **vers de terre**. Ils assurent une **fragmentation** de plus en plus poussée des feuilles déjà partiellement décomposées.
Les plus grosses espèces sont capables de « brouter » directement les fragments de feuilles. La litière passe ainsi d'un tube digestif à l'autre et subit une fragmentation de plus en plus fine qui favorise l'action ultérieure des bactéries minéralisatrices.
Les vers de terre assurent la même fonction de fragmentation que les arthropodes ; leurs déplacements verticaux en relation avec l'humidité du sol, assurent l'enfouissement de la matière organique.

• **Les prédateurs, consommateurs secondaires**

Ils sont très nombreux au niveau de la litière. Certains contrôlent surtout les populations de microarthropodes, d'autres complètent leur régime avec les macroarthropodes.
Remarquons au passage que l'écosystème formé par le sol n'est pas totalement isolé : des prédateurs du milieu aérien, oiseaux par exemple, peuvent venir y prélever une partie de leur nourriture (vers, larves...).

3 La minéralisation de la matière organique

La minéralisation est la libération des éléments chimiques (C, O, H, N, P, K, Ca...), qui entrent dans la constitution des composés organiques, sous forme de substances minérales diverses telles que dioxyde de carbone, eau, nitrates, phosphates...

• **Une minéralisation immédiate**

Divers micro-organismes, des bactéries notamment, assurent une minéralisation rapide d'**une partie** de la matière organique morte (feuilles, bois mort, excréments et cadavres d'animaux).
Par leur **respiration**, ils dégradent certains glucides tels que l'amidon en dioxyde de carbone et eau.
Par d'autres réactions chimiques (**putréfaction** et **ammonisation**), les substances azotées ou protéines sont minéralisées en nitrates.

• **Une minéralisation retardée**

La majeure partie de la matière organique végétale tombée sur le sol n'est pas immédiatement minéralisée, elle est d'abord transformée en **humus**. En quoi consiste ce phénomène d'humification ? Certaines substances des tissus végétaux (cellulose, lignine...) sont incomplètement digérées par les enzymes des consommateurs détritivores.
À partir des substances issues de cette dégradation incomplète, des **bactéries humifiantes** font la **synthèse** de substances organiques nouvelles (acides humiques notamment), qui vont former l'humus. L'humification de la matière végétale est très lente. Dans les conditions les plus favorables,

Que deviennent les feuilles mortes ?

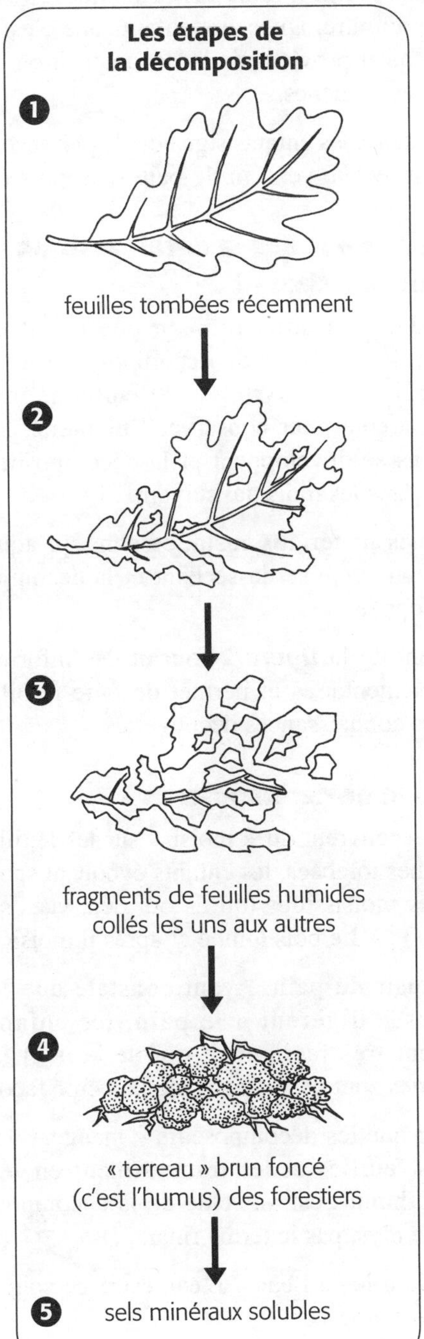

Dans une forêt, les feuilles mortes et les débris végétaux forment la litière. Dans cette litière, des milliards d'êtres vivants (des champignons, des bactéries, des animaux de petite taille) se nourrissent de feuilles mortes, de branches tombées, des cadavres d'animaux… qu'ils décomposent peu à peu. Pour cette raison, tous ces êtres vivants sont appelés des **décomposeurs**.

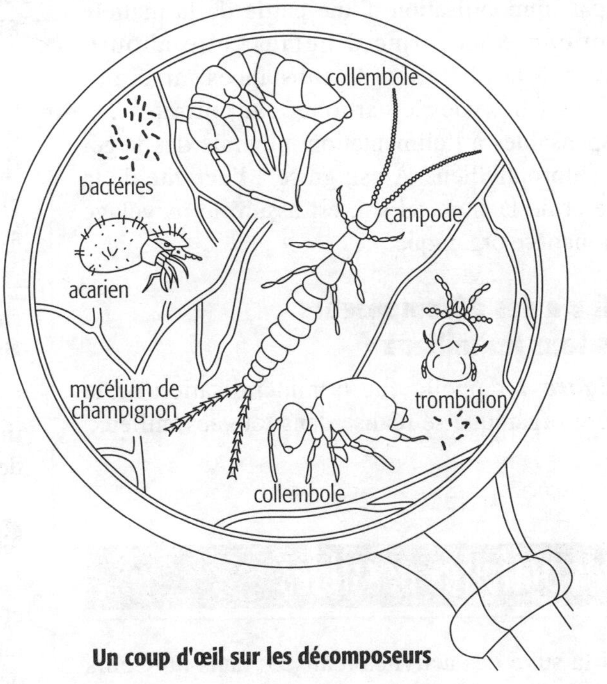

Un coup d'œil sur les décomposeurs

En 2 à 3 ans dans une forêt de feuillus, en 10 à 15 ans dans une forêt de résineux, la litière se transforme en une poudre noire (qui ressemble au terreau que l'on achète pour les plantes d'appartement) : c'est l'**humus** ou terreau de la forêt. La décomposition se poursuit, et l'humus est finalement transformé en sels minéraux solubles.

• Pourquoi, dans une forêt, la couche de feuilles mortes n'augmente-t-elle pas, bien que des feuilles tombent chaque année ?

Fig. 2 Un document bilan à utiliser après des observations réelles sur la décomposition des feuilles mortes.

on évalue à 2 à 3 ans le temps nécessaire pour que la matière organique fraîche tombée sur le sol soit totalement transformée en humus.

Pendant toute cette transformation, une petite quantité d'humus est constamment minéralisée sous l'action de micro-organismes. Dans les conditions les plus favorables, 1 à 2 % du stock d'humus est ainsi minéralisé annuellement.

❹ En résumé

Dans la litière et le sol d'une forêt vit une multitude d'êtres vivants qui jouent un rôle fondamental dans la minéralisation de la matière organique. Que cette minéralisation soit immédiate, ou retardée par immobilisation d'une partie de la matière organique sous forme d'humus, elle aboutit toujours à la libération de substances minérales diverses (dioxyde de carbone, eau, nitrates...), indispensables à l'alimentation minérale des végétaux chlorophylliens. Ainsi, grâce à l'activité de la faune et de la flore du sol, est assuré le recyclage de la matière organique.

❺ Il y a des décomposeurs dans tous les milieux

La ***figure 1*** rappelle que la minéralisation de la matière organique se réalise dans tous les milieux.

Des activités possibles

Voici la suite des activités réalisées dans un Cours Moyen.

❶ En forêt, des branches tombent. Que deviennent-elles ?

Dans une forêt, les branches basses des arbres manquent de lumière. Elles meurent et tombent. Que deviennent-elles ?

Les enfants peuvent ramasser des échantillons et présenter leurs découvertes.

Ils remarquent les points essentiels : le bois se décompose, il est humide. À l'intérieur il y a des animaux, des excréments, des filaments blancs (des champignons).

❷ Que deviennent les feuilles tombées ?

En examinant la litière, les enfants découvrent les couches suivantes :

– des feuilles entières, brunes, généralement sèches ;

– des feuilles humides, presque entières, collées les unes aux autres. Quand on détache ces feuilles l'une de l'autre, on découvre des « toiles d'araignées » blanchâtres : ce sont des moisissures ou du mycélium de champignons ;

– des fragments de feuilles (on reconnaît encore qu'il s'agit de feuilles) noirâtres et humides ;

– une terre noirâtre. Dites aux enfants que c'est de l'humus et qu'il provient de la décomposition des feuilles et des branches.

Dans cette litière, les enfants signalent la présence de nombreux insectes, vers, mille-pattes, cloportes...

❸ Que faire pour que la décomposition se poursuive en classe ?

– Mettre dans un aquarium un peu de litière (feuilles mortes en cours de décomposition) et de « bois pourri ». Recouvrir d'une feuille de plastique transparente pour conserver l'humidité. Les champignons se développent et la décomposition se poursuit dans les mois qui suivent.

– Les mêmes matériaux installés dans un aquarium sans couvercle se dessèchent et la décomposition est stoppée.

Le document de la ***figure 2*** fournit des informations complémentaires et permet de faire le bilan de toutes les connaissances découvertes.

❹ La notion de décomposeurs

Lorsqu'ils découvrent du « moisi » sur les feuilles et les branches tombées, les enfants évoquent spontanément les moisissures (qu'ils ont déjà vues sur des aliments) : « Le bois tombe et après il moisit ».

– Faire moisir du pain. Ayant constaté que les moisissures « digèrent » le pain, les enfants comprennent très facilement que le bois et les feuilles mortes sont décomposés de la même façon.

– Expliquer que les décomposeurs « mangent » le bois ou les feuilles et les transforment en sels minéraux. L'humus est un stade de la décomposition, mais ce n'est pas le terme final.

– Quel est le rôle de l'eau ? L'eau est nécessaire à la vie des décomposeurs.

❺ Les divers moyens de conserver les aliments

Il existe plusieurs moyens :

– tuer les décomposeurs (stérilisation) ;

– empêcher l'action des décomposeurs (froid, déshydratation, sel, vinaigre...).

Notions visées à l'école élémentaire

- Dans tous les milieux, il existe des êtres vivants, animaux et végétaux, qui se nourrissent de feuilles mortes, de cadavres d'animaux, d'excréments… C'est le cas par exemple des vers de terre, qui se nourrissent de débris végétaux, des champignons qui poussent sur les feuilles mortes et de très nombreux micro-organismes (notamment des bactéries) dans la forêt.

- Ces « mangeurs » de matière première organique morte sont appelés des **décomposeurs**. Ce mot indique qu'ils sont responsables de la décomposition des « cadavres » et de leur transformation en sels minéraux. Ces derniers sont utilisés comme aliments par les végétaux chlorophylliens.

Mots-clés

- décomposeurs
- humus
- milieu de vie

Chapitre 3

L'action de l'homme sur son environnement

*Pendant des millénaires, les **hommes préhistoriques** ont vécu dans la nature au même titre que les autres animaux, se nourrissant des produits de la chasse et de la pêche, complétés par la **récolte** de fruits, de racines, de feuilles. Grâce à leur intelligence, leur créativité, leur aptitude à fabriquer et utiliser des outils, les hommes ont rapidement pu maîtriser la nature.*

Mais actuellement, en raison des extraordinaires progrès techniques et de l'accroissement explosif de la population, l'homme perturbe dangereusement les équilibres naturels. Assurer la protection de la nature est devenu l'une des tâches les plus importantes pour l'avenir de l'humanité.

Dès l'école élémentaire, on peut sensibiliser les enfants à quelques problèmes relatifs à l'environnement, afin de développer, chez ces futurs citoyens, une prise de conscience des responsabilités de l'homme vis-à-vis de son environnement, et de les préparer à adopter des comportements réfléchis et cohérents face aux problèmes de gestion du patrimoine naturel.

Informations pour l'enseignant

1 L'utilisation des ressources naturelles

Si on a longtemps pensé que les océans fourniraient une solution au problème de l'alimentation mondiale, les observations actuelles montrent que les richesses de la mer ne sont pas inépuisables et que les risques de dépeuplement par prélèvements abusifs sont réels. Il en est de même pour la plupart des **ressources naturelles** exploitées pour satisfaire les besoins de la société industrialisée, besoins en matières premières (bois, eau, minerais…), besoins en combustibles (charbon, pétrole…).

Pour ne pas épuiser les ressources naturelles, il est absolument nécessaire de tenir compte de l'importance réelle des stocks et de connaître leur taux de renouvellement.

Il convient par ailleurs de protéger les ressources des destructions dont elles peuvent être l'objet.

2 La destruction des milieux naturels

Les hommes sont souvent amenés à dévaster des milieux naturels entiers en construisant des autoroutes, des ports, des habitations… Les **milieux naturels** peuvent également être détruits accidentellement : un incendie peut ravager des forêts entières. D'autre part, de nombreuses erreurs ou ignorances (pratiques culturales défectueuses, surpâturage des moutons et des chèvres…) conduisent à une disparition de la couverture végétale ; l'**érosion** qui suit enlève le sol et provoque une véritable désertification.

Trente millions de tonnes par an en France

La composition de nos poubelles

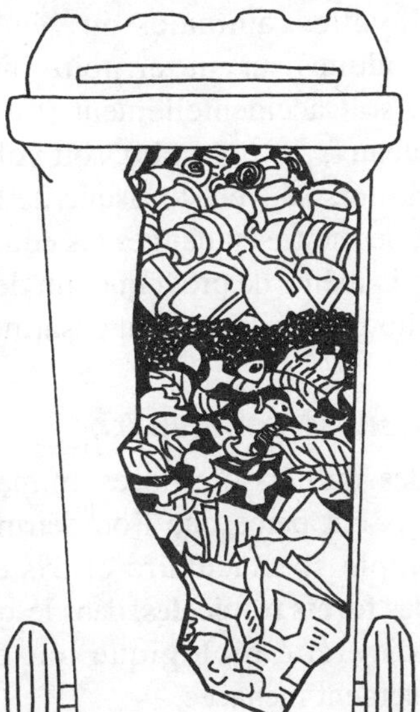

- 2 % de textiles
- 6 % de métaux
- 10 % de matières plastiques
- 12 % de verre
- 15 % d'éléments fins et divers
- 25 % de matières organiques (restes de repas et déchets du jardin)
- 30 % de papiers et cartons

La production de déchets ménagers en France

(par habitant et par an)

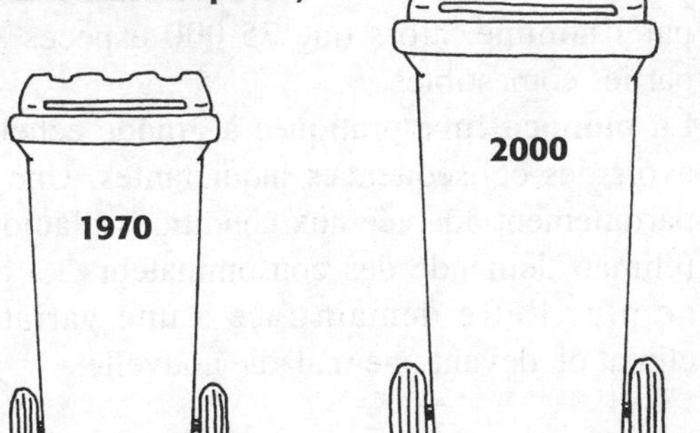

La production de déchets ménagers dans le Monde

(moyenne par habitant en kg par an)

USA : 864

France : 536

Suisse : 427

Japon : 394

Côte d'Ivoire : 18

- **Dans une poubelle, la part des papiers et des cartons est importante. D'où viennent ces papiers et ces cartons ?**

....

....

Fig. 1 **Que trouve-t-on dans nos poubelles ? Quels déchets ménagers produisons-nous ?**

❸ Les pollutions

Les causes de la **pollution** sont de plus en plus nombreuses ; nous nous limiterons ici à l'analyse de quelques exemples.

• **La pollution des océans par les hydrocarbures** est la plus connue du public, des accidents spectaculaires la ramenant périodiquement au premier plan de l'actualité.

Cette forme de pollution résulte du transport par mer du pétrole brut et de l'exploitation des puits de pétrole en mer.

On estime à 3 millions de tonnes la quantité d'hydrocarbures déversée chaque année dans des océans, non seulement au cours d'accidents survenus sur des plates-formes d'exploitation, lors de collisions ou échouages de pétroliers, mais aussi par rejets volontaires des résidus de cuves des navires.

• **La pollution par les pesticides**

On appelle **pesticides** l'ensemble des produits chimiques employés par l'homme dans sa lutte contre les animaux et les végétaux ; ce sont les **insecticides**, les **herbicides** (qui suppriment les « mauvaises herbes » dans les cultures), les **fongicides** (contre les champignons parasites), etc. Ils sont actuellement utilisés en quantité énorme afin d'accroître les rendements agricoles. Mais leur action, apparemment bénéfique pour l'agriculteur, présente de graves **dangers**. En effet :

– ils détruisent de nombreuses espèces, provoquant des ruptures d'équilibre naturel ;

– ils déterminent l'apparition de races résistantes dont il devient de plus en plus difficile de se débarrasser ;

– ils s'accumulent dans les océans et peuvent alors constituer un véritable danger pour les animaux situés à la fin des chaînes alimentaires, ainsi que pour l'homme, qui occupe souvent cette place.

Le **seuil de toxicité** des pesticides est mal connu, mais on sait que certains insecticides sont neurotoxiques et certains fongicides vraisemblablement cancérigènes.

• **Autres pollutions**

En plus des exemples précédents, on pourrait citer bien d'autres aspects de la pollution : rejet de substances chimiques nocives, de détergents, de substances radioactives, rejets d'eau chaude par les centrales nucléaires, pollution des nappes souterraines par les engrais utilisés en excès, pollution atmosphérique…

Tous les milieux sont touchés (eaux douces, nappes souterraines, atmosphère), mais la pollution marine est certainement la plus préoccupante. La mer est en effet devenue la poubelle des activités humaines et, bien que ses capacités d'autoépuration soient grandes, on a atteint un stade de déséquilibre qui inquiète beaucoup les spécialistes.

❹ L'introduction d'espèces nouvelles

Des espèces nouvelles, animales ou végétales, peuvent être introduites sur un territoire où elles n'existaient pas, soit accidentellement (transport de rats par les bateaux, par exemple), soit volontairement. On court alors souvent le risque de bouleverser un milieu, de mettre en danger les équilibres biologiques, parfois même de provoquer un désastre en face duquel l'homme se trouverait désarmé.

❺ La diversité du vivant menacé

Chaque année, des milliers d'espèces animales et végétales disparaissent parce que l'on détruit leur habitat. Un exemple spectaculaire et tristement célèbre est celui des **forêts tropicales**, dans lesquelles la prodigieuse diversité biologique qui existe encore est sérieusement menacée.

Les agriculteurs des pays industrialisés font courir sans le savoir un risque à cette ressource importante qu'est la diversité biologique. En effet, la sélection pratiquée sur les végétaux et les animaux conserve les mieux adaptés aux exigences des pratiques culturales et industrielles, mais, de ce fait, tend à éliminer les autres : actuellement, **29 espèces cultivées** fournissent **90 % des aliments consommés** par l'homme, alors que 75 000 espèces ont des parties comestibles.

La **monoculture** pratiquée à grande échelle peut avoir des conséquences inquiétantes. Une espèce parfaitement adaptée aux conditions d'aujourd'hui (climat, demande des consommateurs…) pourrait ne plus l'être demain face à une variation du climat ou devant une maladie nouvelle.

❻ L'homme tente de protéger les milieux naturels

De gros efforts sont actuellement entrepris pour limiter certains effets néfastes des activités humaines. Nous n'en fournirons que quelques exemples.

• **La lutte contre la pollution des rivières et des lacs**

La pollution résulte, d'une part, du rejet par les usines de substances chimiques toxiques, d'autre part, des déchets issus des agglomérations. Pour limiter cette pollution, de nombreuses villes et la plupart des usines ont construit des stations d'épuration des eaux.

Vers une valorisation des déchets

L'histoire d'une poubelle

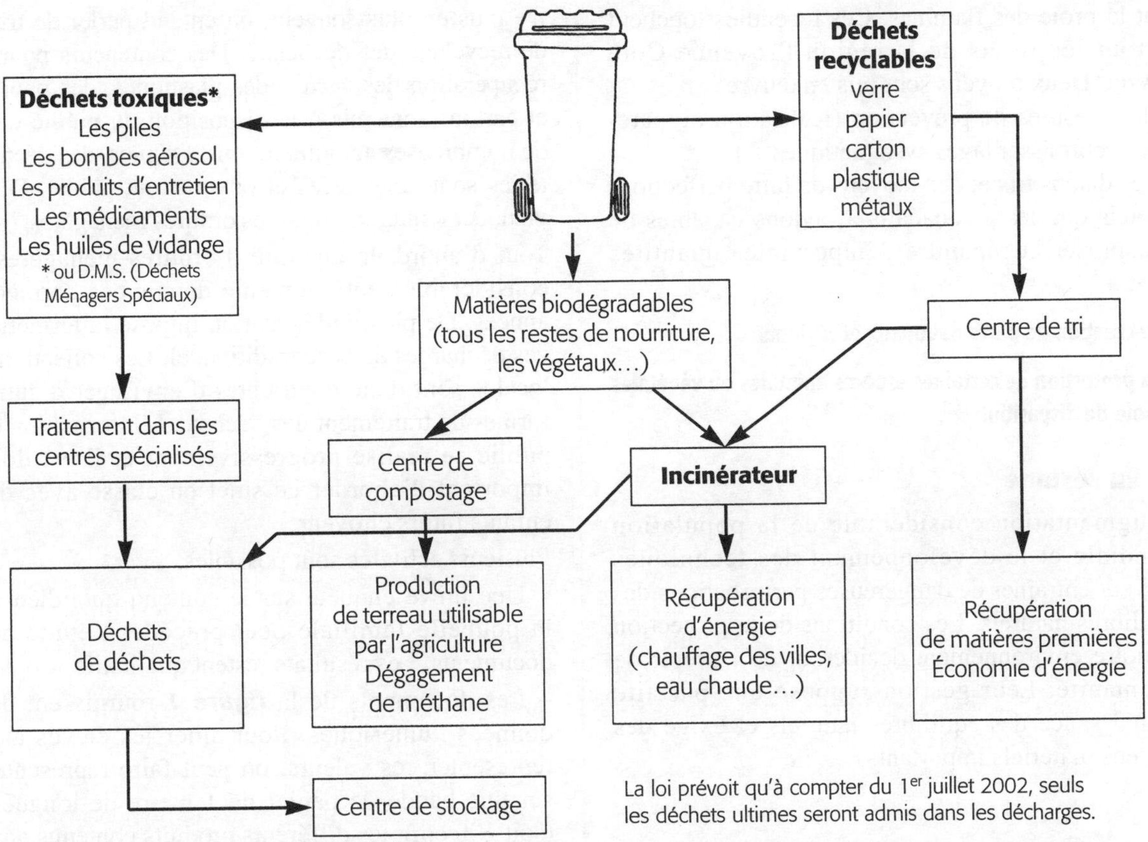

La loi prévoit qu'à compter du 1er juillet 2002, seuls les déchets ultimes seront admis dans les décharges.

Quelques nombres…

- **Une seule pile bouton à oxyde de mercure pollue 400 m^3 d'eau ou 1 m^3 de terre pendant 50 ans. Il est consommé en France 520 millions de piles bâtons et 33 millions de piles boutons par an.**
- **Les français consomment 600 000 tonnes d'huile par an pour leurs automobiles.**
  Chaque année 30 000 tonnes d'huiles usagées sont rejetées dans la nature. Or un seul litre d'huile peut polluer 1 million de litres d'eau.

- **Propose une définition pour les mots suivants :**
  - **déchets recyclables ;**
  - **déchets toxiques ;**
  - **matières biodégradables.**
- **Pourquoi parle-t-on de « valorisation » des déchets ?**

Fig. 2 **La législation impose la fermeture totale des décharges traditionnelles. Les collectivités locales font donc un effort important pour traiter les déchets dans des installations industrielles. L'objectif est non seulement d'éviter la pollution mais aussi de valoriser les déchets.**

• **La reboisement**
C'est un moyen d'accroître la production de bois, mais aussi une façon d'éviter l'érosion de terrains abandonnés par les agriculteurs ou détruits par les incendies.

• **La lutte contre les incendies**
En France, chaque année, des hectares de forêt sont la proie des flammes. Ces incendies touchent surtout les forêts de la région Provence-Côte d'Azur. Deux moyens sont mis en œuvre :
– des mesures de prévention (réalisation de pare-feux, débroussaillages systématiques...) ;
– des dispositifs et des moyens de lutte perfectionnés tels que les « canadairs », avions capables de transporter et répandre d'importantes quantités d'eau.

• **La création de parcs nationaux et régionaux**

• **La protection de certaines espèces animales ou végétales en voie de disparition**

7 En résumé

L'augmentation considérable de la population mondiale et le développement des techniques peuvent entraîner de dangereuses perturbations des équilibres naturels. Les conditions de la protection de notre environnement décideront de l'avenir de l'humanité. Leur gestion suppose une parfaite connaissance des équilibres naturels et exige des moyens matériels importants.

Des activités possibles

On peut sensibiliser les enfants à différents problèmes d'environnement en les faisant réfléchir et discuter sur quelques exemples précis, convenablement choisis, afin de dégager l'idée selon laquelle les hommes sont seuls responsables de la qualité de leur environnement. Toute négligence ou tout abus dans ce domaine peut avoir, à moyen terme, des conséquences dramatiques.

L'environnement immédiat de l'école, celui de la ville ou des communes, fournissent presque toujours des points de départ, mais les renseignements que l'on possède sont souvent incomplets, parfois même peu objectifs, et les enfants ne disposent pas alors d'une vue d'ensemble du problème posé. Si l'étude de ces faits locaux n'est pas à négliger, elle est cependant insuffisante et des documents tels que ceux présentés ici sont souvent utiles.

Ils permettent d'aborder :
– le traitement des ordures ménagères ;
– la notion relative d'animal utile, d'animal nuisible.

1 Les ordures ménagères et l'environnement

De plus en plus souvent, on entend parler de tri et de recyclage des déchets... Des conteneurs pour la récupération des verres, des plastiques, des papiers et cartons sont mis à la disposition du public dans de nombreuses agglomérations. De plus, des déchetteries sont aménagées et ouvertes au public. D'où vient cet « intérêt » pour les ordures ménagères ?

Tout d'abord, la quantité d'ordures ménagères a considérablement augmenté depuis ces dernières années. De plus, la législation impose la fermeture des décharges de type traditionnel. Les collectivités locales sont donc contraintes d'envisager d'autres formes de traitement des déchets. L'information du public se réalise progressivement et il est donc important d'aborder ce sujet en classe avec des enfants futurs citoyens.

Plusieurs activités sont possibles.

– Une brève enquête sur le contenu quotidien de la poubelle familiale peut précéder l'étude des documents. Les résultats restent qualitatifs.

– Les documents de la ***figure 1*** fournissent des données numériques. Pour aider les élèves à se représenter ces valeurs, on peut faire représenter, sur une bande de papier de 1 mètre de longueur (soit 100 cm), les différents produits contenus dans la poubelle en respectant les pourcentages fournis. Que remarque-t-on ?

– Plusieurs questions se posent à partir des encadrés de la moitié inférieure de la figure. Quelles informations fournissent-ils ? Pourquoi un habitant de la Côte d'Ivoire produit-il moins de déchets ménagers qu'un habitant de France ou des USA ? Comment pourrait-on réduire la quantité de déchets ménagers que nous accumulons dans nos poubelles ?

– Le document de la ***figure 2*** n'est pas très facile à analyser. Quelques questions peuvent en faciliter la lecture. Quels sont les objets qu'il vaut mieux ne pas mettre dans sa poubelle car ils exigent des traitements spécifiques ? ...

– Le tri sélectif existe-t-il dans la commune ?

Pour faciliter le travail des collectivités, on encourage le tri des déchets. Un déchet recyclable est celui que l'on peut transformer en une matière première réutilisable pour fabriquer d'autres produits. Ainsi, des bouteilles de verre peuvent

Certains animaux sont protégés

LA LOI PROTÈGE LES RAPACES

(Arrêté du 24 janvier 1972, publié au J.O. du 15 février 1972)

En tuant ou blessant un rapace, ou bien en le dénichant, vous risquez d'être poursuivi en justice. La destruction des rapaces est un délit passible des tribunaux.

Que mange une chouette au cours d'une année ?

- 1 500 petits rongeurs : rats des moissons, mulots, campagnols…
- 350 insectivores : musaraignes, taupes,
- quelques grenouilles et oiseaux.

Les petits rongeurs ○

– se reproduisent très rapidement (un campagnol femelle peut avoir 40 petits dans l'année qui se reproduisent dès l'âge d'un mois) ; on peut compter jusqu'à 1 000 petits rongeurs à l'hectare en cas de pullulation ;
– mangent une quantité importante de grains de blé (l'équivalent de leur poids en 3 jours).

Les insectivores □

– mangent des insectes, des limaces, des vers de terre. Un animal tel que la musaraigne est utile aux productions humaines car elle mange des insectes nuisibles et leurs larves.

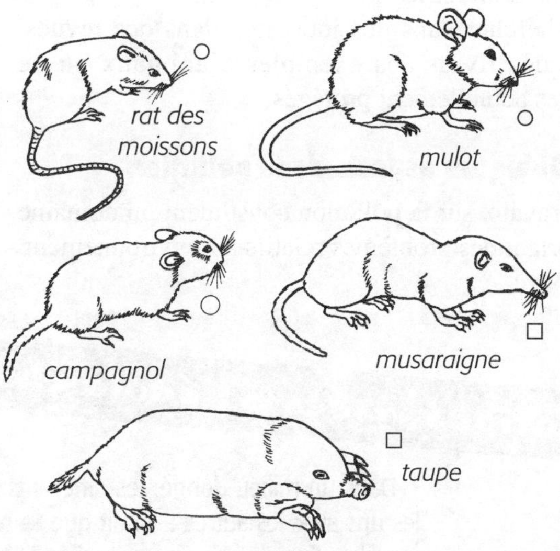

- **Que se passerait-il si les chouettes ne mangeaient pas de petits rongeurs ?**
- **Est-ce bénéfique pour l'homme que la chouette**
  – mange des petits rongeurs ?
  – des insectivores ?
- **Est-ce important de savoir que la chouette mange beaucoup plus de rongeurs que d'insectivores ? Explique oralement.**

Fig. 3 Un animal n'est jamais totalement utile ou totalement nuisible. L'activité bénéfique d'un animal protégé l'emporte sur son rôle négatif. Ainsi, la chouette limite le nombre de petits rongeurs dont on pourrait craindre la pullulation. Chaque espèce a sa place dans l'équilibre de la nature.

servir à refaire des bouteilles de verre, des bocaux, des pots ; des bouteilles en matière plastique peuvent servir à fabriquer des flacons, des bidons, des fibres textiles, des tuyaux…

2 Utiles ou nuisibles ?

Cette question se pose souvent, mais on ne doit pas se contenter d'affirmations gratuites, sans fondements scientifiques.

L'exemple de la ***figure 3*** est utile pour se faire une opinion. D'autres travaux peuvent être envisagés :

– montrer la nécessité de connaissances précises pour se faire une opinion sur le rôle d'un animal dans son milieu ;

– montrer que la notion d'animal nuisible est une notion trop brutale, qui ne correspond pas à une étude scientifique sérieuse ;

– évoquer les relations qui existent entre les êtres vivants d'un milieu ;

– rechercher dans des journaux, dans des revues, dans des livres des exemples d'animaux ou de plantes actuellement protégés.

3 Quelques aspects de la pollution

Les travaux sur la pollution constituent un domaine important des problèmes relatifs à l'environnement. Pour ce thème, très accessible aux enfants par certains de ses aspects, il faut éviter le simple « bavardage » et ne pas se contenter d'évoquer les papiers accumulés dans un coin de rue, les détritus abandonnés dans une clairière de forêt ou les plastiques amoncelés le long d'un chemin. Il est indispensable de faire réfléchir sur des cas concrets.

Voici quelques suggestions complémentaires.

– De nombreux cas de pollution sont décrits par les **médias**. Demandez aux enfants de réunir tous les documents possibles les concernant (articles de journaux, photographies, compte-rendus d'interviews…).

– Des **enquêtes individuelles** ou par groupe sont possibles sur le stockage des ordures ménagères, le contrôle des gaz d'échappement des voitures par des stations spécialisées, l'utilisation des divers pesticides…

– Des **visites** peuvent être organisées pour toute la classe dans une usine de récupération des déchets, dans une entreprise de recyclage de vieux papiers, de verres usagés…

Ces travaux débouchent généralement sur la recherche de solutions possibles aux déséquilibres produits par les déchets que les hommes ne cessent d'accumuler et qui sont rarement biodégradables.

Notions visées à l'école élémentaire

• Dans un milieu donné, les différents êtres vivants se développent en harmonie les uns avec les autres : on dit que **le milieu est en équilibre**. Si l'homme vient modifier l'un de ces éléments, l'équilibre est rompu ; ce phénomène peut avoir des conséquences inattendues telles que la disparition de certaines espèces, la prolifération d'autres espèces…

• Quand l'homme utilise les ressources que lui donne la nature, il doit toujours **penser à l'avenir**.

Mots-clés

• milieu
• équilibre
• prolifération
• disparition

Chapitre 4

L'eau : un problème majeur du monde moderne

Au niveau mondial, l'eau douce, de bonne qualité, est une denrée rare. De nombreux scientifiques pensent que le problème du ravitaillement en eau potable est, parmi les problèmes d'environnement, l'un des plus préoccupants. D'après eux, si on n'améliore pas considérablement la gestion des ressources en eau, l'avenir de l'espèce humaine est compromis.

Autrefois, les besoins en eau étaient faibles, et facilement satisfaits sous nos climats tempérés. Ce n'est plus le cas aujourd'hui.
En France, où les problèmes de l'eau sont pourtant beaucoup moins dramatiques que dans d'autres pays, on parle cependant, chaque été, de sécheresse, d'économie d'eau, de problèmes liés à la pollution. On voit l'intérêt de ce sujet lorsqu'on souhaite sensibiliser les enfants aux grands problèmes de protection de l'environnement du XXIe siècle.

Informations pour l'enseignant

En France, la quantité d'eau consommée pour satisfaire les besoins domestiques, industriels ou agricoles, est passée de 75 m^3 à 175 m^3 par habitant et par an. Une grande partie de cette eau est prélevée dans les cours d'eau, rivières et fleuves, mais la pollution des eaux de surface les rend souvent impropres à la consommation et entraîne la mise en œuvre de traitements souvent coûteux. Aussi exploite-t-on, chaque fois que cela est possible, les gisements d'eau souterraine.

Comment se présente l'eau dans le sous-sol ? Quels dangers menacent les gissements d'eau souterraine ?

❶ Qu'est-ce qu'une nappe phréatique ?

• **Les eaux superficielles** (pluies, fonte des neiges…) s'infiltrent dans le sol et le sous-sol, jusqu'à ce qu'elles rencontrent une formation géologique imperméable. Elles remplissent alors les interstices ou les fissures de la roche perméable située au-dessus : on appelle **aquifère** une telle roche réservoir dans laquelle l'eau circule et forme une nappe phréatique (***fig. 1***).

Les cavités de la roche remplies d'eau peuvent être :
– soit les pores microscopiques d'une roche à grains fins ; on parle alors de **porosité « en petit »** (sables, grès) ;
– soit des fissures formées dans la roche ; il y a alors **porosité « en grand »** (calcaires, roches granitiques…).
Pour un même volume de roche, plus la porosité de la roche est élevée, plus la capacité de stockage de l'aquifère est importante. Toutes les nappes ne sont pas libres. En effet, l'aquifère n'est pas toujours superficiel ; il peut être piégé en profondeur sous une couche imperméable, on parle alors de nappe captive.

• **Les nappes phréatiques sont alimentées** par les eaux de pluie dans les zones, appelées **aires d'alimentation**, où l'aquifère peut recevoir directement les précipitations atmosphériques.
Les nappes phréatiques sont des gisements qui fuient en permanence. Les exutoires naturels les plus visibles sont les **sources** : en effet, quand une nappe phréatique affleure au flanc d'une colline, l'eau sort et forme une source.
Mais l'eau ne quitte pas les aquifères uniquement au niveau des sources, elle est généralement drainée par les ruisseaux et les rivières.

2 La gestion quantitative

• **Quelle eau utilise-t-on ?**
En France, les prélèvements se répartissent entre les eaux de surface et les eaux souterraines. Ces dernières sont consommées par l'industrie, l'agriculture et les collectivités locales pour les installations d'eau potable.
Alors que les eaux superficielles sont facilement récupérables, l'exploitation des eaux souterraines exige une prospection préalable.
Cependant, on les préfère pour diverses raisons :
– les nappes ont une grande extension dans l'espace ;
– à l'abri des variations dues aux précipitations, elles sont toujours disponibles dans le temps ;
– la qualité de leur eau est relativement stable ;
– les aménagements nécessaires à l'exploitation sont d'un coût relativement constant.
Pour exploiter une nappe, on réalise des captages soit au niveau des exutoires naturels (sources, rivières…) soit directement dans la nappe par pompage.

• **Les dangers d'une surexploitation**
Si, sur une période de plusieurs années, le volume d'eau qui sort par les exutoires est voisin du volume d'eau reçu au niveau des bassins d'alimentation, la nappe est dite en équilibre. Dans ce cas, le volume d'eau stocké dans une nappe demeure à peu près constant.
Si cette nappe est exploitée par captage pour l'alimentation d'une ville ou d'un établissement industriel par exemple, le prélèvement supplémentaire va créer un déséquilibre non compensé par de nouvelles arrivées d'eau. Ce déstockage supplémentaire peut conduire soit à un épuisement de la nappe, soit à un nouvel état d'équilibre avec la réduction du débit, voire le tarissement des sources.
L'épuisement d'une nappe par surexploitation peut même, parfois, provoquer des tassements de terrains. L'un des plus célèbres est celui de la ville de Mexico qui atteint, en certains endroits, une valeur de 5 à 6 m depuis 1889.

3 La pollution des nappes souterraines

Les nappes phréatiques sont alimentées par les eaux superficielles dont une partie s'infiltre dans le sol. Ces eaux de surface reçoivent de multiples déchets d'origine domestique, agricole ou industrielle. Au cours de l'infiltration dans le sol, la plupart des substances organiques (excréments…) sont dégradées par les bactéries et n'atteignent donc pas les nappes phréatiques. Il n'en est pas de même pour certaines substances d'origine agricole ou industrielle. C'est le cas des **nitrates**, substances azotées utilisées comme engrais en agriculture. Les nitrates ne sont pas entièrement consommés par les plantes : très solubles, ils sont partiellement entraînés par **lessivage** dans les cours d'eau et les nappes phréatiques. On admet que, chaque année, quelque deux millions de tonnes de ces engrais azotés pénètrent dans le sous-sol et atteignent les nappes phréatiques. Les nitrates sont des substances non directement toxiques pour l'homme, mais ils se transforment dans notre organisme en nitrites responsables, à haute dose, d'empoisonnements du sang. Les risques liés à la consommation des nitrates concernent essentiellement les nourrissons (cyanose liée à une oxydation de l'hémoglobine des hématies).
Au-delà de 300 mg/L, il y aurait un risque cancérigène. Une eau « potable » doit contenir moins de 50 mg de nitrates par litre (norme européenne). De 50 à 100 mg par litre, la population doit être mise en garde. Au-delà de 100 mg par litre, l'eau est déclarée non potable.

4 La pollution des eaux de surface par les rejets des eaux d'égouts

Quand on parle de pollution, on pense souvent uniquement au rejet de substances toxiques ou de substances chimiques dangereuses élaborées par l'homme. En fait, des substances « très naturelles » telles que les excréments humains, déchets alimentaires, restes d'aliments… rejetés en grande quantité (à cause de la concentration urbaine) dans les égouts, peuvent polluer dangereusement les rivières.
Les hommes ont toujours rejeté leurs déchets dans les rivières.
Pourtant, autrefois, personne ne se souciait de la pollution des eaux. La population était moins nombreuse et la quantité des déchets rejetés peu importante.
Des décomposeurs (des micro-organismes surtout) vivent normalement dans les rivières. Ils se nourrissent des matières organiques dont ils assurent la décomposition. Mais, quand ils sont suralimentés, ils se multiplient activement et peuvent alors manquer de dioxygène. C'est la mort des décomposeurs.

D'où vient l'eau du robinet ?

L'alimentation en eau d'une grande ville

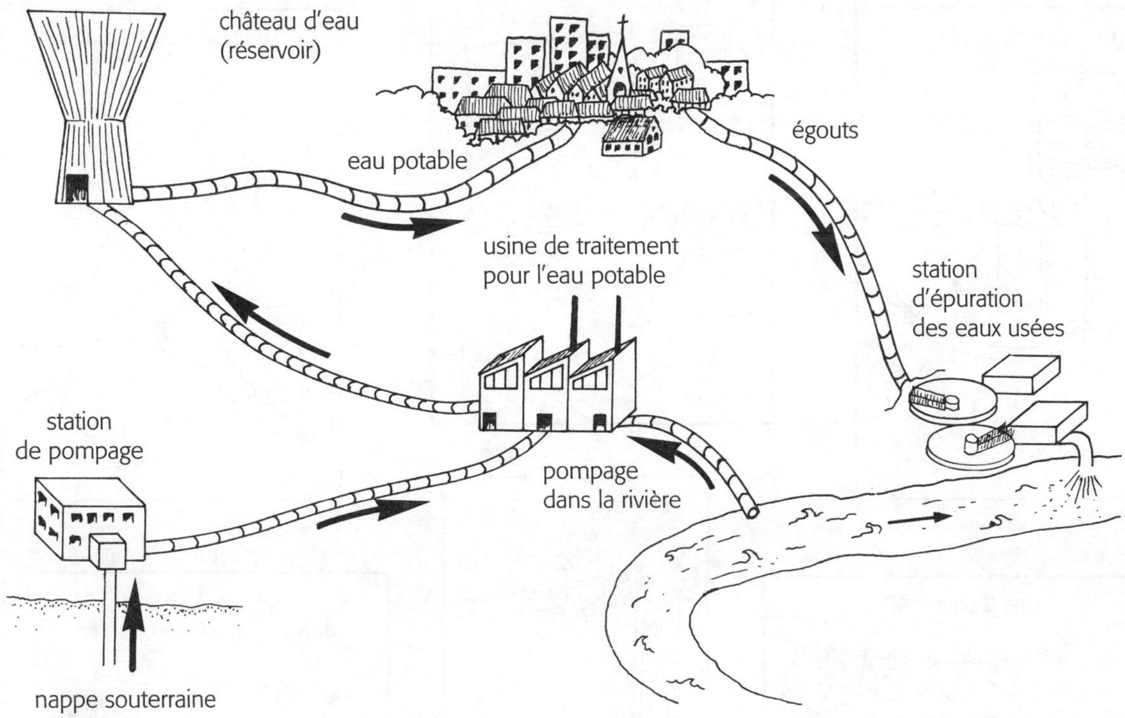

Qu'est-ce qu'une nappe souterraine ?

Après la pluie, une partie de l'eau s'infiltre dans le sous-sol ; elle s'arrête lorsqu'elle rencontre une couche imperméable. Elle forme alors une nappe souterraine.

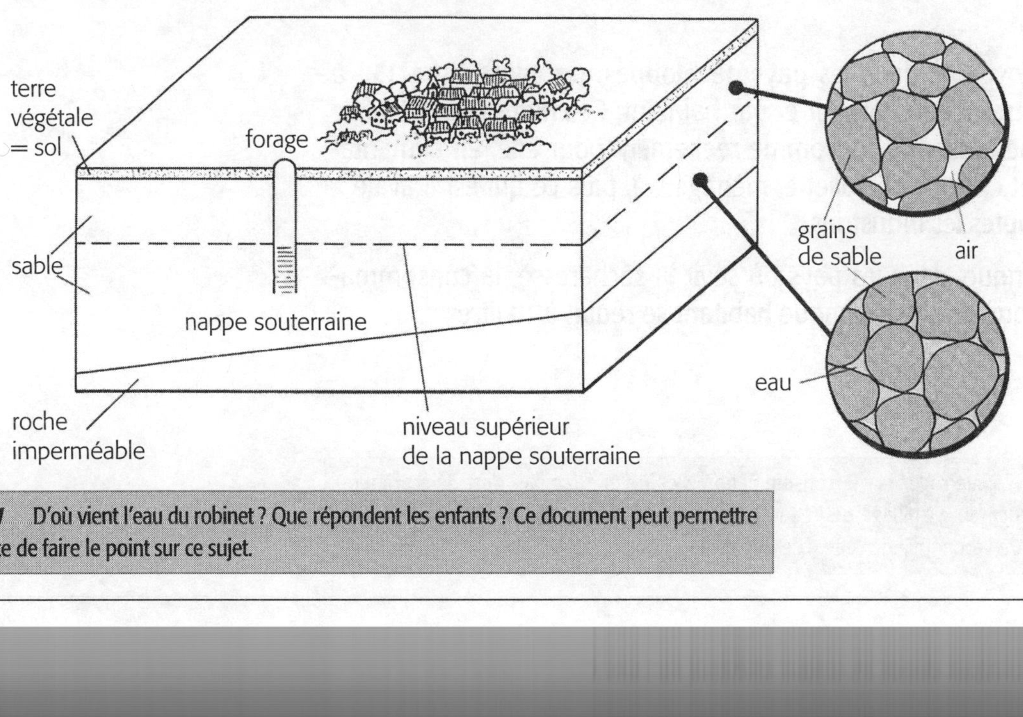

Fig. 1 D'où vient l'eau du robinet ? Que répondent les enfants ? Ce document peut permettre ensuite de faire le point sur ce sujet.

Combien consomme-t-on d'eau dans une famille ?

En moyenne, dans les pays développés, on consomme 150 à 200 litres d'eau par jour et par habitant. Ce chiffre comprend ce qu'une personne consomme réellement pour elle, en alimentation et en confort (toilette, ménage…), plus ce qui est « avalé » par toutes les industries.

En Afrique, dans les pays où sévit la sécheresse, la consommation journalière de chaque habitant se réduit à 10 litres.

Fig. 2 S'interroger sur la consommation d'eau d'une famille, c'est déjà prendre conscience du gaspillage de l'eau et envisager les gestes quotidiens qui peuvent permettre l'économie de cette « denrée rare ».

Comment fonctionne une station d'épuration ?

Une station d'épuration permet de débarrasser les eaux d'égouts de la plus grande partie de leurs déchets avant leur rejet dans une rivière, un lac ou la mer.

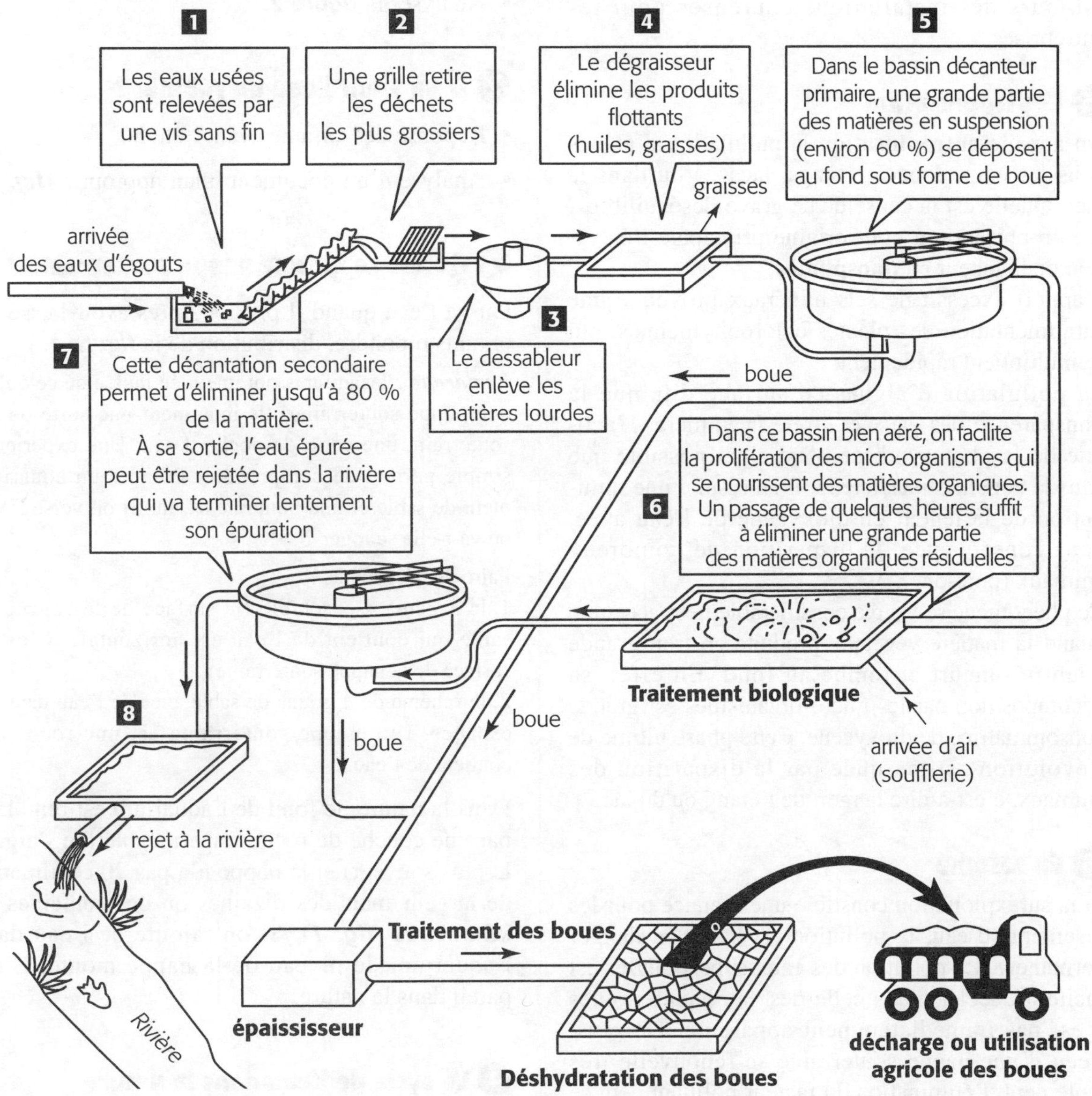

Fig. 3 Le principe de fonctionnement d'une station d'épuration repose sur la connaissance du phénomène d'épuration naturelle, c'est-à-dire l'action des décomposeurs de matière organique, surtout des bactéries aérobies. Les eaux usées, débarrassées de leurs déchets les plus grossiers, arrivent dans le bassin décanteur primaire où une grande partie des matières en suspension (environ 60 %) se dépose au fond, sous forme de boue. L'eau passe ensuite dans des réservoirs bien aérés, riches en bactéries. Ces dernières dégradent les substances organiques.

Pour limiter la pollution des eaux, des **stations d'épuration** (*fig. 3*) ont été construites dans de nombreuses villes et dans certains villages. Elles permettent de débarrasser les eaux d'égouts de la plus grande partie de leurs déchets avant leur rejet dans la rivière, le lac ou la mer. Les pollutions d'origine industrielle peuvent aussi être limitées et même supprimées, mais cela nécessite presque toujours des installations coûteuses pour les entreprises.

5 L'eutrophisation

On appelle **eutrophisation** la pullulation d'algues dans les eaux douces (étangs, lacs...) ou dans la mer. Quelle est la cause de ce grave déséquilibre ? L'eutrophisation a pour origine principale l'élévation de la teneur en **phosphates**.

L'apport excessif de sels minéraux provoque une suralimentation des plantes chlorophylliennes, qui se multiplient rapidement.

La pullulation d'algues en surface diminue la transparence des eaux et arrête la lumière. L'activité de la photosynthèse n'est alors possible que dans la couche superficielle. Il en résulte une diminution de la teneur en dioxygène de l'eau avec, pour conséquence, la disparition de nombreux animaux (poissons...).

Ce phénomène se trouve considérablement accentué quand la matière végétale, produite en trop grande quantité, meurt et tombe au fond. En effet, sa décomposition par les micro-organismes est grande consommatrice de dioxygène. Cette phase ultime de l'évolution est marquée par la disparition des animaux, c'est-à-dire la mort de l'étang ou du lac.

6 En résumé

Si la surexploitation constitue une menace pour les gisements d'eau, la pollution est aussi un danger permanent. La pollution des eaux superficielles est facile à déceler, mais celle des eaux souterraines n'est pas immédiatement apparente. De plus, l'eau d'une nappe souterraine se renouvelle très lentement, l'élimination du facteur polluant peut se prolonger plusieurs dizaines d'années après l'arrêt de la source de pollution.

Des activités possibles

Les suggestions qui suivent peuvent être mises en œuvre dans un cours moyen.

1 Combien de litres d'eau utilise-t-on chaque jour dans ma famille ?

- Faire un inventaire des différentes utilisations et regrouper par catégories.
- Faire une évaluation quantitative (combien de litres par jour pour chacun des usages).
- Analyser la ***figure 2***.

2 D'où vient l'eau du robinet ?

- Réponse des enfants avant l'étude.
- Analyse d'un document bilan approprié (*fig. 1*).

3 Qu'est-ce qu'une nappe souterraine ?

Où va l'eau quand il pleut ? Après avoir laissé les enfants répondre, distribution de la ***figure 4***.

Remarque : les enfants ont une idée fausse de ce qu'est une nappe souterraine. Ils imaginent une sorte de lac souterrain, une sorte de poche d'eau. Une expérience simple permet de comprendre. Prendre un aquarium plein de sable et une bouteille d'eau. Si on verse l'eau, où va-t-elle se loger ?

Faire deux schémas :

1. le schéma d'ensemble (la surface de la couche de sable qui contient de l'eau est horizontale. C'est la surface de la nappe souterraine) ;

2. le schéma de 4 grains de sable avec de l'eau dans les espaces. Une nappe souterraine est une roche qui contient de l'eau.

Dans la nature, le fond de l'aquarium est remplacé par une couche de roche imperméable (de l'argile, le plus souvent) et la nappe n'a pas 20 centimètres de largeur mais des dizaines ou des centaines de kilomètres (*fig. 1*). Si on rajoute de l'eau dans l'aquarium, le niveau de la nappe monte. C'est pareil dans la nature.

4 Le cycle de l'eau dans la nature

– Établir un schéma d'ensemble.

– Confronter les propositions des enfants à un schéma de scientifiques.

– En conclusion : dans la nature, l'eau voyage sans cesse. La chaleur du soleil est responsable de ce mouvement perpétuel.

La quantité d'eau à la surface du globe terrestre est constante, mais seule une partie infime de cette eau (0,3 %) est utilisable par l'homme.

L'alimentation des nappes souterraines

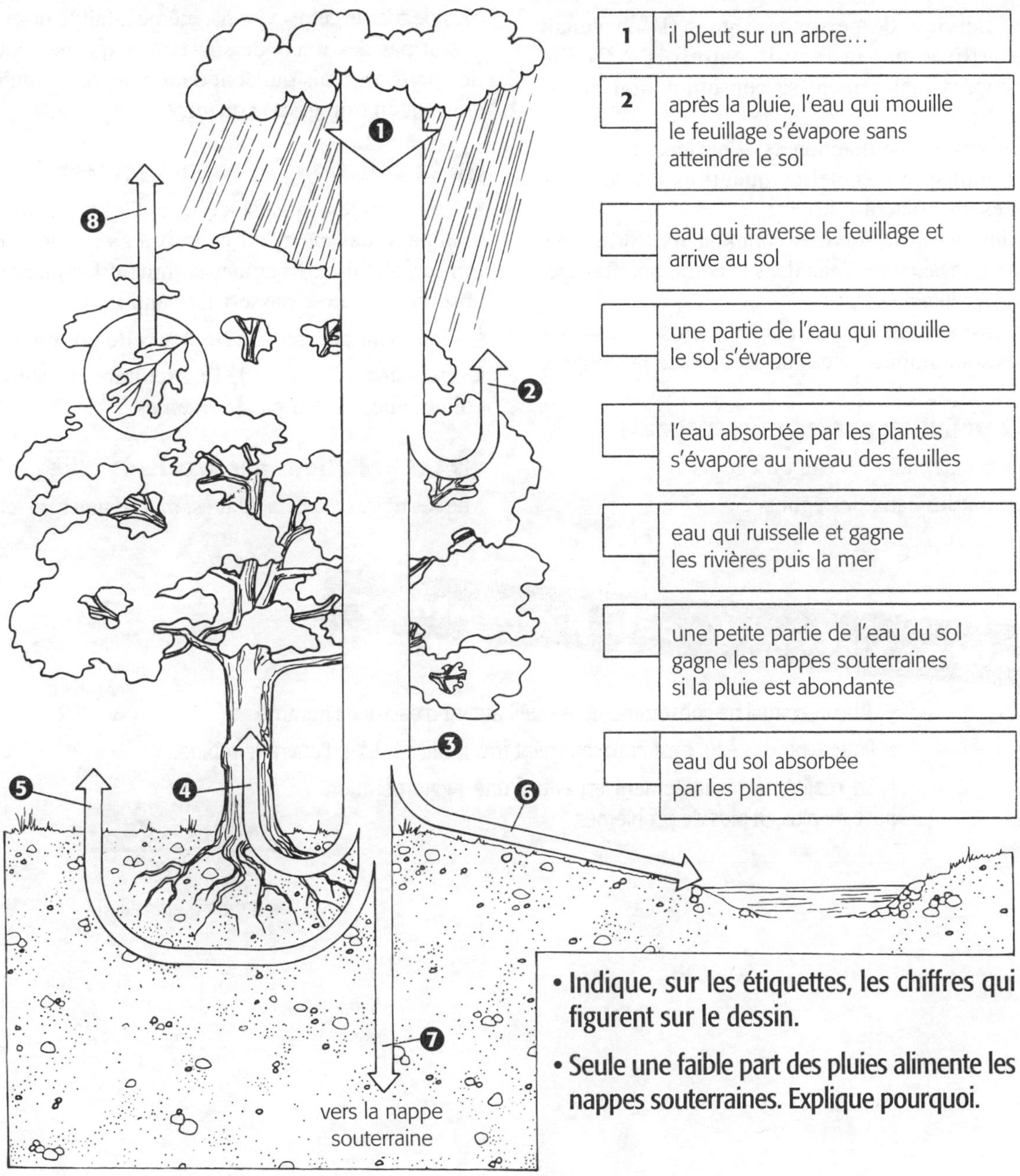

1	il pleut sur un arbre…
2	après la pluie, l'eau qui mouille le feuillage s'évapore sans atteindre le sol
	eau qui traverse le feuillage et arrive au sol
	une partie de l'eau qui mouille le sol s'évapore
	l'eau absorbée par les plantes s'évapore au niveau des feuilles
	eau qui ruisselle et gagne les rivières puis la mer
	une petite partie de l'eau du sol gagne les nappes souterraines si la pluie est abondante
	eau du sol absorbée par les plantes

- **Indique, sur les étiquettes, les chiffres qui figurent sur le dessin.**
- **Seule une faible part des pluies alimente les nappes souterraines. Explique pourquoi.**

Fig. 4 Dans la nature, l'eau voyage sans cesse. La chaleur du Soleil est responsable de ce mouvement perpétuel. Dans certains pays, le ravitaillement en eau douce pose de graves problèmes. En France, l'alimentation en eau des nappes souterraines n'est pas suffisamment assurée au cours des années de sécheresse.

❺ Une consommation de plus en plus grande

Le travail peut comporter :

– une enquête auprès des parents (quantité d'eau utilisée au cours de l'année d'après le compteur à eau) ;

– un interview de personnes âgées (D'où venait l'eau utilisée par la famille autrefois ? Quelle était approximativement sa consommation quotidienne ?) ;

– un interview de maraîchers, d'agriculteurs, peut-être d'industriels (Quelles quantités d'eau leurs activités nécessitent-elles ?) ;

– un interview de services communaux : différents types d'utilisation de l'eau dans la commune (lavage, arrosage, fontaines…) ;

– le constat d'une baisse inquiétante du niveau des nappes souterraines en cas de sécheresse prolongée.

❻ La pollution par les eaux d'égouts

– Que contiennent les eaux d'égouts ?

– Où vont les eaux des égouts ?

– Le rôle des décomposeurs de la rivière.

– Le rôle des stations d'épuration (***fig. 3***).

– En conclusion : l'eau des rivières et des lacs peut être polluée :

– soit par des rejets de substances toxiques (cyanure, mercure, herbicides, pesticides, détergents…), capables de tuer les êtres vivants même à faible dose ;

– soit par des rejets de substances qui ne sont pas des poisons, mais qui sont dangereuses lorsqu'elles existent en trop grande quantité.

❼ La pollution des nappes souterraines

• Les nitrates, qu'est-ce que c'est ? Quelques manipulations avec de l'engrais à gazon pour montrer la solubilité. Imaginer comment les plantes les absorbent. Que se passe-t-il quand il pleut ?

• Comment pourrait-on limiter cette pollution ?

Conclusion : l'intérêt de l'agriculture et celui de la collectivité ne sont pas les mêmes.

❽ Les pollutions par accidents

Marées noires : spectaculaires, mais danger ponctuel.

Notions visées à l'école élémentaire

• Aucun animal ne consomme ou ne salit autant d'eau que l'homme.

• Pour avoir de l'eau, c'est apparemment très facile : il suffit d'ouvrir le robinet.

• En réalité, le ravitaillement en eau d'une agglomération pose de plus en plus de problèmes.

Mots-clés

• pollution
• station d'épuration

Partie

6

Le corps humain et l'éducation à la santé

Chapitre 1

Découvertes sensorielles : les cinq sens

Rouler à bicyclette, jouer au ballon avec un camarade, marcher dans la rue, jouer au ping-pong... sont des exercices apparemment fort simples, pourtant, imaginez vos difficultés si, dans l'une ou l'autre de ces situations, vous aviez les yeux bandés et les oreilles bouchées. Les informations fournies par les yeux, par les oreilles (dans d'autres situations par le nez, la langue, les mains) sont fondamentales et ont, c'est évident, un rôle capital dans les mouvements. Quels liens y a-t-il entre les organes des sens et les muscles ? Comment fonctionnent les organes des sens ?

Informations pour l'enseignant

Comprendre le fonctionnement du système nerveux (***fig. 4***) en particulier le fonctionnement du cerveau (l'objet le plus complexe de l'univers, disent les **neurophysiologistes**), est un sujet passionnant. Mais nous devons dans cet ouvrage nous limiter à quelques notions fondamentales.

1 Nos moyens de connaître le monde

Nous connaissons le monde dans lequel nous vivons grâce à nos **cinq sens** : la vue, l'ouïe, l'odorat, le goût et le toucher (***fig. 1***). On appelle **organes des sens** les yeux, les oreilles, les fosses nasales, la langue, la peau (des mains mais aussi celle des pieds, de la joue, etc. c'est-à-dire de toute la surface du corps). Il y a donc cinq organes sensoriels. Chacun de ces organes est spécialisé, c'est-à-dire adapté pour recevoir avec le maximum d'efficacité un **stimulus externe** adéquat :
– la **lumière** pour les yeux ;
– les **vibrations sonores** pour les oreilles ;
– les **molécules chimiques** pour les fosses nasales et la langue.

Le « toucher » est plus diversifié. Il comprend plusieurs types de sensibilité : sensibilité au **contact** léger (en palpant un objet avec la main on peut savoir s'il est lisse ou rugueux), sensibilité à la **pression**, sensibilité à la **température** (c'est froid, c'est chaud), sensibilité à la **douleur**. La peau est donc sensible à différents stimulus (***fig. 2***).
En résumé : l'organisme reçoit de nombreuses informations du milieu dans lequel il vit et le comportement humain dépend largement de ces informations. Ces dernières lui parviennent sous forme de **stimulus visuels** (lumière), de **stimulus chimiques** (substances chimiques transportées par l'air dans l'olfaction, ou déposées au contact des récepteurs situés sur la langue dans la gustation), de **stimulus mécaniques** (vibrations transmises par l'air dans l'audition, variations de pression dans le toucher…).

2 Plusieurs organes interviennent

• **Les yeux sont nécessaires pour voir, mais ils ne suffisent pas.** La section des nerfs optiques ou la destruction de certaines parties du cerveau rend aveugle même si les yeux sont intacts. Nous voyons grâce à un **ensemble d'organes** : les yeux, les nerfs optiques et le cerveau (***fig. 3***).

Cinq fenêtres ouvertes sur le monde

Ce ciel étoilé est magnifique.

le toucher

la vue

l'ouïe

Allô ! parle plus fort !!

l'odorat

le goût

Ce gâteau est trop sucré.

Je reconnais la voix de ma grand-mère.

Quelle délicieuse odeur de cuisine !

Ces cerises sont bien rouges

Quel silence !

Il n'y a rien dans cette bouteille.

Que ces roses sentent bon !

Aïe ! Je me suis piqué le doigt.

Quel chant mélodieux !

C'est trop rugueux.

Ce n'est pas assez salé

Ma montre est arrêtée.

Il y a trop de vinaigre dans la sauce de salade.

Tiens, voilà le chat noir.

L'eau est trop chaude. Je me suis brûlé le pied.

Je n'aime pas ce parfum.

sentir

Ce tissu est très doux.

voir

le nez

les yeux

toucher

la langue

goûter

les oreilles

la peau

entendre

• **En utilisant un codage de couleur à ta convenance, associe ces diverses étiquettes pour former cinq ensembles.**

Fig. 1 Quelles activités concrètes pourraient précéder l'utilisation d'un tel document ?

• **Cette information est vraie pour chacun des cinq sens.** La sensibilité consciente (on appelle **sensibilité consciente** le fait de **reconnaître** un son par l'oreille, un objet en le regardant, etc.) fait intervenir l'**organe récepteur**, le **cerveau**, et une liaison nerveuse entre les deux (pour l'instant, disons un nerf sensitif).

3 La notion de récepteurs sensoriels

• **Les récepteurs sensoriels de la peau**

Nous avons dit que la peau est à l'origine de sensations de chaud, de froid, de contact léger, de forte pression, de douleur. Un test de la sensibilité au contact léger peut se faire en déplaçant sur la peau l'extrémité d'un cheveu. En appuyant et en faisant plier le cheveu, on n'exerce aucune pression. La sensation de contact n'apparaît alors qu'en certains points.

Le nombre de ces « points de toucher » varie de 5 à 200 par centimètre carré selon les régions du corps. On en dénombre 135 sur la pulpe des doigts, 5 à 7 sur la partie supérieure des cuisses.

De même, la peau n'est pas uniformément sensible aux variations de température : elle possède des « points de chaud » et des « points de froid » respectivement sensibles au chaud et au froid.

La sensibilité de la peau est donc **ponctuelle**, c'est-à-dire limitée à des points précis laissant entre eux des espaces insensibles. On reconnaît ainsi des points dits de tact, de pression, de froid, de chaud, topographiquement distincts et ayant des répartitions différentes et très inégales à la surface de la peau.

L'**observation microscopique** de coupes de peau permet de découvrir pourquoi il en est ainsi et montre l'existence de **récepteurs sensoriels** disséminés dans la peau. Chaque sensation est associée à un type de récepteurs. On distingue aussi des récepteurs sensibles à la pression, des récepteurs sensibles au chaud, d'autres sensibles au froid, des récepteurs sensibles au contact léger, d'autres à la douleur. Chaque récepteur fonctionne de façon autonome. Par exemple, si l'on touche la peau avec un cheveu, **un** récepteur (un seul) peut être stimulé : il donne naissance à des messages nerveux qui sont transmis au cerveau par une **fibre nerveuse** (un nerf est formé de centaines de fibres nerveuses distinctes).

• **Et pour les autres organes des sens ?**

– La **rétine de l'œil** contient des milliers de récepteurs sensoriels différents (appelés cellules en cône, cellules en bâtonnet).

On distingue trois sortes de récepteurs en cône : les uns sont sensibles à la lumière rouge, les autres à la lumière bleue, les autres à la lumière jaune. Ainsi est assurée la vision des couleurs.

Les cellules en bâtonnet sont des récepteurs sensibles à une très faible intensité lumineuse. Ils permettent une vision en noir et blanc.

– **Dans l'oreille interne, sur la langue, dans les fosses nasales** il y a également des récepteurs sensoriels distincts, excités par des stimulus spécifiques.

Dans tous les cas, l'excitation d'un récepteur fait naître des messages nerveux qui se propagent sur la fibre nerveuse issue du récepteur.

La **vitesse de conduction** des messages nerveux a pu être calculée : elle varie selon les fibres de 1 m/s à 120 m/s.

Par ailleurs :

– les messages nerveux ne prennent naissance que si l'excitation a une intensité suffisante ;

– l'intensité du stimulus est codée par la fréquence des signaux électriques et non par l'amplitude de ceux-ci. Un signal électrique existe ou n'existe pas : c'est la « loi du tout ou rien ».

– tous les récepteurs sensoriels traduisent les stimulus externes (ou internes quand il s'agit de récepteurs internes) en messages nerveux identiques.

4 Des messages nerveux à la perception

La perception est une activité mentale qui permet d'identifier, de reconnaître, et souvent de désigner ce qui est perçu (« je vois un crayon », « j'entends un air de violon »...).

Elle a lieu dans le cerveau, faisant intervenir la mémoire. Il va de soi que ni la lumière, ni les vibrations de l'air ne sont transmises au cerveau. Que se passe-t-il ?

Dans un organe des sens, le stimulus externe adéquat donne naissance à des **signaux électriques** appelés **messages nerveux** (ou influx nerveux). Ces derniers sont conduits au cerveau par les fibres nerveuses sensitives.

Chaque perception (tactile, ou visuelle ou auditive...) fait intervenir deux zones distinctes du cerveau :

– **l'aire de projection** qui correspond aux points d'arrivée des messages nerveux dans l'écorce grise cérébrale ;

– **l'aire d'association** au voisinage de la précédente. Par exemple pour la sensibilité tactile, une lésion qui affecte une région précise de l'aire de projection sensitive supprime totalement la sensibilité de telle ou telle partie du corps. Toutefois, des lésions de l'aire d'association ne suppriment pas la sensation : le malade ne peut plus reconnaître un objet par le toucher, bien qu'il le sente et puisse même en décrire les qualités. S'il voit l'objet, il le reconnaît aussitôt.

Tous les organes des sens fonctionnent de la même façon

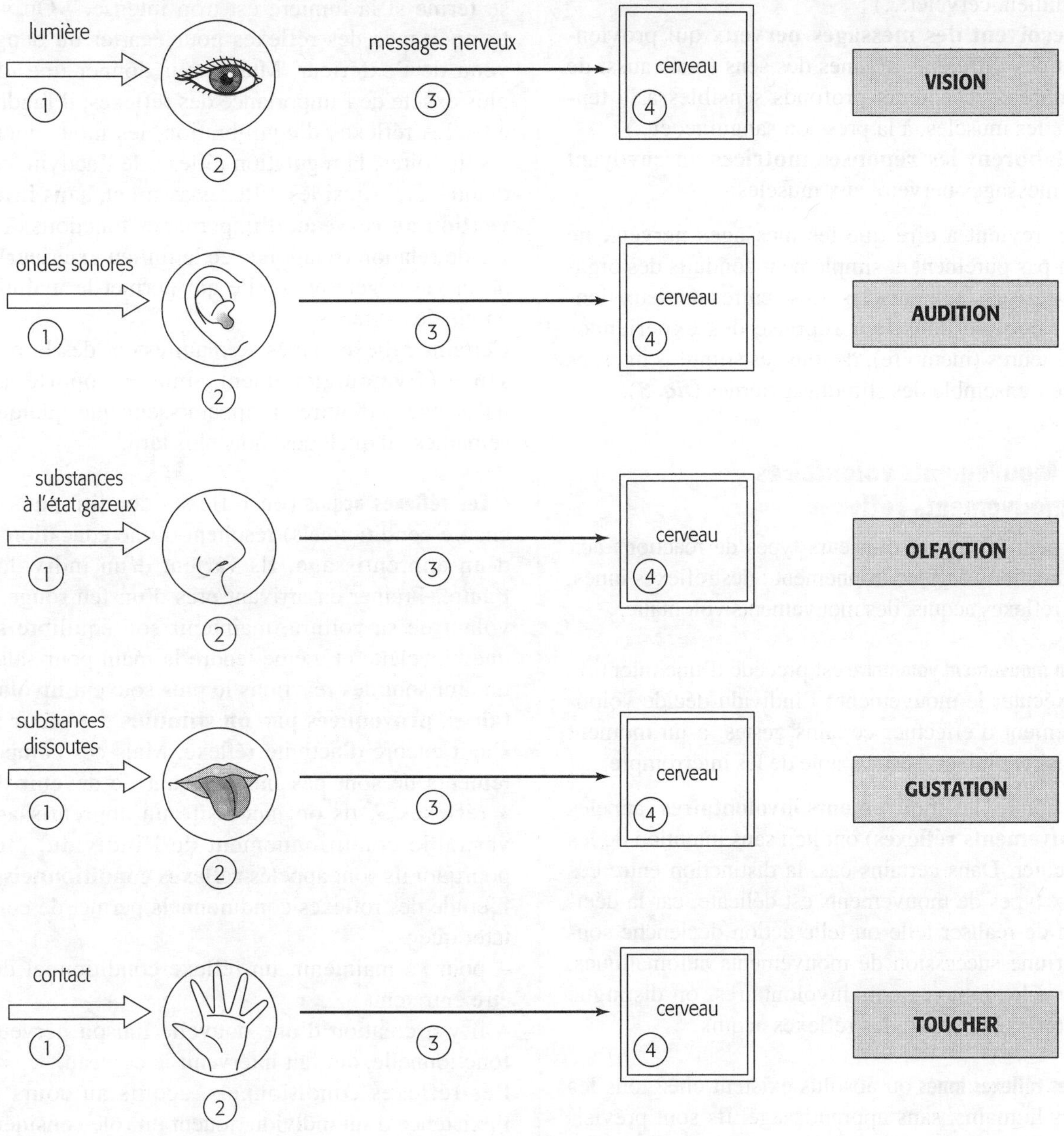

① **Stimulus sensoriels :** lumière pour les yeux, ondes sonores pour les oreilles, substances à l'état gazeux pour l'olfaction…
② **Récepteurs sensoriels :**
- Ils sont situés dans les organes des sens.
- Ils transforment les stimulus en messages nerveux conduits par une fibre nerveuse.

③ **Nerfs :** ils sont formés de fibres nerveuses qui conduisent les messages nerveux au cerveau.
④ **Cerveau :** il interprète les messages et donne les sensations (je vois une tomate rouge, j'entends un oiseau chanter…).

Fig. 2 Que se passe-t-il au niveau de l'organe des sens ? Au niveau du cerveau ?

5 Des messages nerveux aux mouvements

Lorsqu'un individu roule à bicyclette, son cerveau, mais aussi les autres centres nerveux (bulbe rachidien, cervelet...) :
– **reçoivent des messages nerveux** qui proviennent des différents organes des sens (mais aussi de nombreux récepteurs profonds sensibles à la tension des muscles, à la pression sanguine, etc.) ;
– **élaborent les réponses motrices** en envoyant des messages nerveux aux muscles.

Ceci revient à dire que les messages nerveux ne sont pas purement et simplement conduits des organes des sens aux muscles. Les centres nerveux tiennent compte dans leur réponse des expériences antérieures (mémoire), de tous les stimulus internes et de l'ensemble des stimulus externes (***fig. 3***).

6 Mouvements volontaires et mouvements réflexes

On peut distinguer plusieurs types de réactions aux stimulations de l'environnement : des réflexes innés, des réflexes acquis, des mouvements volontaires.

• **Un mouvement volontaire** est précédé d'une intention d'exécuter le mouvement : l'individu décide volontairement d'effectuer certains gestes, à un moment choisi par lui, et il est capable de les interrompre.

Par contre, les **mouvements involontaires** (appelés **mouvements réflexes**) ont lieu sans intention de les exécuter. Dans certains cas, la distinction entre ces deux types de mouvements est délicate, car la décision de réaliser telle ou telle action déclenche souvent une succession de mouvements automatiques. Parmi les mouvements involontaires, on distingue les réflexes innés et les réflexes acquis.

• **Les réflexes innés** ou absolus existent chez tous les êtres humains, sans apprentissage. Ils sont prévisibles, immuables, fixés héréditairement (ils sont donc caractéristiques de l'espèce) et liés à un stimulus déterminé.

À titre d'exemples :
– Si le médecin frappe d'un coup sec avec son marteau en un point précis au-dessous de la rotule, il provoque un mouvement involontaire d'extension de la jambe : c'est le réflexe rotulien.
– On pleure sans le vouloir, quand on épluche un oignon. Cette sécrétion de larmes est la conséquence de l'irritation de la conjonctive de l'œil par des substances volatiles libérées par les cellules lésées du bulbe d'oignon.

Il existe une très grande diversité de réflexes innés : les paupières se baissent rapidement si un objet s'approche brusquement des yeux ; la main se retire si elle touche un objet brûlant ; la pupille se ferme si la lumière est trop intense... On voit l'importance des réflexes pour écarter un danger venu de l'extérieur. Mais, pour donner une idée plus exacte de l'importance des réflexes, il faudrait citer les réflexes d'équilibration, les mouvements respiratoires, la régulation réflexe de l'activité cardiaque, etc. Ainsi les réflexes assurent, **sans intervention du cerveau**, d'importantes fonctions de la vie de relation (relation avec le milieu extérieur) et de la vie végétative (celle qui permet le maintien en vie des organes).
Certains réflexes innés se manifestent dès la naissance (étymologiquement : inné = apporté à la naissance) ; d'autres n'apparaissent que quelques semaines ou quelques mois plus tard.

• **Les réflexes acquis** (ou réflexes conditionnés ou encore conditionnels) résultent d'une éducation ou d'un apprentissage. Ils varient d'un individu à l'autre. Freiner en arrivant près d'un feu rouge au volant de sa voiture, maintenir son équilibre sur une bicyclette et même tendre la main pour saluer un ami sont des réactions le plus souvent **involontaires**, **provoquées par un stimulus extérieur** : il s'agit encore d'activité réflexe. Mais ces comportements ne sont pas innés. Avant de devenir des « réflexes », ils ont nécessité un apprentissage, véritable conditionnement de l'individu, c'est pourquoi ils sont appelés **réflexes conditionnels**.
L'étude des réflexes conditionnels permet de constater que :
– pour se maintenir, un réflexe conditionnel doit être entretenu ;
– il y a création d'une nouvelle liaison nerveuse fonctionnelle, qui fait intervenir le cerveau.
Les réflexes conditionnels, acquis au cours de l'existence d'un individu, jouent un rôle considérable ; ils permettent l'adaptation au milieu et libèrent le cerveau de certaines tâches.
Le plus souvent, réflexes conditionnels et réflexes innés s'enchaînent et donnent naissance à des comportements automatiques tels que la marche ou l'écriture. Ils exigent donc une coordination complexe assurée par le centre nerveux qui intègre toutes les informations qu'il reçoit.

Remarque : Les mouvements volontaires et les réflexes acquis font intervenir le cerveau. par contre, le cerveau n'intervient pas dans les réflexes innés (les centres concernés sont selon les cas la moelle épinière, le bulbe rachidien, le cervelet...) (***fig. 4***).

Quel est le rôle du cerveau ?

Le cerveau interprète les messages

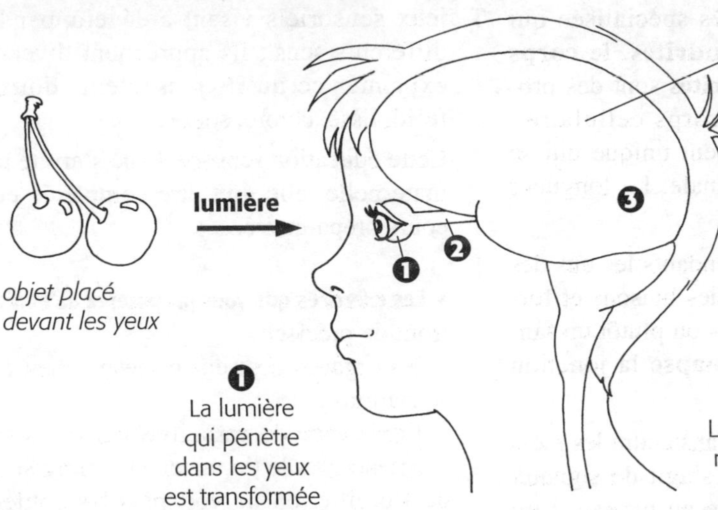

Comment se réalise un mouvement volontaire ?

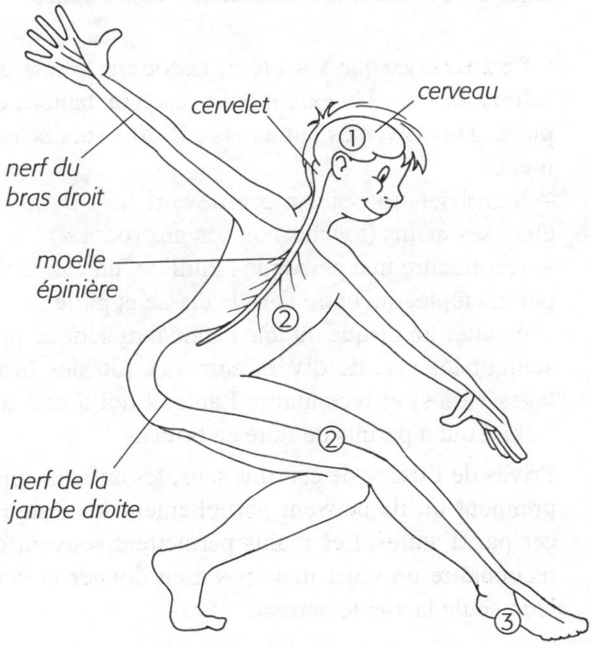

① Départ des messages nerveux élaborés par le cerveau.
② Ces messages sont transmis par la moelle épinière, puis par les nerfs.
③ Les muscles du pied répondent au message en se contractant.

Lexique

- **Centres nerveux :** ensemble constitué par l'encéphale et la moelle épinière (chez les vertébrés).
- **Nerf :** cordon blanchâtre conducteur des messages nerveux et reliant un centre nerveux à un organe.
- **Paralysie :** Impossibilité totale ou partielle d'effectuer un mouvement.
- **Motricité :** possibilité d'effectuer des mouvements.

Fig. 3 Les yeux sont nécessaires pour voir, mais ils ne suffisent pas. Pour voir, il faut tout un ensemble d'organes : les yeux, les nerfs optiques (qui conduisent les messages nerveux nés dans les yeux), le cerveau (qui interprète ces messages). Tous les organes des sens fonctionnent de manière analogue.
Si je bouge un doigt, si je ferme volontairement mes paupières, si je remue mon pied droit… je réalise des mouvements volontaires. Que se passe-t-il ?

❼ Cent milliards de neurones !

Le cerveau, machine à traiter des informations, est un réseau de plusieurs dizaines de milliards de neurones (***fig. 4***).

Un neurone est une cellule très spécialisée qui comporte trois parties, les **dendrites**, le **corps cellulaire** et l'**axone**. Les **dendrites** sont des prolongements très ramifiés du corps cellulaire ; l'***axone*** est un long prolongement unique qui se termine par l'arborisation terminale. La longueur de l'axone est variable.

Les neurones ne sont pas indépendants les uns des autres. Ils établissent entre eux des liaisons et forment des « chaînes de neurones » ou plutôt un fantastique réseau. On appelle **synapse** la jonction entre deux neurones.

Chaque neurone est capable de transmettre les messages nerveux (rappelons qu'il s'agit de signaux électriques) à un autre neurone au niveau d'un contact synaptique.

Comment se transmettent les messages nerveux d'un neurone au suivant ? Les messages nerveux déclenchent la libération d'une petite quantité de substance chimique (appelée **médiateur chimique**) qui excite le neurone suivant.

- **Chaque neurone reçoit des messages nerveux** en provenance de dix mille autres neurones et peut transmettre des messages nerveux à dix mille autres neurones. La fonction d'un neurone est de tenir compte de toutes les informations qu'il reçoit, de les intégrer, de transmettre ou de ne pas transmettre. Chaque neurone additionne tous les effets synaptiques qui lui arrivent.

Il en reçoit beaucoup et de deux sortes : des excitateurs qui le rapprochent de son seuil d'activité et des inhibiteurs qui l'en éloignent. Le neurone est donc une **unité de traitement de l'information.**

- **En moyenne, chaque neurone est le siège de 50 signaux électriques** (appelés **potentiel d'action**) à la seconde. Ainsi chaque seconde, cinq milliards de signaux électriques naissent et meurent dans un cerveau humain !

Les informations précédentes sont sommaires. Elles ont pour objet de faire comprendre la complexité du fonctionnement cérébral et pourquoi un enfant de 3 ans sait reconnaître un arbre sur un dessin, ce que ne sait pas faire le plus complexe des ordinateurs.

Des activités possibles

❶ Au cycle 2

À l'école maternelle, les enfants font beaucoup de jeux sensoriels visant à développer l'usage des différents sens ; ils apprennent divers mots pour exprimer ce qu'ils ressentent (doux, rugueux, froid, lisse, coloré, sonore...).

Cette éducation sensorielle ne s'arrête pas à l'école maternelle, elle doit être complétée et affinée au cours préparatoire.

- **Les exercices que vous proposerez aux enfants** permettront de préciser :

– les organes des sens correspondant aux diverses sensations ;
– l'existence de variations dans la sensibilité (on n'entend plus le tic-tac de la montre si on l'éloigne de l'oreille, on ne voit plus les couleurs dans la pénombre) ;
– les limites de la sensibilité de chacun (certains sont plus sensibles que d'autres à certaines odeurs, à certaines saveurs...) ;
– la possibilité de remplacer partiellement certains organes des sens par d'autres (« je reconnais une règle ou un cahier même avec les yeux bandés... »).

- **C'est par le jeu** que vous ferez découvrir le rôle des différents sens. Un enfant qui a les yeux bandés est placé dans diverses situations ; il doit successivement :

– identifier un objet placé devant lui ; il utilise alors ses mains (toucher) ou son nez (odorat) ;
– reconnaître une personne familière, un camarade par exemple, qui entre dans la classe et parle ;
– écouter un disque ou une bande magnétique présentant les cris de divers animaux (ou des bruitages variés) et reconnaître l'animal qui a crié (ou l'objet qui a permis de faire ce bruit).

Privés de l'usage de certains sens, les enfants comprennent qu'ils peuvent partiellement les remplacer par d'autres. Les mains permettent souvent de reconnaître un objet mais pas d'en donner la couleur, seule la vue le permet.

- **Connaissances visées**

L'homme a cinq sens : la vue, l'ouïe, l'odorat, le goût et le toucher.
À chaque sens correspond un organe précis (œil, oreille, nez, langue, peau).
Les organes des sens nous permettent de connaître le monde qui nous entoure.

L'organisation générale du système nerveux

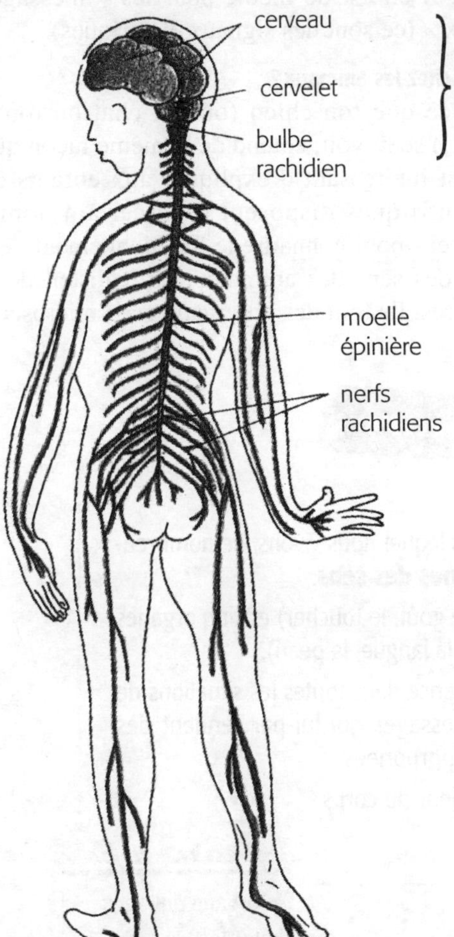

Le système nerveux comprend des centres nerveux (cerveau, cervelet, moelle épinière…) et des nerfs.

Cette « machine » à traiter l'information est constituée de cent milliards de neurones. Un neurone reçoit des informations en provenance de dix mille autres neurones et peut transmettre des messages à dix mille autres. C'est cette étonnante complexité qui permet le fonctionnement du système nerveux.

Chacun de nos organes des sens contient de nombreux récepteurs sensoriels. La stimulation d'un récepteur sensoriel entraîne la naissance d'un message nerveux. Ce message est une manifestation électrique enregistrable, véhiculée par une fibre nerveuse qui le transmet jusqu'au cerveau. Ce dernier interprète le message et élabore une sensation.

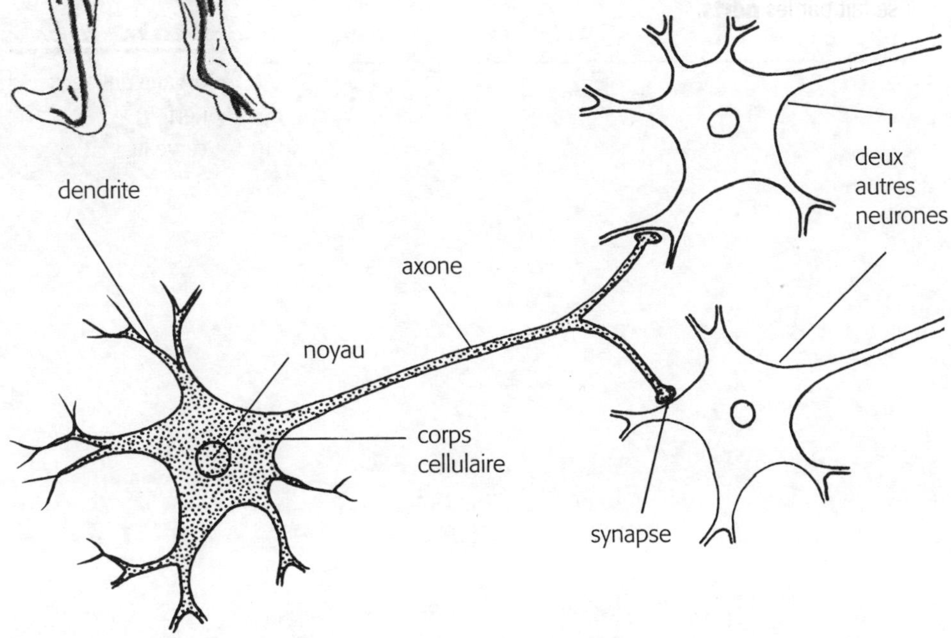

Fig. 4 **Le système nerveux comprend les centres nerveux et les nerfs.**

❷ Au cycle 3

• **Nous connaissons le monde grâce à nos cinq sens**
Diverses activités, l'utilisation de documents de synthèse (par exemple ***fig. 1***) sont nécessaires. Des explorations plus poussées sont possibles. Par exemple : ferme l'œil gauche. Que vois-tu en regardant droit devant toi ? Ferme ensuite l'œil droit sans bouger la tête. Vois-tu exactement les mêmes choses ? Représente ces résultats sur un schéma.

• **Les yeux sont nécessaires** pour voir mais ne suffisent pas. Les enfants connaissent le mot cerveau. Tout en restant très simple, il faut dire que le cerveau est nécessaire pour « voir » (***fig. 3***), pour entendre, etc.

Lorsqu'un enfant du CE fait des manipulations avec des piles, des ampoules, des fils électriques, il constate que l'électricité circule dans les fils. Il n'est pas question d'expliquer ce qu'est l'électricité. Il en est de même pour les « messages nerveux » (ce sont des signaux électriques).

• **Et chez les animaux ?**
Est-ce que ton chien (ou ton chat ou ton hamster…) sent, voit, entend de la même façon que toi ? Il est intéressant d'expliquer aux enfants que les scientifiques disposent d'un certain nombre de moyens pour connaître le fonctionnement des organes des sens des animaux : ils réalisent des expériences. Ils font des observations au microscope…

Notions visées à l'école élémentaire

• Nous recevons en permanence, du milieu dans lequel nous vivons, de nombreuses **informations**. Elles sont reçues par les **organes des sens**.

• L'homme a cinq sens (la vue, l'ouïe, l'odorat, le goût, le toucher) et cinq organes des sens (les yeux, les oreilles, les fosses nasales, la langue, la peau).

• Les organes des sens interviennent en permanence dans toutes les situations de mouvements. Le **cerveau** recueille tous les messages qui lui parviennent des divers organes des sens et élabore les réponses appropriées.

• Le transport des « messages nerveux » à l'intérieur du corps se fait par les **nerfs**.

Mots-clés

• organe des sens
• nerf
• cerveau

Chapitre **2**

Os et muscles, organes du mouvement

Les enfants savent tous qu'il y a des « os » dans leur corps, mais en général ils dessinent des os épars dans tout le corps sans articulation entre eux. De même ils connaissent tous le mot « muscle », mais ils sont très surpris si on leur dit que lorsqu'ils mangent du lapin ou du poulet, ils mangent les muscles de ces animaux. Un beefsteak est coupé dans un muscle d'une vache. On constate par ailleurs qu'ils ne connaissent pas non plus le rôle des muscles. Pour eux, « la viande ça sert à tenir les os ».

Pour comprendre comment se font les mouvements du corps (***fig. 1***), il est nécessaire de connaître le rôle des os et des muscles : c'est facile à la condition de se limiter aux notions essentielles.

Informations pour l'enseignant

A Une charpente articulée

1 Des pièces rigides

Le **squelette**, charpente du corps, est constitué de 208 pièces rigides : les **os**. Le squelette donne au corps sa forme générale (***fig. 2***).

Il soutient les organes internes. Il protège les centres nerveux : l'encéphale est logé dans la boîte crânienne, la moelle épinière est logée dans le canal rachidien (cavité qui résulte de l'empilement des vertèbres les unes sur les autres), mais surtout, le squelette forme avec les muscles l'**appareil du mouvement**.

2 Les articulations

On appelle **articulations** les dispositifs qui unissent deux (ou plusieurs) os entre eux. On distingue trois cas :

– Les **articulations fixes**. Exemple : les os du crâne qui ne peuvent se déplacer les uns par rapport aux autres.

– Les **articulations semi-mobiles**. Exemple : les vertèbres reposent les unes sur les autres par l'intermédiaire de disques vertébraux. Elles ont de ce fait, entre elles, une très légère mobilité qui donne à la colonne vertébrale sa souplesse.

– Les **articulations mobiles** permettent des mouvements étendus. Seuls les os des membres peuvent se mouvoir amplement les uns par rapport aux autres. L'articulation de la hanche et celle de l'épaule permettent, grâce à la forme des os qui s'emboîtent, des mouvements étendus dans tous les sens. D'autres articulations au contraire (genou, coude, poignet, doigt) ne permettent que des mouvements dans un seul plan. La ***figure 3*** montre, au niveau d'une articulation, la présence de **cartilage articulaire** lisse qui facilite les glissements, d'un liquide huileux (la **synovie**), et des **ligaments** élastiques qui empêchent les deux os de se séparer.

③ Les os sont vivants

On distingue, d'après leur forme, trois sortes d'os : les os longs (os des membres), les os plats (os du crâne, côtes), les os courts (vertèbres, rotule, os de la paume de la main…).

• **Quelle que soit leur forme,** à cause de leur dureté, de leur rigidité et de leur résistance à la décomposition (le squelette subsiste seul après la mort), les os donnent l'impression d'être inertes. Ce sont pourtant des organes bien vivants capables de **grandir**, (c'est la croissance des os qui commande celle de tout le corps) et de se **réparer** en cas de fracture. Le tissu osseux est d'ailleurs en perpétuel remaniement.

L'observation au microscope montre que, même dans de l'os compact, il y a :
– de nombreuses **cellules osseuses vivantes** étoilées, reliées entre elles bien qu'elles soient séparées et emprisonnées par une matière dure ;
– de nombreux **vaisseaux sanguins** qui pénètrent dans l'os par des « trous nourriciers ».

La **moelle rouge**, présente dans la tête des os longs et dans les os courts et plats, est le siège d'une intense activité : la formation des globules rouges et des globules blancs du sang.

• **Au point de vue chimique,** la matière intercellulaire inerte de l'os est constituée pour 1/3 d'**osséine** (**matière organique** qui brûle par calcination) et pour 2/3 de **substances minérales** formées de sels minéraux (phosphates et carbonates de chaux). Ce sont les sels minéraux imprégnant l'osséine qui donnent à l'os sa dureté.

④ La croissance des os

• **La croissance en longueur** des os est le résultat du fonctionnement des **cartilages de croissance** visibles sur des os de jeunes animaux (veau, lapin…) ou sur des radiographies d'enfant (***fig. 4***).

Chaque cartilage de croissance produit du côté externe du nouveau cartilage alors que du côté interne le cartilage est remplacé par de l'os.

Quand les cartilages cessent de fonctionner, l'os ne s'allonge plus et la croissance est terminée (entre 18 et 20 ans chez l'homme).

• **La croissance en diamètre** résulte du fonctionnement du **périoste** comme le démontre un certain nombre d'expériences. Le **cal osseux**, visible sur une radiographie quelques semaines après une fracture, est l'œuvre du périoste.

⑤ Brèves descriptions du squelette

Les activités réalisées à l'école élémentaire sur les os et les muscles n'ont pas pour objectifs d'apprendre les mots tels que fémur, humérus, etc. Il est plus facile de parler de l'os de la cuisse, de l'os du bras… Cependant, les médecins parlent de fracture du tibia, du cubitus… La ***figure 2*** permet à l'enseignant de retrouver ces mots.

Signalons pour information complémentaire que :
– La tête comprend 22 os (8 pour le crâne, 14 pour la face) dont un seul est mobile, le maxillaire inférieur.
– Le tronc est soutenu par la colonne vertébrale constituée de 33 vertèbres empilées et de 12 paires de côtes.
– Les membres, **construits sur le même plan**, comprennent 4 segments dont 3 seulement sont visibles extérieurement. Le premier, non mobile, relie le squelette du membre à celui du tronc.

B Les organes du mouvement

Les os sont des organes vivants mais ils ne peuvent pas eux-mêmes faire fonctionner leurs charnières (les articulations). Les organes actifs du mouvement sont les **muscles**.

① Les muscles

• **Précisons dès maintenant qu'il existe trois catégories de muscles :**
– Les **muscles rouges** ou **muscles striés** appelés aussi **muscles squelettiques** parce que la plupart sont attachés au squelette.
– Les **muscles blancs** ou **muscles lisses** appelés aussi **muscles viscéraux** parce qu'ils entrent pour une part importante dans la constitution des viscères (paroi de l'intestin, de l'estomac, de l'utérus…).
– Le **muscle cardiaque** ou **myocarde** constituant le cœur (d'où l'expression : le cœur est un « muscle creux »).

Ceux qui nous intéressent ici sont les muscles squelettiques. On en compte 639 dans le corps humain et leur masse totale représente à peu près la moitié de la masse du corps.

• **Les muscles en fuseau**

Sur une patte de lapin, avant la cuisson (***fig. 5***), on observe la forme des muscles et la façon dont ils

Une grande variété de mouvements

Notre corps peut réaliser des mouvements très variés ; ceux-ci sont parfois spectaculaires. Ces mouvements complexes résultent de la combinaison de mouvements simples (ou élémentaires) dont les plus courants sont les mouvements de **flexion**, d'**extension** ou de **rotation**.

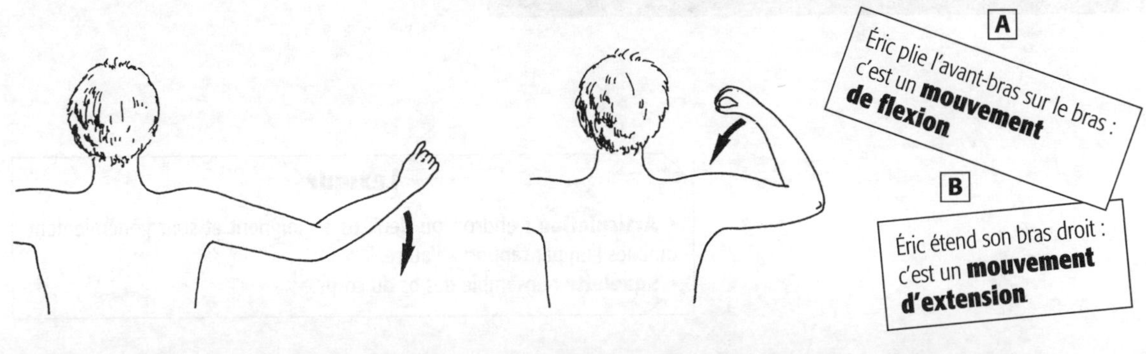

Fig. 1 Comment utiliseriez-vous ces documents ? Quelles notions scientifiques permettent-ils de développer ?

Une charpente articulée de 208 os

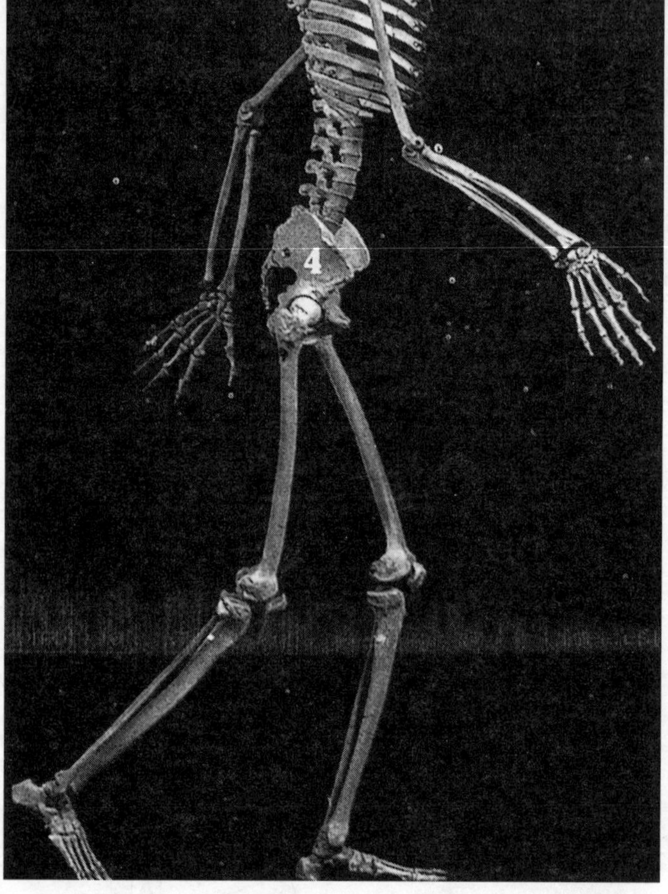

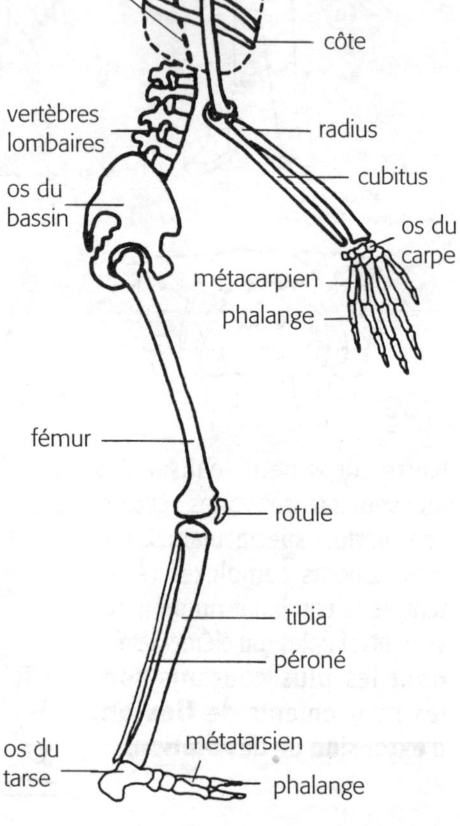

Lexique

- **Articulation :** endroit où deux os se joignent et sont généralement mobiles l'un par rapport à l'autre.
- **Squelette :** ensemble des os du corps.

Fig. 2 Le squelette, formé d'un ensemble d'os rigides, constitue une véritable charpente du corps.

Qu'est-ce qu'une articulation ?

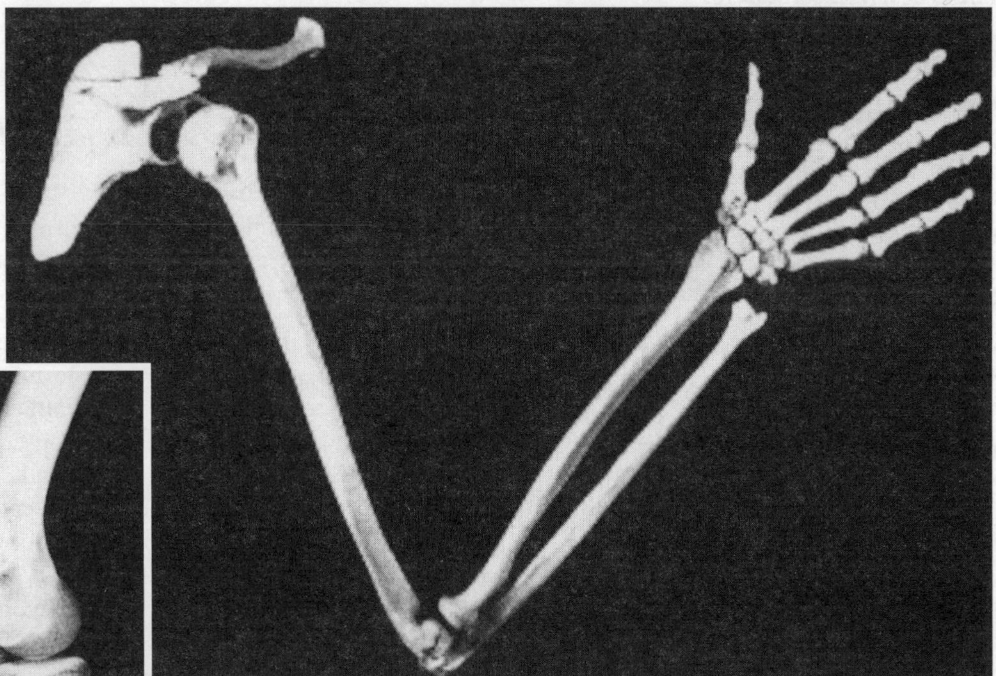

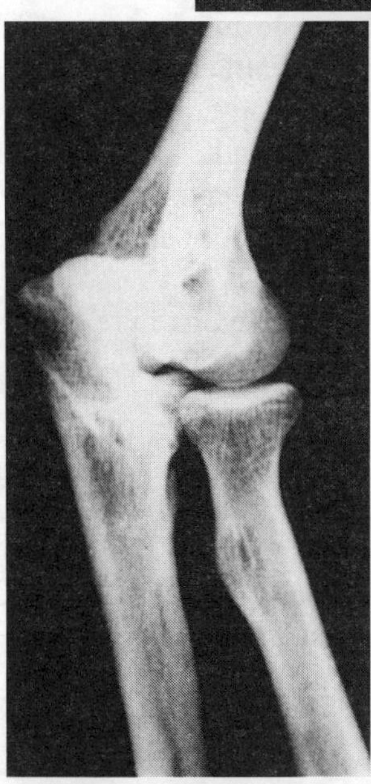

- Sur les deux photographies, colorie avec des couleurs différentes les os du bras, de l'avant-bras, de la main et de l'épaule pour bien repérer ces différentes parties.
- Place ton bras dans la position de la photographie ⓐ, puis dans celle de la radiographie ⓑ.

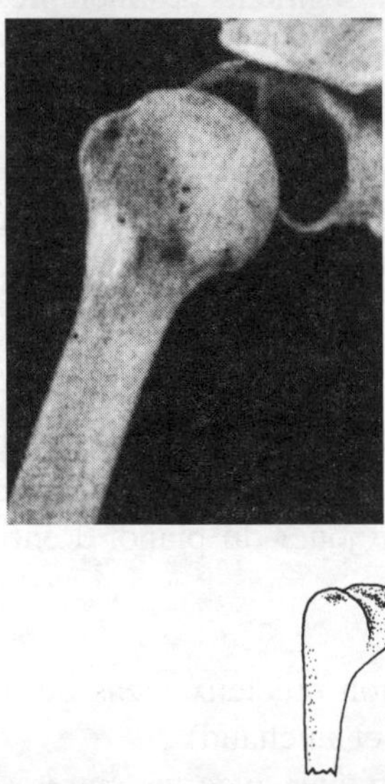

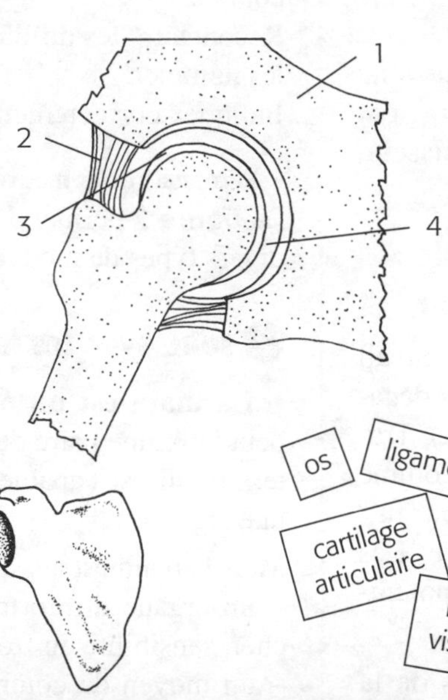

Lexique

- **Ligament :** cordon fibreux, résistant, qui relie les os entre eux au niveau des articulations.
- **Cartilage articulaire :** tissu blanc nacré, lisse, recouvrant l'extrémité de l'os au niveau de l'articulation.
- **Synovie :** liquide visqueux, huileux, situé entre les deux os, dans la cavité articulaire.

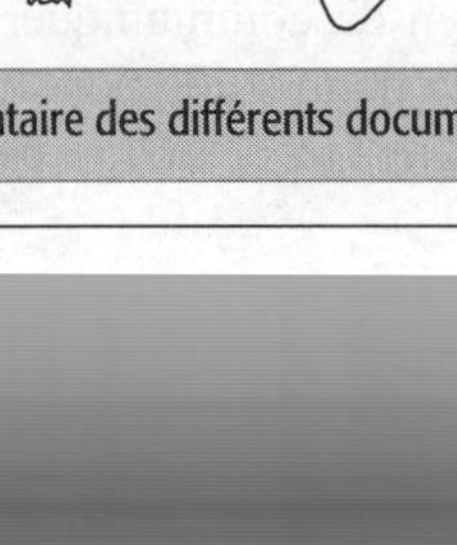

os

ligament

cartilage articulaire

liquide visqueux

Fig. 3 Faites l'inventaire des différents documents présents sur cette figure. Quelles informations fournissent-ils ?

sont fixés sur les os. Les extrémités d'un muscle en fuseau sont blanches et dures : ce sont les tendons, fixés sur les os.

- **Muscles de formes particulières**

Tous les muscles ne sont pas fixés sur les os. Ainsi les muscles du visage sont fixés sur les os de la face par l'une de leur extrémité, et sur la peau par l'autre extrémité. Certains muscles ont une forme d'anneau, d'autres de lames plates qui s'étalent en éventail. Le diaphragme constitue une sorte de coupole qui sépare le thorax de l'abdomen.

- **Étude au microscope**

Un muscle est formé de faisceaux de **fibres musculaires**.

La couleur rouge des muscles est due à l'abondance d'hémoglobine musculaire.

Au microscope, chaque fibre est striée horizontalement d'où le nom de « muscle strié ».

2 La contraction musculaire

Lorsqu'il est excité, un muscle se contracte, c'est-à-dire diminue de longueur (il augmente en même temps de diamètre, de sorte que son volume ne change pas). Le mouvement qui en résulte dépend des points d'insertion de ce muscle sur le squelette.
Dans un muscle, chaque fibre musculaire reçoit une ramification d'une fibre nerveuse. Dans l'organisme, ce sont les influx nerveux transmis par cette fibre qui produisent l'excitation.

La ***figure 6*** montrent que deux muscles situés au même niveau, mais de part et d'autre de l'os, ont des **actions antagonistes**. Si l'un est fléchisseur, l'autre est extenseur.

3 L'énergie musculaire

Les contractions musculaires produisent du travail (transport d'objets, déplacements du corps) et dégagent de la chaleur (on se réchauffe en courant). Travail et chaleur sont deux formes **d'énergie**. Comme un moteur, le muscle consomme du carburant. Celui du moteur d'automobile est l'essence. Les carburants du muscle sont les **nutriments**, notamment le glucose.

Si le travail n'est pas excessif, les déchets de la combustion sont éliminés ; s'il est trop intense, les déchets s'accumulent et déterminent la **fatigue musculaire**.

Des activités possibles

A Au cycle 2

1 Il peut courir, marcher, sauter

- **Construire un pantin articulé**

Découper un personnage (vu de profil) dans une feuille de carton de bristol. Comment lui faire prendre des positions de marche et de course ?

Les enfants doivent couper à certains endroits (genou, talon, hanche pour le membre postérieur) et placer correctement des attaches parisiennes. Quand ce travail est réalisé, on confronte les productions des enfants. À ce stade, on peut même approfondir l'analyse en posant deux questions :
– Quels mouvements nous ne pouvons pas faire et que le bonhomme peut faire ?
– Quels mouvements nous pouvons faire et que le bonhomme ne peut pas faire ?

Par exemple, l'articulation du genou du bonhomme permet des mouvements plus étendus que l'articulation du genou humain. À l'inverse, l'épaule du bonhomme ne fonctionne que dans un plan alors que nous pouvons effectuer à ce niveau des mouvements dans plusieurs plans.
Placer le bonhomme articulé obtenu précédemment dans différentes positions de marche et de course.
Reconnaître les différents segments des membres et les nommer.
Indiquer correctement les noms des articulations.

- **Reconnaître des mouvements**

La ***figure 7*** permet d'identifier, sur des silhouettes, divers types de mouvements pour se déplacer.

2 Joue avec tes mains

- **La main est un outil sans cesse sollicité** qui peut tenir une paire de ciseaux, un crayon, une bouteille, qui est capable de jouer du piano, d'enfiler une aiguille…

Mais la main est aussi :
– un organe d'information précieux (sens du toucher, sensibilité au froid et au chaud) ;
– un moyen de communiquer avec les autres (les gestes de la main soulignent et précisent les intentions du langage et même parfois remplacent la parole).

Main d'enfant, main d'adulte

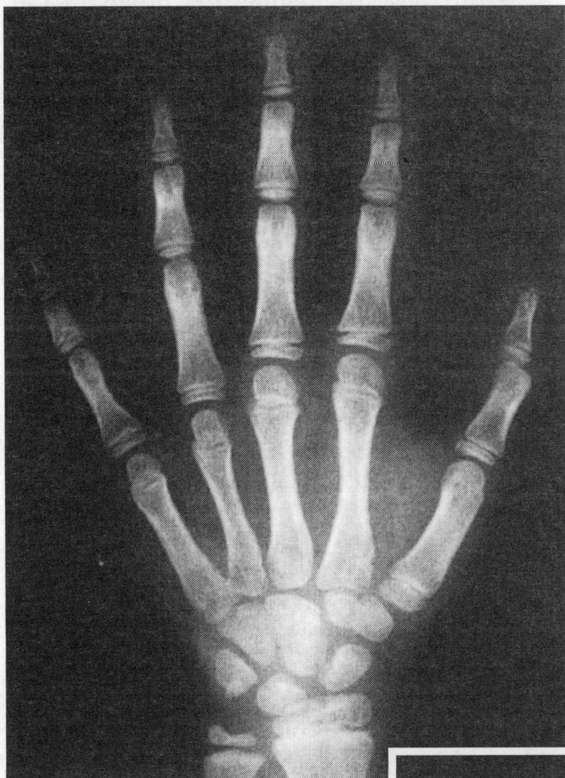

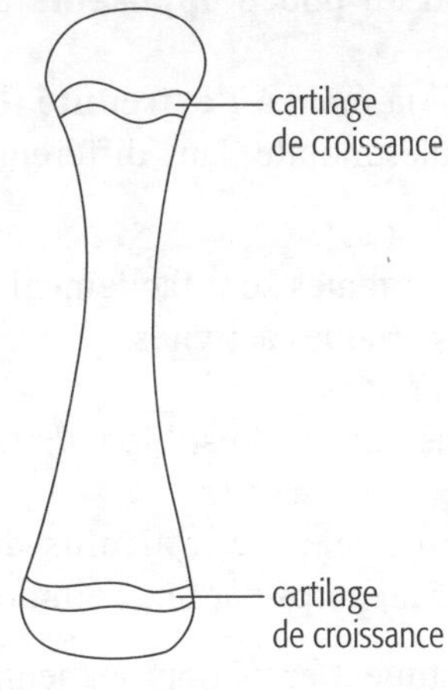

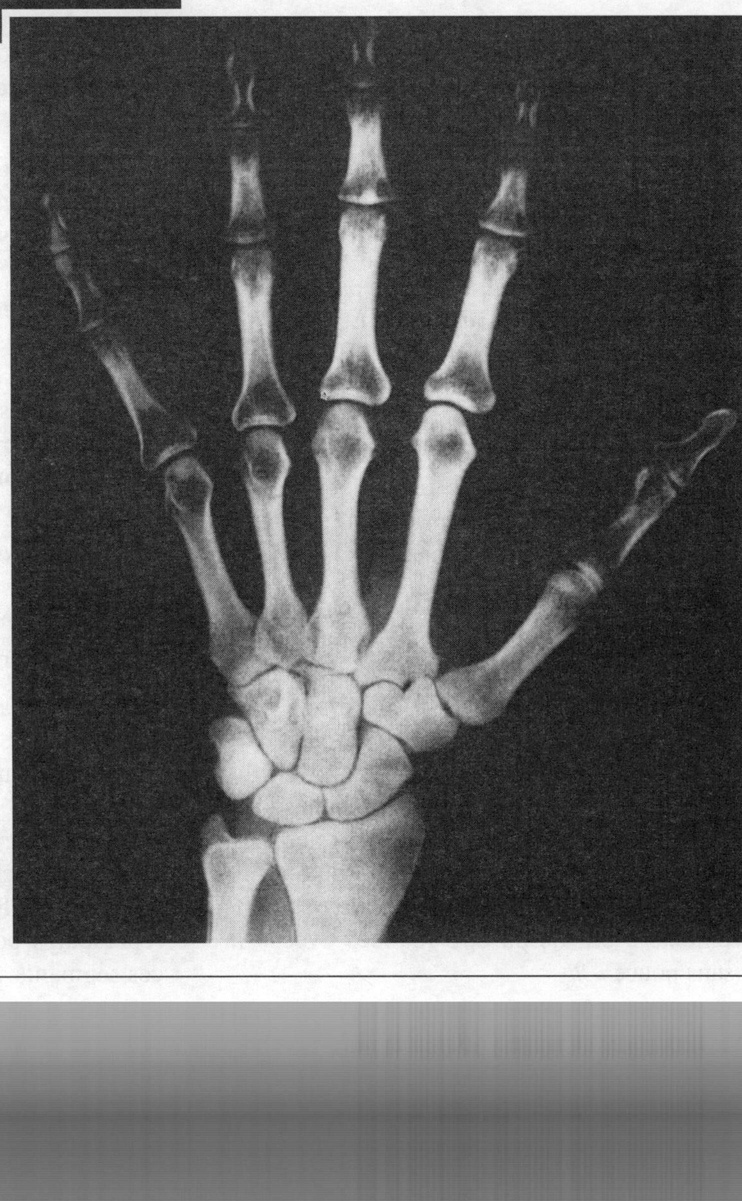

Fig. 4 La croissance en longueur d'un os est le résultat du fonctionnement des cartilages de croissance (à ne pas confondre avec les cartilages articulaires). Quand les cartilages de croissance disparaissent, la croissance de l'os est terminée. Décalquer la radiographie de main d'enfant en indiquant l'emplacement des différents cartilages de croissance.

Plusieurs éléments d'organisation expliquent une telle richesse de fonctionnement :
– l'existence de doigts **articulés** relativement indépendants les uns des autres ;
– la présence d'un pouce **opposable** aux quatre autres doigts ;
– la position de la main **à l'extrémité d'un membre** long, articulé, mobile dans différents plans de l'espace.

Ces notions importantes sont facilement exprimées si l'on propose certaines activités.
– j'ai les doigts raides ;
– je n'ai plus de pouce (il est bloqué par du ruban adhésif) ;
– j'ai des mains, mais je n'ai plus de bras (le membre est fixé au corps par une ceinture).

Les mains constituent aussi pour les jeunes enfants un repère pour la reconnaissance de la droite et de la gauche et permettent de proposer des exercices pour développer et consolider leur latéralisation.

• On peut aussi **proposer les activités suivantes** :
– Un enfant mime avec les mains des gestes de métiers et les camarades doivent trouver le métier.
– Un enfant ayant les yeux bandés doit reconnaître divers objets à l'aide de ses mains.
– Chaque enfant pose sa main sur une feuille de papier, trace le contour avec un crayon, puis indique par un trait les endroits où « l'on peut plier ». Les dessins sont ensuite confrontés.
– Les enfants dessinent leur main droite et leur main gauche et précisent, grâce aux ongles s'il s'agit de l'intérieur ou de l'extérieur, par exemple ils comparent les deux dessins et écrivent « droite » et « gauche » au bon endroit. Ils peuvent en outre réaliser des moulages en plâtre de leur main avec les doigts écartés (pour cela, mélanger dix cuillères de plâtre à dix cuillères d'eau et appuyer la main quand le plâtre commence à durcir) et reconnaître ensuite le moulage de la main droite et celui de la main gauche.

Vous amènerez aussi les enfants à réfléchir à l'importance particulière du pouce en demandant à deux élèves d'exécuter une même série d'actions (ramasser des perles, verser de l'eau d'une bouteille dans un verre, découper une feuille de papier…) dans le temps le plus court possible. L'un des enfants « n'a plus de pouce » (celui-ci est fixé à l'index avec du ruban adhésif) ; l'autre est libre de tous ses mouvements. À la fin du jeu une question essentielle se pose : pourquoi certains mouvements n'ont-ils pu être réalisés avec « la main sans pouce » ?

Il est facile d'imaginer des jeux du même type pour mettre en évidence :
– le rôle des articulations des doigts (« j'ai les doigts raides ») ;
– le rôle du membre articulé à l'extrémité duquel la main est fixée (« je n'ai pas de bras »).

« J'ai les doigts raides »
Proposez à deux enfants de faire un concours de vitesse : qui ira le plus vite pour effectuer une série d'actions ; le premier enfant utilise sa main normalement, le second a des baguettes rigides fixées aux doigts par un ruban adhésif.

« Je n'ai pas de bras »
Immobiliser le bras le long du corps par une ceinture. Certains gestes tels que poser une balle sur une étagère placée en hauteur, ramasser une perle tombée sur le sol… deviennent impossibles.

B Au cycle 3

1 La marche et la course d'un enfant

L'étude comparée de la marche et de la course fournit une activité plus formatrice que ne l'est l'analyse successive de la marche, puis de la course.

À partir de l'analyse des vignettes et de l'observation de leurs propres mouvements ou de ceux d'un camarade, les enfants peuvent faire les activités suivantes.

– Faire l'inventaire de toutes les différences observables entre la marche et la course : longueur des pas, position des bras, flexion des jambes, corps plus ou moins incliné, contact du pied avec le sol, nombre de pieds qui touchent le sol en même temps (toujours un, parfois deux, dans la marche ; un seul, et par moment aucun, dans la course).
– Réaliser avec du carton bristol la maquette du personnage pour le placer successivement dans les différentes positions présentées sur les vignettes.
– Représenter de façon schématique les images.

La représentation schématique des dessins peut s'envisager de deux façons différentes :
– ou bien vous proposez un mode de schématisation (un rond pour la tête, un simple trait pour le tronc, un trait pour la cuisse…) et les enfants l'utilisent ; l'affichage des dessins au tableau permet de comparer les réalisations (nombre de segments représentés pour le membre, position relative de ces segments…) ;

Les muscles d'une patte de lapin

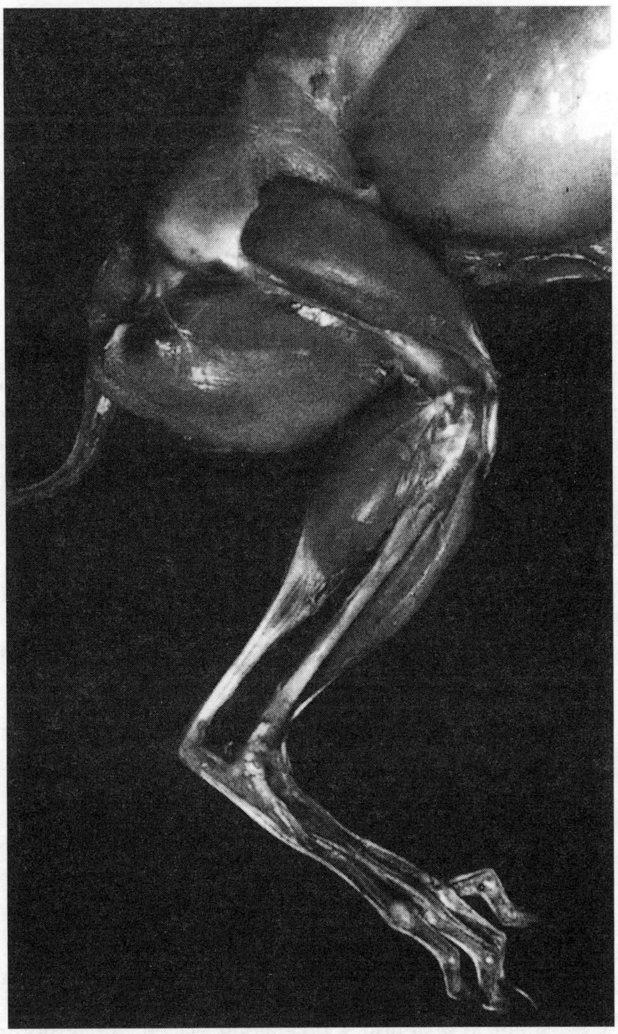

Quand tu manges de la viande de lapin ou de poulet, quand tu manges un beefsteak ou une escalope de veau…, tu manges les muscles de ces animaux.
Pour comprendre regarde bien cette photographie.

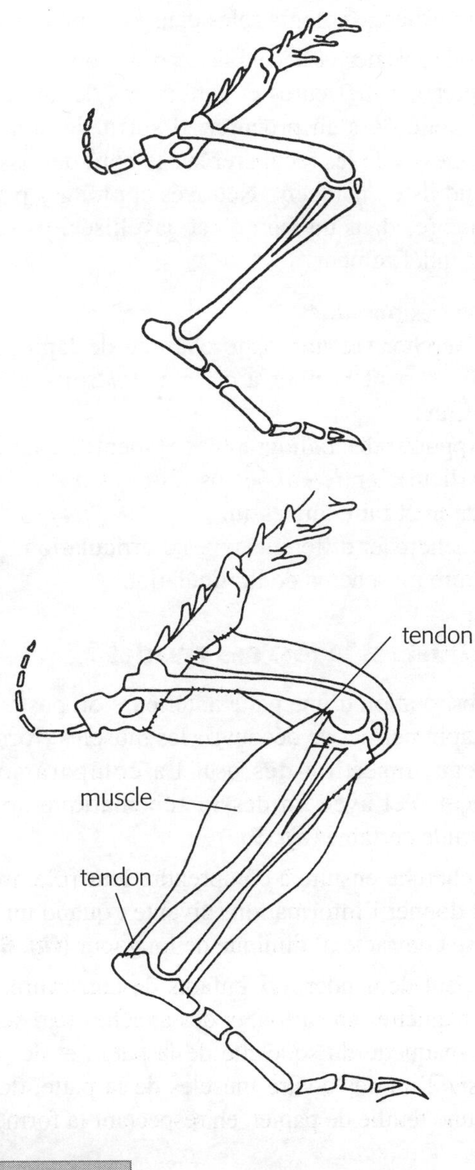

Mots importants

- Squelette articulé
- Muscle
- Tendon

Fig. 5 Ce document est destiné à des élèves du cycle 3. Comment et à quel moment l'utiliseriez-vous dans une étude sur les muscles ?

– ou bien, prenant le problème encore plus en amont, vous ne fournissez pas d'indication et les enfants doivent inventer un mode de schématisation. La confrontation des dessins permet ensuite de discuter des avantages et des inconvénients des divers modes de schématisation employés.

❷ À quoi servent les os ?

Au cycle 2, les enfants étudient les mouvements corporels humains et, d'une façon schématique, on peut dire qu'à ce niveau, l'étude ne dépasse pas ce qui se voit extérieurement (au cours de la marche, les membres se plient à certains endroits et pas à d'autres) alors qu'au cycle 3, on va chercher à « savoir pourquoi ». On découvre ainsi les os (baguettes rigides), les articulations entre les os, les muscles… et leurs rôles dans le mouvement.

Parmi le matériel nécessaire, ne pas oublier des os de pattes postérieures et antérieures de lapin car il est facile de s'en procurer. Il suffit de demander aux élèves de les récupérer sur le bord des assiettes quand ils en mangent. Nettoyés et plongés pendant 12 heures dans un bain d'eau javellisée, ils se gardent indéfiniment.

Activités possibles

– Chercher sur une patte charnue de lapin, pourquoi on peut la plier à certains endroits et pas à d'autres.
– Apporter des radiographies et identifier les os.
– Articuler entre eux les os d'une patte antérieure de lapin et faire un dessin.
– Rechercher différents types d'articulation.
– Faire un schéma de l'articulation.

❸ Quel est le rôle des muscles ?

L'observation d'une patte antérieure ou postérieure de lapin permet de découvrir les muscles (forme en fuseau, insertion des os). La comparaison de l'objet réel avec un dessin schématique apporte une aide certaine (***fig. 5***).

On cherche ensuite à comprendre leur rôle, mais il faut donner l'information suivante : quand un muscle se contracte, il diminue de longueur (***fig. 6***).

On peut demander aux enfants de construire, avec des baguettes en carton, et des attaches parisiennes, une maquette du squelette de la patte, et de placer dessus l'un des quatre muscles de la patte, dessiné sur une feuille de papier, en respectant la forme.

On peut envisager ensuite ce qui se passe quand le muscle se raccourcit (c'est-à-dire quand il se contracte).

❹ Les os sont vivants

- **Les os se cassent et se réparent.**

Les élèves qui ont déjà eu une fracture peuvent raconter dans quelles conditions cela s'est passé. Les radiographies qu'ils ont apportées, fixées avec du ruban adhésif sur les vitres de la classe, sont alors examinées.

- **Les os grandissent.**

La comparaison des radiographies des os de la jambe chez un enfant et chez un adulte montre que les os s'allongent.

L'explication de cette croissance ne peut être découverte par un enfant.

Il faut expliquer que, contrairement aux apparences, le nombre des os n'est pas plus élevé chez un enfant que chez un adulte. Cette impression est due à l'existence des cartilages de croissance au niveau des têtes osseuses : ce sont les zones responsables de la croissance en longueur de l'os.

❺ Des rapprochements curieux

Quel que soit leur mode de locomotion, les vertébrés ont des membres présentant un même plan d'organisation.

La comparaison des squelettes des membres permet :
– de rechercher les analogies et en particulier de retrouver les mêmes os dans chaque segment de membre ;
– d'identifier les différences de développement de certains os (comparer par exemple le pied de l'homme à celui du cheval) ;
– de comprendre que ce qu'on appelle habituellement le « genou » du cheval est en fait le poignet pour le membre antérieur et la cheville pour le membre postérieur ;
– de préciser à nouveau les différences de point d'appui au sol (ce que les scientifiques expriment en parlant de plantigrade, digitigrade, onguligrade).

Cette notion de plan d'organisation commun est très importante quand on aborde l'étude de l'évolution des vivants. L'existence de ces ressemblances tient au fait que tous ces animaux ont des ancêtres communs.

Comment le bras peut-il bouger ?

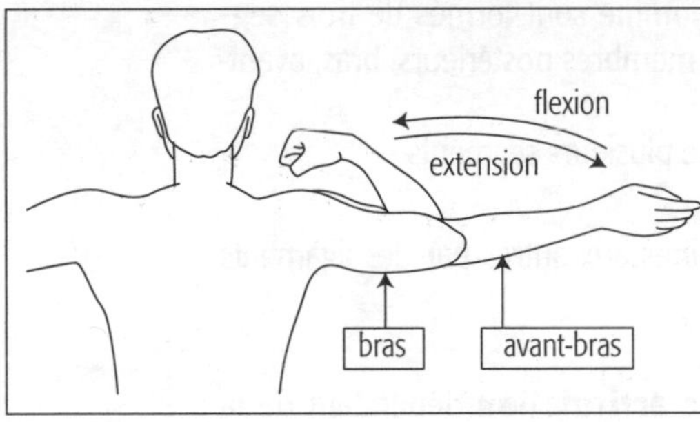

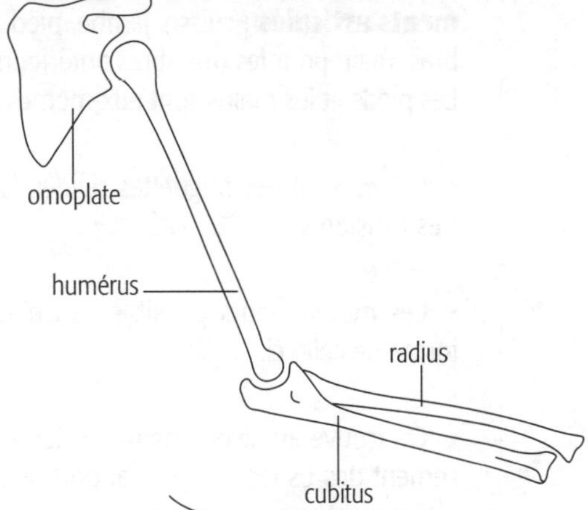

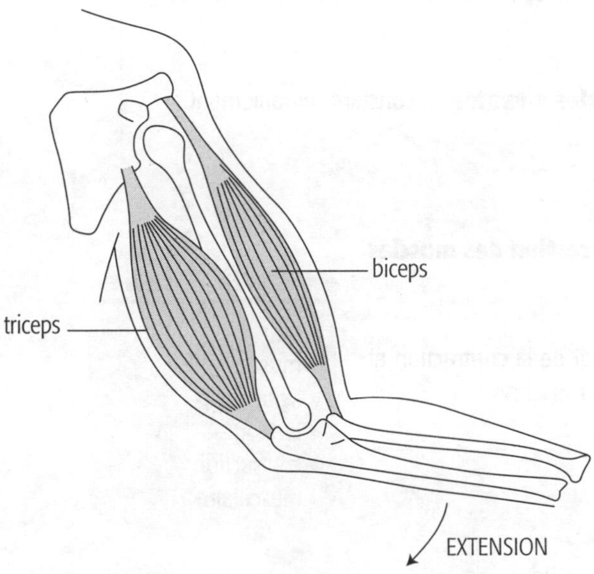

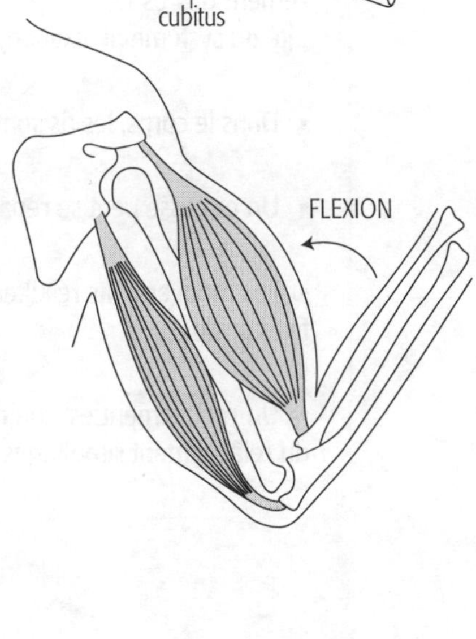

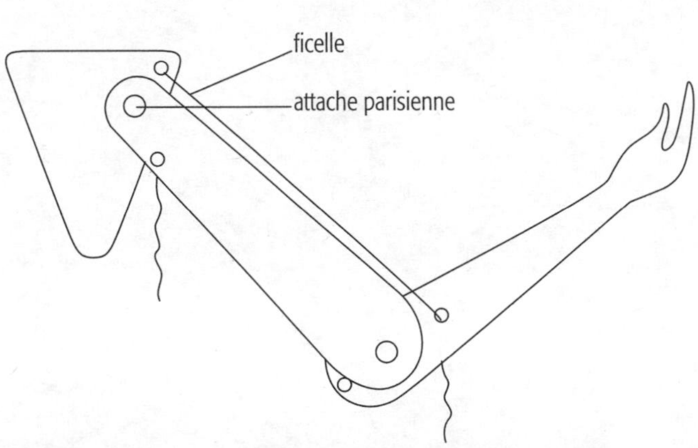

Lexique

- **Muscle fléchisseur :** muscle dont la contraction entraîne un mouvement de flexion.
- **Muscle extenseur :** muscle dont la contraction entraîne un mouvement d'extension.
- **Muscles antagonistes :** muscles qui ont une action opposée au niveau d'une même articulation.

Fig. 6 Afin de comprendre l'importance des points d'attache des muscles pour la réalisation des mouvements de flexion et d'extension, on réalise une maquette en carton. Des ficelles, placées convenablement, remplacent les muscles. Que se passe-t-il quand on réduit la longueur d'une ficelle ?

Notions visées à l'école élémentaire

- Les membres postérieurs et antérieurs de l'homme sont formés de trois **segments articulés** : cuisse, jambe, pied, pour les membres postérieurs, bras, avant-bras, main pour les membres antérieurs.
Les pieds et les mains sont eux-mêmes formés de plusieurs segments.

- Les **os** sont des baguettes rigides fixées les unes aux autres par des ligaments très résistants.

- Les mouvements possibles au niveau d'une **articulation** dépendent de la forme de celle-ci.

- On trouve au niveau de toutes les articulations des dispositifs facilitant le déplacement des os les uns par rapport aux autres (liquide huileux, cartilage lisse, solidité du système de fixation).

- Dans le corps, les os sont des **baguettes vivantes** en constant remaniement.

- Un os cassé peut se réparer.

- Les mouvements résultent de la **contraction des muscles** fixés aux os.

- Un mouvement est toujours le résultat de la contraction et du relâchement simultanés de plusieurs muscles.

Mots-clés

- os
- muscle
- ligament
- tendon
- contraction musculaire

Est-ce qu'il marche ? Est-ce qu'il court ?

Fig. 7 Que peut-on faire avec ces images ? À quel moment de la démarche les utiliseriez-vous et comment ?

Chapitre 3

La digestion

Nous avons vu précédemment que tous les êtres vivants ont besoin de manger pour vivre : ils fabriquent en effet leur « matière vivante » à partir des aliments qu'ils consomment.

Rappelons à ce sujet qu'il existe deux grands groupes d'êtres vivants :
*– **les autotrophes** qui font la synthèse de leurs constituants organiques à partir de substances minérales (ce sont essentiellement les plantes vertes) ;*
*– **les hétérotrophes** qui font la synthèse de leurs constituants organiques à partir des constituants organiques de leurs aliments (ce sont surtout les animaux, dont les hommes).*

La digestion, ensemble des transformations subies par les aliments dans le tube digestif, est donc l'un des aspects de la nutrition des hétérotrophes.

Pour des raisons évidentes, qui concernent surtout la connaissance du fonctionnement de son propre corps et les principes d'éducation à la santé, nous n'étudierons dans cet ouvrage que la digestion chez l'être humain.

Les enfants du Cours Moyen connaissent l'existence de certains organes (foie, estomac, intestins…), mais ils ignorent la situation exacte de ces organes et surtout leurs rapports entre eux. Quelques-uns ont vu des dessins d'anatomie et ont été frappés par des détails : ainsi l'intestin grêle a l'aspect d'une énorme masse de tubes emmêlés ; les enfants n'en voient pas la continuité, ils le dessinent sans rapport avec l'estomac ni avec le gros intestin (***fig. 8***).

On peut donner aux élèves du Cours Moyen une idée correcte de ce qu'est la digestion à la condition de se limiter aux notions essentielles.

Informations pour l'enseignant

Les aliments que nous mangeons sont utilisés comme **matériaux de construction** ou comme « **carburant** » par les différentes cellules de notre corps. Mais il est évident que les morceaux de viande, de pain ou de fromage que nous mettons dans notre bouche ne sont pas transportés sous cette forme jusqu'aux muscles de nos jambes ou jusqu'à notre cerveau. Quelles transformations subissent-ils avant d'être distribués dans l'ensemble du corps ?

Dès qu'on introduit un aliment dans la bouche, un gâteau sec par exemple, il subit des transformations évidentes : il est humidifié et ramolli par la salive, écrasé par les dents.

Aussi, la digestion a-t-elle été longtemps considérée comme un phénomène purement mécanique : les aliments, réduits en petits morceaux grâce à l'action des dents, étaient transformés en bouillie grâce aux contractions des muscles de l'estomac.

L'existence des transformations chimiques sous l'action des sucs digestifs a été établie pour la première fois il y a un peu plus de deux siècles. Comment agissent les sucs digestifs ? En quoi consiste exactement la transformation des aliments ?

La naissance d'une idée

Réaumur (1683-1757), naturaliste et physicien français, a réalisé les premières expériences sur la digestion. Voici l'une d'elles, faite sur un rapace qui rejette par son bec tout ce qui n'est pas digéré par son estomac.

« Une buse, à qui j'avais seulement arraché quelques plumes des ailes pour la laisser vivre en liberté dans mon jardin, fut destinée à des expériences. Je plaçai dans un gros tube de fer blanc ouvert par les deux bouts, un morceau de viande. Le tube ainsi garni fut donné à la buse pour son premier déjeuner. Ce ne fut que le lendemain que je trouvai le tube qu'elle venait de rendre : il avait toute sa rondeur, on ne découvrait sur sa surface extérieure aucune trace de frottements. Le morceau de viande avait été réduit peut-être au quart de son premier volume ; ce qui en restait était couvert par une espèce de bouillie, venue probablement de celles de ses parties qui avaient été dissoutes. »

Extrait de « *Observations sur la digestion des oiseaux* ». Réaumur.

1. Pourquoi Réaumur enferme-t-il la viande dans un tube de fer ? À quoi voit-il qu'il y a digestion chimique ?

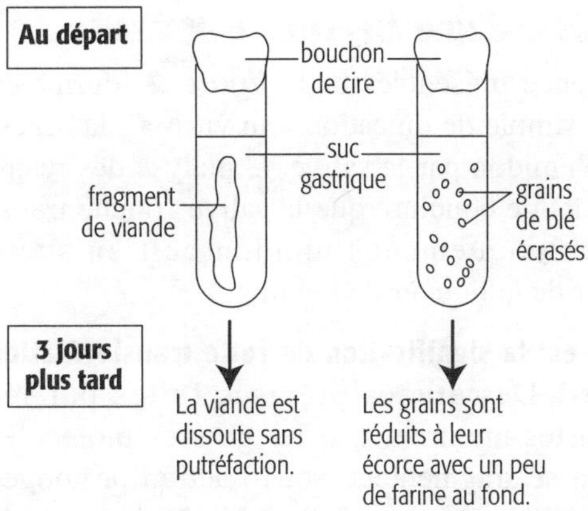

L'abbé Spallanzani (1729-1799) fut le premier biologiste à tenter des digestions expérimentales hors de l'organisme (digestions « in vitro »). Il se procure du suc gastrique (sécrété par les glandes de la paroi de l'estomac) sur des oiseaux à jeun (poules, oies…). Avec le suc gastrique ainsi recueilli, il réalise une expérience devenue célèbre et résumée par le dessin ci-dessus.
Pour que ces tubes soient maintenus à une température constante, proche de celle du corps, Spallanzani, qui n'avait pas d'étuve, les place pendant trois jours sous ses aisselles.

2. Expliquez en quoi consiste l'expérience de Spallanzani. Pourquoi l'appelle-t-on expérience « in vitro » ? Que montrent ses résultats ?

Pour étudier la digestion humaine, Spallanzani expérimente sur lui-même. Voici ce qu'il écrit en 1787 :
« Il s'agissait de prendre par la bouche une petite bourse de toile contenant 52 grains (1) de pain mâché. Je gardai cette bourse pendant 23 heures sans éprouver aucun mal avant de la rejeter par les selles. Elle ne contenait plus de pain. Il n'y avait aucune déchirure de la toile, de sorte qu'il était évident qu'elle n'avait subi aucune altération. Le succès de cette expérience m'encouragea à en faire d'autres. J'enveloppai dans une bourse de toile 60 grains de la chair d'un pigeon cuite et mâchée. Cette bourse ne resta que 18 heures dans le corps, mais les chairs étaient absolument digérées. »

(1) 1 grain = 54 mg.

3. Précisez quelles sont les différentes étapes de l'expérimentation qui a permis à Spallanzani d'étudier la digestion chez l'homme.

Fig. 1 Il y a un peu plus de deux siècles, la digestion était considérée comme un phénomène purement mécanique. Comment les travaux historiques de Réaumur, puis ceux de Spallanzani ont-ils permis de faire naître l'idée de digestion chimique ?

❶ Les premières digestions expérimentales hors de l'organisme

– Grâce aux travaux de Réaumur (***fig. 1***), on entrevoit les aspects chimiques de la digestion. Ses expériences sur les oiseaux lui ont permis de montrer que, dans l'estomac, les aliments peuvent se liquéfier en dehors de toute action mécanique.
Les premières digestions artificielles furent réalisées par Spallanzani (***fig. 1***). Celui-ci a montré que le suc gastrique des animaux et de l'homme (produit par des glandes situées dans la paroi de l'estomac) provoque la **liquéfaction** de certains aliments, même en dehors de l'organisme : c'est la **digestion « in vitro »**.
En quoi consiste cette « liquéfaction » ? Comment se produit-elle ? L'analyse d'une digestion « in vitro » permet de le préciser.

❷ Analyse d'une digestion « in vitro »

L'expérience présentée sur la ***figure 2*** fournit un exemple simple de digestion « in vitro » : la digestion de l'amidon par la salive. L'analyse des résultats permet de conclure que la salive fraîche transforme chimiquement l'amidon cuit en sucre réducteur de la liqueur de Fehling.

• **Quelle est la signification de cette transformation chimique ?** Des études précises faites par les biochimistes montrent que les grosses molécules d'amidon se fragmentent, sous l'action prolongée de la salive, en petites molécules d'un sucre, le maltose (une molécule d'amidon peut donner environ 300 molécules de maltose).
Cette fragmentation de grosses molécules en molécules plus petites constitue la **digestion chimique**. Ce n'est ni un broyage mécanique ni une simple dissolution : c'est la transformation chimique d'un constituant complexe en un constituant plus simple.

• **Comment la salive agit-elle ?** La fragmentation chimique de l'amidon est réalisée en présence de salive à 37 °C en cinq minutes. La salive accélère la fragmentation de l'amidon tout en agissant dans des conditions de température compatibles avec la vie : elle joue le rôle d'un catalyseur.
On a pu extraire de la salive la substance chimique qui sert de catalyseur. Une telle substance élaborée par un être vivant, présente en particulier dans les sucs digestifs et qui accélère le déroulement de certaines réactions chimiques, est appelée **enzyme**.
Toutes les enzymes possèdent les caractéristiques suivantes :
– leur action est très puissante ;
– elles sont détruites par la chaleur ;
– elles ont un maximum d'efficacité vers 37 °C (la température du corps) ;
– elles ne catalysent qu'une réaction déterminée (elles sont spécifiques) ;
– elles n'agissent que dans des conditions d'acidité ou d'alcalinité précises (pH). Ainsi, la salive n'est active qu'en milieu neutre alors que les enzymes du suc gastrique le sont en milieu acide, celles du suc intestinal et du suc pancréatique en milieu basique ;
– elles ne sont pas modifiées par la réaction chimique qu'elles catalysent.

• **L'intérêt présenté par le broyage des aliments.**

En présence de pepsine (une enzyme du suc gastrique), il y a digestion de l'albumine du blanc d'œuf en milieu acide. Mais la réaction chimique est plus rapide sur de très fines particules d'albumine en suspension que sur des cubes de blanc d'œuf (il faudrait 24 à 36 heures pour liquéfier entièrement ces derniers). La fragmentation mécanique (broyage) qui précède la digestion chimique est donc une phase importante de la digestion.

❸ Le chemin des aliments

Tout au long de leur progression dans le tube digestif, les aliments subissent des transformations chimiques analogues à celles que nous avons vues précédemment. Ces transformations s'effectuent grâce à l'action d'enzymes contenues dans les liquides (sucs digestifs) sécrétés par les glandes digestives. Pour arriver à une vue d'ensemble de la digestion, il convient donc de suivre le trajet des aliments (***fig. 3***).

• **L'appareil digestif comprend :**
– Le **tube digestif**, long de 8 mètres environ chez l'adulte, est formé successivement de la cavité buccale, du pharynx, de l'œsophage, de l'estomac, de l'intestin grêle et du gros intestin.
– Les **glandes digestives** sont de deux sortes. Les premières, microscopiques, sont contenues dans la paroi même du tube digestif (estomac et intestin grêle) ; les secondes, plus volumineuses, sont à proximité du tube et leur sécrétion s'y déverse par de fins conduits : glandes salivaires, foie, pancréas.

• **La progression des aliments** s'effectue grâce à la contraction des muscles de la paroi du tube digestif. Dans l'estomac, où ils séjournent plusieurs heures, les aliments sont longuement brassés.

❹ Les grandes étapes de la digestion

La ***figure 3*** présente les différentes étapes de la digestion. Celle-ci comporte deux sortes d'actions complémentaires.

Une étude expérimentale à titre d'exemple

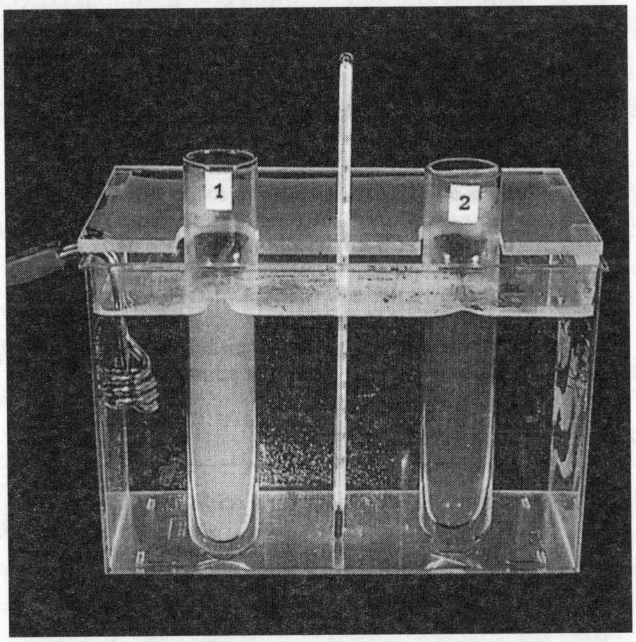

Toutes les trois minutes, on effectue un prélèvement dans chacun des deux tubes.

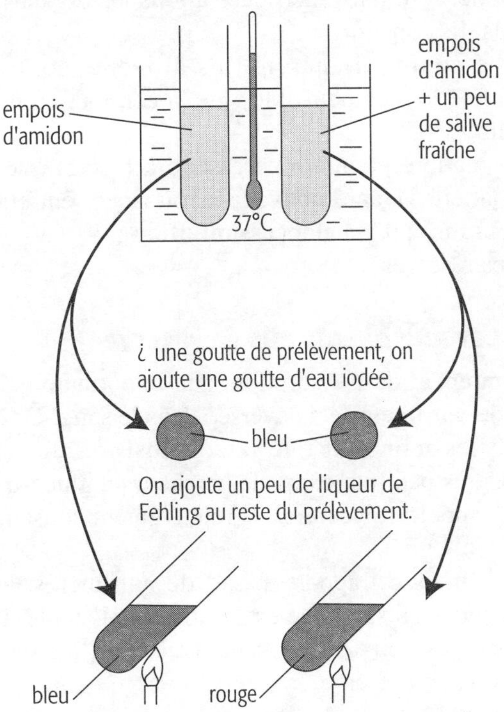

L'expérience se poursuit pendant 12 heures.

Quel rôle joue l'enzyme ?

Dans un tube qui contient de l'empois d'amidon **sans salive**, des molécules de sucre apparaissent au bout de quelques jours. Quelques dizaines d'années plus tard, tout l'amidon aurait disparu. Ainsi, l'enzyme accélère considérablement une réaction qui pourrait se produire spontanément sans elle. Ajoutons deux choses importantes :

– l'enzyme n'est pas détruite au cours de la réaction et est immédiatement disponible pour de nouvelles réactions ;

– l'enzyme est active même à très faible concentration.

Les chimistes appellent **catalyseurs** les substances qui, à faible dose, accélèrent les réactions chimiques.

C'est pourquoi les enzymes sont aussi appelées des catalyseurs biologiques.

Résultats

- **Avec l'eau iodée**

– Les gouttes prélevées dans le tube 1 se colorent toutes en bleu → présence d'amidon.

– Les gouttes prélevées dans le tube 2 restent jaunes à partir du 4e prélèvement (9 min.) → l'amidon a disparu.

- **Avec la liqueur de Fehling**

– La réaction est toujours négative avec les prélèvements du tube 1.

– À partir du 4e prélèvement du tube 2, un précipité rouge brique montre la présence d'un sucre.

Lexique

- **Suc digestif :** substance sécrétée par une glande digestive (exemple : la salive), et qui contient une ou plusieurs enzymes.
- **Enzyme :** catalyseur d'une réaction chimique se produisant dans l'organisme.
- **Nutriment :** substance nutritive soluble, utilisable par l'organisme et provenant de la digestion des aliments.
- **Soluble :** qui peut se dissoudre dans un liquide. Exemple : le sucre est soluble dans l'eau.

Fig. 2 La digestion « in vitro » de l'amidon par la salive est facile à réaliser expérimentalement. Dans quelles conditions ? Quel est le rôle de la salive ?

– des **phénomènes mécaniques** (mastication, brassage dans l'estomac) qui non seulement réduisent les aliments en une bouillie très fine et les mélangent aux sucs digestifs mais aussi assurent leur progression dans le tube digestif ;
– des **phénomènes chimiques** qui se produisent sous l'action des enzymes des divers sucs digestifs en fragmentant les grosses molécules alimentaires en molécules plus petites.
La bile, qui ne contient pas d'enzymes, n'est pas un suc digestif. Toutefois, elle facilite la digestion des graisses en les émulsionnant, c'est-à-dire en les divisant en gouttelettes très fines. Nous avons vu, à propos de l'albumine du blanc d'œuf que les aliments sont d'autant plus sensibles à l'action des enzymes qu'ils leur offrent une plus grande surface d'attaque, c'est-à-dire qu'ils sont plus divisés. Ainsi, la bile facilite-t-elle indirectement la digestion des graisses.
La ***figure 4*** résume l'action des divers sucs digestifs sur les glucides, les protides et les lipides. L'eau, les sels minéraux et les vitamines ne sont pas modifiés par les sucs digestifs.

5 Le résultat de la digestion

La digestion s'achève dans l'intestin grêle ; les aliments ingérés (à l'exception des fibres végétales cellulosiques) sont transformés en un liquide blanchâtre formé d'**eau** et de **substances dissoutes** :
– les **sels minéraux** (qui existaient dans les aliments et n'ont pas subi de transformation) ;
– les **sucres simples** résultant de la digestion des glucides ;
– les **acides aminés** provenant de la digestion des protéines ;
– les **acides gras** et le **glycérol**, résultant de la digestion des lipides.
Toutes ces substances sont utilisables directement par l'organisme, ce sont des **nutriments** ; au niveau de l'intestin grêle, elles vont passer dans le sang, c'est **l'absorption intestinale**.

6 L'absorption

a. Au niveau de l'intestin grêle

L'intestin grêle présente intérieurement de nombreux replis lamelleux recouverts de millions de petites saillies, appelées **villosités**, qui donnent à sa surface interne un aspect velouté caractéristique. On obtient ainsi une surface considérable au niveau de laquelle les aliments digérés vont passer :
– soit dans le sang (eau, sels minéraux, sucres simples, acides aminés) ;
– soit dans la lymphe (produits de la digestion des lipides).
L'absorption est à peu près terminée lorsque le contenu intestinal arrive dans le gros intestin. Celui-ci reçoit donc une bouillie liquide qui contient des aliments ayant échappé à la digestion : quelques traces de protides et de glucides, de la cellulose que les sucs digestifs ne peuvent pas transformer.

b. Dans le gros intestin

Le gros intestin est le siège :
– d'une importante absorption d'eau ; ainsi les résidus de la digestion deviennent de plus en plus solides et forment la matière fécale ;
– de transformations chimiques d'une partie de la cellulose (la moitié environ) sous l'action de bactéries de la flore intestinale (ces fermentations bactériennes produisent du glucose qui est absorbé) ;
– de putréfaction des protides avec production de produits malodorants.
Les bactéries qui pullulent dans le gros intestin se multiplient très rapidement et constituent une part importante des selles.

7 L'utilisation des nutriments

Les produits de la digestion, qui, grâce à l'absorption intestinale, sont passés dans le sang ou dans la lymphe, sont ainsi distribués à tous les organes du corps. Ils constituent :
– une source d'énergie (les aliments sont par exemple le « combustible » de la contraction musculaire ;
– la matière première nécessaire à la synthèse de la matière vivante nouvelle (croissance, entretien, réparation) ; il y a alors **assimilation** ;
– des réserves.

8 Les nutriments mis en réserve

Au moment de l'absorption, une importante quantité de nutriments est déversée dans le sang. Or des analyses montrent que la composition du sang varie très peu (par exemple la teneur en glucose du sang, appelée glycémie, est relativement constante, environ 1 g/L).
Ainsi, malgré l'apport massif de nutriments, leur concentration sanguine est relativement stable. Il y a donc des lieux de stockage. Quel est l'intérêt de ces mises en réserve ?

• **Du point de vue chimique,** il existe seulement deux catégories de réserves :
– les **réserves glucidiques** localisées dans le foie et dans les muscles, sous forme de glycogène (glucide ayant une formule chimique voisine de celle de l'amidon) ;

La transformation progressive des aliments dans le tube digestif

Un tube de plus de 8 mètres de long

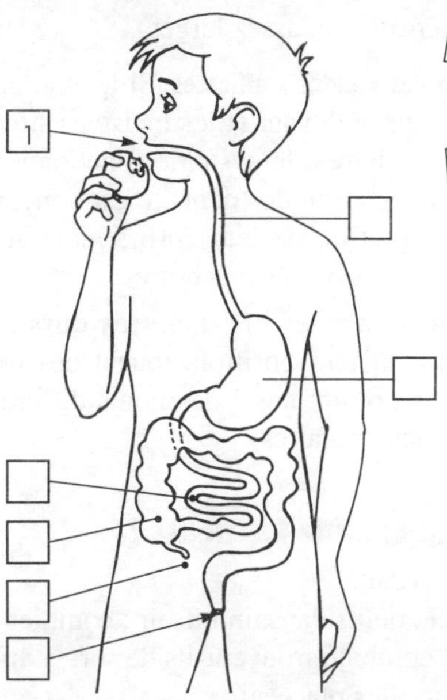

Lexique

- **Tube digestif :** long tube où circulent les aliments ; il débute à la bouche et se termine à l'anus.
- **Glandes digestives :** glandes situées dans la paroi du tube digestif ou à proximité (glandes salivaires…) et qui produisent des sécrétions digestives (salive…).
- **Appareil digestif :** ensemble des organes permettant la digestion, c'est-à-dire les organes du tube digestif et les glandes digestives.
- **Sucs digestifs :** liquides sécrétés par les glandes digestives.

Au cours du très long trajet

	Phénomènes mécaniques	Phénomènes chimiques
1. Dans la bouche	• **Mastication**, les dents coupent et écrasent les aliments qui s'imprègnent la salive.	• **Action de la salive**, sur l'amidon cuit (elle se poursuit dans l'estomac tant que l'aliment n'est pas acidifié).
2. De la bouche à l'estomac	• **Déglutition**, puis voyage très rapide.	
3. Dans l'estomac	• **Brassage** qui complète la mastication. • Évacuation du « réservoir » par jets successifs.	• **Action du suc gastrique**, (en milieu acide) sur les protides surtout.
4. Dans l'intestin grêle	• **Brassage.** • Progression 2 cm par min. • Passage des aliments digérés dans le sang et la lymphe (absorption).	• **Action combinée de deux sucs digestifs** (suc pancréatique et suc intestinal) et de la bile sur les glucides, lipides et protides.
5. Dans le gros intestin	• Progression en une quinzaine d'heures. • Déshydratation des résidus qui forment les excréments.	• **Fermentations bactériennes** (transforment une partie de la cellulose en glucose qui est absorbé).

Fig. 3 Les aliments accomplissent un très long trajet au cours duquel se réalisent les différentes étapes de la digestion. Pourquoi peut-on parler d'une étroite collaboration entre les phénomènes mécaniques et les phénomènes chimiques ?

– les **réserves lipidiques** situées principalement dans les cellules adipeuses.
Il n'y a pas de réserves de protides.

• **Du point de vue des conditions de leur utilisation ultérieure,** il faut distinguer deux cas :
– les réserves utilisées seulement par la cellule qui les a stockées, c'est le cas du glycogène des cellules musculaires ;
– les réserves déversées dans le sang au fur à mesure des besoins et mises ainsi à la disposition de toutes les cellules de l'organisme, c'est le cas du glycogène stocké dans le foie et des réserves des cellules adipeuses.
Ainsi, en dépit d'une alimentation discontinue (3 repas par jour), les cellules ont toujours des nutriments à leur disposition (24 heures sur 24).

Remarque importante : les nutriments mis en réserve sont essentiellement utilisés comme source d'énergie et non comme matériaux de construction.

9 En résumé

Au cours de leur progression dans le tube digestif, les aliments subissent une fragmentation mécanique (par humidification, broyage et brassage) et des transformations chimiques (sous l'action des enzymes des sucs digestifs). Les grosses molécules insolubles dans l'eau sont transformées en petites molécules solubles (les nutriments) qui traversent la paroi de l'intestin et passent dans le sang et la lymphe.

Les différentes cellules du corps y prélèvent les nutriments dont elles ont besoin soit pour construire de la matière organique nouvelle, soit pour produire de l'énergie, éventuellement pour former des réserves.

Des activités possibles

A L'étude des dents

Plusieurs séquences de classe peuvent être organisées sur ce sujet.

1 À quoi servent les dents ?

• **Croquer une pomme** et préciser ce qui se passe. Manger une pomme ou un morceau de pain consiste à :
1 Détacher un morceau en coupant avec les incisives.
2 Réduire en bouillie en mastiquant avec les molaires avant de déglutir.

• **Faire la même chose** (c'est-à-dire couper un morceau de pomme, puis le réduire en bouillie) avec des outils de cuisine (pour couper, il faut une lame coupante ; pour écraser, il faut placer l'aliment entre deux objets durs et assez larges).

• **Les dents sont des « outils » efficaces.** Si les molaires étaient placées sur le devant et les incisives situées à la place des molaires, le système fonctionnerait moins bien. L'adaptation des dents, c'est donc non seulement l'adaptation de leur forme mais aussi celle de leur position sur les mâchoires.

Les dents sont donc des organes très durs qui, selon leur forme et leur position, jouent des rôles différents : elles portent aussi des noms différents (incisives, canines, molaires).

2 As-tu déjà compté tes dents ?

Les enfants peuvent :
– observer leurs dents dans un miroir ; combien en comptent-ils ? combien trouvent-ils de sortes différentes ? où sont-elles placées ?
– noter toutes les observations et remarques faites ;
– faire le moulage de leurs dents (avec de la pâte à modeler bien propre, préparer deux galettes plates ; les placer l'une sur l'autre en les séparant par une feuille de carton mince ; mordre dedans (attention, pour obtenir de belles empreintes, il faut mordre une seule fois et d'un coup sec) ;
– dessiner l'empreinte de manière simplifiée en reconnaissant la trace de chaque type de dents ;
– comparer les empreintes entre elles ; tous les enfants de la classe ont-ils les mêmes dents ?

Un document tel que celui de la ***figure 5*** peut servir de support complémentaire à cette activité ou permettre de traduire les résultats.

3 Mes dents sont vivantes… et fragiles

L'analyse de radiographies de dents permet de « voir » l'intérieur de la dent et de comprendre qu'il ne s'agit pas d'un « organe mort » mais au contraire d'un organe bien vivant dont il faut prendre soin (***fig. 6***).

– Dessiner, à l'aide d'un papier calque, la radiographie d'une molaire saine. Indiquer à la bonne place les mots émail, ivoire, pulpe dentaire en utilisant un dessin fourni. Attention ! la molaire de la radiographie a deux racines.

– Dessiner des dents cariées soignées par le dentiste. La comparaison fait apparaître que l'une

Un travail à la chaîne

Tout au long de leur progression dans le tube digestif, les aliments subissent des transformations chimiques grâce à l'action d'enzymes contenues dans les sucs digestifs.

La digestion s'achève dans l'intestin grêle ; les aliments ingérés (à l'exception des fibres végétales cellulosiques) sont transformés en un liquide blanchâtre formé d'**eau** et de s**ubstances dissoutes** :
- les **sels minéraux** qui existaient dans les aliments et qui n'ont pas subi de transformations ;
- les **sucres simples**, résultant de la digestion des glucides ;
- les **acides aminés**, provenant de la digestion des protéines ;
- les **acides gras** et le **glycérol**, résultant de la digestion des lipides.

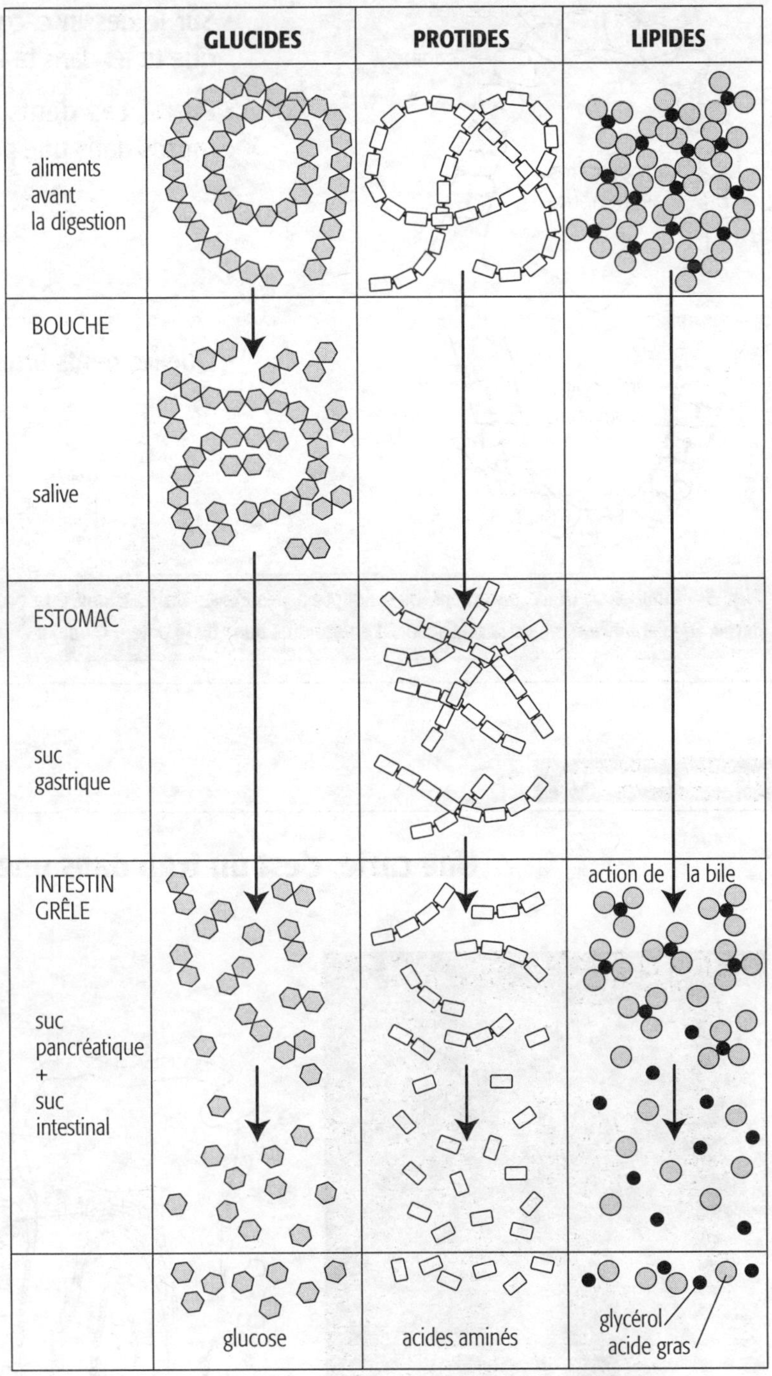

Fig. 4 La digestion chimique correspond à une fragmentation des grosses molécules de protides, glucides et lipides en molécules plus petites. Cette idée tout à fait fondamentale doit être complétée par une autre : la fragmentation résulte de l'action successive de différentes enzymes. Ce véritable travail à la chaîne est illustré par ce schéma.

Document pour l'élève

Établis ta carte d'identité dentaire

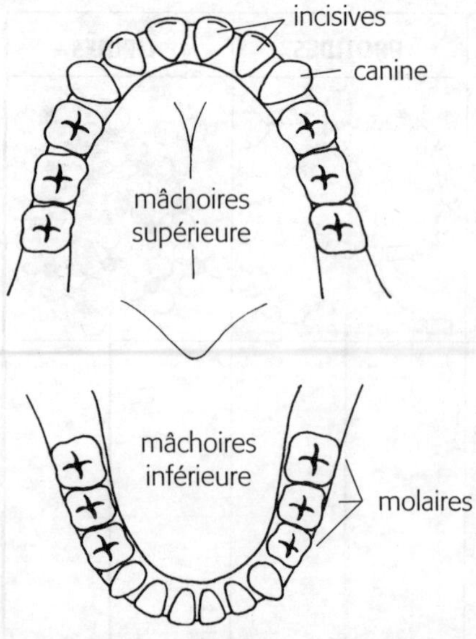

- Sur le dessin ci-contre, colorie en jaune les dents que tu as dans ta bouche.
- Parmi ces dents, lesquelles servent quand tu mords dans une pomme ?

. . . .

. . . .

. . . .

- Quelles dents broient les aliments ?

. . . .

. . . .

Fig. 5 L'utilisation de ce document, bien adapté à des élèves du CE2, doit être précédé de l'observation des dents dans un miroir et, éventuellement, de la réalisation d'empreintes dans de la pâte à modeler.

Document pour l'élève

Une carie, c'est un trou dans une dent

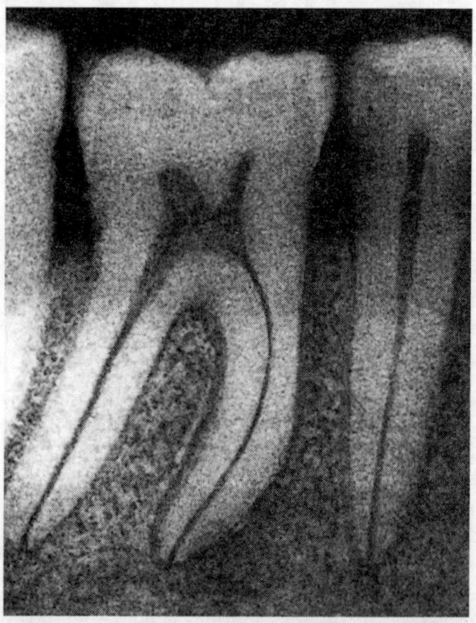

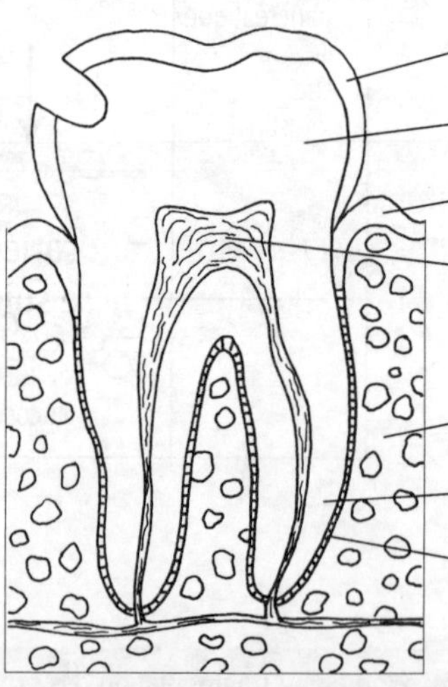

Fig. 6 Les radiographies de dents sont des documents que les élèves découvrent avec curiosité.

Floriane va bientôt perdre une dent

Le dentiste a pris une radiographie des dents de Floriane au niveau de la joue droite.

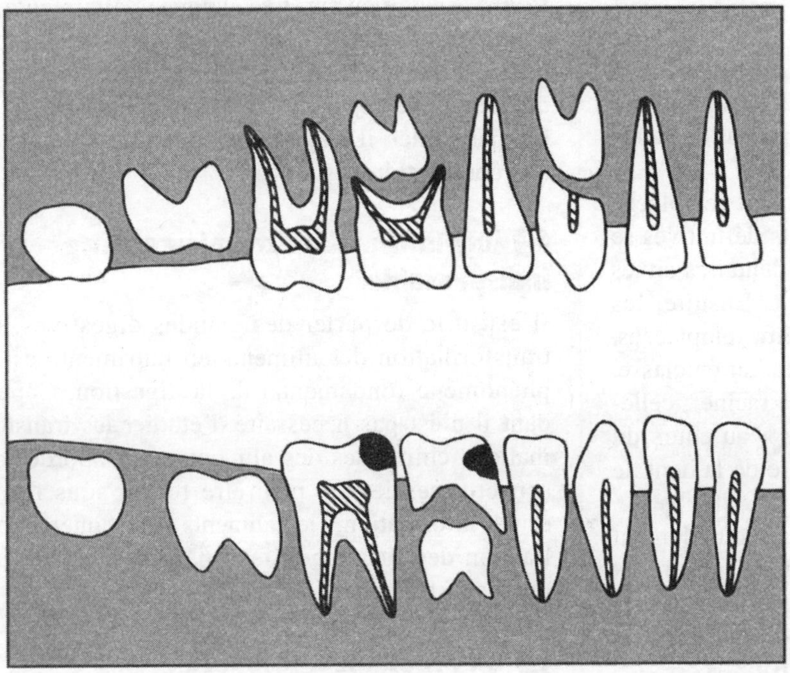

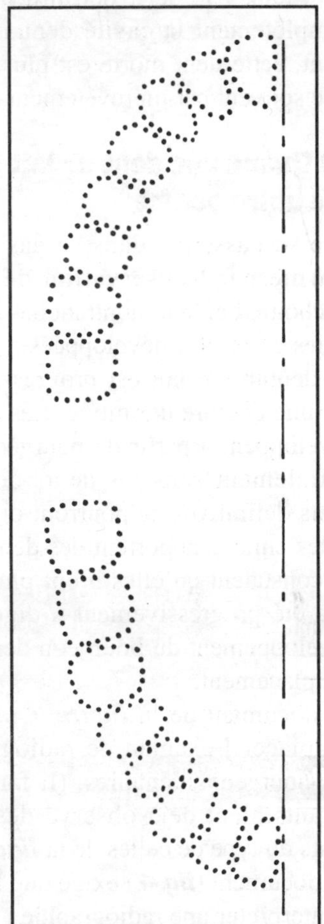

- Sur le schéma ci-contre, trace en trait plein les dents visibles dans la bouche de Floriane.
- Sur les deux dessins, colorie :
  – en jaune les dents de lait ;
  – en marron les dents définitives.
- La radiographie montre que deux molaires sont cariées. Entoure en rouge celle qu'il faut absolument faire soigner. Explique pourquoi.

Mots importants

- Dent de lait
- Dent définitive
- Bourgeon dentaire

Fig. 7 Les enfants sont toujours étonnés lorsqu'ils perdent leurs premières dents. L'analyse de radiographies présentant des bourgeons dentaires peut se prolonger par l'exploitation d'un tel document.

des caries n'atteignait pas la pulpe dentaire (la carie n'était pas douloureuse) et la dent soignée est encore vivante ; l'autre carie atteignait la pulpe dentaire (elle était donc douloureuse). Le dentiste a dû « tuer » le nerf, détruire la pulpe et obstruer complètement la cavité dentaire. Après le traitement, cette dent morte est plus fragile. On la protège souvent par un revêtement appelé couronne.

❹ Quand une dent de lait tombe, une autre pousse

Que se passe-t-il dans ce cas ? La réponse sera fournie par l'observation de radiographies de mâchoire d'enfant montrant des bourgeons dentaires et des dents déjà développées.
La denture de lait est progressivement remplacée par une denture définitive. Les dents définitives se développent à partir de bourgeons dentaires situés initialement sous les dents de lait. Ensuite, les dents définitives ne pourront plus être remplacées. Si les enfants apportent des dents de lait en classe, ils constatent qu'elles n'ont plus de racine ; celle-ci a été progressivement « digérée » au cours du développement du bourgeon dentaire de la dent de remplacement.
Le document de la ***figure 7*** peut éventuellement remplacer l'examen de radiographies présentant des bourgeons dentaires. (Il faut toutefois que les enfants aient déjà observé des radiographies de dents du type de celles de la ***figure 6***).
Ce document (***fig. 7***) exige que l'enfant sache :
– interpréter une radiographie ;
– transposer la représentation en vue latérale (donnée par la radio) sur un dessin des mâchoires tel que celui qu'on trouve sur une feuille de sécurité sociale.
Cet exercice contrôle donc la maîtrise d'une bonne représentation spatiale et une latéralisation correcte.

B La digestion

Si l'on agite un morceau de viande dans un verre d'eau, on constate qu'il n'est pas soluble. La digestion de ce morceau de viande consiste à le rendre soluble. Où se passent ces transformations ? Que devient ensuite la viande digérée ? Au niveau d'une classe de Cours Moyen, il ne s'agit pas d'étudier les transformations chimiques des aliments, mais simplement :
– d'établir le trajet suivi de la bouche à l'anus ;
– de constater que, dans le tube digestif, les aliments se liquéfient ;
– de préciser que les aliments digérés sont transportés par le sang aux différentes parties du corps.

❶ Le chemin des aliments

Examiner des radiographies de l'appareil digestif et tenter de les localiser à partir d'un schéma du tube digestif constitue une activité intéressante. Une représentation du tube digestif comme celle de la ***figure 3*** est, bien sûr, très éloignée de la réalité. Il s'agit d'un schéma, c'est-à-dire d'un dessin qui, bien évidemment, présente des inexactitudes mais qui veut faire apparaître certaines notions. Dans ce cas particulier, il s'agit de la notion de tube ouvert aux deux extrémités.

❷ Une information complémentaire indispensable

Il est utile de parler des glandes digestives. La transformation des aliments en nutriments est le phénomène fondamental de la digestion. Cependant il n'est pas nécessaire d'étudier les transformations chimiques des aliments pour aborder cet aspect essentiel : il peut être fourni sous forme d'une information : les aliments sont liquéfiés par l'action des sucs digestifs et passent dans le sang qui les distribue aux organes.

❸ Un problème à résoudre : d'où vient l'urine ?

Nous consommons des aliments solides et des aliments liquides.

Beaucoup d'enfants croient que, si pour ces deux types d'aliments il y a un seul orifice d'entrée (la bouche), il existe par contre deux orifices de sortie (l'un pour l'urine, l'autre pour les selles).

Beaucoup croient que ce sont les liquides qui donnent directement l'urine grâce à un tube « parallèle » au tube digestif et allant de la bouche à l'orifice urinaire. En réalité, l'urine ne provient pas directement des liquides que nous avalons. Quelle est donc son origine ?

L'urine est, pour l'organisme, l'un des moyens d'excréter les déchets accumulés dans le sang et provenant de la vie des organes (les autres voies d'excrétion étant les poumons, les glandes sudoripares et le foie). Les constituants de l'urine existent dans le sang mais à des doses très faibles. Les reins jouent à la fois un rôle de filtre (ne laissant passer que les substances dont l'accumulation dans le sang serait toxique) et un rôle de concentration de ces substances.

Des représentations initiales

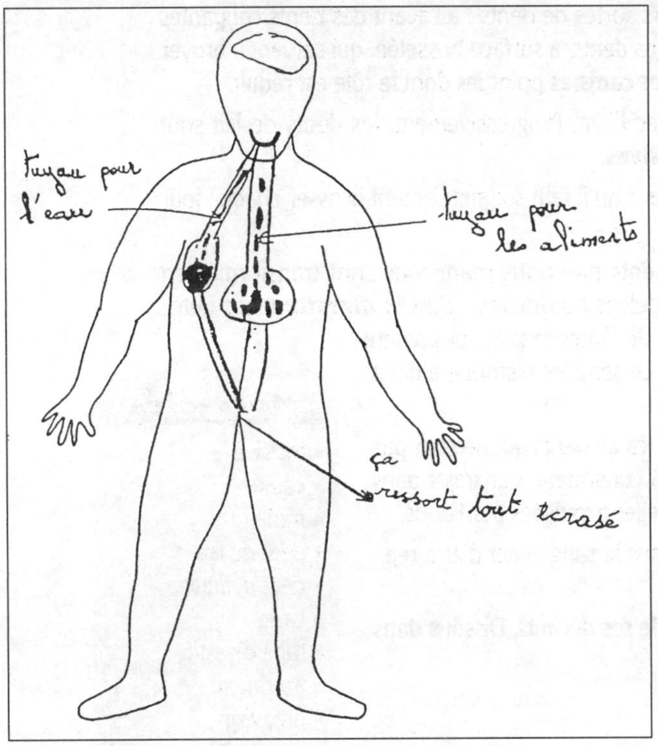

Ce type de représentation est très fréquent. Un constat simple étonne toujours les enfants : les aliments solides et l'eau entrent « par le même orifice », la bouche. En revanche, il y a deux orifices de sortie :
– les excréments (solides) sortent par l'anus ;
– l'urine (liquide) sort par l'orifice urinaire.

Les enfants pensent donc souvent qu'il y a probablement deux tuyaux. C'est ce que dit cet enfant (un tuyau pour l'eau et un tuyau pour les aliments).

« Ça ressort tout écrasé » est une phrase importante qui laisse supposer que, pour l'enfant, les aliments consommés sont écrasés dans le tube digestif. L'idée d'absorption des aliments est-elle connue ?

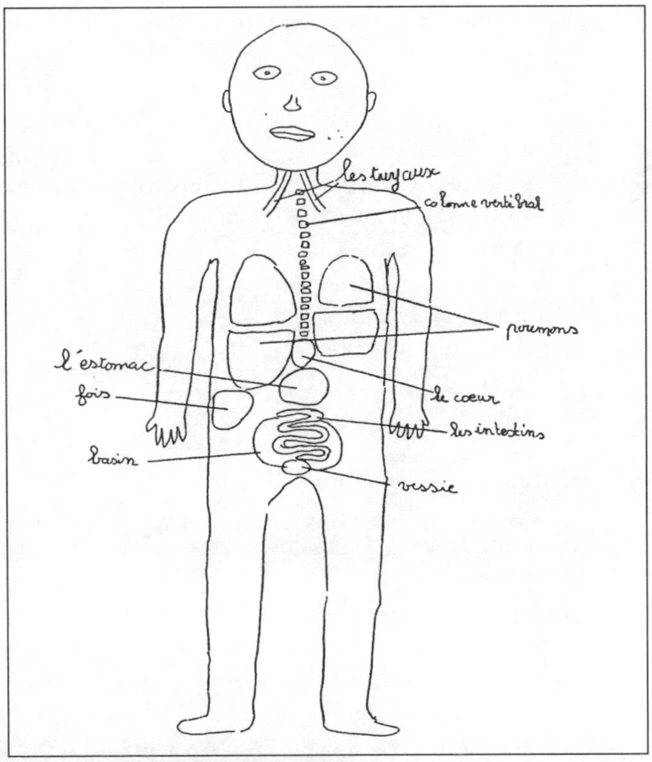

Le nom de nombreux organes est connu (estomac, foie, vessie…), mais les relations entre ces organes sont inexistantes. Les tuyaux s'arrêtent dans la poitrine ; il n'y a aucune conception du trajet des aliments. L'estomac, les intestins n'ont pas de relation entre eux…

Fig. 8 Deux enfants ont représenté l'intérieur de leur corps avant toute étude sur la digestion. Quelle représentation chacun d'eux a-t-il de l'appareil digestif ?

Notions visées à l'école élémentaire

• Nos mâchoires portent plusieurs sortes de dents : à l'avant des dents coupantes (les **incisives**) ; à l'arrière de larges dents, à surface bosselée, qui servent à broyer (les **molaires**) ; entre les deux, des **canines** pointues dont le rôle est réduit.

– Le nombre des dents varie avec l'âge. Progressivement, les dents de lait sont remplacées par des **dents définitives**.

– Chaque dent est un organe vivant qu'il faut soigneusement brosser chaque jour afin d'éviter les **caries**.

• Dans le tube digestif, les aliments que nous mangeons sont transformés en substances nutritives solubles appelées nutriments : c'est la **digestion**. Les nutriments traversent ensuite la paroi de l'intestin grêle et passent dans le sang : c'est l'**absorption**. Le sang les distribue alors à tous les organes du corps.

• Les substances contenues dans les aliments qui ne sont pas digérées (fibres végétales surtout) continuent leur trajet dans le gros intestin et constituent les selles expulsées par l'anus.

• L'eau que nous buvons passe dans le sang avant d'être rejetée par l'urine.

• Les reins débarrassent le sang de ses déchets. Dissous dans l'eau, ces déchets forment l'urine.

Mots-clés

- incisive
- canine
- molaire
- dent de lait
- dent définitive
- carie
- tube digestif
- nutriment
- digestion
- absorption

Chapitre 4

Les secrets d'une bonne alimentation

L'alimentation humaine est un sujet très important pour les enfants pour de nombreuses raisons.

- *Dans sa famille, l'enfant est parfois contraint de limiter la consommation de ses aliments préférés et obligé de manger des aliments qu'il n'apprécie guère. Il est important de lui faire comprendre la raison de cette discipline imposée et de lui faire* ***découvrir le bien-fondé de certaines règles de diététique.***
- *Une meilleure connaissance des besoins alimentaires contribue à* ***l'éducation du consommateur*** *; elle lui apprend à rechercher la qualité des produits et à ne pas se laisser guider par n'importe quelle publicité.*
- *L'enfant croit facilement que le meilleur ou même le seul bon comportement alimentaire est celui qui se pratique dans son milieu. Il est nécessaire de lui faire découvrir la relativité des régimes et des habitudes, et de l'aider ainsi à analyser de manière critique ses propres comportements.*
- *Tout comme il ne mange pas n'importe quoi, l'homme ne mange pas n'importe quand, ni n'importe où, ni n'importe comment.*

Pour lui, se nourrir n'est pas seulement un acte physiologique, c'est un ***acte social fondamental****, un moyen de s'exprimer, un langage. Le choix des aliments, la manière de les manger sont réglés par un code qui évolue en fonction des époques, des civilisations... Le repas est donc un moment important dans l'éducation.*

De très nombreuses activités sont possibles dès l'école maternelle.

Informations pour l'enseignant

❶ Pour avoir une alimentation équilibrée

Une alimentation équilibrée doit à la fois couvrir les dépenses énergétiques de l'organisme (c'est-à-dire satisfaire les **besoins quantitatifs**) et apporter les « matériaux » indispensables à son bon fonctionnement (c'est-à-dire satisfaire les **besoins qualitatifs**).

Pour répondre à ce principe général, il faut donc :
– connaître les besoins de l'organisme à la fois sur le plan qualitatif et sur le plan quantitatif,
– connaître la composition des aliments et leur valeur énergétique.

❷ Les besoins de l'organisme

a. Les besoins énergétiques

Ils varient selon l'âge, l'activité physique, la température extérieure. Un sujet allongé, immobile, moyennement vêtu, à la température de 20 °C et à jeun, a une dépense énergétique minimale, appelée **métabolisme de base**, que l'on exprime en kilojoules. Ce métabolisme de base correspond « au service physiologique minimal » (contraction du cœur et des muscles respiratoires, vie des cellules...).

À ces besoins énergétiques de base s'ajoutent les dépenses exigées par les différentes activités du sujet (activités musculaires, maintien de la température du corps...). Les scientifiques savent les évaluer avec précision.

b. Les besoins qualitatifs

Ils ont été étudiés par différents moyens (méthode des bilans, expériences sur les animaux, analyse de carences alimentaires...).
On a pu ainsi définir :
– les besoins en eau ;
– les besoins en sels minéraux (et notamment en oligo-éléments, substances telles que l'iode, le manganèse, le zinc... dont les apports, bien que très faibles, sont absolument indispensables) ;
– les besoins en protides (avec notamment la découverte des acides aminés indispensables) ;
– les besoins en lipides (il y a trois acides gras essentiels) ;
– les besoins en vitamines (certaines sont solubles dans l'eau, d'autres dans les graisses, mais toutes sont indispensables à très faibles doses).

❸ L'apport alimentaire

• **D'abord connaître la composition des aliments.** Les emballages d'aliments fournissent de plus en plus souvent des « informations consommateurs » précisant la composition de l'aliment ainsi que sa valeur énergétique. Il existe aussi des tables qui donnent ces mêmes informations pour les aliments les plus courants.

Le regroupement des aliments qui fournissent qualitativement les mêmes nutriments fait apparaître des possibilités **d'équivalence** : à l'intérieur d'un même **groupe**, les aliments peuvent ainsi se remplacer permettant de varier l'alimentation. Par exemple, les œufs peuvent remplacer la viande ou le poisson car ils apportent à l'organisme les mêmes matériaux (***fig. 5***).

D'après leur composition, on peut aussi regrouper les aliments en fonction de leur rôle dans l'organisme :
– les **aliments bâtisseurs** (par exemple, la viande fournissant des protéines, le lait apportant du calcium...) interviennent plus particulièrement dans « la construction » de la matière vivante ;
– les **aliments énergétiques** (par exemple le beurre, le sucre...) constituent la source d'énergie de l'organisme ;
– les **aliments fonctionnels** (parfois appelés **« protecteurs »**) qui jouent un rôle dans le bon fonctionnement de l'organisme par leur richesse en vitamines et en fibres (par exemple les légumes et les fruits).

• **Établir ensuite une ration alimentaire adaptée.** La ration alimentaire quotidienne, c'est-à-dire la composition de l'ensemble des repas d'une journée doit couvrir les besoins en matière et les besoins en énergie.

Un des grands principes de la diététique est d'adapter la consommation aux besoins de manière à maintenir l'équilibre.

Ainsi sont proposées des rations pour enfants, pour adultes sédentaires, pour sportifs, pour personnes âgées...

• **Penser aux besoins en vitamines.** Les vitamines sont des **substances** organiques que l'organisme ne peut synthétiser.
Elles sont :
– nécessaires à son fonctionnement et à sa croissance ;
– efficaces à très faible dose (de 0,01 à 75 mg par jour suivant la vitamine considérée) ;
– dépourvues de valeur calorique ;
– présentes en très faible quantité dans les aliments.

Document pour l'élève

Que mange Émilie ?

1. **Émilie mange une pomme. En coloriant les dessins, montre ce qu'elle peut encore manger ou boire.**

2. **Indique, par un point rouge, les aliments qui proviennent des animaux, et, par un point vert, les aliments qui proviennent des plantes.**

Fig. 1 Ce document de travail est destiné à des élèves du cycle 2. À quel moment l'utiliseriez-vous dans une étude sur les aliments ?

Document pour l'élève

Pour avoir une alimentation équilibrée

Que disent les médecins ? Les repas d'une journée doivent obligatoirement fournir au moins un aliment de chacun des six groupes.

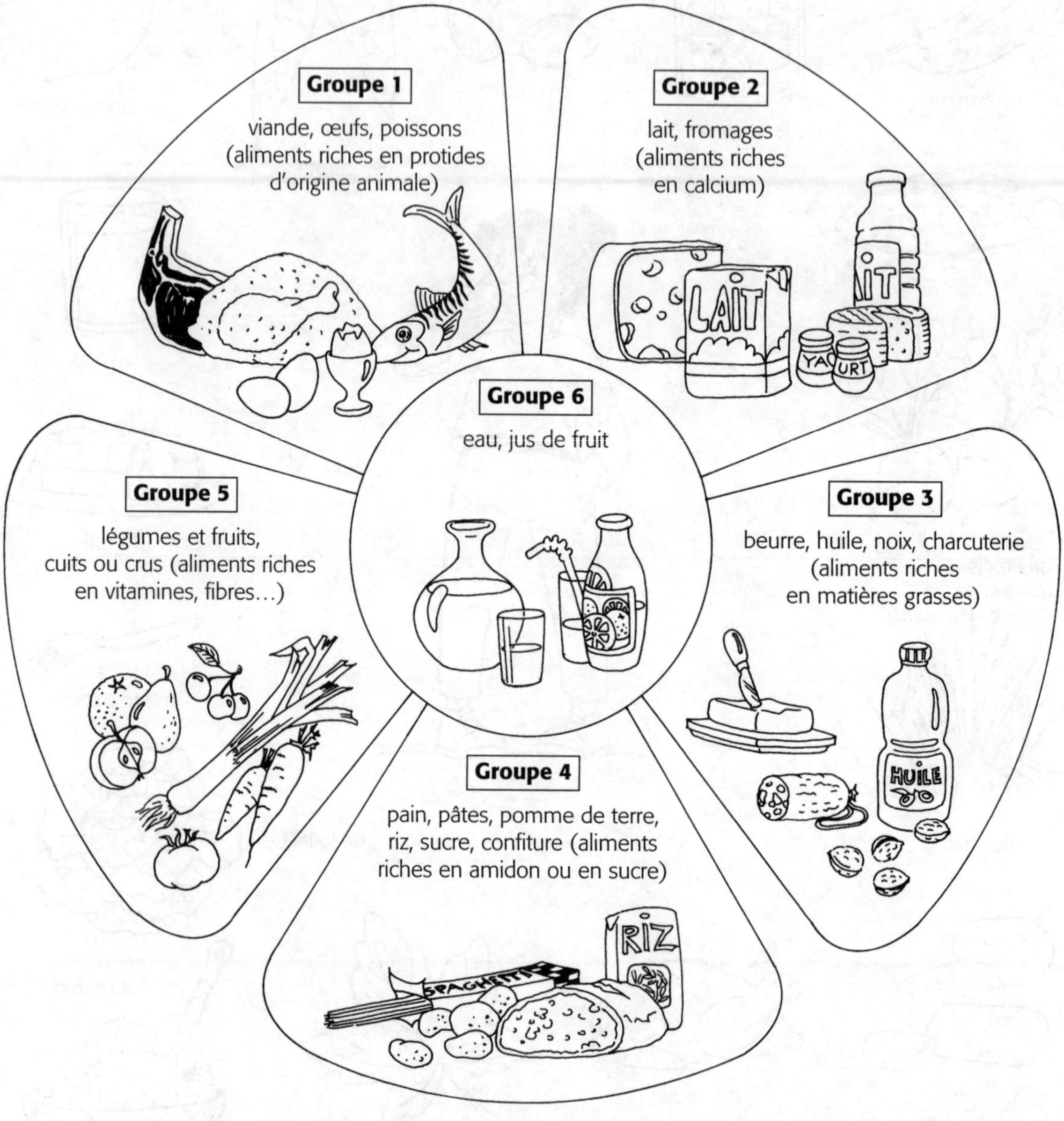

• **Dans quel groupe places-tu ?**

Le jambon . . . . ., les gâteaux . . . . ., le citron . . . . ., les haricots verts . . . . ., le raisin . . . . ., une escalope de veau . . . . ., le miel . . . . ., la compote de pomme . . . . ., les lentilles . . . . ., les abricots . . . . .

Fig. 2 Les enfants ne peuvent inventer ce regroupement des aliments. Il doit leur être fourni afin de les faire travailler sur la notion d'alimentation équilibrée à partir de la règle des médecins nutritionnistes.

Chaque aliment est utile et important

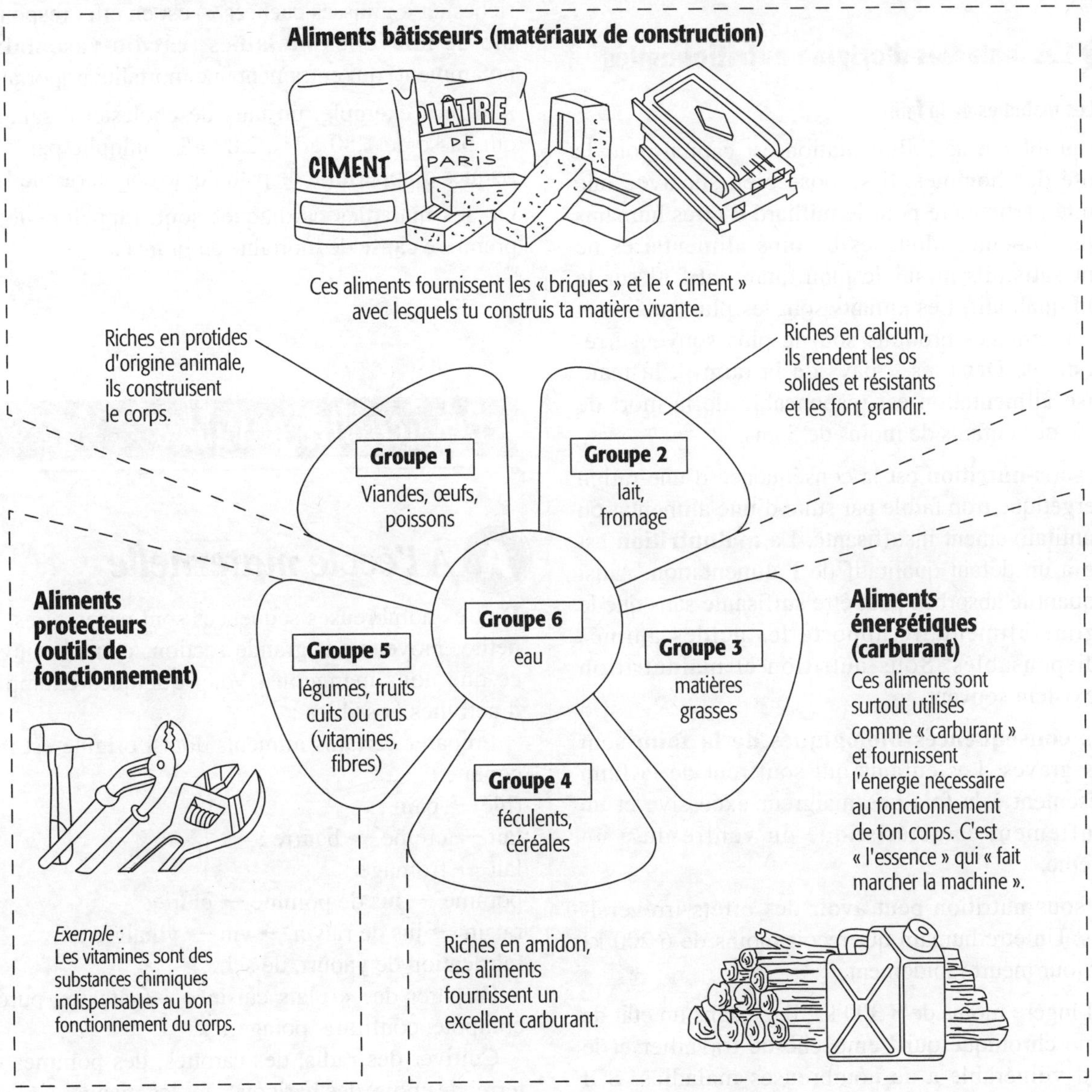

- **Certains aliments sont appelés « aliments bâtisseurs ». De quelle construction s'agit-il ?**

....

- **Certains aliments servent surtout de « carburant ». À quoi sert ce carburant ?**

....

Fig. 3 Comparez cette classification des aliments à celle de la figure 2. Quelles informations supplémentaires fournit-elle ?

Leur découverte ne date que de la fin du XIXe siècle alors que les maladies dues à leur **carence** (appelées avitaminoses) sont connues depuis l'Antiquité. L'organisme, étant incapable de réaliser la synthèse des vitamines, doit nécessairement les trouver préfabriquées dans l'alimentation.

4 Les maladies d'origine nutritionnelles

• **Les maladies de la faim**

Le problème de l'alimentation est capital pour la santé des hommes. Il se pose bien sûr avec une acuité particulière pour le milliard d'êtres humains sous-alimentés, dont les besoins alimentaires ne sont satisfaits ni sur le plan quantitatif ni sur le plan qualitatif. Les enfants sont les plus atteints et les dommages produits sont le plus souvent irréversibles. Dans les « pays de la faim », la mauvaise alimentation est responsable de la mort de 30 % des enfants de moins de 5 ans.

La **sous-nutrition** est la conséquence d'une ration énergétique trop faible par suite d'une alimentation quantitativement insuffisante. La **malnutrition** est due à un défaut qualitatif de l'alimentation. Ainsi la quantité absorbée peut être suffisante sans que le régime alimentaire apporte les acides aminés indispensables. Sous-nutrition et malnutrition coexistent souvent.

Les conséquences biologiques de la faim sont très graves. Les enfants qui souffrent de la faim présentent à la fois une maigreur excessive et un gonflement caractéristique du ventre dû à un œdème.

La sous-nutrition peut avoir des effets irréversibles. Un être humain qui reçoit moins de 6 200 kJ par jour meurt rapidement.

S'il ingère moins de 8 300 kJ, il vit dans un état de jeûne chronique qui l'empêche de travailler et le rend vulnérable à de nombreuses maladies. S'il consomme plus de 8 300 kJ mais moins de 10 000 kJ, il souffre de faim relative et le déséquilibre de son régime provoque de nombreuses maladies de dégénérescence.

Lorsqu'elle n'entraîne pas la mort, une sous-alimentation importante et prolongée provoque, chez les jeunes enfants, un ralentissement du développement physique (réduction de la dimension du cerveau, altération de sa composition cellulaire) ; les dommages sont le plus souvent irréversibles. Ni une alimentation compensatoire ni l'éducation ne pourront ultérieurement restaurer ce qui a été perdu.

• **Les maladies par excès**

Paradoxalement, dans les pays « riches », l'alimentation constitue aussi un grave problème de santé publique. L'évolution des habitudes alimentaires au cours des dernières décennies (marquée essentiellement par une surconsommation de viandes souvent riches en « graisses cachées ») est en effet responsable de nouvelles **maladies (cardio-vasculaires** notamment) qui entraînent une mortalité importante.

À titre d'exemple, un taux de cholestérol sanguin qui passe de 1,80 g/L à 2,80 g/L multiplie par 7 les risques d'apparition de pathologie coronarienne !

Or, les maladies cardiaques sont, rappelons-le, la première cause de mortalité en France.

Des activités possibles

A À l'école maternelle

De très nombreuses séquences sont nécessaires, en petite, moyenne et grande section, pour découvrir ce que nous mangeons. Voici quelques exemples d'activités possibles :

– Préparer certains aliments dont l'origine est mal connue :
(blé → pain ;
lait → crème → beurre ;
lait → fromage ;
pomme → jus de pomme → cidre ;
raisin → jus de raisin → vin → vinaigre ;
fabrication de yaourt, de sel...).

– Préparer des « plats cuisinés » (gâteaux, purée, compote, confiture, potage...).

– Cultiver des radis, des carottes, des pommes de terre, des pois, des haricots... et les manger.

– Réaliser des visites chez les commerçants (boucher, pâtissier, grande surface, marché...), dans une ferme (lait, œufs, poulet...), chez un jardinier...

– Travailler sur des menus.

– Classer des aliments (selon la nature, la provenance, le goût...).

– Découvrir les différents états d'un même produit (fruits frais et fruits secs, œufs frais et œufs durs, légume cru ou cuit, fromage en morceau ou râpé, sucre en morceau ou en poudre...).

– Jouer à la marchande (emballages divers, fruits et légumes fabriqués en pâte à sel, images découpées dans des catalogues de fruits ou de légumes...).

Les besoins en carburant varient

■ Une voiture peut-elle rouler sans carburant ?

Voici une voiture

- Elle consomme 6 litres d'essence pour rouler pendant 1 heure (à 90 km/h).
- Elle consomme 0 litre d'essence quand elle est immobile, moteur arrêté.

Voici Émilie 8 ans

- Elle consomme l'énergie fournie par 45 g de chocolat pour marcher pendant 1 heure (à la vitesse de 3 km/h).
- Elle en consomme 10 g quand elle est immobile, allongée dans un lit.

- Pourquoi dit-on que l'essence est la source d'énergie de la voiture ?
- D'après toi, pourquoi Émilie dépense-t-elle de l'énergie quand elle est immobile ? Réponds oralement.

■ « La consommation de ma voiture ? Ça dépend… »

Consommation de la voiture
exprimée en litres d'essence

- 6 litres aux 100 km à la vitesse de 90 km/h
- 8 litres aux 100 km à la vitesse de 120 km/h
- 12 litres aux 100 km à la vitesse de 140 km/h

Consommation d'Émilie
exprimée en grammes de chocolat pour 1 heure d'activité

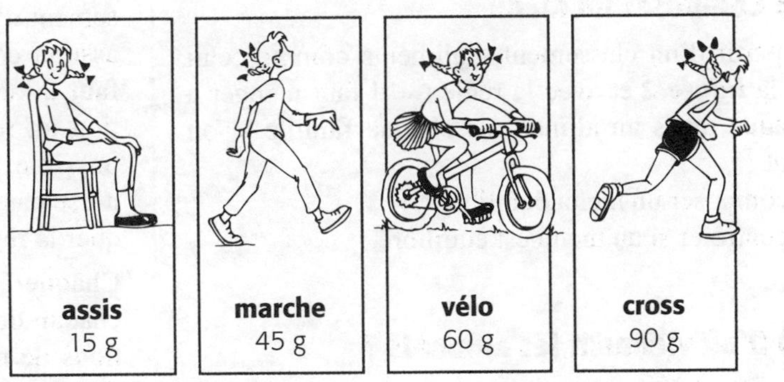

- La consommation de la voiture est-elle constante ? Que constates-tu ?
- Et la consommation d'Émilie ?

Fig. 4 Une alimentation équilibrée doit non seulement fournir au corps les matériaux de construction dont il a besoin mais aussi couvrir ses dépenses énergétiques (besoins en « carburant »). Ce document permet de faire travailler les élèves sur cette notion importante.

B Au cycle 2

❶ Que mange Émilie ?

Les enfants observent les dessins du document de la ***figure 1*** identifient à haute voix les objets et aliments proposés. Si vous le jugez nécessaire, la première question peut même être traitée oralement, puis les enfants y répondent individuellement par écrit.

La distinction entre les aliments qui proviennent des animaux et ceux qui proviennent des plantes est souvent difficile.

Certains aliments (œufs, pain, confiture…) posent des problèmes. Une discussion collective permet de trouver une réponse pour certains d'entre eux. Dans d'autres cas, une enquête auprès des parents ou des activités complémentaires s'imposent. Ce n'est qu'au terme de ces entretiens que les enfants pourront faire le travail demandé dans la deuxième question.

❷ Classer les aliments

En découpant, dans des publicités, des catalogues ou sur des emballages, des photographies ou des dessins d'aliments, on peut réaliser divers classements (cuits/crus, sucré/salé, plats cuisinés/aliments « bruts »…).

❸ Composer un menu

À partir d'un classement d'aliments comme celui de la ***figure 2*** et avec la règle : « Il faut manger à chaque repas un aliment de chaque famille », on peut :
– composer un menu équilibré ;
– contrôler si un menu est équilibré.

❹ D'où viennent les aliments ?

À partir d'aliments découpés dans des revues, des catalogues ou des publicités (jambon, pâté, huile, saucisson, pain, biscuits, pâtes, farine, beurre, confiture…), on peut rechercher d'où viennent ces aliments.

Les enfants ne savent pas toujours d'où viennent la farine ou le jambon. Une discussion est alors nécessaire, complétée par une brève enquête auprès des parents ou de l'entourage. Pour certains aliments (fromage blanc, beurre, farine, pain, confiture…) il est possible de les fabriquer en classe.

C Au cycle 3

Au Cours Moyen, le travail sur l'alimentation humaine doit aborder d'une part l'aspect qualitatif (variété des aliments, composition d'un menu, notion d'équivalence entre les aliments d'un même groupe…), d'autre part l'aspect quantitatif.

❶ Chercher différentes façons de classer les aliments

Vous pouvez faire l'inventaire de ce que les enfants ont mangé au cours du dernier repas de midi et les inviter ensuite à chercher différentes manières de classer ces aliments.

Ils n'inventeront pas la classification des diététiciens, mais l'exercice est intéressant à plusieurs titres :
– il permet de constater qu'on a autant de classements possibles que de critères choisis (aliments cuits/aliments crus ; aliments d'origine animale/aliments d'origine végétale ; aliments produits localement/aliments produits dans d'autres pays ; aliments salés/aliments sucrés…) ;
– il permet de dire clairement que tout ce que nous mangeons est d'origine animale ou d'origine végétale (l'homme fabrique sa matière vivante à partir d'autre matière « vivante » animale ou végétale).

❷ Composer un menu qui respecte les règles de diététiciens

Que représente le dessin de la ***figure 2*** ? Un classement d'aliments proposé par des médecins. Pour assurer correctement les besoins de l'organisme, il faut quotidiennement trouver dans son alimentation un représentant de chacun des groupes et, si possible, pour chacun des repas de la journée. Il n'est pas nécessaire d'en savoir plus pour appliquer la règle et imaginer des menus.

Chaque équipe d'enfants compose un menu pour chacun des trois repas d'une journée. Les propositions de menus sont écrites sur une grande feuille de papier et sont ensuite soumises à la réflexion critique de l'ensemble de la classe.

❸ À quoi servent les aliments que nous mangeons ?

Si vous posez cette question aux enfants, ils fourniront après quelques minutes de réflexion, deux réponses intéressantes : « les aliments servent à nous faire grandir » (c'est-à-dire servent à fabriquer notre corps) ; « les aliments servent à nous faire bouger » (c'est-à-dire sont l'équivalent de l'essence d'une voiture, la source d'énergie de nos mouvements).

Peut-on remplacer la viande par du poisson ?

Équivalences en protéines*

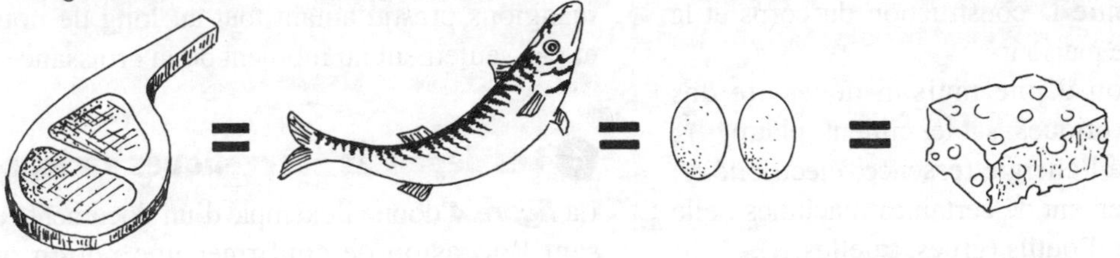

*** Les protéines sont des constituants chimiques abondants dans les aliments des groupes 1, 2 et 5. Un régime qui ne comporte aucune protéine d'origine animale est dangereux pour le maintien en bonne santé.**

Fig. 5 Le poisson fournit-il au corps autant de protéines que la viande ? Peut-on remplacer un beefsteak de 100 g par un œuf ?

Du bébé à l'adulte, qui consomme le plus ?

Les nombres indiquent les besoins alimentaires exprimés en calories, pour une journée de vie sédentaire.

- **Qui doit manger le plus ?**
- **Vrai ou faux ?**
  - **Un bébé de 2 ans doit manger autant qu'un enfant de 4 ans.**
  - **Une femme a, en quantité, les mêmes besoins alimentaires qu'un homme.**

Fig. 6 Que nous apprend ce document sur les variations des besoins alimentaires ?

Demandez alors aux enfants d'essayer de comprendre ce qu'apportent les divers groupes d'aliments : matériaux de construction ? énergie ? autre chose ?
Le document de la ***figure 3*** fournit une aide pour structurer ces notions sur le rôle des aliments.
Une comparaison intéressante peut être approfondie, la comparaison entre la construction du corps et la construction d'une maison.
– La construction d'une maison nécessite des matériaux variés (briques, sable, ciment, plâtre…) ; elle consomme de l'énergie (essence, électricité…) pour le fonctionnement de certaines machines ; elle nécessite l'emploi d'outils (grues, truelles…).
– La construction du corps humain nécessite l'emploi de matériaux (les protéines, le calcium…) ; elle consomme de l'énergie et exige la présence de certains « outils » de fonctionnement (vitamines…).
Une différence fondamentale avec la construction d'une maison : la construction du corps humain n'est jamais terminée. Tout au long de la vie, certaines « briques » qui constituent le mur sont remplacées par d'autres. Il y a remaniement constant, même si celui-ci passe totalement inaperçu. Ce remaniement (qui ne cesse qu'avec la mort) consomme de l'énergie (c'est-à-dire utilise une partie des aliments pour couvrir les besoins). Ce remaniement constant est l'une des principales caractéristiques de la vie et explique que nous mangions presqu'autant tout au long de notre vie, et pas seulement au moment de la croissance.

4 Les dépenses énergétiques varient

La ***figure 4*** donne l'exemple d'un document fournissant l'occasion de confirmer une notion que les enfants possèdent intuitivement : en courant ou en faisant du vélo, je dépense plus d'énergie qu'en restant assis. L'alimentation doit donc couvrir les dépenses énergétiques en s'adaptant aux besoins (***fig. 6***).
À la suite de ces travaux, les enfants peuvent aborder les problèmes de « la faim dans le monde » en comprenant mieux les conséquences d'une alimentation insuffisante.

Notions visées à l'école élémentaire

Au cycle 2

• Les **aliments** sont de nature variée mais ils sont toujours d'**origine animale** ou **végétale**.

• Les aliments que nous consommons peuvent avoir subi diverses transformations (le beurre et les fromages proviennent du lait, la confiture est obtenue à partir de fruits et de sucre qui ont cuit ensemble…).

Au cycle 3

• Les aliments sont à la fois les **matériaux de construction** de notre corps (en mangeant du poulet, des carottes, du fromage… nous fabriquons notre matière vivante) et le **« carburant »** qui fournit l'énergie nécessaire à son fonctionnement (à la manière d'un moteur qui a besoin de combustible pour produire travail et chaleur).

• Avoir une **alimentation équilibrée**, c'est fournir au corps les matériaux dont il a besoin d'une part en qualité (on ne peut manger n'importe quoi n'importe quand), d'autre part en quantité (trop manger ou manger insuffisamment est une erreur).

• Les dépenses énergétiques du corps (besoins en « carburant ») varient beaucoup en fonction de l'activité et de l'âge.

• À chaque activité et à chaque âge correspond une ration alimentaire appropriée.

Mots-clés

• aliments
• matériaux de construction
• « carburant »
• alimentation équilibrée

Chapitre 5

La respiration humaine

Les cellules du corps humain ont besoin de dioxygène pour dégrader les nutriments et trouver ainsi l'énergie nécessaire aux diverses réactions chimiques (synthèse de matière notamment) dont elles sont le siège. Ces cellules, dans leur immense majorité, ne sont pas au contact de l'air et ne peuvent donc pas prélever directement le dioxygène dans le milieu extérieur. Leur ravitaillement en dioxygène et leur rejet de dioxyde de carbone se font dans leur « milieu de vie », c'est-à-dire dans la lymphe interstitielle ; deux systèmes intermédiaires assurent le relais entre milieu extérieur et lymphe :

*– **l'appareil respiratoire** qui permet les échanges gazeux entre le « milieu extérieur » et le sang ;*

*– **l'appareil circulatoire** qui assure, par le sang, le transport des gaz jusqu'à la lymphe.*

Informations pour l'enseignant

1 Une alternance d'inspirations et d'expirations

Les mouvements respiratoires sont la manifestation la plus visible de la respiration.

Le volume de la cage thoracique augmente à chaque pénétration de l'air (ou **inspiration**) et diminue à chaque rejet (ou **expiration**) (***fig. 2***).

L'alternance régulière des mouvements d'inspiration et des mouvements d'expiration définit le **rythme respiratoire**.

Celui-ci s'accélère considérablement lors d'un effort physique, diminue pendant le sommeil et varie selon l'âge.

2 Un schéma pour comprendre

Les **poumons** ne sont pas de simples ballons creux ; ils ont une organisation très spécialisées (***fig. 3***).

Les poumons sont des organes mous, spongieux, élastiques, très légers. Chacune des **bronches** qui entre dans un poumon se ramifie en bronches plus petites ; celles-ci, à leur tour, se ramifient en bronchioles de plus en plus fines. Les plus petites **bronchioles** (dont le diamètre est de 1 à 2 dixièmes de millimètre) se terminent dans de minuscules sacs, les **alvéoles pulmonaires**. On évalue leur nombre à 700 millions pour les deux poumons.

3 Quel volume d'air les poumons peuvent-ils contenir ?

À chaque inspiration normale, 0,5 L d'air entre dans les poumons. Le volume d'air qui pénètre « en plus » au cours d'une **inspiration forcée** est de 2,5 à 3 L.

En fin d'expiration normale, on peut encore « chasser en plus » 1 L d'air ; on effectue alors une **expiration forcée**.

En fin d'expiration forcée, il reste encore 1,5 L d'air dans les poumons ; on ne peut donc jamais les vider complètement.

4 Les échanges gazeux de la respiration

Les scientifiques savent réaliser des dosages précis dont les résultats sont fournis sur la ***figure 3***.

• **L'interprétation des résultats** montre que la respiration se traduit par une absorption de dioxygène.

En 24 heures, l'organisme humain absorbe environ 500 litres de **dioxygène** et rejette 400 litres de dioxyde de carbone !

• **Les prélèvements de sang au niveau de l'artère pulmonaire** (sang qui arrive aux poumons) et de la veine pulmonaire (sang qui sort des poumons) montrent que le premier contient moins de dioxygène et plus de dioxyde de carbone que le second (***fig. 3***).

En passant dans les poumons, le sang s'enrichit en dioxygène et s'appauvrit en dioxyde de carbone. Ainsi, au niveau des poumons :
– une partie de le dioxygène contenu dans l'air inspiré passe dans le sang ;
– du dioxyde de carbone passe du sang dans l'air.

• **Des prélèvements de sang au niveau de n'importe quel organe du corps** montrent que :
– le sang qui arrive à un organe est riche en dioxygène et pauvre en dioxyde de carbone ;
– le sang qui sort d'un organe est riche en dioxyde de carbone et pauvre en dioxygène.
Dans les organes, le sang s'enrichit en dioxyde de carbone et s'appauvrit en dioxygène.

❺ Une surface d'échange remarquable

C'est au niveau des alvéoles pulmonaires qu'une partie du dioxygène contenu dans l'air inspiré passe dans le sang et qu'une partie du dioxyde de carbone contenu dans le sang passe dans l'air expiré (***fig. 3***).

Les échanges entre le sang et l'air alvéolaire sont favorisés par :
– l'existence d'une s**urface d'échange** importante (on l'évalue à 200 m^2 environ pour l'ensemble des deux poumons) ;
– la **finesse de la paroi de l'alvéole** et des **capillaires** (moins d'un micromètre d'épaisseur) ;
– la présence d'une **substance liquide** qui assure une protection de la paroi alvéolaire tout en la maintenant perméable.
Ainsi, l'efficacité des échanges est due non seulement au renouvellement permanent de l'air alvéolaire et à la circulation du sang entre les alvéoles, mais aussi au fait que la surface d'échange est tout à fait remarquable.

❻ Comment se font les mouvements respiratoires ?

Lorsqu'on gonfle un ballon, il augmente de volume : c'est l'entrée de l'air qui provoque l'augmentation de volume. On pourrait croire que le phénomène est le même dans la respiration, c'est-à-dire que l'air qui pénètre dans les poumons provoque l'augmentation de volume de la cage thoracique. Ce n'est pas le cas et c'est même le contraire qui se passe.

• **La cage thoracique** (***fig. 4***), formée par les côtes, la colonne vertébrale et le sternum, n'est pas une enceinte à claire-voie. En effet, les espaces entre les côtes sont occupés par les muscles intercostaux. Par ailleurs, le diaphragme, muscle aplati légèrement bombé, forme le plancher de cette cage entièrement close.

Ajoutons une idée essentielle : les poumons sont « collés » à la cage thoracique par la plèvre (ensemble de deux membranes séparées par le liquide pleural). Ainsi, quand la cage thoracique augmente de volume, les poumons suivent. Cette augmentation de volume entraîne l'entrée de l'air.

• **Les muscles intervenant dans les mouvements respiratoires** sont nombreux. Deux mouvements complémentaires accroissent le volume de la cage thoracique et provoquent l'inspiration normale :
– la contraction du **diaphragme** ;
– la contraction de **muscles intercostaux** qui élèvent les côtes.
L'inspiration normale est un phénomène actif alors que l'expiration normale est un phénomène passif : les muscles précédemment contractés se relâchent et l'élasticité des poumons fait le reste.
Dans l'inspiration forcée, le diaphragme se contracte davantage ; de nouveaux **muscles élévateurs des côtes** entrent en jeu et complètent l'action des intercostaux.
Dans l'expiration forcée, la contraction de **muscles** dits **« expirateurs »** s'ajoute au relâchement des muscles élévateurs. Ainsi une contraction des muscles abdominaux comprime les viscères (« on rentre le ventre ») ce qui refoule le diaphragme vers le haut et accentue la diminution de volume de la cage thoracique.
La respiration normale est involontaire et inconsciente alors que les mouvements d'inspiration et d'expiration forcées sont volontaires.

❼ Comment le dioxygène est-il transporté par le sang ?

Plus de 98 % du dioxygène véhiculé par le sang est transporté par l'**hémoglobine** des globules rouges. Ce pigment respiratoire a donc un rôle essentiel dans la respiration. Ce rôle s'explique par :
– l'aptitude de l'hémoglobine à se combiner au dioxygène pour donner de l'oxyhémoglobine (une molécule d'hémoglobine est capable de se lier à quatre molécules de dioxygène ; la réaction inverse de libération de dioxygène est facile à obtenir) ;

Des représentations initiales à analyser

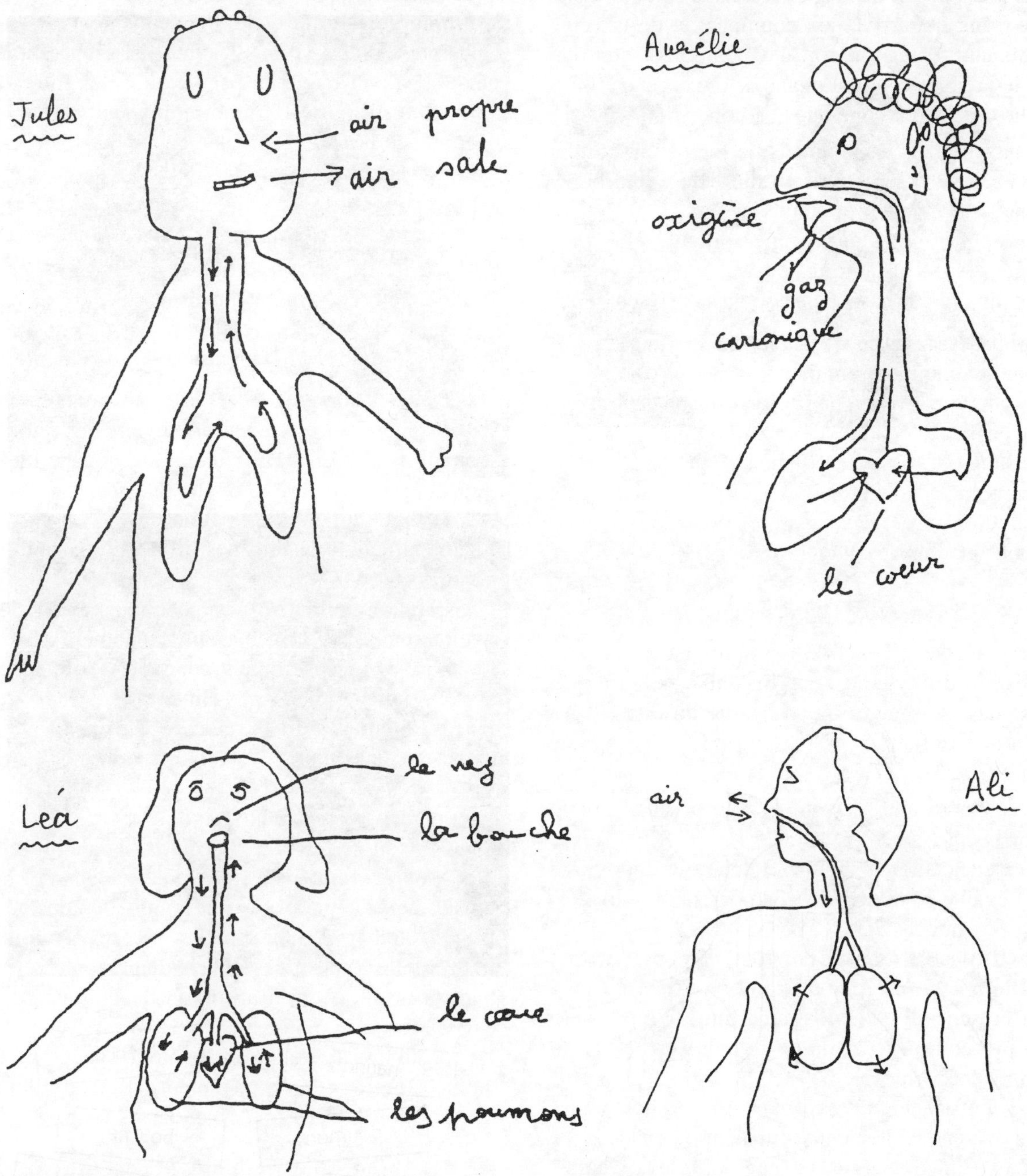

Ce que les enfants disent :
- « L'air va dans les poumons et dans le cœur. »
- « C'est les poumons qui respirent. »
- « On garde le bon air, et on rejette le mauvais air. »
- « L'air aspiré fait gonfler les poumons. »
- « L'air sert à faire battre le cœur et fonctionner le sang. »

Fig. 1 Avant toute étude sur l'appareil respiratoire, les élèves ont réalisé des dessins à partir de la consigne suivante : « Où va l'air que tu respires ? »

De l'air entre, puis sort… et ça recommence

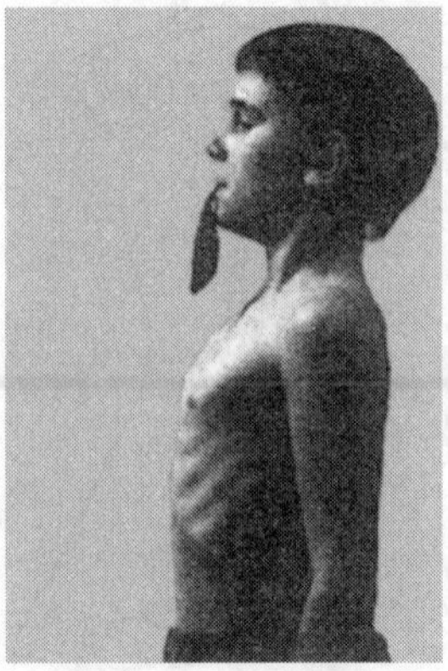

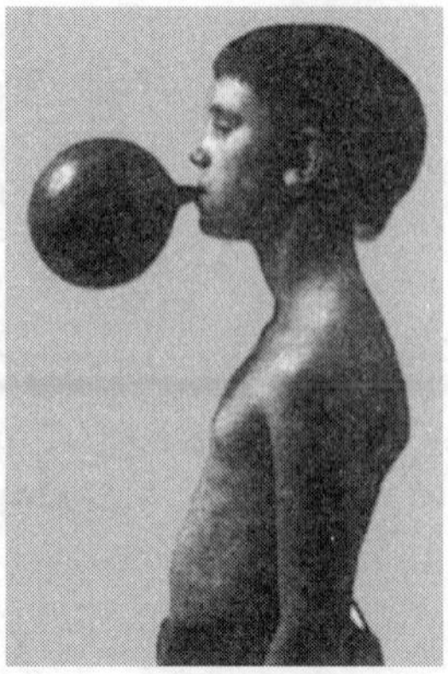

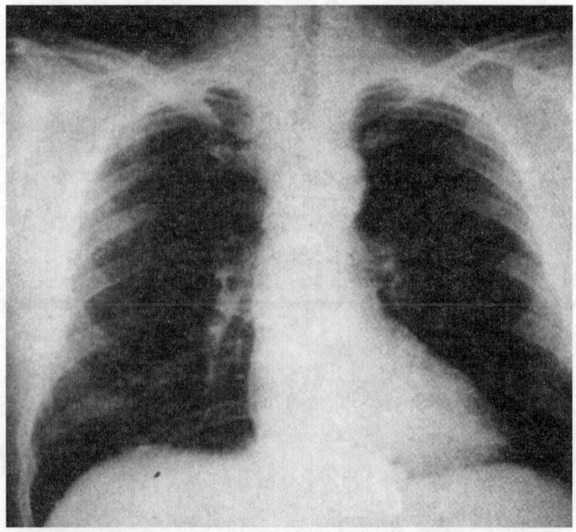

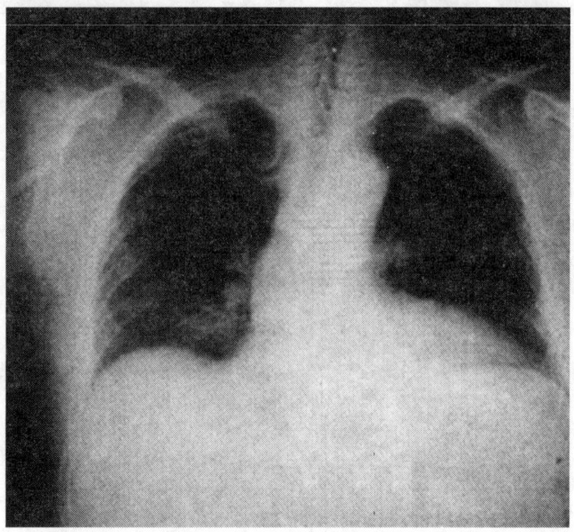

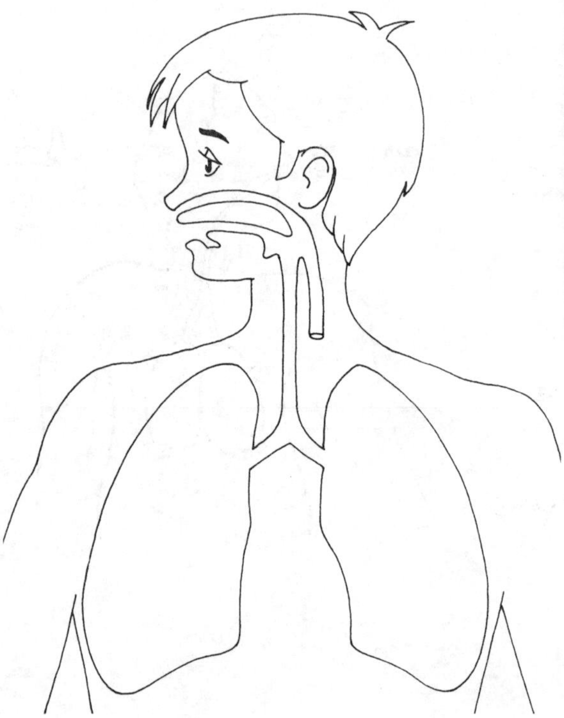

narine

bronche

poumon

bouche

trachée-artère

fosse nasale

pharynx

tube digestif

Fig. 2 Ce document est destiné à des élèves du cycle 3. À quel moment l'utiliseriez-vous dans une étude sur la respiration ?

Que se passe-t-il au niveau des alvéoles pulmonaires ?

■ Schéma de l'appareil respiratoire

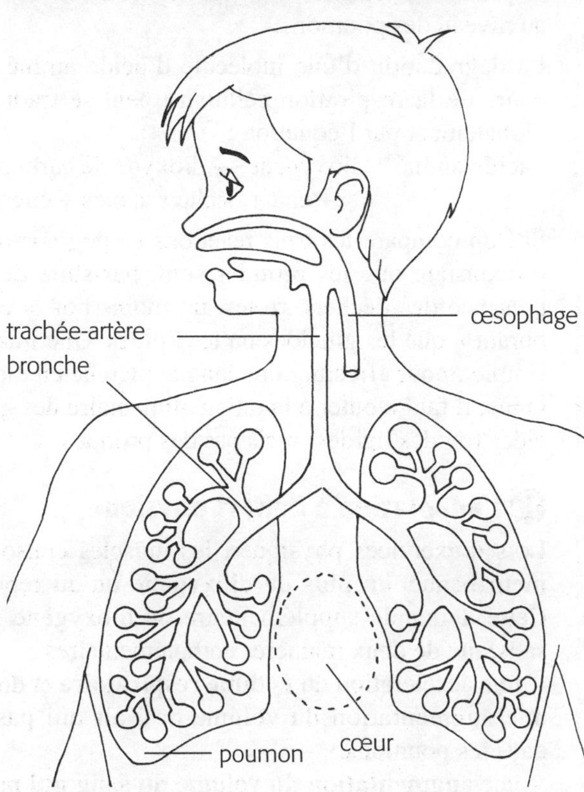

Des nombres surprenants !

On évalue le nombre des alvéoles à 700 millions pour les deux poumons et la surface de l'ensemble de ces alvéoles à 2 000 m² environ (c'est la surface d'un demi-terrain de football).

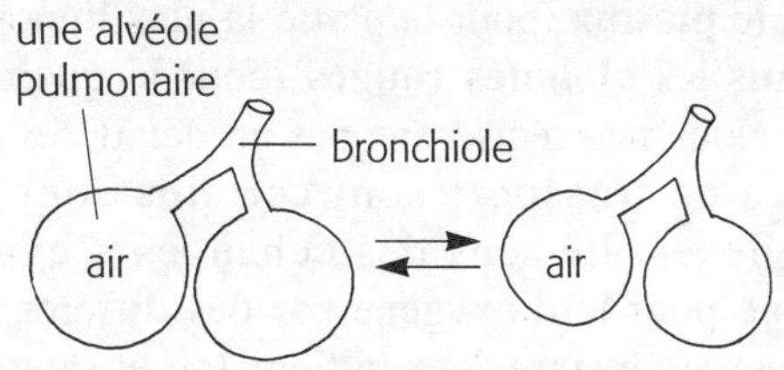

■ Les échanges entre l'air alvéolaire et le sang

Pour 100 litres d'air	air inspiré	air expiré
dioxygène	21 litres	16 litres
dioxyde de carbone	traces	4 à 5 litres
azote	79 litres	79 litres

Pour 100 cm³ de sang	sang pénétrant dans les poumons	sang sortant des poumons
dioxygène	12 cm³	20 cm³
dioxyde de carbone	48 cm³	40 cm³

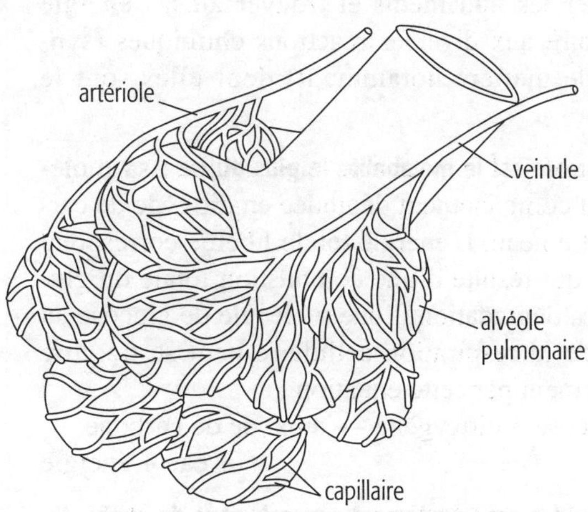

Fig. 3 Quelles informations scientifiques peut-on dégager de l'analyse de ces documents ?

– l'abondance de l'hémoglobine dans les globules rouges (chaque globule rouge contient plusieurs millions de molécules d'hémoglobine ; dans un litre de sang, il y a 150 g d'hémoglobine) ;
– le grand nombre des **globules rouges** (5 millions par millimètre cube de sang) ;
– la surface des hématies (évaluée à 3 000 m^2 soit 500 fois la surface du corps).

Le transport du dioxygène par le plasma est quantitativement très faible mais cependant très important puisque c'est le dioxygène **dissous dans le plasma** qui passe dans la lymphe interstitielle, intermédiaire obligatoire entre les hématies et les cellules.

8 Comment le dioxyde de carbone est-il transporté par le sang ?

Le dioxyde de carbone est 30 fois plus soluble dans l'eau que le dioxygène. Malgré sa très grande solubilité, il n'est pas seulement présent sous forme **dissoute dans le plasma** du sang. Il est en effet transporté sous des formes diverses, à la fois **dans le plasma** (pour la partie la plus importante) et **dans les globules rouges** (pour le quart environ). Nous ne préciserons pas en détail ces divers modes de transport dont certains sont assez complexes. Le sens des échanges s'explique comme pour le dioxygène par des différences de concentration entre deux milieux (air et sang).

9 La respiration cellulaire

Les cellules du corps humain, comme celles des autres animaux, ont besoin de dioxygène pour dégrader les nutriments et trouver ainsi l'énergie nécessaire aux diverses réactions chimiques (synthèse de matière notamment) dont elles sont le siège.

• **Le glucose est le métabolite le plus utilisé ;** sa molécule est complètement dégradée en dioxyde de carbone et en eau. L'énergie totale libérée correspond à celle qui résulte d'une combustion totale du glucose. La dégradation d'une molécule de glucose au cours de la respiration cellulaire peut se traduire globalement par cette équation :

glucose + dioxygène → dioxyde de carbone + eau + énergie

• **Les lipides sont également un carburant de choix.** Ils sont aussi dégradés en dioxyde de carbone et eau. L'équation suivante traduit globalement le phénomène :

lipide + dioxygène → dioxyde de carbone + eau + énergie

• **Les acides aminés peuvent aussi être dégradés** avec production d'énergie. Dans ce dernier cas, un déchet azoté (l'urée) est rejeté en plus du dioxyde de carbone et de l'eau. Soulignons la remarque suivante : l'**urée** qui est un produit de déchet de la respiration cellulaire est rejeté dans l'**urine** et non au niveau des poumons.

La dégradation d'une molécule d'acide aminé au cours de la respiration cellulaire peut se traduire globalement par l'équation :

acide aminé + dioxygène → dioxyde de carbone + eau + déchets azotés + énergie

Si l'on compare les trois réactions de dégradation, on constate que les protides sont, par suite de la présence des déchets azotés, un moins bon « carburant » que les glucides ou les lipides. Une image simple : pour effectuer une longue marche en montagne, il faut ajouter à la ration alimentaire des glucides (ou des lipides) mais pas des protides.

10 L'adaptation à l'effort physique

Lors d'exercices physiques, les muscles consomment beaucoup plus de dioxygène qu'au repos. Cette demande supplémentaire de dioxygène est satisfaite de deux manières complémentaires :
– une accélération du **rythme respiratoire** et donc une augmentation du volume de l'air qui passe dans les poumons,
– une a**ugmentation du volume du sang qui parcourt** d'une part les **poumons**, d'autre part les **muscles** en fonctionnement. Ce dernier phénomène est assuré par l'adaptation du système capillaire et par l'augmentation du débit cardiaque, c'est-à-dire de la quantité de sang éjecté par le cœur chaque minute. Elle est elle-même obtenue grâce à une accélération du rythme cardiaque proportionnelle à l'intensité de l'effort (cette accélération pouvant atteindre 190 battements à la minute constitue le mécanisme le plus important) et à une augmentation de la quantité de sang éjecté à chaque contraction.

11 Quelle ressemblance y a-t-il entre un homme et une automobile ?

La comparaison faite sur la ***figure 4*** p. 301 a pour objet de souligner certaines ressemblances existant entre le fonctionnement d'une automobile et celui de l'organisme humain :
– ils consomment un « carburant » qui sera source d'énergie (aliments ou essence) ;
– ils utilisent du dioxygène et rejettent du dioxyde de carbone ;
– ils fournissent un travail et de la chaleur.

Les mouvements respiratoires

Nombre de mouvements respiratoires par minute pour un sujet au repos

à la naissance	à 5 ans	à 12 ans	à l'âge adulte
40 à 50	25	20	16

Le rythme respiratoire s'accélère considérablement lors d'un effort physique. Il diminue pendant le sommeil.

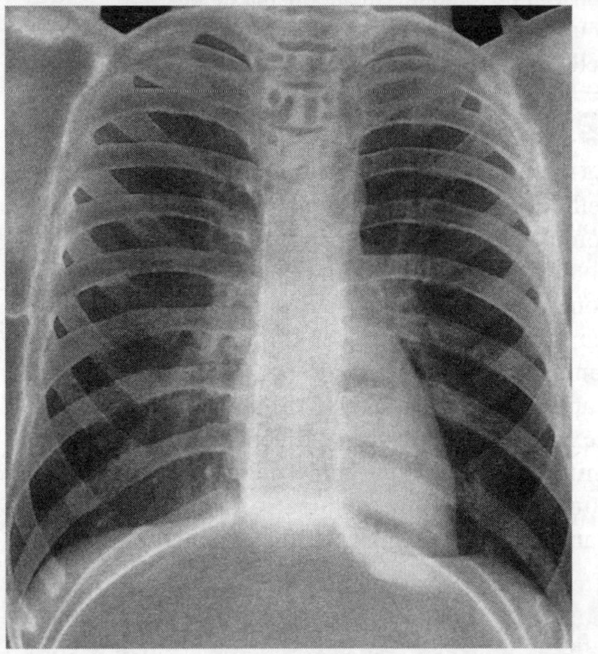

Lexique

- **Inspiration :** action de faire pénétrer de l'air dans les poumons.
- **Expiration :** action de chasser l'air des poumons.
- **Mouvement respiratoire :** mouvement permettant le renouvellement de l'air dans les poumons (il comprend donc une inspiration et une expiration).
- **Rythme respiratoire** (ou fréquence respiratoire) : nombre de mouvements respiratoires par minute.

Les poumons sont logés dans une sorte de « cage » (appelée cage thoracique) formée par les côtes, la colonne vertébrale et le sternum. Les espaces entre les côtes sont occupés par des muscles (appelés muscles intercostaux). La contraction de ces muscles entraîne l'augmentation du volume de la cage, donc l'inspiration. Le « plancher » de la cage n'est pas visible sur le dessin. Il s'agit d'un muscle (appelé diaphragme) qui joue un rôle important dans les mouvements respiratoires.

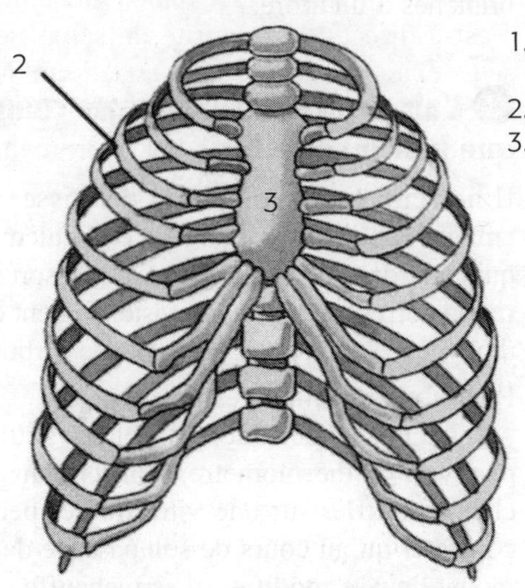

1. colonne vertébrale
2. côte
3. sternum

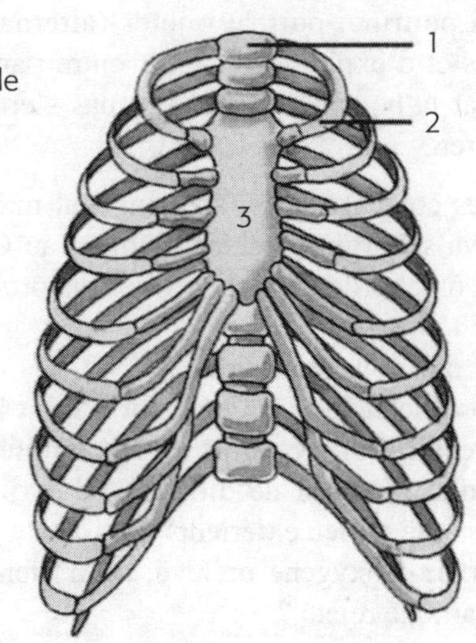

Fig. 4 À quel moment d'une étude sur la respiration utiliseriez-vous les différents documents contenus dans cette figure ?

Mais attention ! des différences fondamentales existent :
– lorsqu'une voiture est à l'arrêt, elle ne consomme pas de carburant alors que l'organisme vivant en consomme toujours (métabolisme de base) ;
– un organisme vivant réalise la synthèse de nouvelle matière ce que, bien sûr, la voiture ne fait pas.

12 En résumé

La respiration est une fonction cellulaire : les cellules tirent leur énergie de réactions chimiques complexes qui s'accompagnent d'une consommation de dioxygène et d'un rejet de dioxyde de carbone. Ces échanges gazeux sont rendus possibles par la **coopération de deux appareils spécialisés** fonctionnant en relais : l'appareil respiratoire et l'appareil circulatoire. Soulignons en particulier l'existence d'une surface d'échange très étendue entre le milieu extérieur et le sang ; ce dernier constitue, dans la respiration, un liquide de transport particulièrement efficace.

Des activités possibles

La respiration est un phénomène complexe. Il est cependant abordé dès le cours préparatoire de façon simplifiée, mais évidemment très incomplète.

Pour un enfant du CP, respirer c'est faire entrer de l'air dans sa poitrine, puis le rejeter (alternance d'inspirations et d'expirations). L'air entre par les narines ou par la bouche. On ne peut pas s'empêcher de respirer.

Le champ des connaissances (souvent mal maîtrisées ***fig. 1***) va s'élargir considérablement au CM. À ce niveau, on abordera en particulier les problèmes suivants :
– Où va l'air que nous respirons ?
– Quelles modifications de composition subit l'air inspiré (la respiration apparaît alors comme un échange de dioxygène et de dioxyde de carbone entre le corps et le milieu extérieur) ?
– À quoi sert le dioxygène prélevé, d'où vient le dioxyde de carbone rejeté ?

En d'autres termes, au CM, on constate que la respiration n'est pas un simple phénomène pulmonaire mais un phénomène qui a lieu dans chaque organe du corps (les muscles respirent, le cerveau respire...).

1 Quelques constatations

Peut-on respirer si on garde la bouche fermée et si on se pince le nez ? Combien de temps peut-on rester sans respirer ? Peut-on respirer uniquement par la bouche ?...
Combien de fois respire-t-on en une minute quand on est assis ? quand on a couru très vite ?

2 Où va l'air inspiré ?

Différentes étapes peuvent être successivement franchies pour répondre à cette question :
– Un enfant, torse nu, effectue des séries d'inspirations forcées et d'expirations forcées. Que voit-on ?
– On peut mesurer avec un mètre de couturière le périmètre de la cage thoracique en fin d'inspiration et en fin d'expiration. Que constate-t-on ? On peut faire la même chose après une inspiration forcée et une expiration forcée.
– On observe des radiographies de poumon.
– On fait un schéma pour expliquer comment l'air qui entre par la bouche ou par le nez arrive dans chacun des deux « gros ballons » que sont les poumons (cette activité a pour but de faire « imaginer » l'organisation de l'appareil respiratoire).
– On compare « sa proposition » à un schéma réalisé par des scientifiques (***fig. 3***). Ce dernier montre que l'air inspiré pénètre bien dans les poumons ; mais chaque poumon n'est pas une simple cavité, il contient des milliers de petits sacs, les alvéoles pulmonaires, en relation les uns avec les autres grâce à de fins canaux ramifiés comme les branches d'un arbre.

3 L'air expiré a-t-il la même composition que l'air inspiré ?

Il ne serait pas satisfaisant de laisser croire aux enfants que la respiration « c'est seulement de l'air qui entre dans les poumons et qui en sort ». La respiration correspond à l'approvisionnement du corps en dioxygène et au rejet de dioxyde de carbone.

Pour aborder cette question on peut :
– faire des expériences simples (souffler sur le réservoir du thermomètre, souffler dans de l'eau de chaux, souffler sur une vitre froide) permettant de constater qu'au cours de son passage dans les poumons, l'air se modifie : il se réchauffe et s'enrichit en dioxyde de carbone et en vapeur d'eau ; l'air qui sort est donc différent de l'air qui entre ;
– comparer des résultats d'analyse entre l'air inspiré et l'air expiré (***fig. 3***) et montrer ainsi que la respiration comporte aussi une absorption de dioxygène.

❹ Où va le dioxygène absorbé ?

Quelques explications très simples (voir ci-après « notions visées à l'école élémentaire ») doivent être fournies et ne peuvent donner lieu à des activités de recherche. Si la comparaison avec une « combustion » n'est pas, sur le plan scientifique, totalement satisfaisante, à ce niveau elle semble indispensable pour comprendre le phénomène.

❺ Quand je cours, je respire plus vite. Pourquoi ?

On peut évaluer le rythme respiratoire en comptant le nombre d'inspirations pendant un temps donné (une minute par exemple), dans des situations différentes, d'abord au repos (assis par exemple) puis après une course plus ou moins longue.
Les muscles qui travaillent ont besoin d'énergie ; pour la trouver, ils consomment davantage de « carburant » donc de dioxygène indispensable à sa « combustion ».

Pour en savoir plus

- **Qu'est-ce que la cage thoracique ?**

Pour aborder cette question on peut, après avoir examiné des radiographies pulmonaires (sur lesquelles les côtes sont bien visibles), utiliser le document de la ***figure 4***.

Le renouvellement de l'air dans les poumons est obtenu grâce à la contraction de muscles respiratoires qui font varier le volume de la cage thoracique dans laquelle sont logés les poumons. Solidaires de cette paroi thoracique par l'intermédiaire des plèvres, les poumons augmentent de volume à chaque inspiration, ce qui entraîne une entrée d'air. Inversement, à chaque expiration, lorsque les muscles respiratoires se relâchent, la cage thoracique s'affaisse et élimine de l'air hors des poumons.

En cas d'inspiration ou d'expiration forcées, d'autres muscles se contractent.

- **Attention ! Danger !**

L'usage du tabac agit principalement sur l'appareil respiratoire. Ce grave problème de santé publique mérite d'être abordé avec des enfants du Cours Moyen car les statistiques montrent que les jeunes fument de plus en plus tôt. Fournir des bases scientifiques pour expliquer les méfaits du tabac constitue un des moyens de prévention.

Notions visées à l'école élémentaire

- Tout au long de la vie, jour et nuit, de l'air entre dans nos poumons et en ressort.

– À chaque **inspiration** normale, un demi-litre d'air entre dans les poumons ; à chaque **expiration**, le même volume d'air en sort.

– Une partie du **dioxygène** contenu dans l'air inspiré passe dans le sang qui le distribue à tous les organes du corps.

- De même que le carburant d'une voiture est « brûlé » pour dégager de l'énergie, les aliments sont « brûlés » dans les divers organes du corps. Cette « combustion » ne peut se faire que s'il y a du dioxygène. En réalité ce ne sont donc pas les poumons qui respirent mais tous les organes du corps.

Mots-clés

- inspiration
- expiration
- poumon
- dioxygène
- dioxyde de carbone
- échanges respiratoires
- air inspiré
- air expiré

Chapitre 6

La circulation et le rôle du sang

Le sang est un liquide connu des enfants (il s'en écoule à la moindre écorchure) et plein de mystère. Il est donc utile d'en faire une approche scientifique.

Le corps d'un adulte contient environ 5 litres de sang, celui d'un enfant 3 litres. Ce liquide circule sous une pression importante dans les artères, pression mesurée par le médecin lorsqu'il « prend la tension ». En plaçant les doigts sur une artère, on ressent des pulsations rythmiques qui constituent le pouls.

Dans les veines, le sang circule sous une pression beaucoup plus faible. Pour des vaisseaux de même diamètre, la paroi des veines est plus fine que celle des artères.

La circulation sanguine est la conséquence des battements du cœur, organe assimilable à deux pompes accolées fonctionnant côte à côte et de manière synchrone. Dans chaque pompe, le sang arrive à l'oreillette par des veines. Sous l'effet des contractions rythmiques du muscle cardiaque (ou myocarde), le sang passe de l'oreillette au ventricule avant d'être expulsé dans l'artère correspondante. Le sens unique de circulation du sang dans le cœur et, par conséquent, dans l'ensemble du système circulatoire est imposé par des valvules, véritables « clapets antiretour ».

Informations pour l'enseignant

L'**appareil circulatoire** comprend un ensemble de vaisseaux sanguins (dans lesquels le sang circule) et une pompe, le cœur, responsable de cette circulation. L'ensemble cœur-vaisseaux forme un couple indissociable.

1 Un système entièrement clos

Le sang circule dans un ensemble entièrement clos de vaisseaux. Une goutte de sang qui part du ventricule gauche par l'aorte est conduite à un organe par une artère qui se ramifie en artérioles de plus en plus petites, qui se divisent à leur tour en capillaires plus fins que des cheveux. Les capillaires se regroupent ensuite en veinules de petit diamètre ; celles-ci se rassemblent en veines plus grosses qui ramènent le sang à l'oreillette droite ; il passe alors dans le ventricule droit qui l'envoie dans un poumon par une artère pulmonaire. À la sortie du poumon la goutte de sang est conduite à l'oreillette gauche puis au ventricule gauche ; elle est alors revenue à son point de départ.

2 Un double circuit

Le réseau sanguin comprend deux circuits qui prennent naissance et se terminent dans le cœur (***fig. 1***) :
– la **circulation pulmonaire** (petite circulation) a pour fonction d'oxygéner le sang dans les poumons ;

La double circulation

Ce schéma simplifié met en évidence une **double circulation**, c'est-à-dire l'existence d'une **circulation pulmonaire** (ou petite circulation) et d'une **circulation générale** (ou grande circulation). Le cœur droit et le cœur gauche ont évidemment le même débit.

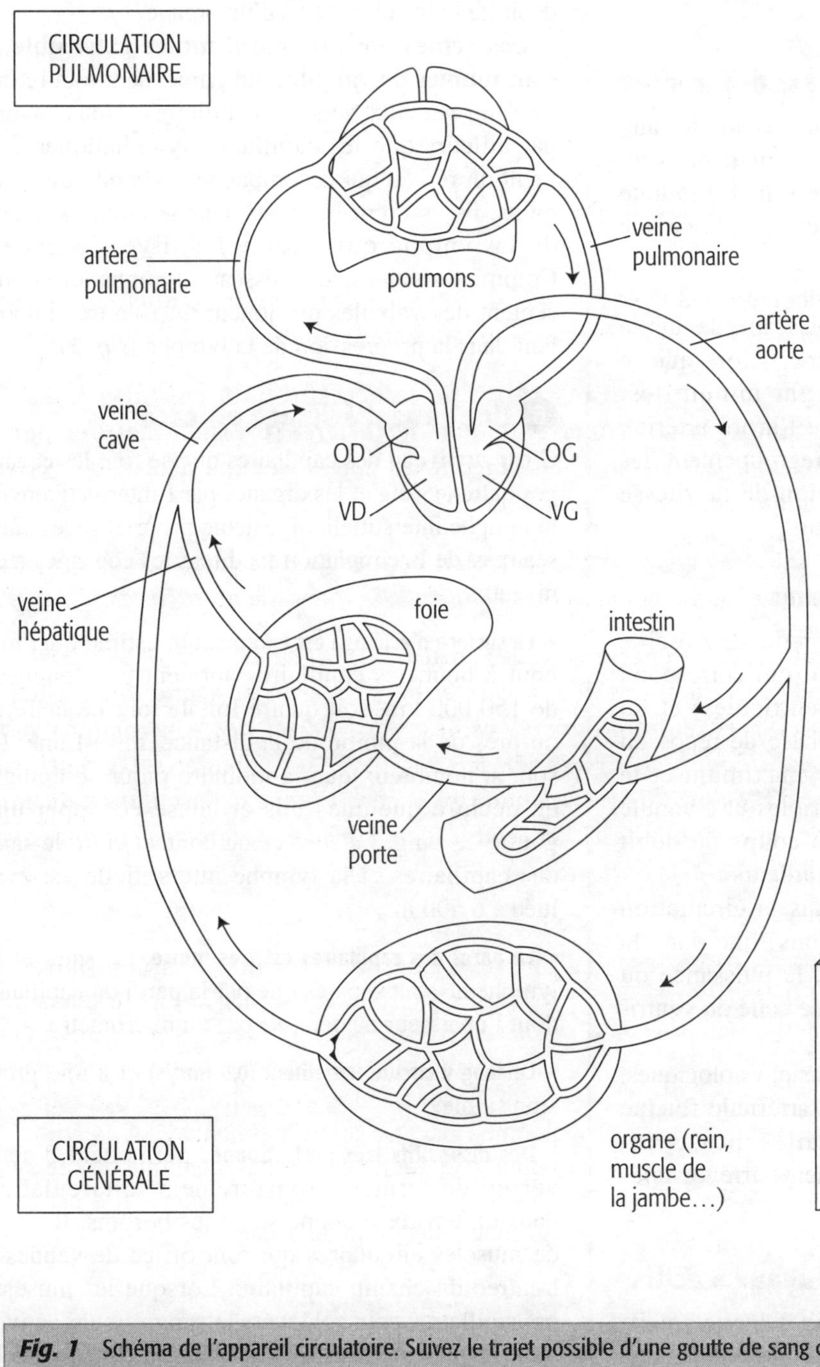

Les couleurs bleue et rouge généralement utilisées dans les schémas sont **conventionnelles**. La couleur bleue correspond à un sang appauvri en dioxygène après passage dans les organes.
Vous remarquerez que :
– dans la circulation générale, les artères contiennent du sang riche en dioxygène ;
– dans la circulation pulmonaire, les artères contiennent du sang appauvri en dioxygène.
C'est évidemment le contraire pour les veines.

Lexique

- **Artère :** ce nom est donné à tout vaisseau dans lequel le sang circule du cœur vers les divers organes du corps.
- **Veine :** ce nom est donné à tout vaisseau dans lequel le sang circule d'un organe vers le cœur.

Fig. 1 Schéma de l'appareil circulatoire. Suivez le trajet possible d'une goutte de sang qui part du ventricule gauche et passe par l'intestin avant de traverser un peu plus tard le rein. Que constatez-vous ? Que se passe-t-il au cours du passage dans les organes traversés ?

– la **circulation générale** (ou grande circulation) irrigue tous les organes du corps (à l'exception des poumons) et assure diverses fonctions étudiées dans les chapitres précédents (transport des nutriments, des gaz et des déchets mais également transport d'hormones…).

Signalons, par ailleurs, l'existence du système porte hépatique, système vasculaire qui fait la jonction entre les réseaux de capillaires de l'intestin et du foie. Ainsi, tout le sang qui sort de l'intestin, traverse le foie avant de regagner le cœur.

❸ Le sang circule à des vitesses différentes

Il faut trois secondes environ à une goutte de sang pour aller du cœur à la pointe du pied, mais au niveau des capillaires la vitesse du sang est réduite à 0,5 mm/s environ. Le retour au cœur se fait à une vitesse assez rapide (20 cm/s).

La diminution de vitesse s'explique par l'augmentation de la section totale des vaisseaux depuis la grosse artère jusqu'aux capillaires, alors que le débit (volume de sang écoulé par minute) est évidemment égal tout au long de l'arbre artériel. Dans les veines, au contraire, le regroupement des vaisseaux conduit à l'augmentation de la vitesse du sang qui va des organes au cœur.

❹ Le sang circule sous pression

Dans les grosses artères la pression du sang oscille régulièrement entre un maximum (qui correspond à la phase de contraction des ventricules) et un minimum (qui correspond à la phase de repos du cœur). Cette différence entre le maximum et le minimum s'atténue dans les artérioles et s'annule au niveau des capillaires. Les à-coups du débit sanguin sont ainsi supprimés. Par ailleurs :

– la pression est plus élevée dans la circulation générale (aorte et ses ramifications) que dans la circulation pulmonaire (en effet, la puissance du ventricule gauche est plus forte que celle du ventricule droit) ;

– la pression présente des variations physiologiques. Chez un même sujet, la pression artérielle fluctue selon l'activité physique (travail, repos, sommeil…) ; d'autre part, elle augmente irréversiblement avec l'âge.

❺ Les vaisseaux sont des « tuyaux » actifs

Les vaisseaux ne sont pas des tubes inertes mais, par leurs propriétés spécifiques, ils participent activement à la circulation :

– **Les grosses artères sont élastiques.** Cette élasticité a pour effet de transformer le débit intermittent, dû à la contraction discontinue du cœur, en un débit continu.

En raison de cette élasticité, si une artère est accidentellement sectionnée, l'orifice reste béant et le sang s'écoule entraînant une hémorragie grave qui nécessite une compression manuelle immédiate.

– **Les petites artères et les artérioles sont contractiles.** Leur diamètre est donc réglable grâce aux fibres musculaires contenues dans leur paroi. Cette propriété joue un rôle très important dans l'adaptation du débit sanguin aux besoins d'un organe.

– **Les veines ont une paroi mince extensible et sont munies de valvules** qui empêchent tout retour du sang veineux vers les capillaires. Nous savons par ailleurs que les capillaires lymphatiques forment un réseau qui accompagne les capillaires sanguins. Ils assurent le retour dans le circuit veineux de la lymphe qui imbibe les divers organes. Comme les veines, les vaisseaux lymphatiques présentent des valvules qui jouent un rôle très important dans la progression de la lymphe (***fig. 2***).

❻ Une zone d'échange efficace

C'est au niveau des capillaires que se font les échanges entre le sang et les organes par l'intermédiaire de la lymphe interstitielle. Plusieurs propriétés des vaisseaux et de la circulation facilitent les échanges à ce niveau.

• **La surface d'échange est énorme.** On estime que, mis bout à bout, les capillaires auraient une longueur de 150 000 km, soit quatre fois le tour de la Terre ou près de la moitié de la distance Terre-Lune. Ils sont si nombreux que la moindre piqûre d'épingle en déchire quelques-uns et laisse échapper une goutte de sang. La surface de contact entre le sang des capillaires et la lymphe interstitielle est évaluée à 6 500 m^2.

• **La paroi des capillaires est très mince.** Le sang et la lymphe ne sont séparés que par la paroi du capillaire dont l'épaisseur ne dépasse pas un micromètre.

• **Le sang y circule lentement (0,5 mm/s)** et à une pression faible.

• **Des dispositifs très perfectionnés** permettent d'activer ou de fermer provisoirement la circulation dans un territoire donné selon les besoins. Il s'agit de muscles circulaires qui font office de vannes à l'entrée du champ capillaire. Lorsque les muscles précapillaires sont relâchés, le sang circule activement dans les capillaires qui se dilatent (quand le diamètre double, le débit est multiplié par 16). Cette régulation constitue une adaptation immédiate aux besoins locaux d'un organe.

Des informations pour répondre aux questions des élèves

■ Qu'est-ce que la lymphe ?

La lymphe interstitielle, dans laquelle baignent les organes, est en relation avec la lymphe circulante à travers la paroi des capillaires lymphatiques. Les vaisseaux lymphatiques constituent un réseau réparti dans l'ensemble du corps, mais la circulation de la lymphe ne s'effectue que dans un seul sens, des organes vers le cœur. La progression à sens unique est, comme pour certaines veines, facilitée par la présence de valvules.

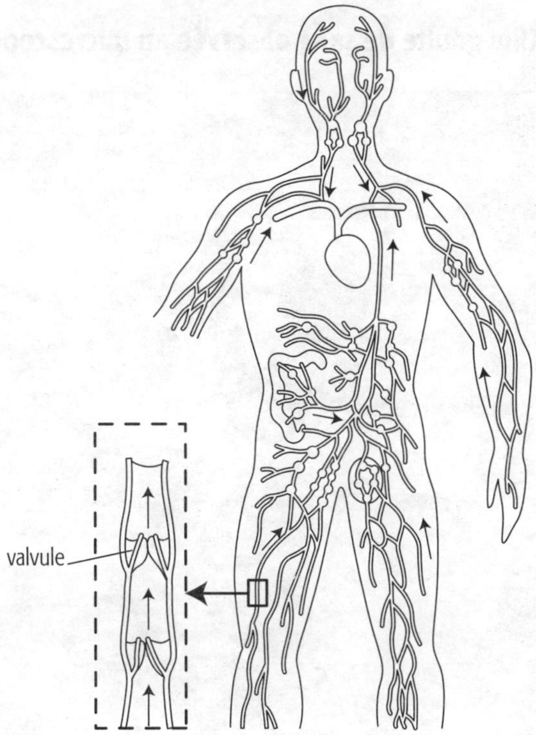

■ Quelques caractéristiques du cœur

- Le cœur est un muscle creux à quatre cavités : deux oreillettes et deux ventricules. Vide de sang, il pèse 270 g.
- Les parois des ventricules sont épaissies et forment une masse charnue importante ; les parois des oreillettes sont minces et flasques (lorsque le cœur est vide, elles sont rabattues sur les ventricules comme des oreilles sur la tête d'un éléphant, d'où leur nom).
- La moitié droite et la moitié gauche du cœur ne communiquent pas entre elles. La moitié droite assure la circulation pulmonaire et la moitié gauche la circulation générale.
- Chaque oreillette communique avec le ventricule du même côté ; mais des valvules ne laissent passer le sang que des oreillettes vers les ventricules.
- Le cœur reçoit le sang par les veines et envoie le sang dans les artères.
- Les valvules sigmoïdes, placées à la base des artères, empêchent le sang de refluer des artères dans les ventricules.

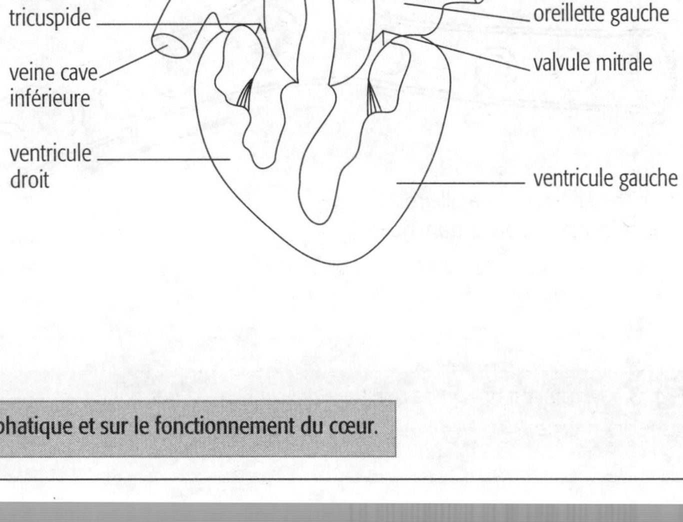

Fig. 2 Pour en savoir plus sur la circulation lymphatique et sur le fonctionnement du cœur.

Pourquoi le sang est-il rouge ?

Une goutte de sang observée au microscope

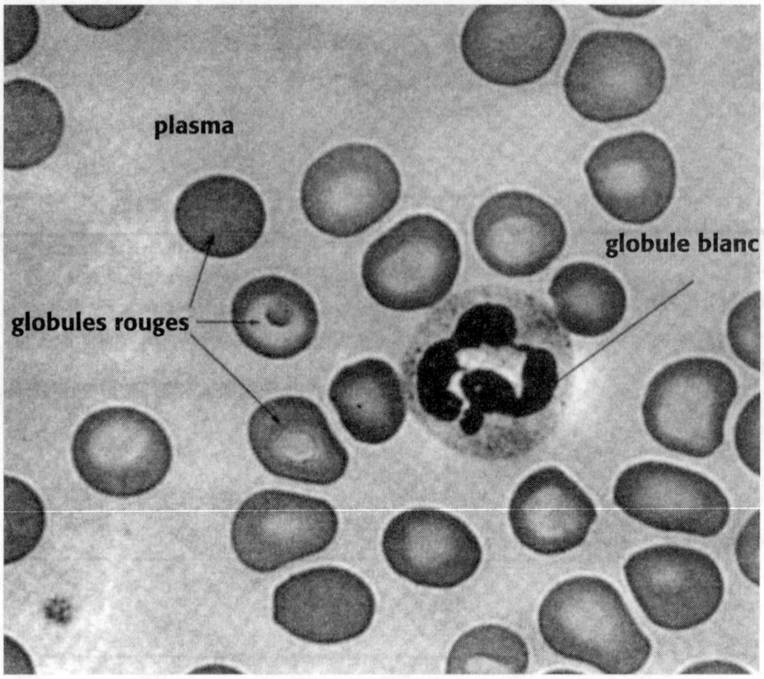

Le sang est constitué d'un liquide presque incolore très riche en eau (le **plasma**), dans lequel baignent des **globules rouges** et des **globules blancs**.
Seuls les globules rouges, qui contiennent de l'hémoglobine, donnent au sang sa couleur rouge. Leur nombre est considérable (4 500 000 par millimètre cube de sang) et leur fonction essentielle est le transport du dioxygène. Le dioxygène se fixe en effet sur l'hémoglobine.

- Sur la photographie et le dessin, colorie en rouge les globules rouges.
- Quel est le rôle principal des globules rouges ?

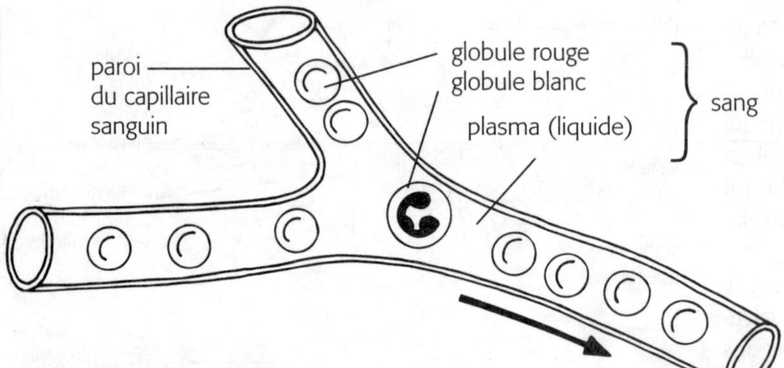

Sur ce schéma, le capillaire sanguin est supposé transparent.

Des nombres étonnants

Dans la moelle rouge de tes os naissent chaque jour :
- 150 milliards de globules rouges ;
- plusieurs milliards de globules blancs.

Fig. 3 Le sang est un liquide complexe qui contient de très nombreux globules. Quels sont ceux qui transportent le dioxygène jusqu'aux organes ?

Où est le sang dans ma main ?

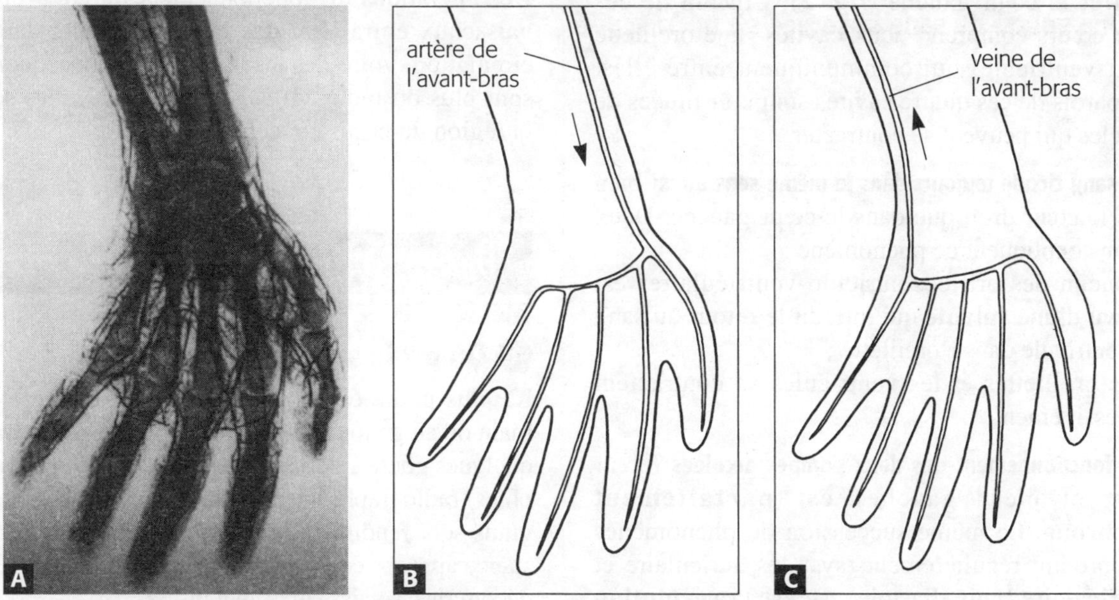

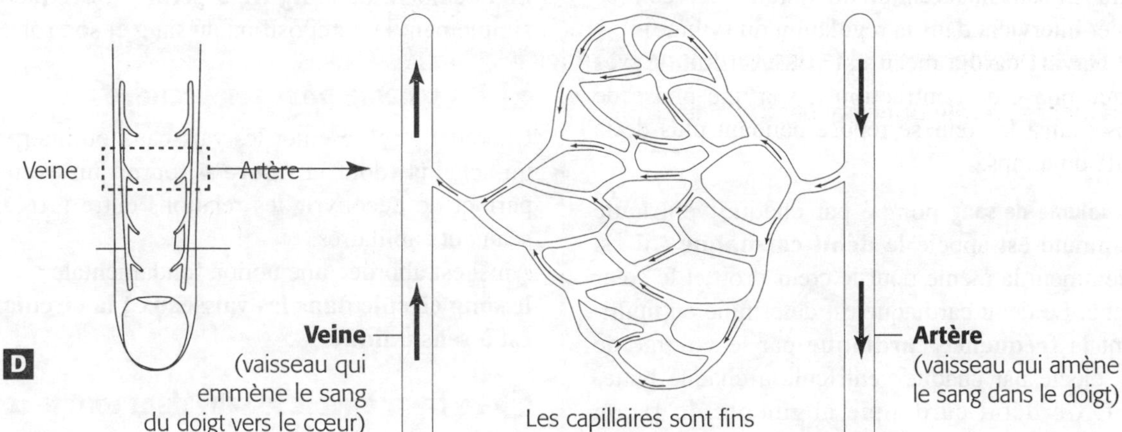

1. Colorie le sang sur les schémas B, C et D.

2. Comment appelle-t-on les « tuyaux » dans lesquels se trouve le sang ?

3. Les vaisseaux sanguins ont-ils tous le même diamètre ?

Fig. 4 Ces schémas permettent d'une part de comprendre les relations existant entre les gros vaisseaux et les capillaires, d'autre part de souligner l'existence d'une circulation « à sens unique ».

7 Le fonctionnement de la pompe

• **Le cœur est un muscle creux** divisé en deux parties qui ne communiquent pas entre elles : le cœur droit et le cœur gauche (***fig. 2***). Chacun de ces deux cœurs comprend deux cavités (une oreillette et un ventricule) qui communiquent entre elles. Les parois de ces quatre cavités sont constituées de muscles qui peuvent se contracter.

• **Le sang circule toujours dans le même sens** aussi bien dans le cœur droit que dans le cœur gauche. Deux raisons expliquent ce phénomène :
– chacun des orifices auriculo-ventriculaires est pourvu d'une **valvule** qui interdit le retour du sang du ventricule dans l'oreillette ;
– les oreillettes et les ventricules se contractent successivement.

• **Le fonctionnement des deux pompes accolées** (cœur droit et cœur gauche) **est parfaitement synchrone**. La même succession de phénomènes se reproduit régulièrement (systoles auriculaire et ventriculaire, puis diastole) : c'est la **révolution cardiaque**.
Deux idées importantes doivent être soulignées :
– le cœur est un organe **automatique** qui peut se contracter sans intervention du système nerveux (ce dernier intervient dans la régulation du rythme) ;
– le travail cardiaque n'est pas continu. Après chaque phase de contraction il y a une phase de repos ; ainsi le cœur se repose pendant plus de la moitié du temps.

• **Le volume de sang** pompé par chaque ventricule par minute est appelé le **débit cardiaque** ; il est évidemment la même pour le cœur droit et le cœur gauche. Le débit cardiaque est déterminé en multipliant la **fréquence cardiaque** par le volume de sang éjecté par chaque ventricule à chaque battement. Ce débit cardiaque augmente de façon importante au cours des activités physiques.

8 En résumé

Le sang circule – toujours dans le même sens – à l'intérieur d'un circuit constitué de vaisseaux de divers calibres (le diamètre des vaisseaux varie de 1 cm à 0,001 mm environ). Ces divers types de vaisseaux ont des fonctions différentes en relation avec leurs propriétés spécifiques.

Le cœur est un organe musculaire contractile assimilable à deux pompes accolées qui fonctionnent côte à côte. Chacune de ces pompes reçoit du sang par les veines qui arrivent aux oreillettes. La contraction simultanée des oreillettes, puis des ventricules envoie le sang dans les artères : le ventricule gauche propulse le sang dans l'aorte, le ventricule droit dans l'artère pulmonaire. Cette contraction rythmique du cœur est automatique.
Des altérations du fonctionnement du cœur et des vaisseaux entraînent des ralentissements dans la circulation, voire des arrêts, dont les conséquences sont plus ou moins graves, parfois mortelles selon la région du corps concernée.

Des activités possibles

1 Où est le sang dans le corps ?

La plus petite écorchure, la moindre blessure à la main ou au genou, à la tête ou au pied font apparaître quelques gouttes de sang. L'observation d'artériographies (radiographies sur lesquelles les vaisseaux sanguins sont rendus visibles par l'injection d'une substance appropriée), par exemple celle de la main, fait découvrir les vaisseaux sanguins.
À partir de diverses observations, on peut alors conclure que **le sang est contenu dans un réseau de canaux : les vaisseaux sanguins**.
Le document de la ***figure 3*** permet d'évoquer très simplement la composition du sang et son rôle.

2 Un schéma pour comprendre

Chercher à représenter les vaisseaux ou interpréter un schéma (dont la ***figure 4*** fournit un exemple) permet de découvrir les relations entre gros vaisseaux et capillaires.
Ainsi est abordée une notion fondamentale :
le sang circule dans les vaisseaux ; la circulation est à sens unique.

3 Le cœur envoie le sang dans tout le corps

• **Jouons au médecin**

En plaçant l'oreille sur la poitrine d'un camarade, on entend battre le cœur. On peut alors compter le nombre de battements pendant une minute et déterminer ainsi le rythme cardiaque.

• **D'autres pulsations**

Il est facile de repérer des « battements » en différents points du corps (poignet, base du cou, tempe...). Ils ont le même rythme que les battements cardiaques.
Le pouls, ressenti au niveau du poignet, correspond à la distension de la paroi des artères qui prend naissance à chaque battement cardiaque et qui se transmet comme une onde.

Toutes les routes sont à sens unique

• Vrai ou faux ?

Une artère conduit le sang du cœur vers un organe (la main par exemple).

Une veine ramène le sang d'un organe vers le cœur.

Une goutte de sang venant de la main (ou de la tête…) passe obligatoirement par les poumons avant de repartir vers un autre organe.

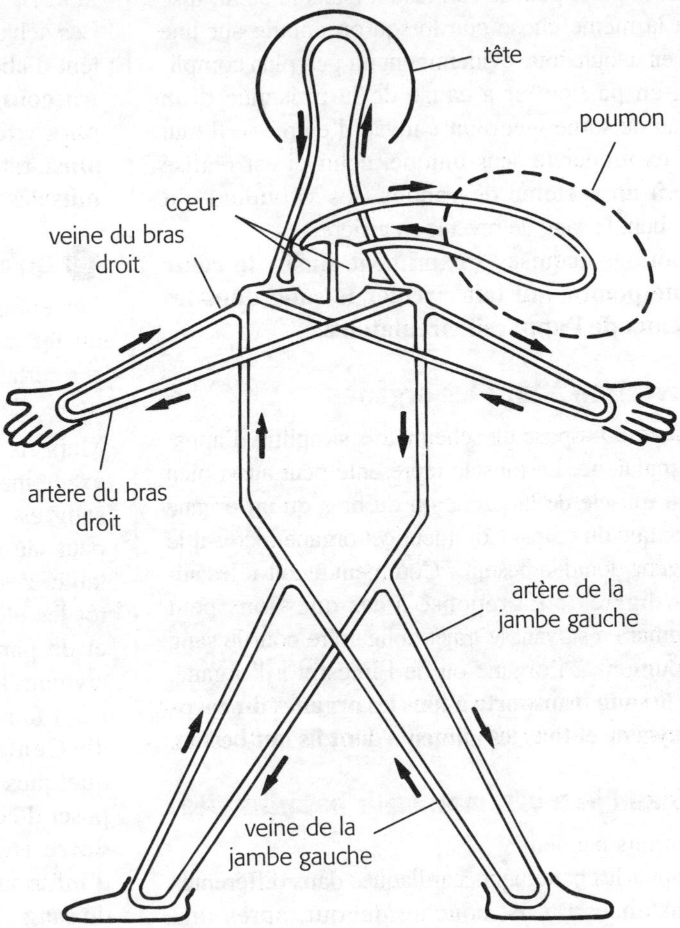

• Quel est le rôle du cœur ?

. . . .

. . . .

Combien ?

Combien y a-t-il de sang :
- dans ton corps ?
- dans le corps d'un adulte ?

Réponses : 3 litres
5 litres

Mots importants
- Vaisseaux sanguins
- Artère
- Veine
- Capillaire

Fig. 5 Pour comprendre les notions importantes à connaître sur la circulation du sang (circuit fermé, sens unique, passage obligatoire par les poumons…), il faut proposer un schéma de la circulation très simplifié et donc très éloigné de la réalité.

• Comment fonctionne le cœur ? En essayant de comprendre les informations fournies par la ***figure 5***, on découvre le rôle du cœur. Le cœur est comparable à deux poires en caoutchouc accolées l'une à l'autre et dont la paroi peut se contracter. Dans le cœur, il se passe la même chose que lorsqu'on appuie sur une poire en caoutchouc évidemment un peu plus compliquée, en particulier à cause de la présence d'un « tuyau de sortie » et d'un « tuyau d'entrée ». Il faut aussi expliquer le sens unique, celui-ci est réalisé grâce à un système de vannes (les valvules) qui empêchent le sang de revenir en arrière.

Les notions acquises s'expriment ainsi : **le cœur est une pompe qui fait circuler le sang dans les vaisseaux de l'appareil circulatoire.**

4 Livraison à tous les organes

La ***figure 6*** propose un schéma très simplifié d'appareil circulatoire. Le muscle représenté peut aussi bien être un muscle de la jambe ou du bras qu'un organe quelconque du corps. Comment cet organe reçoit-il le dioxygène dont il a besoin ? Comment reçoit-il les aliments digérés ? La réponse à ces questions peut s'exprimer en suivant le trajet obligatoire pour le sang des poumons à l'organe ou de l'intestin à l'organe. Ainsi, **le sang transporte à tous les organes du corps le dioxygène et tous les aliments dont ils ont besoin**.

5 Quand je cours, mon cœur bat plus vite

Les enfants peuvent :

– compter les battements cardiaques dans différentes circonstances (assis, couché, debout, après une marche brève, après une, deux, cinq minutes de course rapide, après un repos de quelques minutes) ;

– présenter leurs résultats par écrit ;

– comparer avec les valeurs obtenues par les camarades.

Les échanges organisés au sein de la classe permettent d'aboutir à l'expression d'une nouvelle notion : **Au cours d'un exercice physique, le cœur bat plus vite et le rythme respiratoire s'accélère ; ainsi est assuré un ravitaillement suffisant des muscles qui travaillent.**

6 Qu'est-ce que le don du sang ?

Les enfants connaissent généralement les camions ou les caravanes qui stationnent périodiquement sur certaines places ou parkings et portent la mention « Centre de transfusion sanguine ».

Mais ils n'y ont pas souvent pénétré et ignorent exactement ce dont il s'agit. Cependant le don du sang est un geste de solidarité si importante, qui peut sauver tant de vies humaines, qu'il est souhaitable d'en parler à l'école afin de sensibiliser très tôt les élèves au problème de l'entraide collective et de participer ainsi à leur éducation morale et civique. Lorsque l'occasion s'en présente, invitez-les à faire une petite enquête auprès du personnel du Centre de transfusion ainsi qu'auprès de quelques donneurs. Vous pouvez aussi leur proposer d'écrire au Centre de transfusion sanguine de votre région qui vous enverra des dépliants d'information ou de propagande en faveur du don du sang.

Notions visées à l'école élémentaire

• Le **sang** circule, toujours dans le même sens, à l'intérieur d'un circuit entièrement clos, formé de 150 000 kilomètres de **vaisseaux sanguins** de divers calibres. Certains vaisseaux, les **capillaires**, sont beaucoup plus fins que des cheveux.

• Les vaisseaux sanguins sont répartis dans tout le corps. Le sang peut ainsi transporter le dioxygène et les aliments à tous les organes du corps.

• Le sang circule dans les vaisseaux à des vitesses différentes : 40 centimètres par seconde dans une grosse artère ; 0,5 millimètre par seconde dans un capillaire.

• Les contractions du **cœur** assurent la **circulation** du sang comme le ferait une pompe sur une canalisation. En réalité, le cœur est formé de deux pompes qui fonctionnent côte à côte et se contractent en même temps.

Mots-clés

- sang
- vaisseaux sanguins
- capillaires
- cœur
- circulation

Le sang est un transporteur

• Sur ce schéma, colorie le sang en rouge.

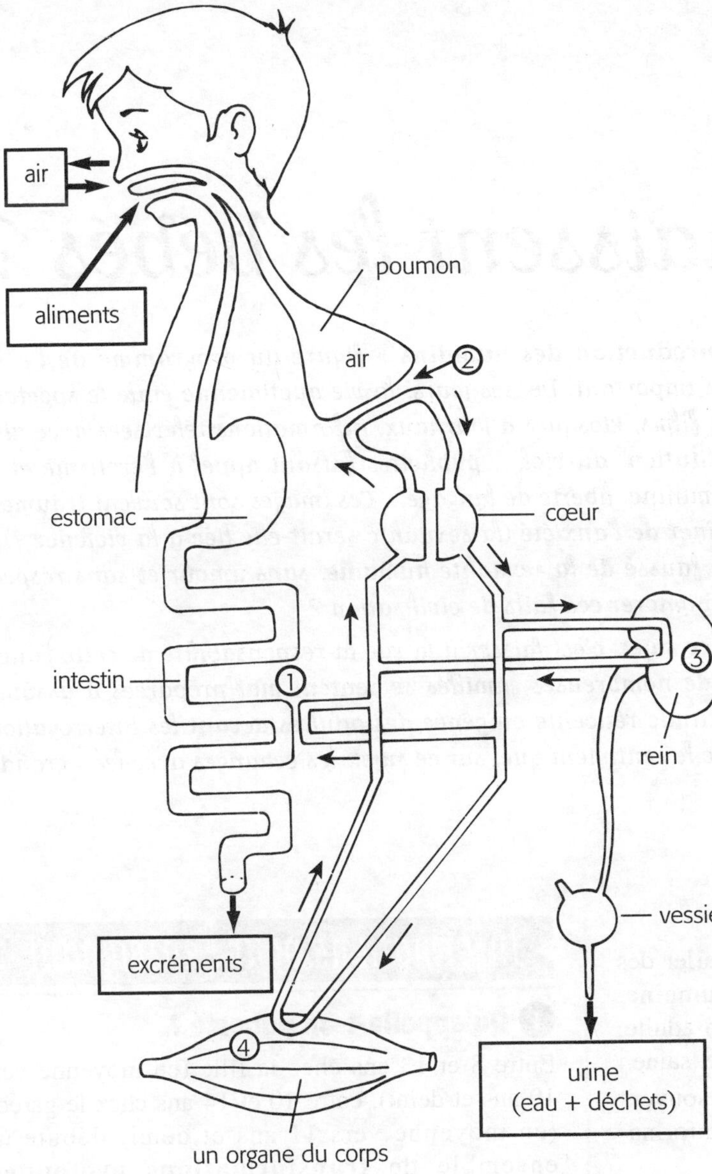

• En ②, le sang se débarrasse de son dioxyde de carbone et s'enrichit en dioxygène.

• En ◯, le sang s'enrichit en nutriments et reçoit une grande partie de l'eau contenue dans les aliments.

• En ◯, le sang distribue le dioxygène et les nutriments nécessaires au fonctionnement des muscles. En même temps, il récupère le dioxyde de carbone et les déchets (urée) qui résultent de l'activité de tout organe vivant.

• En ◯, le sang se débarrasse de ses déchets et de son excès d'eau ; l'urine (de l'eau contenant des déchets) est fabriquée par les reins.

• Souligne dans le texte qui accompagne le dessin le nom des substances transportées par le sang.

• Indique dans ce texte le chiffre qui convient (1, 3 ou 4).

Quelques chiffres

• Dans les poumons, il passe environ 8 000 litres de sang par 24 heures.
• Dans le même temps, environ 1 650 litres de sang traversent les reins.

Fig. 6 Ce schéma simplifié permet d'illustrer le rôle du sang comme transporteur des aliments, des gaz respiratoires et des déchets.

Chapitre 7

Comment naissent les bébés ?

*Le sujet « **sexualité et reproduction des humains** » figure au programme de l'école primaire. C'est un sujet très important. De nos jours, la vie quotidienne étale le spectacle de la sexualité : affiches de films, kiosques à journaux, informations télévisées avec allusions fréquentes à la prostitution, au viol..., publicités faisant appel à l'érotisme et en particulier à la plastique féminine, liberté de langage... Ces images sont souvent traumatisantes. Elles peuvent entraîner de l'anxiété (la sexualité serait-elle liée à la violence ?) et surtout donnent une image fausse de la sexualité humaine, sans amour et sans respect. L'école peut-elle continuer à ignorer ces faits de civilisation ?*

Choisir de ne pas parler de ce sujet, c'est laisser à la rue la responsabilité de cette éducation puisque, en pratique, de nombreuses familles se sentent mal préparées à assumer cette responsabilité. Une attitude réticente ou gênée des adultes devant les interrogations des enfants peut faire naître le sentiment que, sur ce sujet, les échanges avec les « grandes personnes » sont interdits.

Il est important de :
– fournir à chaque enfant l'occasion de parler des problèmes relatifs à la reproduction humaine, devant des camarades et en présence d'un adulte, dans une bonne ambiance, simple, détendue, saine ;
– organiser et corriger les connaissances souvent décousues, parfois fausses, issues d'une information empirique et fragmentaire ;
– préparer l'enfant à son avenir, en l'informant des changements qui accompagnent la puberté, en lui donnant la signification de la menstruation (règles), en l'aidant à comprendre les différences entre les deux sexes, en montrant qu'elles n'entraînent pas une inégalité mais une complémentarité et ainsi en l'aidant à assumer psychologiquement l'appartenance à son sexe.

Tous ces objectifs répondent à un souci d'**éducation globale** de l'enfant : l'éducation sexuelle n'est pas celle de la fonction sexuelle ; elle n'est qu'un des aspects de l'éducation.

Informations pour l'enseignant

1 Qu'appelle-t-on puberté ?

Entre 8 et 13 ans chez la fille (en moyenne vers 10 ans et demi), entre 10 et 14 ans chez le garçon (en moyenne vers 11 ans et demi) débute un ensemble de **transformations profondes**, **morphologiques**, **physiologiques** et **psychologiques** appelé **puberté** (du latin *pubere* = se couvrir de poils).

La puberté qui correspond au début du fonctionnement des organes génitaux se manifeste par :
– l'apparition des premières règles chez la fille ;
– la première éjaculation (émission de sperme) chez le garçon.

Les changements morphologiques et physiologiques de la puberté sont **progressifs** et se déroulent en moyenne sur quatre ans (***fig. 2***).

« Comment le bébé peut-il manger dans le ventre de sa maman ? »

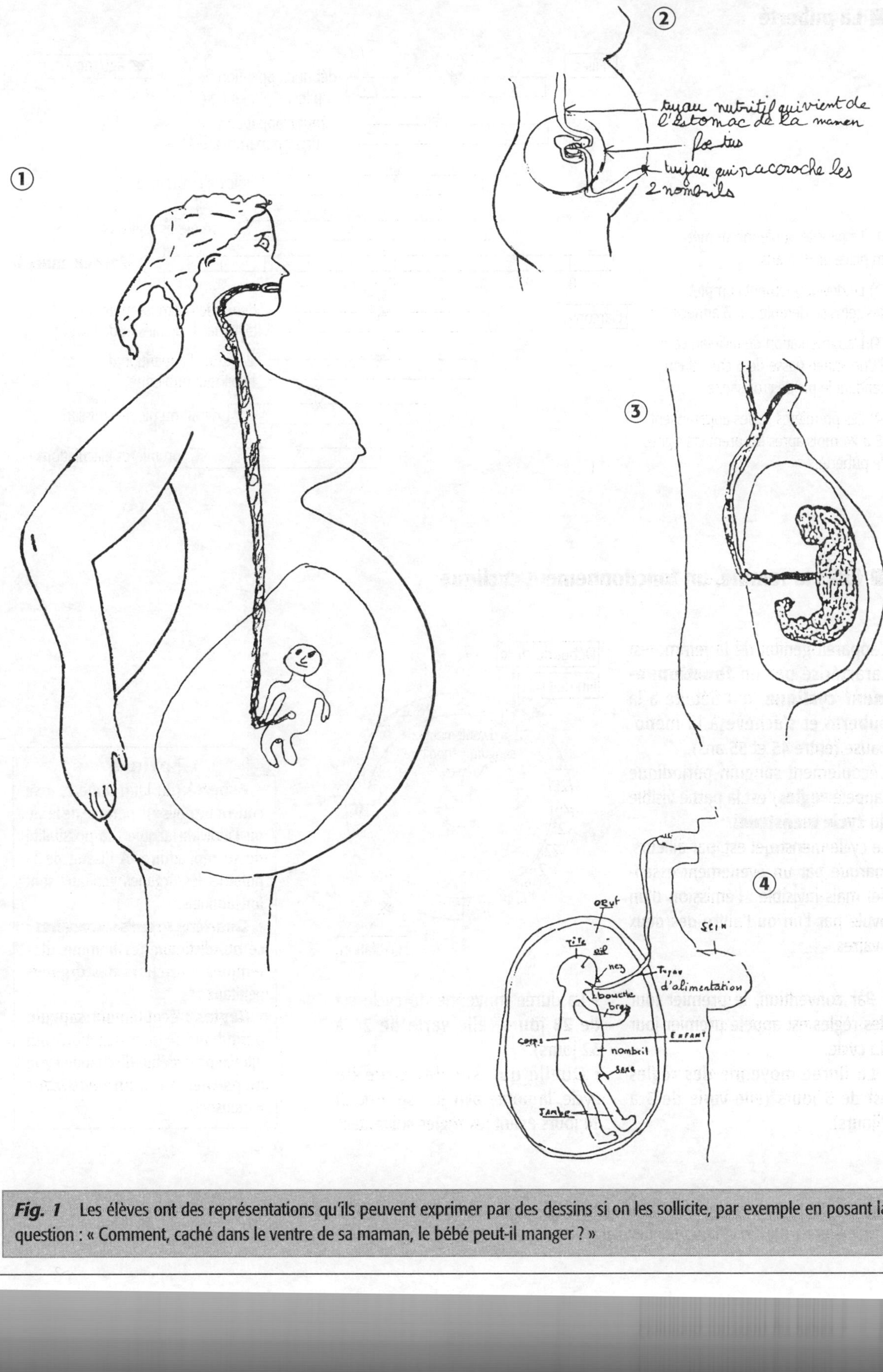

Fig. 1 Les élèves ont des représentations qu'ils peuvent exprimer par des dessins si on les sollicite, par exemple en posant la question : « Comment, caché dans le ventre de sa maman, le bébé peut-il manger ? »

Deux chronologies d'événements

La puberté

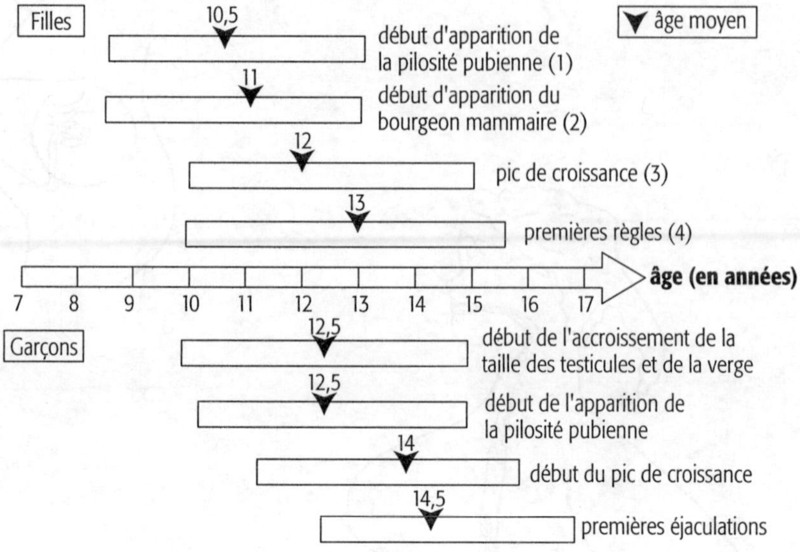

(1) La pilosité pubienne se met en place en 3, 5 ans.

(2) Le développement complet des seins se déroule sur 3 années.

(3) L'augmentation de taille au cours d'une année passe de 5 cm à 9 cm pendant le pic de croissance.

(4) Les premières règles apparaissent 18 à 24 mois après les premiers signes de puberté.

Chez la femme, un fonctionnement cyclique

L'appareil génital de la femme est caractérisé par un **fonctionnement cyclique**, qui débute à la puberté et s'achève à la ménopause (entre 45 et 55 ans).
L'écoulement sanguin périodique (appelé **règles**) est la partie visible du **cycle menstruel**.
Le cycle menstruel est, par ailleurs, marqué par un événement essentiel mais invisible : l'émission d'un ovule par l'un ou l'autre des deux ovaires.

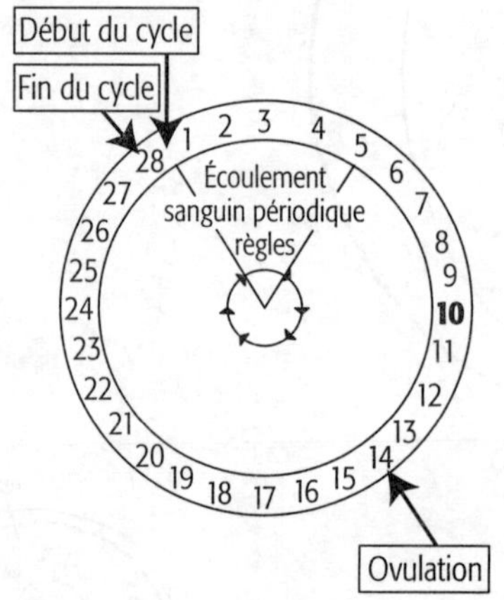

- Par convention, le premier jour des règles est appelé premier jour du cycle.
- La durée moyenne des règles est de 5 jours (elle varie de 3 à 7 jours).
- La durée moyenne du cycle est de 28 jours (elle varie de 24 à 32 jours).
- Quelle que soit la durée du cycle, la ponte ovulaire se produit 14 jours avant les règles suivantes.

Lexique

- **Puberté** (du latin *pubere*, « se couvrir de poils ») : période de la vie où l'individu acquiert la possibilité de se reproduire. À l'issue de la puberté, les organes génitaux sont fonctionnels.
- **Caractères sexuels secondaires :** ce qui distingue les hommes des femmes en dehors des organes génitaux.
- **Règles :** écoulement sanguin périodique (= menstruation) qui intervient au début de chaque cycle menstruel (du latin *menstruus* = mensuel).

Fig. 2 Ce schéma énumère un certain nombre de transformations qui caractérisent la puberté. L'ovulation n'a pas lieu n'importe quand, mais à un moment précis du cycle menstruel de la femme.

Les appareils génitaux

■ L'appareil génital de la femme

- **Ovaires :** lieux de production des ovules. Chaque mois, un ovule parvenu à maturité est libéré.
- **Trompes utérines :** conduits de 10 cm de longueur. Le pavillon de la trompe recouvre partiellement l'ovaire, mais il n'est pas soudé avec lui.
- **Utérus :** muscle creux aux parois très épaisses. La partie interne de sa paroi, appelée muqueuse ou endomètre, est à l'origine des règles.
- **Vagin :** il permet l'écoulement des règles, la sortie du bébé. C'est aussi l'organe qui permet les relations sexuelles.

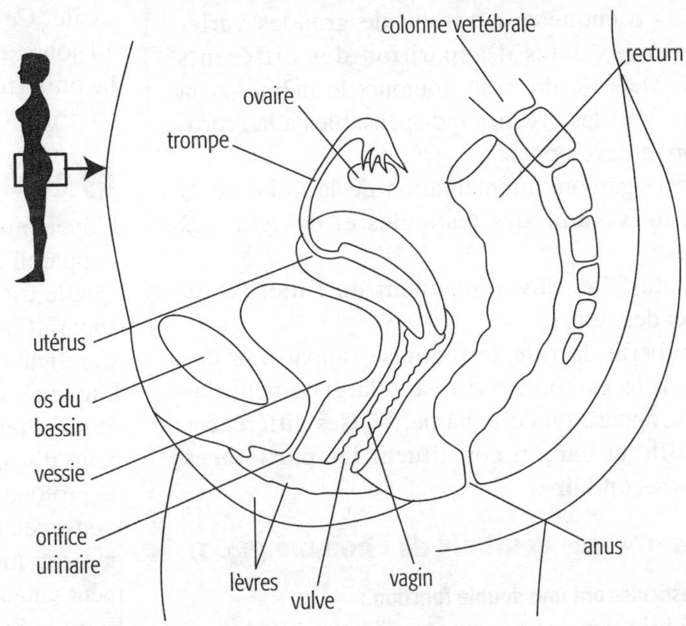

■ L'appareil génital de l'homme

- **Testicules :** glandes qui produisent les spermatozoïdes.
- **Épididymes :** chaque épididyme est formé d'un conduit sinueux dans lequel les spermatozoïdes deviennent mobiles.
- **Canaux déférents :** ils conduisent les spermatozoïdes vivants de l'épididyme jusqu'à l'urètre.
- **Urètre :** canal qui permet à la fois le passage de l'urine et du sperme.
- **Vésicules séminales :** elles ajoutent leur sécrétion à celle des testicules. Ces sécrétions constituent environ 60 % du volume du sperme.
- **Prostate :** la sécrétion de la prostate active les spermatozoïdes.
- **Pénis :** organe permettant l'accouplement.

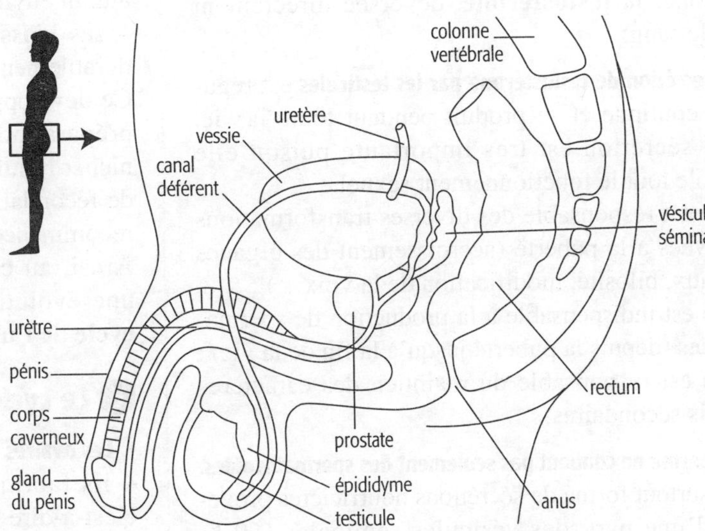

Fig. 3 Schémas des appareils génitaux humains.

Pendant cette période, les organes génitaux et l'organisme entier se transforment de telle sorte que l'enfant devient adolescent, puis adulte avec **apparition du pouvoir de se reproduire**.

Ces transformations profondes s'accompagnent de changements psychologiques importants. Les résultats d'enquêtes montrent de grandes variations sur les dates d'apparition des différents signes. Mais l'ordre reste toujours le même. À la puberté, tous les organes indispensables à la reproduction se développent :
– chez le garçon, augmentation de la taille de la verge, du volume des testicules et des glandes annexes ;
– chez la fille, développement de l'utérus, du vagin et des seins.
À la puberté, la fille se féminise (apparition des seins...), le garçon se virilise (élargissement des épaules, apparition de la barbe...). Ces différences entre fille et garçon constituent les **caractères sexuels secondaires**.

❷ Les organes génitaux de l'homme *(fig. 3)*

• **Les testicules ont une double fonction :**
– ils fabriquent les **spermatozoïdes**, c'est-à-dire les gamètes mâles indispensables à la fécondation ;
– ils produisent une substance chimique ou hormone, la **testostérone**, déversée directement dans le sang.

• **La sécrétion de testostérone par les testicules** est régulière, continue et se produit pendant toute la vie. Cette sécrétion est très importante puisqu'elle contrôle tout le fonctionnement sexuel :
– elle est responsable des diverses transformations observées à la puberté (accroissement des organes génitaux, pilosité, modification de la voix...) ;
– elle est indispensable à la production de spermatozoïdes (depuis la puberté jusqu'à la fin de la vie) ;
– elle est responsable du maintien des caractères sexuels secondaires.

• **Le sperme ne contient pas seulement des spermatozoïdes.** Il est surtout formé de sécrétions nourricières provenant d'une part, des vésicules séminales (60 % du volume total), d'autre part, de la prostate (20 % du volume total). Il contient aussi les spermatozoïdes : 60 à 100 millions par centimètre cube. Le volume moyen de sperme émis lors d'une éjaculation est de 3 à 4 cm^3.

❸ Les organes génitaux de la femme *(fig. 3)*

L'appareil génital de la femme est caractérisé par un **fonctionnement cyclique** qui débute à la puberté et s'achève à la ménopause (vers 45-50 ans).

Le cycle génital dont la durée est variable (24 à 32 jours) est marqué par :
– un écoulement sanguin s'extériorisant au niveau de la vulve ; il constitue les **règles** ou **menstruation** et marque le début du cycle ;
– l'émission par l'un ou l'autre des ovaires d'un ovule. Ce phénomène appelé **ovulation** se produit 14 jours avant le début du cycle suivant. Ainsi, de la puberté à la ménopause, une femme produit environ 400 ovules.

❹ Quelle est l'origine des règles ?

L'événement le plus visible du fonctionnement de l'appareil génital de la femme est la **menstruation**. Quelle est l'origine de cet écoulement sanguin qui apparaît au niveau de la vulve et quelle en est la signification ?
L'utérus est un muscle creux, de la dimension et de la forme d'une poire renversée. Il est tapissé intérieurement d'une muqueuse appelée **endomètre** qui subit de profondes modifications au cours de chaque cycle menstruel. Les règles correspondent à une destruction de cette muqueuse qui s'accompagne d'un écoulement sanguin.
Entre le 5ᵉ et le 24ᵉ jour du cycle, la muqueuse, qui a été détruite presque totalement, se reconstitue :
– elle s'**épaissit progressivement** (son épaisseur atteint environ 5 mm) ;
– ses **vaisseaux sanguins se développent** considérablement.
Ce développement de la muqueuse correspond à la préparation du « berceau » dans lequel vient se nicher l'œuf si la femme est fécondée. En l'absence de fécondation, la muqueuse est détruite et le cycle recommence.
Ainsi, au cours du cycle menstruel, on constate une évolution de l'utérus : celle-ci constitue le **cycle de l'utérus *(fig. 2)***.

❺ Le cycle de l'ovaire

• **Les ovaires de la femme ont une double fonction :**
– ils fabriquent les cellules de la reproduction, c'est-à-dire les **ovules** (un ovule est libéré chaque mois lors de l'ovulation) ;
– ils secrètent les hormones féminines, **œstrogènes** et **progestérone**.
Ces hormones sont secrétées par les cellules qui entourent les ovules. L'ensemble d'un ovule et des cellules sécrétrices qui l'entourent forment un **follicule**.

• **La quantité d'hormones sexuelles sécrétées par l'ovaire** n'est pas constante au cours du cycle menstruel.
L'ovaire fonctionne donc de manière cyclique. Le cycle de l'ovaire comporte deux phases séparées par

De l'œuf à la naissance : 9 mois de grossesse

■ Au départ, un œuf minuscule

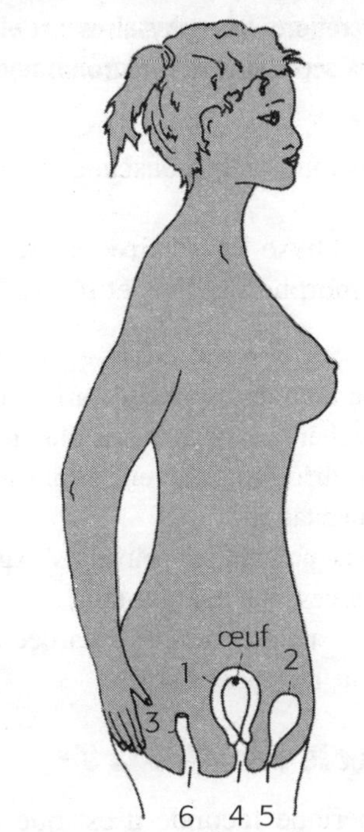

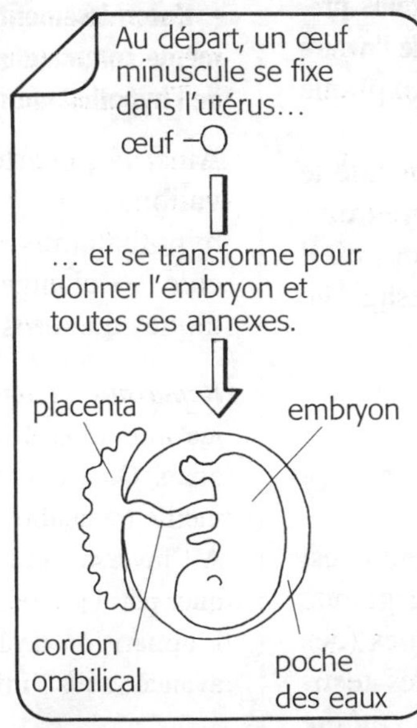

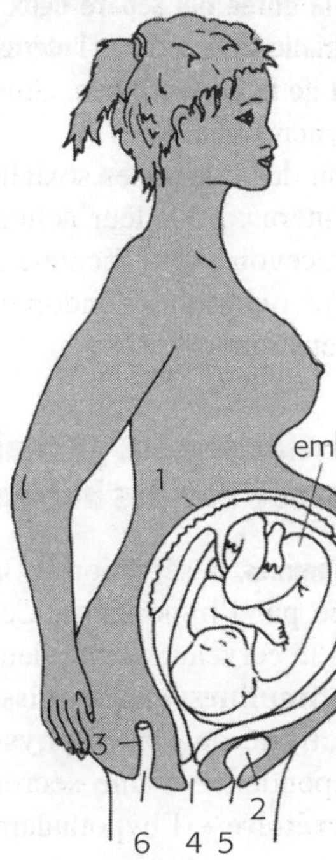

1. utérus - 2. vessie - 3. intestin - 4. vulve - 5. orifice urinaire - 6. anus.

■ D'où vient l'œuf ?

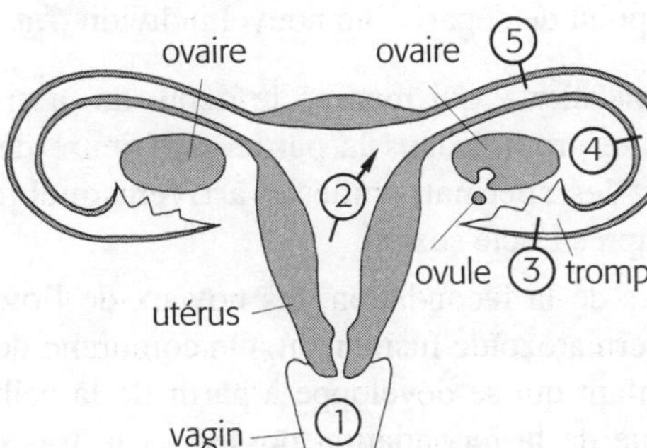

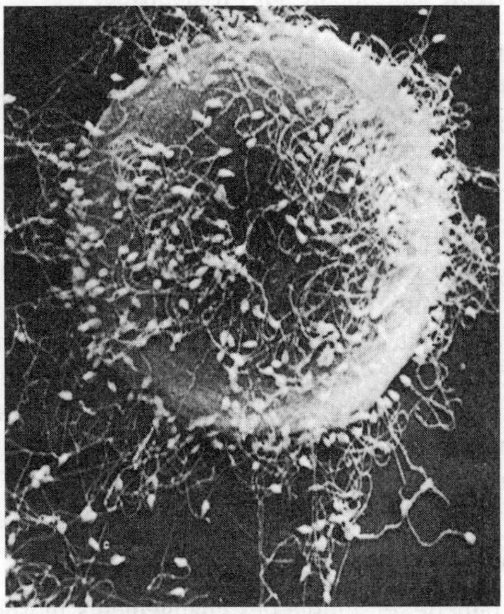

① Les spermatozoïdes produits par l'homme sont déposés ici.
② Les spermatozoïdes remontent en direction de l'ovule.
③ L'ovule (produit par un ovaire) est recueilli par la trompe et commence sa descente.
④ La rencontre de l'ovule et des spermatozoïdes a lieu ici (photographie ci-contre).
⑤ L'œuf (en cours de division) descend vers l'utérus où il va se fixer jusqu'à la fin de la grossesse.

Fig. 4 **Ces documents permettent d'aborder l'étude de la naissance des bébés. Comment les utiliseriez-vous ? Dans quel ordre ? Selon quelle démarche ?**

l'ovulation. Au cours de la première phase, l'ovaire sécrète des œstrogènes en quantité croissante avec un pic juste avant l'ovulation. Au cours de la deuxième phase, l'ovaire sécrète de la progestérone en même temps qu'un peu d'œstrogènes.

• **Bien que la durée qui sépare deux menstruations présente des variations, le cycle de l'utérus et celui de l'ovaire se déroulent de façon synchrone.** Comment s'explique une telle synchronisation ?
La sécrétion des hormones sexuelles commande le cycle de l'utérus. Sous leur action, l'endomètre se prépare à recevoir l'œuf fécondé. Dans le cas où il n'y a pas fécondation, l'endomètre se désagrège (c'est la menstruation).

6 Le fonctionnement génital est commandé par des hormones

• **Chez les hommes,** la sécrétion de la testostérone est commandée par l'hypophyse. Cette petite glande située sous le cerveau sécrète deux hormones (des « **gonadostimulines** ») qui agissent sur les testicules. L'activité de l'**hypophyse** est elle-même sous la dépendance d'une sécrétion d'un centre « **neurosécrétoire** », l'hypothalamus.

Par ailleurs, les sécrétions hypophysaires sont ralenties lorsque le taux de testostérone dans le sang dépasse un certain seuil. C'est le **rétrocontrôle** du testicule sur l'hypophyse.

• **Chez la femme,** on retrouve une régulation analogue : Des hormones sécrétées par l'hypophyse stimulent le fonctionnement de l'ovaire. Ces gonadostimulines contrôlent en particulier la sécrétion des hormones ovariennes.

Un centre nerveux situé au-dessus de l'hypophyse, l'hypothalamus, contrôle les sécrétions hypophysaires par l'intermédiaire d'une « **neurohormone** ». Inversement, les hormones ovariennes agissent sur le complexe hypothalamus-hypophyse en stimulant ou en freinant ses sécrétions. Grâce à ce **rétrocontrôle**, un équilibre hormonal complexe s'établit dans l'organisme.

7 À quoi correspond la puberté ?

La puberté, ensemble des changements morphologiques, physiologiques, et psychologiques qui marquent le passage de l'état d'enfant à celui d'adulte, correspond à la mise en place de l'équilibre hormonal que nous venons de voir.

• **Une nette augmentation de la concentration des hormones hypophysaires** dans le sang a été mise en évidence chez la fille à partir de dix ans. Cette augmentation est suivie d'un accroissement immédiat de la concentration en hormones ovariennes.

Chez le garçon, on retrouve un fonctionnement identique dès l'âge de 11 ans.

• **L'accroissement des sécrétions hypophysaires est elle-même commandée par les sécrétions des neurohormones de l'hypothalamus.**

Ainsi la puberté correspond à une cascade d'activations :
hypothalamus → hypophyse → ovaire (ou testicule) → changements morphologiques et physiologiques du corps.

Remarque : L'âge d'apparition de la puberté varie selon les individus. Il est actuellement de plus en plus précoce. On l'explique par différents facteurs dont une meilleure qualité de l'alimentation.
À l'inverse, certains retards pubertaires peuvent s'expliquer par des stress psychiques, une malnutrition…
L'apparition de la puberté peut donc être retardée ou avancée sous l'influence de facteurs externes.

8 La fécondation et le début de la vie

Chez une femme, la période féconde n'est que de quelques jours par cycle. Si le rapport sexuel a lieu pendant cette période, la fécondation peut se produire. L'œuf qui résulte ne tarde pas à se diviser ; c'est le point de départ d'un nouvel individu ***(fig. 4)***.

• **La fécondation** « qui marque le début de la grossesse » se produit dans la partie supérieure de la trompe ; les spermatozoïdes y arrivent quelques heures après l'acte sexuel.

Au cours de la fécondation, les noyaux de l'ovule et du spermatozoïde fusionnent. On comprend donc que l'enfant qui se développe à partir de la cellule œuf issue de la fécondation possède à la fois des caractères de son père et des caractères de sa mère.

• **L'œuf fécondé** se divise rapidement en 2, 4, 8 puis 16 cellules ; il descend le long de l'oviducte et, une semaine plus tard, parvient dans l'utérus dont l'endomètre est très épaissi. Il s'y implante (c'est la **nidation**) et y poursuit son développement pendant les 9 mois de la grossesse. La menstruation n'a donc pas lieu à la date habituelle ; cette absence peut être l'indication d'une maternité probable.

9 De la vie embryonnaire à la naissance

En se divisant, la cellule œuf ne donne pas seulement naissance à l'embryon, mais aussi à toutes les annexes indispensables :

Bébé est à l'abri dans l'utérus de sa maman

- Sur le schéma ci-contre, colorie :
  – le liquide dans lequel vit le bébé en bleu ;
  – le placenta et le cordon ombilical en rose ;
  – l'utérus en jaune.
  et complète la légende.
- Colle le dessin que tu as fait à partir d'une photographie d'embryon sur une grande feuille de papier et représente les organes de la maman d'après le dessin ci-contre.

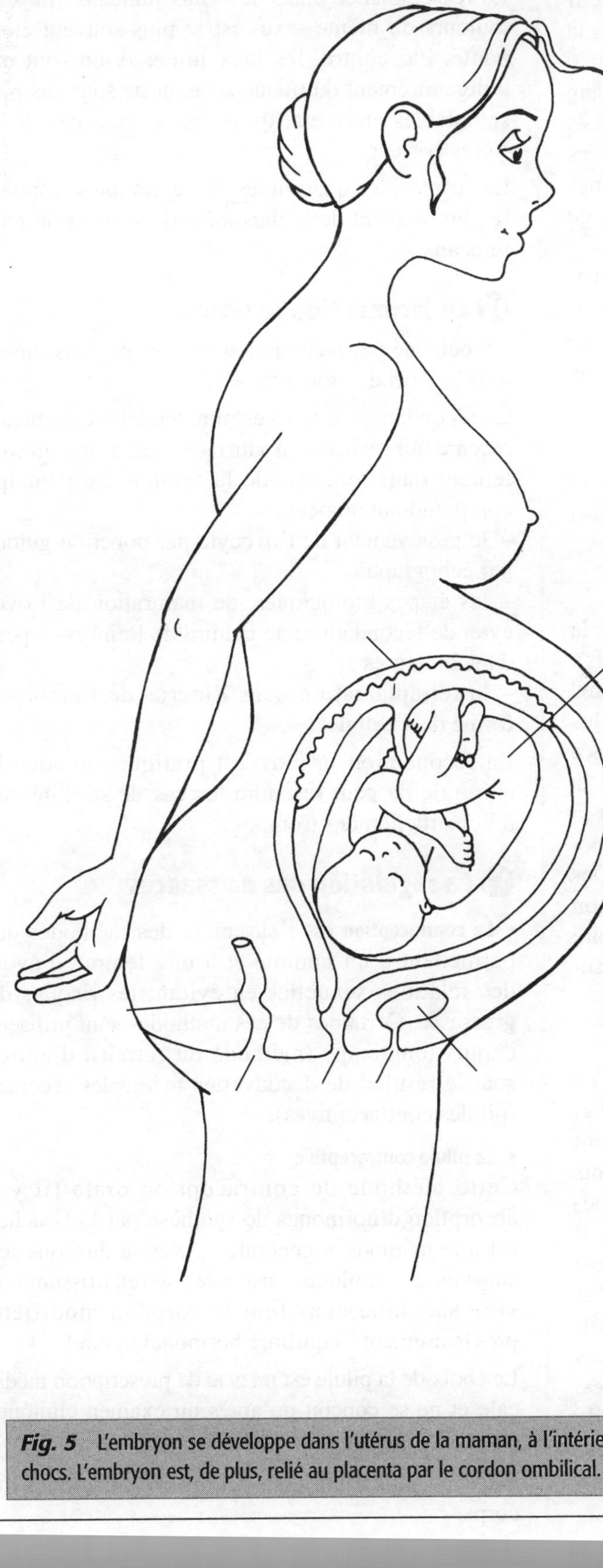

Mots importants
- Embryon
- Utérus
- Cordon ombilical
- Placenta

Fig. 5 **L'embryon se développe dans l'utérus de la maman, à l'intérieur d'une poche remplie de liquide qui le met à l'abri des chocs. L'embryon est, de plus, relié au placenta par le cordon ombilical.**

– l'**amnios**, dont la cavité contient le liquide amniotique qui met l'embryon à l'abri des chocs et, en partie, de la pesanteur ;

– le **cordon ombilical** qui relie l'embryon au placenta ; ce cordon de 50 à 60 cm de longueur permet une certaine mobilité de l'embryon dans la cavité amniotique ;

– le **placenta** qui permet des échanges entre le sang de l'enfant et celui de la mère (échange de substances nutritives, de dioxygène, de déchets, de substances chimiques telles que médicaments, alcool, toxines de certains microbes) bien qu'il n'y ait jamais de mélange du sang maternel et du sang fœtal.

Pendant les trois premiers mois, selon un programme défini à l'avance, tous les organes se mettent en place. C'est la période embryonnaire. À partir de 2 mois, l'**embryon** s'appelle **fœtus**. La vie fœtale est essentiellement une période de croissance.

⑩ La naissance

270 jours environ après la fécondation, l'enfant est prêt à venir au monde.

• L'accouchement

L'accouchement comporte trois temps successifs : la **dilatation du col de l'utérus** (durée : 8 heures), **l'expulsion de l'enfant** par contractions des muscles de l'utérus et contractions des muscles abdominaux (durée : 1 heure environ), la **délivrance** ou **expulsion du placenta** qui se produit dans la demi-heure qui suit la naissance (***fig. 7***). Pendant la vie fœtale, presque tous les organes ont déjà fonctionné ; une exception pourtant, les poumons. Dès que sa tête apparaît hors du vagin, l'enfant aspire son bol d'air, déplisse ses alvéoles pulmonaires et expire profondément en poussant son premier cri. La circulation pulmonaire devient alors active.

• L'allaitement

Un nouveau-né n'est pas un « petit adulte en réduction » : c'est un **être inachevé**, très fragile. Le lait maternel n'est pas seulement un aliment complet, dont les divers constituants sont présents dans des proportions idéales. Transmis à la température optimale, de digestion facile et rapide, il contient aussi des substances (immunoglobulines) qui aident l'enfant à résister aux infections. Le lait maternel n'a donc pas uniquement un rôle nutritif, mais également une action protectrice contre les maladies microbiennes. Pour des raisons diverses, le lait maternel est souvent remplacé par du lait de vache « maternisé », c'est-à-dire adapté au nouveau-né humain par des procédés industriels, et donné au biberon.

⑪ Vrais et faux jumeaux

Les « vrais jumeaux » sont des jumeaux uniovulaires, les « faux jumeaux », des jumeaux diovulaires. La ressemblance entre des vrais jumeaux (ils sont toujours du même sexe) est le plus souvent étonnante. Par contre, les faux jumeaux ne sont pas obligatoirement du même sexe, et ne sont pas plus semblables entre eux qu'ils ne le sont avec leurs frères et sœurs.

Les triplés, les quadruplés, les quintuplés résultent le plus souvent de la naissance de vrais et de faux jumeaux.

⑫ La fécondation *in vitro*

Un bébé né par fécondation *in vitro* est faussement appelé « bébé éprouvette ».

La fécondation *in vitro* est une technique médicale récente qui réalise « in vitro » ce qui a lieu normalement dans le corps de la femme. Le principe comprend notamment :

– le prélèvement de l'ovocyte par ponction guidée par échographie ;

– les étapes biologiques, de maturation de l'ovocyte, de fécondation, de culture de l'embryon pendant 24 heures ;

– la réimplantation dans l'utérus de l'embryon formé de 4 cellules.

La fécondation in vitro est pratiquée lorsque la chirurgie ne peut résoudre les cas de stérilité due à l'obstruction des trompes.

⑬ La régulation des naissances

• **La contraception** est l'ensemble des méthodes qui permettent à un homme et à une femme d'avoir des relations sexuelles en évitant les risques de grossesse. Certaines de ces méthodes sont utilisées depuis longtemps (méthode du retrait), d'autres sont le résultat de découvertes médicales récentes (pilules contraceptives).

• La pilule contraceptive

Cette méthode de contraception orale (il y a absorption d'hormones de synthèse par la bouche) est une méthode « générale », c'est-à-dire que les substances chimiques absorbées se répartissent par voie sanguine dans tout le corps et modifient provisoirement l'équilibre hormonal naturel.

Le choix de la pilule est un acte de prescription médicale et ne se conçoit qu'après un examen clinique.

• Les méthodes locales

Elles ne modifient pas l'équilibre hormonal du corps.

La maman et le bébé échangent beaucoup de choses !

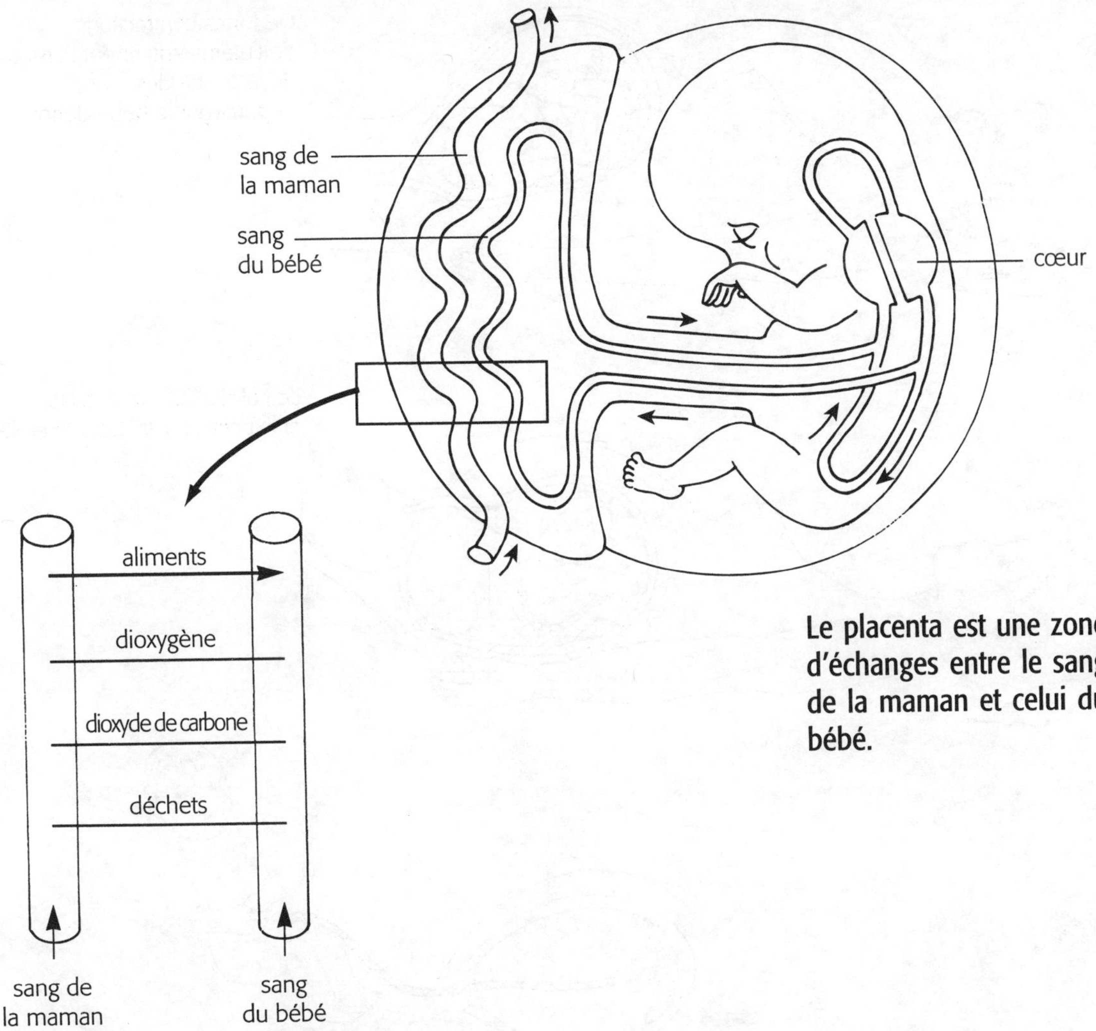

Le placenta est une zone d'échanges entre le sang de la maman et celui du bébé.

- Complète les flèches sur le dessin ci-contre pour expliquer dans quel sens se font les échanges.
- **Vrai ou faux ?**

– Au niveau du placenta, le sang du bébé et le sang de la maman se mélangent.

– Des aliments contenus dans le sang de la maman passent dans le sang du bébé.

– Le sang de la maman contient du dioxygène qui passe dans le sang du bébé.

Fig. 6 Au niveau du placenta, le sang de la maman et celui de son enfant ne se mélangent pas. Cependant, les aliments et l'oxygène contenus dans le sang de la mère passent dans le sang du « bébé ». En sens inverse, les déchets contenus dans le sang du « bébé » passent dans le sang maternel.

Mots importants

- Échanges
- Placenta
- Cordon ombilical

La naissance : un changement des conditions de vie

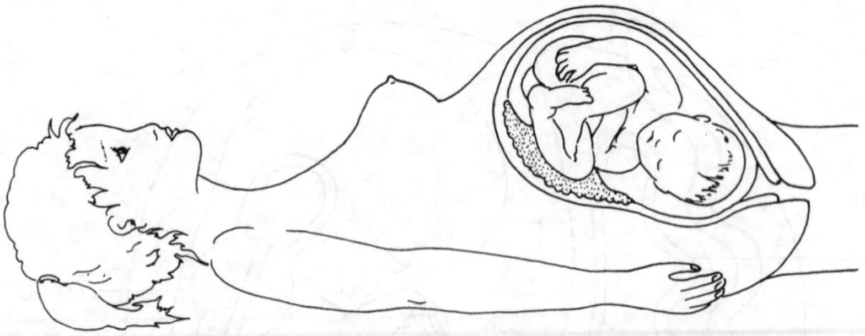

De fortes contractions de l'utérus entraînent la rupture de la poche des eaux et poussent le bébé dehors.

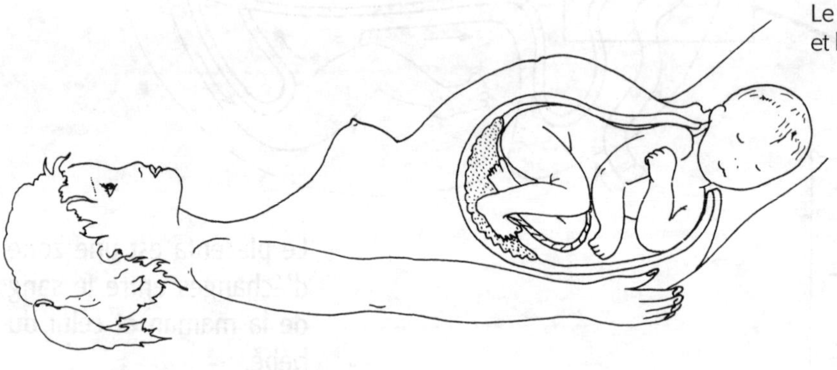

Le col de l'utérus se dilate et le bébé sort, la tête la première.

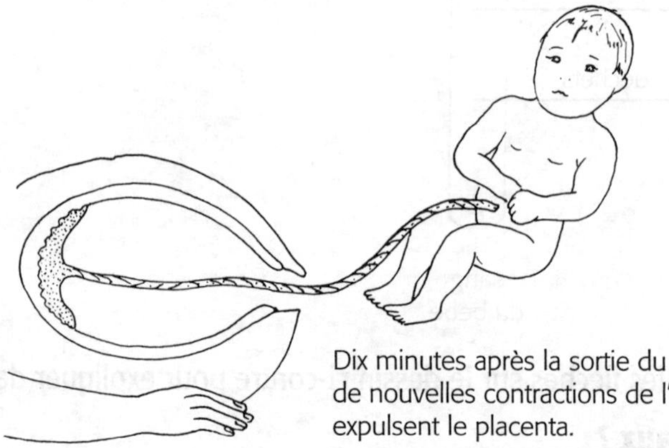

Dix minutes après la sortie du bébé, de nouvelles contractions de l'utérus expulsent le placenta.

- **Comment le nouveau-né est-il expulsé ?**
- **Sais-tu à quoi correspond le nombril ?**

Mots importants

- Accouchement
- Contractions de l'utérus
- Premier cri

Fig. 7 L'accouchement représente, pour le nouveau-né, un changement considérable de ses conditions de vie. Dès que sa tête apparaît, l'enfant aspire d'abord un grand bol d'air qui déplisse ses alvéoles pulmonaires, puis il expire profondément en poussant son premier cri. Le bébé n'a plus besoin du placenta pour respirer, manger… À partir de maintenant, il respire avec son nez, mange avec sa bouche, urine grâce à ses reins…

9 mois pour construire un « bébé »

2 semaines

3 semaines

1 mois

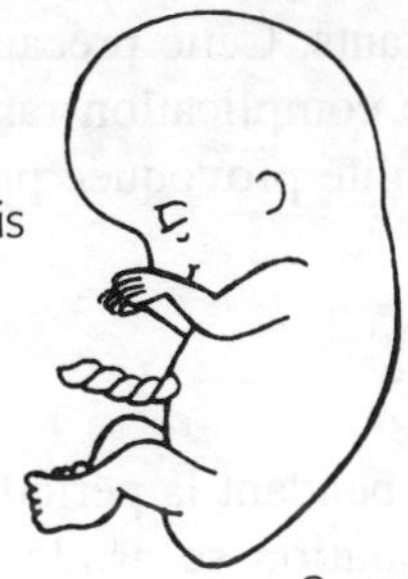

2 mois

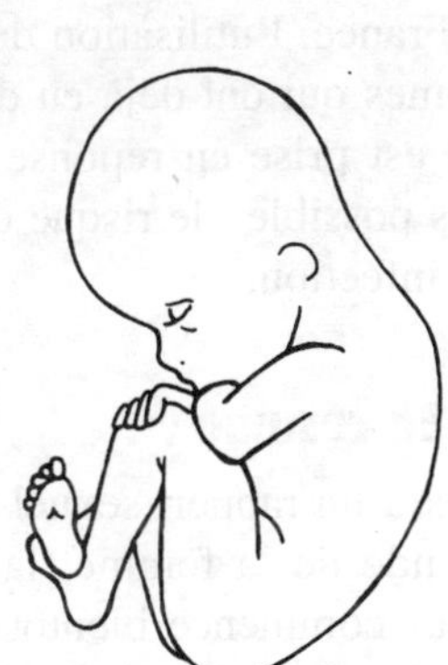

4 mois

Les membres inférieurs étant généralement repliés, on mesure le fœtus du sommet de la tête au coccyx.

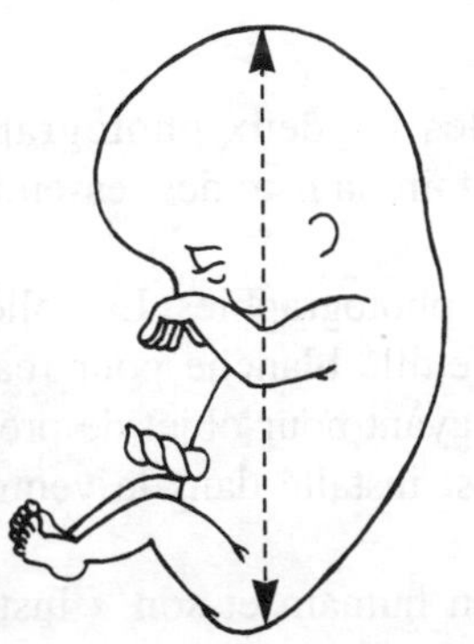

2 semaines	. . .1,5 mm
3 semaines	. . .2,5 mm
4 semaines	. . . . .5 mm
2 mois	. . . . .3,5 mm
4 mois	. . . . .13 cm
6 mois	. . . . .23 cm
7 mois	. . . . .34 cm
9 mois	. . . . .28 cm

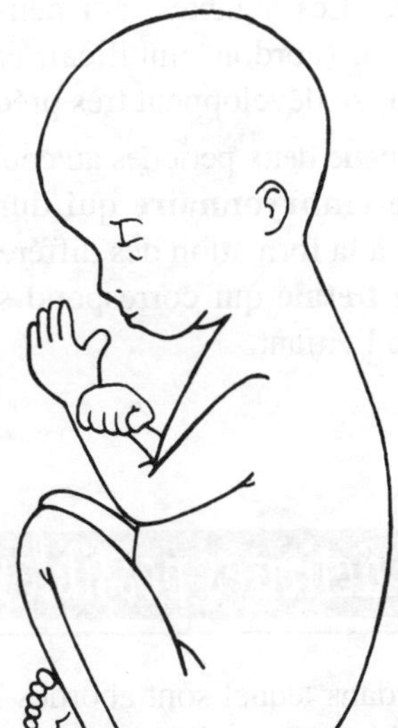

6 mois

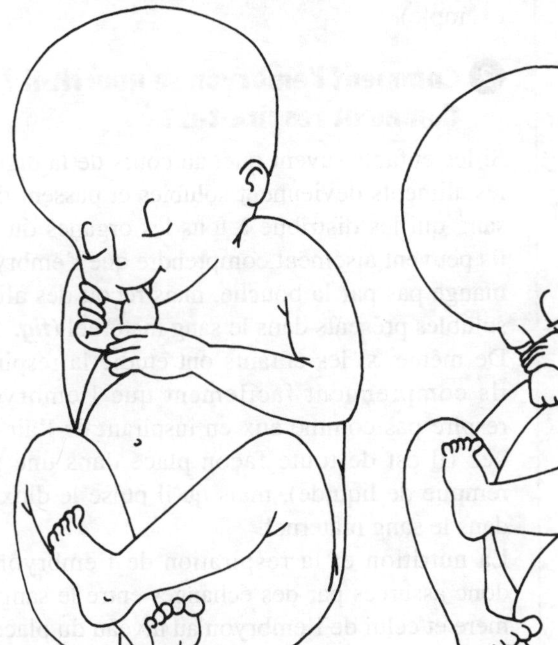

9 mois

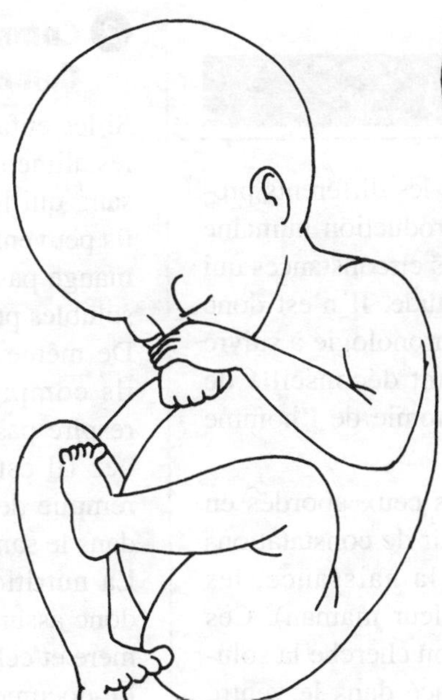

7 mois

- **Dessine ces silhouettes de bébé à leur taille réelle.**
- **Colle tes dessins sur une bande de papier de 90 cm de longueur pour réaliser une frise chronologique.**

Fig. 8 **Un tel document permet de réaliser une séquence de classe très dynamique, qui offre aux enfants l'occasion de découvrir l'extraordinaire croissance de l'embryon.**

Elles agissent localement :
– en empêchant les spermatozoïdes de rejoindre l'ovule (retrait, préservatifs, spermicides) ;
– en empêchant la nidation (stérilet).

En France, l'utilisation du stérilet est réservée aux femmes qui ont déjà eu des enfants. Cette précaution est prise en réponse à une complication rare mais possible : le risque de stérilité provoquée par une infection.

14 En résumé

Lorsqu'un rapport sexuel a lieu pendant la période féconde de la femme, la fécondation se produit. L'œuf commence bientôt à se diviser. La fixation dans la paroi spongieuse de l'utérus a lieu six jours plus tard. Les annexes indispensables à la vie de l'embryon (cordon ombilical, cavité amniotique, placenta) se développent très précocement.

On distingue deux périodes au cours de la grossesse :
– la **vie embryonnaire** qui dure 2 mois et correspond à la formation des différents organes ;
– la **vie fœtale** qui correspond surtout à la croissance de l'enfant.

Des activités possibles

L'ordre dans lequel sont abordés les différents problèmes biologiques liés à la reproduction humaine varie selon les classes et selon les circonstances qui ont accompagné le début de l'étude. Il n'est donc pas question ici d'exposer une chronologie à suivre obligatoirement. Il est cependant déconseillé de commencer par l'étude de l'anatomie de l'homme ou de la femme.

Pour ce sujet, comme pour tous ceux abordés en biologie, il est préférable de partir de constatations simples (par exemple : avant la naissance, les bébés vivent dans le ventre de leur maman). Ces faits posent des problèmes dont on cherche la solution (comment le bébé est-il placé dans le ventre de sa maman ? Comment se nourrit-il ?...).

C'est alors l'occasion de découvrir l'anatomie de la femme enceinte, et de la femme avant la grossesse. Plus tard, on se posera la question de savoir comment le bébé « est venu là », on parlera alors de la fécondation (ce phénomène est connu des enfants depuis le cours élémentaire), des spermatozoïdes et de leur lieu de production (c'est-à-dire de l'anatomie de l'homme).

A La vie de bébé dans le ventre de sa maman

1 Les premières photographies de bébé

- **Documents utiles**

– des photographies d'embryons humains à des âges différents (10 semaines, 5 mois). On en trouve par exemple dans les livres destinés aux enfants ;
– des dessins schématiques comme ceux des ***figures 4 et 5***.

- **Activités possibles**

– Comparer entre elles les deux photographies d'embryons humains (faire la liste des ressemblances et des différences).
– Décalquer l'une des photographies. La coller au milieu d'une grande feuille blanche pour réaliser un dessin d'ensemble ayant pour objet de préciser comment l'embryon est installé dans le ventre de sa mère.
– Comparer l'embryon humain et son « installation » à un embryon de mammifère (souris par exemple).

2 Comment l'embryon se nourrit-il ? Comment respire-t-il ?

Si les enfants savent que, au cours de la digestion, les aliments deviennent solubles et passent dans le sang qui les distribue à tous les organes du corps, ils peuvent aisément comprendre que l'embryon ne mange pas par la bouche, mais reçoit des aliments solubles présents dans le sang maternel (***fig. 1***).
De même, si les enfants ont étudié la respiration, ils comprennent facilement que l'embryon ne respire pas comme eux en inspirant de l'air par le nez (il est de toute façon placé dans une poche remplie de liquide), mais qu'il puise le dioxygène dans le sang maternel.
La nutrition et la respiration de l'embryon sont donc assurées par des échanges entre le sang de la mère et celui de l'embryon au niveau du placenta.
Le document de la ***figure 6*** illustre bien le rôle du placenta.

3 A 8 semaines, il ressemble déjà à un bébé

Les ***figures 8*** et ***9*** apportent des informations complémentaires concernant l'édification du bébé : dès l'âge de 8 semaines, l'embryon ressemble déjà à un être humain en miniature, avec tous ses organes. C'est pourquoi les scientifiques distinguent

L'embryon est bien vivant

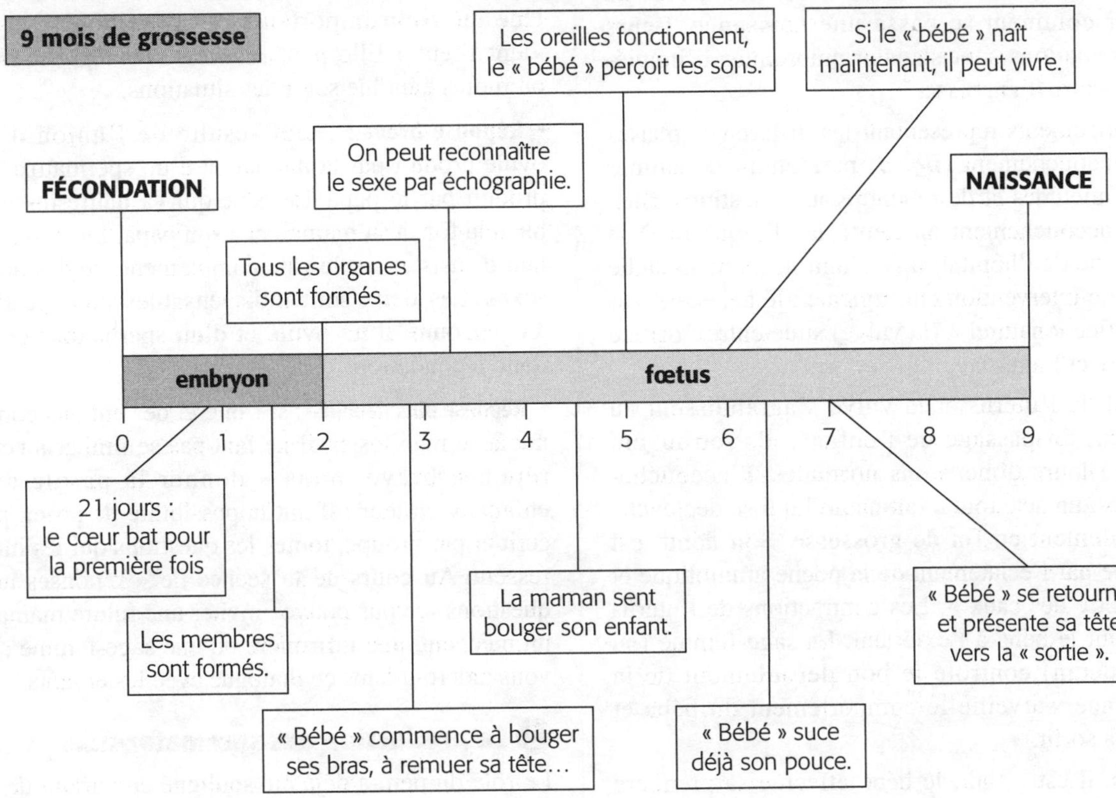

• Relie les étiquettes deux à deux.

21 jours •	• « Bébé » commence à bouger ses bras.
3 mois •	• Le cœur bat pour la première fois.
4,5 mois •	• Bébé peut sucer son pouce.
5 mois •	• La maman sent bouger son enfant.
6,5 mois •	• Les oreilles fonctionnent : le « bébé » entend.

Fig. 9 **La grossesse dure 9 mois. Au début, l'embryon est plus petit qu'une tête d'épingle. À l'âge de 3 semaines, sa taille est celle d'un grain de blé. À la naissance, le bébé pèse 3 kg. À l'âge de 8 semaines, l'embryon ressemble déjà à un être humain en réduction.**

Mots importants

- Grossesse
- Croissance
- Embryon

deux périodes pendant la grossesse : jusqu'à deux mois la vie embryonnaire, de 2 à 9 mois la vie fœtale.

4 Comment le bébé fait-il pour sortir ?

Tous les enfants sont extrêmement curieux de savoir comment se passe une naissance. Leurs représentations sont souvent empreintes d'inquiétudes, voire d'angoisse.

Des documents représentant les différentes phases de l'accouchement (***fig. 5***) permettent de calmer les inquiétudes et de répondre aux questions. Bien que l'accouchement ait lieu à la clinique ou à la maternité de l'hôpital, il ne s'agit ni d'une maladie ni d'une intervention chirurgicale ; le bébé sort par un orifice « naturel » (la vulve) situé entre l'orifice urinaire et l'anus.

Le col de l'utérus et la vulve s'agrandissent au moment du passage de l'enfant ; ils retrouvent ensuite leurs dimensions normales. L'accouchement est un acte tout à fait naturel qui se déclenche normalement en fin de grossesse. Son début est marqué par l'éclatement de la poche amniotique et la « perte des eaux ». Les contractions de l'utérus poussent le bébé à l'extérieur. La sage-femme (ou le médecin) contrôle le bon déroulement de la naissance, surveille le comportement du bébé et l'aide à sortir.

Dès qu'il est à l'air, le bébé effectue sa première respiration, il pousse alors un cri. À ce moment, il est encore relié au placenta par le cordon ombilical. Le médecin coupe ce dernier près du ventre du bébé ; la cicatrice donnera le nombril.
Quelques minutes après la sortie du bébé, le placenta et le cordon sont expulsés à leur tour.

5 Une surveillance attentive

L'échographie fait partie des examens dont les enfants ont déjà entendu parler. On peut leur montrer, à titre d'exemple, certaines échographies permettant de distinguer les contours du « bébé ». Mais il est surtout important de préciser que, grâce à l'échographie, le médecin réalise une surveillance précise du développement de l'embryon puis du fœtus.

B D'où vient le fœtus ?

1 La fécondation

Un document tel que celui de la ***figure 4*** permet de poser le problème de l'origine du bébé.

Le mot « œuf » qui figure ici permet de rappeler les connaissances acquises sur les animaux.
Les informations fournies permettent aussi de préciser que, en se développant, l'œuf donne naissance non seulement au bébé mais aussi à tous les organes annexes (placenta, cordon ombilical,...).
Une question importante est alors posée : d'où vient l'œuf ? Elle peut recevoir une réponse plus ou moins étendue selon les situations.

- **Réponse brève :** l'œuf résulte de l'union d'un ovule produit par la maman et d'un spermatozoïde produit par le papa. Le bébé qui va naître ressemble à la fois à sa maman et à son papa. Il est important d'insister sur le rôle complémentaire des deux sexes. Les deux sont indispensables pour qu'il y ait rencontre d'un ovule et d'un spermatozoïde et donc fécondation.

- **Réponse plus détaillée :** si l'intérêt des enfants continue à se manifester, il ne faut pas se limiter à cette réponse brève, mais « donner la parole aux enfants » en leur offrant la possibilité de poser, par écrit et par groupe, toutes les questions qui les intéressent. Au cours de la séance de « réponses aux questions », vous pouvez inviter une future maman, un médecin, une infirmière ou une sage-femme qui vous aideront dans ce dialogue avec les enfants.

2 La production des spermatozoïdes

Le rôle du père a déjà été souligné en parlant de la fécondation. Si l'enseignant le juge utile, il peut proposer un schéma simplifié de l'appareil génital humain, mais ceci n'a rien d'obligatoire. Il suffit de préciser que les testicules sont les organes producteurs des spermatozoïdes.

C Bébé grandit

Le document de la ***figure 10*** permet d'organiser une séance avec des enfants du CM. Vous en augmenterez encore l'intérêt si vous personnalisez l'activité en leur demandant au préalable d'apporter des photographies de l'époque où ils étaient eux-mêmes bébés (quelques-unes suffisent à condition qu'elles n'aient pas été toutes prises au même âge). D'après les informations fournies, ils doivent essayer de dater les photographies qu'ils ont apportées. Ce travail, réalisé individuellement ou mieux par groupe (le nombre de photographies est alors plus important), sera complété par une phase de travail collectif au cours de laquelle seront énumérés les principaux progrès réalisés par le bébé pendant les premiers dix-huit mois de sa vie.

Quelques étapes caractéristiques

. . . .
- « Bébé » s'assied tout seul et commence à marcher à « quatre pattes ».
- Il peut se lever en s'aidant d'un appui.
- Les syllabes émises (ma… ma) sont distinctes.

. . . .
- L'enfant court, saute, monte les escaliers.
- Il parle de plus en plus, construit des phrases.
- Il joue avec des jeux de plus en plus complexes.

. . . .
- « Bébé » se tient assis, si on l'assoit.
- Il passe les objets d'une main à l'autre.
- Couché sur le ventre, il peut se retourner sur le dos.
- Il répète diverses syllabes inlassablement.

. . . .
- « Bébé » dort 20 heures par jour.
- Mis sur le ventre, il redresse la tête.

. . . .
- Lorsqu'on le porte, Bébé tient la tête droite et oriente son regard vers les objets qu'on lui présente.
- Il saisit des objets et les porte à la bouche.
- Couché dans son lit, il joue avec ses mains et ses pieds.

. . . .
- « Bébé » commence à crayonner sur du papier, il est capable de jouer avec une pelle et un seau.
- Il comprend le sens des mots mais s'exprime encore avec difficulté.
- Il commence à manger seul.

1 mois **6 mois** **3 ans** **14 mois**

. . . .
- « Bébé » marche et peut même grimper les escaliers à quatre pattes.
- La main est habile : l'enfant construit une tour avec des cubes.
- Il comprend de nombreux mots.

10 mois **2 ans** **4 mois**

- **Sur chaque étiquette, indique l'âge de l'enfant.**
- **À quel âge approximatif un enfant marche-t-il tout seul ?**

Fig. 10 Avant d'utiliser ce document, on peut demander aux enfants de chercher des photographies caractéristiques des différentes étapes de leur vie d'enfant, de découper dans des catalogues des images de bébés, d'essayer de trouver leur âge…

Mots importants
- Croissance
- Coordination des mouvements

Aux progrès dans les possibilités motrices (relever la tête, se tenir assis, se déplacer à quatre pattes, se tenir debout, marcher…) s'ajoutent l'intérêt croissant pour l'environnement extérieur et le développement du langage comme moyen de communication avec l'entourage.

Notions visées à l'école élémentaire

- Le futur bébé se développe pendant 9 mois dans l'utérus maternel bien à l'abri dans une poche remplie de liquide. De nombreux échanges ont lieu à travers le **placenta** entre le sang de la maman et celui de son enfant. C'est par cette voie que ce dernier reçoit aliments et dioxygène.
- **L'accouchement** représente, pour le nouveau-né, un changement considérable de ses conditions de vie. Dès que sa tête apparaît, l'enfant aspire d'abord un grand bol d'air qui déplisse ses alvéoles pulmonaires puis il expire profondément en poussant son **premier cri**. Le bébé n'a plus besoin du placenta pour respirer, ni pour manger… À partir de maintenant, il respire avec son nez, mange avec sa bouche, urine grâce à ses reins…
- À la naissance, un **nouveau-né** est un être **inachevé**. La « construction » de son système nerveux se poursuit encore pendant plusieurs années. Au fur et à mesure du **développement du système nerveux**, le bébé devient capable de faire des gestes de plus en plus complexes.
- De tous les petits animaux, le plus fragile est le nouveau-né humain. C'est celui dont la croissance est la plus lente ; elle occupe le quart de sa durée de vie.

Mots-clés

- fécondation
- grossesse
- fœtus
- placenta
- cordon ombilical
- utérus
- vagin
- accouchement

Partie

7

La nouvelle classification scientifique

Chapitre **1**

Comment trouver le nom d'un animal, d'un arbre... ?

Dans la classe, la question « Comment s'appelle-t-il ? » se trouve posée dans de nombreuses situations. En voici quelques-unes :
– Combien de types d'arbres ou d'arbustes y a-t-il dans la cour de l'école et comment s'appellent-ils ?
– Comment s'appellent les animaux que nous avons découverts dans les feuilles mortes en forêt ?
– Comment s'appellent les champignons que nous avons récoltés (ou ceux que nous avons apportés pour faire une exposition sur les champignons) ?
– Comment s'appellent les animaux trouvés à marée basse dans les algues, dans les flaques, dans le sable... ?
Il est recommandé de ne pas répondre immédiatement en donnant le nom, car il est bien préférable de laisser les enfants trouver eux-mêmes la réponse à leur question.
***Trouver le nom** d'un animal ou d'une plante est un **travail de recherche fructueux**, à condition de pouvoir fournir aux enfants des documents adaptés.*

Informations pour l'enseignant

1 Chaque animal a un nom... et même un double nom

Dans la vie courante, on désigne un animal ou un végétal en disant : « c'est une grenouille », « c'est un chat », « c'est un chien », « c'est une tourterelle », « c'est un chêne »... Mais il faut savoir qu'ainsi on ne désigne pas une ***espèce*** mais un **genre**. Ces deux mots n'ont pas le même sens. Il existe en effet plusieurs espèces de grenouilles, plusieurs espèces de chênes... Pour désigner une espèce, il faudrait donc dire : « c'est une grenouille verte », « c'est une tourterelle des bois », « c'est une tourterelle à collier », « c'est un chêne pédonculé », « c'est un chêne vert »...

Pour les scientifiques, une espèce est en effet définie par deux mots : le premier est celui du **genre** (exemple : une grenouille) ; **l'espèce** est désignée par deux mots (exemple : une grenouille verte).

Ceci peut sembler étrange mais repose cependant sur des données précises qu'il faut connaître. La grenouille verte ressemble à la grenouille rousse et pourtant, les spermatozoïdes d'une grenouille verte ne peuvent féconder les ovules d'une grenouille rousse. Une espèce est donc un ensemble d'animaux qui non seulement ont le même aspect (toutes les grenouilles vertes se ressemblent ; c'est le **critère de similitude**), mais peuvent de plus se reproduire entre eux (c'est le **critère d'interfécondité**). Il en est de même chez les végétaux. Le chêne pédonculé et le chêne sessile ne sont pas de la même espèce, car le pollen du chêne pédonculé ne peut pas féconder les ovules du chêne sessile.

Document pour l'élève

Arbre, dis-moi ton nom

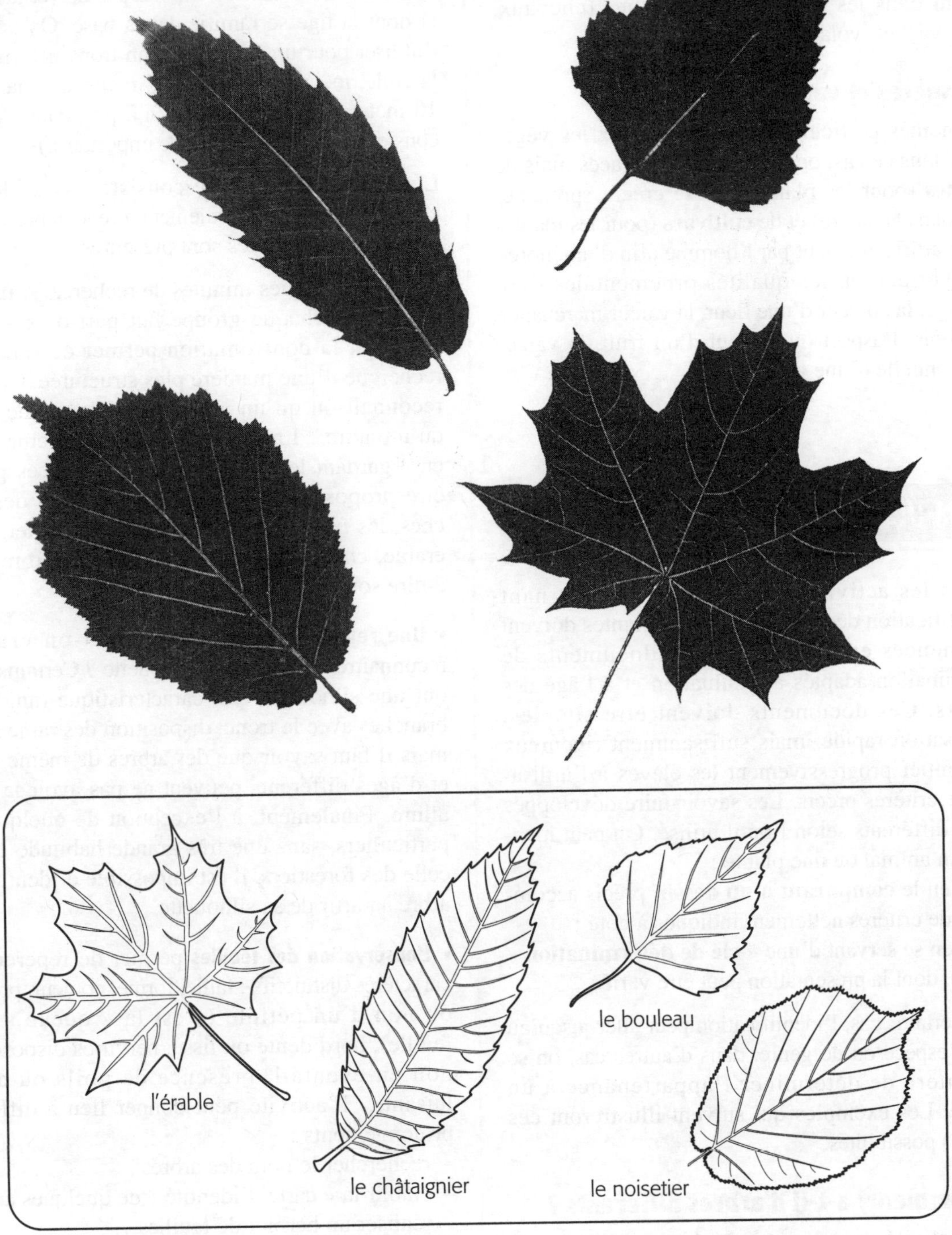

Fig. 1 **Trouver le nom des arbustes ou des arbres de la cour de l'école est possible dès l'école maternelle. Il faut pour cela comparer une feuille de la plante à un document de référence d'excellente qualité, grandeur nature si possible. Pour l'obtenir, il suffit de passer à la photocopieuse une feuille de l'arbre, fixée avec des bandelettes adhésives sur une feuille de papier. On peut également utiliser un document du type proposé ci-dessus.**

❷ Espèces et races

Le basset, le bouledogue, le lévrier... sont des animaux de **même espèce**, celle du « chien domestique », car ils sont interféconds. Cependant, ils sont de **races différentes**. Les races sont nombreuses, surtout dans les espèces domestiques (chevaux, chats, vaches, volailles...).

❸ Espèces et variétés

Les mêmes particularités existent chez les végétaux. Dans ce cas, on ne parle pas de races mais de **variétés** (pour les plantes qui se créent spontanément dans la nature) et de **cultivars** (pour les plantes créées artificiellement par l'homme afin d'améliorer, par hybridation, les qualités ornementales d'un feuillage, la couleur d'une fleur, la valeur marchande d'un bois, l'aspect ou le goût d'un fruit, la valeur nutritionnelle d'une graine...).

Des activités possibles

Toutes les activités pédagogiques concernant l'identification des animaux ou des plantes doivent être menées en fournissant des documents de détermination adaptés à la situation et à l'âge des enfants. Ces documents doivent être simples, d'utilisation rapide, mais suffisamment rigoureux pour initier progressivement les élèves à l'utilisation de critères précis. Les savoir-faire développés seront différents selon l'outil utilisé. On peut identifier un animal ou une plante :
– soit en le **comparant à un dessin** précis accompagné de critères nettement indiqués à côté ;
– soit en se servant d'une « **clé de détermination** » (***fig. 3***), dont la présentation peut être variée.

Dans certains cas, l'identification peut aller jusqu'au nom d'espèce ou de genre, dans d'autres cas, on se contentera de déterminer l'appartenance à un groupe. Les exemples qui suivent illustreront ces diverses possibilités.

❶ Combien y a-t-il d'arbres différents ?

Cette activité peut être organisée dans la cour de l'école, dans un square ou un jardin public, dans un milieu proche de l'école... Elle convient bien à des élèves du CE1 ou du CE2.

• Les enfants, répartis par groupes de trois ou quatre, doivent trouver combien il y a de sortes d'arbres ou d'arbustes différents (le mot **arbuste** est souvent employé avec des sens différents. Il peut s'agir d'un jeune arbre possédant un tronc net, mais dont la taille ne dépasse pas 7 mètres. On emploie parfois ce même terme pour désigner un **arbrisseau**, c'est-à-dire un « arbre » qui reste toujours de petite taille, inférieure à 5-7 mètres, qui n'a pas de véritable tronc et dont la tige se ramifie dès la base. On peut aussi l'utiliser pour un arbre ayant un tronc net, mais dont la taille, même à l'âge adulte, ne dépasse jamais 7 à 10 mètres. Cette distinction n'a pas, dans l'exercice considéré ici, une très grande importance).

L'activité proposée ne consiste pas à identifier chaque espèce mais seulement à rechercher combien d'espèces différentes sont présentes.

• Après quelques minutes de recherches, **un bilan s'impose**. Chaque groupe fait part de ses découvertes et la confrontation permet de relancer la recherche d'une manière plus structurée. Comment reconnaît-on qu'un arbre est de la même espèce qu'un autre ? La reconnaissance s'effectue surtout en regardant les feuilles. D'autres indices peuvent être proposés : l'écorce, la disposition des branches, les fruits quand il y en a (marronnier, tilleul, érable, chêne...), parfois le port de l'arbre, c'est-à-dire son allure générale.

• **Une remarque importante :** peut-on vraiment reconnaître un arbre à sa silhouette ? Certains arbres ont une silhouette très caractéristique (angles des branches avec le tronc, disposition des rameaux...), mais il faut savoir que des arbres de même espèce et d'âges différents peuvent ne pas avoir la même allure. Finalement, à l'exception de quelques cas particuliers, sans une très grande habitude comme celle des forestiers, il est impossible d'identifier un arbre à partir de sa silhouette.

• **L'observation des feuilles** permet de repérer leurs caractères distinctifs : taille, forme, couleur, présence ou non d'un pétiole (c'est la « queue » de la feuille), bord denté ou lisse, nervures disposées ou non en éventail, présence de poils ou aspect luisant... L'activité peut donner lieu à différents prolongements :
– rechercher le nom des arbres ;
– établir la « carte d'identité » de quelques arbres ;
– réaliser un herbier de feuilles...

❷ Quel est cet arbre ?

Trouver le nom d'un arbre est un exercice très formateur, à condition de fournir aux enfants des documents adaptés à leurs compétences et à leur âge.

Feuille simple ou feuille composée ?

■ Feuillus à feuilles simples

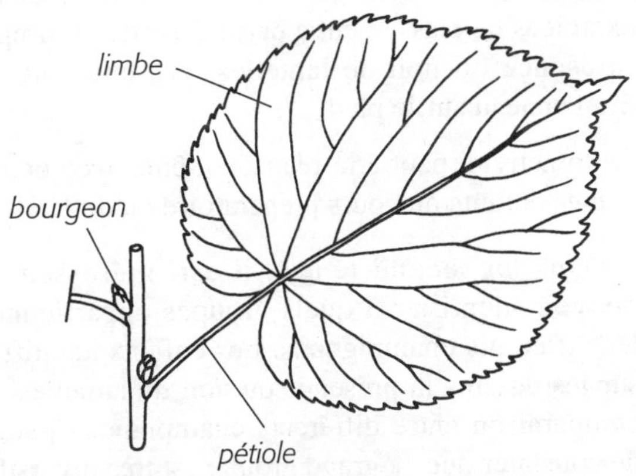

Exemple : tilleul

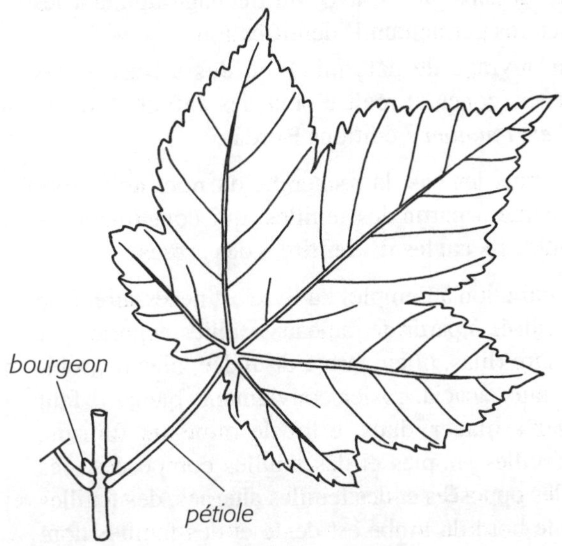

Exemple : érable

■ Feuillus à feuilles composées

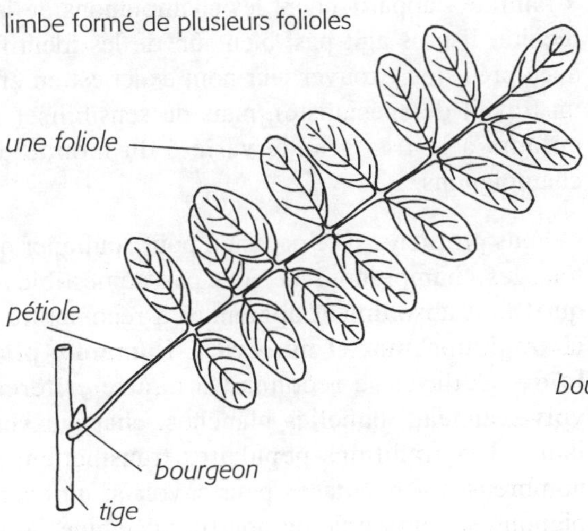

Exemple : robinier faux-acacia

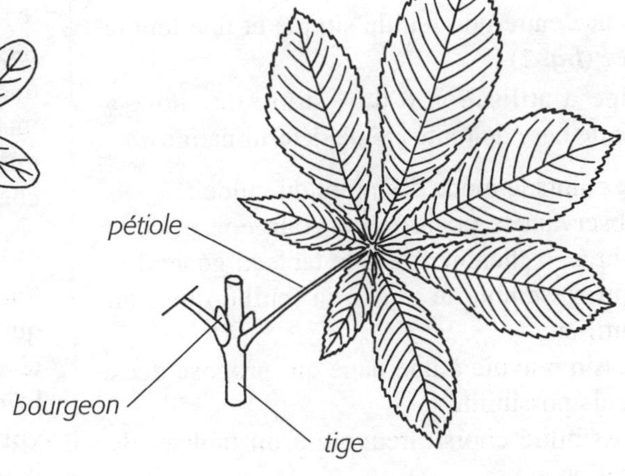

Exemple : marronnier

Fig. 2 **Que feriez-vous avec ces documents ? Quelles activités organiseriez-vous ?**

On peut par exemple donner :
– des planches d'herbier présentant des feuilles avec le nom de l'arbre et la mention des caractères de la feuille (alterne ou opposée, bord denté ou lisse, couleur du limbe, forme ou couleur du bourgeon...) ;
– des « photocopies » de feuilles réelles avec les mêmes indications que précédemment (***fig. 1***) ;
– des dessins précis, avec un fléchage donnant les caractères permettant l'identification ;
– un ouvrage de détermination des arbres et des arbustes, conçu et réalisé pour des enfants : *Arbre, quel est ton nom ?* éditions Bordas.

Dans tous les cas, la recherche du nom de l'arbre s'effectue à partir des feuilles, qui constituent les véritables **« cartes d'identité »** des arbres.

Une initiation à l'emploi du livre est nécessaire. Elle est réalisée à partir de rameaux feuillés apportés par le maître (lilas, tilleul, arbre de Judée, platane, robinier, faux acacia, rosier conviennent bien). Il faut penser à placer, dans le lot de rameaux fournis, des feuilles simples et des feuilles composées, des feuilles opposées et des feuilles alternes, des feuilles dont le bord du limbe est denté et des feuilles dont le bord du limbe est lisse.

Pour que l'initiation s'effectue dans de bonnes conditions, il est préférable (à moins que ce ne soit fait pendant l'exercice) que les enfants aient les connaissances de base suivantes :
– existence d'un bourgeon à la base de chaque feuille ;
– différence entre une feuille simple et une feuille composée (***fig. 2***) ;
– principe d'utilisation d'un « arbre de choix » (principe de base de toute clé de détermination).

Expliquez alors le mode d'emploi du guide :
a) En observant la position du bourgeon et celle des nervures, rechercher dans le tableau général le dessin qui ressemble le plus à la feuille que l'on veut identifier.
b) Ce dessin renvoie à une page qui propose deux ou plusieurs possibilités.
c) La possibilité choisie renvoie à un tableau de détermination.

À ce stade, on peut aussi feuilleter les pages indiquées et comparer la feuille que l'on veut identifier aux dessins, en tenant compte de toutes les informations écrites qui les accompagnent.

En cas d'échec, revenir au tableau général en observant à nouveau, avec soin, la position du bourgeon, la disposition des nervures et l'allure du bord de la feuille (denté, lobé ou lisse).

❸ Réalisons une exposition sur les champignons

• Les champignons attirent beaucoup les enfants ; ils aiment les ramasser lors de sorties en forêt ; ils en apportent souvent en classe à l'automne, mais ils ignorent que certains champignons sont très dangereux et qu'il est utile de savoir les reconnaître.

Les champignons constituent de plus un très bon matériel pour entraîner les élèves à réaliser des exercices de classement à partir de critères simples (présence ou non de lamelles, présence ou non d'un anneau sur le pied...).

Cette activité peut être réalisée même avec de très jeunes enfants du cours préparatoire ou du CE1.

• Dans un second temps, il est intéressant de pouvoir identifier à quels groupes appartiennent les différents champignons. Les enfants identifient sur les dessins la présence ou non de lamelles. La comparaison entre différents champignons permet de constater que ce grand groupe est très diversifié. Pour faire l'inventaire des différences, il faut observer très attentivement les dessins et leur fléchage. Ainsi, l'amanite possède les mêmes caractères que la coulemelle, mais, contrairement à la coulemelle, la base de son pied est entourée par une sorte d'étui appelé volve.

• Lorsqu'ils maîtrisent suffisamment le contenu du document, les enfants recherchent à quelle « famille » appartiennent les champignons de leur récolte. Il ne s'agit pas, bien sûr, de les identifier avec précision (trouver leur nom exact est en effet un travail de spécialiste), mais de sensibiliser les enfants à la très grande variété du monde des champignons.

• Vous profiterez de l'occasion pour souligner que tous les champignons ne sont pas comestibles et qu'il faut absolument apprendre à reconnaître **le champignon mortel numéro 1**, **l'amanite phalloïde**. Celle-ci se reconnaît à quatre critères : volve, anneau, lamelles blanches, chapeau vert-jaune. Les traditions populaires transmettent de nombreuses « recettes » pour savoir si un champignon est comestible ou non (par exemple : « les champignons mangés par les limaces sont comestibles » ou bien : « les champignons de printemps sont tous comestibles »...). Ces affirmations sont dangereuses. La seule façon de savoir si on peut ou non consommer un champignon est de l'identifier avec précision, en repérant des caractères scientifiques rigoureux.

Ce sont tous des érables, mais quel érable ?

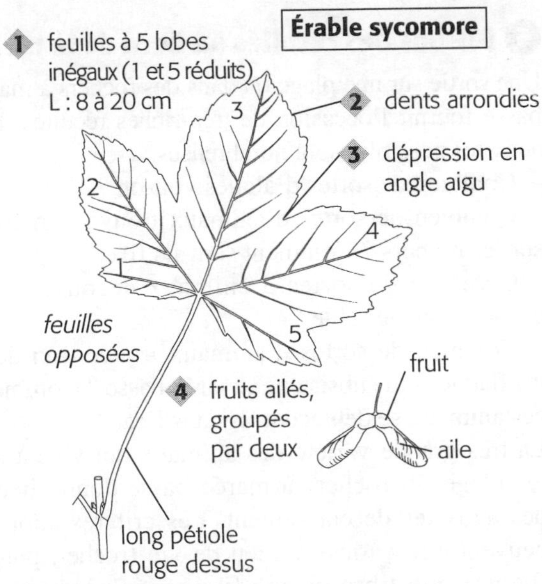

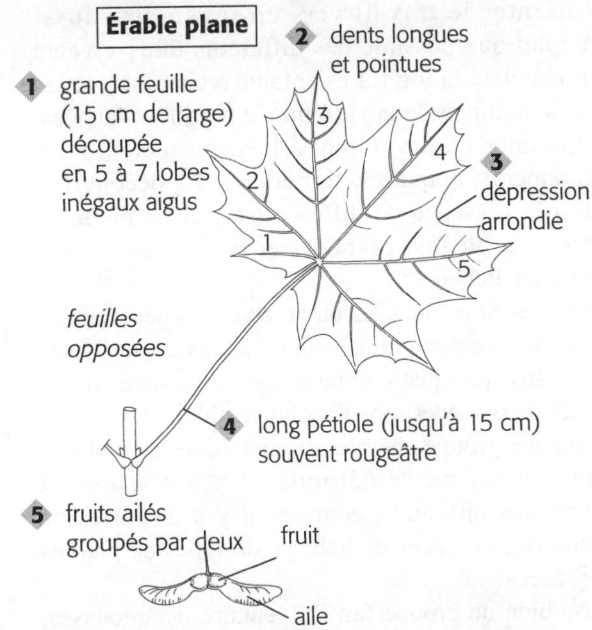

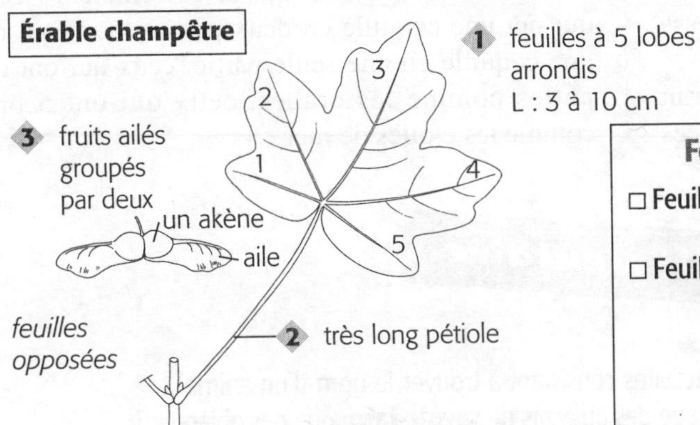

Feuilles opposées à nervation palmée

☐ Feuilles à 3 lobes

Érable de Montpellier

☐ Feuilles à 5 lobes

⊙ Lobes séparés par un angle aigu

Érable sycomore

Érable champêtre

⊙ Lobes séparés par une dépression arrondie

▲ Échancrure peu profonde

Érable plane

▲ Échancrure très profonde

Érable argenté

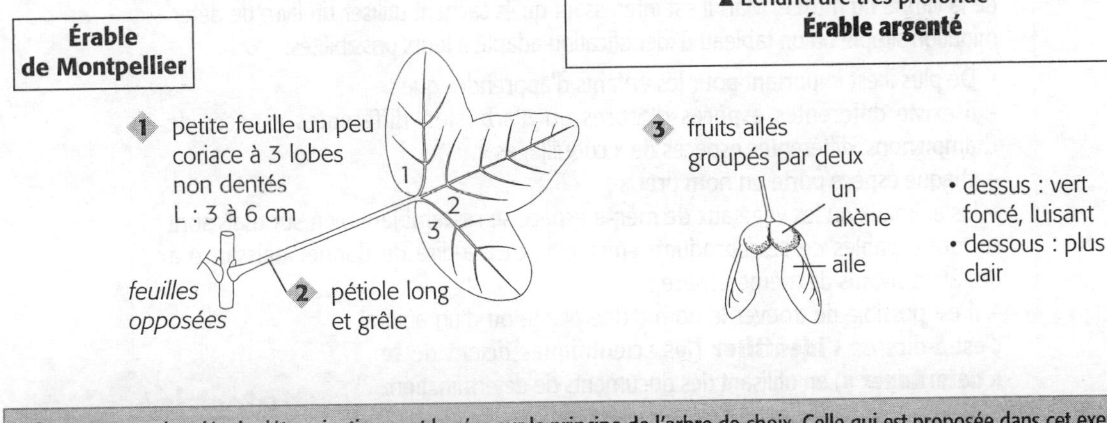

Fig. 3 Toutes les clés de détermination sont basées sur le principe de l'arbre de choix. Celle qui est proposée dans cet exemple permet, en choisissant le bon critère, de donner le nom d'espèce de chacun des érables présentés ici.

4 Quels sont les habitants de la forêt ?

La sortie en forêt est l'occasion de découvrir un milieu vaste, très riche et plein d'attrait. Après une approche globale et surtout sensorielle, il convient d'orienter le travail vers un inventaire aussi complet que possible des différents êtres vivants qui peuplent la forêt. Les enfants rechercheront les traces multiples de la vie animale (feuilles mangées, empreintes de pas, plumes, pièces squelettiques, excréments, coquilles, terriers...). Ils découvrent aussi la présence de différents types de plantes : arbres, arbustes, plantes herbacées, fougères, mousses, lichens...

Avec des élèves de CE2 ou de CM1, on peut ensuite faire un inventaire plus précis. La classe est divisée en groupes de quatre enfants. Deux manières différentes de procéder sont alors applicables :

– chaque groupe cherche successivement combien, dans un périmètre délimité, il y a d'arbres et d'arbustes différents, combien il y a de sortes de mousses, d'espèces de lichens, de types de plantes herbacées...

– ou bien un groupe fait l'inventaire des mousses, pendant qu'un autre recherche combien il trouve d'espèces de lichens et qu'un troisième s'intéresse aux arbres...

Dans tous les cas, la présentation des récoltes fournit de nouveau l'occasion de préciser les différences existant entre mousses et lichens, entre arbres, arbustes et plantes herbacées. De retour en classe, un panneau présentant les différentes récoltes peut être réalisé.

5 Faisons des récoltes au bord de la mer

Une sortie sur une plage ou dans des rochers à marée basse fournit l'occasion de très riches récoltes. Les activités possibles sont nombreuses :

– Combien de sortes d'algues voit-on ?

– Combien de sortes d'animaux trouve-t-on fixés sur les rochers ? Comment sont-ils fixés ?

– Combien de sortes d'animaux découvre-t-on enfouis dans le sable ?

– Combien de sortes d'animaux trouve-t-on dans les flaques qui subsistent à marée basse ? Comment ces animaux se déplacent-ils dans l'eau ?

La très grande variété des animaux qui vivent sur les plages et rochers à marée basse donne lieu à des activités de classement. Les critères adoptés peuvent être variés : milieu de vie (rocher, plage, flaque), vie libre ou vie fixée, déplacement en marchant ou en nageant... On peut aussi mettre ensemble des animaux qui se ressemblent : ceux qui ont une coquille en deux parties, ceux qui ont une coquille en une seule partie, ceux qui ont des pattes comme les crabes, ceux qui ont 5 bras comme les étoiles de mer...

Notions visées à l'école élémentaire

• En proposant à des enfants des activités consistant à trouver le nom d'un animal ou d'une plante, on vise bien davantage des objectifs de **savoir-faire** que des objectifs de connaissances. Il n'est pas question pour eux de **savoir** le nom de tous les champignons qu'ils trouvent dans la forêt, ni de connaître le nom de tous les oiseaux de la vitrine du musée. Mais il est intéressant qu'ils sachent utiliser un livre de détermination simple ou un tableau d'identification adapté à leurs possibilités.

• De plus il est important pour les enfants d'apprendre que :

– il existe différentes espèces d'arbres ou d'arbustes, différentes espèces de champignons, différentes espèces de « coquillages »... ;

– chaque espèce porte un nom précis ;

– les animaux ou les végétaux de même espèce se ressemblent bien sûr mais sont surtout capables de se reproduire entre eux, c'est-à-dire de donner naissance à des êtres vivants de même espèce ;

– il est possible de trouver le nom d'une plante ou d'un animal, c'est-à-dire de **l'identifier** (les scientifiques disent de **le « déterminer »**) en utilisant des documents de détermination.

Mots-clés

• Critère
• Parenté

Chapitre **2**

Comprendre la classification actuelle des scientifiques

On ne peut étudier le monde vivant sans aborder le problème de la ***classification****. À première vue, l'unité du monde vivant actuel n'est pas évidente. Ce qui frappe, au contraire, c'est sa diversité. Celle-ci est étonnante : on estime que la Terre est actuellement peuplée de plusieurs dizaines de millions d'espèces.*

Dans ce vaste ensemble d'êtres vivants, la classification introduit un certain ordre en réunissant, dans des groupes de plus en plus restreints, ceux qui ont des ***caractères communs****. Par exemple, le chat et l'écureuil sont classés l'un et l'autre au sein des* ***vertébrés****, et parmi tous les vertébrés, ce sont des* ***mammifères*** *; mais le premier appartient au groupe des* ***carnivores*** *et le second au groupe des* ***rongeurs****.*

Les mots vertébrés, mammifères, carnivores, rongeurs ont un sens précis. S'ils sont connus, ils apportent immédiatement des informations sur les deux animaux cités. On sait ainsi que le chat a une colonne vertébrale, que sa femelle allaite ses petits et qu'il a une denture de carnivore présentant certaines caractéristiques précises. On sait aussi que l'écureuil a également une colonne vertébrale, mais que sa denture est différente de celle du chat et lui permet de ronger ses aliments. La classification des êtres vivants est donc un outil très efficace.

La classification actuelle du vivant a pour objectif d'expliquer les causes de la diversité du vivant. Elle doit donc refléter le plus fidèlement possible la généalogie des espèces, c'est-à-dire l'évolution. Les scientifiques travaillent sur la classification depuis plusieurs siècles. Les réponses qu'ils y apportent changent et la classification change donc aussi. Vous avez appris sans doute au Collège, puis au Lycée, qu'il y avait deux grands groupes d'animaux : les vertébrés (qui possèdent une colonne vertébrale) et les invertébrés (qui n'en possèdent pas). Vous avez appris également que les vertébrés sont classés en cinq groupes : les poissons, les amphibiens, les reptiles, les oiseaux, les mammifères (***fig. 1***).

Actuellement, cette classification n'est plus acceptée par les scientifiques (***fig. 2***). Par exemple, le groupe des poissons et celui des reptiles n'existent plus. Pourquoi tous ces bouleversements ? Faut-il prendre en compte ces changements dans l'enseignement dès l'école élémentaire ? Ces questions sont importantes : peut-on en effet continuer d'enseigner des notions actuellement dépassées ?

Informations pour l'enseignant

À l'école élémentaire, les activités que l'on peut entreprendre sur la classification n'ont pas pour objectif d'apprendre « par cœur » des tableaux de classification du monde vivant. En revanche, les enfants vont découvrir que la classification (c'est-à-dire le classement commun à tous les scienti-

Dans la classification actuelle, certains regroupements ne sont plus acceptés

■ Parmi les animaux, certains ont une colonne vertébrale : les scientifiques les classent dans le groupe des vertébrés

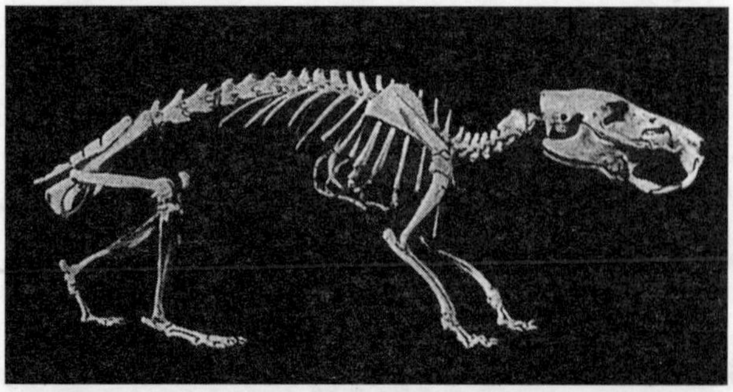

cochon d'Inde

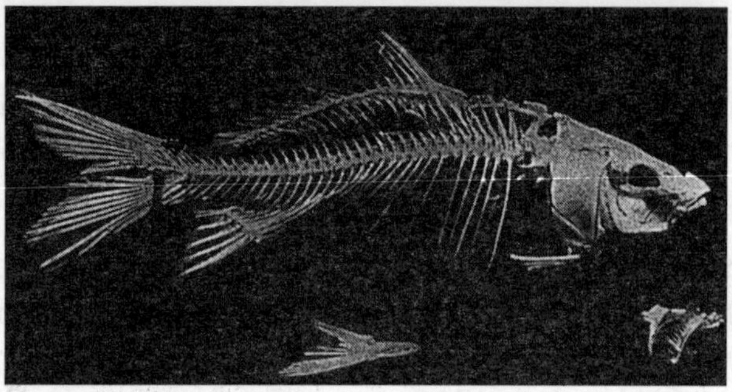

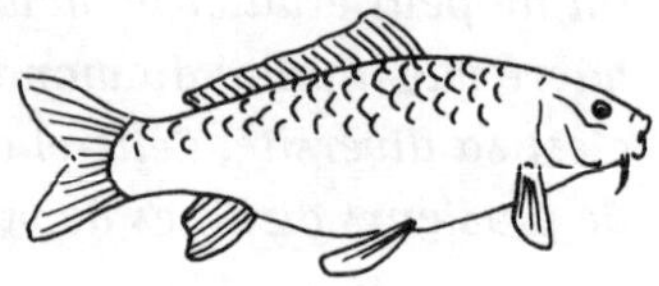

poisson

■ Les vertébrés étaient classés en 5 groupes

Vertébrés

- La peau porte des **poils**. La femelle possède des mamelles. → **MAMMIFÈRE** — ex : **chat**
- La peau porte des **plumes.** → **OISEAU** — ex : **mouette**
- La peau porte des **écailles soudées**. → **REPTILE** — ex : **lézard**
- La peau porte est **nue**. → **AMPHIBIEN** — ex : **grenouille**
- La peau porte des **écailles non soudées**. → **POISSON** — ex : **carpe**

Fig. 1 Comparez la classification ancienne des vertébrés à la classification actuelle (fig. 3). Indiquez les points communs et les différences.

La classification ci-dessous n'est plus acceptée par les scientifiques. Elle donne cependant une « mine » d'information.

Les vertébrés	Comment naissent-ils ?	Ont-ils des poils ? des plumes ?...	D'autres caractères	t*
Les poissons 	• Les jeunes comme les adultes vivent dans l'eau. Les œufs sont pondus dans l'eau.	• Ils ont presque tous des écailles qui peuvent être détachées une à une.	• Ils respirent l'oxygène dissous dans l'eau par des branchies. • Ils ont des nageoires.	température variable
Les amphibiens 	• Ils pondent toujours leurs œufs dans l'eau. • Les jeunes sont tous des têtards qui subissent des métamorphoses.	• Ils ont une peau humide sans écailles, sans plumes, sans poils.	• Ils vivent dans l'eau ou sur terre. • Ils respirent dans l'air à l'état adulte.	
Les reptiles 	• Les œufs sont toujours pondus à terre (même pour les reptiles aquatiques). • Les œufs ne sont pas couvés.	• Ils ont des écailles soudées.	• Ils vivent dans l'eau ou sur terre. • Ils respirent dans l'air. • Certains n'ont pas de membres.	
Les oiseaux 	• Les œufs pondus à terre sont couvés.	• Ils ont des plumes.	• Ils ont deux pattes, deux ailes, un bec.	température constante
Les mammifères 	• Tous sont vivipares (les œufs se développent dans l'utérus maternel). • Les femelles allaitent leurs petits.	• Ils ont des poils.	• Même ceux qui vivent dans l'eau respirent dans l'air.	

* température du corps

– Les animaux à température variable ont la température du milieu dans lequel ils vivent.
Ex. : dans de l'eau à 10 °C un poisson est à 10 °C, dans de l'eau à 25 °C il est à 25 °C.
– Les animaux à température constante ont une température de 37 °C à 42 °C selon les espèces, quelle que soit la température extérieure.

> Si vous dites à quelqu'un que le fuligule morillon (animal dont il n'a jamais entendu parler) est un oiseau, il sait immédiatement que cet animal a des plumes, deux ailes, deux pattes, un bec, qu'il pond des œufs et les couve… Il ne sait pas, bien sûr, quelle est sa taille ou sa couleur ; il ignore dans quel milieu il vit (la classification a en effet ses limites), mais il peut s'en faire une représentation déjà satisfaisante.
> De même, quand on dit que tel animal (dont on n'a jamais entendu parler) est un amphibien, on sait aussitôt qu'il pond des œufs dans l'eau, que ses œufs donnent naissance à des têtards, et que les têtards se métamorphosent progressivement en adultes.
> Les scientifiques pourraient donner bien d'autres caractères car, pour eux, le mot amphibien est encore plus riche d'informations.

Fig. 2 Dans la classification actuelle, le groupe des poissons et des reptiles n'existe plus, ils sont remplacés par cinq groupes distincts plus homogènes (voir fig. 3).

fiques du monde entier) est, parmi tous les classements possibles, celui qui apporte l'éclairage le plus intéressant.

A Principes de la classification actuelle

L'espèce est évidemment l'unité de base de la classification. Classer consiste à regrouper les espèces les plus étroitement apparentées : elles ont un ancêtre commun récent, qu'elles ne partagent pas avec les autres espèces. Un groupe contient donc ainsi tous les descendants d'une espèce ancestrale.

1 Quels critères les scientifiques utilisent-ils ?

a. Une longue histoire

Les fossiles révèlent qu'il y a eu, au cours de l'histoire de la Terre, un constant renouvellement des espèces vivantes : de nouveaux types d'organisation traduisant une **diversification** et une **complexification** du vivant sont apparus.

Le monde vivant actuel est le résultat d'une longue histoire, au cours de laquelle les espèces se sont transformées en donnant naissance à de nouvelles espèces. Toutes les espèces actuelles ont entre elles des **relations de parenté**. Ceci explique l'unité structurale et fonctionnelle du monde vivant. Classification et évolution sont étroitement liées : la **notion d'évolution est la ligne directrice de la classification des êtres vivants**.

Un exemple : vers – 550 millions d'années (– 550 MA) sont apparus, dans les mers, les premiers organismes ayant une colonne vertébrale. L'acquisition de ce caractère nouveau, transmis à la descendance, est qualifié **d'innovation évolutive**. C'est le point de départ du groupe des vertébrés.

b. Les critères sont choisis par les scientifiques

La classification actuelle se fonde sur des critères précis définis par les scientifiques. Ces derniers regroupent les êtres vivants **en fonction des caractères qu'ils possèdent et non de ceux qu'ils ne possèdent pas**. Aussi, par rapport à l'ancienne classification, le groupe des vertébrés existe, celui des invertébrés est abandonné.

Le fait de ne pas avoir de colonne vertébrale, c'est-à-dire d'être un invertébré n'est pas une innovation évolutive. Ce **caractère négatif** ne peut être utilisé pour constituer un groupe. **Un critère négatif n'entraîne pas de regroupement à caractère phylogénétique.**

2 Classer des espèces sous la forme d'un « arbre de parenté »

Dans un arbre de parenté (ou arbre phylogénétique), les branches relient des individus bien identifiés : elles correspondent à des liens unissant ancêtres hypothétiques et descendants.

L'arbre commence par une « racine » (critère commun à toutes les espèces) et se termine par des « branches » qui représentent les groupes (***fig. 3***). Pour constituer un groupe, il faut choisir, à chaque « embranchement », les critères communs aux espèces considérées. Chaque groupe possède tous les critères présents précédemment.

3 Les groupes « emboîtés » (= ensembles emboîtés)

Les relations de parenté peuvent être représentées d'une autre manière : ce sont les groupes emboîtés (ensembles emboîtés) :

– chaque rectangle d'une « boîte » est un groupe défini par un caractère commun. Par exemple, on réunit dans une « boîte » des espèces présentant un (ou des) critère(s) commun(s) ; ainsi, une boîte réunit les seuls vertébrés qui ont quatre membres (ce sont les tétrapodes) ;

– on place ce groupe dans un groupe plus grand à partir d'autres critères ; chaque groupe est défini par des critères partagés en commun (***fig. 4***).

Attention : on regroupe les espèces en fonction des caractères qu'elles possèdent et non de ceux qu'elles ne possèdent pas.

B Quelques réflexions sur la classification actuelle

1 Des groupes ont disparu. Que sont-ils devenus ?

a. Qu'est-ce qu'un poisson ?

Dans la classification actuelle (***fig. 3***), le groupe des poissons a disparu. Vous continuerez pourtant à aller acheter des poissons à la poissonnerie. Pour les scientifiques, le mot poisson peut être utilisé sans problème en cuisine. En revanche, ce mot, qui ne signifie rien du point de vue de la phylogénie, ne peut être gardé dans un tableau de classification ; le groupe des poissons est remplacé par plusieurs groupes qui portent des noms compliqués. Pour simplifier, tout en respectant les principes de la classification, nous utiliserons des expressions telles que « poissons à squelette cartilagineux » et « poissons à squelette osseux » (***fig. 3***).

b. Que sont devenus les reptiles ?

Si l'on examine la phylogénie des tétrapodes, on constate que les crocodiles sont plus proches des oiseaux que des autres reptiles. Par ailleurs, beaucoup de reptiles fossiles sont plus proches des mammifères que des lézards.

Les reptiles ne sont donc pas homogènes du point de vue phylogénétique. Les scientifiques ont donc supprimé le groupe des reptiles. Ils le remplacent par plusieurs groupes : les crocodiliens, les lézards, les tortues...

2 La classification actuelle

Le tableau de la ***figure 8*** présente la classification actuelle du monde vivant, celle des plantes vertes est détaillée sur la ***figure 9***.

Il y a quelques années, dans la classification apprise au Collège et au Lycée, les êtres vivants étaient répartis en trois grands groupes : les animaux, les végétaux, les bactéries. Un peu plus tard, les « végétaux chlorophylliens » et les champignons ont été séparés en deux groupes distincts.

Dans la classification des vertébrés, on distingue maintenant deux groupes de poissons au lieu d'un seul, et trois groupes de reptiles au lieu d'un seul (l'ancien groupe des reptiles était hétérogène ; les subdivisions actuelles tiennent compte de cette hétérogénéité et de l'ordre chronologique des innovations évolutives)...

Nous l'avons déjà dit, le plus important dans le domaine de la classification c'est de comprendre les principes qui la sous-tendent plutôt que de connaître le nom des différents groupes. Cependant, si le groupe des invertébrés (mot à éviter) est abandonné, certains groupes sont maintenus et peuvent servir de repères : les **mollusques** (***fig. 5***) comprennent les gastéropodes (escargots), les **bivalves** (moules), les **céphalopodes** (seiches). On retrouve également les **insectes** (***fig. 7***), les **annélides** (vers de terre), les **échinodermes** (oursins, étoiles de mer)...

C Les plans d'organisation

Les scientifiques utilisent de nombreux termes techniques qui ont un sens précis et qui apparaissent dans les classifications. Qu'est-ce qu'un bivalve ? Où est le poumon d'un escargot ? Qu'est-ce qu'une patte articulée ? Qu'est-ce qu'une carapace ? Combien une sauterelle a-t-elle de pattes ?...

L'enseignant ne peut pas « tout savoir ». Cependant, il est intéressant qu'il puisse trouver facilement la réponse en cas de besoin. C'est l'objet des ***figures 5, 6*** et ***7*** qui présentent les plans d'organisation des groupes d'animaux les plus fréquemment rencontrés dans la nature.

Des activités possibles

1 Des activités de classement dès l'école maternelle

Dès l'école maternelle, les enfants sont placés dans des situations de classements. Mis en présence d'une collection d'objets (blocs logiques, images d'animaux, coquillages, feuilles d'arbres, aliments...), ils doivent rechercher les ressemblances et les différences. Ils dégagent ainsi des **critères** permettant de réaliser des regroupements. Ayant alors choisi un critère, ils réalisent le classement de leurs « objets » ? Certains critères sont plus opérationnels que d'autres et permettent de classer tous les objets. D'autres critères laissent des objets non classés. Une discussion collective permet de retenir les critères les plus significatifs.

Ces activités de classement se poursuivent au cycle 2.

• **Le matériel proposé** aux enfants varie selon leur âge. Par exemple, dans une classe maternelle ou un cours préparatoire, on peut fournir aux enfants une collection restreinte de photographies ou d'images d'animaux dont les caractères communs et les différences sont faciles à identifier : des poissons, des oiseaux, des mammifères. En classant ces dessins d'animaux, l'enfant sera amené à :

– **faire des comparaisons** et à chercher des critères de ressemblance, par exemple :
  - animaux qui ont quatre pattes ;
  - animaux qui ont deux pattes et deux ailes ;
  - animaux qui ont des nageoires/animaux qui ne peuvent que marcher ou courir ;
  - animaux qui peuvent marcher et voler ;

La classification scientifique actuelle des vertébrés

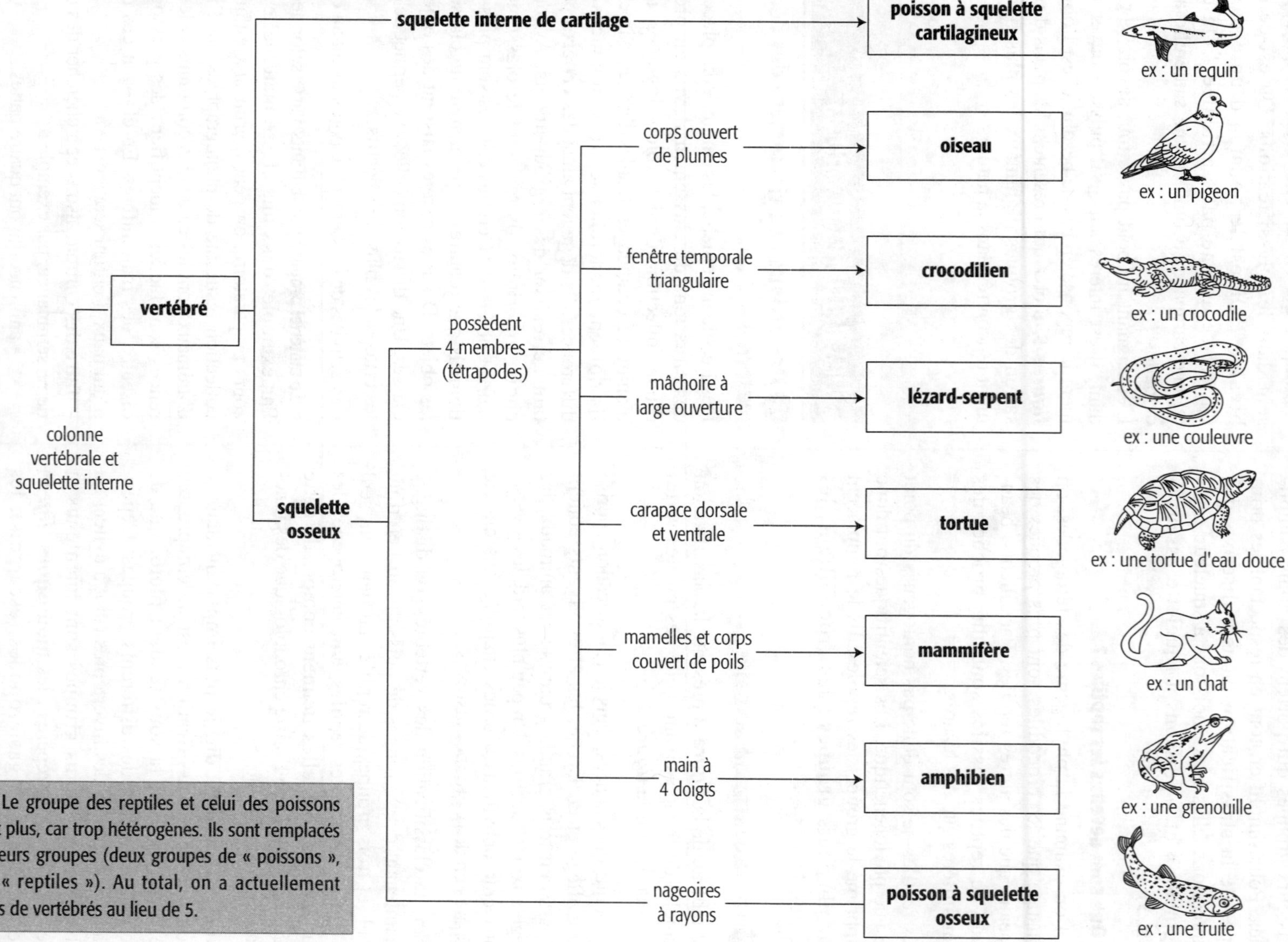

Fig. 3 Le groupe des reptiles et celui des poissons n'existent plus, car trop hétérogènes. Ils sont remplacés par plusieurs groupes (deux groupes de « poissons », trois de « reptiles »). Au total, on a actuellement 8 groupes de vertébrés au lieu de 5.

La classification scientifique actuelle des animaux

Animaux

Éponges
Squelette = petites épines

Cnidaires
(anémone de mer)
Possède des cellules urticantes

Annélides
ex. : lombric
Ver annelé

Échinodermes
ex. : étoile de mer
Squelette situé dans la peau

Mollusques (une coquille)

Gastéropodes
- Coquille conique
- Une ou deux paires de tentacules sur la tête
- Pied plat

Bivalves
- Coquille à deux valves

Céphalopodes
- Nombreux tentacules préhensiles

Cuticulates
(corps recouvert d'une enveloppe ± rigide : la cuticule)

Nématodes
(ver rond non segmenté)

Arthropodes
- Squelette externe
- Pattes articulées

Arachnides
4 paires de pattes articulées

Antennates
Tête portant des antennes

Crustacés
- Tête et thorax soudés
- Deux paires d'antennes

Insectes
- 3 paires de pattes articulées
- Tête et thorax séparés

Myriapodes
- Nombreuses pattes
- Nombreux segments

Vertébrés
(voir fig. 3)

Fig. 4 Dans la classification actuelle, le groupe des invertébrés n'existe plus. Il est remplacé par divers groupes (mollusques, articulates, annélides…).

Les mollusques

Caractères communs	• corps **mou** • **manteau** sécrétant une **coquille** calcaire et délimitant une cavité abritant les organes respiratoires • **pied** musculaire	
Caractères distinctifs	**Classes**	**Exemples**
• **coquille** à deux valves • pas de **tête** distincte • **pied** ventral, souvent fouisseur	BIVALVES ou LAMELLIBRANCHES	coque, moule, praire, palourde, huître, coquille Saint-Jacques…
• **coquille** à une seule valve, souvent enroulée en hélice • **tête** bien distincte • **pied** ventral, servant à la reptation	GASTÉROPODES	escargot, limnée, planorbe, buccin…
• **coquille** généralement interne, parfois très réduite • **tête** volumineuse • **pied** situé sur la tête, formant une couronne de tentacules garnis de ventouses	CÉPHALOPODES	seiche, calmar, pieuvre…

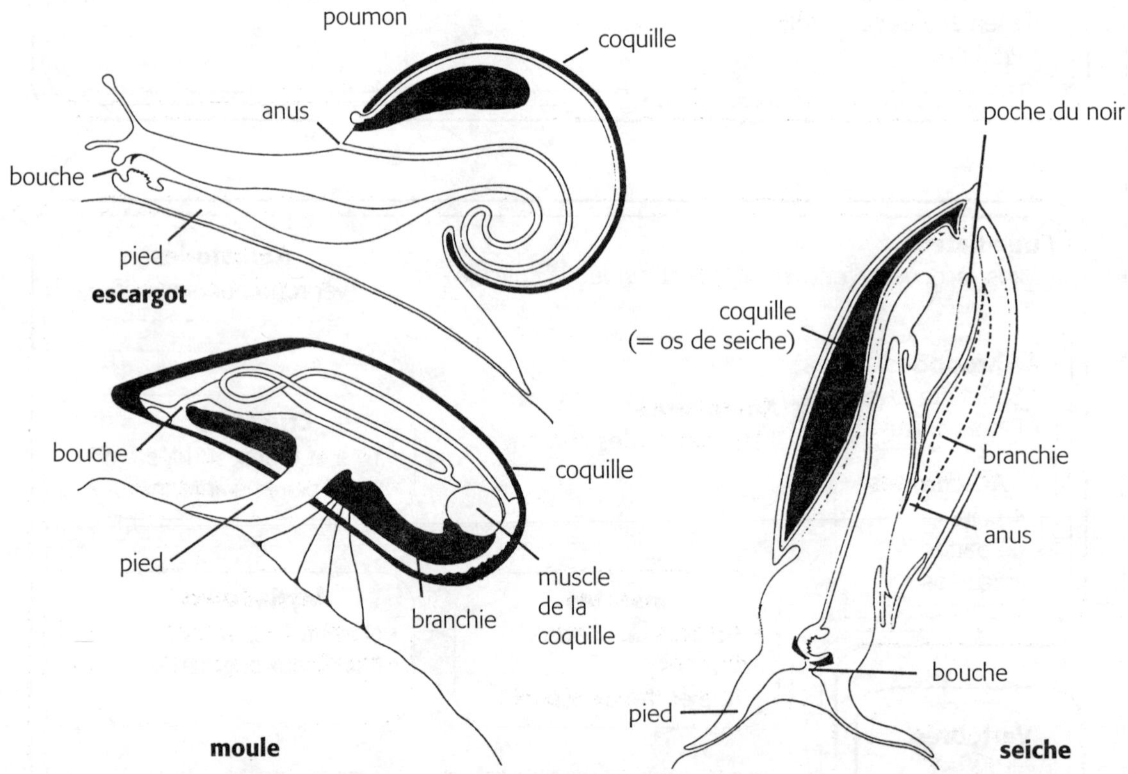

Fig. 5 Les mollusques forment un groupe, dont tout le monde connaît plusieurs représentants. Qui ne connaît pas l'escargot, la moule, l'huître ? En dépit de très grandes différences (une moule ne ressemble pas à une seiche), on trouve, chez tous les mollusques, un plan d'organisation présentant des organes ayant les mêmes fonctions : un pied musculaire servant lors de la locomotion, un manteau qui, d'une part, sécrète la coquille (celle-ci est interne chez les céphalopodes) et, d'autre part, constitue la paroi de la cavité abritant les organes respiratoires (poumon ou branchies).

Les arthropodes

Caractères communs	• appendices, en particulier les pattes, articulés • corps le plus souvent segmenté et articulé • carapace dure, jouant le rôle d'un squelette et entraînant l'obligation de muer pour assurer la croissance	
Caractères distinctifs	**Classes**	**Exemples**
• une paire d'antennes • trois paires de pattes • deux paires d'ailes en général • respiration par des trachées	INSECTES (1 000 000 d'espèces)	abeille, criquet, cigale, papillons
• pas d'antennes • deux crochets venimeux (chélicères) • quatre paires de pattes • respiration par des trachées et des poumons	ARACHNIDES (50 000 espèces)	épeire, argyronète, tégénaire, scorpion
• deux paires d'antennes • carapace souvent calcaire • cinq paires de pattes (ou plus) • respiration par des branchies	CRUSTACÉS (30 000 espèces)	écrevisse, crabe, crevette, daphnie, cloporte
• une paire d'antennes • un grand nombre de paires de pattes • respiration par des trachées	MYRIAPODES (17 000 espèces)	lithobie, scolopendre, iule, gloméris

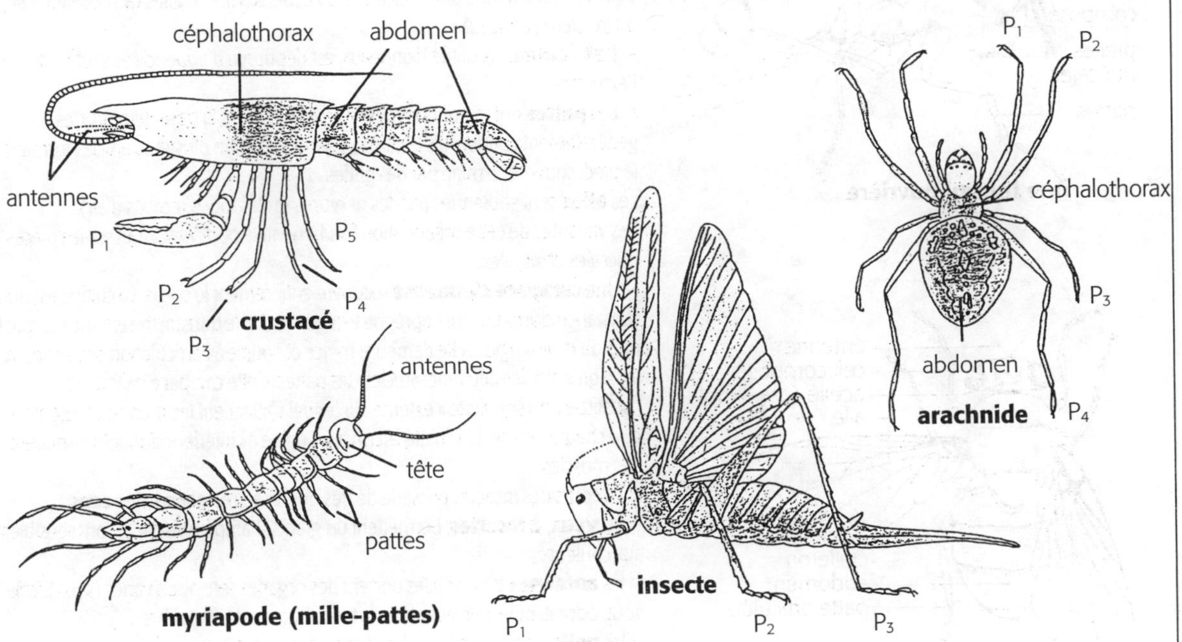

P_1, P_2, P_3, P_4, P_5 = pattes

Fig. 6 Les arthropodes (encore appelés articulés) ont des pattes articulées. Leur corps est en outre complètement recouvert d'une carapace, véritable squelette externe. De manière très simplifiée, on peut dire que la distinction entre les différents groupes d'arthropodes repose sur le nombre de pattes. C'est un moyen facile de les identifier.

Les insectes

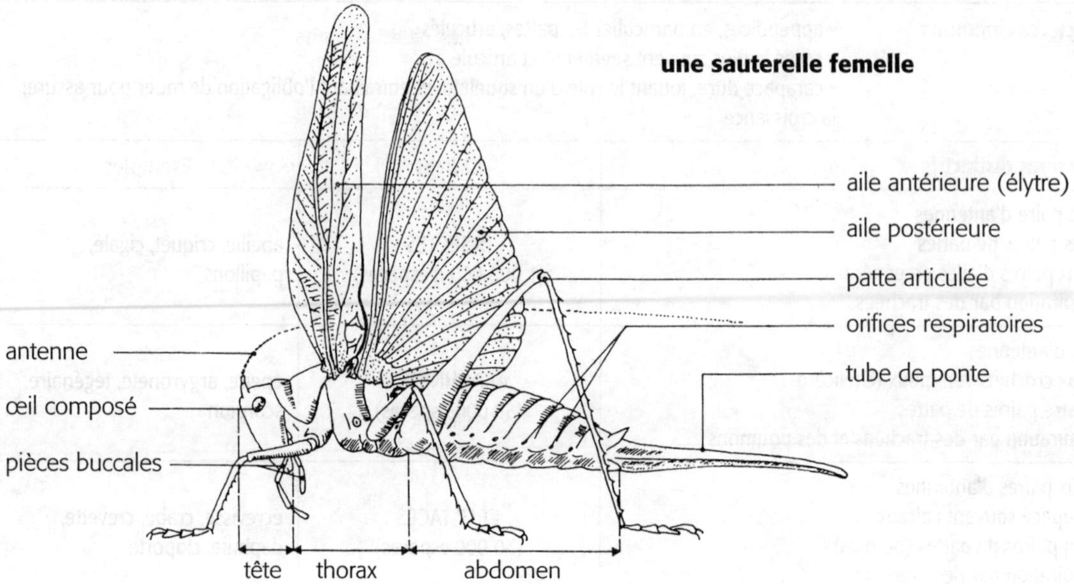

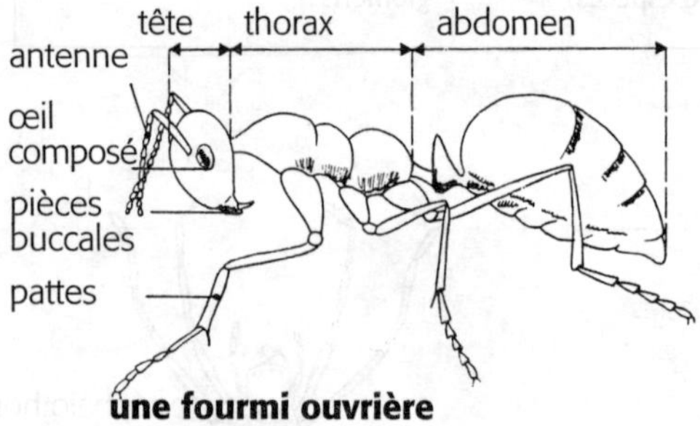

une fourmi ouvrière

une mouche bleue

Tous les insectes ont la même organisation

- Le corps est divisé en trois parties :

– **la tête** porte les yeux, les antennes, les pièces buccales ;

– **le thorax** est toujours formé de trois anneaux sur lesquels sont fixées les trois paires de pattes (une paire par anneau) et deux paires d'ailes (au deuxième et au troisième anneau) ;

– **l'abdomen**, constitué d'anneaux, est dépourvu d'appendices sauf parfois à l'extrémité.

- Les **pattes** ont toujours la même organisation : à la base deux articles généralement courts, puis la cuisse, la jambe et enfin plusieurs articles formant le pied, souvent terminé par des griffes.

Les **ailes** sont soutenues par des nervures (petits tubes remplis d'air).

Les variantes de cette organisation fondamentale portent surtout sur les pièces buccales et les ailes.

- Une **carapace chitineuse** recouvre entièrement le corps. La chitine est une substance chimique qui imprègne le tégument et le transforme en une carapace plus ou moins rigide. Elle demeure mince et souple à l'articulation des anneaux ainsi qu'entre les différents articles des pattes. Cette carapace chitineuse constitue un « squelette » externe sur lequel s'attachent les muscles. C'est ainsi que chaque article de la patte est un tube rigide à l'intérieur duquel se trouvent des muscles.

- Le corps des insectes possède de très nombreux **organes des sens** :

– les **yeux, à facettes**, permettent un grand champ de vision et sont sensibles aux couleurs ;

– les **antennes** très mobiles portent des organes sensoriels variés (sens tactile, goût, odorat, ouïe, perception de la température, de l'équilibre…) ;

– les **poils**, souvent minuscules, dispersés sur tout le corps de l'insecte, sont des organes tactiles très sensibles, qui perçoivent le moindre déplacement de l'air ;

– les **palpes**, prolongements très mobiles de chaque côté de la bouche goûtent et sentent les aliments.

Fig. 7 Les insectes constituent un groupe communément répandu. Malgré une très grande diversité d'espèces, leur plan d'organisation est toujours le même.

Les grands groupes d'êtres vivants de la classification actuelle

Les bactéries

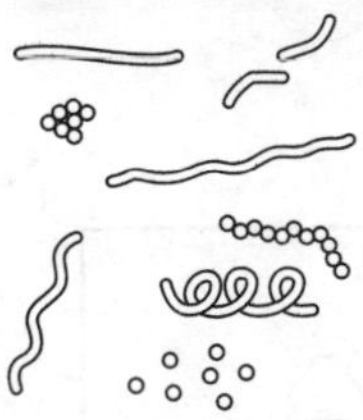

êtres vivants unicellulaires de structure très simple (Procaryotes)

Les champignons

- presque tous terrestres
- ne se déplacent pas
- certains sont unicellulaires
- hétérotrophes

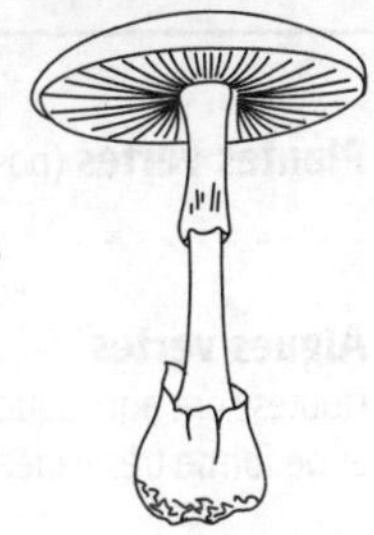

Les animaux

- la plupart se déplacent
- pluricellulaires
- hétérotrophes
- des yeux, une bouche…

Les plantes vertes

- possèdent de la chlorophylle
- autotrophes
- certains sont unicellulaires
- la plupart sont fixés

La lignée brune

Vaste groupe comprenant les algues brunes et de nombreux unicellulaires.

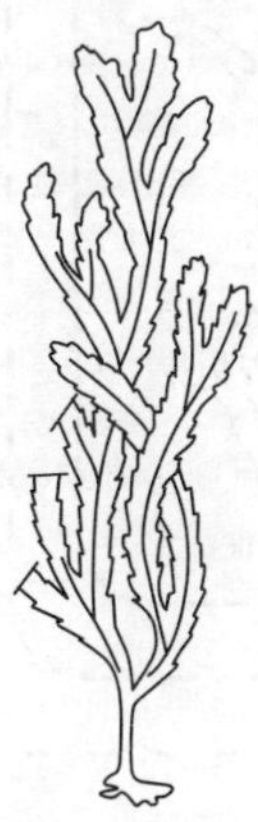

Quelques groupes d'unicellulaires

Les foraminifères

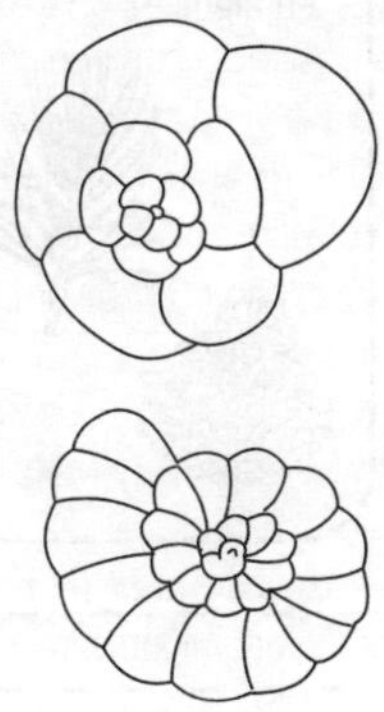

Les amibes

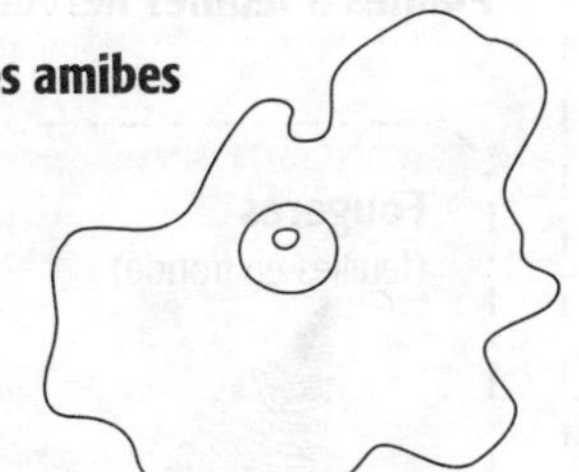

Les ciliés

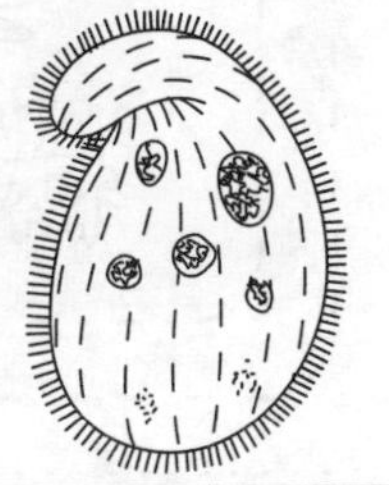

Fig. 8 Autrefois on distinguait trois groupes d'êtres vivants : les animaux, les végétaux, les bactéries. Actuellement, par souci de rigueur, on en distingue un plus grand nombre. Par exemple, les champignons forment un groupe distinct des plantes vertes et de la lignée brune.

La classification scientifique actuelle des plantes vertes

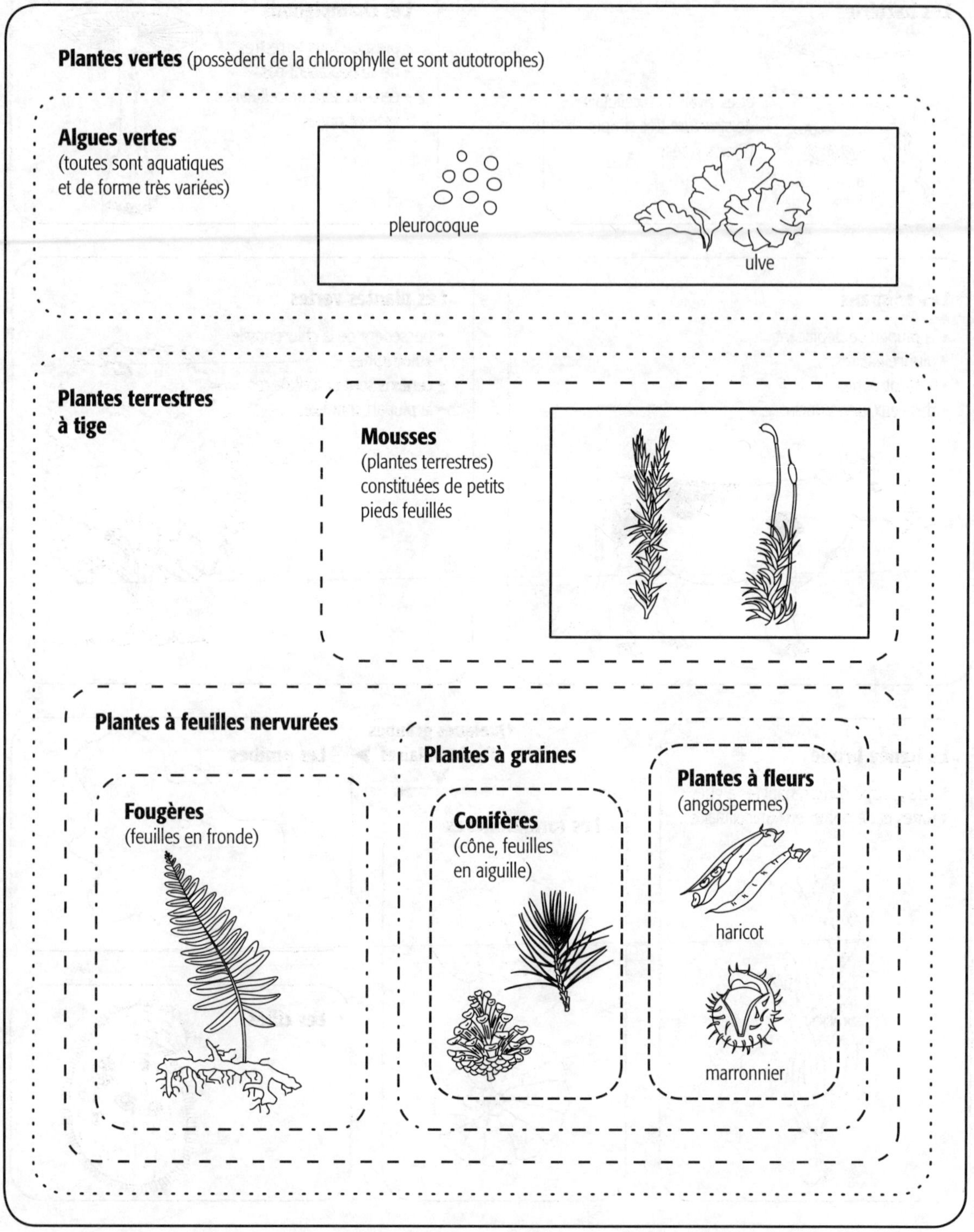

Fig. 9 La classification des plantes vertes est ici présentée en « ensembles emboîtés ».

Feuillus et conifères : deux grands groupes d'arbres

• Mets une gommette rouge près des feuilles de feuillus et une gommette verte près de celles des conifères.

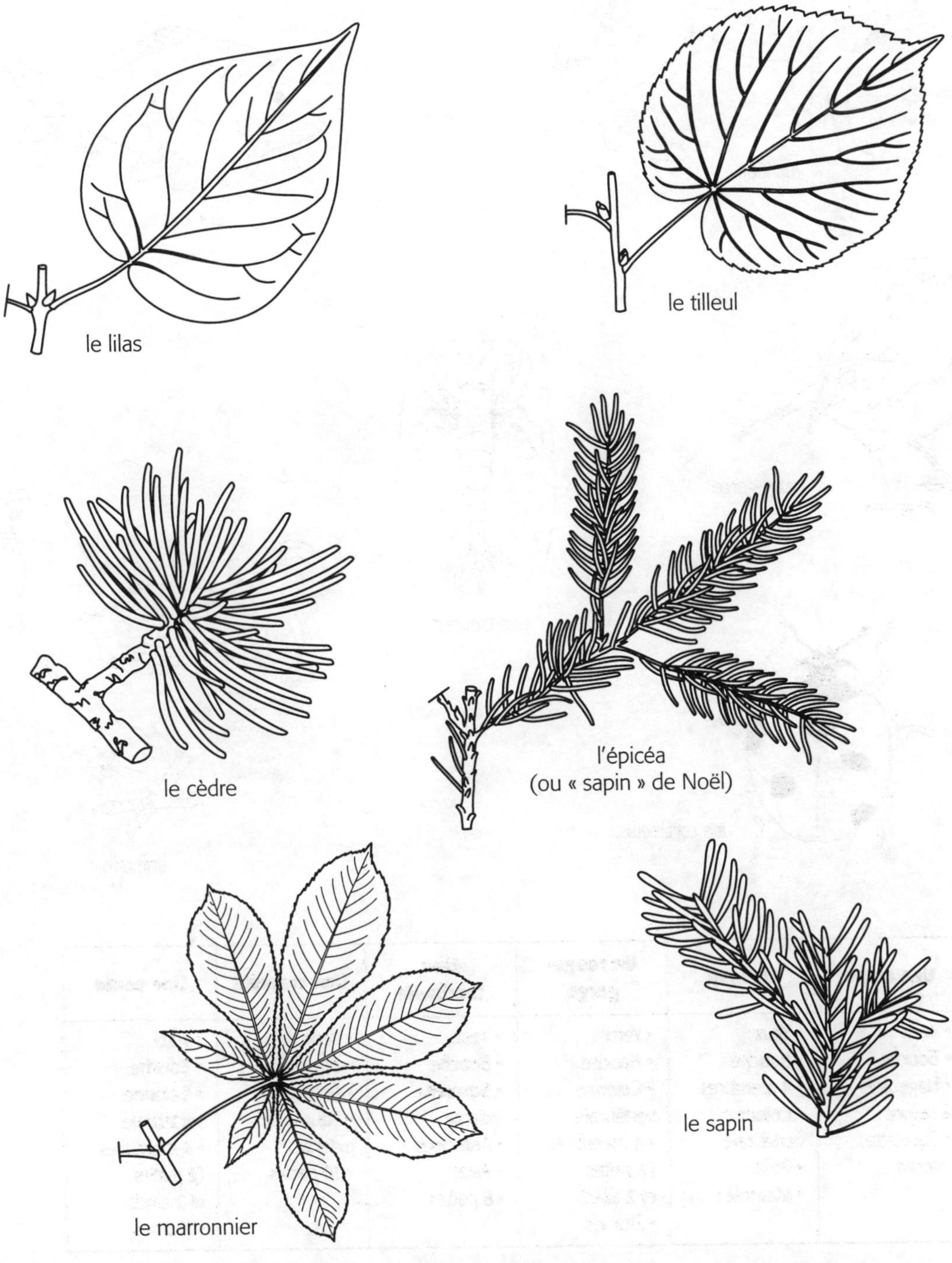

Fig. 10 Rechercher les différences entre les feuilles de ces rameaux d'arbres permet de faire deux groupes.

Les étapes de la construction d'une classification

❶ Observer les espèces et faire une liste des attributs observés

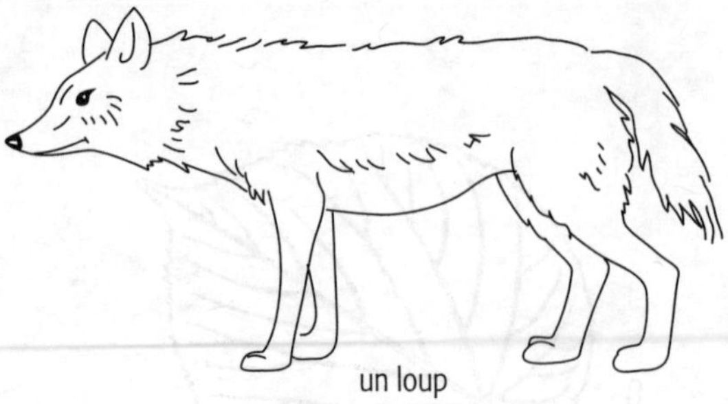

un loup

une carpe

un rouge-gorge

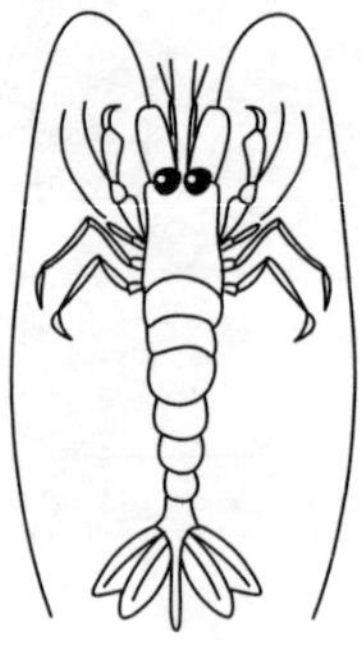

une crevette

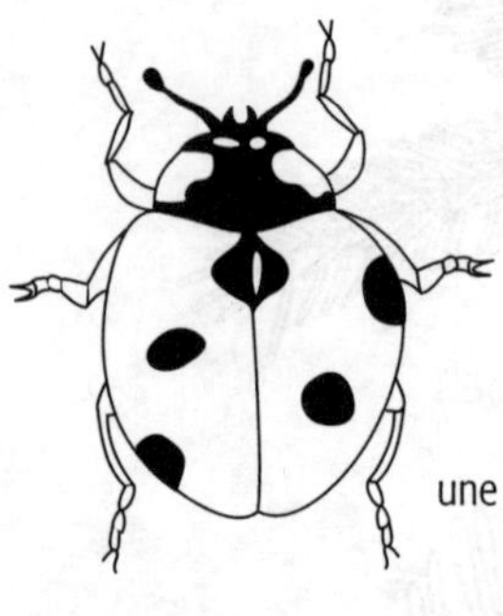

une coccinelle

une poule

Une carpe	Un loup	Un rouge-gorge	Une coccinelle	Une crevette	Une poule
• Yeux • Bouche • Nageoires à rayons • Squelette interne	• Yeux • Bouche • 4 membres • Colonne vertébrale • Poils • Mamelles	• Yeux • Bouche • Colonne vertébrale • 4 membres (2 pattes et 2 ailes) • Plumes	• Yeux • Bouche • Squelette externe • Antennes • Ailes • 6 pattes	• Yeux • Bouche • Antennes • Squelette externe • 10 pattes	• Yeux • Bouche • Colonne vertébrale • 4 membres (2 pattes et 2 ailes) • Plumes

Fig. 11 À partir de quelques animaux bien choisis, on peut construire une classification scientifique. Voici la première étape.

❷ Faire émerger des ensembles « emboîtés »

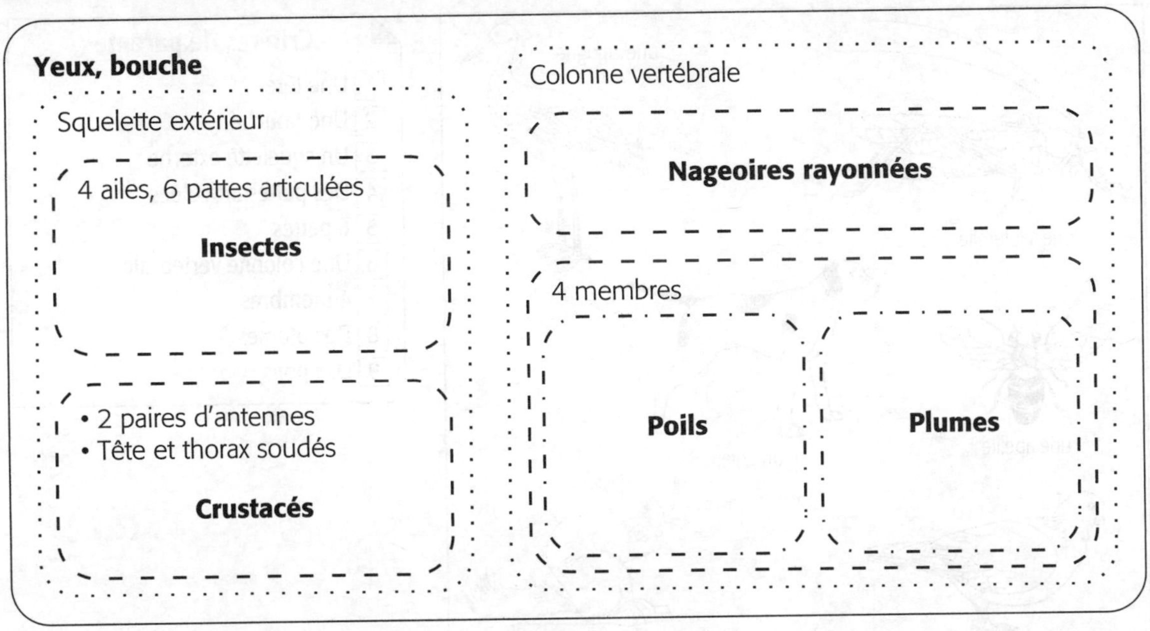

❸ Transposer les ensembles emboîtés en arbre de parenté

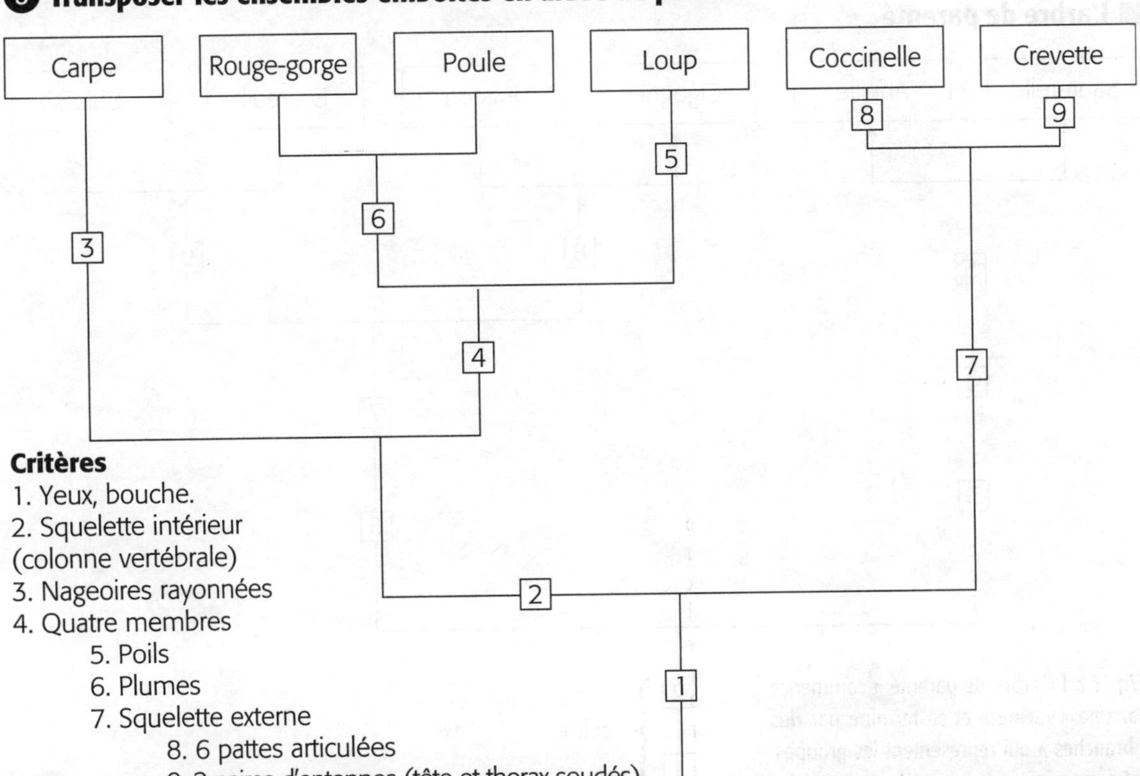

Critères

1. Yeux, bouche.
2. Squelette intérieur (colonne vertébrale)
3. Nageoires rayonnées
4. Quatre membres
    5. Poils
    6. Plumes
    7. Squelette externe
        8. 6 pattes articulées
        9. 2 paires d'antennes (tête et thorax soudés)

Les deux étapes suivantes de la construction d'une classification.

Classer les espèces sous la forme d'un « arbre de parenté »

■ Des animaux à classer

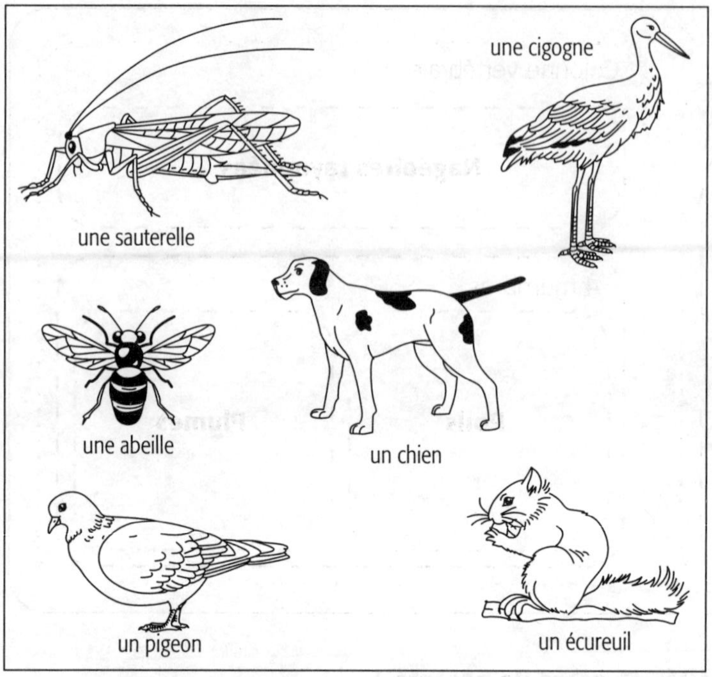

Critères de parenté

1 Une tête
2 Une bouche
3 Un squelette externe
4 Des pattes articulées
5 6 pattes
6 Une colonne vertébrale
7 4 membres
8 Des plumes
9 Des poils

■ L'arbre de parenté

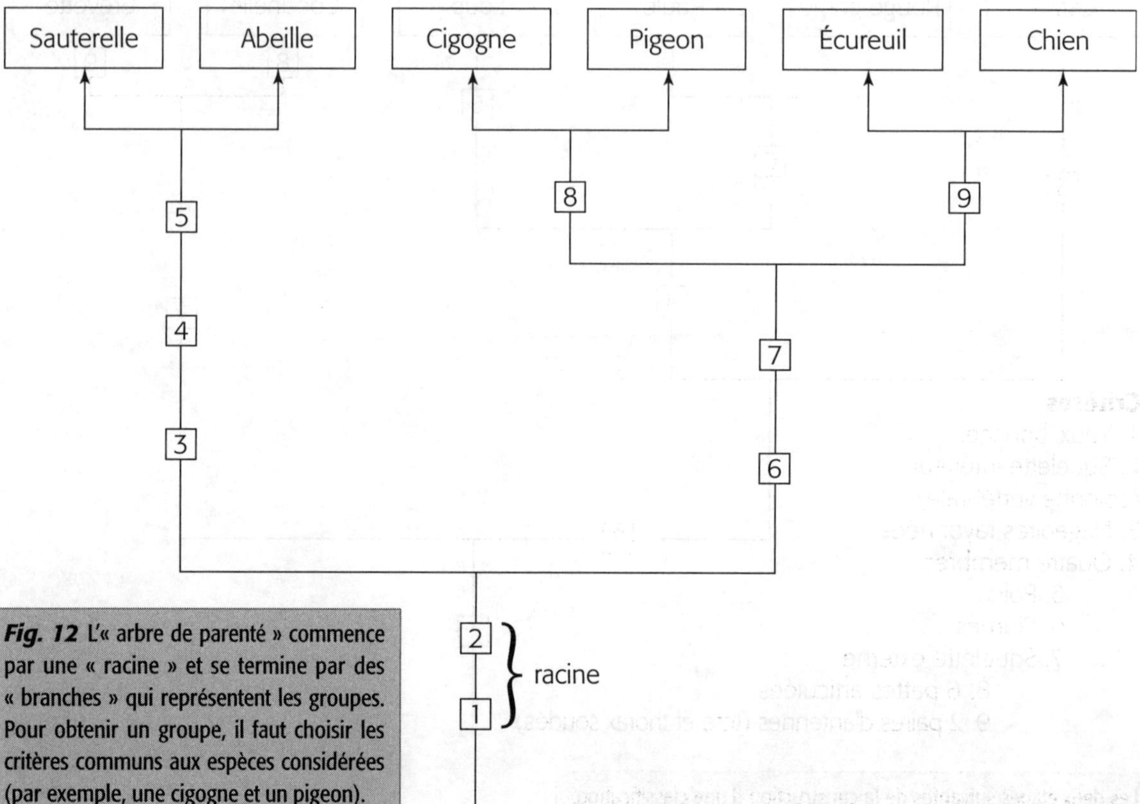

Fig. 12 L'« arbre de parenté » commence par une « racine » et se termine par des « branches » qui représentent les groupes. Pour obtenir un groupe, il faut choisir les critères communs aux espèces considérées (par exemple, une cigogne et un pigeon).

Qu'est-ce qu'un critère de classement ?

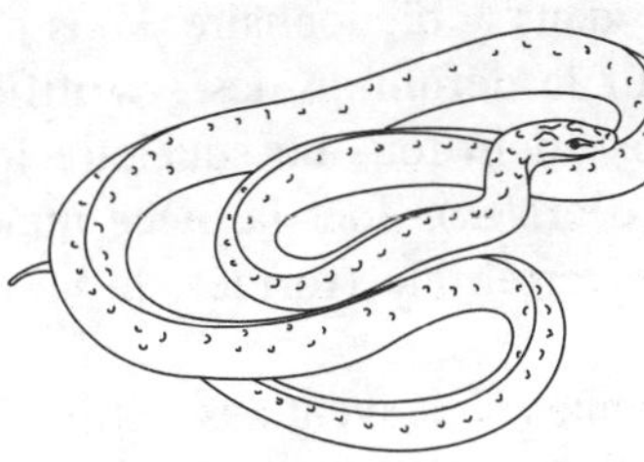

• Couleuvre
- se déplace en rampant ;
- se nourrit de grenouilles, de rongeurs, de poissons ;
- pond ses œufs à terre mais ne les couve pas.

• Escargot
- se déplace en « glissant » sur le support ;
- mange des végétaux ;
- pond ses œufs dans le sol.

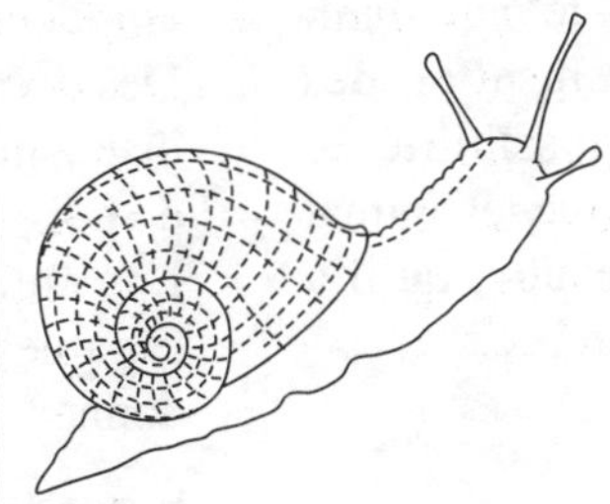

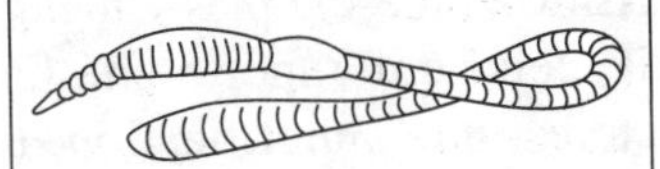

• Lombric
- vit dans les galeries qu'il creuse dans le sol ;
- se déplace en rampant ;
- se nourrit de débris végétaux ;
- pond ses œufs dans la terre.

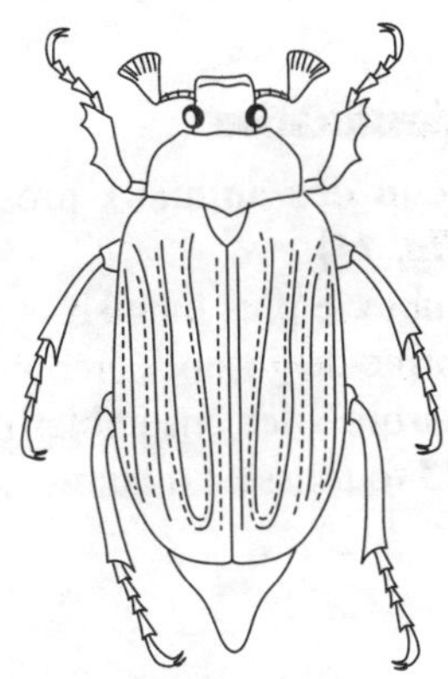

• Hanneton
- se déplace en volant ;
- se nourrit de feuilles ;
- pond dans le sol des œufs qui donnent des larves appelées « vers blancs ».

• Littorine
- animal marin possédant une coquille ;
- mange des algues ;
- pond ses œufs dans la mer.

• Chauve-souris
- animal nocturne qui se déplace en volant ;
- se nourrit d'insectes capturés en vol ;
- la femelle allaite ses petits.

• Rainette
- vit en lisière des forêts et peut grimper aux arbres ;
- se nourrit d'insectes… ;
- pond ses œufs dans l'eau ;
- à l'éclosion, les œufs donnent des têtards qui respirent par des branchies.

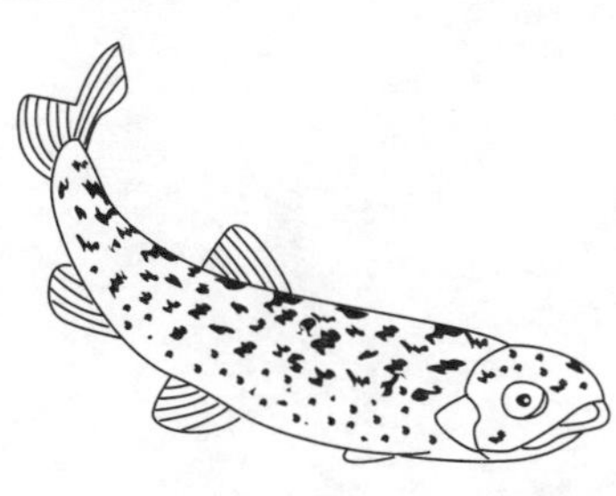

• Truite
- vit dans l'eau ;
- respire par des branchies ;
- pond ses œufs dans l'eau.

Fig. 13 De même que, dans un supermarché, on range les « produits » par catégories pour mieux s'y retrouver, on peut « mettre de l'ordre » dans la diversité du monde vivant en regroupant les espèces. Il existe de très nombreuses façons de réaliser ces regroupements selon le critère choisi : lieu de vie, mode de déplacement, alimentation, ressemblance… Un de ces classements est universellement adopté par les scientifiques. Il fait intervenir différents critères (présence de colonne vertébrale, aspect de la peau…), qui permettent de définir des groupes de taille plus ou moins importante.

- animaux qui nagent ;
- animaux qui ont le corps couvert de poils ;
- animaux qui ont des plumes ;
- animaux qui ont des écailles ;

– **énoncer des critères** (caractères communs) : « j'ai mis ensemble les animaux qui ont un bec » ;
– **trouver que plusieurs classements sont possibles.**

Il s'agit donc d'une **approche intuitive** de la notion de classification : de tous les classements possibles, la classification est le plus « logique », le plus significatif, celui qui apporte une hiérarchisation des caractères, une simplification, une possibilité de prévoir : il suffit, par exemple, de dire que tel animal est un oiseau pour savoir, sans le connaître, qu'il a des plumes, deux ailes, deux pattes et un bec.

❷ Au cycle 3

a. Reconnaître des vertébrés parmi d'autres animaux

Le mot « vertébré » est généralement connu des enfants mais ne recouvre pour eux rien de précis. Proposez une liste de noms d'animaux, par exemple : un chien, un escargot, un ver de terre, un poisson rouge, une moule, une fourmi, un crabe, une tourterelle, une couleuvre. Chaque enfant doit indiquer, pour chacun des animaux, s'il s'agit d'un animal vertébré ou non, puis, oralement, les raisons de son affirmation. Les propositions sont souvent contradictoires et montrent qu'il est nécessaire de trouver un moyen pour répondre avec exactitude. Les enfants peuvent rechercher la définition du mot « vertébré » dans le dictionnaire. Vous pouvez aussi leur fournir la définition des scientifiques : les vertébrés possèdent tous un squelette interne (formé d'os ou d'arêtes), dont la pièce maîtresse est une colonne vertébrale (formée de vertèbres empilées).
Des documents annexes peuvent aussi être mis à la disposition des élèves : photographies de squelette de poisson, de couleuvre, vertèbres…
Les enfants doivent alors, après discussion, être capables de retrouver les vertébrés parmi la liste donnée au début de l'exercice.

b. Repérer les éléments de la morphologie des animaux

Il s'agit de la tête, du corps, des pattes, des poils, des plumes…

c. Construire une classification

– Faire, pour chacun des animaux présentés, la liste des attributs ***(fig. 11)***.
– Chercher l'ensemble le plus inclusif et présenter les résultats sous forme de groupes emboîtés.
– Transposer en « arbre » les ensembles emboîtés.
Les ***figures 12*** et ***13*** fournissent d'autres exemples.

Partie

8

L'évolution des êtres vivants

Chapitre 1

L'idée d'évolution : une explication rationnelle du monde vivant

La diversité du monde vivant actuel est prodigieuse : des millions d'espèces animales et végétales peuplent les milieux les plus divers, depuis les profondeurs de l'océan jusqu'aux déserts les plus inhospitaliers. Pourtant, au tout début de son histoire (il y a 4,6 milliards d'années...), notre planète était dépourvue de toute forme vivante. Comment, et sous quelle forme la vie s'est-elle installée ? À quel moment ? Connaît-on les étapes essentielles de la diversification du monde vivant ? Les scientifiques apportent des réponses à ces questions.

• **L'histoire de la Terre** est une très longue histoire qui a débuté il y a 4,6 milliards d'années (la Terre s'est en effet formée il y a 4 600 millions d'années). Grâce aux **fossiles**, on sait que les êtres vivants actuels n'ont pas toujours existé.
La vie est apparue, dans les mers, il y a 3,5 milliards d'années et, sur les continents, beaucoup plus tard (il y a 390 millions d'années). La vie a débuté avec des formes très simples (des **bactéries marines**), puis sont apparues des espèces végétales et animales de plus en plus nombreuses et de plus en plus complexes. Par exemple, les premiers vertébrés apparus sont des poissons, puis ce sont les amphibiens et les reptiles, enfin les oiseaux et les mammifères. Parmi les mammifères, l'homme est apparu le dernier, il y a seulement 2,5 millions d'années, c'est-à-dire très récemment.
Les fossiles révèlent aussi l'existence de **transformations progressives** de certaines espèces. Ainsi les hommes préhistoriques présentent des différences par rapport aux hommes actuels.

• **Un fait capital de l'évolution :** une espèce animale ou végétale nouvelle est toujours le résultat de l'**évolution** d'une autre espèce, plus ancienne ; c'est-à-dire dérive d'autres êtres vivants. C'est ainsi que les mammifères et les oiseaux sont « nés » à l'ère secondaire de deux souches différentes de reptiles et que les plus récents ancêtres des hommes sont des singes (également ancêtres des grands singes actuels). L'histoire de l'homme commence donc avec l'apparition de la vie, et les plus lointains ancêtres de l'homme sont les bactéries apparues il y a 3 500 millions d'années.

Informations pour l'enseignant

À l'échelle d'une vie humaine, les espèces animales et végétales donnent l'impression d'être stables. Ainsi, a-t-on longtemps cru à l'apparition brutale de l'ensemble des espèces, toutes bien différenciées dès l'origine. Ce n'est qu'au XVIIIe siècle que l'on prit conscience que le monde subissait de lentes variations au cours du temps. Quels faits permettent d'établir cette notion actuellement admise par la plupart des scientifiques ?

Quelles sont les ressemblances ?

■ Un air de famille…

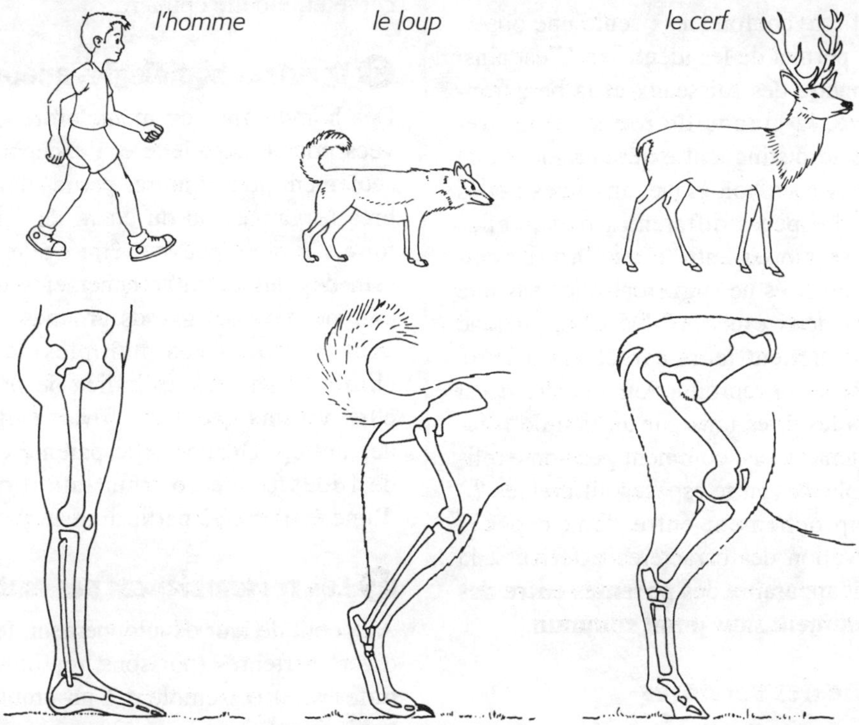

■ … y compris dans le monde d'autrefois

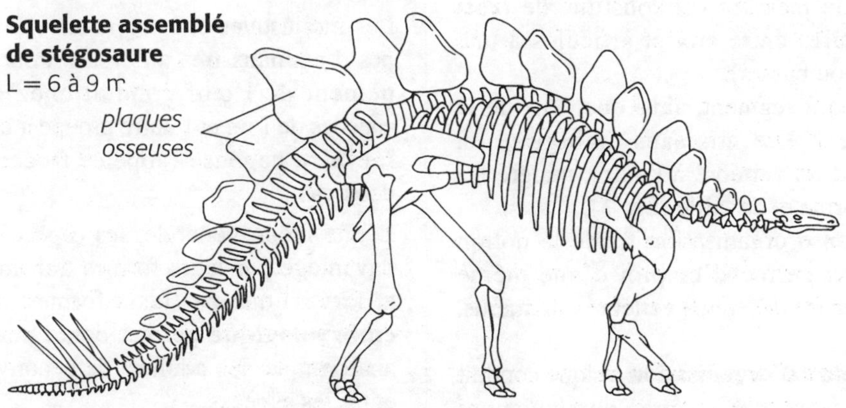

- Sur une feuille de papier calque, dessine la silhouette de cet animal.
- Comment sait-on qu'il avait un cerveau minuscule ?

Fig. 1 À première vue, un homme, un loup, un cerf, un stégosaure… ne se ressemblent guère. Cependant, en comparant leur squelette, on découvre de surprenantes ressemblances. Tous ces êtres vivants ont un « air de famille ». Faut-il s'en étonner ? Quelle explication les scientifiques donnent-ils de ce fait ?

A Des faits actuels suggèrent l'idée d'évolution

Dans la nature, de nombreuses espèces se ressemblent au point d'être confondues ; seule une observation attentive permet de les identifier. C'est ainsi que la bergeronnette des ruisseaux et la bergeronnette printanière, la grenouille rousse et la grenouille verte ne se distinguent extérieurement que par des caractères morphologiques minimes ; elles sont cependant d'espèces différentes puisqu'elles ne peuvent pas se croiser entre elles. Des ressemblances aussi profondes ne suggèrent-elles pas une parenté entre les deux espèces ? De plus, puisque les parents transmettent leurs caractères à leurs descendants lors de la reproduction sexuée, il est normal que tous les êtres unis par un lien de filiation se ressemblent ; mais, comment peut-on expliquer les ressemblances entre espèces différentes ?
Lorsque le rapprochement entre deux espèces dépasse l'observation des caractères extérieurs, la comparaison fait apparaître des **parentés entre des espèces apparemment sans point commun**.

1 Le squelette des vertébrés

À première vue, une aile d'oiseau, une patte de cheval, de grenouille ou de lézard, un membre humain… ne se ressemblent guère. Pourtant, si on compare les squelettes, on retrouve un même plan d'organisation :

– Le squelette du membre est constitué de **trois segments articulés** entre eux et articulés à une ceinture (épaule ou bassin).

– Les os de chaque segment, ainsi que ceux de la ceinture, peuvent être mis sans ambiguïté en correspondance d'un vertébré à l'autre, malgré les différences de forme et de taille (***fig. 1***).

L'identité du plan d'organisation fonde la notion d'**homologie** qui permet l'emploi d'une même terminologie pour les différents vertébrés (humérus, cubitus…).

Cette idée d'un **plan d'organisation** unique conduit à envisager l'existence d'ancêtres communs qui auraient évolué en relation avec le peuplement de milieux différents et donc avec des fonctions différentes telles que la marche (chez le chat), le vol (chez la chauve-souris), la préhension (chez l'homme).

2 Le système nerveux des vertébrés

Il y a bien sûr des différences entre l'encéphale d'un poisson, celui d'une grenouille, celui d'un chien et celui d'un homme. Mais une comparaison approfondie montre que le système nerveux de tous les vertébrés est construit sur **le même plan d'organisation**. Il a d'ailleurs la même origine. On emploie pour le décrire les mêmes mots : cerveau, cervelet, moelle épinière…

3 D'autres homologies anatomiques

Des homologies, du même ordre que celles observées pour le squelette et l'encéphale, existent non seulement pour d'autres parties du corps des vertébrés (organisation du cœur, de l'appareil respiratoire…), mais peuvent être également établies au sein des autres embranchements du règne animal comme dans les grands groupes végétaux. On ne peut voir dans ces multiples homologies autre chose qu'un sérieux indice de parenté entre des êtres vivants que l'on croyait jadis isolés les uns des autres. Or, une telle parenté est indissociable de l'idée d'une communauté d'origine, et donc d'une évolution à partir d'un ancêtre commun.

4 Les ressemblances des embryons

Au début de leur développement, les embryons des divers vertébrés (poissons, reptiles, oiseaux, mammifères…) ressemblent à un embryon de poisson ou d'oiseau.

5 Les ressemblances de larves chez les invertébrés

On pourrait citer plusieurs exemples. En voici un.

Les mollusques et les vers annelés sont deux groupes d'animaux très différents. Pourtant, le développement de l'œuf conduit chez de nombreuses espèces de l'un et l'autre groupe à une **même forme larvaire** nageuse (appelée trochophore dans les deux cas).

D'une façon générale, les espèces se ressemblent davantage par leurs formes transitoires (embryons et larves) que par leurs formes adultes. **L'étude embryologique** permet donc, mieux que l'étude anatomique des adultes, de découvrir des parentés entre les espèces.

6 Les ressemblances au niveau cellulaire

- **Une organisation de base identique**

Malgré des dissemblances considérables au point de vue morphologique ou anatomique, l'observation microscopique montre que animaux et végétaux sont formés d'unités structurales, les cellules, qui présentent dans les deux règnes la même constitution fondamentale.

Un fossile très célèbre : celui de l'archéoptéryx

Ce curieux animal, de la taille d'une petite poule, avait des ailes et un corps couverts de plumes, donc des caractères d'oiseau. Mais il présentait aussi des caractères de reptile.

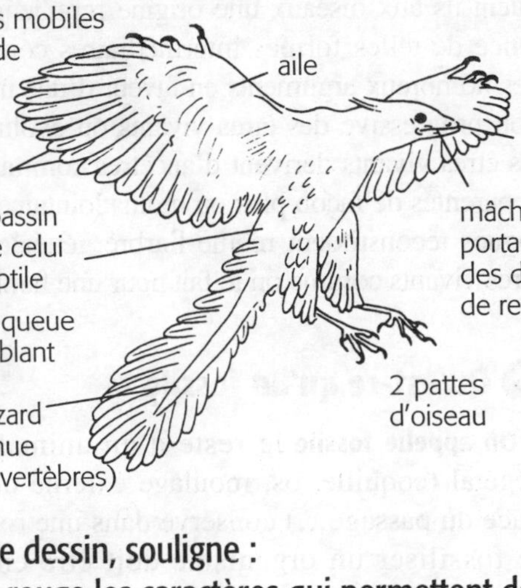

Carte d'identité

- **Nom :** Archéoptéryx.
- **Caractéristiques :** Le plus ancien oiseau connu (il vivait il y a 150 millions d'années).
- **Mode de vie :** Il grimpe aux arbres à la recherche d'insectes et se laisse tomber en vol plané (parachute). À terre, il court sur deux pattes.

- Sur le dessin, souligne :
  – en rouge les caractères qui permettent de classer l'archéoptéryx dans le groupe des oiseaux,
  – en vert les caractères qui montrent que cet animal possède encore des caractères de reptiles.
- L'archéoptéryx, « forme intermédiaire », laisse supposer que les ancêtres des oiseaux sont des reptiles.

Fig. 2 L'archéoptéryx a des caractères d'oiseau et des caractères de reptile. L'existence de telles formes intermédiaires constitue l'un des nombreux arguments en faveur d'une transformation progressive des êtres vivants, c'est-à-dire d'une évolution.

• **Des processus physiologiques identiques**

Aux remarquables similitudes d'organisation des cellules animales et végétales correspond une non moins remarquable identité des processus physiologiques, dont celui de la multiplication. C'est de la même façon, d'ailleurs fort complexe, que dans les deux règnes chaque cellule mère dote les cellules qui en sont issues d'un jeu de chromosomes rigoureusement semblables au sien.

• En conclusion, l'**universalité de la structure cellulaire** dans les deux grands règnes du monde vivant, l'existence de cellules dont on ne sait pas bien s'il faut les qualifier d'animales ou de végétales, sont des arguments très forts en faveur d'une parenté très lointaine entre animaux et végétaux.

7 Des ressemblances au niveau moléculaire

Pénétrant plus encore dans l'intimité des êtres vivants, les biologistes découvrent, au niveau de l'organisation moléculaire, des ressemblances tout aussi persuasives que les précédentes : certaines, relatives à des molécules particulières, concernent des groupes animaux et végétaux relativement restreints ; d'autres, qui s'étendent à un ensemble de molécules d'une catégorie chimique donnée, permettent d'élargir la parenté à la quasi-totalité des êtres vivants, bactéries comprises.

Ainsi, on trouve chez tous les êtres vivants **les mêmes protéines** (formées des mêmes 20 acides aminés) et la même molécule d'ADN. L'**universalité de la structure des protéines** et l'**universalité des codes génétiques** ne peuvent être le fruit du hasard.

Au terme de ces comparaisons, nous constatons que plus ces dernières s'affinent, plus s'étend l'ampleur des groupes auxquels s'applique la parenté. L'accumulation de tant de **ressemblances**, aussi bien au niveau de l'organisation générale des êtres vivants qu'à celui des organismes qui les constituent, ne peut raisonnablement s'expliquer que par une diversification des espèces à partir d'ancêtres communs, c'est-à-dire par l'évolution.

Mais, aux arguments relatifs aux ressemblances de tous ordres s'ajoutent ceux de la **paléontologie** ; cette discipline permet non seulement de confirmer de façon indiscutable la réalité de l'évolution, mais aussi de bâtir des arbres généalogiques, c'est-à-dire de préciser les modalités du phénomène.

B La paléontologie confirme la réalité de l'évolution

L'un des objectifs de la géologie est de reconstituer l'**histoire de la Terre** : non seulement l'histoire des grands événements géologiques, mais aussi l'histoire de la vie. Pour y parvenir, les géologues recherchent et analysent tous les indices qu'ils peuvent recueillir. L'histoire de la vie s'appuie donc sur les fossiles.

La **paléontologie** est la science des fossiles, c'est-à-dire l'étude des animaux et des végétaux du passé. Les fossiles constituent autant de maillons que les paléontologistes réunissent patiemment pour reconstituer l'histoire de la vie. La paléontologie montre que des flores et des faunes différentes se sont succédé sur terre, et, par conséquent, que le monde vivant a évolué.

Certains fossiles apportent des renseignements précieux. Ainsi, la ***figure 2*** présente un fossile célèbre : l'**archéoptéryx**. Cet animal, vieux de 150 millions d'années, possédait des ailes et des plumes. Il est donc considéré comme le **premier oiseau** actuellement connu. Mais il a également des dents, des griffes sur les ailes, une longue queue soutenue par des vertèbres et divers autres caractères de reptile ; l'archéoptéryx présente donc à **la fois des caractères de reptile et des caractères d'oiseau**. Aussi, les géologues attribuent-ils aux oiseaux une origine reptilienne. L'existence de telles formes intermédiaires constitue l'un des nombreux arguments en faveur d'une transformation progressive des êtres vivants ou évolution. Tous les êtres vivants dérivent d'ancêtres communs et sont apparentés de façon plus ou moins lointaine. Les géologues reconstituent même l'arbre généalogique des êtres vivants comme on le fait pour une famille.

1 Qu'est-ce qu'un fossile ?

• **On appelle fossile** le reste d'un animal ou d'un végétal (coquille, os, moulage externe ou interne, trace du passage...) conservé dans une roche. Pour se fossiliser un organisme doit être enfoui très rapidement dans un sédiment (vase ou sable fin) qui le protège de la destruction.

• **Quelles sont les parties conservées dans un animal ou un végétal ?** Il existe plusieurs types de **fossilisation**.
– Dans certains cas, le fossile est une **partie dure** (os, coquille, dent...) conservée avec ou sans modification chimique importante. Ainsi, certains organes peuvent être silicifiés (silicification de tronc d'arbre : le bois est remplacé par de la silice ;

Le monde des dinosaures

Un des événements les plus étonnants de l'histoire de la vie sur Terre est la disparition, il y a 65 millions d'années, de tous les dinosaures. Ces derniers vivaient pourtant en maîtres absolus dans tous les milieux du globe.

Ce dessin présente quelques dinosaures qui sont devenus célèbres en raison de leur taille. Le mot « dinosaure » signifie « lézard terrible » (en grec *deinos* = terrible et *saura* = lézard).

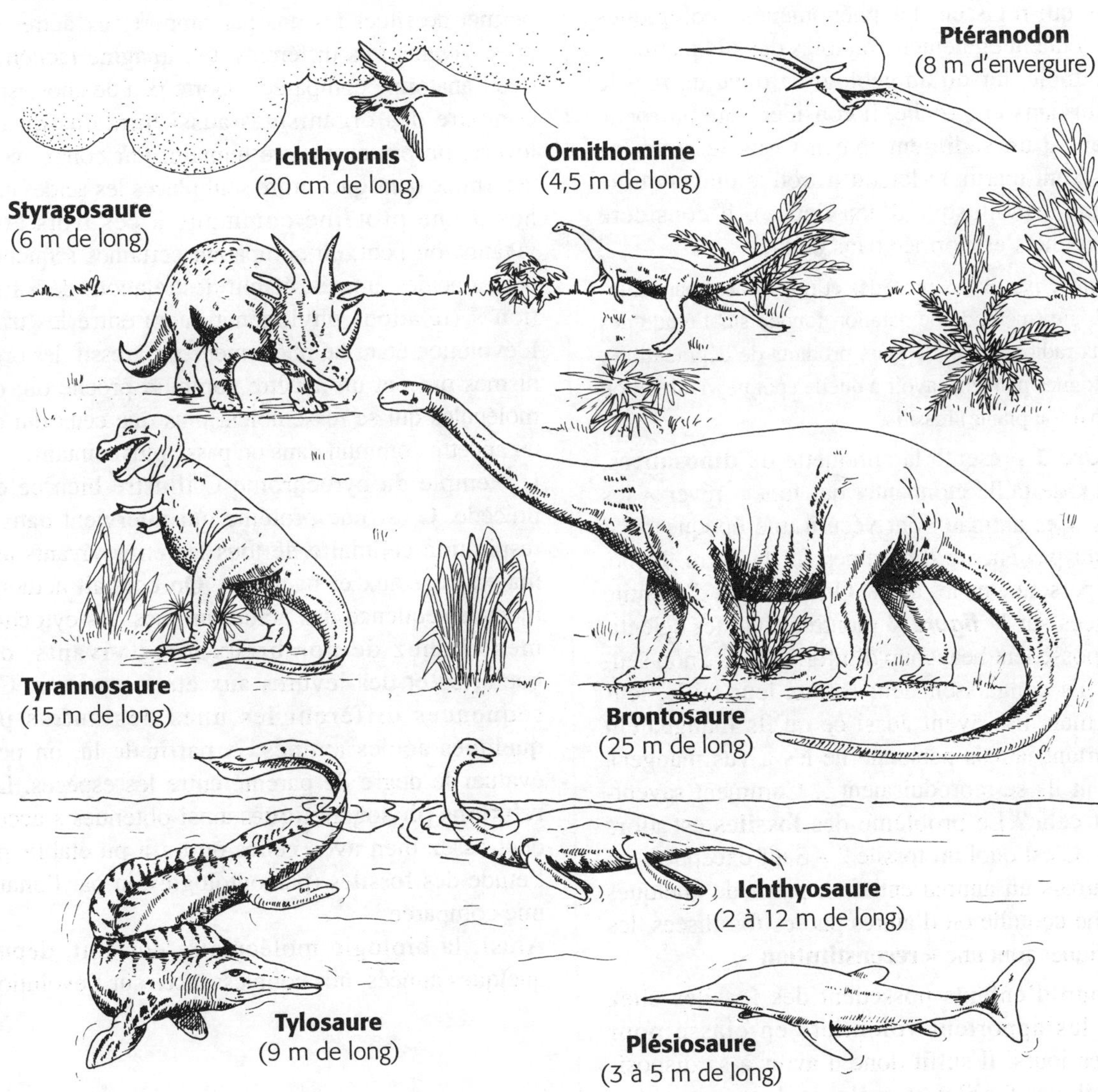

Fig. 3 Les animaux que nous connaissons actuellement n'ont pas toujours existé et, à des époques très lointaines, vivaient des animaux qui ont maintenant disparu. On connaît leur existence grâce à des restes fossilisés (squelettes ou fragments de squelette, coquilles, empreintes de pas…). Ceux qui sont représentés ici sont des reptiles appelés dinosaures. Ils ont régné en maîtres sur la Terre pendant des milliers d'années, à une époque où n'existaient ni oiseaux ni mammifères. Ces animaux sont les plus grands et les plus lourds qui aient jamais existé sur Terre. Mais on connaît aussi des dinosaures de petite taille.

silicification d'un os : la matrice qui constituait l'os a été remplacée par de la silice…).
– Dans les cas les plus fréquents, il ne reste rien de l'animal ou du végétal ; le fossile est un **moulage interne** ou **externe**.

❷ Le travail des géologues

À partir de squelettes ou de fragments de squelettes, à partir de coquilles, les géologues reconstituent la silhouette des animaux et même leur mode de vie. Pour cela, ils comparent les fossiles aux êtres vivants actuels ; ils considèrent en effet que les lois qui régissent les phénomènes géologiques actuels étaient également valables dans le passé.
Par exemple, lorsqu'un géologue trouve un fossile d'oursin dans une roche, il considère que la roche provient d'un sédiment marin (tous les oursins actuels sont marins) ; lorsqu'il trouve une coquille de limnée (mollusque d'eau douce), il considère que la roche s'est formée dans un lac.

Remarque : par divers procédés et notamment par radiochronologie (méthode de datation fondée sur l'étude des éléments radioactifs et de leurs produits de dégradation), les géologues peuvent savoir à quelle époque vivait tel ou tel animal (ou plante) fossilisé.

La ***figure 3*** présente la silhouette de **dinosaures**, animaux de taille étonnante, qui font « rêver » les enfants. Ces animaux ont vécu à une époque où il n'y avait pas encore d'hommes sur la Terre. Donc, jamais personne ne les a vus. Or, les cartes d'identité présentées sur la ***figure 4*** montrent que les scientifiques possèdent beaucoup d'informations : non seulement ils connaissent leur forme, leur taille, leur poids, mais ils savent aussi ce qu'ils mangeaient (et pourtant jamais personne ne les a vus manger), comment ils se reproduisaient… Comment savent-ils tout cela ? Le problème des **fossiles** est alors posé : « C'est quoi un fossile ? » Sauf exception, ce n'est jamais un animal entier. À partir de quelques os, d'une coquille ou d'autres parties fossilisées, les scientifiques font une **« reconstitution »**.

Beaucoup d'enfants possèdent des fossiles chez eux et les apportent volontiers en classe pour quelques jours. Il suffit donc d'avoir à sa disposition quelques fossiles et quelques documents pour organiser avec des enfants du Cours Moyen deux ou trois séquences de classe non seulement intéressantes mais aussi très importantes : elles permettent en effet de comprendre comment les géologues travaillent, comment ils font **« parler »** les fossiles, et donc comment ils connaissent les caractéristiques de la vie sur la Terre il y a plusieurs millions d'années.

C Un nouvel outil pour étudier l'évolution

On sait maintenant « décoder » une protéine (c'est-à-dire connaître le nombre d'acides aminés qui composent la protéine et l'ordre dans lequel ils sont placés), et décoder l'ADN, qui est le plan de fabrication de la protéine.
L'étude comparée des **protéines** et des **acides nucléiques** des **êtres vivants actuels** est devenue un **outil puissant** pour l'étude de l'évolution. Cet outil permet de situer les uns par rapport aux autres des êtres vivants très différents. On imagine facilement que l'anatomie comparée apporte peu de chose si on compare des organismes aussi lointains qu'une levure, un pin et un être humain. Par contre, si on détermine dans quel ordre sont placés les acides aminés d'une protéine commune à ces trois êtres vivants, on peut, en comparant certaines séquences de ces acides aminés, établir des relations de « filiation » (relations phylogénétiques) entre les trois. L'évolution étant un phénomène progressif, les organismes qui ont un ancêtre commun proche ont des molécules qui se ressemblent plus que ceux qui ont un ancêtre commun dans un passé plus lointain.
L'exemple du cytochrome C illustre bien ce qui précède. C'est une protéine qui intervient dans la respiration cellulaire de tous les êtres vivants animaux, végétaux et bactéries. On connaît actuellement la séquence des acides aminés des cytochromes C chez de nombreux êtres vivants, des bactéries et des levures aux êtres humains. Ces séquences diffèrent les unes des autres par quelques acides aminés. À partir de là, on peut évaluer le degré de parenté entre les espèces. Les **relations phylogénétiques** ainsi obtenues s'accordent assez bien avec celles qu'on a pu établir par l'étude des fossiles (paléontologie) ou par l'anatomie comparée.
Ainsi, la biologie moléculaire enrichit, depuis quelques années, nos connaissances sur l'évolution.

Des activités possibles

Le sujet **« L'évolution des êtres vivants »** a été introduit à l'école élémentaire dans les programmes de 1985. Pourquoi ce sujet, qui peut sembler difficile pour de jeunes enfants (il était jusqu'ici abordé pour la première fois dans les terminales des

Les géologues font parler les fossiles

■ L'ichthyosaure

On appelle fossile le reste d'un animal ou d'un végétal (ou son empreinte) conservé dans une roche. À partir des fossiles, les géologues reconstituent la silhouette des êtres vivants d'autrefois et même leur mode de vie. Pour cela, ils comparent les fossiles aux êtres vivants actuels.

Carte d'identité

- **Nom :** Ichthyosaure.
- **Longueur :** 2 à 3 mètres.
- **Lieu de vie :** animal marin qui nageait à proximité des rivages.
- **Époque :** a vécu il y a 200 millions d'années.
- **Nourriture :** dents analogues à celles des dauphins actuels. Carnivore.

■ Le diplodocus

Carte d'identité

- **Nom :** Diplodocus.
- **Longueur :** 25 à 30 mètres.
- **Poids :** 85 tonnes (17 fois le poids d'un éléphant).
- **Nourriture :** végétarien.
- **Reproduction :** ponte des œufs.
- **Peau :** recouverte d'écailles.
- **Groupe :** reptiles.
- **Époque :** a vécu il y a 150 millions d'années.
- **Lieu de vie :** passait (comme les hippopotames actuels) la majeure partie de son temps dans l'eau des lacs et marécages.

- **D'après toi, comment les géologues savent-ils tant de choses sur le diplodocus ?**

Fig. 4 Comment les géologues font-ils des reconstitutions d'animaux disparus ?

lycées) a-t-il été imposé au CM ? C'est un sujet très important. Toute la biologie (Science de la Vie) pourrait être résumée en deux mots : unité et diversité. Il existe en effet une grande diversité d'êtres vivants : un chêne, un lapin, un escargot, un homme… sont différents sur bien des points. C'est cela la diversité du monde vivant.

Mais tous les êtres vivants, y compris les bactéries, se ressemblent. Il y a unité de composition chimique, unité de structure (structure cellulaire), unité de fonctionnement. Or l'évolution des êtres vivants permet de comprendre à la fois l'unité et la diversité. Elle apporte une cohérence à l'ensemble du monde vivant puisque l'idée d'évolution permet d'établir des liens entre les différentes espèces.

Voici sur ce sujet un ensemble d'activités :

• **Observer des fossiles** et réaliser des moulages de coquilles pour comprendre comment ils ont pu être conservés. Prendre conscience de l'importance des fossiles pour la reconstitution de la vie autrefois dans le milieu où s'est formée la roche qui le contient.

• **Analyser des documents**

– illustrant quelques étapes de la vie sur la Terre et témoignant de l'apparition ou de la disparition de certains groupes animaux et végétaux ;

– montrant l'évolution de l'homme ;

– donnant l'idée de relations entre les divers groupes animaux (pour cela, il sera nécessaire d'avoir réalisé une approche simple de la classification des êtres vivants).

Ces activités sont présentées ici et dans les chapitres qui suivent :

– **Les grandes étapes de la vie sur la Terre** ;

– **L'évolution de l'homme** ;

– **Un arbre généalogique gigantesque**.

1 Comment étaient-ils quand ils étaient vivants ?

• **Matériel**

Cinq ou six fossiles (numérotés de 1 à 6) suffisent pour organiser une séquence intéressante. Le choix est important : il vaut mieux proposer des fossiles qui rappellent des animaux actuels (mollusques de « type escargot », mollusques bivalves, oursin…).

• **Activités**

– Dessiner le fossile tel qu'on le voit (avec la roche éventuellement), puis proposer un dessin de l'animal vivant, tel qu'on l'imagine.

Une rotation des fossiles d'un groupe à l'autre amène tous les groupes à réfléchir sur les mêmes objets.

– Confronter les propositions. Cette phase permet d'exprimer l'idée importante suivante : c'est en pensant aux animaux actuels que nous avons imaginé l'animal vivant (les géologues ne procèdent pas autrement dans leur reconstitution).

– Où vivaient-ils ? Que mangeaient-ils ?

– Quelles parties de l'animal sont conservées ?

– Proposer une définition du mot fossile.

2 Comment les géologues ont-ils pu faire des reconstitutions ?

• **Matériel**

Le document de la ***figure 4*** permet une réflexion intéressante.

• **Activité**

Prendre chacune des informations fournies par la carte d'identité et préciser ce qui a probablement permis aux géologues de donner ces informations : Comment connaît-on la taille ? la forme ? Comment sait-on s'il marchait sur deux ou quatre pattes ?...

3 Pour comprendre comment se forme un fossile

• Réaliser des moulages internes en coulant du plâtre liquide dans une coquille d'escargot, dans une coquille de moule, dans un œuf de poule préalablement vidé de son contenu. Il suffit, quand le plâtre est sec, de casser la coquille pour avoir le « fossile ».

• Réaliser des moulages externes sur de la pâte à modeler. Pour cela, faire une galette de pâte à modeler. Placer dessus un os, une feuille d'arbre, une plume… et appuyer fortement. On peut alors expliquer ce qu'est une empreinte.

• Réaliser des moulages externes sur du plâtre. Pour cela, verser du plâtre dans une boîte à fromage. Placer sur le plâtre, avant son durcissement, une feuille d'arbre, un rameau avec ses bourgeons, un coquillage. Retirer l'objet quand le plâtre est sec.

• Comment la fossilisation se fait-elle dans la nature ? Pour répondre, prenons l'exemple d'un « escargot » d'eau douce qui vit dans un lac. Après la mort de l'animal, la partie charnue se décompose la première. L'enfouissement de la coquille dans une boue peut permettre de conserver soit son empreinte, soit la coquille elle-même.

4 Évaluation

Elle peut se faire sur des photographies ou sur des dessins de fossiles. Les enfants doivent proposer des reconstitutions, et, à la fin du travail, comparer leur proposition à celle des scientifiques.

Chapitre 2

Les grandes étapes de la vie sur la Terre

La Terre est vraisemblablement la seule planète du système solaire possédant des êtres vivants.
Les êtres vivants (animaux ou végétaux) qui vivent actuellement n'ont pas toujours existé et ne sont pas tous apparus en même temps.
*Grâce aux **fossiles**, véritables archives du passé, les géologues savent reconstituer les grandes étapes de la vie sur la Terre. C'est une très longue histoire qui débute avec l'apparition, en milieu marin, il y a **3 500 millions d'années**, d'êtres vivants très simples qui sont des **bactéries**.*
Il va de soi que les élèves de Cours Moyen ne vont pas « inventer » cette histoire. Mais, comme nous allons le voir, ils peuvent, à partir d'informations simples et précises, être très « actifs » et dégager des notions fondamentales intéressantes à connaître et faciles à retenir.

Informations pour l'enseignant

La diversité du monde vivant actuel est prodigieuse : des millions d'espèces animales et végétales peuplent les milieux les plus divers, depuis les profondeurs de l'océan jusqu'aux déserts les plus inhospitaliers. Pourtant, au tout début de son histoire (il y a 4 600 millions d'années…), notre planète était dépourvue de toute forme vivante. Comment, et sous quelle forme la vie s'est-elle installée ? À quel moment ? Connaît-on les étapes essentielles à la diversification du monde vivant ?
Avant de répondre à ces questions, c'est-à-dire avant de parler des « acteurs », disons quelques mots du « décor ».

1 La naissance de la Terre

La Terre est une planète du système solaire qui s'est formée il y a 4 600 millions d'années par la réunion de petits corps dispersés dans la nébuleuse du système solaire et ressemblant aux météorites qui arrivent encore de nos jours sur notre planète. En même temps, d'autres planètes se formaient, dans des conditions analogues à l'intérieur du système solaire. La Terre a subi, pendant les premiers temps de son existence, des remaniements qui ont conduit à une distribution des éléments chimiques en **atmosphère**, **manteau** (avec une partie superficielle de la lithosphère) et **noyau**. L'atmosphère primitive, obtenue par un dégazage du manteau analogue à celui qui a lieu lors des éruptions volcaniques, était dépourvue de **dioxygène**. Elle devait être constituée de dioxyde de carbone, de méthane, d'hydrogène, d'ammoniac et de vapeur d'eau. Au cours du refroidissement, la vapeur d'eau se condensant aurait donné naissance aux océans.
Les continents vont naître à partir de matériaux expulsés du manteau, mais leur géographie est alors très différente de celle des continents actuels. On sait que vers – 600 millions d'années existaient quatre masses continentales dont on retrouve des traces dans les continents actuels.

❷ La distribution des océans et des continents se modifie

La distribution des océans et des continents a beaucoup évolué au cours de l'histoire de la Terre. L'expansion des fonds océaniques est le premier facteur des modifications de cette distribution.

C'est le résultat du mouvement des plaques de la lithosphère, ce qui entraîne :
– la **dérive des continents** qu'elles supportent ;
– la naissance des **chaînes de montagne** dites de **subduction** en bordure d'un continent ;
– la surrection de **chaînes de montagnes** dites **de collision**, lors de la collision entre deux continents.
Plusieurs **orogenèses** (formation de chaînes de montagnes) jalonnent ainsi l'histoire de la Terre.

❸ Des modifications climatiques

En dérivant, les continents se déplacent par rapport à l'axe des pôles, les climats qui les affectent s'en trouvent modifiés.

Il y a 250 millions d'années, la France était soumise à un climat équatorial ; depuis, son territoire se rapproche du pôle, ce qui provoque un refroidissement général. Mais la dérive des continents n'explique pas toutes les fluctuations climatiques ; il faut aussi faire appel aux variations de l'éclairement solaire, conséquence de modifications de la position de la Terre dans son orbite autour du Soleil.

❹ Les premiers êtres vivants : des bactéries nées dans les océans

Alors que les scientifiques ont accumulé un très grand nombre d'informations sur les grandes étapes de l'histoire de la vie, ils sont encore incapables de dire exactement comment se sont formés les premiers êtres vivants. Ils sont cependant certains que des molécules organiques sont apparues avant ces premiers êtres vivants.

Pendant des centaines de millions d'années, des synthèses de molécules organiques (sucres, acides aminés, fragments d'acides nucléiques, de protéines…) se sont produites dans les océans, en l'absence de toute forme vivante. Comment, vers – 3 500 M.A., ces molécules se sont-elles organisées pour former les premières bactéries ? C'est une des grandes énigmes de la biologie.

Ces premières bactéries (êtres vivants microscopiques) ont une organisation très simple. Ce sont des **procaryotes** formés d'une seule cellule sans noyau (la molécule d'ADN est libre dans le cytoplasme), et sans organites cellulaires limités par une membrane tels que les mitochondries.

Elles se nourrissent des molécules organiques présentes dans le milieu et tirent leur énergie, en l'**absence du dioxygène**, de la dégradation incomplète de leurs aliments **(fermentation)**. Pendant des centaines de millions d'années, ce seront les seuls êtres vivants de la planète.

❺ Une deuxième étape capitale : l'apparition des cyanobactéries photosynthétiques

Vers – 2 800 M.A., certaines bactéries vont réaliser une « révolution » : elles deviennent capables d'exploiter l'énergie solaire pour réaliser leurs synthèses de matière organique. Ces « photosynthèses » vont permettre non seulement une production massive de matière vivante, mais encore vont libérer du dioxygène dans un milieu qui en est totalement dépourvu.

Les bactéries photosynthétiques, appelées **cyanobactéries**, ont encore une organisation très simple ; ce sont des êtres unicellulaires procaryotes qui existent encore aujourd'hui. Insistons sur l'**importance capitale** de l'apparition de ces bactéries dans l'évolution.

En produisant du dioxygène, les cyanobactéries vont modifier progressivement l'atmosphère et permettre, un peu plus tard, l'apparition d'**êtres vivants aérobies**, c'est-à-dire capables de **respirer** (la **respiration** permet d'extraire l'énergie potentielle des molécules organiques de façon beaucoup plus efficace que la fermentation).

La photosynthèse assure une production de plus en plus riche de matière organique qui servira de nourriture à la « 3e vague » d'êtres vivants.

Sans la chlorophylle « qui permet une production colossale de matière organique » et sans dioxygène « qui assure un approvisionnement énergétique très efficace », le monde vivant serait probablement resté bactérien. La vie est donc la source de sa propre évolution.

❻ Avec l'apparition des eucaryotes, l'évolution biologique s'emballe

Vers – 2 000 M.A., l'atmosphère commence à s'enrichir en dioxygène et devient hostile à de nombreux procaryotes anaérobies. Le dioxygène favorise au contraire l'apparition de nouveaux êtres vivants qui vont utiliser ce gaz pour dégrader de façon efficace les aliments organiques. Ce progrès métabolique considérable va s'accompagner d'une **évolution de la structure cellulaire** : les premières cellules **eucaryotes** apparaissent.

Les grandes étapes de la vie sur la Terre

■ Des étiquettes à mettre en ordre

Il y a…

M.A. = million d'années

4 600 M.A. naissance de la Terre	600 M.A. premiers invertébrés	140 M.A. premiers oiseaux
200 M.A. premiers mammifères	3 M.A. premiers hommes	450 M.A. premiers poissons
390 M.A. premiers amphibiens	3 500 M.A. premières traces de vie	340 M.A. premiers reptiles

Ces étiquettes sont, au Cours Moyen, le support de plusieurs activités qui permettent de dégager des notions fondamentales sur l'évolution des êtres vivants (la Terre n'a pas toujours existé, la vie non plus ; les différents groupes d'êtres vivants ne sont pas apparus en même temps et l'ordre d'apparition n'est pas quelconque…).

■ Après l'apparition de l'homme

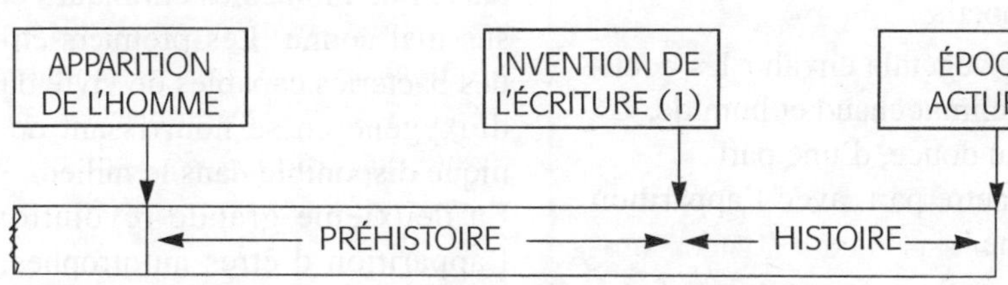

(1) L'invention de l'écriture s'est produite à une date très variable d'une région du globe à l'autre. En Gaule, ce sont les Romains qui ont introduit l'écriture.

- **Donne une définition du mot « préhistoire ».**
- **Quels documents permettent de connaître la préhistoire ?**

Fig. 1 **À partir de documents bien choisis et adaptés, les élèves peuvent faire d'importantes découvertes sur l'histoire de la vie sur la Terre.**

Ces cellules sont pourvues non seulement d'un vrai **noyau**, mais aussi d'**organites** spécialisés : mitochondries respiratoires, chloroplastes photosynthétiques. Elles « inventent » en outre les mécanismes de reproduction sexuée qui, grâce au brassage génétique, vont multiplier les possibilités de variations des êtres vivants. Dès lors, l'évolution biologique « s'emballe ». Le monde vivant se scinde désormais en un monde végétal (qui devient une gigantesque usine photosynthétique et continue d'enrichir l'atmosphère en oxygène) et un monde animal qui se complique progressivement. Ainsi, la mer se peuple d'une faune abondante d'animaux munis d'une coquille ou d'un squelette (trilobites, mollusques, échinodermes, coraux…).

À – 500 M.A., tous les grands groupes de non-vertébrés sont déjà représentés parmi les fossiles. Les premiers vertébrés, des sortes de poissons, n'apparaissent que vers – 450 M.A. Plus tard, la conquête du milieu aérien, et donc des continents, va être l'occasion d'une diversification extrême des flores et des faunes.

7 Dès l'ère primaire, la vie colonise les continents

Deux orogenèses importantes ont lieu à l'ère primaire. Elles donnent naissance aux chaînes calédoniennes et hercyniennes.

Ainsi les **continents s'agrandissent** autour des boucliers émergés du Précambrien.

Par ailleurs :
– l'atmosphère continue de s'enrichir en **dioxygène** (elle atteindra un niveau comparable à la période actuelle vers – 400 millions d'années) ;
– un taux d'**ozone** en haute altitude, comparable au taux actuel, constitue un écran protecteur contre les rayons ultraviolets nocifs.

Ainsi, la vie animale et végétale envahit les continents, bénéficiant d'un climat chaud et humide,
– dans les milieux d'eau douce, d'une part ;
– sur la terre ferme, d'autre part, avec l'apparition de la respiration aérienne.

Les premiers invertébrés terrestres sont des vers, des arachnides (des scorpions), des myriapodes (mille-pattes), des insectes, puis des mollusques gastéropodes (les premiers escargots datent du Carbonifère).

Certains poissons à nageoires paires, munis de poumons, donnent naissance aux amphibiens. Les premiers reptiles apparaissent bientôt, se libérant encore plus du milieu aquatique (ils pondent leurs œufs sur la terre ferme). L'apparition des premiers mammifères est proche ; elle a lieu à la fin du Trias, à partir d'un groupe particulier de reptiles : les reptiles mammaliens.

8 La vie à l'ère secondaire

Trois faits marquants de la vie marine peuvent être cités :
– le développement considérable des **récifs coralliens** ;
– l'abondance des **ammonites**, qui apparaissent au Trias et disparaissent à la fin du Crétacé ;
– la formation de la **craie** par le développement des **coccolithophoridées**.

L'ère secondaire est aussi l'ère des **grands reptiles**, celle de l'apparition des premiers mammifères et des premiers oiseaux (archéoptéryx). L'ère secondaire voit donc l'apparition de groupes importants (mammifères, oiseaux, plantes à fleurs…).

La fin de l'ère secondaire est marquée par l'extinction de nombreux groupes (ammonites, dinosaures…), la mise en place d'écosystèmes complexes, la dissociation des continents.

9 La vie aux ères tertiaire et quaternaire

De grands bouleversements géologiques marquent l'ère tertiaire, en liaison avec la mobilité des plaques : orogénèse alpine, collision Inde-Asie, qui donne naissance à l'Himalaya, séparation Amérique – Europe – Afrique. Il en résulte des modifications brutales de climats qui bouleversent les peuplements animaux et végétaux.

Un fait marquant ne peut être oublié : l'apparition de l'homme et son évolution sur une période d'environ 3 millions d'années.

10 En résumé

La vie est apparue il y a 3 milliards 500 millions d'années, au sein des mers primitives, par combinaison de molécules chimiques et selon un processus mal connu. Les premiers êtres vivants étaient des bactéries capables de vivre dans un milieu sans dioxygène en se nourrissant de la matière organique disponible dans le milieu.

La deuxième grande révolution biologique est l'apparition d'êtres autotrophes, les cyanobactéries. Ils sont capables non seulement de fabriquer leur propre nourriture en synthétisant des matières organiques (synthèse chlorophyllienne), mais aussi, par ce même phénomène, de dégager du dioxygène dans l'atmosphère primitive.

La présence d'ozone (un autre état de l'oxygène) dans la haute atmosphère protège des rayons ultraviolets nocifs, et de nouvelles formes de vie peuvent apparaître.

C'est le point de départ d'animaux pluricellulaires au corps mou (méduses et vers) qui se nourrissent de bactéries.

Un très long chemin

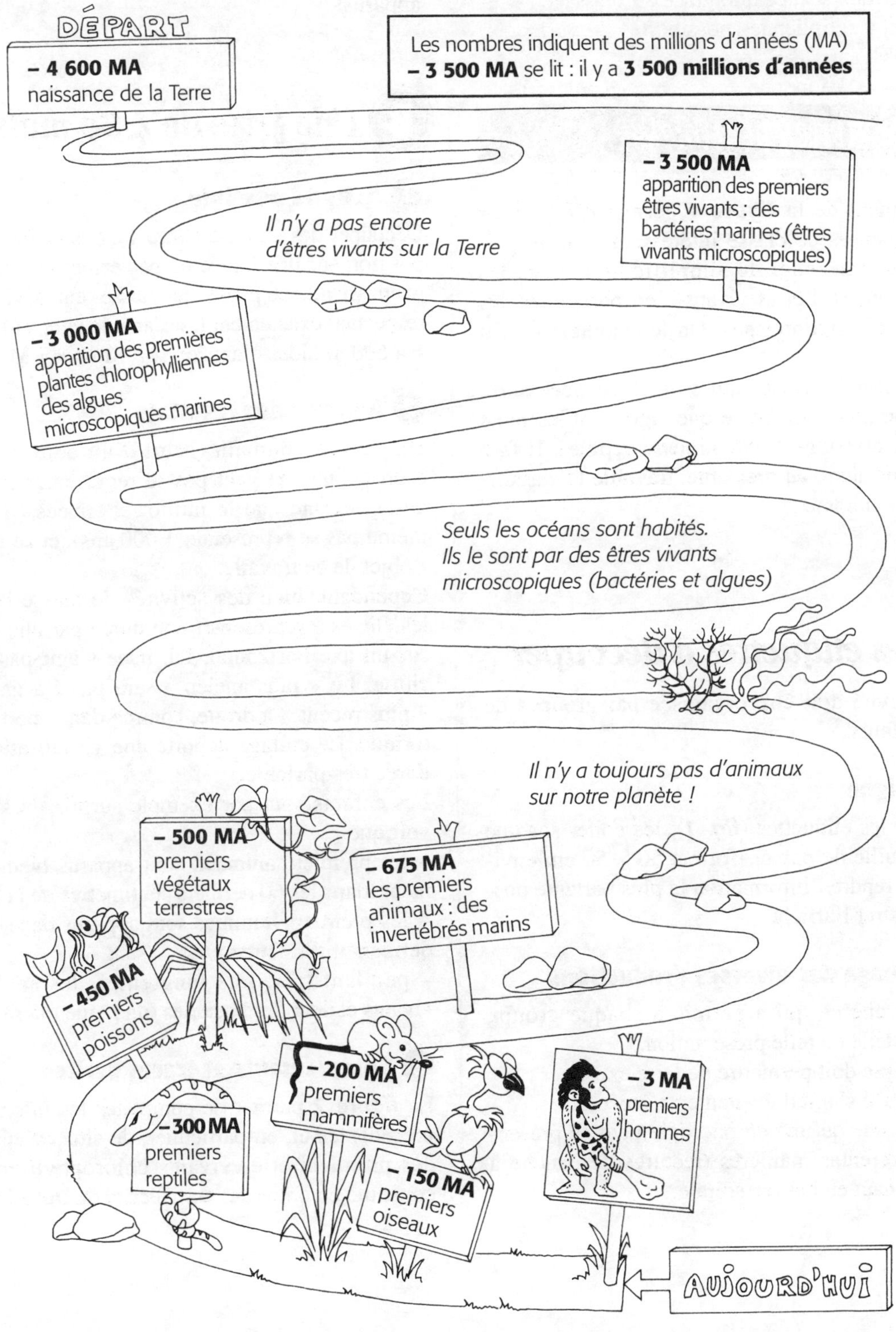

Fig. 2 L'analyse de ce document peut servir de bilan et de trace écrite après l'étude des grandes étapes de la vie sur la Terre.

À la fin de l'ère primaire, tous les grands types d'organisations animales et végétales existent, tous les milieux sont colonisés. Mais la vie continue son évolution au cours des ères qui suivent.

Des activités possibles

Le document de la ***figure 1*** permet d'organiser deux séquences de classe intéressantes. Il ne présente pas, par souci de simplification, tous les grands groupes d'êtres vivants ; en particulier, les végétaux n'y figurent pas. On les ajoutera en fin d'étude.
Pour réaliser le travail qui suit, il est nécessaire que les enfants sachent ce que signifient les mots bactéries, invertébrés, amphibiens, reptiles. Il faut donc qu'ils aient, au préalable, travaillé la classification des animaux.

A Des étiquettes à découper

Cette activité doit être organisée par groupes de quatre enfants.

1 Consigne

Découper les étiquettes (***fig. 1***), les coller sur une grande feuille de papier (format 50 × 50 cm environ) pour rendre l'information la plus parlante possible. Illustrer l'affiche.

2 Affichage des diverses productions

On recherche ce qui a permis à chaque groupe d'adopter telle ou telle présentation.
Cette analyse doit permettre de faire exprimer :
– l'idée qu'il s'agit d'événements successifs ;
– la remarque qu'une chronologie peut se présenter de différentes manières (lectures de gauche à droite, de haut en bas, en spirale…) ;
– les notions présentées ci-dessus. En effet, quand on lit sur une étiquette : « premiers oiseaux », on apprend, d'une part, que les oiseaux n'ont pas toujours existé, d'autre part, à quel moment ils sont apparus.

B Une frise de 4,60 mètres

1 Activité possible

Découper des étiquettes (***fig. 1***). Les coller en bonne position sur une bande de papier de 4,60 m de longueur (bande de papier des caisses enregistreuses) en respectant exactement les écarts de temps (4 600 mm = 4 600 millions d'années, soit 1 mm = 1 M.A.).

2 Analyse des résultats

Un cerveau humain (celui d'un adulte ou celui d'un enfant) ne peut pas se représenter une durée aussi énorme que le million d'années (il ne peut même pas se représenter 1 000 ans), et ce n'est pas l'objet de ce travail.
Cependant, bien des activités de classe habituent les élèves à représenter une durée par une distance sur un axe horizontal. Ici, il ne s'agit pas d'autre chose. Le « plus ancien » sera placé à gauche, le « plus récent » à droite, comme dans une frise historique. Le collage apporte une visualisation de la durée très parlante.
Les enfants sont par exemple surpris de s'apercevoir que :
– les premiers animaux sont apparus bien tardivement (dans les 60 derniers centimètres de la bande) ;
– les premiers hommes sont apparus dans les trois derniers millimètres ;
– pendant très, très longtemps, les seuls êtres vivants étaient des bactéries (un règne interminable).

3 Compléments et traces écrites

La ***figure 2*** permet de compléter les informations précédentes et, en particulier, de situer l'apparition des premiers êtres vivants chlorophylliens ; elle constitue en outre une trace écrite du travail réalisé.

Notions visées à l'école élémentaire

- Grâce aux **fossiles**, on sait que les êtres vivants actuels n'ont pas toujours existé, et on connaît leur ordre d'apparition sur la Terre.
- La vie a débuté dans les mers, il y a 3 500 millions d'années, sous des **formes très simples** (des bactéries).
- Les formes vivantes plus complexes (invertébrés, puis vertébrés) sont relativement récentes.
- Parmi les mammifères, **l'homme est apparu le dernier**. Son histoire est très courte par rapport à celle de la Terre.
- Si on respecte l'échelle des temps, on constate que c'est dans la dernière partie de l'histoire de la Terre que sont apparues le plus grand nombre d'espèces nouvelles. Il y a donc **accélération** dans l'apparition de ces espèces nouvelles.

Mots-clés

- fossile
- bactérie
- invertébrés
- vertébrés

Chapitre 3

L'évolution de l'homme

Nous avons vu, dans le chapitre précédent, que l'ordre d'apparition des êtres vivants sur la Terre n'est pas quelconque : la ***diversification*** *des formes vivantes s'est réalisée progressivement, du plus simple au plus complexe, c'est-à-dire des bactéries à l'homme.*

Cette notion est importante, mais n'est pas suffisante pour donner l'idée d'évolution. Il faut ajouter ceci : au cours de cette diversification, chaque espèce nouvelle est apparue par ***transformation d'une espèce plus ancienne****. Voici un exemple pour mieux comprendre : les premiers hommes sont nés de l'évolution des « singes » qui sont donc nos ancêtres les plus proches. Ces singes sont eux-mêmes les descendants de primates plus anciens. On peut ainsi remonter l'«* ***arbre généalogique*** *» pour constater que nos plus lointains ancêtres sont les bactéries, nées il y a 3 500 millions d'années.*

Cette idée fondamentale peut sembler difficile à appréhender.
On la comprend plus facilement si on peut s'appuyer sur un exemple concret d'évolution (de transformation) pour une espèce donnée. L'**évolution de l'homme** est un exemple intéressant, à la condition de rester simple dans la présentation des faits à l'école élémentaire.

Informations pour l'enseignant

❶ Tous les hommes actuels appartiennent à la même espèce

Les hommes qui vivent actuellement dans les différentes régions du globe appartiennent tous à la **même espèce** : *Homo sapiens sapiens* (ou homme deux fois sage). Cette espèce est apparue, il y a 150 000 ans environ, en Afrique (dans la région située entre l'Afrique centrale et le Proche-Orient). Des études génétiques récentes, auxquelles il convient d'ajouter les études archéologiques et linguistiques, montrent que l'« homme deux fois sage », parti d'Afrique il y a 100 000 ans, a colonisé la planète en quatre étapes principales (l'arrivée en Europe se situant il y a 35 000 à 40 000 ans). Ainsi, toutes les populations mondiales actuelles dérivent d'une même population originelle apparue en Afrique il y a 200 000 ans environ.

❷ Les parentés biologiques de l'homme

• **Les animaux qui nous ressemblent le plus sont les singes anthropomorphes** (étymologiquement « à forme humaine ») : chimpanzé, gorille, orang-outan, gibbon. Du point de vue anatomique, l'homme se distingue des singes anthropomorphes par des caractères concernant surtout le squelette, les dents, le cerveau.

L'homme et les singes appartiennent à un même groupe de mammifères, l'ordre des **primates**, apparu au début de l'ère tertiaire, il y a 70 millions d'années environ (***fig. 1***).

L'évolution des primates a conduit aux premiers anthropomorphes (– 35 millions d'années) ; plus tard encore, vers – 20 millions d'années, s'est produite la bifurcation vers les singes anthropomorphes actuels, d'une part, et vers l'homme, d'autre part.

La lignée humaine

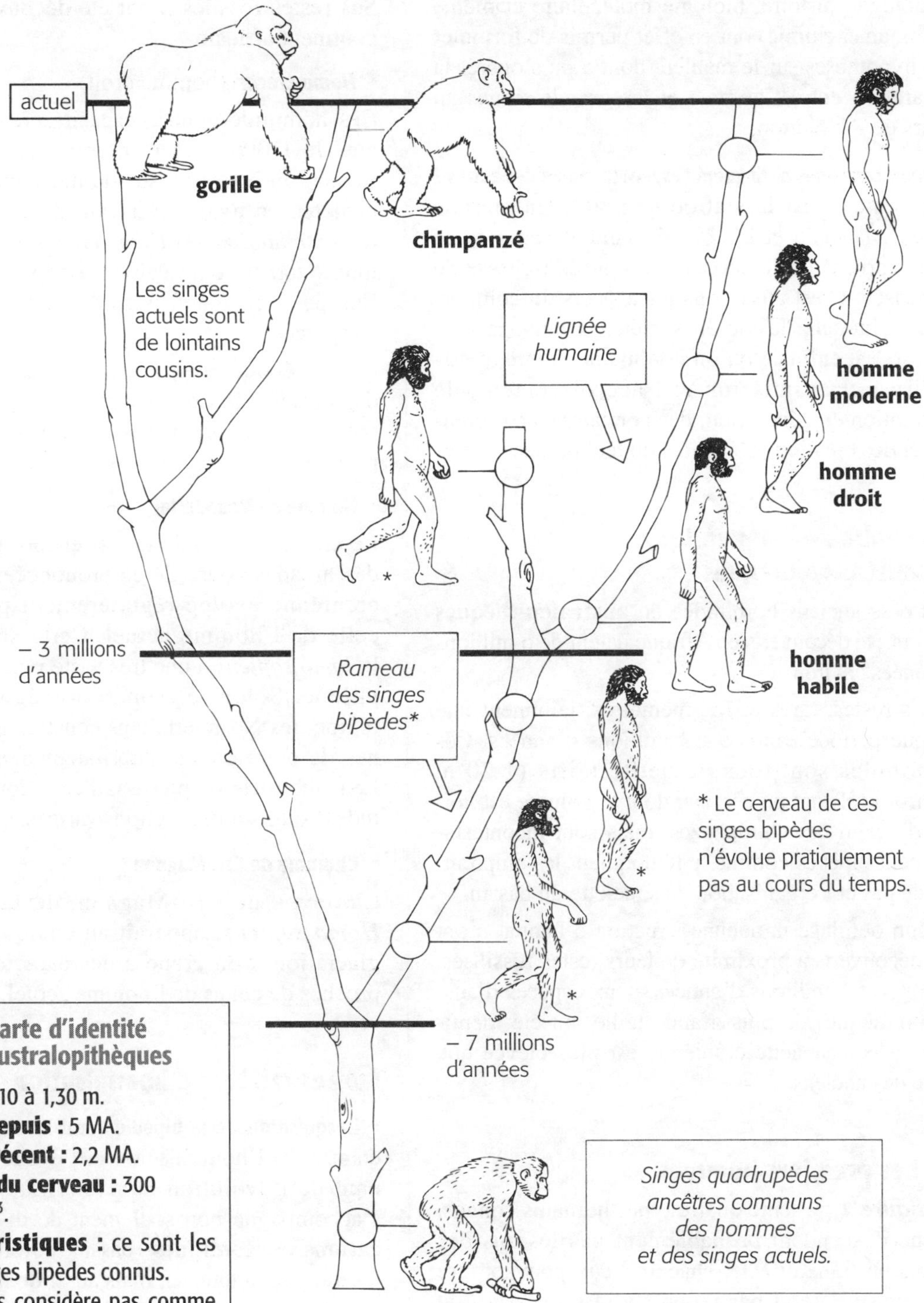

*** Carte d'identité des australopithèques**

- **Taille :** 1,10 à 1,30 m.
- **Connu depuis :** 5 MA.
- **Le plus récent :** 2,2 MA.
- **Volume du cerveau :** 300 à 600 cm^3.
- **Caractéristiques :** ce sont les seuls singes bipèdes connus. On ne les considère pas comme des hommes car :
  – ils ne fabriquent pas d'outils ;
  – leur cerveau n'évolue pas.

Fig. 1 Les scientifiques schématisent ainsi les grandes étapes de l'évolution de l'homme. La bipédie est apparue très tôt. En effet, les restes de squelette des premiers australopithèques montrent qu'ils étaient déjà bipèdes.

• **La compréhension de l'évolution humaine** a beaucoup progressé depuis une vingtaine d'années. De nombreuses disciplines (paléontologie, préhistoire, ethnologie, histoire, biologie moléculaire et même physique et chimie) ont en effet permis de formuler des hypothèses sur le manière dont a pu s'opérer la séparation entre l'homme et les grands singes au cours de l'évolution.

• **Quels caractères distinguent l'espèce humaine des autres ?** L'homme, c'est la station debout et la marche bipède, la main et l'habileté manuelle au service de l'esprit, enfin le cerveau et toute la richesse de la pensée. C'est aussi tous les aspects du comportement humain, la vie en société, la langage articulé. C'est enfin ce qu'on nomme la culture, c'est-à-dire la transmission et l'accroissement, de génération en génération, des connaissances acquises et des créations abstraites ou techniques.

❸ L'aube de l'humanité : les australopithèques

Les plus anciens hominidés ou **australopithèques** qui ont été découverts en Afrique datent de 6 millions d'années environ.

Leurs restes, rares et fragmentaires, jalonnent une longue période évaluée à 3 millions d'années. Ces hominidés sont tous de petite taille (1,20 m environ) ; ils ont un cerveau dont le volume est voisin de celui des chimpanzés, mais sont incontestablement bipèdes comme le témoignent les empreintes de pas et l'organisation du squelette du bassin.

Aucun outillage ni aucune structure d'habitat n'ont été découverts à proximité de leurs restes fossilisés. Entre 3 et 1 millions d'années, deux espèces d'australopithèques de plus grande taille ont été identifiées ; leur capacité crânienne est plus élevée que celle des anciens.

❹ Les premiers hommes

La ***figure 2*** présente quatre types humains connus. Ils ne descendent probablement pas les uns des autres en ligne directe, chacun d'eux pouvant être un rameau latéral par rapport à la succession de nos ancêtres (encore inconnus) dans une évolution « buissonnante ».

• ***Homo habilis*** (homme habile)

Cet homme dont la capacité crânienne est supérieure à celle des australopithèques a des dents plus petites, adaptées à un régime omnivore. Il serait l'auteur des premières industries de galets aménagés (***fig. 4***). Sa voûte crânienne est plus haute, son front est plus bombé et l'arrière du crâne est plus arrondi.

Ses restes fossiles n'ont été découvert que sur le continent africain.

• ***Homo erectus*** (homme droit)

Ces hominidé dont la capacité crânienne est proche de 1 000 cm^3 a un crâne allongé, un front fuyant, un bourrelet sus-orbitaire massif, une face projetée en avant. Dérivant de formes évoluées d'*Homo habilis*, les *Homo erectus* occupent très tôt tout le territoire africain et se répandent ensuite en Europe et en Asie. Ils font la conquête des zones tempérées.

C'est l'époque des grandes inventions : la taille des bifaces, la domestication du feu, l'usage des colorants, les premières manifestations d'activité rituelle.

• **Homme de Neandertal**

Le crâne de Neandertal est encore surbaissé avec des arcades sourcilières prononcées. La capacité crânienne évolue régulièrement pour atteindre celle de l'homme actuel. Cette sous-espèce de l'*Homo sapiens* a une très vaste répartition géographique. Selon le climat qui régnait dans leur région, les Neandertaliens construisaient des cabanes de plein air ou s'abritaient dans des grottes. Leur industrie de pierre taillée a donné une multitude d'outils aux fonctions variées.

• **L'homme de Cro-Magnon**

L'homme de Cro-Magnon, de la sous-espèce *Homo sapiens*, apparaît au cours de la dernière glaciation. Son crâne a des caractéristiques très proches de celles de l'homme actuel.

❺ Les critères d'hominisation

• **L'acquisition de la bipédie** semble être la première étape vers l'hominisation et l'événement déterminant de l'évolution humaine. La station bipède s'accompagne non seulement de diverses **modifications anatomiques** (bassin, colonne vertébrale, fixation de la tête…), mais aussi de la libération du membre antérieur ; la **main** devient alors disponible pour accomplir d'autres tâches.

• **L'évolution du cerveau** constitue une des caractéristiques fondamentales de l'hominisation (***fig. 3***). Le cerveau antérieur extraordinairement développé recouvre totalement le reste de l'encéphale. Le cortex cérébral plissé en circonvolutions contient un très grand nombre de neurones (plus de 10 milliards).

Nos lointains arrière… arrière grands-parents

Les premiers hommes sont apparus il y a 3 millions d'années environ.

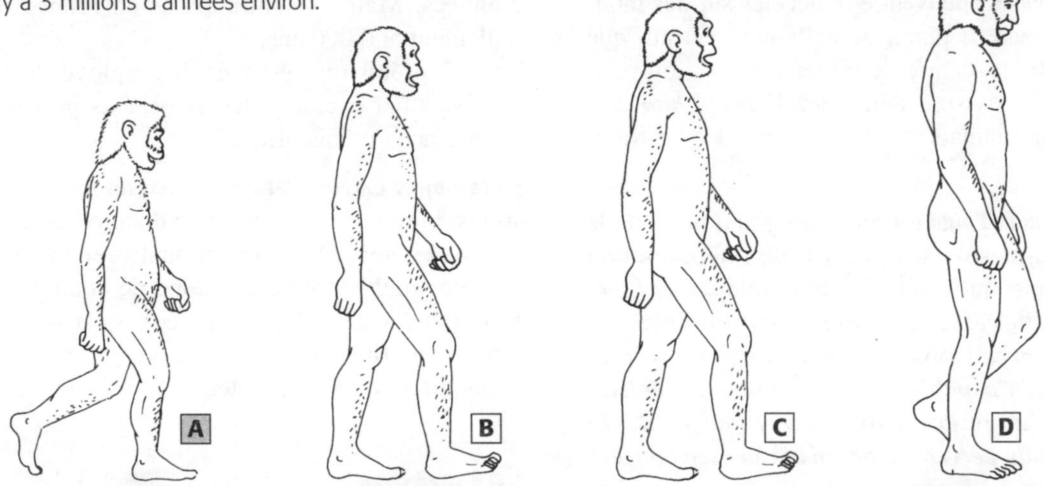

Homme habile
- Connu depuis : 3 M.A.
- Éteint depuis : 1,5 M.A.
- Taille : 1,20 m à 1,80 m

Homme droit
- Connu depuis : 1,6 M.A.
- Éteint depuis : 130 000 ans
- Taille : 1,50 m à 1,60 m

Homme de Neandertal
- Connu depuis : 130 000 ans
- Éteint depuis : 30 000 ans
- Taille : 1,60 m à 1,65 m

Homme moderne (Cro-Magnon)
- Connu depuis : 125 000 ans
- Le plus récent : actuel
- Taille : 1,80 m

- **Qu'indique le trait noir sur le tableau ci-dessous ?**
- **Complète le tableau en traçant trois autres traits de couleurs différentes.**

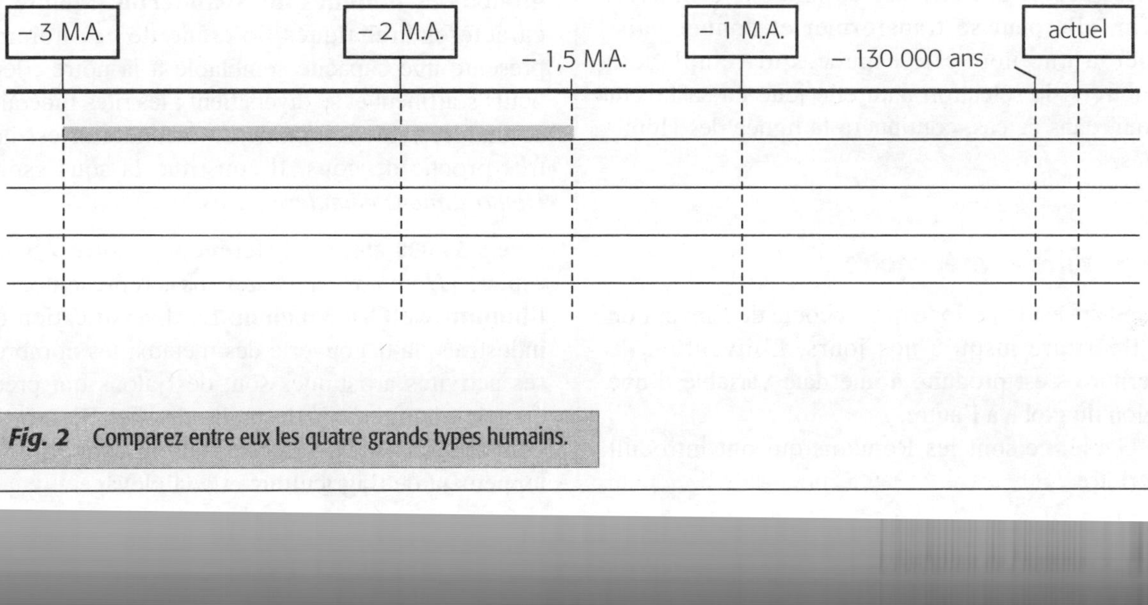

Fig. 2 Comparez entre eux les quatre grands types humains.

Certaines zones de celui-ci diffèrent d'un hémisphère à l'autre. Leur développement, en relation avec **le développement du langage, signe une des spécialisations du cerveau humain**. Ces territoires spécifiques (centre moteur de la parole, centre de compréhension des mots écrits ou des mots parlés) peuvent être décelés sur des moulages crâniens. Il paraît actuellement certain que l'aire de Broca, centre de traitement de l'information verbale, existait déjà chez l'*Homo habilis* ; mais elle n'a jamais été décelée chez les australopithèques.

• **L'apparition de l'outil** est, pour un grand nombre de paléontologistes, le seuil décisif de l'hominisation (***fig. 4***). Ainsi que l'écrit H. de Lumley, *« la bipédie avait libéré la main des australopithèques, mais c'est avec* Homo habilis *qu'apparaît le premier individu capable de concevoir et de réaliser l'outil. L'augmentation du volume et de la complexité du cerveau a permis la pensée conceptuelle propre à l'homme »*.
L'apparition de l'outil semble être étroitement associée à l'élaboration du langage. Grâce à lui, maîtrisant maintenant la matière, l'homme peut transmettre ses acquisitions techniques aux générations ultérieures, qui continueront de les faire progresser.

• **Remarque**

La seule branche des Hominidés qui existe encore est celle qui conduit à notre espèce. L'évolution se terminera-t-elle avec nous ? Nous l'ignorons.

Notre espèce sera une **fin de lignée évolutive** sielle disparaît, soit en se détruisant elle-même, soit en raison des conditions qu'elle aura créées sur la terre ; elle peut continuer à exister, mais cesser d'évoluer, comme l'ont fait certaines espèces animales et végétales qui sont restées stables depuis des dizaines de millions d'années ; enfin, elle peut se transformer et donner naissance à une nouvelle espèce, qui remplacera la nôtre si la sélection naturelle joue en sa faveur et qui, dans ce cas, continuera la lignée des Hominidés.

6 Histoire et préhistoire

• **L'histoire** est la période qui s'écoule de l'invention de l'écriture jusqu'à nos jours. L'invention de l'écriture s'est produite à une date variable d'une région du globe à l'autre.
En Gaule, ce sont les Romains qui ont introduit l'écriture.

• **La préhistoire** est une très longue période, qui débute avec l'apparition des premiers hommes et qui se termine avec l'invention de l'écriture. La préhistoire débute à des dates qui varient selon les régions. Les hommes les plus anciens dont nous ayons la trace vivaient en Afrique il y a 3 millions d'années. Mais ils sont apparus en France il y a seulement 500 000 ans.
Le mot préhistoire est parfois employé de façon abusive ; par exemple, les dinosaures ne sont pas des animaux préhistoriques.

• **Les objets enfouis dans le sol** (ossements, outils, armes, bijoux...) sont les seuls documents permettant aux chercheurs de reconstituer la vie des hommes préhistoriques, et donc de connaître leur évolution. Relever ces « indices » est un travail long et méthodique ; dix ou vingt ans ont été nécessaires sur certains sites.

7 En résumé

• **Entre 1,6 et 1,3 millions d'années,** en Afrique orientale, un autre hominidé coexiste avec l'australopithèque : l'*Homo habilis*. On lui attribue les premiers outils fabriqués, appelés **« galets aménagés »** et on en fait la première espèce du genre Homo.

• **Entre 1 million d'années et 100 000 ans** vivent en Europe, en Afrique, en Asie et en Indonésie des hominidés rattachés à l'espèce *Homo erectus*. Cet « homme droit » est non seulement celui de la conquête des régions tempérées, mais aussi celui des premières grandes inventions : diversification de l'outillage, découverte de la symétrie avec l'apparition des premiers **bifaces**, domestication du feu, rassemblements dans des campements souvent à l'abri de grottes, premières manifestations rituelles...

• **Entre 100 000 et 30 000 ans** apparaît en Europe le groupe des **hommes de Neandertal**. Malgré ses caractères archaïques, le crâne de ces hommes présente une capacité semblable à la nôtre ; leurs outils s'affinent et se diversifient ; les rites funéraires se manifestent. L'homme de Neandertal est déjà très proche de nous. Il constitue la sous-espèce *Homo sapiens neandertalensis.*

• **Vers 35 000 ans,** se différencie « notre » sous-espèce *(Homo sapiens sapiens)*, représentée par l'**homme de Cro-Magnon**. La diversification des industries, la découverte des métaux, les nombreuses activités artistiques sont des jalons qui précèdent le changement de mode de vie. Bientôt les nomades chasseurs se sédentarisent avec le développement de l'agriculture et de l'élevage.

Une étonnante évolution du cerveau

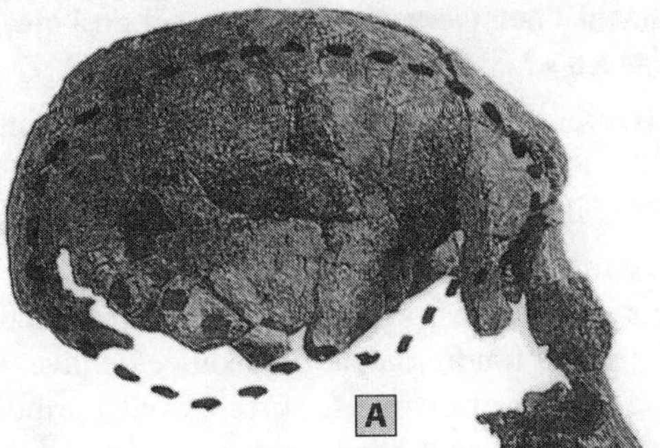

crâne d'homme habile

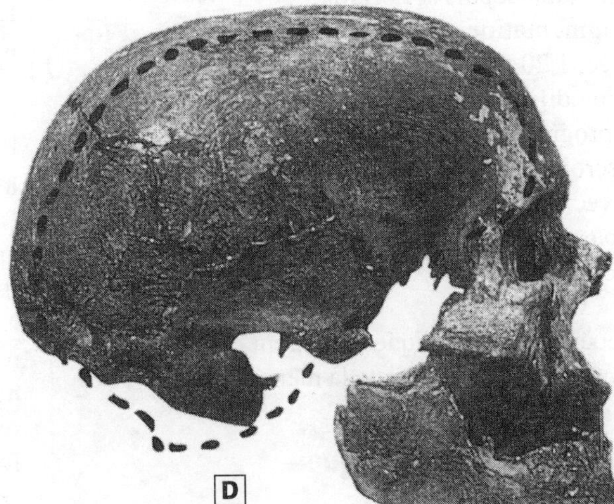

crâne de Cro-Magnon (homme moderne)

Volume du cerveau (en cm³)

- **A** entre 500 et 700
- **B** entre 900 et 1 200
- **C** environ 1 300
- **D** 1 350 à 1 400

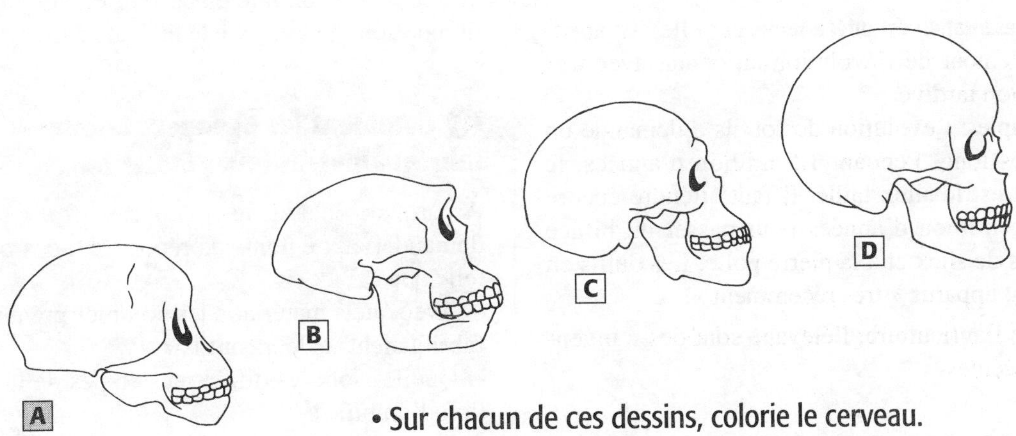

• Sur chacun de ces dessins, colorie le cerveau.

Les premiers hommes étaient assez différents de nous. Ils étaient plus petits, mais surtout ils avaient un cerveau beaucoup moins développé. L'évolution de l'homme est surtout caractérisée par un accroissement considérable du volume du cerveau.

Mots importants

- Hommes préhistoriques
- Évolution
- Cerveau

Fig. 3 L'évolution de l'homme est surtout caractérisée par un accroissement considérable du volume de son cerveau.

Des activités possibles

1 Les premiers hommes étaient différents de nous

La ***figure 2*** présente les quatre types humains connus.
L'analyse de ce document permet de dégager les principaux caractères des transformations subies par l'homme depuis ses origines :
– l'augmentation de la taille (depuis celle d'un pygmée, 1,20 m, à celle de l'homme actuel) ;
– les modifications de l'allure générale (redressement progressif du corps) ;
– l'accroissement de la capacité crânienne en relation avec l'augmentation du volume du cerveau ;
– le passage d'une face prognathe (front fuyant, mâchoire proéminente, menton absent) à une face quasi « verticale ».
Les repères chronologiques montrent que ces différentes étapes n'ont pas toute la même durée.

2 Une frise chronologique

• **Activités**
Sur une bande de papier de 3 mètres de longueur (1 mm = 1 000 ans), on peut coller les étiquettes des ***figures 2*** et ***4*** en respectant les écarts de temps.

• **Cette présentation est intéressante,** car elle fait apparaître la lenteur de l'évolution au début, avec une accélération tardive.
Par exemple : l'évolution des outils a demandé un temps très long. Pendant 1,5 million d'années, le seul outil est le silex taillé. Il faut attendre encore près d'un million d'années pour passer du biface aux éclats de silex et à la pierre polie. Les outils en métal sont apparus « très récemment ».

De même l'agriculture, l'élevage sont des « inventions » récentes.

3 Réflexions sur l'utilisation du feu

L'utilisation du feu a été un des grands facteurs de transformation du mode de vie des hommes préhistoriques.

• **Faites rechercher les diverses utilisations du feu**

Le feu permet de :
– cuire les aliments ;
– résister au froid ;
– tenir à distance les animaux dangereux ;
– débusquer le gibier ;
– fabriquer de nouveaux outils, ...

Le foyer devient très vite un lieu où hommes, femmes et enfants se regroupent et échangent leurs expériences : il constitue ainsi le berceau du langage et le centre de la vie en communauté.

• **Comment l'homme préhistorique a-t-il eu l'idée de « faire du feu » ?**

Les premières utilisations du feu remonteraient à 500 000 ans.
Au début, il s'agit d'une utilisation fortuite.

Les hommes préhistoriques ont souvent été les témoins d'incendies, de forêts ou d'herbes sèches, allumés par la foudre ou par une coulée de lave volcanique. D'abord effrayés, certains ont surmonté leur terreur et se sont approchés en plongeant dans le brasier une branche qui s'est enflammée. Une fois en possession du feu, les hommes durent apprendre à le transporter (peut-être transportaient-ils des braises ou savaient-ils fabriquer des torches à combustion lente) et à le conserver en permanence. Le feu a dû mourir bien souvent avant qu'on ne découvre le moyen de garder des braises, en les recouvrant par exemple de mottes d'herbes comme font encore diverses peuplades primitives actuelles.

Il semble que l'homme préhistorique ait mis très longtemps avant de savoir produire du feu à volonté. Cette maîtrise ne daterait que de 50 000 ans environ. Quand l'homme a su produire du feu à volonté, une étape importante de l'évolution de son mode de vie était franchie.

4 Comment les premiers hommes fabriquaient-ils leurs outils ?

À partir de documents appropriés (***fig. 4***), on peut demander aux enfants de répondre à des questions telle que :
– Avec quels matériaux les hommes préhistoriques fabriquaient-ils leurs outils ?
– Quelles sont les différentes étapes de la fabrication d'un biface ?
– Quels sont les avantages d'un « biface » par rapport à un « galet éclaté » ? etc.

Vous préciserez à nouveau que les outils de pierre taillée sont les premiers outils fabriqués par des hommes. Plus tard, leurs descendants ont employé des outils plus petits, obtenus à partir d'éclats de silex ou en os et bois de renne.

Beaucoup plus tard, la technique de polissage de la pierre puis la découverte des métaux qui ont permis de réaliser des outils de plus en plus perfectionnés et de plus en plus efficaces pour les travaux des champs, la chasse, la guerre...

Des outils de plus en plus perfectionnés

❶ 1er stade

Le premier outil un silex cassé en deux.
Le tranchant permet de :
- tailler des épieux de bois pour tuer le gibier ;
- dépecer les animaux.

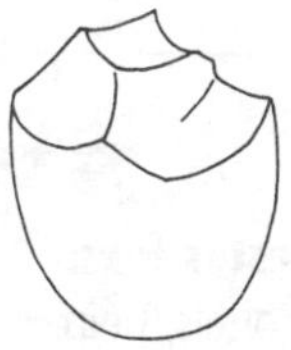

❷ 2e stade

Beaucoup plus tard les hommes préhistoriques perfectionnent la taille des silex et fabriquent un outil finement travaillé sur les deux faces : le biface. C'est l'outil à tout faire.

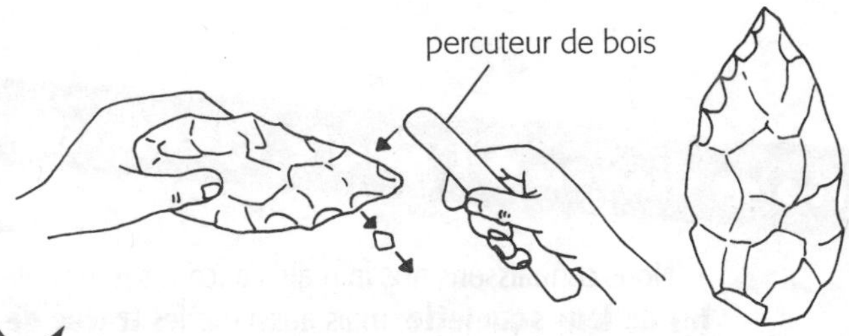

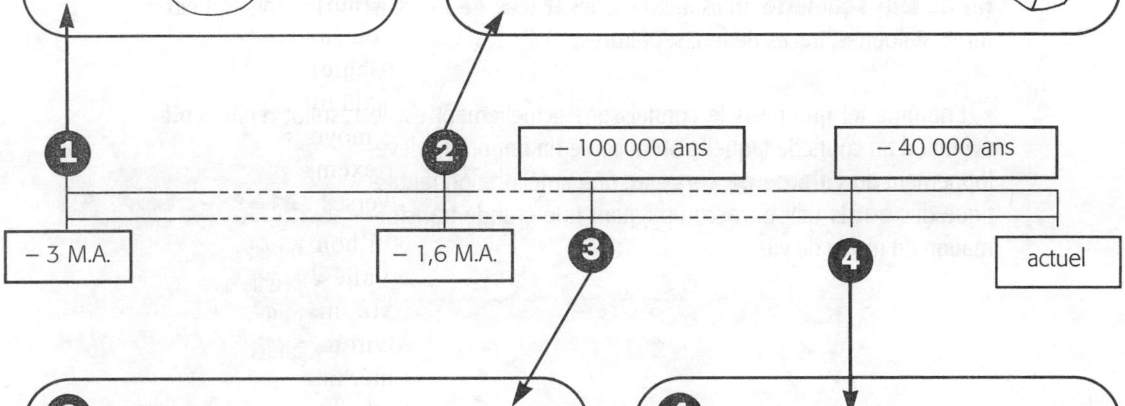

❸ 3e stade

Les hommes préhistoriques fabriquent des outils plus petits et plus spécialisés :
- en silex (couteau, racloir, pointe, perçoir…) ;
- en os et en bois de renne (harpon, hameçon, aiguille…).

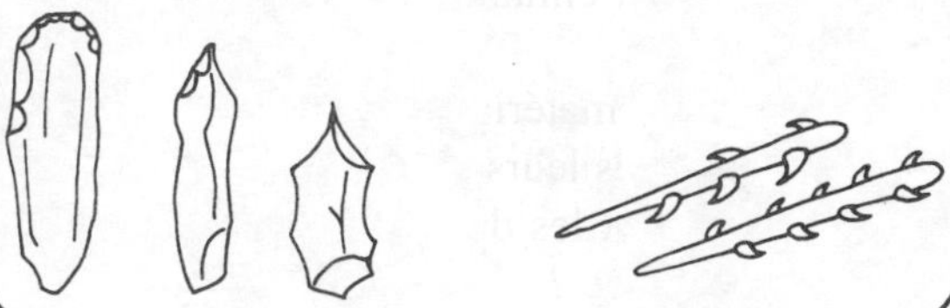

❹ 4e stade

Un matériau nouveau est utilisé : le métal (l'or, l'argent…) et beaucoup plus récemment : le fer.

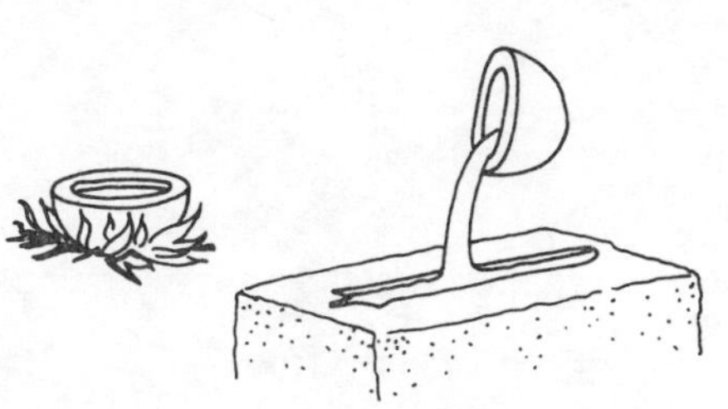

- **Cite, dans l'ordre chronologique, les matériaux utilisés par l'homme pour faire des outils**
- **Vrai ou faux ? L'homme de Neandertal utilisait des outils en métal.**

Fig. 4 Au cours du temps, les hommes préhistoriques ont fabriqué des outils de plus en plus perfectionnés. Pour cela, ils ont d'abord utilisé la pierre, puis divers matériaux comme l'os, l'ivoire, la corne… et enfin les métaux.

5 L'homme descend-il du singe ?

L'homme ne descend pas des singes actuels, mais les singes actuels et l'homme ont des ancêtres communs. C'est ce que montre la ***figure 1***.

L'ancêtre le plus proche des premiers hommes est l'australopithèque. Ce dernier n'est pas considéré comme le premier homme, parce qu'il ne fabrique pas d'outils.

6 En résumé

L'histoire de l'homme permet donc de dégager deux idées importantes :

– les premiers hommes étaient différents des hommes actuels, non seulement par les caractères de leur corps, mais aussi par leur mode de vie. Ainsi certaines espèces se « transforment » au cours du temps ; on dit qu'elles évoluent ;

– les premiers hommes sont nés à partir d'une espèce plus ancienne qui a évolué.

Notions visées à l'école élémentaire

• Nous connaissons nos lointains ancêtres non seulement grâce aux **restes fossiles de leur squelette**, mais aussi par les **traces de leurs activités** (outils, peintures, statuettes, traces de feu, sépultures…).

• L'homme tel que nous le connaissons actuellement est le résultat d'une lente évolution au cours de laquelle on observe un important développement du **volume du cerveau**, une amélioration fantastique des **outils** utilisés, accompagnant une grande transformation du mode de vie.

Mots-clés

- bipède
- préhistoire
- outils
- biface

Chapitre 4

Un arbre généalogique gigantesque

L'évolution nous apprend que le chimpanzé est un lointain « cousin » de l'homme, puisque l'un et l'autre « descendent » des premiers primates. Les ***primates*** *comptent parmi leurs ancêtres des mammifères primitifs, qui vivaient il y a 300 millions d'années. Ces mammifères dérivent de reptiles, les reptiles des amphibiens, les amphibiens des poissons, etc. Et, finalement l'homme est l'un des résultats de* ***l'évolution des êtres vivants*** *commencée il y a 3 500 millions d'années avec l'apparition des premiers êtres vivants.*

On comprend dès lors les ressemblances entre tous les êtres vivants du globe, qui peuvent se résumer ainsi : des plus simples aux plus complexes, les êtres vivants sont tous constitués d'une ou de plusieurs cellules présentant une organisation commune et une quasi-identité de fonctionnement. La machinerie cellulaire utilise toujours les mêmes molécules de base et fait intervenir les mêmes mécanismes biochimiques fondamentaux.
L'évolution apparaît donc aujourd'hui comme le principe unificateur du monde vivant. Il n'est plus possible de penser ou de s'exprimer, en Biologie, autrement qu'en terme d'évolution. Un biologiste contemporain a légitimement pu dire *« rien n'a de sens, en Biologie, si ce n'est à la lumière de l'Évolution ».*

Informations pour l'enseignant

Dès le XVIIIe siècle, l'idée que le monde vivant n'est pas immuable, que les espèces vivantes peuvent se transformer et donner naissance à des espèces nouvelles, est clairement énoncée par de nombreux auteurs. Ces précurseurs, artisans d'un monde vivant qui a évolué depuis son origine, éprouvent des difficultés pour proposer une explication cohérente des faits observés. Au cours du XIXe siècle, plusieurs **théories** s'affrontent successivement. Un naturaliste anglais, **Charles Darwin**, accumulant des faits qui militent en faveur de l'évolution, propose de les expliquer par des mécanismes de **sélection naturelle**. Sa théorie fait triompher l'idée d'évolution, qui est finalement acceptée par la majorité de la communauté scientifique.
Les découvertes ultérieures, tant dans le domaine de la biologie moléculaire que dans celui de la paléontologie, ont permis à la notion d'évolution d'acquérir le statut de fait scientifique.
Comment l'explique-t-on ? Plusieurs théories ont été élaborées et font encore l'objet de discussions parmi les biologistes.

1 La querelle du transformisme

Pendant tout le XIXe siècle et même au début du XXe siècle, plusieurs théories s'affrontent au sujet de l'évolution des espèces.

• **Le lamarckisme (1809)**

Pour **Lamarck**, la vie a commencé sous la forme d'êtres extrêmement simples qui se sont progressivement compliqués au cours des temps.

Si, sous l'influence de circonstances particulières, un animal est amené à solliciter fréquemment un de ses organes, ce dernier s'accroît.
Ainsi s'expliquerait le long cou de la girafe. En contrepartie, un organe inemployé est amené à régresser, puis à disparaître. Cette loi est parfois contractée par la formule simpliste : *« La fonction crée l'organe »*. Mais cette plasticité que Lamarck prête au monde vivant n'est pas évidente et suppose une hérédité des caractères acquis qui n'a jamais pu être démontrée.

• **Le darwinisme (1859)**

La théorie de **Darwin** est née non seulement des observations réalisées au cours de son voyage autour du monde, mais aussi de celles portant sur les pratiques de sélection des éleveurs.

Elle prend aussi en compte certaines idées de l'époque. Ainsi, des écrits de l'économiste **Malthus**, Darwin a notamment retenu que le déséquilibre entre les populations et les ressources dont elles disposent est la cause d'une lutte pour la vie dont ne sortent vainqueurs que les plus aptes. Pour Darwin, les variations ne sont donc pas des réponses à l'action du milieu. Liées au hasard, elles font l'objet d'un tri exercé parmi les êtres les mieux adaptés aux exigences du milieu. Ainsi est né le concept de **sélection naturelle**, clé de voûte de la théorie de Darwin.

• **Le mutationnisme**

Ayant suivi la descendance de plantes d'une même espèce, le botaniste hollandais **Hugo De Vries** avait observé des variations brusques, apparaissant chez quelques individus seulement et tout de suite héréditaires, les **mutations** (les mutations observées par De Vries étaient seulement morphologiques ; la conception actuelle des mutations est plus large, car elle inclut des variations non visibles, soit de nature physiologique soit moléculaires).

Les mutations donnaient naissance à des formes nouvelles, stables dans leur descendance, donc à de nouvelles espèces « élémentaires ». Du darwinisme, De Vries retenait la sélection naturelle, mais il pensait que les variations minimes et continuelles qui se produisent parmi tous les individus d'une population ne jouent pas le même rôle dans l'évolution. Pour lui, l'espèce est stable en dehors des mutations ; celles-ci sont quelconques, c'est-à-dire favorables ou non, et la sélection intervient ensuite, conservant les mutants bien adaptés, tandis que les autres disparaissent.

❷ Les données actuelles

Conservé pour l'essentiel, mais revu et corrigé à la lueur de découvertes ultérieures, le darwinisme donne naissance vers les années 1930 à une théorie moderne de l'évolution : la **théorie synthétique**.

Après Darwin, l'étude de l'évolution ne repose plus seulement sur les données paléontologiques ou sur celles de l'anatomie comparée. La biologie cellulaire prend son essor. La découverte des gènes à l'échelle moléculaire permet de mettre en évidence la variabilité du génome et donne une explication aux **mutations**. Longtemps axée sur les transformations des individus, l'évolution s'intéresse maintenant à celle de **populations** tout entières. Certains mécanismes de la **spéciation** trouvent ainsi une explication (spéciation = apparition de deux espèces à partir d'une seule).

L'influence des conditions du milieu, soulignant l'importance des adaptations des organismes à leur environnement, est aussi une composante importante de l'évolution.

Les théories actuelles intègrent donc toutes les découvertes récentes et restent ouvertes aux éventuelles modifications rendues nécessaires par un enrichissement des connaissances.

Des activités possibles

❶ Un fossile célèbre : l'archéoptéryx

• **La *figure* 2 p. 371** permet un moment de travail intéressant : la découverte de ce que les géologues appellent une **forme intermédiaire**. L'**archéoptéryx** est indiscutablement un **oiseau** (c'est parmi les oiseaux, l'espèce la plus ancienne ; elle est apparue il y a 140 millions d'années). Mais l'animal possède encore des caractères de reptiles (il a des dents, une longue queue…).

Les géologues pensent donc que les oiseaux résultent de reptiles transformés. La découverte de l'archaeopteryx est d'une importance considérable, puisqu'elle permet, de façon indiscutable, de rattacher le groupe des oiseaux à celui des reptiles dont ils sont directement issus.

• **D'autres fossiles** permettent d'établir des liens entre les grands groupes d'animaux. C'est le cas pour le passage de certains poissons aux amphibiens.

Un arbre généalogique gigantesque

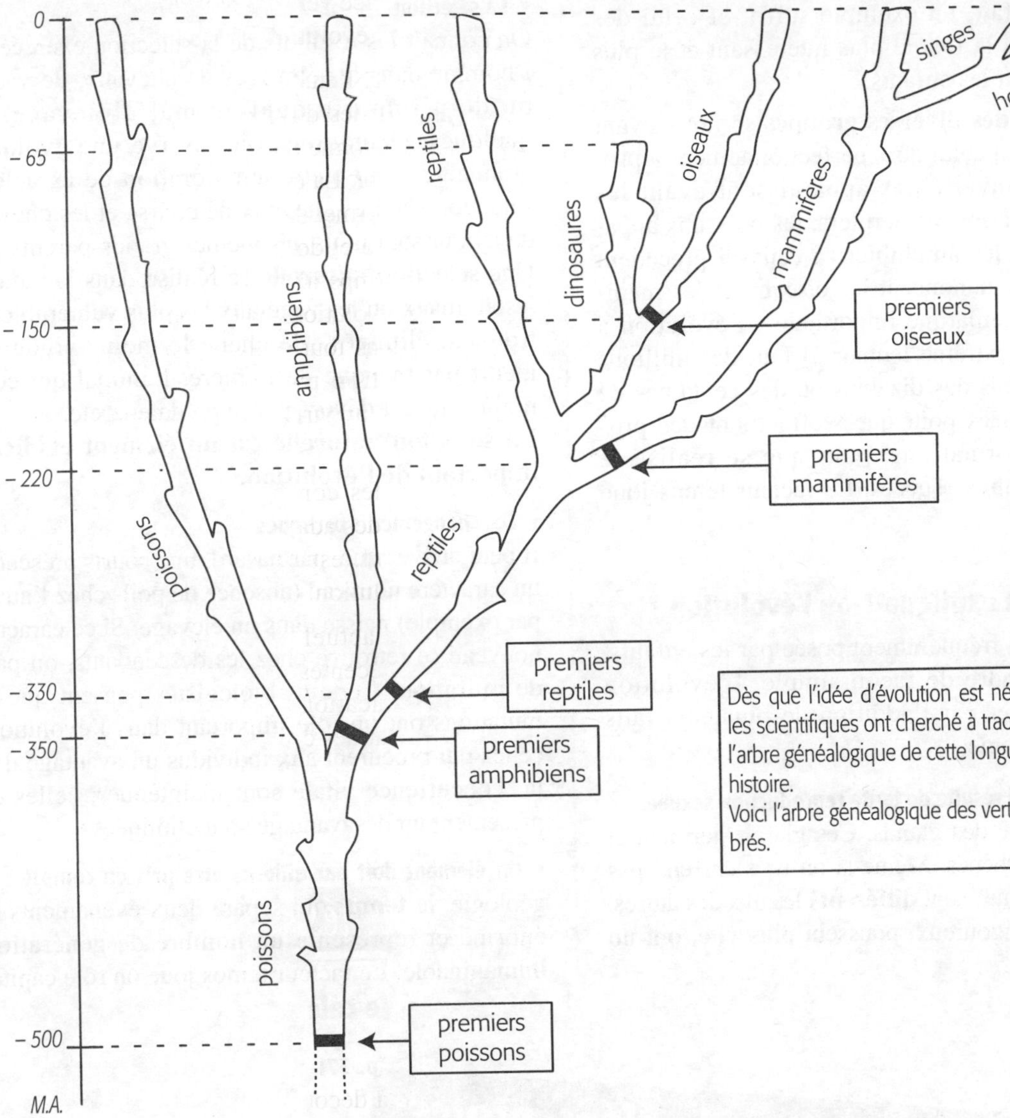

Dès que l'idée d'évolution est née, les scientifiques ont cherché à tracer l'arbre généalogique de cette longue histoire.
Voici l'arbre généalogique des vertébrés.

1. Colorie, avec des couleurs différentes, les différents rameaux de cet arbre généalogique. N'oublie pas, pour cela, que les dinosaures sont des reptiles.

2. Les oiseaux sont des descendants des dinosaures. Comment est-ce traduit par l'arbre ci-dessus ?

3. Vrai ou faux ?

– Les êtres humains ont des reptiles parmi leurs lointains ancêtres.

– Les êtres humains sont de lointains descendants des oiseaux.

Fig. 1 Cette représentation très schématique montre les liaisons entre les grands groupes de vertébrés. En particulier, elle met en lumière que les êtres vivants qui apparaissent au cours de l'histoire de la Terre sont nés par transformation d'êtres vivants plus anciens.

❷ Un arbre généalogique gigantesque

La ***figure 1*** présente les liaisons entre les grands groupes de vertébrés. On pourrait présenter les autres animaux et les végétaux de la même manière. En fait, un exemple suffit, et celui des vertébrés est à la fois le plus intéressant et le plus accessible pour les enfants.

L'**apparition des diverses groupes** se fait suivant un ordre qui est celui du « perfectionnement » progressif. Les invertébrés apparaissent avant les vertébrés et, parmi ces derniers, les poissons apparaissent avant les amphibiens ; ceux-ci précèdent les reptiles qui annoncent les oiseaux et les mammifères. Une remarque importante : l'évolution a lieu avec une extrême lenteur. Il faut des millions d'années, parfois des dizaines ou des centaines de millions d'années pour que s'effectuent des profondes transformations, pour que se réalise le passage à d'autres espèces. Le facteur temps joue un rôle capital.

❸ Comment explique-t-on l'évolution ?

La question est fréquemment posée par les enfants. On peut répondre de façon simple. L'évolution peut s'expliquer par l'addition de plusieurs faits connus en biologie.

- **La diversité qui résulte de toute reproduction sexuée.**

Un chêne donne des glands. Ces glands germent et redonnent des chênes. Même si on ne s'en rend pas compte, ces chênes sont **différents** les uns des autres. Certains sont vigoureux, poussent plus vite, ont un tronc plus droit… Ces chênes sont aussi différents les uns des autres que les enfants nés du même père et de la même mère. Chaque naissance est l'apparition d'un **être nouveau**, qui n'a jamais existé encore.

- **La sélection**

On connaît les résultats de la sélection exercée par l'homme dans les élevages de chevaux, de vaches ou de n'importe quel animal d'élevage. En quelques générations, on observe une évolution étonnante : une nette amélioration de caractères sélectionnés. Les chevaux de course et les chevaux de labour sont issus des mêmes grands-parents !

Une **sélection naturelle** se réalise dans la nature : les animaux ou les végétaux les plus vulnérables se trouvent éliminés : le chêne le moins vigoureux meurt par manque de lumière, l'animal qui court moins vite est dévoré par le prédateur, etc.

La sélection naturelle est un élément explicatif important de l'évolution.

- **Les changements brusques**

Il peut arriver que, par hasard, une souris présentant un caractère nouveau (absence de poils chez l'adulte par exemple) naisse dans un élevage. Si ce caractère nouveau se retrouve chez les descendants, on parle de **mutation**. Certains biologistes pensent que les mutations ont un rôle important dans l'évolution : celles qui procurent aux individus un avantage dans la concurrence vitale sont maintenues, celles qui présentent un désavantage sont éliminées.

- **Un élément doit par ailleurs être pris en compte :** en géologie, le **temps** qui sépare deux événements est énorme et représente un nombre de générations inimaginable. Le facteur temps joue un rôle capital.

Notions visées à l'école élémentaire

- Une nouvelle espèce animale ou végétale est toujours les résultat de la **transformation progressive** d'une autre espèce plus ancienne.
- Ainsi le premier oiseau apparu sur Terre résulte des transformations d'un reptile qui vivait avant lui. Autre exemple : les premiers hommes résultent de la transformation de singes bipèdes, les australopithèques, qui vivaient avant l'apparition des premiers hommes.
- On peut construire, pour les divers êtres vivants, un **arbre généalogique** qui indique, d'une part les ancêtres, et d'autre part les descendants.

Mots-clés

- arbre généalogique
- ancêtres

Partie

9

Les grands phénomènes géologiques

Chapitre 1

Le volcanisme

*Les élèves connaissent tous l'existence des **éruptions volcaniques** par la télévision, les journaux, ou à travers les livres. Mais, si on leur demande, avant toute étude, de faire un dessin pour expliquer ce qu'est une éruption volcanique, on constate généralement qu'ils ont, à côté de notions exactes, beaucoup de représentations fausses (**fig. 1**).*

L'étude du volcanisme fait partie du programme du Cours Moyen. Ce sujet intéresse beaucoup les enfants ; mais en raison de la richesse et de la complexité des problèmes abordés, les enfants pourraient passer à côté des notions essentielles ; c'est pourquoi celles-ci doivent être dégagées très clairement. Nous aborderons dans ce chapitre non seulement le volcanisme terrestre, mais aussi le volcanisme sous-marin.

Informations pour l'enseignant

A Le volcanisme terrestre

1 Qu'est-ce qu'une éruption volcanique ?

a. Deux grandes familles d'éruptions volcaniques

Les exemples proposés sur les ***figures 3*** et ***4*** montrent que toutes les éruptions volcaniques ne se ressemblent pas.

Certaines éruptions sont calmes : par une fissure qui s'ouvre sur le flanc du volcan s'écoule une « rivière » de **lave** (roche fondue dont la température varie entre 900 et 1 200 °C). La **coulée** suit la pente, brûlant les arbres sur son passage. La vitesse de la coulée varie, selon la pente, de 50 à 80 km à l'heure. Ces **éruptions effusives** (qui coulent) engendrent parfois de **petites explosions** projetant des **bombes** (taille supérieure à 6 cm), des **lapillis** (taille de 6 cm à 2 mm), des **cendres** (taille inférieure à 2 mm).

– **D'autres éruptions sont très violentes.** Ces **éruptions explosives** sont caractérisées par des émissions de cendres et parfois de nuées **ardentes**, comme ce fut le cas de la montagne Pelée à la Martinique en 1902. Ces éruptions peuvent alors détruire le sommet du volcan en projetant des blocs solides (ainsi, en 1883, en Indonésie, l'île Krakatoa a été pulvérisée par une éruption volcanique).

Le terme **« nuée ardente »** a été créé pour décrire l'éruption de la montagne Pelée. C'est une avalanche de matériaux solides ou pâteux, de tous calibres (des blocs énormes, des poussières...), enveloppés dans un mélange d'air comprimé, de vapeur d'eau et de gaz toxiques à haute température (300 à 350 °C). Les gaz continuent de se dégager pendant le transport et les blocs sont propulsés par effet de fusée. Au-dessus de cette **avalanche ardente**, déplacée obliquement à la vitesse de 500 km/h, un **nuage ardent** constitué de cendres brûlantes et de gaz s'élève dans le ciel.

Dans les éruptions explosives, les matériaux éjectés ont des tailles variables : **cendres** très fines, **lapilli** (taille d'un pois), **scories** (taille d'un œuf), **blocs** de forme anguleuse, **bombes** de forme arrondie ou fusiforme.

Qu'est-ce qu'une éruption volcanique ?

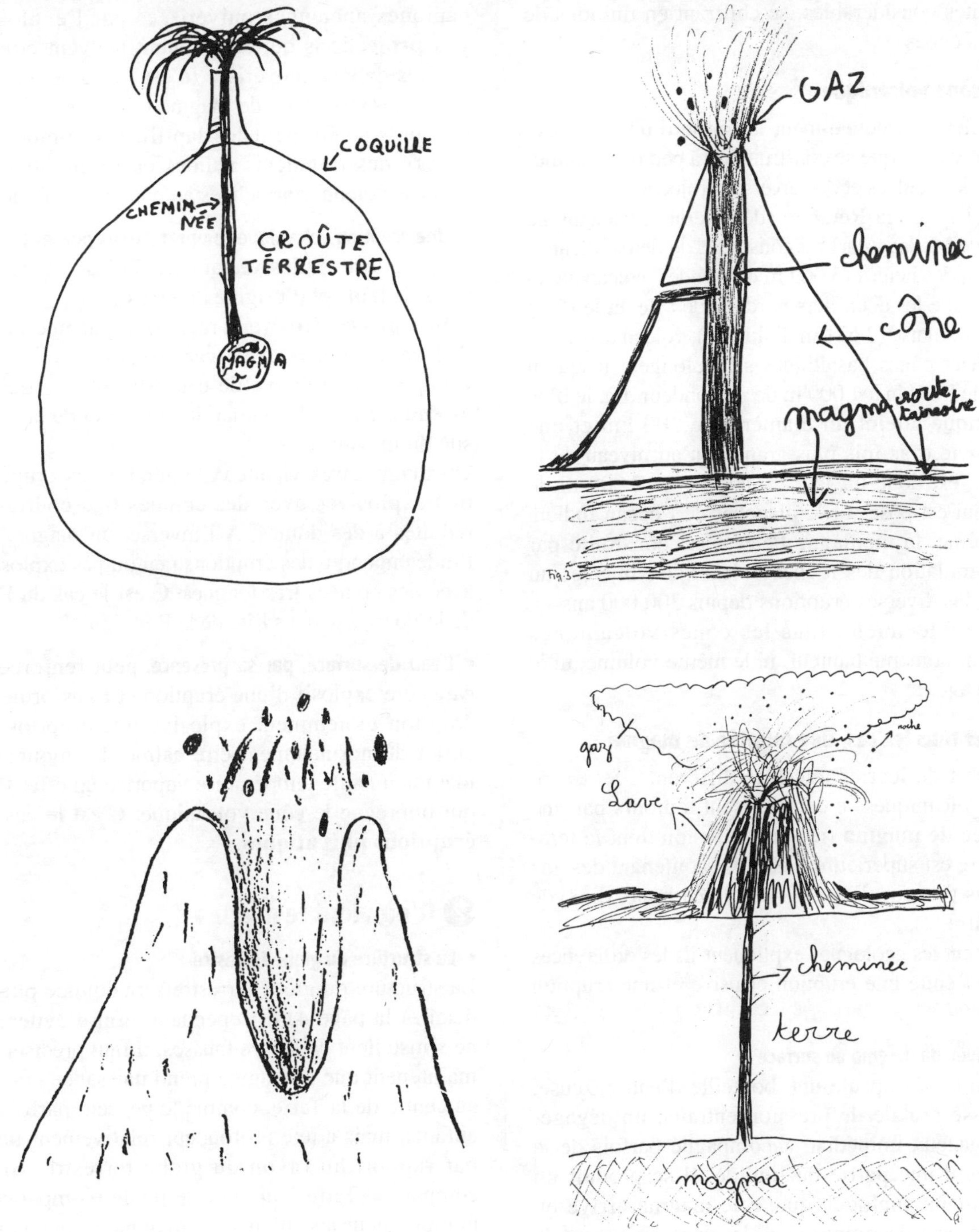

Fig. 1 Avant toute étude sur les volcans, des élèves ont représenté ce qu'ils savaient d'une éruption volcanique. Proposez la réalisation de tels dessins permet à l'enseignant de faire le point sur les connaissances des enfants et leur représentation du phénomène.

Au cours d'une même éruption, plusieurs types de produits peuvent être émis en même temps, et la vitesse d'éjection dépasse souvent la vitesse du son (340 m/s). Les cendres peuvent atteindre une altitude supérieure à 15 km et sont émises parfois en quantités considérables, se chiffrant en millions de mètres cubes.

b. Le cône volcanique

Un volcan a fréquemment la forme d'un cône. Cet édifice volcanique se construit peu à peu par accumulation des coulées et des diverses projections.
Ainsi l'île de la Réunion (département français au large de Madagascar) est constituée de deux volcans : le Piton des neiges (3 069 m d'altitude), volcan éteint qui occupe les deux tiers nord-est de l'île, et le Piton de la Fournaise (2 631 m d'altitude), volcan actif.
Ces deux cônes basaltiques se prolongent jusqu'au fond de l'océan à 4 000 m de profondeur. Là, le bloc basaltique atteint un diamètre de 200 km et une superficie trois fois plus grande qu'au niveau de la mer. C'est donc un volcan de plus de 7 000 m de haut qui est posé sur le plancher de l'océan Indien.
De même, la montagne Pelée s'est construite par l'accumulation des roches volcaniques rejetées au cours des diverses éruptions depuis 300 000 ans.
Bien évidemment, tous les cônes volcaniques n'ont ni la même hauteur, ni le même volume, ni le même âge.

c. Dans tous les cas, une montée de magma

En dépit de leurs caractères différents, les éruptions volcaniques se caractérisent toujours par une **montée de magma** (roches en fusion dont la température est supérieure à 900 °C) contenant des gaz dissous (vapeur d'eau, oxyde de carbone, dioxyde de soufre...).
Comment les géologues expliquent-ils les différences existant entre une éruption effusive et une éruption explosive ?

- **L'arrivée du magma en surface**

Lorsqu'on décapsule une bouteille d'eau gazeuse, la baisse brutale de pression entraîne un dégagement gazeux immédiat, accompagné parfois de la montée d'une partie du liquide. Il se produit un phénomène analogue quand le magma arrive en surface : par décompression, les gaz se séparent de la lave et s'échappent.
Lorsque le magma est **très fluide** (c'est le cas du Piton de la Fournaise), les gaz s'échappent facilement et en permanence ; il n'y a pratiquement pas d'activité explosive.
Lorsque le magma est **visqueux**, les gaz ne peuvent s'échapper que si une très forte pression gazeuse est atteinte ; il y a alors explosion. Plus la viscosité est élevée, plus les explosions sont violentes et espacées. Lorsque les gaz s'échappent, ils projettent, parfois à plusieurs kilomètres d'altitude, du magma ou des fragments solides de roches volcaniques anciennes pulvérisées par l'explosion. Les **projections** qui en résultent peuvent être des gouttes de lave pulvérisée (c'est l'origine des cendres), des morceaux de magma « liquide » (à partir desquels se forment les lapilli, les bombes, les blocs), des fragments solides ou semi-solides de roches anciennes arrachées au cône volcanique.

- **Une éruption volcanique comprend deux phases :**

– une **phase explosive** caractérisée par des projections de taille et d'origine diverses ;
– une **phase effusive** caractérisée par une coulée de lave (magma = lave + gaz dissous).
L'importance relative de ces deux phases dépend essentiellement de la quantité de gaz et de la viscosité du magma.
Un magma très visqueux engendre des éruptions très explosives avec des coulées très courtes ou réduites à des dômes. À l'inverse, un magma très fluide engendre des éruptions peu ou pas explosives avec des coulées très longues. C'est le cas du Piton de la Fournaise dans l'île de la Réunion.

- **L'eau de surface, par sa présence,** peut renforcer le caractère explosif d'une éruption et transformer en éruption violemment explosive une éruption qui aurait dû normalement être calme. La montée du magma à haute température vaporise en effet l'eau qui imprègne le cône volcanique. C'est le cas des **éruptions phréatiques**.

2 D'où vient le magma ?

- **La structure du globe terrestre**

La structure du globe terrestre sera étudiée plus en détail à la page 414. Cependant, afin d'éviter que ne s'installent des idées fausses, il faut préciser dès maintenant que le magma prend naissance non pas au centre de la Terre, comme le pensent parfois les enfants, mais à une profondeur relativement faible par rapport au rayon du globe terrestre. Si on compare la Terre à un œuf de poule (comparaison pratique pour les enfants), le magma est une goutte de blanc d'œuf, située juste sous la coquille, qui arrive en surface après avoir traversé la coquille à la faveur d'une fissure.

- **Comment se forme le magma ?**

Cette question recevra une réponse plus précise dans le chapitre 3. Contentons-nous pour l'instant de dire que le globe terrestre produit de la chaleur.

1 300 volcans terrestres actifs

Deux grandes familles d'éruptions volcaniques

Il existe actuellement, dans le monde, environ 1 300 volcans « actifs », c'est-à-dire des volcans qui peuvent, après une période de sommeil plus ou moins longue, entrer en éruption.

Les volcanologues distinguent deux familles d'éruptions volcaniques :

- **les éruptions « calmes »**, accompagnées de coulées de laves ; elles se produisent lorsque le magma est pauvre en gaz ;
- **les éruptions « explosives »**, qui se produisent lorsque le magma est riche en gaz.

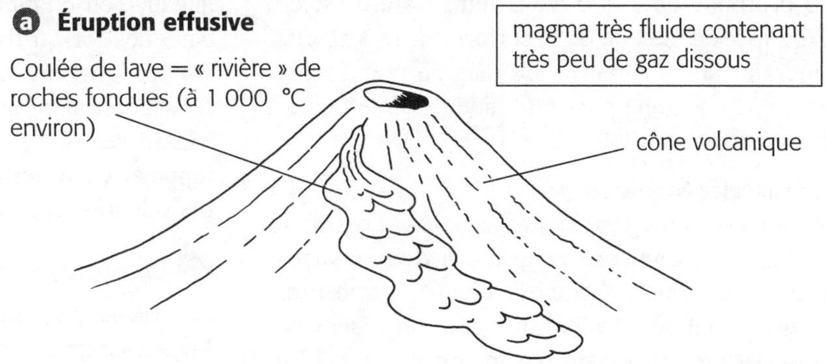

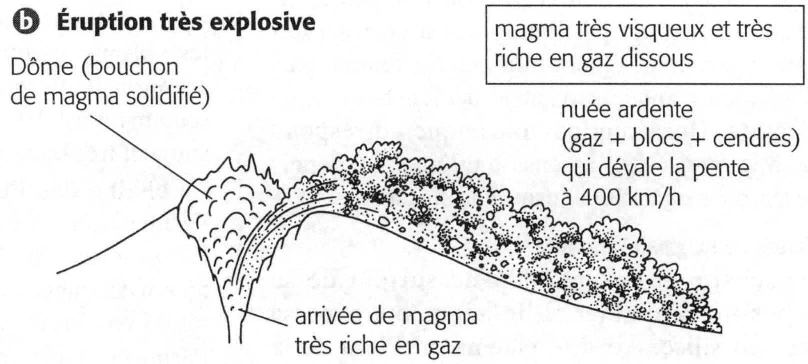

Répartition des volcans

Les deux-tiers des volcans terrestres sont situés autour de l'océan Pacifique (c'est le « cercle de feu » du Pacifique).

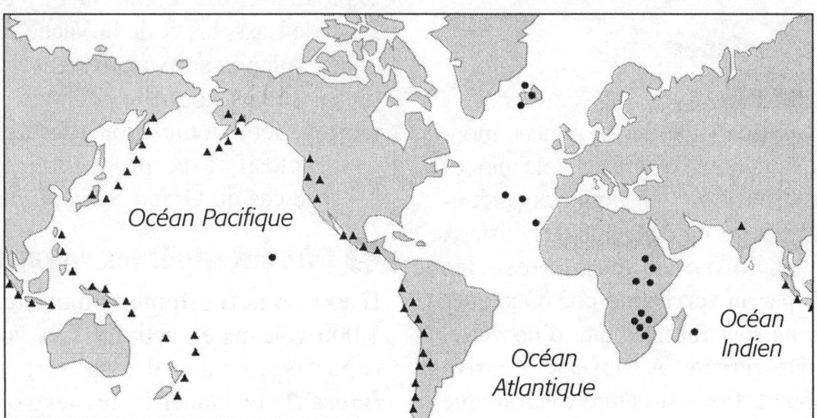

Fig. 2 Ce document rassemble l'essentiel des notions scientifiques que doit acquérir un élève de Cours Moyen. Faites l'inventaire de ces notions et exprimez-les en quelques phrases.

Celle-ci provient de la désintégration progressive d'éléments radioactifs (la Terre peut donc être comparée à une centrale nucléaire géante). Quand on descend de 100 m à l'intérieur de la Terre, la température augmente de 3 °C. Cette valeur constitue le **gradient géothermique**. Au fond d'une mine profonde de 1 000 m, la température est de 30 °C supérieur à celle de la surface ; à 15 km, elle atteindrait 500 °C environ. Le magma prend naissance dans une zone plus profonde où la température est estimée à 1 300 °C.

- **Une remontée en deux temps**

Le magma remonte vers la surface sous la pression des gaz qu'il contient et grâce à des fissures (***fig. 3***). Sous tous les grands volcans, à une profondeur variant de 10 à 70 km, existe un **réservoir magmatique** (ou **chambre magmatique**). Le magma monte, à une vitesse dont la valeur est estimée de 0,5 à 2 km par jour, jusqu'à ce réservoir magmatique. Il y séjourne un certain temps, parfois plusieurs années, avant le déclenchement de l'éruption. Une éruption volcanique correspond donc à la reprise de l'ascension du magma, depuis le réservoir magmatique jusqu'à la surface.

- **Nature du magma et viscosité**

La viscosité du magma dépend surtout de sa composition chimique. Elle augmente avec sa teneur en silice. Ainsi le magma du Piton de la Fournaise, qui a une composition de basalte, est beaucoup plus fluide que le magma de la montagne Pelée. Il existe toute une gamme de magmas de compositions chimiques différentes qui donnent, en se refroidissant, des **roches volcaniques** différentes.

❸ Les roches volcaniques

- **Une structure caractéristique**

L'observation au microscope de lames minces montre que la très grande majorité des roches volcaniques a une **structure microlitique** : en plus des **phénocristaux** visibles à l'œil nu, on distingue des cristaux microscopiques en forme de baguettes (les **microlites**), séparés par un **verre** amorphe. Quelques roches volcaniques ne sont formées que d'un verre. Leur structure est dite vitreuse. À l'inverse, il arrive que le verre soit absent. Cette structure microlitique résulte d'un refroidissement du magma en deux temps :

– **refroidissement lent,** pendant plusieurs années, dans un réservoir magmatique (dont le volume peut dépasser le kilomètre cube), situé de 10 à 70 kilomètres sous le volcan ;

– **refroidissement rapide** lors de l'éruption (celle-ci correspond à une reprise de l'ascension du magma).

- **Une composition chimique variable**

L'inventaire des minéraux cristallisés donne des indications sur la composition chimique de la roche, mais elle ne renseigne pas sur la composition du verre. Une analyse chimique est possible après fusion. L'étude des roches des volcans anciens, en relation avec l'allure des appareils volcaniques lorsqu'ils sont bien conservés, permet de définir la nature des activités volcaniques d'autrefois. C'est ainsi que l'on connaît le volcanisme du Massif central, volcanisme très actif qui s'est développé aux ères tertiaire et quaternaire et jusqu'à une période très récente.

❹ Le volcanisme du Massif central

Le volcanisme français se localise surtout dans le Massif central, où l'on compte plus de 1 000 volcans endormis ou éteints. Les plus vieux sont nés il y a 28 millions d'années. La chaîne des Puys abrite les volcans les plus jeunes de France. La dernière éruption (celle du Puy de Montcineyre) remonte seulement à 1 500 ans avant J.-C. Ces volcans sont souvent très bien conservés.

La chaîne des Puys, à proximité de Clermont-Ferrand, est un musée volcanologique unique en Europe : sur une bande de 7 km de largeur et de 55 km de longueur, de direction nord-sud, sont exposés 94 volcans de petite dimension mais très variés.

Parmi ceux-ci, on peut distinguer deux grandes catégories :

– des **volcans à cratère**, dont le cône est formé de coulées assez longues et de projections, bombes, scories, qui caractérisent des volcans faiblement explosifs. C'est le cas du Puy de la Nugère, des Puys de Lassolas et de la Vache…

– des **volcans sans cratère** avec un **dôme** arrondi ou un cône à **aiguille**, flanqués d'éboulis provenant de leur démolition. Il s'agissait de volcans très explosifs avec production de nuées ardentes. C'est le cas du Grand Sarcoui, du Puy de Dôme…

❺ Où sont situés les volcans actifs ?

Il existe actuellement dans le monde plus de 1 000 volcans en activité. Ces volcans ne sont pas répartis au hasard à la surface du globe. La ***figure 2*** sur laquelle tous les volcans ne sont évidemment pas représentés, montre assez nettement une répartition selon certains alignements, dont nous comprendrons la signification ultérieurement. Plus de la moitié des volcans (environ 62 %) sont situés autour de l'océan Pacifique. Ce sont notamment les volcans du Japon, des Philippines, d'Indonésie, de la Cordillère des Andes, des montagnes Rocheuses…

Qu'est-ce qu'une éruption effusive ?

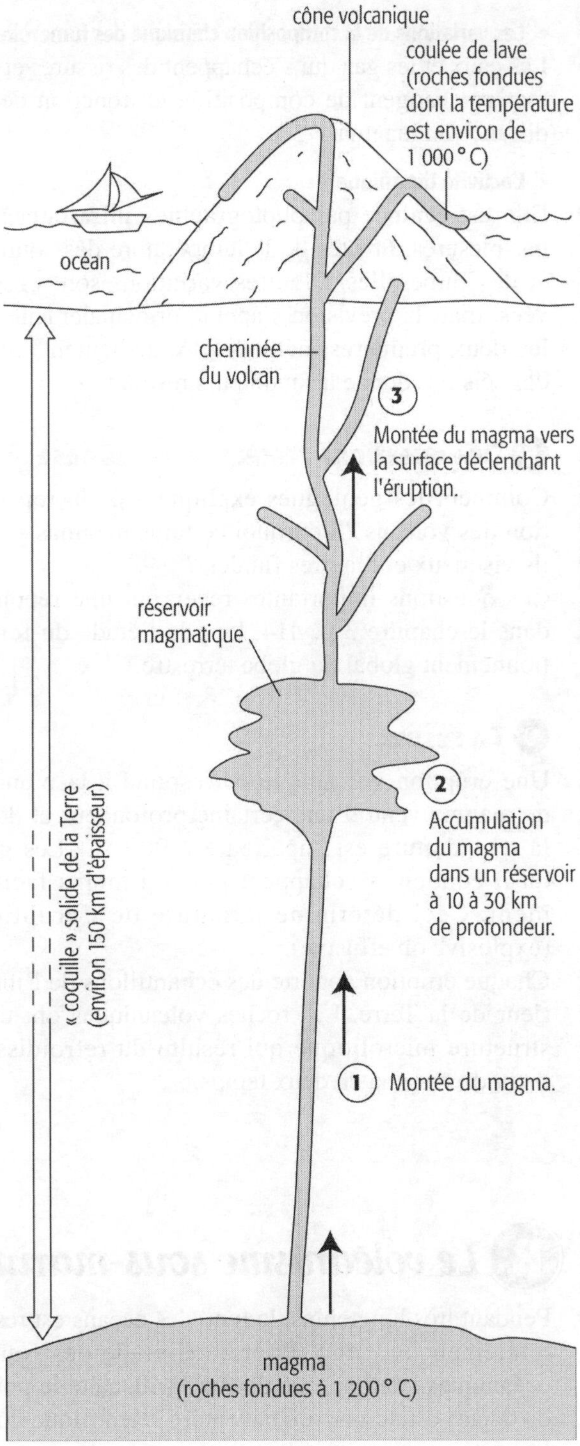

En se refroidissant, les coulées de lave se solidifient et deviennent de la roche volcanique. À chaque éruption, la taille du cône volcanique augmente.

Exemple : Le Piton de la Fournaise

Localisation : Ile de la Réunion.

Âge : 350 000 ans

Activité : en moyenne une éruption chaque année, qui dure 8 à 15 jours.

Caractère : éruptions calmes avec coulées de lave.

Mots importants

- Éruption volcanique
- Roches fondues
- Magma
- Lave

Fig. 3 Une éruption volcanique est l'arrivée, au sommet ou sur les flancs d'un volcan, de roches fondues provenant du magma. Dans le cas d'une éruption effusive, ces roches forment des coulées de lave.

À cette « **ceinture de feu** » du Pacifique, il faut ajouter les volcans des Antilles (une dizaine, parmi lesquels la montagne Pelée à la Martinique et la Soufrière à la Guadeloupe) ; les volcans des îles de l'Atlantique (Açores, Canaries, Madère, Islande...) ; les volcans du Pacifique central (Hawaii) ; les îles de l'océan Indien (la Réunion) ; les volcans du pourtour de la mer Méditerranée et d'Asie mineure.

6 Moins de victimes que les tremblements de terre

Les éruptions volcaniques font moins de victimes que les tremblements de terre, les cyclones ou les inondations. Par ailleurs, la prévention des éruptions violentes a fait de grands progrès depuis quelques années, permettant d'obtenir des résultats spectaculaires. Mais de nombreux volcans ne sont pas encore équipés de laboratoires volcanologiques, et, tout en étant de mieux en mieux maîtrisé, le risque volcanique est encore une réalité.

Toutes les éruptions ne sont pas également meurtrières : depuis 500 ans, sept éruptions seulement sont responsables des quatre cinquièmes du nombre total de victimes (environ 260 000), le triste record du plus grand nombre de victimes étant détenu par l'Indonésie. Les activités volcaniques les plus meurtrières sont les coulées de boue (provoquées par la fusion de la neige et de la glace qui recouvrent le sommet de certains volcans), et les nuées ardentes. Les retombées des cendres entraînent la destruction des récoltes et des troupeaux et, en conséquence, la mort des habitants en raison de la famine et des épidémies qui s'ensuivent. Ainsi, en 1815, le Tambora a fait 92 000 morts, dont 80 000 sont dus à la famine.

7 Peut-on prévoir les éruptions volcaniques ?

L'ascension du magma qui précède une éruption déclenche plusieurs modifications décelables en surface. Certaines peuvent être évaluées avec précision.

- **L'activité sismique**

Des sismographes sont disposés autour de l'édifice volcanique et reliés en réseau à un laboratoire ; ils enregistrent les secousses qui correspondent à la montée du magma ; la localisation des épicentres donne des indications sur la situation du magma en profondeur.

- **Les déformations du sol**

La montée du magma entraîne souvent un « gonflement » de l'édifice volcanique. Cette déformation de quelques millimètres seulement peut être enregistrée grâce à des microréflecteurs placés tout autour du volcan. Des rayons laser dirigés sur eux permettent de déceler d'éventuelles déformations.

- **Les variations de la composition chimique des fumerolles**

Les eaux et les gaz qui s'échappent des fissures et du cratère changent de composition en fonction de la distance du magma.

- **L'activité thermique**

Elle est évaluée par photographies infrarouges et par mesures directes de la température des sources et des fumerolles. D'autres variations sont observées, mais la prévision s'appuie principalement sur les deux premières méthodes. Actuellement, celle des séismes donne les meilleurs résultats.

8 Des questions restées sans réponse

Comment les géologues expliquent-ils la répartition des volcans ? Pourquoi certains magmas sont-ils visqueux et d'autres fluides ?
Ces questions importantes recevront une réponse dans le chapitre 3 p. 414, lors de l'étude du fonctionnement global du globe terrestre.

9 En résumé

Une éruption volcanique correspond à la montée de magma venu d'une certaine profondeur et dont la température est supérieure à 900 °C. Les gaz qu'il contient s'échappent plus ou moins facilement. Ceci détermine la nature de l'éruption (explosive ou effusive).
Chaque éruption apporte des échantillons de l'intérieur de la Terre. Les roches volcaniques ont une structure microlitique qui résulte du refroidissement du magma en deux temps.

B Le volcanisme sous-marin

Pendant très longtemps, le fond des océans est resté totalement inconnu. Pourtant l'étude des fonds océaniques, commencée depuis 1960, a été le point de départ d'une nouvelle aventure scientifique dont l'importance est capitale pour la compréhension de l'activité de notre planète.

En 1973, des géologues ont pu, à travers le hublot d'un engin submersible, observer pour la première fois le fond des océans et découvrir une activité volcanique beaucoup plus importante dans les océans que sur la terre ferme.

Les éruptions volcaniques explosives

Lorsque le magma contient beaucoup de gaz, l'éruption volcanique est explosive. Le magma est alors pulvérisé en fragments de tailles diverses. Le mélange de cendres et de gaz peut s'élever à plus de 30 km de hauteur (c'est le panache de « fumée » visible au-dessus de certains volcans).

Une image pour comprendre

Chauffe une bouteille de Coca Cola et ouvre-la brusquement, les gaz s'échappent en entraînant du liquide

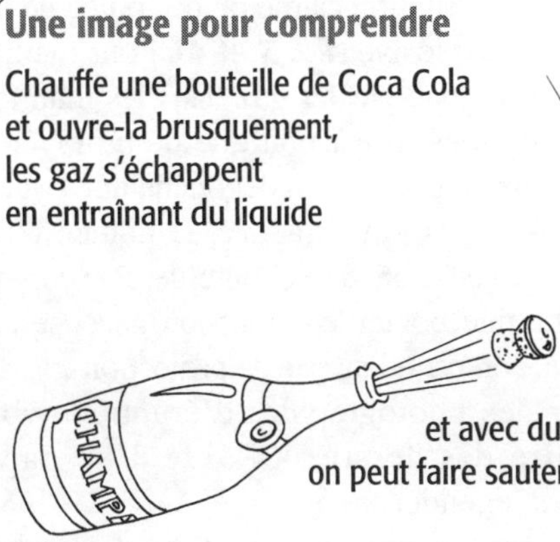

et avec du champagne, on peut faire sauter le bouchon.

Exemple : la montagne Pelée

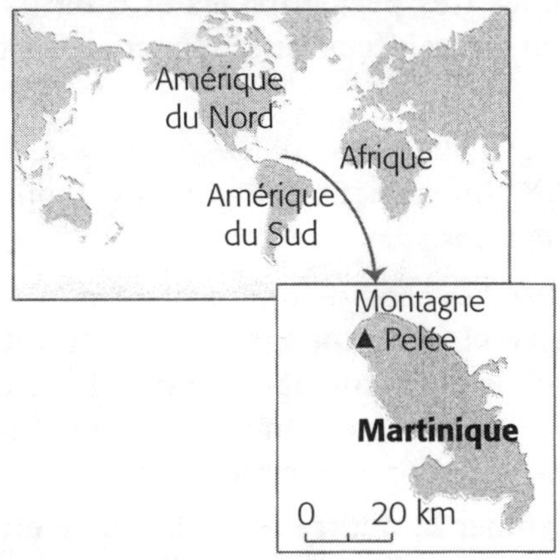

Localisation : Martinique.
Âge : 13 500 ans
Activité : 5 éruptions depuis 1635 : en 1792, 1851, 1902 et 1929.
Caractère : éruptions extrêmement explosives. L'éruption de 1902 a provoqué la mort de 28 000 personnes.

L'arrivée en surface de magma très riche en gaz provoque des projections. Le magma est pulvérisé en fragments de tailles diverses : des gros blocs, des bombes, des « noix » ou des gouttelettes qui deviennent les cendres volcaniques en se refroidissant.

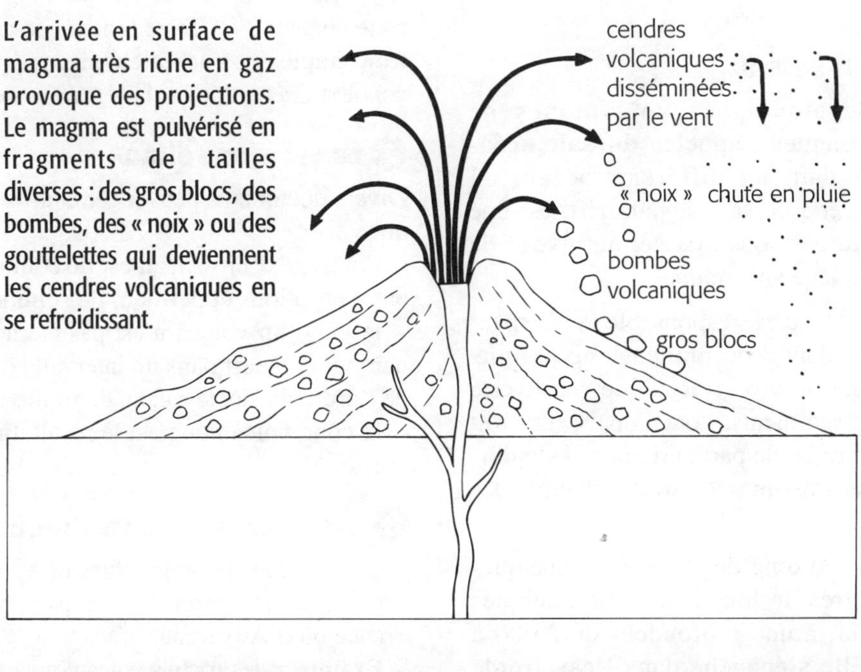

Fig. 4 Quelles sont les caractéristiques d'une éruption explosive ? Comparez ce type d'éruption à une éruption effusive (fig. 3).

❶ Les principales étapes d'une aventure scientifique étonnante

Pendant très longtemps, l'**exploration du fond des océans** est demeurée impossible. En quelques années, grâce à l'utilisation de moyens technologiques très perfectionnés et d'outils révolutionnaires, des découvertes remarquables ont été faites.

Ainsi, l'évolution des connaissances est, dans ce domaine, directement liée aux développements technologiques.

Les recherches ont visé trois objectifs principaux :
– **réaliser la carte topographique du fond des océans** par échosondage. Pour cela, dans les années 1960, des programmes d'exploration des différents océans ont été organisés ;
– **déterminer la nature et la structure du plancher océanique.** En 1968, un navire foreur américain, le *Glomar Challenger*, a été mis à la disposition de la communauté scientifique et plus de 1 000 forages profonds ont été effectués dans toutes les mers du monde ;
– **observer directement le fond des océans** grâce à des submersibles de grande profondeur. Les géologues de la mer sont ainsi devenus des géologues de « terrain » ;
– établir la carte de répartition des volcans sous-marins (***fig. 5***).

❷ Les résultats obtenus

Une chaîne de montagnes volcaniques de 65 000 km de longueur, appelée **dorsale océanique**, serpente dans les différents océans du globe. L'axe de cette dorsale, appelé **rift**, est une immense « fracture » sous-marine, au niveau de laquelle sort de la lave volcanique.

Cette émission de lave est responsable de l'expansion en « tapis roulant » du **plancher océanique**. Celui-ci est formé de lave volcanique recouverte d'une couche de sédiments, dont l'épaisseur croît de manière symétrique de part et d'autre de la dorsale. Ces **volcans sous-marins** sont différents des volcans terrestres.

La lave est émise le long de fissures de quelques centaines de mètres de longueur et de quelques mètres de largeur, à une profondeur de 2 000 à 3 000 mètres. Elle s'épanche dans l'eau froide sous pression en prenant un aspect caractéristique **en « oreillers »** (appelés *« pillow-lavas »* en langue anglaise).

Des activités possibles

❶ Qu'est-ce qu'une éruption volcanique ?

Voici quelques activités possibles :
– demander à chaque enfant de faire un dessin expliquant ce qu'est, d'après lui, une éruption volcanique (il s'agit de représenter ce qu'on verrait si on coupait le volcan en deux) ;
– analyser un document vidéo présentant une ou plusieurs éruptions volcaniques (avec coulée de lave, explosions…) ;
– rechercher l'explication du phénomène, en étudiant le document de la ***figure 3*** ;
– comparer une éruption calme (avec coulée de lave) à une éruption explosive (***fig. 3 et 4***). Pour mettre en évidence le rôle joué par les gaz dans les manifestations des éruptions, il est pratique d'employer une image telle que celle-ci : si on débouche une bouteille de Coca-Cola après l'avoir agitée, le liquide qu'elle contient est projeté hors de la bouteille. Par contre, si on débouche une bouteille d'eau non gazeuse après l'avoir agitée, on n'obtient pas de projection ;
– observer des photographies d'éruptions volcaniques, faire des dessins à l'aide d'un papier-calque et les légender ;
– formuler des hypothèses permettant de comprendre pourquoi il existe en profondeur des roches fondues. Donner brièvement l'explication : dans toute éruption volcanique, il y a sortie de roches en fusion. Leur température est de 1 000 à 1 200 °C. D'où vient cette chaleur ? La Terre fonctionne comme une centrale nucléaire : les éléments radioactifs qu'elle contient libèrent de la chaleur en se désintégrant.

❷ La vie d'un volcan

Divers documents peuvent être utilisés pour préciser que :
– l'activité d'un volcan est discontinue (alternance entre éruptions et périodes de sommeil) ;
– la vie d'un volcan n'est pas éternelle ; un volcan naît, vit et meurt dans un intervalle de temps variant de l'ordre du siècle à celui du million d'années ;
– le cône volcanique est le résultat de l'activité du volcan.

❸ Les volcans du Massif central

– Observer les photographies de volcans du Massif central, les comparer, les localiser sur une carte de France ou d'Auvergne.
– Examiner des roches volcaniques et en particulier des échantillons de roches alvéolaires, « bulleuses » (pouzzolane, ponce…), et rechercher l'origine des « trous ».

65 000 kilomètres de volcans sous-marins

■ Au milieu de l'océan Atlantique

Au milieu de l'océan Atlantique, serpente, par 2 000 à 3 000 mètres de fond, un immense « fossé » de 2 kilomètres de largeur et 65 000 kilomètres de longueur. Au niveau de ce « fossé », à travers des fissures de quelques kilomètres de longueur, s'échappe de la lave.

Dans l'eau, dont la température est relativement basse, la lave se refroidit rapidement sous forme de gros oreillers de roches noirâtres.

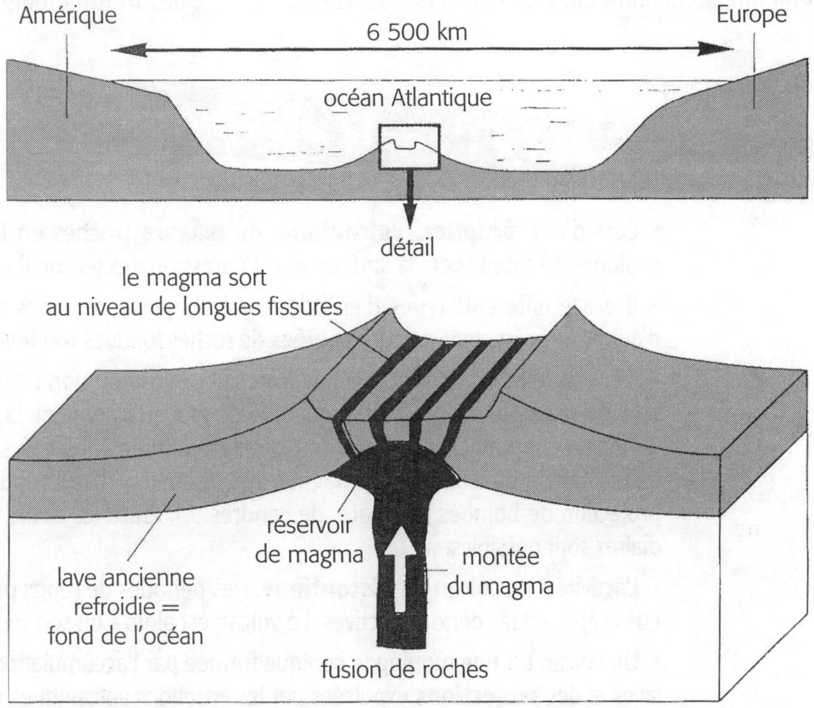

■ Dans tous les océans du monde

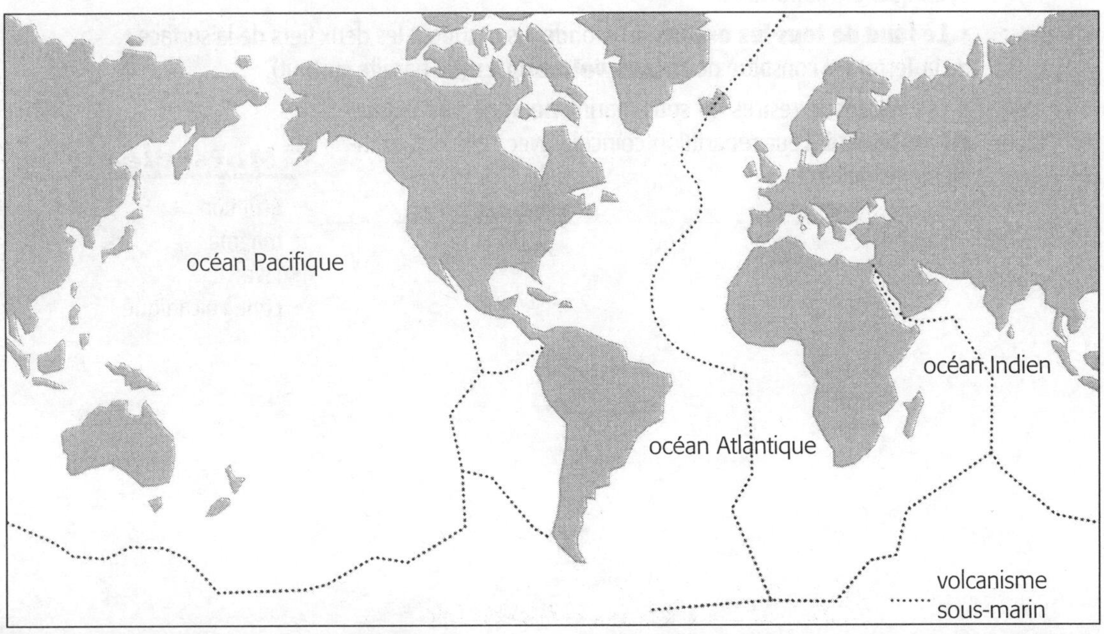

Fig. 5 Qu'a-t-on découvert au fond des océans ?

❹ La répartition des volcans

Rechercher sur une carte (***fig. 2***) où sont situés les principaux volcans actifs peut constituer la dernière étape de cette étude (localiser les volcans sur un globe terrestre, colorier la carte...). Ce document trouvera toute son importance ultérieurement lorsqu'on comparera entre elles les cartes de répartition :

– des volcans terrestres ;

– des volcans sous-marins (une des découvertes majeures de la géologie moderne est celle de l'existence d'une activité volcanique sous-marine, beaucoup plus importante que celle que l'on observe sur les continents) ;

– des tremblements de terre.

Notions visées à l'école élémentaire

• Lors d'une **éruption volcanique**, du **magma** (roches en fusion situées en profondeur) monte vers la surface sous la pression des gaz qu'il contient.

• Il existe différents types d'éruptions volcaniques : certaines sont **explosives**, d'autres ne présentent que des **coulées** de roches fondues (ou **laves**).

• Deux facteurs expliquent qu'un volcan soit explosif ou non : d'une part la **viscosité du magma**, d'autre part la quantité de **gaz** qu'il contient. Les gaz (peu abondants) s'échappent facilement des laves très fluides, les gaz s'échappent avec beaucoup de difficultés d'un magma très visqueux (d'où éruption violente avec projection de bombes, de blocs, de cendres...). Entre les deux, tous les intermédiaires sont possibles.

• L'activité d'un volcan est **discontinue**. Des périodes de repos plus ou moins longues séparent les périodes actives. Le volcan est alors « en sommeil ».

• Un volcan est une montagne conique formée par l'accumulation des **coulées** de laves et des **projections** expulsées par les éruptions volcaniques successives.

• Au milieu de l'océan Atlantique, dans l'océan Pacifique et dans d'autres mers, sur une ligne de 65 000 kilomètres, des laves en fusion sortent de façon continue et en quantité importante.

• **Le fond de tous les océans** du monde (ils occupent les deux tiers de la surface de la Terre) est constitué de **roches volcaniques** (de basalte surtout).

• Les volcans terrestres ou sous-marins **ne sont pas répartis au hasard**. Leur répartition coïncide avec celle des tremblements de terre.

Mots-clés

- éruption
- magma
- lave
- cône volcanique

Chapitre **2**

Les tremblements de terre

*De nombreux **tremblements de terre** ou **séismes** sont restés célèbres à cause de leurs effets dévastateurs, et il est rare qu'une année se passe sans que la presse se fasse l'écho d'un ou de plusieurs tremblements de terre provoquant des destructions d'immeubles et de nombreuses victimes. Deux milliards d'hommes vivent dans les régions menacées par les tremblements de terre et on estime que, depuis le début du siècle, les séismes ont tué en moyenne 15 000 personnes par an ! Ce sont, de loin, les catastrophes naturelles les plus meurtrières. Par comparaison, le volcanisme est beaucoup moins dangereux (environ 200 000 victimes au cours des cinq derniers siècles).*

Les enfants connaissent tous, par la télévision et les journaux, l'existence des tremblements de terre. Les médias, qui développent largement les divers événements spectaculaires ou meurtriers qui se produisent dans le monde, ne parlent que des plus dramatiques. Parmi les documents à analyser sur ce sujet, on pourra donc mettre entre les mains des élèves des coupures de presse intéressantes. Cependant, le rôle de l'école est d'aller plus loin qu'une simple description, d'où la nécessité d'avoir recours à d'autres documents.

Informations pour l'enseignant

Les tremblements de terre sont très fréquents : chaque année sur la Terre, il se produit en moyenne un million de **séismes**, soit environ deux par minute. Certains sont très violents et peuvent avoir des conséquences dramatiques. Beaucoup sont bénins et seulement perçus par des appareils d'enregistrement perfectionnés. Tous cependant sont des manifestations brutales de l'activité du globe.

❶ Un phénomène très bref

Un tremblement de terre est caractérisé par des **secousses** plus ou moins violentes dont la durée ne dépasse pas quelques secondes ou quelques minutes. Les secousses violentes peuvent avoir pour conséquence non seulement la destruction des constructions mais aussi la déformation des voies de chemin de fer, l'apparition de fractures dans le sol... **En quelques secondes,** des paysages peuvent être modifiés.

Un séisme violent s'accompagne d'un bruit terrifiant venu des profondeurs de la Terre.

Lorsque les secousses se produisent sous la mer ou le long des côtes, elles se propagent dans l'eau et provoquent des **raz de marée**. Les vagues peuvent atteindre une hauteur de plusieurs dizaines de mètres. Un séisme important est parfois précédé et presque toujours suivi de secousses de moindre amplitude. Les secousses qui précèdent sont dites **prémonitoires**, celles qui suivent sont appelées **répliques**. L'état d'agitation du sol peut se prolonger pendant des mois.

❷ Un phénomène très localisé

Autrefois, pour mesurer l'intensité d'un séisme, on évaluait ses effets destructeurs sur les constructions et sur les terrains. Pour cela, on prenait pour référence l'**échelle de Mercalli** ou l'**échelle MSK**. En reliant, sur une carte, les points d'égale intensité, on obtient les **courbes isoséistes**. La zone centrale, où l'intensité est la plus grande, est l'**épicentre** (***fig. 1***). Les courbes isoséistes sont d'autant plus resserrées que le foyer du séisme, c'est-à-dire la zone où il se produit, est plus superficiel.

3 L'enregistrement des secousses

Depuis le début du siècle, les géologues étudient les séismes à l'aide d'appareils sensibles et fidèles (les **sismographes**), qui enregistrent de façon continue les ébranlements du sol appelés **ondes sismiques**.

• Le principe de l'enregistrement

Un sismographe comprend un bâti rigide parfaitement solidaire du sol, sur lequel est fixée une feuille d'enregistrement.

Un pendule très lourd, muni d'un stylet, est suspendu au bâti. Si le sol se déplace, le bâti suit le mouvement. Par contre, en raison de son inertie, le pendule reste pratiquement immobile.

Bien que le principe général soit le même, l'enregistrement obtenu par les sismographes modernes est réalisé autrement : le déplacement du pendule produit un courant électrique ; celui-ci est ensuite « traduit » sous forme graphique.

• Une très grande sensibilité des appareils

Les sismographes modernes sont assez sensibles pour enregistrer des mouvements du sol dont l'amplitude ne dépasse pas le cent millième de millimètre et dont l'origine peut être très lointaine. Ils perçoivent donc des tremblements de terre de très faible intensité. Grâce à leur amplification électronique, les sismographes augmentent un million de fois l'amplitude des mouvements du sol. De plus, ils transmettent leurs enregistrements par radio à une station centrale qui collecte les données en provenance de plusieurs endroits.

• La complexité des enregistrements

L'analyse d'un sismogramme est complexe. Aussi est-elle réservée aux spécialistes. La complexité tient aux inscriptions successives d'**ondes de nature différente** (**ondes P** qui arrivent les premières, **ondes S** ou secondes, **ondes L**), qui voyagent à travers le globe à des vitesses différentes et en suivant des trajectoires différentes. Alors que le choc initial qui se produit au **foyer** est très bref (de l'ordre de la seconde), l'arrivée des ondes sismiques peut s'étaler sur plusieurs dizaines de minutes au niveau des sismographes situés à plusieurs milliers de kilomètres.

• L'intérêt des enregistrements

L'analyse des tracés permet aux spécialistes de déterminer :

– la **position du foyer** et celle de l'**épicentre** ;

– la **magnitude**, c'est-à-dire l'énergie libérée par le séisme au niveau du foyer ; celle-ci est liée à la force du séisme ; elle est exprimée dans l'échelle de Richter par un nombre de 0 à 9.

• L'échelle de Richter

L'échelle de Richter n'est pas linéaire ; ainsi un séisme de magnitude 9 libère 10 000 fois plus d'énergie qu'un séisme de magnitude 4.

En utilisant cette relation qui existe entre la magnitude d'un séisme et l'énergie libérée au cours de celui-ci, les géologues constatent que quelques grands séismes libèrent à eux seuls 96 % de l'énergie sismique totale, soit beaucoup plus d'énergie que les 800 000 à 1 000 000 de petits séismes qui se produisent annuellement. La plupart de ceux-ci ne sont pas perçus par les populations, même au niveau de la zone épicentrale, si cette dernière est habitée.

4 Quelle est la cause des séismes ?

• Une rupture brutale

Tous les séismes, qu'ils soient destructeurs ou imperceptibles, correspondent à une rupture brutale de l'écorce terrestre, qui se produit à un endroit situé entre 1 et 700 km de profondeur, appelé **foyer** du séisme (***fig. 1***).

La rupture brutale donne naissance à des vibrations, les **ondes sismiques** ; celles-ci se propagent sous forme de sphères concentriques comparables aux rides qui naissent à la surface de l'eau quand on jette un caillou.

Le temps mis par les ondes pour arriver à la surface de la terre est d'autant plus court que la distance parcourue est plus petite. Elles parviennent donc d'abord à l'épicentre situé à la verticale du foyer, puis en des lieux de plus en plus éloignés.

• Les mouvements associés aux séismes

La rupture brutale dont nous avons parlé précédemment laisse souvent, dans la zone de l'épicentre, des fissures béantes, des rajeunissements de failles… c'est-à-dire des « déchirures » visibles en surface.

On parle de **faille** lorsque deux compartiments, séparés par une fracture, se sont déplacés l'un par rapport à l'autre. Une faille verticale provoque soit un **abaissement**, soit un **soulèvement** du compartiment voisin. Une faille est une **déformation brutale** et de **courte durée**. Les failles fonctionnent en effet par saccades brusques, mais elles le font un très grand nombre de fois sur des périodes très longues (pouvant atteindre plusieurs millions d'années). Ainsi la faille de San Andreas (Californie), à

Les tremblements de terre

Un tremblement de terre (ou *séisme*) est caractérisé par des secousses plus ou moins violentes dont la durée ne dépasse pas quelques secondes à quelques minutes. Les géologues évaluent l'*amplitude* d'un séisme en lui donnant une « note » d'intensité à partir de l'échelle de Richter, graduée de 1 à 9.

Les tremblements de terre sont très fréquents. Chaque année, sur la Terre, il se produit en moyenne un million de séismes, soit environ deux par minute ! Quelques-uns seulement sont violents ; ils peuvent alors avoir des conséquences dramatiques. La plupart sont de faible amplitude ; ils sont seulement perçus par des appareils d'enregistrement très perfectionnés.

Foyer et épicentre

Tous les tremblements de terre correspondent à une cassure brutale qui se produit en profondeur dans la « coquille » solide de la Terre. Le lieu de la rupture est appelé foyer du séisme. Cette rupture donne naissance à des vibrations (ou ondes) qui se propagent dans toutes les directions. C'est à la verticale du foyer (à l'épicentre) que les secousses sont, en surface, les plus violentes.

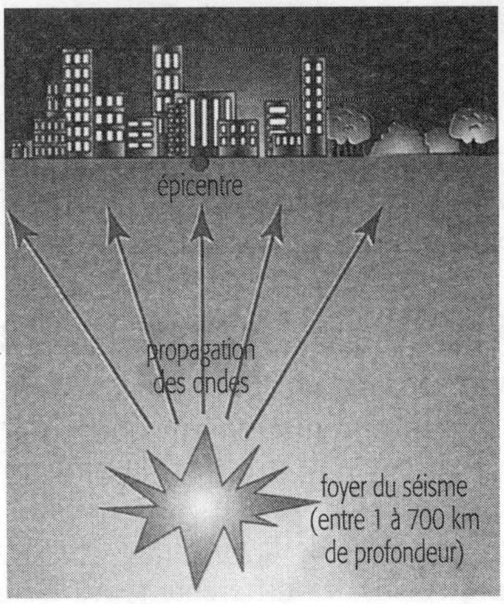

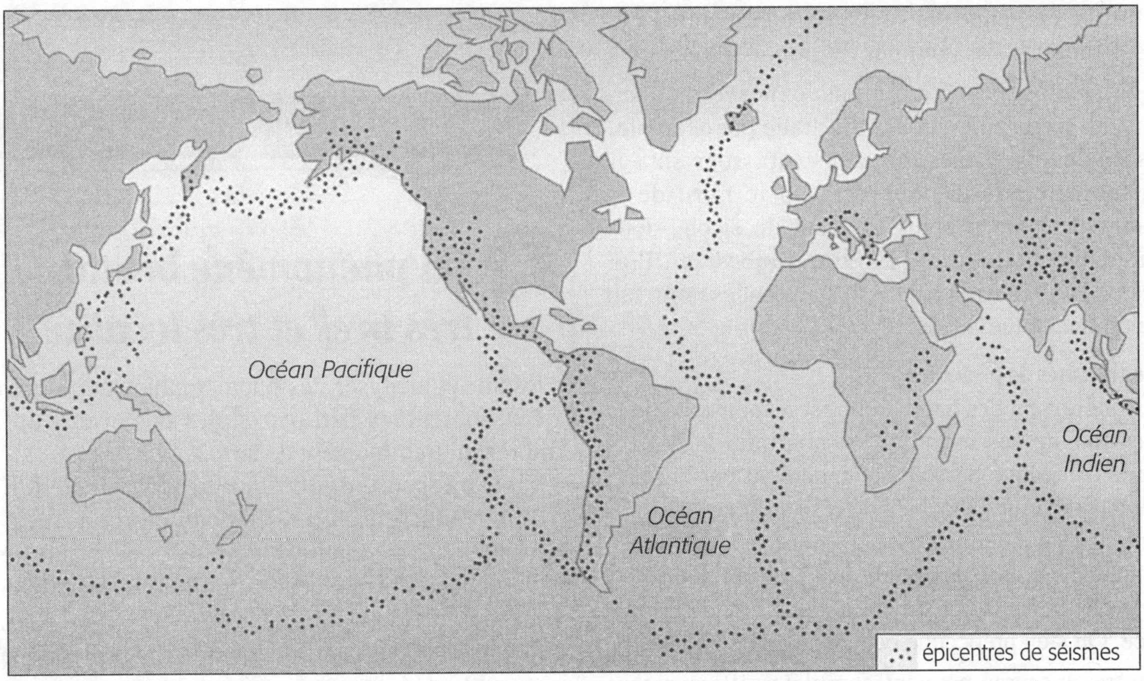

Fig. 1 Cet ensemble de documents fournit les notions scientifiques à connaître à l'école élémentaire. Faites-en l'inventaire.

peine visible dans le paysage, a été brusquement rajeunie sur une longueur de 270 km en 1906, et se présente actuellement comme une fissure béante plus ou moins large selon les endroits.

5 La localisation des séismes

Une carte de répartition des foyers des séismes (***fig. 1***) fait apparaître l'existence de zones à forte séismicité, c'est-à-dire de **zones « fragiles »**. Nous verrons dans le chapitre 3, p. 414, l'explication de cette répartition.

6 Les séismes et la structure du globe

L'étude de la propagation des ondes sismiques apporte une contribution fondamentale à la connaissance de la structure du globe, notamment dans les zones profondes impossibles à explorer par les procédés de la sismique expérimentale. Le comportement des différents types d'ondes a non seulement démontré l'hétérogénéité du globe, mais aussi permis de délimiter des **couches concentriques** d'inégales épaisseurs, qui présentent une **composition chimique** et des **propriétés physiques** différentes.

7 Les risques sismiques

Il est rare qu'une année s'écoule sans qu'un séisme meurtrier survienne dans un pays ou un autre. Parfois, le nombre des victimes est impressionnant.

La France est beaucoup moins exposée que certains des pays qui l'entourent, l'Italie par exemple. Les quelques séismes que nous subissons sont la conséquence de la poussée vers le nord de la plaque africaine. Depuis le début du siècle, deux tremblements de terre (1909 à Lambesc en Provence, 1967 à Arette dans les Pyrénées) ont fait une cinquantaine de morts.

• Les mesures de protection

L'effondrement des habitations est responsable de la quasi-totalité des morts. C'est pourquoi la protection antisismique passe essentiellement par la réalisation d'ouvrages capables de résister à des séismes d'intensité connue à l'avance grâce à la carte des risques sismiques. La qualité des terrains sur lesquels on réalise la construction a une grande importance. On s'en préoccupe beaucoup actuellement.

D'autres mesures peuvent compléter efficacement les normes de constructions parasismiques :
– l'information et l'éducation de la population, à qui l'on explique comment agir en cas de séisme ;
– l'organisation des dispositifs de secours ;
– l'organisation du réseau de surveillance.

• La prévision des séismes

La principale méthode de prévision des séismes consiste à « surveiller » en permanence la croûte terrestre. Avant la rupture brutale, il y a en effet diverses variations décelables, qui correspondent aux contraintes formidables qui sont à l'origine des cassures. C'est pourquoi certains pays, notamment le Japon et la Chine, fondent de grands espoirs dans les moyens de surveillance. Quelques succès sont spectaculaires. Ainsi, en 1975, la prévision du séisme de Liao-Ning en Chine a évité de nombreuses victimes. Mais, un an plus tard, le séisme de Tang-Shan faisait 850 000 morts. La prévision est donc, et pour longtemps encore, très difficile.

8 En résumé

Un séisme a pour origine la remise en jeu d'une faille (avec fracture et déplacement brutal de deux compartiments rocheux). L'énergie libérée, qui est parfois considérable, rend les séismes très dangereux. Une faille peut « jouer » pendant des millions d'années. Ainsi se produisent, à l'échelle des temps géologiques, des déformations de très grande ampleur. L'étude de la propagation des ondes sismiques a largement contribué à la connaissance de la structure du globe terrestre.

Des activités possibles

A Un phénomène brutal, très bref et très localisé

Réunir et analyser des photographies qui montrent des immeubles détruits ou des déchirures du sol après un tremblement de terre.

Visionner un document vidéo (destruction d'immeubles, déchirures visibles en surface...).

Analyser des coupures de presse relatant un tremblement de terre (localisation, durée, dégâts causés, nombre de victimes...).

Rechercher dans un atlas ou dans un dictionnaire où sont situés les pays qui ont connu des tremblements de terre meurtriers. Comparer avec la carte de la ***figure 1***.

Ces activités ont pour objectif de dégager les principaux caractères d'un tremblement de terre (durée, intensité, effets...).

B Les géologues « auscultent » la Terre

Ce thème d'étude vise **plusieurs objectifs** :

– Comment les scientifiques peuvent-ils étudier les séismes ?

– Quelle est la cause des séismes ?

– Quel est l'intérêt d'enregistrer en permanence les ébranlements de la terre ?

– Qu'appelle-t-on foyer d'un séisme ? Qu'appelle-t-on épicentre ?

C Où sont situées les zones à risques ?

La carte de la ***figure 1***, qui indique la répartition des séismes, donne en même temps les zones à risques. On peut alors s'interroger sur les mesures de protection qui peuvent être envisagées. La protection contre les risques sismiques présente deux aspects complémentaires :

– l'évaluation des risques ;

– la réalisation d'ouvrages capables de résister à un séisme pour l'intensité contre laquelle on a décidé de se protéger. Actuellement, la construction de bâtiments parasismiques est correctement maîtrisée.

Notions visées à l'école élémentaire

- Un **tremblement de terre** (ou **séisme**) est caractérisé par des secousses plus ou moins violentes dont la durée ne dépasse pas quelques secondes ou quelques minutes.
- Il est provoqué par la rupture brutale de roches en profondeur.
- Des appareils très sensibles permettent de déceler des tremblements de terre très faibles qui ne sont pas perçus autrement.
- L'analyse des différents enregistrements réalisés en divers points du globe terrestre fournit des informations précieuses sur le lieu où s'est produit le séisme et sur la structure du globe terrestre.
- Un tremblement de terre est imprévisible. Le seul moyen d'éviter la catastrophe est de réaliser, dans les zones à risques, des constructions adaptées.

Mots-clés

- séisme
- foyer
- épicentre
- rupture
- faille

Chapitre 3

Un modèle explicatif

Nous avons vu, dans les chapitres précédents, diverses manifestations de l'activité du globe : volcanisme continental, volcanisme sous-marin, tremblements de terre. Les causes de ces activités et les relations qui existent entre elles sont restées longtemps inexpliquées. Les découvertes prodigieuses faites au cours des dernières décennies ont permis aux géologues de proposer un modèle de fonctionnement de notre planète : ***la tectonique des plaques****. Ce modèle, proposé pour la première fois en 1968, progressivement enrichi depuis, intègre dans un* ***ensemble cohérent*** *des phénomènes aussi divers que séismes, volcanisme, formation des volcans, formation des chaînes de montagnes...*

Informations pour l'enseignant

Il serait très intéressant d'étudier, découverte après découverte, comment la pensée des géologues a évolué pour finalement aboutir au modèle explicatif. Pour être plus clair, nous n'adopterons pas cette présentation historique. La tectonique des plaques est en effet un sujet complexe, que l'enseignant doit parfaitement maîtriser pour le rendre accessible aux élèves de Cours Moyen.

1 La Terre produit de la chaleur

• Certains constituants du globe terrestre sont **radioactifs**. La désintégration progressive de ces éléments radioactifs produit de la chaleur. Les scientifiques ont calculé que la Terre produit à chaque seconde une énergie égale à celle qui serait produite par 40 000 centrales nucléaires pendant le même temps.

Cette production de **chaleur** a une conséquence immédiate : quand on s'enfonce à l'intérieur du globe terrestre, la température augmente en moyenne de 10 à 30 °C par kilomètre. On atteint donc 1 000 °C à moins de 100 kilomètres de profondeur, puis 2 000 °C, 3 000 °C... et même 5 000 °C au centre du globe (***fig. 1***).

• Une éruption volcanique correspond à l'émission de lave, c'est-à-dire de roches en fusion. Puisque, au laboratoire, on peut faire fondre des roches à partir de 900 °C, on pourrait imaginer que, sous une mince « coquille » solide (analogie avec un œuf de poule) se trouve la roche fondue. En d'autres termes, on pourrait imaginer que l'intérieur du globe terrestre est fait de magma fondu. Comme nous allons le voir, ceci n'est pas exact.

2 La structure de la Terre

Les forages qui atteignent 10 kilomètres sont exceptionnels. Ces prouesses techniques ne sont en fait, au regard du rayon terrestre (6 400 km), que des « coups d'épingle » très superficiels, qui ne renseignent pas sur la structure profonde du globe. La connaissance de la structure de la Terre n'a été établie que par des moyens indirects, notamment par l'étude de la propagation des ondes sismiques. La ***figure 1*** montre que le globe terrestre est constitué de plusieurs couches concentriques, de nature et d'épaisseur différentes.

• **Au point de vue chimique,** le globe terrestre comprend **trois grandes zones concentriques** :

– la **croûte** (dont l'épaisseur varie : 5 à 10 km sous les océans, 30 km sous les continents, et même 70 km sous les chaînes de montagnes) ;

La structure du globe terrestre

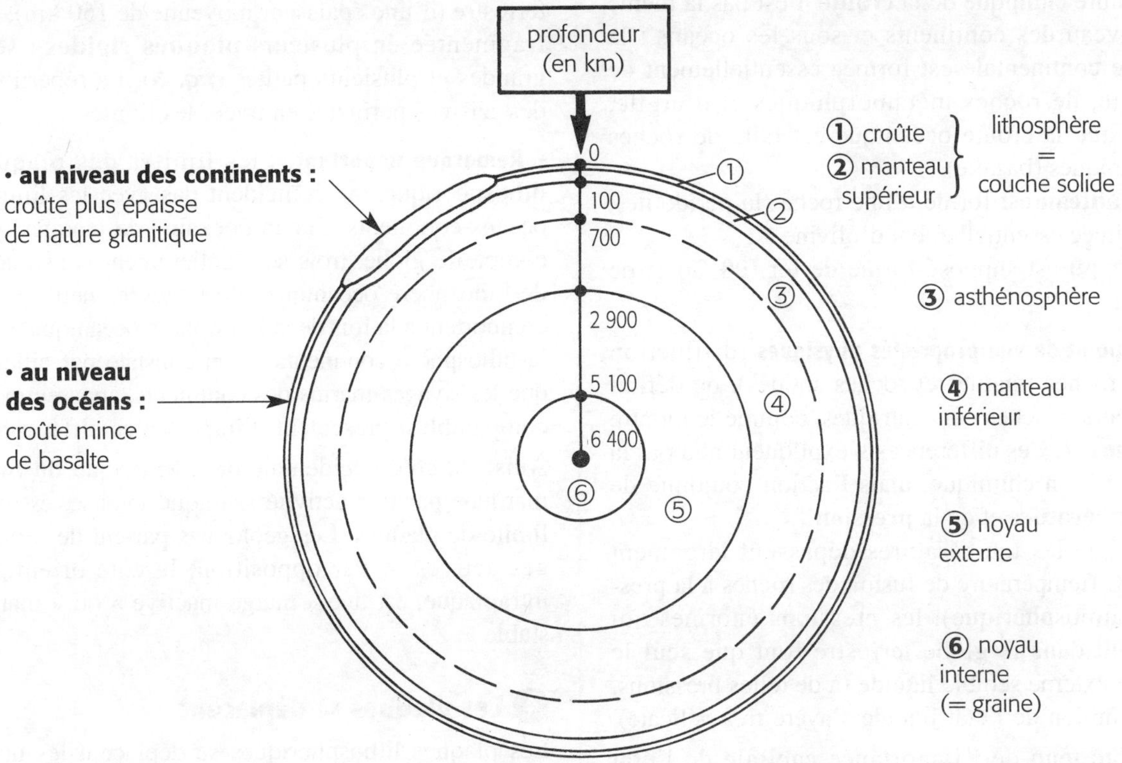

Attention :
sur ce dessin les épaisseur relatives des couches 1, 2 et 3 sont nettement exagérées (échelle non respectée pour rendre le schéma plus lisible).

Différentes couches	Températures (en °C)	Composition chimique	Densité (en g/cm^3)	Pression (en k bar)	Propriétés physiques
① croûte	0 à 900	granite (continent) basalte (océan)	2,7 (continent) 3,0 (océan)	1 à 10	lithosphère couche solide (« coquille » de la Terre)
② manteau supérieur					
③ asthénosphère	900 à 4 000	péridotite	3,3 à 5,5	10 à 1 400	couche moins rigide avec déplacement de matière
④ manteau inférieur					couche rigide
⑤ noyau externe	4 000 à 5 000	fer (98 %) et nickel	10 à 12	1 400 à 3 500	couche « liquide »
⑥ noyau interne					couche solide

Fig. 1 **Le globe terrestre est constitué de plusieurs couches d'épaisseur et de nature différentes.**

– le **manteau**, séparé de la croûte par la discontinuité de Mohorovicic (on dit le Moho), du nom du chercheur qui la mit en évidence ;
– le **noyau**.

La nature chimique de la **croûte** n'est pas la même au niveau des continents et sous les océans : la croûte continentale est formée essentiellement de granite, de roches métamorphiques et d'argile, alors que la croûte océanique est faite de roches volcaniques (basalte).

Le **manteau** est formé d'une roche (la péridotite), constituée essentiellement d'olivine.

Le **noyau** est supposé formé de fer (98 %) et de nickel.

• **Au point de vue propriétés physiques** (distinction entre roches fondues et roches solides), on définit plusieurs couches concentriques, comme le montre la ***figure 1***. Ces différences s'expliquent non par la composition chimique, mais l'action conjointe de la **température** et de la **pression**.

Bien que les températures dépassent largement 900 °C (température de fusion des roches à la pression atmosphérique), les pressions énormes qui règnent dans le globe terrestre font que seul le noyau externe semble liquide (à de telles pressions, la définition de l'état liquide s'avère très délicate).

Compte tenu de l'importance capitale de l'état physique des constituants du globe terrestre, on a pu définir, de l'extérieur vers l'intérieur, les zones suivantes :
– la **lithosphère**, couche externe « froide », rigide ;
– l'**asthénosphère**, qui renferme une faible proportion de roches fondues (1 % de liquide et 99 % de solide), par suite des conditions de température et de pression qui y règnent (cette fusion partielle modifie les propriétés : l'asthénosphère est moins rigide et des déplacements de matière y sont possibles, comme nous le verrons plus loin) ;
– le **manteau inférieur** rigide ;
– le **noyau externe** « liquide » ;
– le **noyau interne** (ou graine) solide.

Deux remarques importantes :
– la lithosphère englobe la croûte terrestre et la partie supérieure du manteau ;
– la distinction croûte-manteau est fondée sur des différences de composition chimique, la distinction lithosphère-asthénosphère est fondée sur des propriétés mécaniques.

❸ Une douzaine de plaques

L'examen d'une carte de répartition des tremblements de terre, des volcans terrestres et des volcans sous-marins montre leur localisation dans des zones très étroites, qui entourent de vastes zones tranquilles. De cette constatation est née la notion de **plaques**. De quoi s'agit-il ?

La lithosphère, couche solide qui recouvre le globe terrestre (d'une épaisseur moyenne de 150 km), est fragmentée en plusieurs **plaques rigides** : sept grandes et plusieurs petites (***fig. 3***). La répartition des séismes permet d'en tracer les limites.

• **Remarque importante :** les limites des plaques lithosphériques ne coïncident pas avec les limites océans-continents. Sur la douzaine de plaques que compte le globe, trois sont entièrement constituées de lithosphère océanique, alors que les neuf autres comportent à la fois de la lithosphère océanique et de la lithosphère continentale. On constate par ailleurs que les rivages marins des continents, apparemment comparables, présentent d'importantes différences.

Ainsi, la côte occidentale de l'Amérique du Sud, marquée par une activité sismique intense, est une limite de plaques. Les géologues parlent de « marges actives ». Par opposition, la côte orientale, intraplaque, est une « marge inactive » ou « marge stable ».

❹ Les plaques se déplacent

Les plaques lithosphériques se déplacent les unes par rapport aux autres à une vitesse de quelques centimètres par an. Tout se passe comme si les plaques lithosphériques « flottaient » sur l'asthénosphère qui, partiellement fondue (1 % liquide et 99 % solide), a donc une certaine plasticité. Les plaques rigides, d'une centaine de kilomètres d'épaisseur en moyenne, glissent sur l'asthénosphère moins rigide.

Elles peuvent s'écarter, se rapprocher ou coulisser les unes par rapport aux autres, sans se déformer. L'ensemble de ces mouvements constitue la **tectonique des plaques**.

❺ Le moteur des déplacements : les mouvements de convection

Lorsqu'on chauffe de l'eau dans une casserole, on observe des déplacements d'eau appelés mouvements de convection : l'eau chaude monte, se refroidit en surface, retombe au fond et s'y réchauffe à nouveau. De même, les différences de température entre le manteau et la surface du globe créent des mouvements de convection dans l'asthénosphère. Ces mouvements se produisent à grande échelle, à la vitesse de quelques centimètres par an. Ainsi se forment de gigantesques « cellules de convection » d'un diamètre de quelques centaines de kilomètres.

Une « coquille » solide en plusieurs morceaux qui se déplacent

Le globe terrestre a une structure comparable à celle d'un œuf de poule. Dans un œuf, une mince coquille solide recouvre le blanc.

La Terre a elle-même une coquille solide, mais celle-ci est découpée en 12 morceaux (appelés plaques par les géologues).

Ces plaques flottent sur le « blanc d'œuf » (formé de roches portées à plus de 1 000 °C donc partiellement fondues) à l'intérieur duquel il y a des mouvements de convection très lents. Ces derniers entraînent les plaques qui se déplacent les unes par rapport aux autres.

Le lexique des géologues

❶ **« Coquille » = lithosphère** dont la température augmente avec la profondeur de 0 à 900 °C.

❷ **« Blanc d'œuf » = manteau** (900 à 4 000 °C). À cette température, les roches devraient être fondues. En réalité, compte tenu des énormes pressions, elles sont solides. Cependant, une couche de roches partiellement fondues permet le déplacement des morceaux de coquille les uns par rapport aux autres.

❸ **« Jaune d'œuf » = noyau** (4 000 à 5 000 °C).

globe terrestre

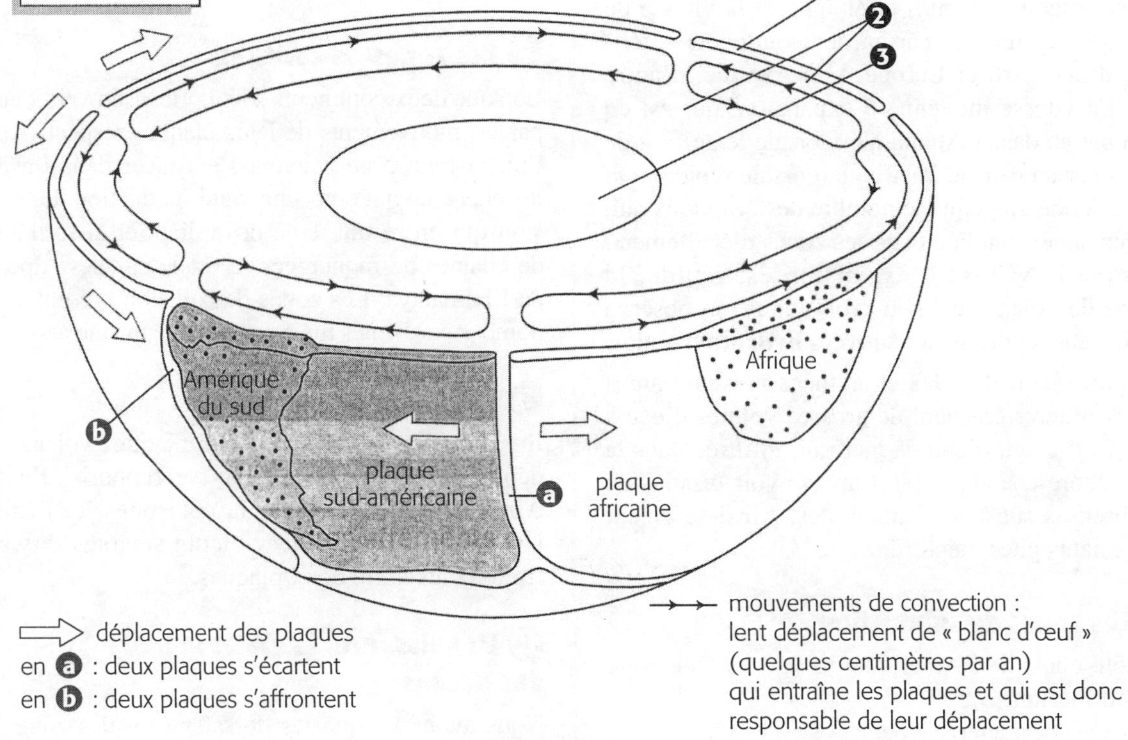

œuf de poule

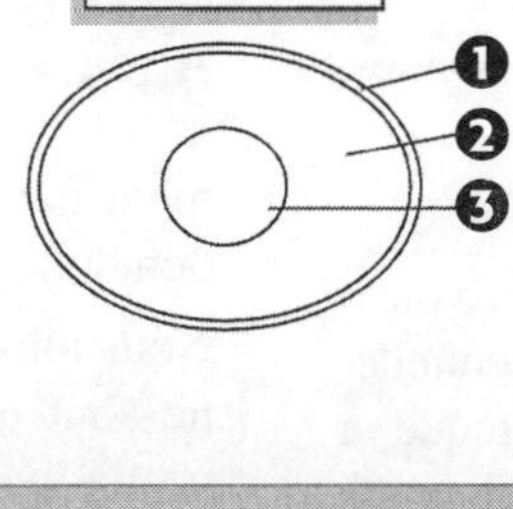

Fig. 2 La Terre a une structure comparable à celle d'un œuf de poule dont la coquille serait cassée en plusieurs morceaux.

6 Lorsque deux plaques s'écartent...

Nous avons vu que les dorsales océaniques (qui constituent une ligne de 65 000 km de volcans) sont des zones d'émission de lave basaltique et de fabrication de croûte océanique. Nous avons vu aussi que l'écartement des plaques résulte des mouvements de convection dans l'asthénosphère. La partie de l'asthénosphère qui remonte subit une baisse de pression responsable d'un début de fusion de la roche à l'origine de production de magma. Ce magma basaltique (d'origine mantellique) remonte par des fissures ; il est à l'origine des **éruptions volcaniques sous-marines** et fabrique la croûte océanique (***fig. 5*** p. 407).

Les zones d'écartement sont donc des **zones de fabrication de plancher océanique**. Ainsi les océans qui possèdent une dorsale médiane (c'est le cas de l'océan Atlantique et de l'océan Indien) s'élargissent chaque jour. L'expansion se fait en double « tapis roulant » et éloigne, à la vitesse de quelques centimètres par an, les continents américain, d'une part, et Europe-Asie-Afrique, d'autre part. La vitesse moyenne d'expansion, qui est de 2 cm par an dans l'Atlantique (dorsale lente), est de 20 cm par an dans le Pacifique (dorsale rapide). On estime à une vingtaine le nombre des éruptions qui, chaque année, ont lieu dans ces zones d'écartement. Lorsque la vitesse d'expansion est rapide, la chaîne de volcans est peu profonde et on observe en plusieurs endroits des **sources hydrothermales**.

De quoi s'agit-il ? Des cheminées ressemblant à des termitières crachent de grosses volutes d'eau à 380 °C. Il s'agit d'eau de mer qui, infiltrée dans la lave encore chaude, ressort après avoir dissous de nombreuses substances minérales. Ainsi se créent d'étonnants gîtes métallifères.

7 Les zones de subduction

La côte ouest de l'Amérique du Sud est une **zone de subduction**.

Celle-ci est caractérisée par :

– de violents séismes ;

– un volcanisme explosif ;

– la présence de fosses océaniques très profondes, pouvant dépasser 10 000 mètres.

Comment les géologues expliquent-ils ces faits ?

La lithosphère océanique est formée de roches volcaniques, alors que la croûte continentale est essentiellement granitique. De ce fait, lithosphère océanique et lithosphère continentale n'ont pas la **même densité**. La première a une densité voisine de celle de l'asthénosphère, alors que la seconde est plus légère. Ces densités différentes expliquent les comportements des plaques : lorsqu'une plaque océanique et une plaque continentale s'affrontent, la première, légèrement plus dense, plonge sous la seconde et s'enfonce dans l'asthénosphère. C'est la subduction. Le mot subduction vient du latin *subducere* = « conduire dessous ». La plaque océanique fond totalement au-delà de 400 km de profondeur. Ainsi la lithosphère océanique disparaît dans l'asthénosphère.

- **Comment s'explique le volcanisme très explosif ?**

En s'enfonçant, la plaque océanique subit une augmentation de température et de pression. Elle libère de l'eau. Cette eau libérée abaisse la température de fusion de la plaque chevauchante. La fusion partielle de cette dernière produit un magma andésitique (magma très visqueux, à l'origine d'éruptions explosives). Les magmas andésitiques ont donc une composition chimique voisine de celle de la croûte continentale. Plus légers que les roches environnantes, ils effectuent une migration ascendante.

8 Les zones de collision

Lorsque deux continents sont portés l'un vers l'autre par les mouvements de leurs plaques respectives, ni l'un ni l'autre ne peuvent s'enfoncer dans l'asthénosphère, ce qui empêche toute subduction. La collision qui en résulte crée des reliefs et la formation de chaînes de montagnes. C'est le cas des Alpes et de l'Himalaya. Les zones de collision présentent de nombreux séismes mais peu de volcanisme associé.

9 Les zones de coulissage

Il y a coulissage lorsque deux plaques voisines se déplacent latéralement l'une par rapport à l'autre. Ainsi, la Californie, sur la côte ouest des États-Unis, est une zone de violents séismes dus aux frottements entre deux plaques.

10 La naissance, la vie et la mort des océans

Nous avons vu que les dorsales sont des zones de fabrication de lithosphère océanique (donc des zones au niveau desquelles les océans s'élargissent).

À l'inverse, au niveau des zones de subduction, de la lithosphère océanique est détruite par enfoncement dans le manteau. La lithosphère océanique a donc une durée de vie limitée.

Nous allons voir de plus que tous les océans actuels ne sont pas nés en même temps : il y a des nouveaux-nés, des jeunes en pleine expansion, des adultes, des moribonds.

Qu'est-ce que cela signifie ?

Les conséquences du déplacement des plaques

En ⓐ : deux plaques s'écartent

Le nombre indique la vitesse d'écartement (exemple : 3 cm/an).

- Deux plaques qui s'écartent laissent sortir un peu de « blanc d'œuf » qui se solidifie : « c'est le volcanisme sous-marin ». Ce volcanisme entraîne l'élargissement de l'océan.
- L'écartement provoque des cassures à l'origine des séismes.

En ⓑ : deux plaques convergent

Le nombre indique la vitesse de convergence (exemple : 10 cm/an).

- C'est une zone de compression, donc de formation de chaînes de montagne.
- La compression est la cause des nombreux séismes violents qui ont lieu dans ces zones.
- Certaines limites entre deux plaques sont le siège d'un volcanisme très explosif.

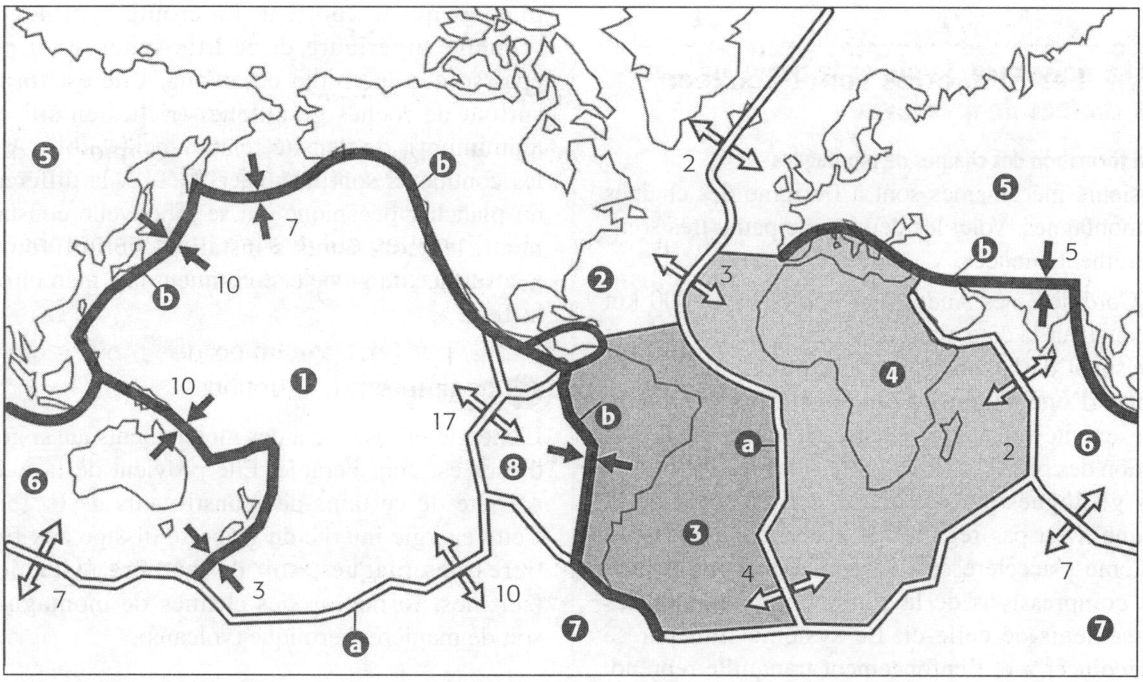

❶ Plaque pacifique ❷ Plaque nord-américaine ❸ Plaque sud-américaine ❹ Plaque africaine
❺ Plaque eurasienne ❻ Plaque autralo-indienne ❼ Plaque antarctique ❽ Plaque de Nazca

Mots importants
- Plaques
- Déplacement
- Écartement
- Affrontement

La coquille solide du globe terrestre est formée de 12 plaques qui « flottent » sur le « blanc d'œuf ». Les plaques se déplacent les unes par rapport aux autres. Lorsque deux plaques s'écartent, il y a élargissement d'un océan. Lorsque deux plaques s'affrontent, il y a formation d'une chaîne de montagne.

Fig. 3 En s'appuyant sur de très nombreuses études, les géologues proposent un modèle de fonctionnement du globe terrestre qui explique de nombreux phénomènes géologiques (volcanisme, tremblements de terre, formation des chaînes de montagnes…).

• **La naissance d'un océan**

Il y a 20 millions d'années environ, l'Arabie était « collée » à l'Afrique. La mer Rouge, qui n'existait pas il y a 20 millions d'années, est donc au stade juvénile. La dorsale existe : des laves en oreillers y ont été photographiées. L'expansion de la mer Rouge entraîne le déplacement vers le nord de la péninsule arabique.

• **La disparition des océans**

L'océan Atlantique, né il y a 200 millions d'années est en pleine expansion. C'est aussi le cas de l'océan Indien. Par contre, l'océan Pacifique se réduit, par subduction sur tous ses bords, beaucoup plus vite qu'il ne s'agrandit. L'océan Pacifique a atteint sa maturité et commence à décroître. L'existence de grands océans indique que l'écartement peut se faire parfois sur plusieurs milliers de kilomètres.

⓫ La naissance, la vie et la mort des chaînes de montagne

• **La formation des chaînes de montagnes**

Plusieurs mécanismes sont à l'origine des chaînes de montagnes. Voici les deux principaux, très sommairement énoncés.

La Cordillère des Andes, qui borde sur 10 000 km de longueur la côte ouest de l'Amérique du Sud, est le résultat de la subduction, c'est-à-dire de la **rencontre d'une plaque océanique et d'un continent**. Une activité volcanique intense est associée à la formation des plis.

Les géologues pensent que l'enfoncement de la plaque n'est pas régulier. À certaines périodes, le système s'accélère et « se coince ». Il en résulte des compressions de la zone continentale et des plissements de celle-ci. Le système finit par se « décoincer » et l'enfoncement tranquille reprend. La chaîne de montagnes se fait donc par pulsions successives.

Les géologues ont pu établir que la plus haute chaîne du monde, l'Himalaya, qui s'étend sur 2 500 km est née de la **collision** de l'Inde et de l'Asie.

• **De la naissance à la disparition**

Certaines chaînes de montagnes actuelles ont commencé à se former il y a plusieurs dizaines de millions d'années. Leur « croissance » se poursuit (ainsi le mont Blanc continue de s'élever de 1 mm par an), en même temps que les reliefs se modifient par **érosion**. Pendant très longtemps, l'érosion est moins rapide que la croissance et il peut se former des reliefs importants (certains sommets de l'Himalaya dépassent 8 000 m), mais les chaînes de montagnes finissent toujours par disparaître. On peut donc parler de la « vie » d'une chaîne de montagnes : elle naît, elle subit une évolution très longue et finit par disparaître totalement après un temps très long (souvent plus de 10 millions d'années). Ce nivellement a pour conséquence de faire parvenir en surface des roches qui se trouvaient initialement à 30 ou 40 km de profondeur.

⓬ Les continents, mémoire de la Terre

Nous avons vu que la croûte océanique, de nature basaltique, née de l'asthénosphère, est réintégrée dans l'asthénosphère. Une conséquence fondamentale : le plancher des océans a une durée de vie limitée.

En revanche, les continents se déplacent avec les plaques qui les portent. La croûte continentale (couche supérieure de la lithosphère) est plus épaisse que la croûte océanique. Elle est formée surtout de roches granitiques (riches en silice et aluminium), de densité relativement faible. Ainsi les continents sont insubmersibles. À la différence du plancher océanique qui se renouvelle constamment, les continents s'installent définitivement à la surface du globe et constituent la « mémoire de la Terre ».

⓭ L'énergie

L'énergie nécessaire à des mouvements aussi grandioses est considérable. Elle provient de la radioactivité de certains des constituants de la Terre. Cette énergie interne du globe se dissipe aux frontières des plaques, soit de manière mécanique (séismes, formation des chaînes de montagnes), soit de manière thermique (volcans).

⓮ La valeur explicative de la théorie

La tectonique des plaques est un **concept unificateur** du fonctionnement de notre planète. Les déformations importantes qui se produisent dans l'écorce terrestre ont lieu uniquement entre les plaques et la frontière des plaques. Ainsi le mouvement des plaques est l'élément moteur de l'évolution de la planète. Inversement, l'étude sur le terrain des plissements anciens fournit des informations sur l'histoire de la Terre.

Les mouvements horizontaux de plaques existeraient depuis 3 800 millions d'années, avec la stabilisation de la croûte, mais les mouvements des plaques ne peuvent être reconstitués que depuis une période plus récente (600 millions d'années).

Amérique et Europe s'éloignent de 4 cm par an

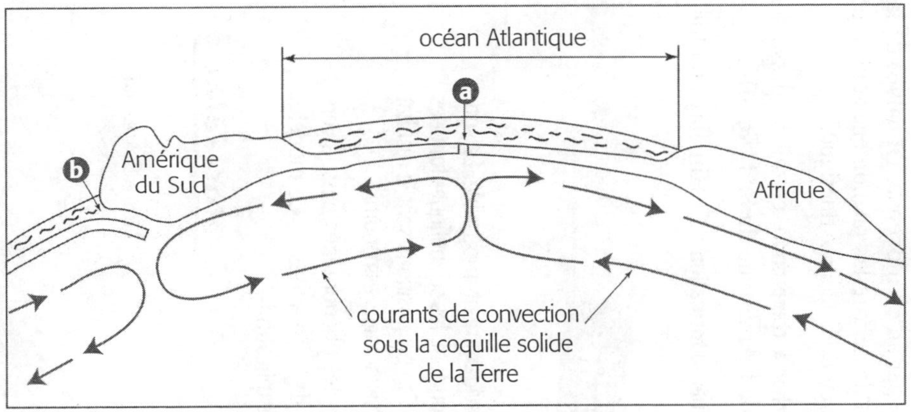

- Sur les cartes, colorie
  - en bleu l'océan Atlantique
  - en jaune les continents.
- Indique d'un trait rouge la ligne continue des volcans sous-marins de l'océan Atlantique.
- Actuellement, le continent américain et l'ensemble Europe-Afrique s'éloignent l'un de l'autre à une vitesse de 4 cm par an en moyenne. Quelle est la cause de cet élargissement de l'océan Atlantique ?

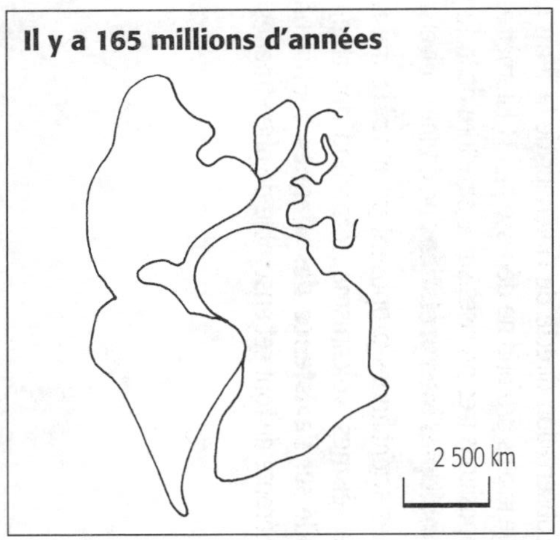

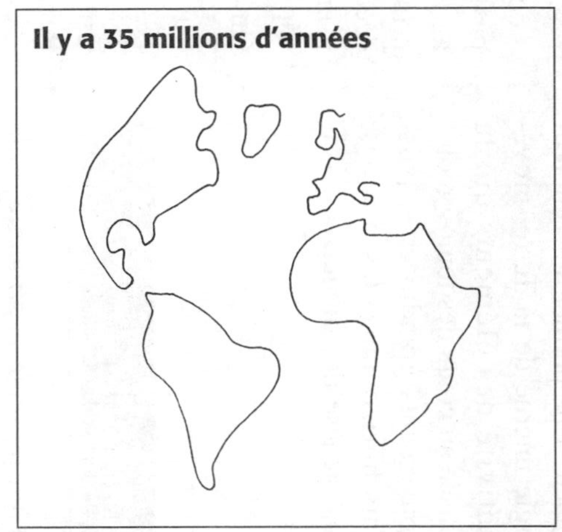

Fig. 4 Ce document permet d'évoquer avec les élèves la naissance des océans et de prendre conscience que le visage de la planète Terre n'a pas toujours ressemblé à celui que nous lui connaissons actuellement.

⓯ En résumé

La tectonique des plaques est un modèle du fonctionnement de la planète. Elle permet de comprendre comment l'énergie interne de la Terre, provenant de la radioactivité des éléments qui la composent, a été utilisée au cours des temps géologiques dans des mouvements grandioses et puissants : déplacements horizontaux des plaques, dérive des continents, genèse des montagnes, volcanisme, séismes.

Des activités possibles

• **Analyser un schéma** qui présente la structure de la Terre (***fig. 2***). L'analogie avec un œuf de poule est pratique et acceptable. Elle donne une idée de la « coquille », étant entendu que le blanc d'œuf n'est pas de la roche fondue. Juste sous la coquille, le « blanc d'œuf » est partiellement fondu, avec existence de mouvements de convection (on peut très facilement expliquer les mouvements de convection en faisant chauffer une casserole d'eau).

• **Comparer la carte** de répartition des séismes, celle des volcans terrestres et celle des volcans sous-marins. Pour cela, demander aux enfants de décalquer chacune des trois cartes. Ils peuvent ensuite superposer les trois calques et comparer avec la carte des limites de plaques (***fig. 3***). Pour expliquer ce qu'est une plaque, reprendre l'analogie avec l'œuf de poule : une plaque est un morceau de la « coquille » solide. Pour bien comprendre ce qui se passe au niveau des limites de plaques, on peut agrandir la ***figure 3***, puis la coller sur une lame mince de polystyrène ; il est ensuite facile de découper selon le contour des plaques et de visualiser ce qui se passe aux limites de plaques en les déplaçant les unes par rapport aux autres.

On observe ainsi en particulier :
– l'écartement au milieu de l'océan Atlantique ;
– la collision entre l'Inde et la plaque eurasienne ;
– le comportement des deux plaques qui s'affrontent sur la côte ouest de l'Amérique du Sud.
Puis on essaie de comprendre les conséquences de ces mouvements.

• **Chercher à comprendre** pourquoi l'océan Atlantique continue de s'élargir (***fig. 4***). Des mesures précises, réalisées par satellite, révèlent en effet que le continent américain et l'ensemble Europe-Afrique s'éloignent l'un de l'autre à raison de deux centimètres par an en moyenne. L'analyse de la figure 4 permet de décrire les phénomènes qui se produisent au milieu de l'océan Atlantique.

• **Chercher à comprendre** ce qui se passe sur la côte ouest de l'Amérique du Sud (***fig. 4***).

• **Évoquer la formation** de l'Himalaya (collision).

Notions visées à l'école élémentaire

• L'observation directe de l'intérieur de la Terre est évidemment impossible. Le sondage le plus profond ne dépasse pas 11 kilomètres. Pourtant, les scientifiques font des propositions très précises sur la structure de la Terre. Ces propositions sont le résultat de **multiples interprétations** de données diverses (sismologie, astronomie…).

• Les scientifiques proposent un **modèle** qui relie des phénomènes aussi divers que séismes, volcanisme, formation des chaînes de montagnes… Ce modèle, fondé sur **l'existence des plaques**, fournit une explication cohérente de tout cet ensemble de phénomènes.

Mots-clés
• plaques
• modèle explicatif

Partie

10

L'épreuve de Sciences et Technologie au concours de recrutement de professeurs des écoles

Certains sujets qui figurent au programme de l'École Élémentaire ne font pas partie du programme du CRPE.
C'est le cas de :
- la classification des êtres vivants ;
- l'évolution des êtres vivants ;
- les grands phénomènes géologiques.

Des textes officiels

A - Bulletin officiel n° 21

1 - Définition de l'épreuve

Référence : **arrêté du 10 mai 2005** fixant les modalités d'organisation du concours externe, du concours externe spécial, du second concours interne, du second concours interne spécial et du troisième concours de recrutement de professeurs des écoles.

Troisième épreuve d'admissibilité : une épreuve écrite d'Histoire et Géographie et de Sciences expérimentales et Technologie.

L'épreuve porte sur les deux champs disciplinaires, Histoire et Géographie, d'une part, Sciences expérimentales et Technologie, d'autre part.
Au moment de l'inscription, le candidat choisit l'un des deux champs disciplinaires comme composante majeure de l'épreuve, et l'autre champ comme composante mineure.
Le candidat dispose en même temps des sujets des deux composantes de l'épreuve : majeure et mineure et utilise à sa guise la totalité du temps de l'épreuve. Deux copies distinctes sont remises par les candidats à l'issue de l'épreuve, l'une pour la composante majeure, l'autre pour la composante mineure.

Lorsque les Sciences expérimentales et la Technologie constituent la composante majeure de l'épreuve, celle-ci se compose des deux parties décrites ci-dessous.

Lorsque les Sciences expérimentales et la Technologie constituent la composante mineure de l'épreuve, le candidat compose uniquement sur la première partie ci-dessous détaillée.

a) la **première partie** est destinée à évaluer les connaissances scientifiques du candidat dans les domaines des Sciences expérimentales et de la Technologie. Elle est formée de questions appelant des réponses concises portant sur le programme de l'épreuve.

b) la **seconde partie** vise à apprécier la capacité du candidat à exploiter une documentation de 4 pages au plus pour présenter à des élèves de cycle 3, en un texte d'une à deux pages, un problème donné sous l'angle d'une démarche scientifique, de façon à mettre les élèves en situation de mener une démarche d'investigation faite de questionnement, de réflexion et d'expérimentation, conduisant à une acquisition des savoirs. Le candidat prend appui sur cette documentation, qui lui est distribuée en début d'épreuve, concernant un problème scientifique ou technologique, composée d'éléments provenant d'ouvrages de vulgarisation, de journaux ou magazines scientifiques, de journaux pour enfants ou adolescents, de manuels scolaires ou d'autres sources de documentation.
Cette seconde partie permet de vérifier l'aptitude du candidat à trier l'information, à mobiliser ses connaissances scientifiques et technologiques, à comprendre différents langages (textes, tableaux, schémas, par exemple), à exercer son esprit critique pour présenter le problème de façon à conduire ses élèves à se saisir du sujet proposé.
Le candidat précise les liens possibles avec les autres disciplines enseignées à l'école primaire et met en évidence les objectifs transversaux, relevant de la maîtrise de la langue française ou de l'éducation civique, que le sujet peut permettre de poursuivre.

Durée de l'épreuve : 3 heures - **Coefficient :** 2

L'épreuve fait l'objet d'une notation unique sur 20 : 14 points sont attribués à la composante majeure (6 points à la première partie de l'épreuve et 8 points à la seconde partie) et 6 points à la composante mineure.

Toute note égale ou inférieure à 5 sur 20 à l'épreuve d'admissibilité écrite d'Histoire et Géographie et de Sciences expérimentales et Technologie est éliminatoire.

« Dans chaque épreuve écrite, il est tenu compte, à hauteur de trois points maximum, de la qualité orthographique de la production des candidats. »

2 - Programme de l'épreuve

Référence : **note de service n° 2005-083 du 16 mai 2005 relative aux programmes permanents** des concours externe et concours externe spécial, des second concours interne et second concours interne spécial et du troisième concours de recrutement de professeurs des écoles (B.O.E.N. n° 21 du 26 mai 2005).

Le « programme est commun à l'ensemble des concours : concours externe, concours externe spécial, second concours interne, second concours interne spécial et troisième concours.

Les candidats doivent maîtriser les notions permettant d'enseigner les programmes de l'école primaire et en ce sens celles inscrites au programme du concours sur lesquelles prendront appui les épreuves. La lecture des documents d'accompagnement et d'application des programmes est conseillée aux candidats.

PROGRAMME

Mesures et unités.

Matière :
– États et changements d'état ;
– Mélanges et solutions ;
– Propriétés physiques des gaz.

Énergie : formes, transferts et conservation de l'énergie.

Lumière : sources, propagation rectiligne de la lumière.

Électricité : générateurs et récepteurs, circuit électrique, sécurité des personnes et des installations.

Mécanique : équilibre. Transmission et transformation de mouvements.

Astronomie : la Terre, le système solaire et l'Univers.

Le vivant :
– Le cycle de développement.
– Les fonctions du vivant :
  • la reproduction sexuée et non sexuée ;
  • les fonctions de nutrition : digestion, respiration, circulation ;
  • les fonctions de relation : fonctions sensorielles et modes de déplacement.
– Les êtres vivants dans leur milieu :
  • notions de milieu et d'écosystème ;
  • l'action de l'homme sur son environnement.
– Le corps humain :
  • éducation à la santé : l'hygiène alimentaire, la prévention des conduites à risque, la pratique sportive ;
  • reproduction et sexualité.

3 - Note de commentaires

Référence : **note du 16 mai 2005 de commentaires des épreuves** des concours externe et concours externe spécial, des second concours interne et second concours interne spécial et du troisième concours de recrutement de professeurs des écoles (B.O.E.N. n° 21 du 26 mai 2005).

La note de commentaires vise à apporter des précisions sur les objectifs et les modalités d'évaluation des différentes épreuves ainsi que sur certaines modalités d'organisation.

« L'épreuve d'histoire et géographie et de sciences expérimentales et technologie permet de vérifier chez le candidat la maîtrise des fondements disciplinaires, des principales connaissances scientifiques et didactiques ainsi que des objectifs et contenus des programmes, nécessaires pour enseigner à l'école primaire dans le cadre de la polyvalence des enseignants du premier degré.
La composante majeure est conçue pour demander au candidat un temps de travail d'environ 2 heures 15 minutes, la composante mineure durant environ 45 minutes.

Sciences expérimentales et Technologie
L'épreuve doit permettre de vérifier chez le candidat :
1) la maîtrise des connaissances et des notions nécessaires pour enseigner à l'école primaire ;
2) la capacité à comprendre, analyser et exploiter des documents en faisant preuve d'esprit de synthèse pour prendre en compte, d'une part, les éléments d'une démarche d'investigation et d'esprit critique, d'autre part, le caractère rationnel d'une argumentation à destination des élèves ;
3) l'aptitude à amener les élèves à s'approprier les savoirs scientifiques et/ou technologiques, les savoir-faire, les connaissances et les repères culturels prévus par les programmes et les “fiches connaissance” les accompagnant. »

4 - Éléments de cadrage

Les éléments de cadrage ont pour objet d'apporter des précisions utiles aux concepteurs de sujets ainsi qu'aux formateurs et aux candidats.

En Sciences expérimentales et Technologie, l'épreuve a pour objectif d'évaluer les connaissances du candidat dans ce domaine de l'enseignement à l'école primaire.
Les connaissances attendues sont relatives aux champs suivants :
– les connaissances scientifiques indispensables pour comprendre et enseigner le programme de l'école primaire ;
– les éléments fondamentaux d'une démarche d'investigation dans le domaine scientifique ;
– les objectifs et contenus du programme du cycle 3 de l'école primaire.

L'épreuve vise à évaluer ces connaissances et les capacités du candidat à les mettre en relation et non à repérer chez les candidats l'aptitude à prévoir les pré-représentations ou les réactions des élèves ou à élaborer le détail d'une séquence d'enseignement, compétences que la formation lui apportera en deuxième année d'IUFM.

• Première partie de la composante majeure (ou partie unique de la composante mineure)
Cette partie est destinée à évaluer les connaissances scientifiques des candidats (cf. les deux notes du 16 mai 2005). L'épreuve est formée de questions portant sur divers champs du programme du concours et appelant des réponses concises. Elle ne se présente

pas sous la forme d'exercices à résoudre. La formulation de questions sous forme de questionnaire à choix multiple est exclue.

• **Seconde partie de la composante majeure**

En début d'épreuve, un ensemble de documents (d'un volume total de quatre pages au maximum, imprimées en noir et blanc à partir de documents permettant une reproduction lisible) est distribué aux candidats avec le sujet. La liste donnée dans l'annexe de l'arrêté qui définit le concours ne mentionne pas la distribution de documents élaborés par des élèves lors de séquences de classe. Certains des documents distribués pourraient être utilisés par les élèves (extraits de revue pour enfants ou de manuels scolaires par exemple) mais d'autres, plus complexes, sont destinés au professeur.

Dans une première étape, (en rédigeant un texte dont la longueur n'est pas précisée) le candidat s'appuie sur les questions posées dans le sujet pour procéder à une analyse critique des documents distribués. Il s'appuie dans cette étape sur son propre niveau de connaissances scientifiques et fait donc appel à ses propres connaissances. Il peut ainsi être amené à comparer les documents, à mettre en évidence les qualités scientifiques de tel document ou, *a contrario*, à constater que certains textes sont contradictoires ou non pertinents, que le raisonnement scientifique mis en œuvre dans telle argumentation présente des lacunes ou n'est pas fondé rationnellement ou encore que les connaissances auxquelles le document se réfère sont approximatives. Cette première étape conduit le candidat à formuler des remarques et des conclusions sur tout ou partie des problèmes scientifiques traités dans les documents distribués.

Dans une deuxième étape, d'une longueur de une à deux pages, le candidat exploite les documents distribués et l'analyse critique qu'il en a faite pour exposer comment les situations évoquées dans ces documents lui permettent de dégager un problème pouvant être étudié en classe, en le situant clairement par rapport aux programmes du cycle 3. Il développe la présentation à une classe d'un questionnement scientifique productif (au sens des documents d'application et des documents d'accompagnement des programmes) relatif au problème dégagé. Il explicite ensuite quelques éléments de la démarche d'investigation en classe en donnant une brève liste de trois situations au maximum, (expérimentation, observation directe ou assistée par des instruments, utilisation d'un document) décrites de façon très succincte et appropriées à l'étude du thème choisi. Il formule enfin de façon précise les connaissances que les élèves pourront aborder ou acquérir au cours des activités conduites à propos du problème présenté.

Attention

Certains sujets figurant au programme de l'École primaire ne font pas partie du programme du CRPE.

C'est le cas de :

– la classification des êtres vivants ;
– l'évolution des êtres vivants ;
– les grands phénomènes géologiques.

Il n'y aura donc pas d'évaluation des connaissances sur ces parties ni d'exploitation d'une documentation.

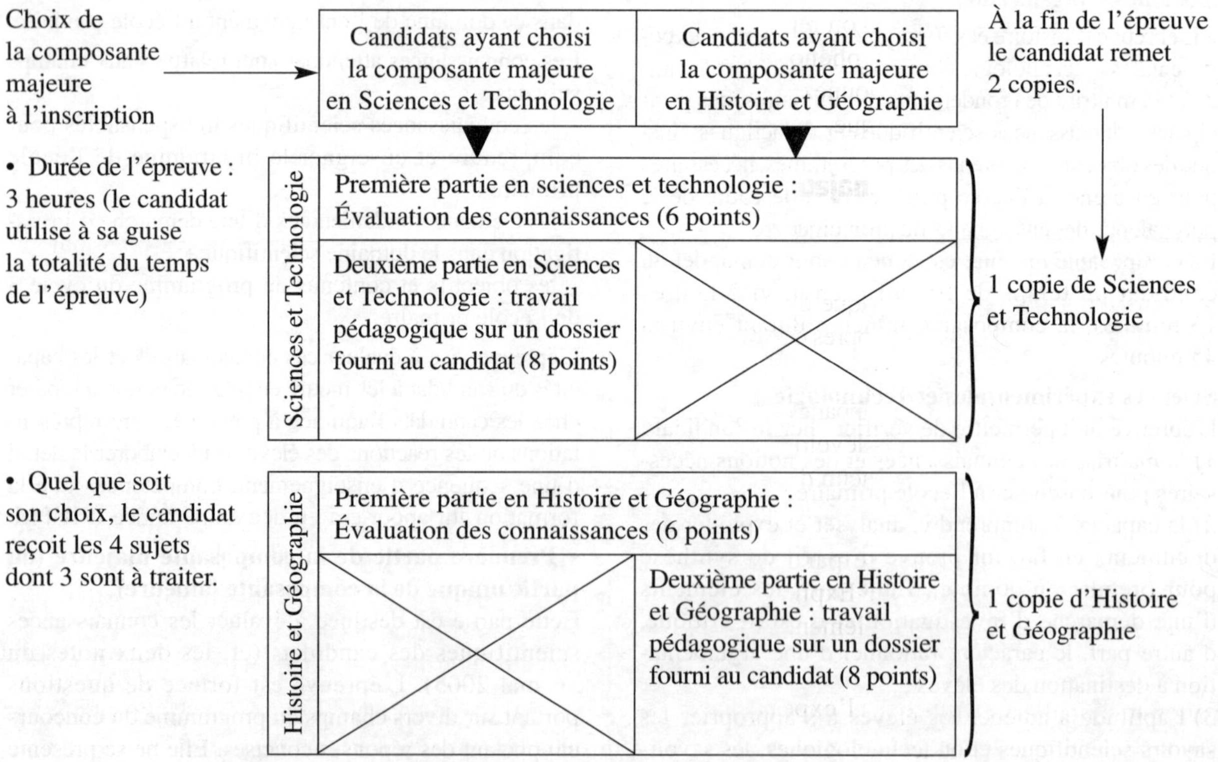

B - Un exemple de sujet en Sciences expérimentales et Technologie

(Décembre 2005, Direction des personnels enseignants)

❶ *Le sujet*

1re partie de la composante majeure (6 points)

• **Question 1 :**
Après avoir défini la digestion, expliquez le rôle de l'estomac dans cette fonction.

• **Question 2 :**
Qu'est-ce que la photosynthèse ? Explicitez l'importance biologique et écologique de ce phénomène.

• **Question 3 :**
3.1. Proposez deux exemples d'objets techniques pris dans la vie courante utilisant des systèmes techniques différents pour transformer, dans le même plan, un mouvement de rotation en un autre mouvement de rotation de même sens mais plus rapide.
3.2. Décrivez le mécanisme de chacun des deux systèmes techniques en justifiant en quoi ils répondent aux exigences de la question 3.1.

• **Question 4 :**
On parle couramment d'une « face cachée de la Lune ». Est-ce fondé ? Justifiez votre réponse à partir de vos connaissances.

• **Question 5 :**
Quand il gèle ou quand il neige, on répand souvent du sel sur les routes. Quel(s) phénomène(s) cet apport de sel provoque-t-il ? Donnez, en quelques lignes, une explication scientifique.

2e partie de la composante majeure (8 points)

Les questions prennent appui sur cinq documents : A, B, C, D, E.

1. Première étape : analyse critique des documents proposés en faisant appel à vos propres connaissances.

• **Question 1 :**
Les documents présentés font-ils apparaître l'ensemble des conditions nécessaires au développement des végétaux verts ? Qu'apporte chacun d'eux ?

• **Question 2 :**
Quelle hypothèse est éprouvée par l'expérience présentée dans le document B ? Expliquez en quoi les documents A et B sont complémentaires.

• **Question 3 :**
Faites une analyse critique de l'expérience n° 1 présentée dans le document C.

2. Deuxième étape : exploitation des documents pour présenter, en un texte de deux pages maximum, des éléments d'une démarche d'investigation telle qu'elle est prévue dans les programmes du cycle 3 de l'école primaire.

• **Question 4 :**
À partir de l'analyse que vous avez réalisée dans la première étape, vous indiquerez, en référence aux programmes de l'école, un problème qui pourrait être traité au cycle 3. Vous présenterez une situation d'entrée possible et exposerez ensuite quelques éléments d'une démarche d'investigation appropriée à ce thème.

• **Question 5 :**
Précisez les connaissances que les élèves pourront aborder ou acquérir au cours des activités conduites.

Document A

Les besoins en eau

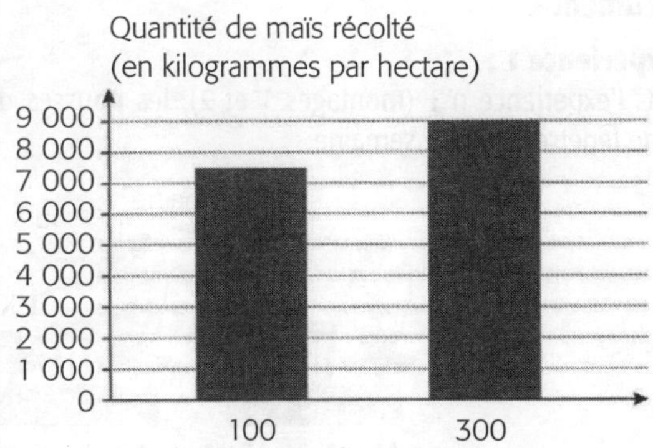

D'après « Sciences de la vie et de la Terre 6e », Hachette éducation, 2000.

❷ *Éléments d'aide à la correction*

Rappel : Il est tenu compte, à hauteur de trois points au maximum, de la qualité orthographique de la production des candidats. La note obtenue par le candidat pourra donc être minorée d'un nombre de points N, avec 0 < N < =3, si la qualité orthographique de sa copie est mauvaise.

Connaissances attendues : le texte du corrigé définit le corpus de connaissances auquel se rapportent les questions. La notation se référera davantage à ce cadre général qu'à la mention précise par le candidat de chacun des termes que ce cadre contient. En outre, le vocabulaire spécifique n'est exigible que lorsque la connaissance citée ne peut être exprimée en d'autres termes.

Particularités du présent sujet 0 : dans la deuxième partie de la composante majeure « scien-

Document B

Les plantes puisent certains aliments dans le sol. Lesquels ?

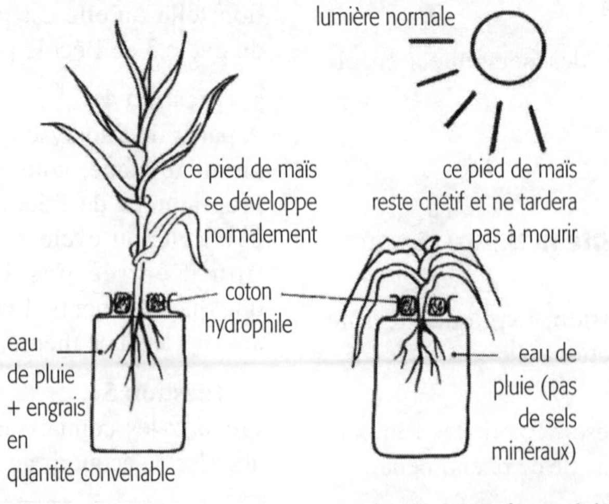

D'après « Pour découvrir la vie des plantes », Bordas, 1977.

Document C

• Expérience 1 :

Dans l'expérience n°1 (montages 1 et 2), les pousses de haricot ont été arrosées une fois avant d'être placées près d'une fenêtre durant 1 semaine.

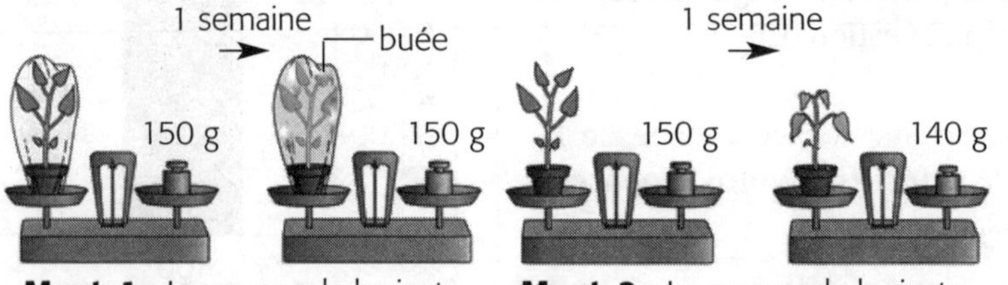

Mont. 1 : La pousse de haricot est enfermée avec le pot dans un plastique.

Mont. 2 : La pousse de haricot est laissée à l'air libre.

• Interprète l'expérience ;

• Vérifie-t-elle l'hypothèse suivante : « l'eau d'arrosage sort de la plante par les feuilles et par la tige » ?

Si tu es d'accord, explique pourquoi.

Sinon, que faudrait-il ajouter ou modifier ?

• Expérience 2 :

Un exercice pour comprendre

Prépare deux pousses en même temps et sur la même durée, mais dans d'autres conditions :

– pot A : pas d'engrais et 6 cuillerées d'une eau macérée avec des végétaux en décomposition ;

– pot B : pas d'engrais et 6 cuillerées d'eau macérée, le sable a été remplacé par de la terre de jardin.

On mesure la taille des pousses obtenues et on la reporte sur une courbe (Expérience 2).

• Quelles remarques peux-tu faire ?

• Que contient l'eau d'arrosage du pot A ?

Que contient la terre de jardin ? Justifie tes réponses.

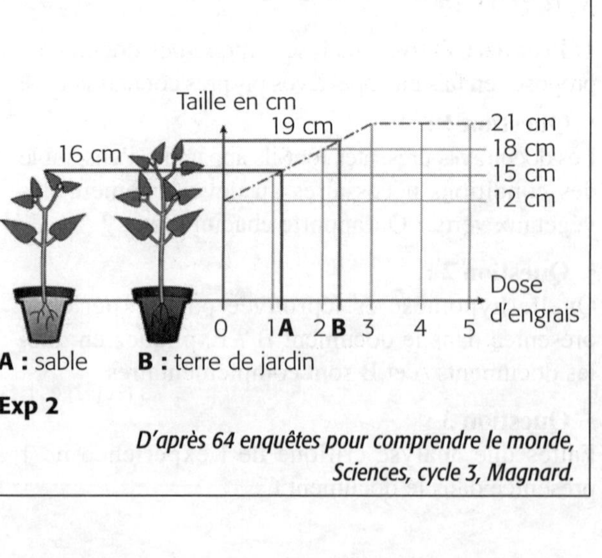

Exp 2

D'après 64 enquêtes pour comprendre le monde, Sciences, cycle 3, Magnard.

Document D

Ils sont discrets, mais indispensables

Dans une forêt, des milliards d'êtres vivants (des champignons, des bactéries, des animaux de petite taille...) se nourrissent des feuilles mortes, des branches tombées, des cadavres d'animaux... qu'ils **décomposent** et transforment en sels minéraux. Ces êtres vivants sont appelés des **décomposeurs**.

Les sels minéraux ainsi produits sont des aliments insdispensables des plantes chlorophylliennes. Un arbre, par exemple, grandit et grossit (c'est-à-dire fabrique de la matière végétale) à partir :

– de l'eau et des sels minéraux absorbés par les racines,

– du dioxyde de carbone absorbé par les feuilles.

D'après « Découverte du monde vivant », collection Tavernier, Bordas, 2003.

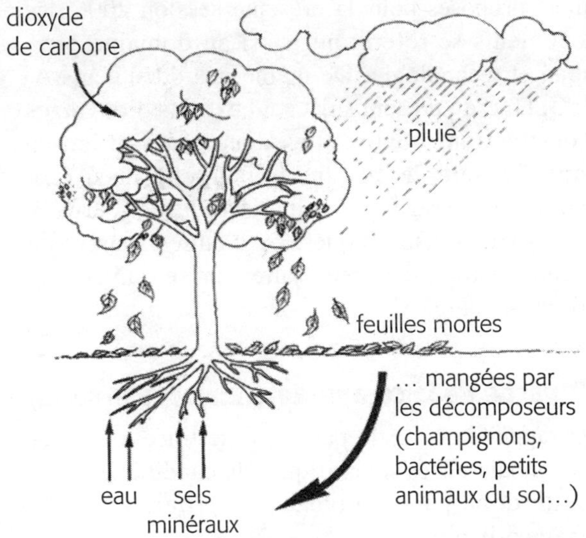

Document E

Comment vivent les plantes d'appartement ?

✻ **Une terre riche, très aérée**

Pour bien se développer, les plantes d'intérieur ont besoin d'une terre riche, légère et aérée. Le plus simple consiste à acheter des sacs de terreau dit "de rempotage". Ce terreau convient à la plupart des plantes. Toutefois, vous pouvez préparer vous-même du terreau en mélangeant terre de bruyère, terreau de feuilles et terre de jardin. Vous pouvez y ajouter un peu de sable granuleux. Un point important : le drainage des pots ou des bacs. Pour obtenir de belles plantes vertes, il est indispensable de réaliser au fond de chaque récipient une couche drainante. Elle se compose de débris de terre cuite ou de gravillons, sur une épaisseur d'1 ou 2 cm. Cette couche permet à l'eau d'arrosage de s'écouler sans stagner (une stagnation entraînerait la pourriture des racines).

À l'exception des bacs à réserve d'eau permanente, tous les pots devront être percés.

✻ **De l'humidité**

Les plantes vertes ont besoin d'humidité pour leurs racines et pour leurs feuilles.

• Des arrosages sans excès

Pour arroser, un petit arrosoir à long bec est idéal. Dites aux enfants qu'il faut éviter d'arroser trop.

Pour juger du besoin d'eau, faites-leur surveiller la terre des pots.

Le terreau doit être humide et souple (le doigt s'y enfonce un peu). Le terreau ne doit pas être détrempé. En cas d'excès d'eau, laissez-le sécher avant un nouvel arrosage.

Si la terre est compacte, un peu décolorée, elle est beaucoup trop sèche. Les feuilles vont devenir très molles et pendantes. Il faut agir très vite.

✻ **Une lumière abondante**

C'est un besoin majeur. Le plus souvent, les plantes vertes végètent par manque de lumière. Les plantes ont besoin de lumière pour fixer le carbone de l'air qui est leur principal constituant. Certaines plantes vertes (Sansevieria, Aspidistra) supportent un éclairage modéré. Excepté celles-ci, il est conseillé de placer vos plantes vertes près d'une fenêtre en évitant cependant une exposition au soleil direct qui pourrait causer des brûlures au feuillage.

✻ **De l'air pour les feuilles et les racines**

La plante respire également par ses racines. C'est la raison pour laquelle les plantes vertes supportent mal un excès d'arrosage. Veillez à maintenir propres les feuillages des plantes. La photosynthèse et les échanges gazeux sont gênés si les feuilles sont chargées de poussière.

Extrait de www.jardinons-alecole.org

ces expérimentales et technologie » les documents A, B, C, D, E sont relatifs au domaine des Sciences de la Vie et de la Terre. Dans l'ensemble des sujets proposés pour la présente session 2006, les documents se référeront aussi au domaine physique et technologie. De même, les documents A, B, C, D, E du présent sujet sont extraits d'ouvrages à destination scolaire. Les documents proposés dans l'ensemble des sujets peuvent aussi être extraits d'ouvrages de vulgarisation, de journaux et magazines scientifiques, ou d'autres sources de documentation, sans nécessairement se limiter à un niveau scolaire.

1re partie de la composante majeure (6 points)

On rappelle que cette partie est destinée à évaluer les connaissances scientifiques du candidat et ne se limite donc pas au niveau des programmes de l'école primaire.

• **Question 1 :** (1,5 point)
Après avoir défini la digestion, expliquez le rôle de l'estomac dans cette fonction.

Corrigé :
La digestion est le processus par lequel les aliments sont transformés en molécules assimilables par l'organisme, c'est-à-dire utilisables par les cellules.
Chez l'homme la digestion comprend deux phases :
– un broyage ou mastication ;
– une simplification moléculaire réalisée par les enzymes digestives.
La digestion se termine par une phase d'absorption intestinale : passage dans le sang des nutriments.
Les aliments non digérés sont rejetés par l'anus via le gros intestin.
L'estomac joue plusieurs rôles dans la digestion :
– par des contractions musculaires puissantes il malaxe et fragmente les matières solides, ce qui favorise leur dissolution dans l'eau ;
– il commande le déroulement de la digestion en contrôlant la vitesse de passage du bol alimentaire (chyme) dans l'intestin à travers le pylore qui se ferme ou se relâche. La durée de la vidange gastrique va de 3 à 6 heures selon l'importance du repas ;
– il assure la digestion acide des protéines (transformées en polypeptides). La pepsine est l'enzyme responsable de cette fragmentation. L'acide chlorhydrique fabriqué par certaines cellules de l'estomac permet l'action de la pepsine.

• **Question 2 :** (1 point)
Qu'est-ce que la photosynthèse ? Explicitez l'importance biologique et écologique de ce phénomène.

Corrigé :
La photosynthèse correspond à une synthèse de substances organiques réalisée grâce à l'énergie lumineuse. Celle-ci est captée par les chloroplastes qui contiennent des pigments photorécepteurs dont le principal est la chlorophylle. Grâce à cette énergie, l'élément carbone des molécules minérales (dioxyde de carbone) est réduit et transformé en élément carbone des molécules organiques. L'eau est le donneur d'hydrogène. Des glucides sont fabriqués. Du dioxygène est rejeté. La matière organique produite permet le développement du végétal.
Par la photosynthèse, les végétaux sont des producteurs primaires : ils fabriquent de la matière organique en partie consommée et utilisée par de nombreux êtres vivants, qui seront à leur tour producteurs secondaires. Ils sont ainsi à l'origine de la plupart des chaînes et réseaux alimentaires.
La matière organique produite par les végétaux représente une source d'énergie considérable. Le charbon et le pétrole sont d'origine végétale. Les végétaux actuels sont une source possible de biocarburants.
Les quantités de dioxyde de carbone fixées lors de cette synthèse sont très importantes. Les végétaux ont donc un rôle clé dans la régulation de l'effet de serre.
L'utilisation du dioxyde de carbone et la production de dioxygène, conséquence de l'activité photosynthétique, ont conduit à une évolution de la composition de l'air. Le dioxygène est aujourd'hui indispensable à la plupart des formes de vie pour leur respiration (êtres vivants aérobies). Même si le dioxygène produit est utilisé par ces mêmes végétaux pour leur respiration, le bilan de production est positif. Ils continuent à assurer le renouvellement de l'air.

• **Question 3 :** (1 point)
3.1. Proposez deux exemples d'objets techniques pris dans la vie courante utilisant des systèmes techniques différents pour transformer, dans le même plan, un mouvement de rotation en un autre mouvement de rotation, de même sens mais plus rapide.
3.2. Décrivez le mécanisme de chacun des deux systèmes techniques en justifiant en quoi ils répondent aux exigences de la question 3.1.

Corrigé :
Les réponses peuvent être effectuées à l'aide de schémas, conventionnels ou non, ou par des explications sous forme de phrases rédigées.
3.1 : la question impose de donner deux objets fondés sur deux systèmes techniques différents :
– engrenages : essoreuse à salade, boîte de vitesses d'un véhicule, etc. ;

– courroie-poulie : appareils audiovisuels, ventilateur de refroidissement du moteur ou distribution dans un moteur de voiture, etc. ;
– roues entraînées par friction : galet et roue de certains vélomoteurs, etc.
Seuls deux exemples sont demandés. Les exemples présentés doivent conserver le sens de rotation.

3.2 : dans les systèmes présentés une roue dentée ou une poulie solidaire d'un axe en rotation entraîne, par l'intermédiaire d'une liaison mécanique, une poulie ou une roue dentée de diamètre inférieur, solidaire d'un autre axe parallèle au précédent. La liaison mécanique est soit locale, par contact direct (engrenages, roues de friction), soit déportée par friction courroie-poulie, soit par combinaison des deux comme dans la chaîne de bicyclette par exemple.

Le rapport des vitesses de rotation est égal à l'inverse du rapport des diamètres des roues dentées ou des poulies.

Pour garder le même sens de rotation, diverses solutions techniques sont possibles :
– entraînement par engrenages (roues dentées) :
  • la roue menée engrène à l'intérieur de la roue menante ;
  • train d'engrenages à un nombre impair de roues dentées, le diamètre de la première roue étant plus grand que celui de la dernière.
– entraînement par pignon et chaîne ;
– entraînement par friction : roues et courroie.

• **Question 4 :** (1 point)

On parle couramment d'une « face cachée de la Lune ». Est-ce fondé ? Justifiez votre réponse à partir de vos connaissances.

Corrigé :

L'observation de la Lune depuis un point de la Terre montre que ce satellite présente toujours la même face d'où l'expression « face cachée de la Lune » ; ceci serait faux vu d'un autre point d'observation situé ailleurs que sur Terre. La Lune tourne autour de la Terre en 28 jours environ, et pendant ce temps elle effectue un tour sur elle-même. Depuis la Terre on verra donc toujours la même face.

La période de rotation de la Lune sur elle-même est égale à sa période de révolution autour de la Terre. L'observation de ce phénomène pose le problème du référentiel d'observation nécessaire à la description d'un mouvement.

• **Question 5 :** (1,5 point)

Quand il gèle ou quand il neige, on répand souvent du sel sur les routes. Quel(s) phénomène(s) cet apport de sel provoque-t-il ? Donnez, en quelques lignes, une explication scientifique.

Corrigé :

L'eau pure gèle à 0 °C. Le mélange sel-eau (qui n'est pas un corps pur) gèle à une température inférieure à 0 °C. La température de congélation de ce mélange dépend de la concentration de sel ; elle est, pour certaines concentrations, nettement inférieure à – 10 °C.

Dans l'état initial, la glace ou la neige qui sont sur la route sont à l'état solide, à la température ambiante, inférieure à 0 °C.

Lorsqu'on projette le sel sur la route la température de fusion de l'ensemble neige-sel est portée (s'il ne fait pas trop froid) à une température inférieure à la température ambiante. L'ensemble ne peut donc pas rester solide, la neige ou la glace fondent. À la fin du processus reste à la surface de la route une eau salée (sel dissous dans l'eau) à la température ambiante, inférieure à 0 °C.

La fusion de la glace ou de la neige nécessite un apport de chaleur. Cette chaleur est apportée par l'air ambiant.

2e partie de la composante majeure (8 points)

Remarque préliminaire :

S'agissant d'un concours de recrutement d'enseignants polyvalents il n'est pas attendu des candidats qu'ils manifestent dans toutes les disciplines un haut niveau de spécialisation disciplinaire. Ils doivent toutefois faire preuve d'une maîtrise suffisante pour exploiter efficacement les documents proposés. Le candidat devra en outre montrer qu'il a compris le sens d'une démarche d'investigation, sans que l'on attende de lui sur ce point un formalisme excessif.

Première étape : Analyse critique des documents proposés en faisant appel à vos propres connaissances (4 points)

Dans cette étape, l'analyse critique demandée porte sur le plan scientifique en dehors de toute exploitation pédagogique.

• **Question 1 :** (2 points)

Les documents présentés font apparaître, à des degrés divers, l'ensemble des conditions nécessaires au développement des végétaux chlorophylliens. La nécessité de l'eau et des sels (ions) minéraux, est clairement démontrée, ce qui n'est pas le cas pour le dioxyde de carbone et la lumière. Ces éléments sont cependant cités.

Les apports de chacun des documents :

Document A :

Il montre que la production de maïs qui est de 7 500 $kg.ha^{-1}$ lorsque la quantité d'eau fournie est de 100 mm par ha passe à 9 000 $kg.ha^{-1}$, s'il en reçoit 300 mm par ha.

Le document montre donc qu'un apport d'eau supplémentaire augmente la production.

Document B :
Les deux montages, qui ne diffèrent que par la présence ou l'absence d'engrais (sels minéraux), montrent que le maïs se développe dans un cas et meurt dans l'autre. En levant la réserve que l'expérience ne porte que sur deux pieds (d'une même espèce), on peut affirmer que les sels minéraux sont nécessaires au développement des végétaux verts. La présence de lumière est mentionnée, ce qui ne suffit pas à démontrer sa nécessité.

Document C :
Expérience n° 1 :
Son analyse critique est demandée dans la question 3 (et sera donc reprise). Elle montre qu'un pot contenant un pied de haricot perd 10 g en une semaine. La comparaison entre les deux montages permet de préciser qu'il s'agit d'une perte d'eau.
Les montages sont disposés devant une fenêtre, ce qui rappelle l'importance de la lumière.

Expérience n° 2 :
Elle montre que la pousse qui se développe sur du sable (taille 16 cm) se développe moins bien que celle sur de la terre de jardin (taille 19 cm). Un report sur le graphique voisin donne à penser que cette différence est liée à la quantité de sels minéraux. Le pot recevant de l'eau macérée et contenant de la terre renferme davantage des sels minéraux. L'explication est apportée par le document D. Les décomposeurs (par exemple les champignons et les bactéries) dégradent la matière produite par les êtres vivants pour la transformer en matière minérale. Le sable ne contient pas (ou moins) de matière fabriquée par les êtres vivants. L'eau macérée contient notamment des micro-organismes.

Document D :
Il s'agit d'un document qui apporte des informations sous deux formes : un texte et un schéma.
Il apporte des informations complémentaires :
– l'absorption de l'eau et des sels (ions) minéraux se fait au niveau des racines ;
– l'absorption du dioxyde de carbone se fait au niveau des feuilles, mais sa nécessité n'est pas clairement démontrée ;
– les décomposeurs interviennent dans la transformation de la matière produite par les êtres vivants en matière minérale. Il est possible d'établir un lien avec le document précédent. L'eau macérée avec des végétaux en décomposition versée dans le pot B contenait des décomposeurs.

Document E :
Il s'agit d'un document destiné aux amateurs de plantes d'appartement. Il contient des informations techniques sur la qualité de la terre, la nécessité d'un drainage, l'existence d'indicateurs pour savoir réguler l'arrosage, les besoins en lumière (variables selon les espèces) et en engrais. La nécessité d'air pour les feuilles s'explique car elles sont les lieux d'absorption et de rejet des gaz, au niveau des stomates. Pour les racines, une terre aérée facilite surtout la respiration de la faune et de la flore du sol.

• **Question 2 :** (1 point)
L'hypothèse éprouvée est : les plantes ont besoin de sels (ions) minéraux. L'expérience consiste à réaliser deux montages qui ne diffèrent que par un facteur : la présence ou l'absence de sels minéraux. Dans les deux montages il s'agit de deux pieds d'une même plante verte, mis en présence de lumière et d'eau de pluie. Si la plante a besoin de sels minéraux, la conséquence de leur suppression devrait être le dépérissement. C'est ce qui est observé. Sans, bien entendu, exiger cette précision de la part des candidats, il faut cependant signaler qu'on ne vérifie jamais une hypothèse mais toujours une de ses conséquences.
En quoi A et B sont-ils complémentaires ?
L'expérience en B montre que les sels minéraux, apportés sous forme d'engrais le sont sous forme dissoute. Ils seront absorbés sous forme d'ions. Le rapprochement avec le document A montre que l'eau est nécessaire en qualité de solvant des sels minéraux. Sans que cela soit exigible, un bon candidat pourrait aussi ajouter que l'eau intervient aussi dans de nombreuses réactions chimiques à l'intérieur des organismes.

• **Question 3 :** (1 point)
Analyse critique de l'expérience n° 1 du document C :
L'expérience n° 1 du document C a sans doute pour objectif de mettre en évidence le phénomène de transpiration chez une plante (le haricot). Elle comporte bien un test (montage 1), un témoin (montage 2) et un seul facteur qui varie entre les deux la présence ou l'absence d'un sac plastique qui enferme le pot. La conservation de la masse dans le cas montage 1 et la perte de 10 grammes dans le cas du montage 2 pourraient nous amener à conclure que la buée présente sur le sac plastique a pour origine l'eau d'arrosage absorbée puis libérée par la plante. Cependant, cette expérience ne permet pas de répondre avec certitude à l'hypothèse : « l'eau d'arrosage sort de la plante par les feuilles et par la tige ». En effet, dans la mesure où le sac

plastique enferme la totalité du pot (document C), il est tout à fait possible que la buée provienne de la terre et non pas de la plante. Pour que cette expérience soit probante il faudrait que le sac plastique n'enferme que la tige et les feuilles et non l'ensemble du pot.

Deuxième étape : exploitation des documents pour présenter, en un texte de deux pages maximum, des éléments d'une démarche d'investigation telle qu'elle est prévue dans les programmes du cycle 3 de l'école primaire (4 points)

• **Question 4 :** (3 points)
Le problème général concerne la nutrition des végétaux. Au cycle 3 de l'école primaire, ce thème est abordé dans les chapitres « unité et diversité du monde vivant : les conditions de développement des végétaux » et « éducation à l'environnement ». Une fiche pédagogique destinée aux enseignants a été publiée par la DESCO sur les besoins des végétaux verts. Dans le programme permanent du concours figurent l'étude des êtres vivants dans leur milieu et les notions de milieu et d'écosystème. Le dossier documentaire fourni traite principalement des besoins hydrominéraux des végétaux verts.
Il existe de nombreuses situations de départ envisageables et il est impossible d'en faire l'inventaire. Le correcteur attend que cette situation débouche sur une formulation précise d'un problème ou de questions qui se prêtent à une démarche productive d'investigation ***dont il ne développera que quelques éléments****. Il attend aussi que le candidat s'appuie sur certains des documents proposés, tels quels ou modifiés.*

Deux exemples de situation de départ :

• Situation 1 : les élèves ont réalisé des cultures ou des plantations, selon leur propre « inspiration ». Certaines se développent bien, d'autres moins ou meurent. Comment remédier à cette mésaventure ? Quels sont les besoins des plantes ? Comment le savoir ?

• Situation 2 : les élèves cherchent à améliorer leur cadre scolaire (classe ou école) par la réalisation de cultures ou de plantes d'appartement. Comment faire ? La recherche d'informations techniques, en dehors des connaissances personnelles de certains élèves, pourrait conduire le professeur à proposer la fiche extraite du site « jardinons-alecole.org. » La lecture collective de cette fiche, certainement en plusieurs étapes, conduit à la réalisation d'un inventaire des conditions à réunir pour obtenir de bons résultats et surtout à vérifier la crédibilité de certaines affirmations. Il est impossible de toutes les tester. L'enseignant aura des choix à effectuer.

Quel que soit le point de départ, il est possible de répondre à plusieurs questions scientifiques productives.

Quels sont les problèmes susceptibles d'être soulevés ?

Toutes les propositions s'intégreraient dans le problème général de la nutrition des plantes vertes. Il est possible de le subdiviser. L'exploitation des documents proposés apporte, notamment, des éléments de réponse aux questions suivantes :
Quels sont les besoins des plantes pour leur développement ?

Que devient l'eau d'arrosage des plantes ? (problème formulé à partir du constat de la nécessité d'un arrosage régulier).

Quelques éléments de la démarche d'investigation :
On n'exige pas des candidats, qui recevront lorsqu'ils auront été reçus au concours la formation nécessaire à l'exercice de leur métier, une connaissance approfondie des démarches et du vocabulaire de la didactique. Ci-après, les moments importants de la démarche dont il faudra exposer quelques éléments seulement (illustrés à travers un exemple). On rappelle en outre qu'il n'est pas attendu du candidat qu'il décrive la totalité de la démarche d'investigation envisagée, mais qu'il en explicite quelques éléments.

Les jalons qui peuvent guider la rédaction sont :
Que cherche-t-on ?
Comment faire pour le savoir ?
Peut-on conclure ?
Exemple du cas de la situation 1 :
L'analyse des résultats observés à l'issue de la phase libre de mise en culture aboutit à un questionnement : pourquoi certaines se sont-elles mieux développées que d'autres ? Pourquoi d'autres sont mortes ?
L'ensemble de ces questions conduit à la formulation d'un problème, « Quels sont les besoins des plantes pour leur développement ? »
Une lecture a posteriori des modalités choisies spontanément par les élèves ayant réalisé les cultures permet de dégager les paramètres pouvant influer sur le développement des plantes.
Cette phase débouche sur l'émission de propositions diverses concernant les besoins des plantes (facteurs indispensables). L'accent sera mis sur l'intérêt d'éprouver chacune d'elles.

Par exemple, pour vérifier l'exactitude de l'affirmation « les sels minéraux sont nécessaires au développement des plantes », une expérience pourrait être réalisée : comment faire ? La conception de protocoles, où il ne faudra faire varier qu'un seul facteur à la fois, nécessitera sans doute quelques « ajustements » successifs. Durant cette phase, en fonction des difficultés rencontrées, le professeur peut introduire à un moment donné la proposition décrite dans le document B. Est-elle démonstrative ? Sans doute les élèves réagiront-ils en indiquant que leurs plantes, à eux, ne vivent pas sur des milieux liquides mais sur un sol. Il devient indispensable d'adapter les montages en faisant des cultures sur des substrats solides (du sable) dépourvus des sels minéraux :

On prend deux pieds semblables d'une même plante cultivés dans deux pots identiques, contenant le même sable sec, en même quantité. Les plantes en pot sont placées côte à côte, à la lumière, dans les mêmes conditions d'environnement. Un pied sera arrosé avec de l'eau de pluie (ou déminéralisée), l'autre avec une eau (en même quantité) à laquelle on aura ajouté des sels minéraux (engrais).

Les résultats de cette expérience peuvent être à l'origine de nouveaux questionnements tels que « il n'est pas toujours indispensable d'ajouter des engrais à la terre : expliquez pourquoi ». L'utilisation de la deuxième partie du document C, sans doute largement modifié, pourrait intervenir dans ce cadre.

• **Question 5 :** Connaissances à acquérir : (1 point)
À moduler évidemment selon le problème retenu et la démarche d'investigation mise en œuvre.

Les végétaux verts ont besoin d'eau, de sels minéraux, qui peuvent être apportés par des engrais, de dioxyde de carbone (gaz carbonique) et de lumière pour fabriquer leur propre matière.

ou

L'eau d'arrosage versée sur le sol pénètre dans la plante qui la rejette par la tige et les feuilles.

ou

Les plantes ont besoin de sels minéraux (dissous dans l'eau) pour se développer. Ces sels peuvent être apportés sous forme d'engrais ou sont liés à l'action des décomposeurs du sol.

C - Les documents d'accompagnement des programmes

Quelque soit le sujet proposé dans l'épreuve du concours, le candidat devra préciser quelles connaissances il se propose de faire découvrir aux élèves.

Ces connaissances sont fixées par les documents d'accompagnements des programmes que nous proposons ci-dessous.

a - Les stades de la vie des êtres vivants

• Programme

Cycle 2 :

Le monde du vivant.

Les manifestations de la vie chez les animaux et les végétaux.

Cycle 3 :

Unité et diversité du monde vivant.

Les stades du développement.

• Connaissances

– Chaque être vivant change au cours du temps. Le développement de la plupart d'entre eux présente une succession de phases : naissance, développement et croissance, âge adulte, vieillissement, mort.

– La croissance correspond à une augmentation irréversible des dimensions et du poids (de la masse). Chez l'animal et chez l'homme adultes, la croissance s'arrête autour de la maturité sexuelle. Au cours de leur développement, certains animaux passent par le stade de larve, le passage à l'état adulte s'appelle la métamorphose (exemple : les insectes).

– Les arbres ont une croissance qui se poursuit toute leur vie ; elle peut être discontinue, saisonnière dans les zones à saisons marquées.

– Chez les végétaux à fleurs, au cours de la germination, la plantule contenue dans la graine se développe en utilisant les réserves de nourriture également contenues dans cette graine.

• Compétences spécifiques

– Être capable de repérer les manifestations du développement : quantitatives (augmentation de la masse et des dimensions) ou qualitatives (larves, métamorphoses).

– Être capable de comparer et de décrire (verbalement et graphiquement) les changements d'un être vivant au cours du temps : naissance, croissance, métamorphose (pour certaines espèces), âge adulte, vieillissement, mort.

– Être capable de construire une frise chronologique pour présenter les phases du développement d'un animal. Être capable de comparer le développement de deux animaux différents.

– Être capable de repérer la croissance discontinue et saisonnière des arbres sous climat tempéré.

b - Les fonctions communes des êtres vivants

• Programme

Cycle 2 :
Le monde du vivant.
Les manifestations de la vie chez les animaux et les végétaux.
Les manifestations de la vie chez l'enfant.

Cycle 3 :
Unité et diversité du monde vivant.
Les stades du développement d'un être vivant (végétal ou animal).
Les divers modes de reproduction.
Le corps humain et l'éducation à la santé.

• Connaissances

– Les êtres vivants se distinguent des objets inanimés par des fonctions qui leur sont communes : besoins nutritifs et nutrition, respiration, reproduction, relations avec le milieu. Ils donnent naissance à des individus de la même espèce.
– Chez les animaux et les plantes, chaque fonction a pour support un organe ou plusieurs organes, qui constituent alors un appareil (ou système).
– Les êtres vivants d'une même espèce présentent un fonctionnement globalement semblable (unité), mais les réactions d'un individu peuvent différer légèrement de celles d'un autre (diversité).

c - Les besoins des végétaux chlorophylliens

• Programme

Cycle 2 :
Les manifestations de la vie chez les animaux et les végétaux : les animaux et les végétaux sont vivants.

Cycle 3 :
– Le développement d'un végétal : les besoins des végétaux chlorophylliens.
– L'approche écologique à partir de l'environnement proche.

• Connaissances

– Les végétaux verts (chlorophylliens) ont besoin d'eau, de substances minérales (existant dans le sol ou qui peuvent être apportées par des engrais), du dioxyde de carbone (gaz carbonique) de l'air et de lumière pour vivre en fabriquant leur propre matière organique.
– Les végétaux qui ont des racines puisent l'eau et les substances minérales dans la terre. Ils captent la lumière et le dioxyde de carbone par les feuilles. L'eau circule dans les racines, les rameaux et les tiges. Les végétaux perdent de l'eau au niveau des feuilles.

• Compétences spécifiques

Être capable de conduire une culture en mettant en évidence, par des manipulations simples, l'influence de quelques facteurs de germination et de développement, en particulier ceux dégageant les besoins des végétaux chlorophylliens.

d - Divers modes de reproduction

• Programme

Cycle 2 :
Les manifestations de la vie animale et végétale.

Cycle 3 :
Les divers modes de reproduction animale et végétale.

• Connaissances

– La reproduction des êtres vivants se réalise de manière sexuée (procréation) ou asexuée (reproduction) ; dans le cas de la procréation, tout nouvel être vivant provient du développement d'un oeuf. L'oeuf résulte de la fusion d'un ovule et d'un spermatozoïde.
– Dans la plupart des espèces animales, on peut distinguer des mâles et des femelles.
Chez les animaux, les mâles produisent des spermatozoïdes, les femelles produisent des ovules.
– Dans certaines espèces animales, le jeune trouve dans l'oeuf pondu par la femelle dans le milieu extérieur, tout ce qui est nécessaire à son développement, c'est un développement ovipare. Après l'éclosion, les oeufs libèrent, soit une larve, soit un jeune qui ressemble à l'adulte.
Dans d'autres espèces le développement se fait à l'intérieur du corps de la femelle qui satisfait à sa nutrition : c'est le développement vivipare.
– Les végétaux à fleurs proviennent la plupart du temps d'une graine obtenue par reproduction sexuée. Les graines se forment à l'intérieur d'un fruit provenant de la transformation de la fleur.
– Une reproduction asexuée existe aussi chez certains végétaux, elle se fait à partir d'un fragment de végétal (boutures, marcottes, bulbes, tubercules…) : c'est un clonage naturel).

• Compétences spécifiques

– Être capable de distinguer la procréation ou reproduction sexuée (avec les principales formes qu'elle peut prendre chez les animaux ou les végétaux) et la reproduction non sexuée (exemple du clonage naturel des végétaux : marcottage, bouturage, bulbes, tubercules…).
– Tous les animaux ne se reproduisent pas de la même façon : être capable de procéder, chez des animaux, à des comparaisons entre les modes de développement ovipare et vivipare.

– Les végétaux ont deux types de reproduction, sexuée (ou procréation) et asexuée : être capable d'élaborer des traces écrites permettant le suivi dans le temps des phénomènes observés, notamment pour la mise en évidence des transformations, chez les végétaux à fleurs, de la fleur au fruit.

e - Mouvements et déplacements

• Programme

Cycle 2 :

Les manifestations de la vie chez l'enfant. Les mouvements.

Cycle 3 :

Les mouvements corporels.

• Connaissances

– Les mouvements du corps des Vertébrés sont rendus possibles au niveau des articulations, par l'action des muscles sur des éléments rigides, les os, qui constituent le squelette.

– Les muscles des membres sont attachés aux os de part et d'autre d'une articulation. Lors de la contraction, le raccourcissement des muscles déplace les os qui restent passifs.

– Dans un membre, lorsque les muscles rapprochent les segments entre eux, ils sont dits fléchisseurs et lorsqu'ils les éloignent, ils sont qualifiés d'extenseurs. Des muscles qui travaillent en opposition comme les muscles fléchisseurs et les muscles extenseurs sont dits antagonistes.

– Les tendons permettent l'attache des muscles sur les os. Les ligaments maintiennent les os entre eux au niveau d'une articulation.

– La marche, la course, le saut... résultent de la combinaison de plusieurs mouvements élémentaires (flexions et extensions).

– Grâce aux organes des sens, un être vivant reçoit du milieu des informations complémentaires qui, traitées par le cerveau, lui permettent d'agir et de communiquer.

• Compétences spécifiques

– Être capable de distinguer la combinaison des mouvements élémentaires (flexions et extensions) qui permet la marche, la course, le saut...

– Être capable d'établir des relations par comparaison avec l'observation de pattes d'animaux.

– Être capable de concevoir et construire un modèle matériel simple rendant compte de façon approchée du rôle des muscles antagonistes dans le mouvement d'une articulation.

On se limite à une modélisation très simple.

f - Nutrition animale et humaine

• Programme

Cycle 2 :

L'alimentation. Importance des règles de vie. Découverte des grandes fonctions du vivant.

Cycle 3 :

Première approche des fonctions de nutrition. Conséquences à court et à long terme de notre hygiène.

• Connaissances

Les animaux sont obligés de prélever leurs aliments dans leur milieu de vie.

Chaque animal a un régime alimentaire particulier et, par là même, est adapté, grâce à ses organes, à son milieu de vie.

Les aliments des animaux sont d'origine animale, végétale et minérale.

Chez l'homme, les aliments sont transformés au cours de leur trajet dans un tube unique, continu (bouche, oesophage, estomac, intestin). La partie non digérée des aliments est rejetée à l'extérieur du corps sous forme d'excréments. La partie digérée est transformée en petits éléments capables de traverser la paroi de l'intestin pour passer dans le sang. C'est le sang qui distribue les aliments digérés aux organes du corps et qui transporte les déchets produits par les organes. Les reins filtrent ces déchets qui sont rejetés dans l'urine.

• Compétences spécifiques

Être capable de rendre compte du trajet et des transformations des aliments dans le tube digestif et de leur passage dans le sang.

g - Respiration et circulation

• Programme

Cycle 2 :

Découverte des grandes fonctions du vivant.

Cycle 3 :

Première approche des fonctions de nutrition : respiration et circulation. Les fonctions de nutrition. Conséquences à court et à long terme de notre hygiène.

• Connaissances

La respiration se manifeste par un échange de gaz entre un être vivant et son milieu. La plupart des êtres vivants absorbent l'oxygène : leurs organes en ont besoin. Cet oxygène est contenu dans l'air ou dissous dans l'eau. Ces êtres vivants rejettent de l'air contenant le dioxyde de carbone (gaz carbonique) produit par les organes.

Les échanges de gaz ont lieu au niveau d'organes particuliers : poumons, branchies...
Chez l'homme, l'entrée de l'air lors de mouvements respiratoires (inspiration) et sa sortie (expiration) se font par le nez ou la bouche. L'oxygène nécessaire à la vie est transporté par le sang à partir des poumons jusqu'aux organes et le dioxyde de carbone fabriqué est transporté des organes aux poumons pour être rejeté à l'extérieur. Propulsé par le coeur, le sang circule dans les vaisseaux en sens unique ; il permet des échanges entre tous les organes.

• Compétences spécifiques

– Être capable de repérer les mouvements respiratoires (inspiration et expiration) et d'effectuer une première approche de la distinction entre l'air inspiré et l'air expiré.
– Être capable de développer des arguments mettant en évidence le rôle de la circulation sanguine dans l'alimentation des organes à partir des poumons et du tube digestif.
– Être capable de mesurer des rythmes respiratoire et cardiaque et les interpréter pour comprendre les liens entre respiration, circulation et activité physique.

h - Rôle et place des êtres vivants dans leur milieu

• Programme

Cycle 2 :
Découverte de milieux diversifiés.
Sensibilisation aux problèmes de l'environnement.

Cycle 3 :
Éducation à l'environnement ; l'approche écologique à partir de l'environnement proche ; rôle et place des êtres vivants, notions de chaînes et de réseaux alimentaires.

• Connaissances

Un milieu est caractérisé par les conditions de vie qui y règnent et par les végétaux et les animaux qui l'habitent.
L'activité des êtres vivants s'organise en fonction des saisons.
Chaque être vivant trouve dans son environnement les conditions nécessaires à sa vie. Les êtres vivants d'un même milieu dépendent souvent les uns des autres : il existe, par exemple, des dépendances alimentaires.
Les végétaux verts (ou chlorophylliens) constituent les premiers maillons des chaînes alimentaires. Ces chaînes s'organisent en réseaux d'alimentation ou réseaux trophiques.
Par son action, l'homme modifie les milieux.

• Compétences spécifiques

– Savoir qu'il existe divers milieux caractérisés par les conditions de vie qui y règnent et par les végétaux et les animaux qui les habitent, et qu'il existe des relations, alimentaires notamment, entre les êtres vivants.
– Être capable d'établir et de formaliser des relations entre les êtres vivants en indiquant, pour les réseaux trophiques, le sens de circulation de la matière et non le sens de la prédation.
– Être capable de mettre en œuvre une enquête pour découvrir les éléments d'un milieu de vie de l'environnement proche, en particulier les êtres vivants.
– Être capable d'exploiter en autonomie des documents scientifiques adaptés.
– Être capable d'élaborer des synthèses par un raisonnement simple mais rigoureux.

i - La transmission de la vie

• Programme

Cycle 2 :
Les manifestations de la vie chez les animaux et les végétaux.

Cycle 3 :
Éducation à la santé : la sexualité et la reproduction des humains.

• Connaissances

Il existe des différences entre l'Homme et la Femme : l'organisation du corps varie en fonction du sexe. À la puberté, l'Homme produit des spermatozoïdes, la Femme produit des ovules.
Un spermatozoïde et un ovule s'unissent pour former un oeuf, origine d'un nouvel être humain : c'est la fécondation.
Dans l'espèce humaine le développement de l'œuf en embryon puis en foetus se fait à l'intérieur du corps de la Femme. Le futur bébé reste 9 mois dans le ventre de sa mère : c'est la grossesse.
Le futur bébé est relié par le cordon ombilical au placenta au travers duquel sa mère le nourrit.
Au moment de l'accouchement le bébé quitte le corps de sa mère.

• Compétences spécifiques

Être capable d'exploiter des documents (livres, multimédias).

L'évaluation des connaissances du candidat (première partie de l'épreuve)

Le sujet présenté comme exemple p. 427 apporte des informations sur l'évaluation des connaissances.
Voici par exemple deux questions :
– Après avoir défini la digestion, expliquez le rôle de l'estomac dans cette fonction.
– Qu'est-ce que la photosynthèse ? Explicitez l'importance biologique et écologique de ce phénomène.
Une remarque importante : les réponses à ces questions sont relativement longues et précisent les connaissances exigibles du candidat.
Afin de vous préparer à cette partie de l'épreuve, vous trouverez, pour chacun des chapitres du livre, des questions regroupées sous différentes rubriques et correspondant aux différentes parties du programme. L'objectif est de vous entraîner à mobiliser vos connaissances dans différentes situations.

QU'EST-CE QUE LE MONDE VIVANT ?

1 La plus petite unité de vie : la cellule

corrigé p. 449

• Définissez les mots ou expressions

Cellule, organisme unicellulaire, organisme pluricellulaire, cytoplasme, noyau, membrane plasmique, chloroplaste, organite, bactérie, procaryote, eucryote.

• Vrai ou faux ?

Repérez les affirmations exactes. Corrigez ensuite les affirmations inexactes.

a) Les cellules eucaryotes sont dépourvues d'organites intracellulaires.
b) Au cours de l'histoire de la vie sur la Terre, les cellules eucaryotes sont apparues avant les cellules procaryotes.
c) Toutes les cellules d'une plante verte contiennent de la chlorophylle.
d) Les bactéries sont des organismes unicellulaires.

• Questions à réponse courte

a) Pourquoi considère-t-on que les cellules eucaryotes sont plus évoluées que les cellules procaryotes ?
b) Quels sont les constituants communs aux cellules animales et aux cellules végétales ?
c) Quels sont les constituants spécifiques des cellules végétales ?

• Expliquez pourquoi...

a) L'utilisation du microscope électronique a fait progresser de façon importante les connaissances sur la cellule.
b) Certains organes des plantes vertes sont de couleur verte.

2 Tous les êtres vivants se reproduisent

corrigé p. 449

• Définissez les mots ou expressions

Reproduction sexuée et asexuée, ovipare, vivipare, gamète, spermatozoïde, ovule, fécondation, procréation.

• Vrai ou faux ?

Repérez les affirmations exactes. Corrigez ensuite les affirmations inexactes.

a) La fécondation existe aussi bien dans la reproduction sexuée que dans la reproduction asexuée.
b) Multiplication asexuée et procréation sont synonymes.
c) L'accouplement est nécessaire à une fécondation interne.

• Questions à réponse courte

a) Quelle différence y a-t-il entre accouplement et fécondation ?
b) Qu'est-ce que la fécondation ?
c) Dans quel cas parle-t-on de fécondation interne ?

3 Tous les êtres vivants ont la même composition chimique

corrigé p. 449

• Définissez les mots ou expressions

Substance minérale, substance organique, protides, glucides, lipides, acides aminés, macromolécule.

• Vrai ou faux ?

Repérez les affirmations exactes. Corrigez ensuite les affirmations inexactes.

a) Tous les êtres vivants fabriquent de la matière vivante.

b) Les glucides sont formés de la combinaison de quatre éléments chimiques : le carbone, l'hydrogène, l'oxygène, l'azote.
c) La matière vivante est constituée d'éléments propres aux êtres vivants.
d) Les acides aminés sont de très grosses molécules faites de l'enchaînement de protéines.

• Questions à réponse courte

a) Que deviennent les protéines après digestion dans le tube digestif ?
b) Comment appelle-t-on la matière produite par les êtres vivants ?
c) Les êtres vivants ont-ils tous la même constitution chimique ?

• Expliquez pourquoi…

a) Les protéines sont considérées comme les constituants les plus caractéristiques de la matière vivante ?
b) L'amidon et le glucose sont classés parmi les glucides ?
c) Les protéines sont souvent représentées par un collier de perles ? Que représentent les perles ?

4 Les cycles de développement corrigé p. 449

• Définissez les mots ou expressions

Cycle de développement, cycle de vie, graine, spore, larve, nymphe, métamorphose, développement direct, développement indirect, croissance continue, croissance discontinue, mue de croissance, vivipare, ovipare, gestation, fleur, fruit, germination, semence.

• Vrai ou faux ?

Repérez les affirmations exactes. Corrigez ensuite les affirmations inexactes.

a) Les fougères produisent des spores, les mousses produisent des graines.
b) À l'intérieur d'une graine, on trouve un embryon.
c) La fécondation est présente dans tous les cycles de développement.

• Questions à réponse courte

a) Quelles informations fournit la lecture d'un cycle de vie ?
b) Quels points communs et quelles différences y a-t-il entre le cycle de développement d'une souris et celui d'une poule ?
c) La représentation d'un cycle de vie fournit plusieurs informations. Lesquelles ?
d) Un marronnier ne peut pas se déplacer. À quel moment du cycle de vie les descendants peuvent-ils coloniser de nouveaux milieux ?

• Expliquez pourquoi…

a) Les spores permettent l'installation de plantes dans des milieux éloignés de leur lieu d'origine ?
b) Le dessin d'un cycle de développement est la traduction de l'histoire d'une espèce et non celle d'un individu ?

LES ÊTRES VIVANTS SE NOURRISSENT

1 Pour vivre, les êtres vivants ont besoin de manger corrigé p. 450

• Définissez les mots ou expressions

Aliment, autotrophe, hétérotrophe, substance organique, substance minérale, sels minéraux, digestion, assimilation, énergie, photosynthèse, cyanobactéries, producteur primaire, producteur secondaire, consommateur, respiration cellulaire, fermentation, ATP, parasitisme, symbiose.

• Vrai ou faux ?

Repérez les affirmations exactes. Corrigez ensuite les affirmations inexactes.

a) Tous les êtres vivants fabriquent leur matière vivante.
b) Les organismes autotrophes fabriquent leur matière organique à partir d'eau et de sels minéraux.
c) Les organismes hétérotrophes fabriquent leur matière organique à partir des constituants organiques de leurs aliments.
d) Les animaux sont tous des autotrophes.
e) La photosynthèse a lieu pendant la journée seulement.

• Questions à réponse courte

a) Pourquoi la vie serait-elle impossible sans l'existence des organismes autotrophes ?
b) Pourquoi les animaux ont-ils besoin de dioxygène pour rester en vie ?
c) Pourquoi la photosynthèse n'a-t-elle lieu que dans les cellules chlorophylliennes ?
d) Pourquoi dit-on que la photosynthèse est « la mise en boîte » de l'énergie solaire ?

2 Que mangent les animaux ? corrigé p. 450

• Définissez les mots ou expressions

Régime alimentaire, végétarien, carnivore, omnivore, zoophage, phytophage, technique de chasse, prédateur, organes de repérage, « outils » pour tuer.

• Vrai ou faux ?

Repérez les affirmations exactes. Corrigez ensuite les affirmations inexactes.

a) L'ensemble des aliments consommés par un animal s'appelle son régime alimentaire.
b) Pour se nourrir, les animaux n'ont besoin que de matière minérale.

c) L'eau est un aliment indispensable à la vie de tous les êtres vivants.

d) Qu'ils soient végétariens ou carnivores, les animaux possèdent des « outils » adaptés à leur régime alimentaire.

e) Un animal domestique ne mange pas les mêmes aliments que ceux qu'il mangerait dans la nature.

f) Un animal zoophage ne mange que des insectes.

g) Un animal phytophage mange des aliments d'origine animale et des aliments d'origine végétale.

• Questions à réponse courte

a) Quels sont les besoins nutritifs des animaux ?

b) Comment les scientifiques connaissent-ils le régime alimentaire des animaux sauvages ?

c) Que signifie l'affirmation : les animaux possèdent des « outils adaptés » à leur régime alimentaire ?

3 Les relations alimentaires

corrigé p. 450

• Définissez les mots ou expressions

Chaîne alimentaire, réseau alimentaire, maillon, transfert de matière, producteur, consommateur, pyramide alimentaire.

• Vrai ou faux ?

Repérez les affirmations exactes. Corrigez ensuite les affirmations inexactes.

a) S'il n'y avait pas de plantes vertes (plantes chlorophylliennes), les animaux carnivores ne pourraient pas se nourrir.

b) Les plantes chlorophylliennes sont toujours le premier maillon d'une chaîne alimentaire.

c) Une partie des aliments consommés par un animal est utilisée pour fournir de l'énergie.

d) Le chat est un producteur secondaire car il consomme d'autres êtres vivants.

e) Dans un milieu donné, un même animal peut figurer dans plusieurs chaînes alimentaires.

f) La flèche qui unit deux maillons d'une chaîne alimentaire signifie « mange ».

• Expliquez pourquoi…

a) Les animaux carnivores ne pourraient pas se nourrir s'il n'y avait pas de végétaux chlorophylliens.

b) Il y a un transfert de matière d'un maillon à l'autre d'une chaîne alimentaire.

• Questions à réponse courte

a) Quels êtres vivants occupent toujours le premier maillon d'une chaîne alimentaire ?

b) Comment appelle-t-on la matière produite par tous les êtres vivants ?

c) Quel est l'intérêt de la représentation d'une pyramide alimentaire ?

d) Qu'appelle-t-on producteurs primaires ? producteurs secondaires ?

4 Que mangent les « plantes vertes » ?

corrigé p. 450

• Définissez les mots ou expressions

Plante chlorophyllienne, chlorophylle, chloroplaste, sels minéraux, photosynthèse, capteur solaire, sève brute, sève sucrée ou sève élaborée.

• Vrai ou faux ?

Repérez les affirmations exactes. Corrigez ensuite les affirmations inexactes.

a) L'eau est un aliment indispensable à la vie d'une plante.

b) Pour les plantes vertes, la lumière est un aliment.

c) Les racines d'un chêne puisent dans le sol de la forêt tous les aliments nécessaires à la croissance de l'arbre.

d) Les végétaux chlorophylliens ont besoin, pour se nourrir, de matière provenant d'autres êtres vivants (matière organique).

e) Toutes les cellules d'une plante verte possèdent des chloroplastes.

• Questions à réponse courte

a) Quels sont les aliments des végétaux chlorophylliens ?

b) Pourquoi le jardinier met-il de l'engrais dans son jardin ?

c) Pourquoi ne trouve-t-on pas de végétaux chlorophylliens dans les grottes ?

d) Les horticulteurs enrichissent souvent l'air de leur serre en dioxyde de carbone. À votre avis pourquoi ?

e) Le végétal chlorophyllien est autotrophe. Indiquez :

- les éléments nécessaires à cette autotrophie ;
- la nature des substances produites ;
- le dégagement gazeux observé ;
- le nom du phénomène mis en jeu.

• Faites un schéma simple

Pour montrer quels aliments absorbe un arbre de la forêt et ce que deviennent ces aliments.

• Expliquez pourquoi…

a) la lumière est indispensable à la vie des plantes vertes ;

b) les végétaux chlorophylliens sont appelés autotrophes ;

c) dans les cellules des plantes vertes, les premières synthèses de matière organique se produisent dans les chloroplastes.

5 Que mangent les champignons ?

corrigé p. 450

• Définissez les mots ou expressions

Mycélium, spore, moisissure, décomposeur, saprophyte, parasite, symbiose, mycorhize.

• Vrai ou faux ?

Repérez les affirmations exactes. Corrigez ensuite les affirmations inexactes.

a) Les champignons sont des êtres vivants dépourvus de chlorophylle.

b) Les champignons fabriquent leur matière vivante uniquement à partir de constituants minéraux.
c) Dans la nature, les champignons jouent le rôle de décomposeurs.

• **Pourquoi dit-on que...**

a) Les champignons sont des décomposeurs.
b) Les champignons se nourrissent comme les animaux.
c) Les spores des champignons permettent la dissémination de l'espèce.
d) Les champignons récoltés dans la forêt sont comparables à des pommes récoltées sur un pommier.

• **Expliquez pourquoi...**

a) Les champignons se développent indifféremment à la lumière et à l'obscurité.
b) Les moisissures sont des champignons.
c) Les champignons de Paris sont cultivés dans des grottes à l'obscurité totale.

6 Les êtres vivants respirent corrigé p. 451

• **Définissez les mots ou expressions**

Respiration, échanges gazeux respiratoires, respiration aérienne, respiration aquatique, mouvements respiratoires, respiration pulmonaire, respiration branchiale, respiration cutanée, respiration trachéenne, poumon, branchie, trachée, stigmate, stomate, respiration cellulaire.

• **Vrai ou faux ?**

Repérez les affirmations exactes. Corrigez ensuite les affirmations inexactes.

a) Dans les poumons, le sang s'enrichit en dioxyde de carbone et cède du dioxygène.
b) La respiration des animaux aériens se fait par des poumons.
c) Au niveau des poumons, une partie du dioxygène de l'air inspiré passe dans le sang.
d) Les végétaux chlorophylliens respirent la nuit et pas le jour.
e) Tous les animaux aquatiques ont des branchies.

• **Questions à réponse courte**

a) Certains échanges gazeux sont communs aux plantes vertes et aux animaux. Quels sont-ils ? De quel phénomène s'agit-il ? Quel est le rôle de ce phénomène chez les êtres vivants ?
b) Les plantes vertes respirent-elles ? Justifiez.
c) On peut mettre en évidence, chez les plantes vertes, des échanges gazeux respiratoires. Comment doit-on procéder ?
d) Quelle différence y a-t-il entre la respiration pulmonaire et la respiration branchiale ?
e) Quel est le rôle du sang dans la respiration ?

LES ÊTRES VIVANTS SE REPRODUISENT

1 Les êtres vivants assurent la survie de l'espèce corrigé p. 451

• **Définissez les mots ou expressions**

Reproduction sexuée, reproduction asexuée, ovipare, vivipare, gamète, spermatozoïde, ovule, fécondation, cellule œuf, parthénogenèse, ADN, gène, chromosome, caryotype, programme génétique, mitose, méiose, cellule haploïde, cellule diploïde, chromatide, molécule codée, reproduction conforme, multiplication asexuée.

• **Vrai ou faux ?**

Repérez les affirmations exactes. Corrigez ensuite les affirmations inexactes.

a) La molécule d'ADN est une molécule filiforme codée.
b) Un gène est une portion de chromosome.
c) Les chromosomes ne sont pas visibles entre les périodes de division cellulaire parce que la molécule d'ADN qui constitue un chromosome est déroulée.
d) La méiose comporte deux divisions successives : à partir d'une cellule à $2n$ chromosomes, il se forme 4 cellules à n chromosomes.
e) Au cours de la réplication de l'ADN, il y a synthèse d'une seconde molécule d'ADN rigoureusement identique à la première.
f) Les deux chromatides d'un chromosome se séparent au cours de la mitose.
g) Lorsqu'un chromosome est formé de deux chromatides (c'est le cas des chromosomes en croix observés au cours de la division cellulaire), les deux chromatides sont formées de deux molécules d'ADN différentes.

• **Expliquez pourquoi...**

a) Pour chaque paire de chromosomes, l'un est d'origine paternelle, l'autre d'origine maternelle.
b) On parle de loterie de l'hérédité.
c) Les vrais jumeaux sont génétiquement identiques.

• **Pourquoi dit-on que...**

a) la molécule d'ADN est une molécule codée ?
b) la transmission des caractères héréditaires dépend des molécules d'ADN ?
c) un enfant reçoit autant de chromosomes de son père que de sa mère ?

2 La reproduction des animaux corrigé p. 451

• **Définissez les mots ou expressions**

Mâle, femelle, caractères sexuels primaires, caractères sexuels secondaires, testicule, ovaire, gamète, fécondation externe, fécondation interne, accouplement, ovipare, vivipare, ovovivipare, parade nuptiale, incubation, gestation, placenta, cordon ombilical, larve, métamorphose, parthénogenèse.

• Vrai ou faux ?

Repérez les affirmations exactes. Corrigez ensuite les affirmations inexactes.

a) Chez tous les animaux, la fécondation est précédée de l'accouplement.

b) La fécondation a toujours lieu dans l'organisme de la femelle.

c) Il y a fécondation interne lorsque les ovules sont fécondés dans le corps de la femelle.

d) Les vivipares mettent au monde des petits qui se sont développés dans le corps de la mère.

e) La parthénogenèse est un mode de reproduction sans fécondation.

• Questions à réponse courte

a) Qu'appelle-t-on caractère sexuel primaire ?

b) Les oiseaux couvent les œufs pondus par la femelle. Comment s'appelle cette étape de la reproduction ? Quel intérêt présente-t-elle ?

c) Des animaux tels que les lézards pourraient-ils couver leurs œufs ? Expliquez pourquoi.

d) À quoi sert l'accouplement ?

3 La vie des « bébés » animaux avant la naissance

corrigé p. 451

• Définissez les mots ou expressions

Ovipare, vivipare, croissance, embryon, œuf, cellule œuf, cavité amniotique, placenta, incubation, fécondation, utérus, cordon ombilical, gestation.

• Vrai ou faux ?

Repérez les affirmations exactes. Corrigez ensuite les affirmations inexactes.

a) Le développement de l'œuf des ovipares s'effectue dans l'utérus de la femelle.

b) Le placenta permet les échanges nutritifs entre la mère et l'embryon.

c) L'œuf des vivipares contient les réserves qui permettent le développement de l'embryon.

d) Le cordon ombilical relie l'embryon à l'utérus de sa mère.

• Questions à réponse courte

a) Quelle différence y a-t-il entre un œuf et une cellule œuf ?

b) Quelles sont les différentes fonctions du placenta ?

c) À quoi servent les réserves contenues dans un œuf d'oiseau ?

d) Où s'effectue le développement de la cellule œuf chez les vivipares ?

e) Quels points communs et quelles différences y a-t-il entre l'incubation et la gestation ?

• Faites un schéma simple

Pour montrer comment un embryon de vivipare se nourrit dans l'utérus de sa mère.

4 De la naissance à l'âge adulte

corrigé p. 452

• Définissez les mots ou expressions

Nidicole, nidifuge, larve, nymphe, métamorphose, croissance continue, croissance discontinue, mue de croissance.

• Vrai ou faux ?

Repérez les affirmations exactes. Corrigez ensuite les affirmations inexactes.

a) Une larve est un jeune animal qui ne ressemble pas à ses parents.

b) Tous les jeunes animaux ont besoin de leurs parents après la naissance.

c) Les animaux qui subissent des métamorphoses passent par un stade de nymphe au cours du cycle de développement.

d) Tous les animaux qui subissent des métamorphoses ont une croissance discontinue.

• Questions à réponse courte

a) La métamorphose du têtard en grenouille n'est pas seulement un changement d'aspect extérieur de l'animal.

b) Que se passe-t-il au moment d'une mue de croissance, chez un insecte par exemple ?

c) Que se passe-t-il pendant le stade de nymphe chez les insectes qui présentent ce stade au cours de leur cycle de développement ?

• Expliquez pourquoi…

a) les insectes ont une croissance discontinue ;

b) les oiseaux nidicoles dépendent des soins de leurs parents pendant les premières semaines de leur vie.

5 Le secret des graines

corrigé p. 452

• Définissez les mots ou expressions

Graine, embryon, tégument, cotylédon, germe, germination, vie ralentie.

• Vrai ou faux ?

Repérez les affirmations exactes. Corrigez ensuite les affirmations inexactes.

a) Il y a un embryon dans toutes les graines quelle que soit leur taille.

b) Les réserves contenues dans une graine servent à alimenter l'embryon.

c) Les graines mènent toujours une vie ralentie.

d) La lumière est nécessaire à la germination des graines.

• Questions à réponse courte

a) Qu'est-ce qu'une graine ?

b) Quelles sont les conditions qui permettent la germination d'une graine ?

c) Que signifie l'expression : « la graine est en état de vie ralentie » ?
d) Quel est l'intérêt de la vie ralentie d'une graine ?

• Expliquez pourquoi...

a) la grande déshydratation des graines est responsable de leur vie ralentie ;
b) les graines sont les formes de dispersion des plantes à fleurs ;
c) les animaux contribuent à la dispersion de certaines plantes.

6 Comment se forment les graines ?

corrigé p. 452

• Définissez les mots ou expressions

Fruit, graine, fleur, pistil, ovaire, ovule, étamine, grain de pollen, pollinisation, fécondation.

• Vrai ou faux ?

Repérez les affirmations exactes. Corrigez ensuite les affirmations inexactes.

a) Chez une plante à fleurs, un ovule fécondé devient une graine.
b) Tous les fruits contiennent des graines.
c) Les étamines sont les organes femelles d'une fleur.
d) Après fécondation, le pistil de la fleur donne un fruit.
e) Dans un fruit, on retrouve toutes les parties de la fleur.

• Expliquez pourquoi...

a) une fleur assure la reproduction sexuée d'une plante ;
b) la pollinisation est indispensable pour qu'il y ait fécondation ;
c) la fécondation est indispensable à la transformation du pistil en fruit.

• Pourquoi dit-on que...

a) les fleurs sont les organes reproducteurs des plantes à fleurs ;
b) les plantes à fleurs sont des plantes à graines ;
c) le pistil est l'organe femelle de la fleur ;
d) les étamines sont les organes mâles de la fleur.

• Questions à réponse courte

a) Quelle est la différence entre la pollinisation et la fécondation ?
b) Quels organes de la fleur interviennent dans la fécondation des ovules.

7 La croissance des arbres

corrigé p. 452

• Définissez les mots ou expressions

Bourgeon, vie ralentie, croissance discontinue, dormance, bourgeon à fleurs, bourgeon à bois, cerne, vaisseaux, cœur, aubier, sève brute, sève élaborée.

• Vrai ou faux ?

Repérez les affirmations exactes. Corrigez ensuite les affirmations inexactes.

a) Un arbre à feuilles caduques ne perd pas ses feuilles en hiver.
b) Un bourgeon contient une tige feuillée miniature.
c) La tige miniature contenue dans un bourgeon grandit au moment de l'éclosion du bourgeon.

• Expliquez pourquoi...

a) l'éclosion des bourgeons assure une croissance discontinue des arbres ;
b) dans nos régions, les arbres produisent une nouvelle couche de bois chaque année ;
c) les couches de bois visibles sur une coupe de tronc ou de branche n'ont pas toutes la même épaisseur.

• Questions à réponse courte

a) Qu'est-ce qu'un bourgeon ?
b) Pourquoi dit-on que la croissance des arbres est saisonnière et discontinue ?
c) Comment évalue-t-on l'âge d'un arbre ?

• Faites un schéma simple

Pour montrer où se forme la couche de bois annuelle dans un tronc d'arbre.

8 La reproduction asexuée

corrigé p. 453

• Définissez les mots ou expressions

Reproduction asexuée et asexuée, multiplication végétative, stolon, rhizome, tubercule, bulbe, bouturage, marcottage, greffage, culture en tube.

• Vrai ou faux ?

Repérez les affirmations exactes. Corrigez ensuite les affirmations inexactes.

a) Un tubercule de pomme de terre est un fragment de racine.
b) Dans toute reproduction asexuée, la fécondation est à l'origine de la cellule œuf.
c) La reproduction asexuée donne naissance à des individus différents du point de vue génétique.
d) La reproduction asexuée n'existe que chez les végétaux.

• Questions à réponse courte

a) Pourquoi dit-on que la reproduction asexuée est une multiplication végétative ?
b) Qu'est-ce que la « culture en tube » ?
c) Expliquez pourquoi la reproduction asexuée donne des organismes tous identiques entre eux du point de vue génétique.

LES ÊTRES VIVANTS SE DÉPLACENT

1 Déplacements et milieu de vie

corrigé p. 453

• **Définissez les mots ou expressions**

Déplacement, locomotion, milieu de vie, adaptation, organe du mouvement, cause du déplacement.

• **Vrai ou faux ?**

Repérez les affirmations exactes. Corrigez ensuite les affirmations inexactes.

a) Un animal ne se déplace pas de la même manière dans l'air, dans l'eau ou sur terre.

b) Certains animaux ne se déplacent que dans un seul milieu.

c) Tous les animaux se déplacent à la même vitesse.

d) Un même animal peut avoir plusieurs modes de déplacement.

• **Expliquez pourquoi…**

a) Les animaux se déplacent plus vite dans l'air que dans l'eau.

b) Tous les animaux qui volent ont des ailes.

c) Les modes de déplacement ne sont pas les mêmes selon le milieu de vie de l'animal.

d) Un même animal peut explorer plusieurs milieux.

2 Les déplacements sur terre

corrigé p. 453

• **Définissez les mots ou expressions**

Saut, marche, reptation, trot, galop, propulsion, réception, bipède, quadrupède.

• **Vrai ou faux ?**

Repérez les affirmations exactes. Corrigez ensuite les affirmations inexactes.

a) Chez tous les animaux sauteurs, les membres antérieurs sont plus longs que les membres postérieurs.

b) Chez tous les animaux sauteurs, les muscles des membres postérieurs sont très développés.

c) Un animal qui marche a toujours au moins un membre en appui sur le sol.

• **Questions à réponse courte**

a) Quelles sont les adaptations des membres postérieurs des animaux sauteurs ?

b) Quels points communs et quelles différences y a-t-il entre le saut et le galop ?

c) Les animaux qui se déplacent par bonds présentent des caractères précis. Lesquels ?

• **Faites un schéma simple**

a) Pour montrer les différentes étapes du saut d'un animal.

b) Pour montrer la différence entre un animal plantigrade et un animal onguligrade.

3 Se déplacer dans l'eau

corrigé p. 453

• **Définissez les mots ou expressions**

Nage, nageoire, palmure, forme hydrodynamique, convergence de forme.

• **Vrai ou faux ?**

Repérez les affirmations exactes. Corrigez ensuite les affirmations inexactes.

a) Les poissons se déplacent toujours dans l'eau.

b) La grenouille se déplace dans l'eau avec des nageoires.

c) Les pattes de tous les vertébrés nageurs sont des membres transformés en nageoires.

• **Pourquoi dit-on que…**

a) la palmure des pattes postérieures de la grenouille facilite le déplacement dans l'eau ?

b) les nageoires des poissons ne servent généralement pas à la nage proprement dite ?

c) les animaux qui se déplacent dans l'eau présentent une convergence de forme ?

• **Questions à réponse courte**

a) Comment un poisson se déplace-t-il dans l'eau ?

b) Quels sont les caractères communs à tous les animaux nageurs ?

4 Regardons voler les animaux

corrigé p. 453

• **Définissez les mots ou expressions**

Vol, envol, atterrissage, vol ramé, vol plané, forme aérodynamique, aile, plume.

• **Vrai ou faux ?**

Repérez les affirmations exactes. Corrigez ensuite les affirmations inexactes.

a) Tous les animaux qui volent ont des ailes.

b) Les ailes de la chauve-souris sont des membres antérieurs transformés.

c) Au moment de l'envol, tous les oiseaux s'élancent dans l'air en effectuant un saut.

• **Questions à réponse courte**

a) Qu'est-ce qu'une aile ?

b) Quelles sont les différences entre le vol ramé et le vol plané ?

c) Comment se réalise l'atterrissage d'un oiseau ?

d) Quelles sont les caractéristiques d'une forme aérodynamique ?

• **Pourquoi dit-on que…**

a) l'aile d'une chauve-souris est comparable à un parapluie ?

b) les plumes sont des organes très perfectionnés ? Précisez leurs différents rôles.

c) l'aile d'un oiseau est un membre antérieur transformé ?

LES ÊTRES VIVANTS DANS LEUR MILIEU

1 Notions d'écosystème corrigé p. 454

• **Définissez les mots ou expressions**

Écosystème, milieux, facteurs biotiques, facteurs abiotiques, relations alimentaires, vie ralentie, plante vivace, plante annuelle, homéotherme, hétérotherme, hibernation, arbre à feuilles caduques, arbre à feuilles persistantes, sédentaire, migrateur.

• **Vrai ou faux ?**

Repérez les affirmations exactes. Corrigez ensuite les affirmations inexactes.

a) Les êtres vivants d'un milieu donné sont adaptés aux conditions de ce milieu.
b) Une forêt présente une stratification horizontale.
c) Les arbres à feuilles caduques conservent leurs feuilles toute l'année.
d) Les arbres à feuilles persistantes perdent chaque année une partie de leurs feuilles.
e) Les arbres sont des plantes annuelles.

• **Questions à réponse courte**

a) Quelles sont les différentes composantes d'un écosystème ?
b) Citez différents types de relations entre les êtres vivants d'un milieu.
c) Qu'appelle-t-on peuplement d'un milieu ?
d) Quelles sont les différentes strates du peuplement végétal d'une forêt ?
e) Face aux conditions de l'hiver, quels sont les trois grands types de comportements des animaux homéothermes (à température constante) ?

• **Expliquez pourquoi…**

a) les animaux hétérothermes passent l'hiver à l'état de vie ralentie ;
b) les bulbes permettent aux plantes de passer l'hiver à l'état de vie ralentie ;
c) dans un milieu, chaque être vivant occupe une place bien précise.

2 Le rôle discret mais efficace des décomposeurs corrigé p. 454

• **Définissez les mots ou expressions**

Décomposeur, cycle de la matière, litière de la forêt, humus, minéralisation, microorganisme, détritivore.

• **Vrai ou faux ?**

Repérez les affirmations exactes. Corrigez ensuite les affirmations inexactes.

a) Il y a des décomposeurs dans tous les milieux.
b) La minéralisation est la transformation de la matière minérale en matière organique.
c) Les bactéries sont les seuls décomposeurs de la matière organique.
d) Les décomposeurs transforment la matière organique en matière minérale.

• **Questions à réponse courte**

a) Dans une forêt, que deviennent les feuilles tombées et les branches mortes ?
b) Qu'appelle-t-on cycle de la matière ?
c) Quels sont les aliments des décomposeurs ?

3 L'action de l'homme sur son environnement corrigé p. 454

• **Définissez les mots ou expressions**

Pesticide, herbicide, insecticide, seuil de toxicité, ressources naturelles, pollution, monoculture, animal nuisible, animal utile.

• **Vrai ou faux ?**

Repérez les affirmations exactes. Corrigez ensuite les affirmations inexactes.

a) L'érosion est un phénomène provoqué par l'homme.
b) Un animal nuisible doit être détruit.
c) Un milieu est en équilibre lorsque tous les êtres vivants de ce milieu se développent normalement.

• **Questions à réponse courte**

a) Quelles sont les ressources que l'homme puise dans la nature ?
b) Citez quelques exemples de pollutions provoquées par les activités humaines.
c) Qu'est-ce que le tri sélectif des ordures ménagères ?

• **Expliquez pourquoi…**

a) La diversité du vivant est menacée.
b) Les équilibres naturels sont plus perturbés à l'époque actuelle qu'aux siècles derniers.
c) La notion d'animal utile et d'animal nuisible est une notion toute relative.

4 L'eau : un problème majeur du monde moderne corrigé p. 454

• **Définissez les mots ou expressions**

Nappe souterraine, nappe aquifère, porosité, pollution, station d'épuration, eutrophisation.

• **Vrai ou faux ?**

Repérez les affirmations exactes. Corrigez ensuite les affirmations inexactes.

a) La pollution des eaux de surface ne peut pas atteindre les eaux souterraines.
b) Une station d'épuration débarrasse l'eau de la totalité de ses impuretés.

c) L'eau qui sort d'une station d'épuration est potable.
d) La totalité de l'eau présente à la surface du globe terrestre est utilisable par l'homme.

• Questions à réponse courte

a) Quels sont les grands consommateurs d'eau ?
b) D'où vient l'eau du robinet ?
c) Comment se présente l'eau dans le sous-sol ?
d) Comment fonctionne une station d'épuration ?
e) Qu'est-ce qu'une nappe souterraine ?

LE CORPS HUMAIN ET L'ÉDUCATION À LA SANTÉ

1 Découvertes sensorielles : les cinq sens

corrigé p. 454

• Définissez les mots ou expressions

Organe des sens, stimulus externe, centres nerveux, cerveau, encéphale, fibre nerveuse, neurone, récepteur sensoriel, message nerveux, mouvement volontaire, mouvement réflexe, réflexe inné, réflexe acquis, réflexe conditionné, sensation, perception.

• Vrai ou faux ?

Repérez les affirmations exactes. Corrigez ensuite les affirmations inexactes.

a) L'organisme humain reçoit de nombreuses informations du milieu dans lequel il vit.
b) Les récepteurs sensoriels disséminés dans la peau sont tous identiques.
c) La lumière est un stimulus chimique.
d) Les yeux sont nécessaires pour voir, mais ils ne suffisent pas.
e) Le cerveau est un organe des sens.

• Questions à réponse courte

a) Citez le nom de cinq organes sensoriels humains.
b) Pourquoi dit-on que la sensibilité de la peau est ponctuelle ?
c) À quoi servent les neurones ?
d) Quels sont les principaux centres nerveux de l'organisme humain ?

• Faites un schéma simple

Pour expliquer ce qui se passe lorsqu'on goûte un aliment.

2 Os et muscles, organes du mouvement

corrigé p. 455

• Définissez les mots ou expressions

Os, articulation, cartilage articulaire, cartilage de croissance, synovie, ligament, muscle, tendon, muscles antagonistes, contraction musculaire, flexion, extension.

• Vrai ou faux ?

Repérez les affirmations exactes. Corrigez ensuite les affirmations inexactes.

a) Deux os sont attachés l'un à l'autre par un tendon.
b) Un muscle qui se contracte s'amincit et s'allonge.
c) Un os est un organe vivant.
d) Le coude est une articulation.
e) Les contractions musculaires sont commandées par des messages nerveux.
f) Un ligament unit un muscle à un os.
g) La synovie facilite le glissement des surfaces articulaires.
h) Deux muscles antagonistes se contractent en même temps et provoquent le même mouvement.

• Questions à réponse courte

a) Énumérez les organes qui interviennent dans un mouvement, et précisez leur fonction.
b) Quels éléments forment une articulation ?
c) Pourquoi un muscle qui se contracte provoque-t-il un mouvement ?
d) Dans la liste suivante, recherchez les mots qui se rapportent au muscle et ceux qui se rapportent au système nerveux : tendon, nerf, synovie, contraction, moelle épinière, ligament, cartilage, commande de la contraction.

• Expliquez pourquoi…

a) La consommation de dioxygène augmente au cours d'une activité musculaire.
b) La composition du sang se modifie lorqu'il traverse un muscle.

3 La digestion

corrigé p. 455

• Définissez les mots ou expressions

Digestion, transformation mécanique, transformation chimique, digestion « in vitro », enzyme, appareil digestif, tube digestif, glande digestive, aliment, nutriment, absorption intestinale, assimilation, incisive, canine, molaire, dent de lait, dent définitive.

• Vrai ou faux ?

Repérez les affirmations exactes. Corrigez ensuite les affirmations inexactes.

a) La digestion est seulement une transformation chimique des aliments.
b) Les enzymes sont des catalyseurs de réactions chimiques.
c) Sous l'action des sucs digestifs, les aliments se transforment en nutriments.
d) Au cours de la digestion, les protéines sont transformées en acides aminés et l'amidon devient glucose.
e) Le gros intestin produit plusieurs sucs digestifs.
f) La bile contient une enzyme qui digère les protéines.

• Questions à réponse courte

a) À quoi servent les aliments que nous mangeons ?
b) En quoi consiste une expérience de digestion « in vitro » ?

c) Pourquoi dit-on que la digestion de l'amidon est une digestion chimique ?
d) Expliquez de façon simple ce que sont les aliments énergétiques.
e) Que se passe-t-il lors de l'absorption ?

• Faites un schéma simple

Pour illustrer la phrase suivante : « Les nutriments sont les matériaux de construction à partir desquels les cellules de l'organisme fabriquent leurs propres constituants ». Prendre l'exemple d'une protéine.

4 Les secrets d'une bonne alimentation

corrigé p. 455

• Définissez les mots ou expressions

Besoins quantitatifs, besoins qualitatifs, groupes d'aliments, aliments équivalents, aliments bâtisseurs, aliments énergétiques, vitamine, carence, sous-nutrition, malnutrition.

• Vrai ou faux ?

Repérez les affirmations exactes. Corrigez ensuite les affirmations inexactes.

a) Les besoins énergétiques varient selon l'activité physique du sujet.
b) L'organisme humain synthétise les vitamines dont il a besoin.
c) Les besoins énergétiques d'un organisme varient avec l'âge du sujet.
d) Les besoins énergétiques s'expriment en kilojoules.

• Questions à réponse courte

a) Qu'appelle-t-on une ration alimentaire adaptée ?
b) Que signifie « avoir une alimentation équilibrée » ?
c) Pourquoi dit-on que certains aliments sont énergétiques et d'autres sont bâtisseurs ?
d) D'après leur rôle, les aliments sont classés en aliments bâtisseurs, aliments énergétiques et aliments fonctionnels. Donnez des exemples de chacun d'eux.

5 La respiration humaine

corrigé p. 455

• Définissez les mots ou expressions

Inspiration, expiration, inspiration forcée, expiration forcée, mouvements respiratoires, poumons, trachée artère, bronches, alvéoles pulmonaires, cage thoracique, diaphragme, échanges gazeux respiratoires, respiration cellulaire.

• Vrai ou faux ?

Repérez les affirmations exactes. Corrigez ensuite les affirmations inexactes.

a) Au cours d'une inspiration, seul le dioxygène pénètre dans l'organisme.
b) Au cours d'une expiration, seul le dioxyde de carbone est rejeté.
c) En passant par les poumons, l'air s'appauvrit en dioxygène et d'enrichit en dioxyde de carbone.
d) Les poumons contiennent de l'air et du sang.
e) Les échanges gazeux entre l'air et le sang se réalisent au niveau des petites bronches.
f) Le diaphragme s'abaisse au cours d'une inspiration.

• Questions à réponse courte

a) Quels organes composent les voies respiratoires ?
b) Quel est le rôle des voies respiratoires ?
c) À quel niveau se réalisent les échanges gazeux respiratoires ?
d) À quoi sert le dioxygène absorbé au cours de la respiration ?

• Expliquez pourquoi…

a) L'air expiré contient plus de dioxyde de carbone et moins de dioxygène que l'air inspiré.
b) Les échanges gazeux entre l'air et le sang se réalisent de façon efficace au niveau des poumons.
c) L'arrêt des mouvements respiratoires entraîne la mort.
d) La consommation de dioxygène augmente au cours d'une activité musculaire intense.
e) Les poumons sont des organes mous, spongieux, élastiques et très légers.

6 Le rôle du sang

corrigé p. 456

• Définissez les mots ou expressions

Appareil circulatoire, circulation générale, circulation pulmonaire, artère, veine, capillaire sanguin, cœur, rythme cardiaque, pouls.

• Vrai ou faux ?

Repérez les affirmations exactes. Corrigez ensuite les affirmations inexactes.

a) Toutes les artères contiennent du sang riche en dioxygène.
b) Le pouls correspond au passage du sang dans une artère.
c) Lorsque les ventricules se contractent, le sang contenu dans ces ventricules est envoyé sous pression dans les artères.
d) Le sang doit sa couleur rouge à la présence d'hémoglobine dans les globules rouges.
e) Le ventricule gauche a une paroi moins épaisse que le ventricule droit.
f) Le sang circule dans un ensemble de vaisseaux entièrement clos.
g) À diamètre égal, les artères ont une paroi plus épaisse que les veines.
h) Les capillaires permettent le passage du sang des veines vers les artères.
i) Au niveau du cœur, le sang du « cœur droit » et le sang du « cœur gauche » ne se mélangent pas.
j) Le sang qui sort du cœur par l'aorte est moins riche en dioxygène que celui qui sort par l'artère pulmonaire.

- **Questions à réponse courte**

a) Qu'appelle-t-on double circulation ? petite circulation, grande circulation ?
b) Pourquoi dit-on que les vaisseaux sont des « tuyaux » actifs ?
c) Pourquoi, selon les vaisseaux, le sang circule-t-il à des vitesses différentes ?
d) Expliquez en quoi le sang est un transporteur.

- **Expliquez pourquoi...**

a) Les bruits du cœur se répètent au même rythme que les contractions cardiaques.
b) Le rythme du pouls est le même que celui du cœur.
c) La fréquence cardiaque augmente au cours d'un exercice physique.
d) Au cours de la contraction des ventricules, le sang ne peut pas refluer dans les oreillettes.
e) Le sang circulant dans le « cœur gauche » est plus riche en dioxygène que le sang circulant dans le « cœur droit ».

- **Chassez l'intrus en justifiant son choix :**

a) veine, artère, foie, cavité cardiaque, capillaire.
b) artère, veine, bronchiole, capillaire.

- **Faites un schéma simple**

Pour montrer le trajet suivi, dans le corps humain, par une goutte de sang qui part de la main droite et y revient.

7 Comment naissent les bébés ?

corrigé p. 456

- **Définissez les mots ou expressions**

Puberté, caractères sexuels secondaires, testicules, ovaires, testostérone, œstrogène, progestérone, règles, menstruation, cycle menstruel, ovulation, hormone, fécondation, nidation, utérus, amnios, cordon ombilical, placenta, embryon, fœtus, jumeaux, contraception, fécondation in vitro.

- **Vrai ou faux ?**

Repérez les affirmations exactes. Corrigez ensuite les affirmations inexactes.
a) La fécondation est l'union d'un ovule avec plusieurs spermatozoïdes.
b) Le placenta est une zone d'échanges entre le sang maternel et le sang fœtal.
c) Dans le placenta, le sang maternel et le sang fœtal se mélangent.
d) La nidation de l'embryon se produit dans le vagin.
e) Chez les femmes, la sécrétion de testostérone est commandée par l'hypophyse.
f) La sécrétion de testostérone par les testicules est constante.
g) La puberté a lieu au même âge chez les garçons et chez les filles.
h) Les règles correspondent à la destruction presque totale de la muqueuse utérine.
i) L'ovaire de la femme a un fonctionnement cyclique.

- **Questions à réponse courte**

a) Pourquoi dit-on que les testicules ont une double fonction ? Précisez ces fonctions.
b) À quoi correspondent les règles ? Quelle est leur origine ?
c) Quelle est la durée moyenne du cycle génital de la femme ?
d) Pourquoi dit-on que le nouveau-né humain est un être inachevé ?

- **Expliquez comment...**

a) se forment les « vrais » jumeaux et les « faux » jumeaux ;
b) agit une pilule contraceptive ;
c) se forme la cellule œuf ;
d) le fœtus peut respirer et s'alimenter dans l'utérus maternel ;
e) le fœtus peut sortir de l'utérus maternel au moment de l'accouchement.

- **Complétez le texte suivant**

À l'aide des mots choisis dans cette liste : cellule œuf, vagin, spermatozoïde, trompe, nidation, placenta.
« Au cours d'un rapport sexuel, les ... sont déposés dans le ... de la femme, la fécondation a lieu à l'intérieur d'une ... . Dès sa formation, la ... commence à se diviser. Un événement capital marque la première semaine de vie embryonnaire : l'implantation ou ... de l'embryon dans la muqueuse utérine. Pendant toute la durée de la grossesse, le ... est le siège d'échanges constants entre le sang maternel et le sang foetal. »

Corrigés de l'évaluation du contrôle des connaissances

***Remarque :** Pour les **définitions des mots ou expressions**, se reporter, grâce à l'index, aux pages des chapitres où se trouvent les éléments de réponses.*

QU'EST-CE QUE LE MONDE VIVANT ?

1 - La plus petite unité de vie : la cellule (Voir p. 438)

• Vrai ou faux ?

a) Faux. Ce sont les cellules procaryotes qui sont dépourvues d'organites cellulaires.
b) Faux. Les cellules procaryotes sont apparues les premières au cours de l'histoire de la vie sur la Terre
c) Faux. Les cellules de la racine, par exemple, ne contiennent pas de chlorophylle.
d) Vrai.

• Questions à réponse courte

a) Au cours de l'évolution de la vie sur la Terre, les cellules procaryotes, apparues les premières, ont une organisation plus simple que les cellules eucaryotes.
b) Toute cellule, animale ou végétale, possède un noyau, un cytoplasme présentant différentes inclusions, une membrane plasmique qui entoure toute la cellule.
c) Les constituants spécifiques des cellules végétales sont : une paroi rigide de cellulose doublant la membrane plasmique, des organites spécialisés comme les chloroplastes, des vacuoles de grande taille.

• Expliquez pourquoi...

a) L'utilisation du microscope électronique a permis de découvrir des structures cellulaires variées (systèmes membranaires, organites spécialisés...) au niveau desquelles se réalisent les nombreuses réactions biochimiques qui caractérisent la vie cellulaire.
b) Certains organes des plantes vertes ont une couleur verte car les cellules qui les constituent contiennent des chloroplastes, eux-mêmes pourvus d'un pigment vert, la chlorophylle.

2 - Tous les êtres vivants se reproduisent (Voir p. 438)

• Vrai ou faux ?

a) Faux. La fécondation n'existe que dans la reproduction sexuée.
b) Faux. La procréation est synonyme de reproduction sexuée.
c) Vrai.

• Questions à réponse courte

a) L'accouplement est l'union de deux animaux de même espèce, mais de sexe différent ; la fécondation est l'union d'un gamète mâle et d'un gamète femelle.
b) La fécondation est l'union d'un gamète mâle et d'un gamète femelle qui donne naissance à une cellule œuf à l'origine d'un nouvel être vivant.
c) La fécondation est interne lorsqu'elle a lieu à l'intérieur du corps de la femelle.

3 - Tous les êtres vivants ont la même composition chimique (Voir p. 438)

• Vrai ou faux ?

a) Vrai.
b) Faux. Les glucides sont des substances carbonées qui ne contiennent pas d'azote.
c) Faux. Les éléments qui constituent la matière vivante ne sont pas spécifiques de celle-ci, mais leur assemblage particulier et la présence constante de l'élément carbone donne des molécules caractéristiques de la matière vivante.
d) Faux. Ce sont les protéines qui sont de grosses molécules faites de l'enchaînement d'acides aminés.

• Questions à réponse courte

a) Après digestion dans le tube digestif, les protéines sont fragmentées en acides aminés.
b) La matière produite par les êtres vivants est appelée matière organique.
c) Tous les êtres vivants ont les mêmes constituants chimiques (eau, sels minéraux, glucides, lipides, protides), dans des proportions différentes selon les espèces.

• Expliquez pourquoi...

a) Les protéines sont les constituants les plus caractéristiques des êtres vivants. En effet, selon leur nature, elles ont des fonctions très variées au sein de la cellule vivante :
– soit comme base de la structure des composants de la cellule ;
– soit comme molécules impliquées dans la plupart des réactions chimiques qui ont lieu dans la cellule vivante.
b) L'amidon et le glucose sont des molécules organiques contenant trois éléments chimiques (carbone, hydrogène, oxygène). De plus, la molécule d'amidon résulte de l'enchaînement d'un grand nombre de molécules d'oses (le glucose étant l'ose le plus connu).
c) Les protéines sont formées de l'enchaînement d'acides aminés. Dans le monde vivant, il n'existe que 20 acides aminés différents : ce sont les perles, et la protéine est le collier de perles. L'enchaînement des perles ne se fait pas de manière quelconque, il est spécifique de chaque protéine.

4 - Les cycles de développement (Voir p. 439)

• Vrai ou faux ?

a) Faux. Les mousses, comme les fougères, produisent des spores.
b) et **c)** Vrai.

• Questions à réponse courte

a) La lecture d'un cycle de vie fournit toutes les étapes de l'histoire d'un être vivant en ne retenant que les informations importantes.
b) Le cycle de développement d'une souris et celui d'une poule diffèrent par le mode de naissance de l'animal (la souris est vivipare, la poule est ovipare). On retrouve, dans tous les cas, la croissance du jeune animal, sa reproduction à l'âge adulte (avec l'accouplement, le phénomène de fécondation, l'existence d'une cellule œuf à l'origine du nouvel individu).
c) La représentation d'un cycle de vie fournit des informations concernant non seulement un individu (mode naissance, croissance, développement direct ou indirect...), mais aussi l'espèce (mode de dispersion, durée de vie...).
d) Les arbres, et les plantes à fleurs en général, ne peuvent coloniser d'autres milieux que par leurs graines. Selon les espèces, ils possèdent des organes favorisant leur dispersion (par le vent, par les animaux...).

• Expliquez pourquoi...

a) Les spores sont des organes de petite taille dont la dispersion se fait, selon les espèces, par le vent, par l'eau, par les animaux...

b) La durée de vie d'un être vivant est toujours limitée. Dans la plupart des cas, avant sa mort, un être vivant se reproduit et donne naissance à de nouveaux individus. À chaque génération la même histoire se renouvelle. C'est pourquoi on peut adopter pour l'individu une représentation en cycle. Le cycle de développement traduit donc l'histoire d'une espèce.

LES ÊTRES VIVANTS SE NOURRISSENT

1 - Pour vivre les êtres vivants ont besoin de manger (Voir p. 439)

• Vrai ou faux ?

a), **c)** et **e)** Vrai.

b) Incomplètement vrai. Pour fabriquer leur matière organique, les organismes autotrophes ont besoin d'eau, de sels minéraux et de dioxyde de carbone.

d) Faux. Les animaux sont tous des hétérotrophes.

• Questions à réponse courte

a) Les êtres hétérotrophes ont besoin, pour fabriquer leur propre matière organique, de disposer de matières organiques préexistantes fabriquées par les autotrophes, ces derniers étant les seuls capables de fabriquer leur matière organique à partir de matières minérales.

b) Pour rester en vie, les animaux ont besoin d'énergie. Ils la puisent dans les matières organiques de leurs aliments. Cette énergie est libérée au cours des réactions chimiques de la respiration cellulaire, pour lesquelles le dioxygène est indispensable.

c) La photosynthèse est une réaction de synthèse qui nécessite de l'énergie. Cette énergie est celle du soleil, captée par la chlorophylle contenue dans les chloroplastes des cellules chlorophylliennes. La photosynthèse ne peut donc avoir lieu dans des cellules non chlorophylliennes, c'est-à-dire dépourvues de chloroplastes.

d) L'énergie solaire est stockée sous forme d'énergie potentielle dans les produits de la photosynthèse (molécules d'amidon).

2 - Que mangent les animaux ?

(Voir p. 439)

• Vrai ou faux ?

a), **c)**, **d)** et **e)** Vrai.

b) Faux. Pour se nourrir les animaux ont besoin de matières minérales (eau surtout) et de matière organique.

f) Faux. Un animal zoophage mange des animaux. Un animal qui ne mange que des insectes est insectivore.

g) Faux. Un animal phytophage mange des aliments d'origine végétale.

• Questions à réponse courte

a) Pour se nourrir les animaux ont besoin d'eau et d'aliments provenant d'animaux ou de végétaux (matière organique).

b) Diverses méthodes sont utilisées par les scientifiques pour connaître le régime alimentaire des animaux sauvages (observation directe des animaux, analyse des restes de repas, examen du contenu de l'estomac, observation d'excréments, analyse de pelotes de réjection...).

c) Les organes de capture, la dentition, l'organisation du tube digestif... sont différents selon qu'un animal est végétarien ou carnivore.

3 - Les relations alimentaires

(Voir p. 440)

• Vrai ou faux ?

a), **b)**, **c)**, **d)** et **e)** Vrai.

f) Faux. La flèche qui unit deux maillons d'une chaîne alimentaire signifie « est mangé par ».

• Expliquez pourquoi...

a) Si les végétaux chlorophylliens disparaissaient, les animaux végétariens ne pourraient plus se nourrir et disparaîtraient entraînant la disparition des aliments des animaux carnivores et donc leur mort.

b) Une chaîne alimentaire est une suite d'êtres vivants dans laquelle chaque individu a mangé celui qui le précède. Elle représente donc un transfert de matière d'un maillon à un autre.

• Questions à réponse courte

a) Les végétaux chlorophylliens occupent toujours le premier maillon d'une chaîne alimentaire.

b) La matière produite par tous les êtres vivants est appelée matière organique.

c) La représentation sous forme d'une pyramide alimentaire traduit la diminution du nombre des individus et celle de la masse de matière vivante en passant d'un maillon à l'autre. Cette diminution s'explique par l'emploi d'une partie des aliments comme source d'énergie.

d) Les producteurs primaires produisent de la matière organique à partir de la matière minérale (ce sont les plantes chlorophylliennes). Les producteurs secondaires, encore appelés consommateurs, produisent leur matière organique à partir de matières organiques préexistantes fournies par des animaux ou des végétaux.

4 - Que mangent les « plantes vertes » ? (Voir p. 440)

• Vrai ou faux ?

a) Vrai.

b) Faux. La lumière n'est pas un aliment mais une source d'énergie.

c) Faux. Les racines d'un chêne puisent dans le sol de la forêt seulement une partie des aliments nécessaires à la croissance de l'arbre.

d) Faux. Les végétaux chlorophylliens ont besoin, pour se nourrir, de matières minérales (eau, sels minéraux, dioxyde de carbone).

e) Faux. Seules les cellules des parties vertes d'une plante verte possèdent des chloroplastes.

• Questions à réponse courte

a) Les aliments des végétaux chlorophylliens sont l'eau, les sels minéraux et le dioxyde de carbone.

b) Le jardinier met de l'engrais dans son jardin pour fournir les éléments minéraux nécessaires à la croissance des plantes vertes qu'il cultive.

c) Pour se développer, les végétaux chlorophylliens ont besoin de lumière, celle-ci est absente dans les grottes.

d) L'enrichissement de l'air d'une serre en dioxyde de carbone accroît la production de matière organique par les végétaux cultivés dans cette serre.

e) L'autotrophie d'un végétal chlorophyllien nécessite des aliments minéraux (eau, sels minéraux, dioxyde de carbone) et une source d'énergie la lumière. Les substances produites dans les feuilles sont des molécules organiques, du dioxygène est dégagé. Le phénomène mis en jeu est appelé photosynthèse.

• Faites un schéma simple

Le schéma doit montrer :

– les aliments absorbés par les racines dans le sol et leur circulation jusqu'aux feuilles (sève brute) ;

– le dioxyde de carbone absorbé au niveau des feuilles vertes et le rejet de dioxygène ;

– la lumière solaire captée par les feuilles vertes ;

– la synthèse de matière organique dans la feuille ;

– le transport des matières organiques formées vers les différentes parties de l'arbre (sève élaborée) ;

– de nouvelles synthèses de matières organiques utilisées lors de la croissance de l'arbre.

• Expliquez pourquoi...

a) La lumière est la source d'énergie nécessaire à la photosynthèse (synthèse de matière organique à partir d'eau, de sels minéraux et de dioxyde de carbone).

b) Les végétaux chlorophylliens sont appelés autotrophes parce qu'ils peuvent fabriquer leur propre matière organique à partir de substances uniquement minérales.

c) Les premières synthèses de matière organique se produisent dans les chloroplastes qui, grâce à la chlorophylle, captent l'énergie lumineuse nécessaire à ces synthèses.

5 - Que mangent les champignons ?

(Voir p. 440)

• Vrai ou faux ?

a) et **c)** Vrai.

b) Faux. Les champignons fabriquent leur matière vivante à partir de constituants organiques puisés dans le milieu.

• Pourquoi dit-on que…

a) Les champignons sont des décomposeurs car ils se nourrissent de matière organique provenant d'animaux ou de végétaux morts dont ils assurent la décomposition.

b) Comme les animaux, les champignons sont des êtres hétérotrophes ; ils construisent en effet leur matière organique à partir de constituants organiques provenant d'autres êtres vivants.

c) Les champignons mènent une vie fixée ; seules leurs spores peuvent se disperser et assurer la dissémination de l'espèce.

d) Les champignons récoltés dans la forêt ne sont que les organes reproducteurs d'un organisme souterrain formé de filaments mycéliens. Ces organes reproducteurs produisent des spores « comme » les pommes contiennent des pépins ou graines du pommier.

• Expliquez pourquoi…

a) La lumière ne gêne pas le développement des champignons, mais ne lui est pas nécessaire. Les champignons peuvent donc se développer indifféremment à la lumière et à l'obscurité.

b) Les moisissures sont, comme les champignons de la forêt, formées de filaments qui se développent sur de la matière organique et se reproduisent grâce à des spores.

c) Les champignons de Paris sont cultivés dans des grottes dont on peut facilement réguler l'humidité et qui sont, généralement, à température constante toute l'année.

6 - Les êtres vivants respirent

(Voir p. 441)

• Vrai ou faux ?

a) Faux. Dans les poumons, le sang s'enrichit en dioxygène et cède du dioxyde de carbone.

b) Incomplètement vrai. La respiration aérienne des insectes et des araignées se fait en effet par des trachées.

c) Vrai.

d) Faux. Les végétaux chlorophylliens respirent aussi bien le jour que la nuit (en absorbant du dioxygène et en rejetant du dioxyde de carbone).

e) Faux. Certains animaux aquatiques viennent respirer, en surface, l'air atmosphérique.

• Questions à réponse courte

a) Les échanges gazeux communs aux plantes vertes et aux animaux sont l'absorption de dioxygène et le rejet de dioxyde de carbone. Ils correspondent à la respiration qui permet aux cellules la libération de l'énergie potentielle contenue dans les molécules organiques.

b) Les plantes vertes respirent et ont les mêmes échanges gazeux que les animaux (absorption de dioxygène et rejet de dioxyde de carbone). Ces échanges gazeux respiratoires sont, chez les plantes vertes, masqués par les échanges gazeux qui accompagnent la photosynthèse (absorption de dioxyde de carbone et rejet d'oxygène).

c) Pour mettre en évidence les échanges gazeux respiratoires des plantes vertes, il faut les placer à l'obscurité.

d) La respiration pulmonaire permet des échanges gazeux entre l'air atmosphérique et le sang ; la respiration branchiale permet ces échanges gazeux entre l'air dissous dans l'eau et le sang.

e) Dans la respiration, le sang sert au transport des gaz respiratoires, depuis l'appareil respiratoire (poumon ou branchie) jusqu'aux organes, et en sens inverse.

LES ÊTRES VIVANTS SE REPRODUISENT

1 - Les êtres vivants assurent la survie de l'espèce (Voir p. 441)

• Vrai ou faux ?

a) Vrai, si on se place pendant l'interphase de la vie cellulaire.

b), c), d), e) et f) Vrai.

g) Faux. Les deux molécules d'ADN sont alors identiques.

• Expliquez pourquoi…

a) Au moment de la fécondation, les paires de chromosomes se reconstituent dans la cellule œuf à partir des chromosomes paternels et maternels contenus dans les gamètes. Celle-ci contient donc n chromosomes paternels et n chromosomes maternels.

b) On parle de « loterie de l'hérédité », car la transmission des chromosomes d'une génération à l'autre fait intervenir trois fois le hasard par suite du grand nombre de combinaisons chromosomiques possibles : lors de la formation des spermatozoïdes, lors de la formation des ovules et lors de la fécondation.

c) Les vrais jumeaux sont génétiquement identiques, car ils proviennent d'une division de la même cellule œuf.

• Pourquoi dit-on que…

a) La molécule d'ADN est une molécule de structure complexe mais que l'on peut représenter par un enchaînement de 4 bases azotées différentes dont l'ordre n'est pas quelconque. Cet ordre donne une information codée qui se traduit ensuite par la construction d'une protéine bien déterminée.

b) La transmission des caractères héréditaires dépend des molécules d'ADN car ce sont elles qui portent les informations génétiques, autrement dit les plans de construction des protéines spécifiques de l'individu.

c) Un enfant provient du développement d'une cellule œuf, elle-même étant le résultat de l'union d'un spermatozoïde de son père et d'un ovule de sa mère. Chacun de ces gamètes contient le même nombre n de chromosomes qui, après fécondation, redonnent le stock chromosomique $2n$ de l'enfant.

2 - La reproduction des animaux

(Voir p. 441)

• Vrai ou faux ?

a) Faux. Par exemple chez les poissons, la femelle pond des ovules dans l'eau ; ils sont ensuite arrosés par le sperme du mâle qui contient des spermatozoïdes.

b) Faux. La fécondation peut avoir lieu dans le milieu extérieur.

c), d) et e) Vrai.

• Questions à réponse courte

a) Les caractères sexuels primaires sont les différences externes directement liées aux organes reproducteurs.

b) Les oiseaux couvent les œufs au cours de la phase d'incubation. Celle-ci permet d'une part de maintenir les œufs à une température constante pendant le développement de l'embryon, d'autre part d'assurer une protection contre les prédateurs.

c) Les lézards sont des animaux à température variable ; ils ne pourraient donc pas assurer l'incubation de leurs œufs.

d) L'accouplement permet le rapprochement des gamètes mâle et femelle. Il est indispensable chez les espèces où la fécondation est interne, c'est-à-dire dans le corps de la femelle.

3 - La vie des « bébés » animaux avant la naissance (Voir p. 442)

• Vrai ou faux ?

a) Faux. C'est le développement de l'œuf des vivipares qui s'effectue dans l'utérus de la femelle.

b) Vrai.

c) Faux. L'œuf des vivipares ne contient pas suffisamment de réserves pour permettre le développement de l'embryon.

d) Faux. Le cordon ombilical relie l'embryon au placenta qui lui-même est fixé à l'utérus de la mère.

• Questions à réponse courte

a) La cellule œuf est la cellule obtenue après union d'un spermatozoïde et d'un ovule ; l'œuf (de poule par exemple) contient la cellule œuf accompagnée d'annexes et de réserves.

b) Le placenta permet les échanges d'aliments, de dioxygène et de déchets entre le sang de la mère et celui de l'embryon. De plus, il fixe l'embryon dans la paroi de l'utérus.

c) Les réserves contenues dans un œuf d'oiseau constituent les aliments de l'embryon pendant son développement.

d) Chez les êtres vivipares, la cellule œuf se développe dans l'utérus de la femelle.
e) Au cours de ces deux phénomènes se déroule le développement de l'embryon. L'incubation est, chez les oiseaux, la phase de développement de l'embryon à l'intérieur de la coquille de l'œuf. La gestation est, chez les mammifères, la phase de développement de l'embryon à l'intérieur de l'utérus de la femelle.

• Faites un schéma simple

Ce schéma doit montrer comment se font les échanges, au niveau du placenta, entre le sang de l'embryon et celui de la mère ; la nature et le sens des échanges seront également précisés.

4 - De la naissance à l'âge adulte

(Voir p. 442)

• Vrai ou faux ?

a) Vrai.
b) Faux.
c) Faux. Seuls les insectes à métamorphose complète présentent un stade de nymphe au cours de leur cycle de développement.
d) Faux. Seuls les animaux pourvus d'une carapace rigide externe présentent une croissance discontinue.

• Questions à réponse courte

a) La métamorphose du têtard en grenouille s'accompagne de changements portant sur l'aspect extérieur, sur l'organisation interne, sur le milieu de vie et le mode de vie (alimentation, respiration, déplacement…).
b) Lors d'une mue de croissance, la carapace de l'insecte se fend généralement sur le dos. L'animal en sort, perdant ainsi toute son ancienne « peau » ; la nouvelle carapace, d'abord molle, durcit progressivement. Pendant que celle-ci est encore souple, un gonflement général du corps assure l'augmentation de taille de l'animal. Ainsi à chaque mue de croissance la taille augmente brutalement.
c) La nymphe ne se nourrit pas, ne se déplace pas ; à l'intérieur de la carapace, les organes de l'adulte se mettent en place. En fin de nymphose, l'insecte adulte quitte la carapace. Il a terminé sa croissance et son développement. Il peut alors se reproduire.

• Expliquez pourquoi…

a) Les insectes ont une croissance discontinue en raison de l'existence d'une carapace externe rigide qui empêche toute croissance continue. La croissance ne peut s'effectuer que lors des mues.
b) Les oiseaux nidicoles naissent nus, aveugles, incapables de se déplacer et donc de se nourrir. Ils dépendent totalement des soins de leurs parents pendant les premières semaines de leur vie.

5 - Le secret des graines (Voir p. 442)

• Vrai ou faux ?

a) et **b)** Vrai.
c) Faux. À maturité, les graines entrent en état de vie ralentie ; elles reprennent une vie active à la germination.
d) Faux. La lumière n'est pas nécessaire à la germination des graines.

• Questions à réponse courte

a) Une graine est obtenue après fécondation d'un ovule de plante à fleurs par un grain de pollen. Elle contient l'embryon issu du développement de la cellule œuf et les réserves nécessaires au développement de l'embryon lors de la germination.
b) Pour germer, une graine a besoin d'une humidité et d'une température suffisantes.
c) Les graines sont des organes vivants, très déshydratés. La faible teneur en eau est responsable de leur vie ralentie (pas de fabrication de nouvelles matières, ni de croissance, échanges nutritifs et respiratoires pratiquement nuls).
d) La vie ralentie des graines leur permet de résister à des conditions très défavorables à la vie (froid, gel, excès de chaleur, sécheresse…). La déshydratation, qui accompagne la vie ralentie, leur permet de rester vivantes très longtemps.

• Expliquez pourquoi…

a) La plupart des réactions chimiques de la vie nécessitent de l'eau ; c'est pourquoi des organes déshydratés, tels que les graines, mènent une vie ralentie.
b) Les plantes à fleurs, enracinées dans le sol, sont immobiles. Seules leurs graines, se détachant de la plante mère, peuvent assurer la dispersion de l'espèce.
c) Certains animaux transportent, à leur insu, les semences fixées à la surface de leur corps grâce à un système adhésif (substance collante, crochets…). Par ailleurs, de nombreux animaux, se nourrissant de fruits, rejettent dans leurs excréments, sans les avoir digérées, les graines qu'ils contenaient.

6 - Comment se forment les graines ? (Voir p. 443)

• Vrai ou faux ?

a), **b)** et **d)** Vrai.
c) Faux. Les étamines sont les organes mâles d'une fleur.
e) Faux. Dans un fruit, on trouve d'abord le pistil transformé, puis, selon les espèces, quelques autres parties de la fleur (sépales, réceptacle floral…).

• Expliquez pourquoi…

a) Une fleur contient généralement des étamines qui produisent les gamètes mâles, et un pistil qui contient les gamètes femelles. Dans certaines espèces, les fleurs sont de deux types, certaines possèdent seulement les organes mâles, d'autres seulement les organes femelles.
b) La pollinisation, c'est-à-dire le transport du pollen sur le pistil, précède obligatoirement la fécondation.
c) Un pistil dont les ovules ne sont pas fécondés ne se transforme pas en fruit. Il se dessèche et meurt.

• Pourquoi dit-on que…

a) Les fleurs sont les organes reproducteurs des plantes à fleurs car elles produisent les gamètes mâles dans les étamines et les gamètes femelles dans le pistil.
b) Après fécondation, les ovules contenus dans le pistil se transforment en graines. Les plantes à fleurs sont donc des plantes qui produisent des graines.
c) Le pistil contient, dans ses ovules, les gamètes femelles. Le pistil est donc l'organe femelle de la fleur.
d) Les étamines produisent le pollen. Chaque grain de pollen contient un gamète mâle. Les étamines sont donc les organes mâles de la fleur.

• Questions à réponse courte

a) La pollinisation consiste dans le transport des grains de pollen des étamines sur l'extrémité du pistil (le stigmate). La fécondation est l'union d'un gamète mâle avec le gamète femelle. Celle-ci est possible grâce à la germination d'un grain de pollen, arrivé sur le stigmate lors de la pollinisation. Le tube pollinique ainsi formé conduit le gamète mâle jusqu'à l'ovule qui contient le gamète femelle.
b) Seuls les étamines et le pistil interviennent dans la fécondation des ovules. Les sépales et les pétales n'interviennent pas.

7 - La croissance des arbres

(Voir p. 443)

• Vrai ou faux ?

a) Faux. C'est l'arbre à feuilles persistantes qui ne perd pas toutes ses feuilles en hiver.
b) et **c)** Vrai.

• Expliquez pourquoi…

a) La croissance en longueur des arbres n'a lieu que lors de l'éclosion des bourgeons, pendant quelques semaines seulement.
b) Chaque année, du printemps à l'automne, une nouvelle couche de bois se forme sous l'écorce de l'arbre. Il ne s'en forme pas en hiver.
c) Les couches de bois n'ont pas toutes la même épaisseur, en effet les conditions de vie (froid, sécheresse, élagage, attaque de parasites…) agissent sur la photosynthèse et donc sur la croissance et sur la production de bois.

• Questions à réponse courte

a) Un bourgeon est une tige miniature portant des feuilles minuscules, protégée par des écailles qui s'écartent au moment de l'éclosion.
b) La croissance en longueur des arbres n'a lieu qu'à l'éclosion des bourgeons et donc au printemps. La croissance en

épaisseur des troncs a lieu du printemps à l'automne ; elle est nulle pendant l'hiver. La croissance des arbres est donc saisonnière et discontinue.
c) On évalue l'âge d'un arbre en comptant le nombre des cernes observables sur la section de son tronc. Chaque cerne correspond à la fabrication de la couche de bois annuelle, pendant la belle saison (du printemps à l'automne).

• **Faites un schéma simple**
Le schéma doit montrer, sur une coupe transversale de tronc d'arbre, de l'extérieur vers l'intérieur, l'écorce, la couche de bois située sous l'écorce qui est la plus récemment formée, et les autres cernes correspondant aux couches de bois plus anciennes.

8 - La reproduction asexuée

(Voir p. 443)

• **Vrai ou faux ?**
a) Faux. Un tubercule de pomme de terre est un fragment de tige souterraine riche en réserves alimentaires.
b) Faux. La reproduction asexuée ne fait pas intervenir la fécondation.
c) Faux. Par reproduction asexuée, on obtient des individus tous identiques du point de vue génétique.
d) Faux. Il existe quelques cas de reproduction asexuée chez les animaux.

• **Questions à réponse courte**
a) La reproduction asexuée est encore appelée multiplication végétative car elle utilise des organes « végétatifs » de la plante qui sont, selon les espèces, des tiges, des feuilles, des racines.
b) La « culture en tube » est la culture de très petits fragments de bourgeons sur des milieux nutritifs appropriés qui déclenchent la formation de nombreux petits bourgeons.
c) La reproduction asexuée se fait sans l'intervention de phénomènes sexuels. L'information génétique n'est donc pas modifiée chez les descendants. Ceux-ci possèdent le même patrimoine génétique que le parent unique qui leur a donné naissance.

LES ÊTRES VIVANTS SE DÉPLACENT

1 - Déplacements et milieu de vie

(Voir p. 444)

• **Vrai ou faux ?**
a), b) et **d)** Vrai.
c) Faux.

• **Expliquez pourquoi…**
a) Les animaux se déplacent plus vite dans l'air que dans l'eau, en effet l'eau offre plus de résistance au déplacement que l'air.
b) L'aile est l'organe du vol. Selon les espèces, elle a une forme et une structure différentes, mais, dans tous les cas, c'est une surface portante qui permet un appui sur l'air.
c) On ne se déplace pas de la même manière sur terre et dans l'eau. À chaque milieu de vie correspond donc un mode de déplacement adapté.
d) Un même animal, tel que le canard, peut marcher sur terre, nager sur l'eau et voler dans les airs. Il peut ainsi explorer plusieurs milieux.

2 - Les déplacements sur terre

(Voir p. 444)

• **Vrai ou faux ?**
a) Faux. Ce sont les membres postérieurs qui sont les plus longs.
b) et **c)** Vrai.

• **Questions à réponse courte**
a) Les membres postérieurs des animaux sauteurs sont très longs et repliés en Z avant le saut ; ils comportent trois segments sensiblement de même longueur, et ont des muscles très développés.
b) Le galop est une succession de sauts. Le galop et le saut présentent cependant des différences. Dans le galop :
– la poussée des membres postérieurs s'exerce successivement et non simultanément ;
– les membres antérieurs ne sont pas seulement des organes de réception, mais agissent en poussant lors de la nouvelle propulsion ;
– les membres antérieurs et les membres postérieurs ont sensiblement la même longueur.
c) Les animaux qui se déplacent par bonds ont des caractères communs :
– des membres postérieurs très longs avant le saut ;
– des pieds très longs (cuisse, jambe et pied ont sensiblement la même longueur) ;
– une musculature de la cuisse et de la jambe très développée.

• **Faites un schéma simple**
a) Le schéma doit montrer les différentes phases : propulsion, déplacement en extension sans appui sur le sol, réception sur le sol suivie d'une nouvelle propulsion.
b) Le schéma doit montrer les différentes parties du membre : cuisse, jambe, pied avec la plante du pied, les doigts et les ongles. Chez l'animal plantigrade, tout le pied repose sur le sol. Chez l'animal onguligrade, seul l'ongle, transformé en sabot, repose sur le sol.

3 - Se déplacer dans l'eau

(Voir p. 444)

• **Vrai ou faux ?**
a) Vrai.
b) Faux La grenouille se déplace dans l'eau grâce à ses membres postérieurs dont les doigts sont réunis par une palmure. Les membres antérieurs n'interviennent que dans les phases de nage lente.
c) Faux.

• **Pourquoi dit-on que…**
a) Lors de la nage rapide, la palmure des pattes postérieures de grenouille s'étale et exerce une poussée sur l'eau qui propulse l'animal.
b) Les nageoires de poissons ne servent pas à la nage proprement dite qui est assurée par des mouvements de toute la partie postérieure du corps. Les nageoires servent de stabilisateurs et interviennent lors des changements de direction.
c) Les animaux qui se déplacent dans l'eau ont une forme en fuseau, sans partie saillante. Ils offrent ainsi une résistance minimale à la progression dans l'eau (forme hydrodynamique). On parle de convergence de forme.

• **Questions à réponse courte**
a) Chez la plupart des poissons, le déplacement est assuré par la région postérieure du corps de l'animal qui frappe alternativement l'eau à droite et à gauche.
b) Tous les animaux nageurs ont une forme hydrodynamique (en fuseau, sans partie saillante…), et la surface de leur corps est recouverte d'un mucus la rendant très glissante.

4 - Regardons voler les animaux

(Voir p. 444)

• **Vrai ou faux ?**
a) et **b)** Vrai.
c) Faux, bien que, au moment de l'envol, la plupart des oiseaux s'élancent dans l'air en effectuant un saut.

• **Questions à réponse courte**
a) Les ailes sont toujours des lames aplaties dont la surface portante peut être modifiée et dont les battements sont assurés par des muscles puissants.
b) Dans le vol plané, l'oiseau, gardant ses ailes étalées et immobiles, se laisse porter par les masses ascendantes d'air chaud. Dans le vol ramé, il bat des ailes pour assurer sa propulsion dans l'air, à la manière des rames d'un bateau.
c) Lors de l'atterrissage, l'oiseau réduit sa vitesse en modifiant la position des ailes et leur mouvement, en étalant les plumes de sa queue, en amenant son corps en position verticale, en tendant ses pattes pour amortir le choc.
d) En plein vol, le corps des oiseaux a la forme aérodynamique d'un fuseau, les pattes sont rétractées ou étalées dans le plan horizontal, la tête se place dans le prolongement du corps…

• **Pourquoi dit-on que…**
a) L'aile de la chauve-souris est une membrane très fine tendue entre des

baguettes osseuses. Celles-ci correspondent aux doigts très allongés du membre antérieur et rappellent les baleines d'un parapluie.

b) Le corps des oiseaux est recouvert de trois types de plumes aux rôles spécifiques. Les plumes de duvet servent d'isolant thermique, les grandes plumes des ailes et de la queue servent pendant le vol, des plumes plus petites recouvrent tout le corps. Les grandes plumes ont une structure qui les rend imperméables à l'air.

c) Dans le squelette de l'aile d'un oiseau, on retrouve l'organisation générale d'un membre antérieur de vertébré, avec un allongement de la main et une réduction du nombre des doigts.

LES ÊTRES VIVANTS DANS LEUR MILIEU

1 - Notions d'écosystème

(Voir p. 445)

• **Vrai ou faux ?**

a) et **d)** Vrai.

b) Faux. Une forêt présente une stratification verticale.

c) Faux. Les arbres à feuilles caduques perdent toutes leurs feuilles chaque année.

e) Faux. Les arbres sont des plantes vivaces.

• **Questions à réponse courte**

a) Un écosystème désigne l'ensemble des espèces animales et végétales qui habitent un même lieu, les relations qui s'établissent entre ces êtres vivants et celles qui s'établissent entre les êtres vivants et les facteurs du milieu (climat, nature du sol…).

b) Entre les êtres vivants présents dans un milieu s'établissent des relations alimentaires, de coopération, de concurrence…

c) Le peuplement d'un milieu est l'ensemble des êtres vivants présents dans ce milieu.

d) Les différentes strates du peuplement végétal d'une forêt sont la strate arborescente, la strate arbustive, la strate herbacée, la strate muscinale, et la strate hypogée (ou souterraine).

e) Les animaux homéothermes (à température constante) passent l'hiver, de manière différente selon les espèces. Certains sont sédentaires, d'autres sont hibernants (s'endorment sur place), d'autres sont migrateurs.

• **Expliquez pourquoi…**

a) Les animaux hétérothermes atteignent pendant l'hiver des températures internes trop basses pour mener une vie active.

b) Les bulbes enfouis dans la terre et entourés d'écailles protectrices peuvent résister au gel.

c) Les milieux présentent une organisation spatiale qui offre des conditions de vie variées. Chaque être vivant occupe la place la mieux adaptée à son mode de vie.

2 - Le rôle discret mais efficace des décomposeurs (Voir p. 445)

• **Vrai ou faux ?**

a) et **d)** Vrai.

b) Faux. La minéralisation est la transformation de la matière organique en matière minérale.

c) Faux. Les bactéries ne sont pas les seuls décomposeurs de la matière organique. De nombreux êtres vivants participent à cette décomposition.

• **Questions à réponse courte**

a) Dans la forêt, les feuilles tombées et les branches mortes sont, peu à peu, décomposées et transformées en humus. Cet humus est, ensuite, progressivement minéralisé sous l'action de divers microorganismes.

b) Sous l'action des décomposeurs, la matière organique morte est recyclée en matière minérale : c'est le cycle de la matière.

c) Les décomposeurs se nourrissent de matière organique provenant d'animaux et de végétaux morts.

3 - L'action de l'homme sur son environnement

(Voir p. 445)

• **Vrai ou faux ?**

a) Faux.

b) Faux. Un animal nuisible ne doit être détruit que si sa prolifération perturbe la vie des hommes.

c) Vrai.

• **Questions à réponse courte**

a) L'homme prélève dans la nature des matières premières (bois, eau, minerais…) et des matières combustibles (charbon, pétrole…).

b) Pollution de la mer par les hydrocarbures, des nappes souterraines par des pesticides, rejet dans l'air ou dans l'eau de substances nocives…

c) Le tri sélectif des ordures ménagères permet de séparer, chez les particuliers, les déchets qui pourront être recyclés : matières plastiques, verres, papier.

• **Expliquez pourquoi…**

a) La diversité du vivant est menacée par la destruction des habitats (déforestation, suppression des haies), par certaines pratiques culturales (monoculture…).

b) Les équilibres naturels sont perturbés par l'introduction d'espèces vivantes nouvelles, par l'exploitation irraisonnée de certains milieux, par des pratiques culturales ou industrielles nouvelles.

c) Il n'y a pas, sur le plan biologique, d'animal utile et d'animal nuisible. Cette notion, introduite par l'homme, s'avère toute relative. Par exemple, la suppression des rapaces est actuellement remise en cause, car elle a entraîné la prolifération de certains rongeurs dont ils se nourrissaient. Actuellement, la loi protège de nombreuses espèces anciennement qualifiées de nuisibles.

4 - L'eau, un problème majeur du monde moderne (Voir p. 445)

• **Vrai ou faux ?**

a) Faux. En effet, les eaux de surface alimentent les eaux souterraines et peuvent donc les polluer.

b) Faux. Une station d'épuration débarrasse l'eau de 80 % seulement de ses impuretés avant son rejet dans la rivière.

c) Faux. L'eau qui sort d'une station d'épuration n'est pas potable.

d) Faux. La majorité de l'eau présente à la surface du globe terrestre se trouve dans les océans. Étant salée, elle n'est pas directement utilisable par l'homme.

• **Questions à réponse courte**

a) Les principaux consommateurs d'eau sont les collectivités locales, les usages domestiques, l'agriculture, l'EDF (Centrales hydroélectriques) et les industries.

b) L'eau du robinet provient des rivières ou des nappes souterraines. Elle a été traitée et rendue potable dans des centres dits « de potabilisation ».

c) Dans le sous-sol, l'eau imprègne les roches poreuses, constituant ainsi les nappes souterraines.

d) Dans une station d'épuration, les eaux usées sont débarrassées de leurs déchets par différentes opérations (dégraissage, décantage, filtration, traitement biologique par des microorganismes…).

e) Une nappe souterraine est un gisement d'eau situé dans le sous-sol. Elle est formée par une roche perméable, poreuse (l'aquifère) dans laquelle l'eau circule.

LE CORPS HUMAIN ET L'ÉDUCATION À LA SANTÉ

27 - Découvertes sensorielles : les cinq sens (Voir p. 446)

• **Vrai ou faux ?**

a) et **d)** Vrai.

b) Faux. La peau possède différents types de sensibilité (au contact, à la pression, à la température, à la douleur). À chacune d'elles correspondent des récepteurs sensoriels spécifiques.

c) Faux.

e) Faux. Le cerveau est un centre nerveux qui interprète les messages reçus des organes des sens.

• **Questions à réponse courte**

a) Les cinq organes sensoriels humains sont les yeux, le nez, la langue, les oreilles et la peau.

b) La sensibilité de la peau est ponctuelle, c'est-à-dire limitée à des points précis (de tact, de pression, de froid, de chaud, de douleur) laissant entre eux des espaces insensibles.

c) Les neurones sont des cellules très spécialisées qui établissent entre elles des liaisons (synapses). Elles reçoivent des messages nerveux et sont capables d'en transmettre à l'intérieur d'un réseau de neurones. Ce sont des unités de traitement de l'information.

d) Les principaux centres nerveux de l'organisme humain sont l'encéphale (hémisphères cérébraux, cervelet, bulbe rachidien) et la moelle épinière.

- **Faites un schéma simple**

Le schéma doit faire apparaître l'organe sensoriel (la langue) et le trajet du message nerveux jusqu'au cerveau qui l'interprète et identifie le goût.

2 - Os et muscles, organes du mouvement (Voir p. 446)

- **Vrai ou faux ?**

a) Faux. Deux os sont attachés l'un à l'autre par des ligaments.

b) Faux. Un muscle qui se contracte se gonfle et se raccourcit.

c), d), e) et **g)** Vrai.

f) Faux. Un tendon unit un muscle à un os.

h) Faux. Deux muscles antagonistes interviennent dans le même mouvement. L'un se contracte, pendant que l'autre se relâche.

- **Questions à réponse courte**

a) Dans un mouvement, les organes actifs sont les muscles. Ils permettent le déplacement relatif des os, mobiles les uns par rapport aux autres grâce au jeu des articulations.

b) Au niveau d'une articulation mobile, deux os s'emboîtent et sont réunis par des ligaments élastiques. La présence de cartilages articulaires et celle d'un liquide huileux (la synovie) facilitent le glissement des os l'un par rapport à l'autre.

c) Un muscle qui se contracte, se raccourcit et rapproche l'un de l'autre les os sur lesquels il est fixé, provoquant le mouvement de l'un de ces os par rapport à l'autre.

d) Mots qui se rapportent au muscle : tendon, contraction. Mots qui se rapportent au système nerveux : nerf, moelle épinière, commande de la contraction.

- **Expliquez pourquoi…**

a) Comme un moteur, le muscle qui travaille consomme du carburant. Les « carburants » du muscle sont les nutriments, en particulier le glucose. Ils libèrent leur énergie lors de réactions chimiques qui consomment du dioxygène. Donc, la consommation de dioxygène augmente au cours d'une activité musculaire.

b) Lorsqu'il traverse un muscle, le sang s'appauvrit en dioxygène consommé par le muscle, et s'enrichit en dioxyde de carbone rejeté par ce même muscle.

3 - La digestion (Voir p. 446)

- **Vrai ou faux ?**

a) Faux. La digestion est à la fois une transformation mécanique et chimique des aliments.

b) Vrai. Les enzymes sont des catalyseurs de réactions chimiques se produisant dans un organisme vivant.

c) et **d)** Vrai.

e) Faux. Le gros intestin ne produit aucun suc digestif.

f) Faux. La bile sert à émulsionner les corps gras.

- **Questions à réponse courte**

a) Les aliments sont utilisés comme matériaux de construction et comme « carburant » par les différentes cellules du corps.

b) Une expérience de digestion « in vitro » met en contact, dans un tube à essais, des aliments et des sucs digestifs afin d'étudier la transformation obtenue.

c) La digestion de l'amidon est une digestion chimique car elle transforme une grosse molécule en molécules plus petites grâce à l'action d'enzymes. Ce n'est ni un broyage mécanique, ni une simple dissolution.

d) Les aliments énergétiques sont des aliments riches en énergie potentielle qui sera libérée au cours des réactions chimiques de la respiration cellulaire.

e) Lors de l'absorption qui se produit au niveau de l'intestin grêle, les produits de la digestion des aliments, ou nutriments, passent dans le sang ou dans la lymphe.

- **Faites un schéma simple**

Le schéma doit montrer comment une protéine animale (collier de perles assemblées dans un certain ordre) libère au cours de la digestion des acides aminés (perles) qui se recombinent dans un nouvel ordre pour former une protéine humaine.

4 - Les secrets d'une bonne alimentation (Voir p. 447)

- **Vrai ou faux ?**

a), c) et **d)** Vrai.

b) Faux. L'organisme humain doit trouver dans ses aliments les vitamines dont il a besoin.

- **Questions à réponse courte**

a) Une ration alimentaire doit être adaptée aux besoins en matière et en énergie de l'organisme pour une journée. Ceux-ci varient avec l'âge, le sexe, l'activité physique…

b) « Avoir une alimentation équilibrée », c'est couvrir les dépenses énergétiques de l'organisme (c'est-à-dire satisfaire les besoins quantitatifs) et apporter les matériaux indispensables à son bon fonctionnement (c'est-à-dire satisfaire les besoins qualitatifs).

c) Certains aliments sont énergétiques car ils constituent la source d'énergie de l'organisme ; d'autres sont bâtisseurs car ils interviennent plus particulièrement dans la construction de la matière vivante.

d) Aliments bâtisseurs : viande, poisson, œuf, lait…
Aliments énergétiques : beurre, huile, sucre, pâtes…
Aliments fonctionnels riches en vitamines et en fibres : légumes, fruits…

5 - La respiration humaine (Voir p. 447)

- **Vrai ou faux ?**

a) Faux. Au cours d'une inspiration, l'air, qui pénètre dans les poumons, perd du dioxygène au niveau des alvéoles pulmonaires.

b) Faux. Au cours d'une expiration, l'air rejeté s'est enrichi en dioxyde de carbone au niveau des alvéoles pulmonaires.

c) et **f)** Vrai.

d) Vrai. Les poumons contiennent de l'air dans l'arbre bronchique, et du sang dans le tissu pulmonaire.

e) Faux. Les échanges gazeux entre l'air et le sang se réalisent au niveau de la paroi, très fine, des alvéoles pulmonaires.

- **Questions à réponse courte**

a) Les voies respiratoires comprennent les fosses nasales, la trachée artère, les bronches, les bronchioles et se terminent dans de minuscules sacs, les alvéoles pulmonaires.

b) Les voies respiratoires transportent l'air de l'extérieur de l'organisme vers les alvéoles pulmonaires.

c) Les échangent gazeux respiratoires se réalisent entre l'air alvéolaire et le sang à travers la fine paroi des alvéoles pulmonaires et la fine paroi des capillaires sanguins.

d) Le dioxygène, absorbé au cours de la respiration, est transporté par le sang jusqu'aux cellules, et participe aux réactions chimiques de la respiration cellulaire.

- **Expliquez pourquoi…**

a) Au niveau des alvéoles pulmonaires, le sang prélève du dioxygène et libère du dioxyde de carbone ; c'est pourquoi l'air expiré contient plus de dioxyde de carbone et moins de dioxygène que l'air inspiré.

b) Les échanges gazeux se réalisent de façon efficace entre l'air alvéolaire et le sang grâce à :
– l'existence d'une très grande surface d'échange entre l'air et le sang ;
– la finesse de la paroi des alvéoles pulmonaires et des capillaires sanguins ;
– la présence d'une substance liquide qui maintient la perméabilité de la paroi alvéolaire.

c) L'arrêt des mouvements respiratoires stoppe l'alimentation du dioxygène des cellules, source d'énergie pour l'organisme vivant.

d) Une activité musculaire intense s'accompagne d'une grande consommation de dioxygène pour fournir l'énergie nécessaire aux contractions musculaires liées à cette activité.

e) Les poumons augmentent de volume au cours d'une inspiration grâce à leur élasticité, Ils sont spongieux et très légers car ils contiennent une grande quantité d'air dans les nombreuses cavités de l'arbre bronchique.

6 - Le rôle du sang (Voir p. 447)

• Vrai ou faux ?

a) Faux. Seules les artères de la circulation générale, ou « grande circulation », contiennent du sang riche en dioxygène.

b) Faux. Le pouls, ressenti au niveau du poignet, correspond à la distension de la paroi des artères qui, née à chaque battement cardiaque, se transmet comme une onde dans cette paroi.

c), d), f), g), h) et **i)** Vrai.

d) Vrai.

e) Faux. Le ventricule gauche a une paroi plus épaisse que le ventricule droit.

j) Faux. Le sang qui sort du cœur par l'aorte est plus riche en dioxygène que celui qui sort par l'artère pulmonaire.

• Questions à réponse courte

a) Le réseau sanguin comprend deux circuits qui prennent naissance et se terminent dans le cœur :

– la circulation pulmonaire, ou petite circulation, qui permet l'oxygénation du sang dans les poumons ;

– la circulation générale, ou grande circulation, qui irrigue tous les organes.

b) Les vaisseaux sanguins participent activement à la circulation. L'élasticité des artères transforme le débit intermittent dû aux contractions cardiaques en un débit continu. Les petites artères sont contractiles et adaptent le débit sanguin aux besoins de chaque organe. Les veines, grâce à leurs valvules, empêchent le retour en arrière du sang.

c) Au niveau des capillaires la vitesse du sang diminue, car la section totale des vaisseaux augmente de la grosse artère (unique) aux capillaires (très nombreux), alors que le débit sanguin reste le même.

d) Le sang transporte les gaz respiratoires, les aliments cellulaires et les déchets de la vie des cellules.

• Expliquez pourquoi…

a) Les bruits du cœur, qui correspondent à la fermeture des valvules lors de la contraction des ventricules, se répètent donc au même rythme que les contractions cardiaques.

b) Le rythme du pouls est le même que celui du cœur, car il correspond à la distension de la paroi des artères produite à chaque battement cardiaque.

c) Au cours d'un exercice physique, le cœur bat plus vite afin d'assurer un ravitaillement suffisant des muscles qui travaillent.

d) Au cours de la contraction des ventricules, le sang ne reflue pas dans les oreillettes en raison de la fermeture des valvules auriculo-ventriculaires.

e) Le sang circulant dans le « cœur gauche » provient de la circulation pulmonaire ; il est donc plus riche en dioxygène que le sang circulant dans le « cœur droit ».

• Chassez l'intrus

a) Le foie ne fait pas partie des organes de l'appareil circulatoire.

b) La bronchiole ne fait pas partie des organes de l'appareil circulatoire.

• Faites un schéma simple

Le schéma doit montrer le trajet du sang qui, de la main, va vers le « cœur droit », puis vers les poumons, puis vers le « cœur gauche » et revient vers la main.

7 - Comment naissent les bébés ?

(Voir p. 448)

• Vrai ou faux ?

a) Faux. La fécondation est l'union d'un ovule avec un seul spermatozoïde.

b), f), h) et **i)** Vrai.

c) Faux. Dans le placenta, le sang maternel et le sang fœtal ne se mélangent pas. Les échanges se font à travers la paroi des capillaires sanguins.

d) Faux. La nidation de l'embryon se produit dans la paroi de l'utérus.

e) Faux. Chez les femmes, la sécrétion des hormones sexuelles (œstrogène et progestérone) est commandée par l'hypophyse.

g) Faux. La puberté n'a pas lieu au même âge chez les garçons et chez les filles.

• Questions à réponse courte

a) Les testicules ont une double fonction : fabriquer les spermatozoïdes et produire l'hormone mâle (testostérone).

b) Chaque mois, la ponte ovulaire non suivie de fécondation entraîne la destruction de la muqueuse utérine qui s'était développée pour recevoir un embryon. Cette destruction, qui s'accompagne d'un écoulement sanguin, constitue les règles (ou menstruation).

c) La durée moyenne du cycle génital de la femme est de 24 à 32 jours.

d) Le nouveau-né humain est un être inachevé, très fragile, dont le développement du cerveau se poursuivra pendant plusieurs années.

• Expliquez comment…

a) Les « vrais » jumeaux sont des jumeaux uniovulaires, c'est-à-dire provenant du même ovule ; ils ont donc le même patrimoine génétique. Les « faux » jumeaux sont des jumeaux provenant de deux ovules fécondés en même temps par deux spermatozoïdes différents.

b) La pilule contraceptive contient des molécules chimiques qui modifient provisoirement l'équilibre hormonal naturel du cycle de la femme et empêchent la fécondation de l'ovule pondu.

c) La cellule œuf est issue de la rencontre entre un spermatozoïde et un ovule dans les voies génitales de la femme.

d) Dans l'utérus maternel, le fœtus respire et s'alimente grâce aux échanges de dioxygène et d'aliments qui ont lieu, à travers le placenta, entre le sang maternel et le sang du fœtus.

e) Au moment de l'accouchement, la dilatation du col de l'utérus et les contractions des muscles de la paroi utérine entraînent l'expulsion du fœtus hors de l'utérus maternel.

• Complétez le texte suivant

« Au cours d'un rapport sexuel, les **spermatozoïdes** sont déposés dans le **vagin** de la femme, la fécondation a lieu à l'intérieur d'une **trompe**. Dès sa formation, **la cellule œuf** commence à se diviser. Un événement capital marque la première semaine de vie embryonnaire : l'implantation (ou **nidation**) de l'embryon dans la muqueuse utérine. Pendant toute la durée de la grossesse, le **placenta** est le siège d'échanges constants entre le sang maternel et le sang foetal. »

L'exploitation d'une documentation (deuxième partie de l'épreuve)

Lorsque les sciences expérimentales et la technologie constituent la ***composante mineure*** *de l'épreuve, le candidat compose seulement sur la première partie présentée dans le chapitre précédent, c'est-à-dire sur l'évaluation de ses connaissances scientifiques. En revanche, lorsque les sciences expérimentales et la technologie constituent la* ***composante majeure****, l'épreuve comporte deux parties. Les pages qui suivent jusqu'à la fin de l'ouvrage constituent une « préparation » à la seconde partie (pour la première partie, se reporter au chapitre précédent).*
Préparer cette seconde partie de l'épreuve c'est d'abord en connaître la ***nature*** *et les* ***objectifs****, puis c'est analyser* ***quelques exemples*** *afin de mieux comprendre son contenu.*

A - Nature et objectifs de l'épreuve sur documents

L'épreuve vise l'exploitation d'une documentation, de quatre pages au plus, distribuée en début d'épreuve.

1 - Nature de la documentation fournie

La documentation est composée d'extraits d'ouvrages de vulgarisation, de journaux ou de magazines scientifiques, de journaux pour enfants ou adolescents, de manuels scolaires ou d'autres sources de documentation.

Ces documents, proposés dans un ordre quelconque, peuvent avoir différentes utilisations :
– certains constituent de bons points de départ en créant une forte motivation des élèves ;
– d'autres sont des documents de travail qui débouchent sur des connaissances nouvelles ;
– d'autres sont des bilans à confronter avec les résultats obtenus par les élèves après leur travail en classe…

Le candidat doit d'abord apprécier la nature des documents proposés puis envisager les utilisations possibles en justifiant ses choix.

2 - Deux étapes successives

L'exploitation de la documentation se fait en deux étapes successives.

a) Première étape : analyse critique des documents

Cette étape donne lieu à un texte écrit dont la longueur n'est pas précisée.

b) Deuxième étape : utilisation des documents

Cette étape donne lieu à la rédaction d'un texte de une à deux pages (ce qui est peu) dans lequel le candidat envisage divers aspects de la démarche d'investigation :
– choisir un point de départ et envisager le problème qui peut être proposé (le candidat doit **situer ce problème** par rapport au programme du **cycle 3**) ;
– réfléchir au questionnement scientifique qui permet une démarche d'investigation ;
– expliciter quelques éléments de la démarche ;
– préciser les connaissances que les élèves peuvent acquérir ;
– proposer une évaluation.

3 - Que rédige le candidat ?

Le candidat fournit une trace de l'ensemble de sa réflexion en rédigeant un texte de $n + 2$ pages (n n'étant pas précisé officiellement).

4 - Objectifs de l'épreuve

L'épreuve doit permettre de vérifier :
a) *la maîtrise des connaissances et des notions pour organiser et structurer l'enseignement à l'école primaire ;*
b) *la capacité à comprendre, analyser et exploiter des documents en faisant preuve d'esprit de synthèse pour prendre en compte, d'une part, les éléments d'une démarche d'investigation et d'esprit critique, d'autre part, le caractère rationnel d'une argumentation à destination des élèves ;*
c) *l'aptitude à construire pour les élèves les savoirs scientifiques et/ou technologiques, les savoir-faire, les connaissances et les repères culturels prévus par les programmes et les « fiches connaissance » les accompagnant.*

5 - Le candidat doit donc connaître

– Les notions scientifiques indispensables à la compréhension du sujet proposé quel qu'il soit (c'est l'objet des chapitres de cet ouvrage ;

– la démarche d'investigation pratiquée à l'école Primaire pour l'enseignement scientifique. Il faut donc relire avec attention le chapitre « Comment enseigner les sciences expérimentales à l'école » page 17 ;

– les programmes du cycle 3 et les connaissances visées à ce niveau par les divers sujets d'étude ; ces connaissances figurent dans chacun des chapitres de cet ouvrage ;

– la nature des activités possibles en classe pour chacun des sujets.

Pour aider à la mise en place des nouveaux programmes de l'École dans les classes, le Ministère de l'Éducation Nationale a publié des textes d'accompagnement qui donnent des informations intéressantes. Vous trouverez ces textes d'accompagnement à la page 5.

B - Des exemples de dossiers documentaires à exploiter

Afin de mieux comprendre le sens et le développement de l'épreuve, nous vous proposons ci-dessous plusieurs dossiers documentaires sur différentes parties du programmes.

L'exploitation du dossier n° 1 sur les dents est plus développé que les autres. Elle montre en particulier (sous la rubrique « texte du sujet ») à quels types de questions le candidat peut être amené à répondre dans cette seconde partie de l'épreuve. Sous la rubrique « un exemple de réponse possible » les deux étapes de l'épreuve seront développées.

Pour les autres dossiers documentaires, on se limitera à fournir quelques éléments de réponse afin d'aider le candidat dans la préparation du concours.

Vous trouverez à la page 427 un exemple de sujet pour le CRPE. Pour permettre des comparaisons et enrichir la réflexion, voici d'autres exemples.

Dossier documentaire n° 1 : les dents

1. TEXTE DU SUJET

• Première étape : Analyse des documents proposés

– Pour chacun de ces documents (repérés par les lettres A, B, C...), précisez ce qu'ils représentent et quelles informations ils apportent.

– Quels documents vous semblent convenir pour des élèves du cycle 3 ? Quels documents élimineriez-vous ?

– Quels problèmes un enseignant peut-il aborder avec ses élèves à partir d'une telle documentation ?

– Dans quel ordre proposeriez-vous les documents retenus ?

Très important : Dans le dossier qui vous est proposé, les différents documents (A, B, C...) sont volontairement placés dans un ordre quelconque. Un point est essentiel pour leur utilisation en classe : réfléchir avant de proposer un ordre logique d'utilisation.

• Deuxième étape : Exploitation des documents

1. Quelle situation de départ l'enseignant peut-il proposer. Justifiez votre choix.

2. À quel questionnement et à quelles affirmations les échanges entre les élèves peuvent-ils conduire ? Parmi les questionnements des élèves, lesquels peuvent devenir un problème à résoudre ?

3. À quel type d'investigation peut-on avoir recours pour répondre au problème posé ?

4. Parmi les documents ci-joints, lesquels utiliseriez-vous pour résoudre le problème choisi ? Dans quel ordre ? Quelles activités envisageriez-vous avec chacun d'eux ?

5. Quelles activités peuvent conduire à des confrontations entre les groupes d'élèves ?

6. Quelles notions scientifiques peuvent être dégagées de ces confrontations ? Quelle trace écrite vous semble la mieux adaptée au sujet traité ? Des deux schémas des dents, lequel utiliseriez-vous, et pourquoi ?

7. Quelle forme d'évaluation envisageriez-vous ?

• Liens possibles avec d'autres disciplines

Précisez les liens possibles avec les autres disciplines et mettez en évidence les objectifs transversaux relevant de la maîtrise de la langue française ou de l'éducation civique que le sujet peut permettre de poursuivre.

2. CORRIGÉS

• Première étape : Analyse critique des documents proposés

Document A

Les stades successifs du développement d'une carie dentaire.

Les différentes étapes sont ici présentées dans le désordre. Ce document peut être utilisé à différents moments de la démarche ;

– soit en évaluation, avec la consigne « mettre les dessins dans l'ordre, et expliquer ce que représente cette série » ;

– soit comme document de motivation ; la situation de départ consisterait alors à comprendre l'information fournie et à poser le problème de la formation des caries.

Document B

Ces deux séries de dessins sont extraites d'un fascicule du Comité Français de l'Éducation pour la Santé. Diverses utilisations en sont possibles.

– Pour créer une situation de départ, motiver les élèves sur le sujet et poser un problème : Qu'est-ce qu'une dent vivante ? Comment une dent peut-elle devenir malade ?

– Comme complément après une étude sur les dents, pour justifier des règles d'hygiène dentaire et la nécessité d'un brossage régulier des dents.

Document C

Radiographies de deux dents, permettant de découvrir la structure interne des dents, les différentes parties sont nettement visibles.

À l'aide d'un calque, un dessin peut être réalisé, puis, ensuite, légendé.

On peut également formuler une hypothèse : À quoi correspond la zone grise à l'intérieur de la dent ?

Document D

Radiographies de trois dents cariées et soignées. Dans celle de gauche, seule la couronne était attaquée et la cavité a été remplie par un amalgame. La pulpe dentaire de cette dent était encore intacte.

Dans la dent du milieu, le canal de la pulpe dentaire a été détruit par le dentiste, puis rempli par un amalgame (zone blanche).

L'activité à proposer aux élèves peut être une comparaison entre la radio de dent saine et celle de dent cariée.

La comparaison permet l'inventaire des différences, et amène à poser le problème des caries.

Document E

Ce document, extrait d'un fascicule du Comité Français d'Éducation pour la Santé, permet de faire l'inventaire des « faux amis » des dents, c'est-à-dire des aliments qui contiennent du sucre.

L'utilisation de ce document peut être suivie d'une confrontation entre les élèves, et d'une discussion qui permet de faire la liste des aliments ne contenant pas de sucre.

Document F

Schéma de la coupe d'une dent présentant sa structure. Il s'agit d'une représentation de la structure d'une dent faite par des scientifiques et que l'on peut confronter avec son propre dessin réalisé à partir de la radio dentaire. Ce document ne doit pas être fourni aux élèves au début du travail, mais seulement dans une phase ultérieure de structuration des connaissances.

Document G

Ces radiographies de dents sont de moins bonne qualité que celles du document C (photographie floue, dent incomplète, l'émail et l'ivoire ne sont pas nettement distincts). Elles seront donc délaissées au profit de celles du document C.

Document H

Ce texte explique la formation des caries. L'information peut être fournie oralement par l'enseignant, ou proposée sous forme d'un texte à analyser. Elle est, dans tous les cas, indispensable pour comprendre les règles d'hygiène concernant le brossage des dents.

Document I

Ce schéma scientifique d'une coupe de molaire est plus difficile à interpréter que celui du document F (perspective + coupe, légende plus abondante…). Il sera donc délaissé au profit du document F.

• Deuxième étape : Exploitation des documents

1. Situation de départ envisagée

La distribution du « document B » peut créer la situation de départ, d'une part parce que les dessins plaisent aux élèves, d'autre part parce que ce document suscite des interrogations. Par exemple : Qu'est-ce qu'une dent malade ? Pourquoi dit-on que les dents sont vivantes ?

Les comparaisons, image par image, des deux « bandes dessinées » sont riches d'informations. Grâce à des questions bien choisies, on peut déclencher chez les élèves des remarques très pertinentes. Par exemple, si on compare les deux images 1, on constate que les deux enfants sont heureux ; ils ne mangent cependant pas la même chose, l'un une sucette, l'autre une pomme. Dans les images 2, l'un refuse de se laver les dents en faisant la moue, l'autre se lave les dents avec le sourire. L'image 3 est, dans la première série, une image de douleur due à des maux de dents, alors que l'enfant de la deuxième série s'endort en souriant.

2. Exploitation du questionnement et reformulation du problème

Deux questions présentent de l'intérêt pour la suite du travail :

– Qu'est-ce qu'une dent malade ?
– Qu'est-ce qu'une dent vivante ?

Ces questions peuvent devenir des problèmes à résoudre si on les formule de la manière suivante :

– À quoi reconnaît-on une dent malade ?
– À quoi reconnaît-on une dent « en pleine forme », ou « en pleine santé », ou encore « une dent saine » ?
– Pourquoi dit-on que les dents sont vivantes ?

Ces différentes formulations conduisent à des activités tout à fait comparables.

3. Choix des moyens d'investigation

Différents moyens d'investigation sont possibles. Il s'agit d'indiquer le mieux adapté au problème à résoudre.

4. Résolution du problème

Dans le cas du problème posé, l'investigation repose sur l'analyse de documents et sur leur comparaison. On peut commencer par proposer le document C, et demander aux élèves de réaliser un dessin à l'aide d'un papier calque, par exemple.

Ensuite, si on demande de mettre une légende montrant les différentes parties, beaucoup d'élèves ignorent les noms précis.

5. Confrontation des dessins

Plusieurs enfants ne voient pas que la racine de la dent est ouverte à la base. C'est le moment de préciser le vocabulaire, d'indiquer quelle est la partie vivante de la dent... Pour cela, on fournit le document F. Les élèves complètent alors leur dessin, le rectifient si nécessaire.

6. Structuration des connaissances (notions dégagées)
L'activité se termine par la rédaction d'une phrase de conclusion.
« La dent est un organe vivant : au centre de la dent se trouve une partie vivante qui se prolonge dans la gencive ».

7. Retour à la situation de départ
Si on revient maintenant à la situation de départ, il reste à expliquer comment les dents peuvent devenir malades. Une **nouvelle démarche d'investigation** est alors entreprise.

a) problème posé
Comment une dent peut-elle être malade ?

b) investigation
Les documents A, H et D sont fournis aux élèves.
En comparant d'une part les documents C et D, d'autre part les documents D et A (après avoir remis les dessins dans l'ordre chronologique), on découvre la notion de carie dentaire. Le texte H donne des informations sur la formation des caries.
Ce travail débouche sur l'élaboration de règles d'hygiène permettant d'éviter les caries :
– se brosser les dents régulièrement avec un dentifrice ;
– éviter le grignotage permanent d'aliments sucrés.
Le document E peut être utilisé comme document d'évaluation des acquisitions.

8. Lien possible avec d'autres disciplines
En français : emploi de mots justes, rédaction d'un texte clair.
En éducation civique : réflexion sur la responsabilité individuelle face aux problèmes des soins dentaires (coûteux pour la société).

Dossier documentaire n° 2 : les articulations

• Première étape : Analyse des documents proposés

L'ensemble des documents proposés concerne les mouvements du corps et plus particulièrement les articulations.

Document A
Cette photographie du squelette humain, prise de profil dans une attitude de marche, montre nettement que les membres ne sont pas rigides et que les os qu'ils contiennent peuvent prendre diverses positions, grâce aux articulations.

Document B
Ces deux silhouettes soulignent la diversité des mouvements possibles du corps humain ; en particulier les membres peuvent se plier au niveau des articulations (épaule, coude, poignet pour le membre supérieur, hanche, genou, cheville pour le membre inférieur).

Document C
Ce dessin humoristique fait apparaître les différentes zones d'articulation des membres supérieurs et inférieurs.

Document D
Ces schémas, souvent utilisés en éducation physique, illustrent la diversité des mouvements possibles au niveau des membres. Leurs articulations sont signalées par les différents points noirs.

Document E
Ce document rassemble :
– une photographie du squelette du membre supérieur humain mettant en évidence les trois segments osseux ;
– un détail du squelette de l'épaule avec la tête de l'humérus et l'omoplate ;
– une radiographie de cette même articulation,
– une coupe schématique de cette articulation.

Document F
Ces deux radiographies montrent, à des échelles différentes, l'articulation du coude, et plus particulièrement l'emboîtement parfait de l'extrémité de l'humérus dans la cavité du cubitus.

• Deuxième étape : Exploitation des documents

1. Situation de départ
Plusieurs situations de départ sont possibles. En voici quelques exemples.
– **Situation 1 :** Quelques jours avant une séance sur les articulations, au cours d'une activité d'éducation physique les élèves réalisent divers mouvements, lever une jambe puis l'autre en les pliant au niveau du genou, mimer les mouvements des ailes d'un moulin, étendre les bras et les replier au niveau du coude,...
Puis, le document D étant fourni, les élèves sont invités à mimer les mouvements présentés. À quoi correspondent les points noirs dessinés sur les membres ?
– **Situation 2 :** En classe, l'enseignant a fixé sur les vitres des fenêtres quelques radiographies de squelette humain avec des articulations bien visibles.
Que voit-on sur ces radiographies ? Pourquoi peut-on plier son bras au niveau du coude ou du poignet et pas entre les deux ?
– **Situation 3 :** Le document B étant mis entre les mains des élèves, l'enseignant déclenche les échanges par quelques questions. Que représentent ces dessins ? Pourrait-on faire ces mouvements si nos jambes et nos bras étaient raides ? Peut-on faire les mêmes types de mouvements au niveau de l'épaule, au niveau du coude, au niveau du genou ?...
Toutes ces situations permettent d'introduire le thème des articulations.

2. Questionnement

Prenons par exemple les mouvements possibles avec les bras. Pourquoi peut-on plier le bras au niveau du coude ? le faire tourner au niveau de l'épaule ?

On peut alors demander aux élèves de dessiner les os qui se trouvent dans le bras. L'expression de ces représentations premières est riche d'informations sur le niveau de connaissances des enfants. La confrontation entre les dessins fait poser des questions parmi lesquelles l'enseignant peut choisir celles qui entraîneront un travail d'investigation et déboucheront sur une nouvelle connaissance. Comment savoir ce qu'il y a au niveau du coude ? au niveau de l'épaule ?

3. Investigation

Dans cet exemple, la démarche d'investigation repose essentiellement sur l'analyse de documents.

On peut fournir aux élèves :

– les documents A et E (en ne donnant que les 3 photographies, et aucun schéma) ;

– des os de pattes de lapin dont ils pourront emboîter les os.

Divers travaux sont possibles :

– « jouer » avec les os de lapin et essayer de comprendre « comment ça marche » ;

– s'aider du document A pour identifier la place des os présentés sur le document E ;

– faire décalquer la radiographie de l'épaule, et rechercher une légende possible. Le schéma est ensuite donné aux élèves qui comparent avec leur dessin.

Que voit-on sur le schéma qui n'est pas visible sur la radiographie ? Quelle définition pourrait-on donner d'une articulation ? Comprenez-vous pourquoi, au niveau de l'épaule, le bras peut s'orienter dans toutes les directions ? (La forme de la tête articulaire de l'humérus, et la cavité de l'omoplate dans laquelle elle s'emboîte permettent de l'expliquer).

Un autre questionnement peut alors être introduit à partir d'une remarque qui a pu être faite précédemment : On ne réalise pas les mêmes mouvements au niveau de l'épaule et au niveau du coude.

L'analyse du document F permet de trouver des réponses. On peut aussi rechercher dans les objets courants des « modèles » d'articulations (articulation « en rotule » du rétroviseur de la voiture, d'une lampe de bureau, articulation de fermeture d'un canif, de charnière d'une boîte…

4. Structuration des connaissances

Les nouvelles connaissances acquises sont mises en forme par un texte élaboré en commun.

Les connaissances visées par un tel thème sont les suivantes.

– Les os sont mobiles les uns par rapport aux autres grâce aux articulations. Ainsi, une articulation est une charnière entre deux os.

– Dans une articulation très mobile, comme celle de l'épaule, les os s'emboîtent (boule et cavité). Dans une articulation comme celle du coude, les mouvements sont limités.

– Les surfaces qui s'emboîtent sont lisses et recouvertes de cartilage. Entre elles, un liquide visqueux facilite les mouvements.

– Les deux os restent solidaires l'un de l'autre par des ligaments très résistants.

Dossier documentaire n° 3 : la respiration humaine

• Première étape : Analyse des documents proposés

Document A

Cette photographie est une radiographie du poumon obtenue après avoir fait respirer à la personne un produit opaque aux rayons X qui permet de rendre visibles les voies respiratoires. On voit également les côtes et la colonne vertébrale.

Document B

Ces tableaux fournissent d'une part la composition gazeuse de l'air inspiré et de l'air expiré, d'autre part la composition en dioxygène et en dioxyde de carbone du sang à son entrée dans les poumons et à sa sortie.

Document C

Ce petit dessin indique que, en fin d'inspiration, les alvéoles pulmonaires sont plus gonflées qu'à la fin de l'expiration.

Document D

Il s'agit d'une représentation très schématique de l'appareil respiratoire et plus particulièrement de l'arborisation des voies respiratoires. Ce schéma est à rapprocher de la radiographie du document A.

Document E

Ce document est à rapprocher du document E car il indique le nombre considérable d'alvéoles pulmonaires alors que quelques-unes seulement sont représentées en E.

Document F

Le jeune homme a été photographié, en haut, lors d'une inspiration forcée (torse bombé et soulevé), en bas, lors d'une expiration forcée (torse et ventre contractés, clavicules abaissées…).

Document G

Ce document montre le squelette de la cage thoracique en position d'inspiration et en position d'expiration. On peut noter, au moment de l'inspiration le soulèvement des côtes, l'augmentation de volume de la cage. Remarquons que le diaphragme qui joue un rôle important dans les mouvements respiratoires n'a pas été représenté.

Document H

Ce schéma indique ce que devient le dioxygène retenu au niveau des poumons. Celui-ci, transporté par le sang, est conduit jusqu'aux organes qui en ont besoin pour les réactions chimiques qui se produisent dans les cellules et, en particulier, les réactions de la respiration cellulaire qui fournissent aux cellules l'énergie qui leur est nécessaire.

Document I

Cette radiographie du tronc montre la cage thoracique, le contour des poumons, l'emplacement du diaphragme et celui du cœur.

• Deuxième étape : Exploitation des documents

Plusieurs situations de départ sont possibles. Elles varient selon le problème que l'on souhaite aborder. Si l'on veut aborder la question « Que se passe-t-il quand on respire ? », on commencera par faire réaliser par les élèves des mouvements d'inspiration et d'expiration normales, puis des mouvements d'inspiration et d'expiration forcées. Des questions se posent alors : que se passe-t-il quand on inspire ? et quand on expire ? L'air qui entre est-il le même que l'air qui sort ? Les documents F, G et B peuvent alors être utilisés. Si on cherche à savoir où va l'air qui entre dans le corps, les documents A, D et H sont alors exploités. Leur emploi pourra être précédé de la réalisation de dessins montrant comment les enfants se représentent les poumons et les voies respiratoires.

Dans un tel sujet l'investigation a recours :

– à des observations sur son propre corps ;

– à l'analyse de documents.

Dossier documentaire n° 4 : les fleurs

• Première étape : Analyse des documents proposés

L'ensemble des documents proposés concerne la reproduction sexuée des plantes à fleurs et, plus particulièrement, la transformation de la fleur en fruit contenant des graines.

Document A

Ce texte décrit les divers modes de pollinisation, c'est-à-dire de transport du pollen depuis les étamines jusqu'au pistil.

Long à lire pour des élèves de cycle 3, ce texte contient des termes scientifiques dont il faut maîtriser le sens avant de comprendre le propos développé. De plus, il n'apporte aucune notion fondamentale pour comprendre la transformation de la fleur en fruit. Seul le mot « pollinisation » est à découvrir.

Document B

Ces dessins permettent de reconstituer l'histoire d'une fleur de tulipe, c'est-à-dire sa transformation en fruit contenant des graines.

Il faut, pour cela, être capable de reconnaître, dans la fleur de tulipe, les étamines et le pistil, puis la fleur ayant perdu ses pétales, enfin le pistil grossi qui est devenu un fruit. Ce dernier s'ouvre à maturité, laissant échapper les graines.

L'exemple de la fleur de tulipe est particulièrement intéressant car, lorsqu'on demande à des enfants ce que devient une fleur de tulipe, ils répondent « elle se fane » ; ils ne pensent pas que ce qui reste de la fleur est un fruit au sens botanique du terme.

Document C

Au cycle 3, la plupart des enfants savent que les fleurs de cerisier donnent des cerises.

Ce document comporte deux parties. En haut, trois dessins de la même branche de cerisier à trois étapes de sa transformation : deux fleurs épanouies et une en bouton ; les fleurs ont perdu leurs pétales ; à la place des trois fleurs on trouve trois cerises.

Les dessins du bas permettent de comprendre ce qui s'est passé : le premier dessin est une coupe de fleur de cerisier où le pistil est bien visible avec l'ovaire et l'ovule. Le second dessin est une coupe de cerise déjà bien formée ; l'ovaire a donné la chair de la cerise, et l'ovule s'est transformé en graine à l'intérieur du noyau.

Document D

Il s'agit d'analyser des expériences et de tirer des conclusions à partir de résultats obtenus. Les expériences consistent à rechercher dans quelles conditions le pistil d'une fleur de tulipe se transforme en fruit.

La comparaison entre les expériences 2 et 3 permet de formuler l'hypothèse suivante : une fleur épanouie produit du pollen. Si le capuchon de gaze est placé sur le pistil d'une fleur non épanouie, il ne se transforme pas en fruit. En revanche, s'il est placé sur le pistil d'une fleur épanouie, qui a donc reçu du pollen sur son pistil, celui-ci se transforme en fruit.

La comparaison entre les expériences 2 et 3 confirme cette hypothèse.

L'expérience 5 montre que la pollinisation peut être faite avec le pollen d'une autre fleur de tulipe, mais pas avec le pollen d'une autre espèce (expérience 6). Ces expériences permettent de conclure que la pollinisation (dépôt du pollen sur le pistil) est indispensable pour la transformation du pistil en fruit, à condition que ce pollen provienne d'une fleur de même espèce.

Document E

Tous ces dessins représentent des fruits au sens botanique du terme, c'est-à-dire des organes végétaux contenant des graines, sauf la carotte qui est une racine. Ces fruits sont comestibles soit pour leur pulpe (raisin, pomme, melon, concombre), soit pour leur graine (pois). La graine de pin est également comestible dans le cas du pin pignon.

Document F

Ce document permet d'expliquer plusieurs aspects de la transformation de la fleur en fruit :

– l'ovaire du pistil contient un gamète femelle dans l'ovule,

– le grain de pollen, en germant sur le pistil, donne un tube pollinique qui atteint l'ovule,

– ce tube pollinique contient un gamète mâle (spermatozoïde),
– l'union du gamète femelle de l'ovule et du spermatozoïde donne un œuf, futur embryon de la graine.

La reproduction des plantes à fleurs est une reproduction sexuée qui comprend un phénomène fondamental, la fécondation. Celle-ci est indispensable pour que l'ovule du pistil se transforme en graine et que l'ovaire du pistil se transforme en fruit. Remarquons que les phénomènes sont en réalité beaucoup plus complexes, ils sont donc ici très simplifiés et réduits à l'essentiel.

• Deuxième étape : Exploitation des documents

Il n'est évidemment pas souhaitable d'aborder la reproduction des plantes à fleurs uniquement à partir de documents ; la manipulation de fleurs d'espèces variées, l'observation continue des transformations, l'observation comparée de fleurs et de fruits, l'analyse de documents apportant des compléments d'informations sont les divers moyens d'investigation qui peuvent être employés pour développer ce thème.

1. Situation de départ

Plusieurs situations de départ sont possibles. En voici quelques exemples :

– Situation 1 : Le bouquet de tulipe de la classe ou les tulipes de la plate-bande du jardin de l'école sont en train de faner. Que deviennent-elles lorsque les pétales sont tombés ?

– Situation 2 : Le cerisier ou l'amandier de la cour de l'école, ou du jardin proche, sont en pleine floraison. On décide d'en réaliser l'observation régulière pour voir ce que deviennent les fleurs.

– Situation 3 : L'enseignant apporte en classe un bouquet de fleurs dont l'espèce a été choisie parce que les fleurs sont souvent accompagnées de leurs fruits (coquelicot, giroflée, genêt,...). On cherche à savoir ce que deviennent les fleurs à la fin de la floraison...

Dans tous les cas, on part d'un matériel réel, que les élèves peuvent observer facilement et qu'ils peuvent manipuler individuellement.

2. Questionnement

On peut organiser un petit débat pour répondre à la question « que deviennent les fleurs lorsqu'elles fanent ? ». Les élèves font généralement une différence entre les fleurs de tulipe « qui se fanent », et les fleurs de cerisier « qui donnent des cerises ».

3. Investigation

Selon le matériel mis à la disposition des élèves, on peut réaliser :

– une observation continue accompagnée de dessins ou de phrases écrites témoignant de la transformation des fleurs au cours du temps ;

– une observation ponctuelle avec des comparaisons si on a à sa disposition en même temps des fleurs et des fruits (coquelicot, giroflée...).

L'observation est ensuite enrichie par l'analyse de documents : document B ou document C, par exemple.

Remarque : Lors d'une autre séance, l'analyse des documents D et F permet de répondre au « Comment », et aborde le problème de la nécessité de la fécondation pour la formation des fruits et des graines.

4. Généralisation et structuration des connaissances

Il est intéressant de multiplier les exemples pour arriver à la généralisation de la notion de fruit contenant des graines.

Les connaissances acquises sont ensuite clairement formulées.

– Lorsqu'une fleur se fane, le pistil se transforme en fruit (sec ou charnu selon les espèces), qui contient les graines.

– Seules les « plantes à fleurs » produisent des graines à partir des ovules contenus dans le pistil des fleurs.

– Pour qu'un ovule se transforme en graine, il faut qu'il soit fécondé par un grain de pollen (produit dans les étamines).

– La reproduction par graines est donc une reproduction sexuée comparable à celle que l'on connaît chez les animaux.

Dossier documentaire n° 5 : les aliments des plantes vertes

• Première étape : Analyse des documents proposés

Document A

Cette expérience peut être réalisée dans une classe pour montrer qu'une plante absorbe de l'eau. Il ne doit pas être donné d'emblée aux élèves. Ceux-ci doivent d'abord rechercher quelle expérience ils doivent réaliser pour montrer qu'une plante absorbe de l'eau. Les projets des différents groupes d'élèves sont ensuite confrontés, analysés, améliorés puis réalisés. L'analyse du document peut alors leur permettre de découvrir la nécessité d'éviter l'évaporation de l'eau (présence d'un bouchon de pâte à modeler par exemple) ainsi que la nécessité d'un tube témoin sans plante mais avec la même quantité d'eau au début de l'expérience.

Document B

Ce document met en évidence la nécessité de la présence de sels minéraux pour assurer la vie des plantes. Les mêmes remarques peuvent être formulées dans l'utilisation du document A.

Document C

Les schémas présents sur ce document font la synthèse sur les différents aliments des plantes vertes. Il sera employé au moment de la structuration des connaissances.

Document D

Cette expérience montre que, à la lumière, les feuilles d'une plante qui ont absorbé du dioxyde de carbone fabriquent de l'amidon. Celui-ci est mis en évidence par la réaction avec l'eau iodée. Ce dispositif ne peut être utilisé avec des élèves du cycle 3 (montage complexe, nécessité de connaître le réactif de mise en évidence de l'amidon...).

Document E

L'expérience présentée dans ce document montre que l'enrichissement de l'atmosphère de la serre en dioxyde de carbone augmente le rendement de la culture de tomates. Elle fait également réfléchir à la nécessité d'une expérience témoin afin d'interpréter les résultats obtenus.

L'emploi d'un tel document est difficile au cycle 3. Il faudrait alors le simplifier.

Document F

L'emploi des engrais est évoqué dans ce document et son analyse est intéressante. Il peut susciter chez les élèves l'envie d'en savoir plus sur les différents engrais à partir de la lecture d'emballages réels apportés en classe et montrant leur composition et leur mode d'emploi.

Document G

Cette expérience permet de montrer que la synthèse de nouvelle matière (montrée par l'augmentation de masse des feuilles) a lieu dans les feuilles et seulement pendant la journée. La lumière est donc nécessaire à cette synthèse. Les matériaux fabriqués pendant la journée sont ensuite véhiculés dans le reste de la plante vers les différents organes.

- **Deuxième étape : Exploitation des documents**

Plusieurs problèmes peuvent être posés :
– Comment montrer qu'une plante absorbe de l'eau ?
– Les engrais sont-ils nécessaires à la vie des plantes ?
– Quels sont les différents aliments d'une plante verte ?

Dans les deux premiers cas, l'investigation a recours à l'expérimentation conçue et réalisée par les élèves. En effet, les expériences nécessaires pour résoudre le problème sont faciles à mettre en œuvre dans une classe.

Il est plus difficile de mettre en évidence que le dioxyde de carbone est un aliment des plantes vertes. On peut alors avoir recours à l'analyse de documents tels que ceux qui sont présentés sur le document C.

Dossier documentaire n° 6 : les graines

Ce dossier aborde le sujet des graines sous différents aspects.
– Le **document A** montre que, au cours de la germination, l'embryon de la graine de haricot donne le pied de haricot. Il montre également, dans sa deuxième partie, que toutes les graines contiennent un embryon.
– Le **document B** donne dans le désordre les différentes étapes de la germination d'un gland.
– Le **document C** permet l'analyse des conditions de germination des graines.
– Le **document D** reprend sous forme très schématique la même notion que le document A. C'est la plantule ou embryon de la graine qui donne la nouvelle plante ; les réserves des cotylédons sont utilisées au début de la croissance de la jeune plante.
– Le **document E** montre que les graines sont contenues dans des fruits.

Un tel sujet ne peut être abordé seulement à partir de documents. Il est nécessaire que les élèves :
– réalisent concrètement des semis et mettent en place une observation continue ;
– expérimentent sur les conditions nécessaires à la germination ;
– observent et comparent différentes graines pour accéder à la généralisation de la notion de graine.
Les documents pourront alors venir en appui après les travaux concrets, pour vérifier certains résultats, pour établir des comparaisons, pour structurer les connaissances acquises ou comme support d'évaluation.

■ Document A

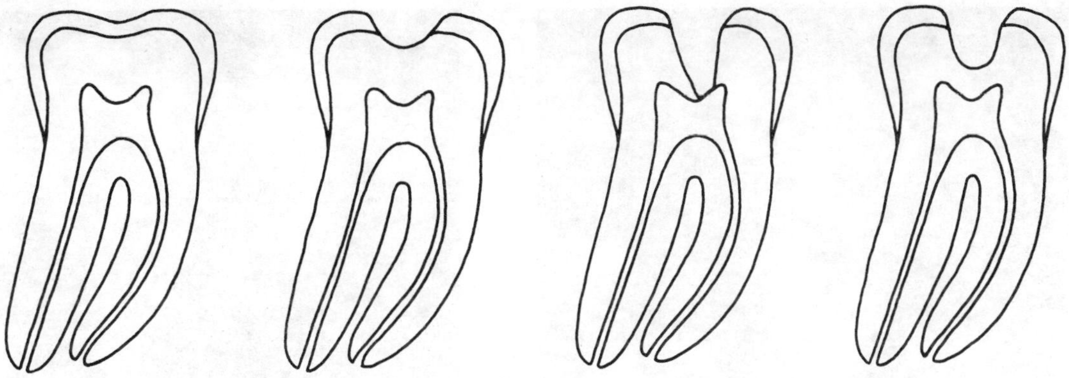

■ Document B

Si tu ne brosses pas tes dents, elles peuvent devenir malades.

Si tu brosses régulièrement tes dents, elles resteront vivantes et en pleine forme !

Extrait d'un fascicule du Comité Français d'Éducation pour la santé.

Document C

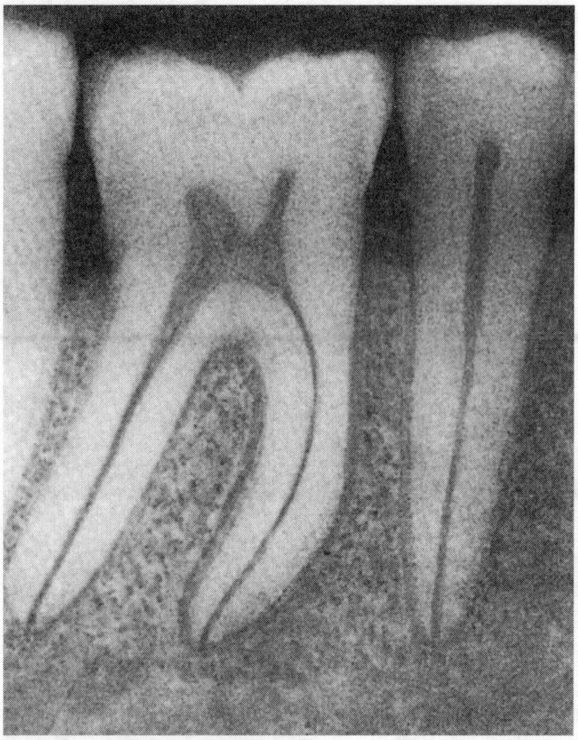

Document D

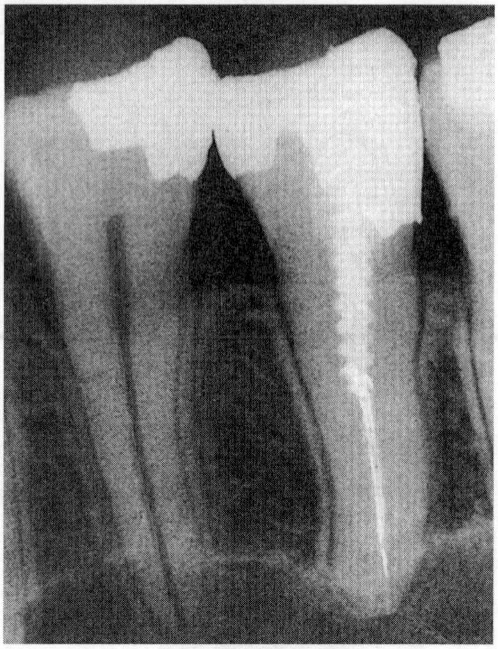

Document E

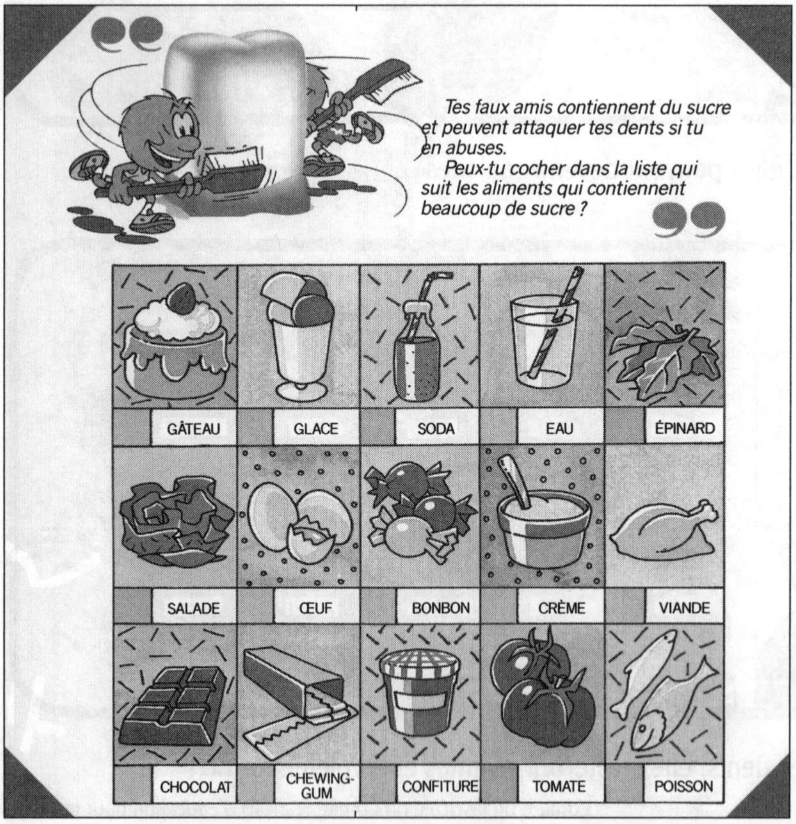

Extrait d'un fascicule du Comité Français d'Éducation pour la Santé.

Document F

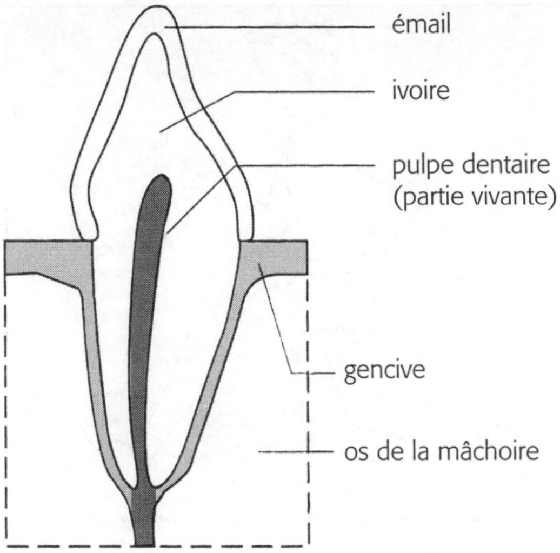

Document G

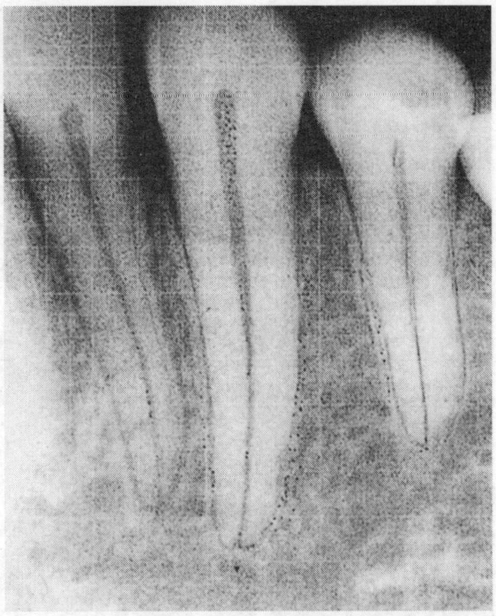

Document H

Les caries dentaires : une maladie bactérienne

À la surface de vos dents vivent des milliers d'êtres vivants : des bactéries. Celles-ci se nourrissent de sucres qu'elles transforment en acide. L'acide attaque l'émail et fait peu à peu des trous dans les dents.

Ainsi, pour faire des caries il faut... du sucre et des bactéries !

Les colonies de bactéries qui vivent avec leurs sécrétions visqueuses à la surface des dents forment la « plaque dentaire ».

Document I

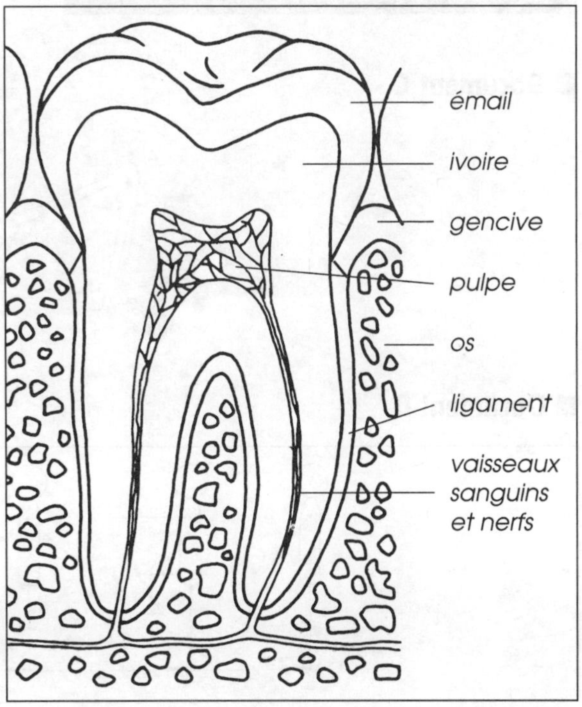

■ Document A

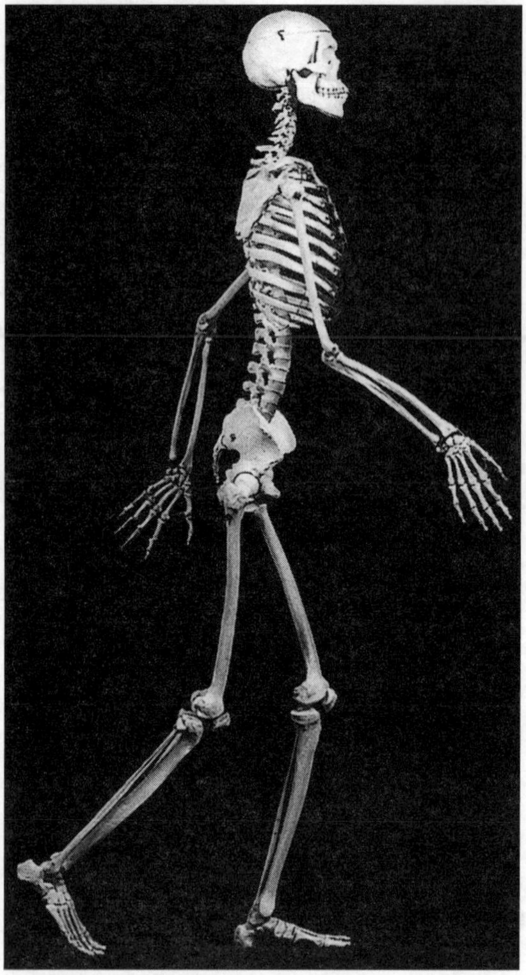

■ Document B

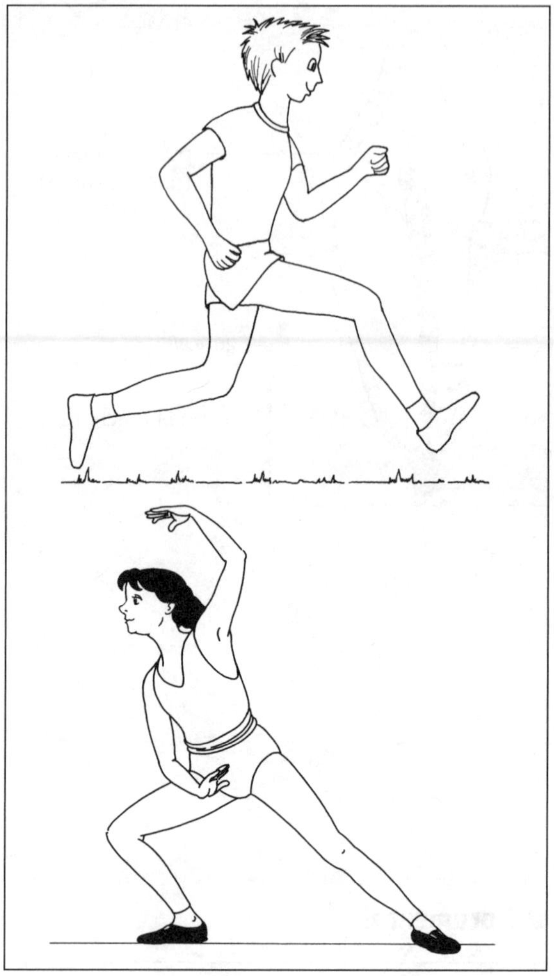

■ Document C

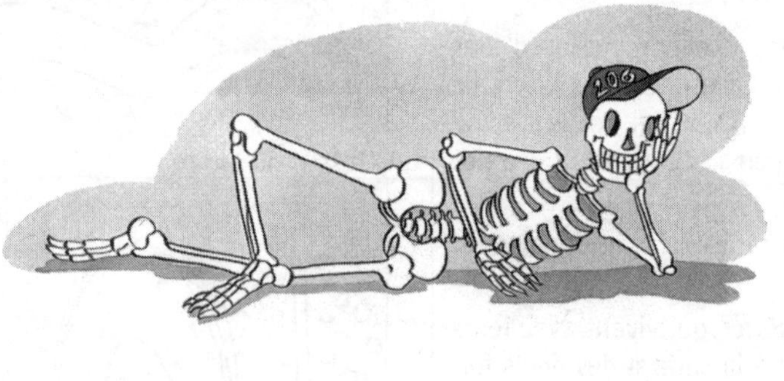

■ Document D

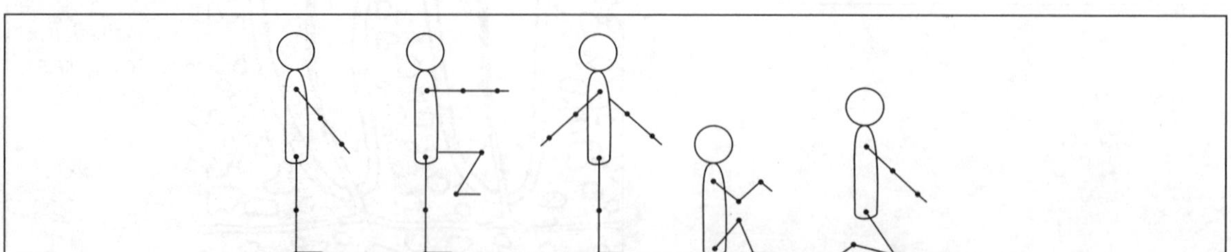

Document E

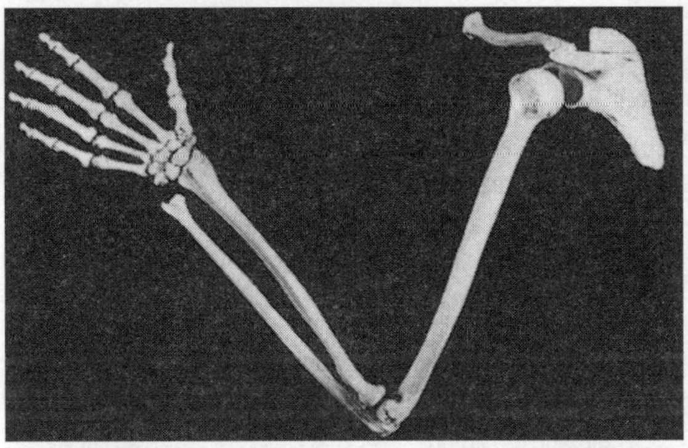

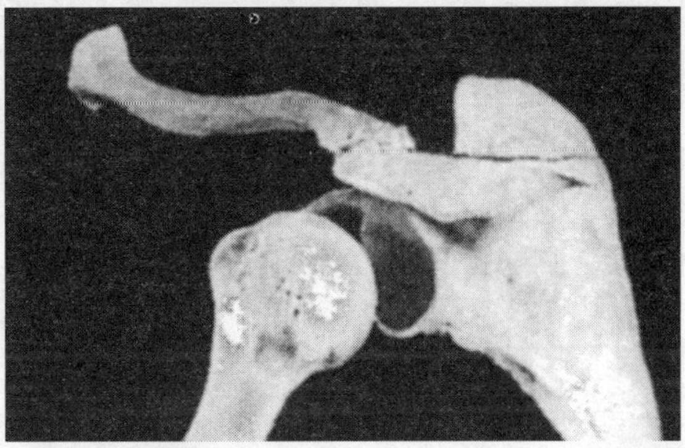

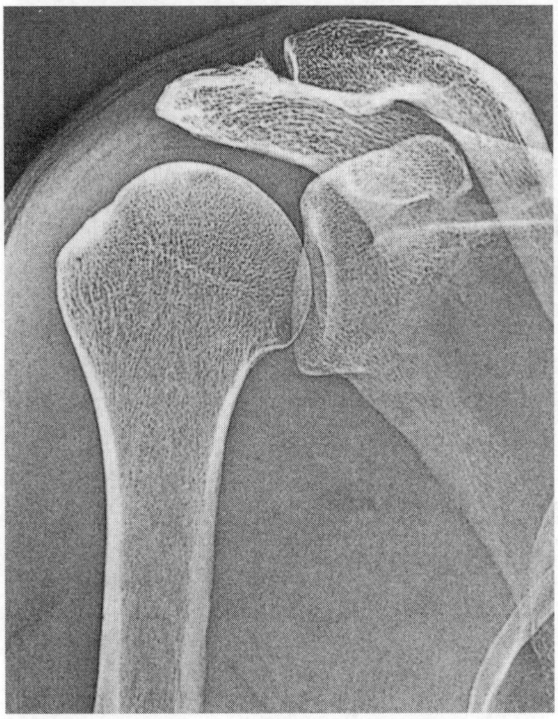

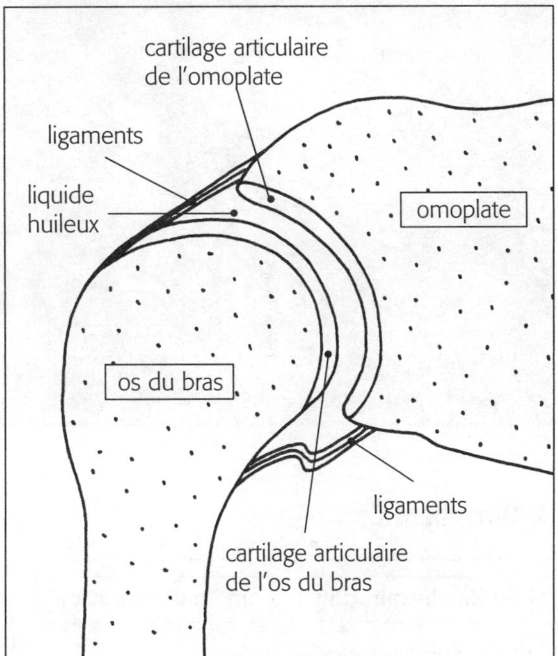

Coupe schématique de l'épaule

Document F

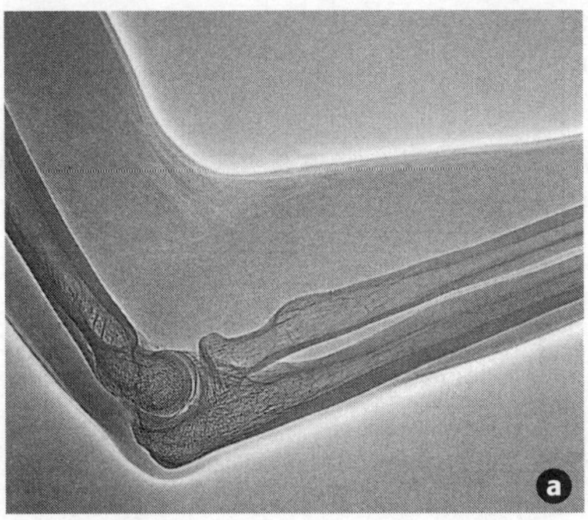

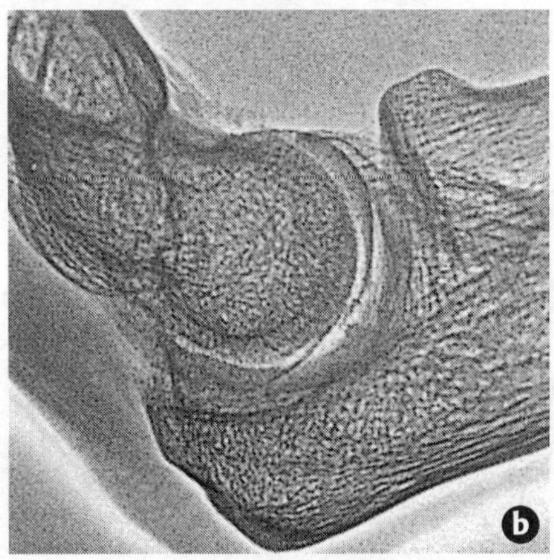

Document A

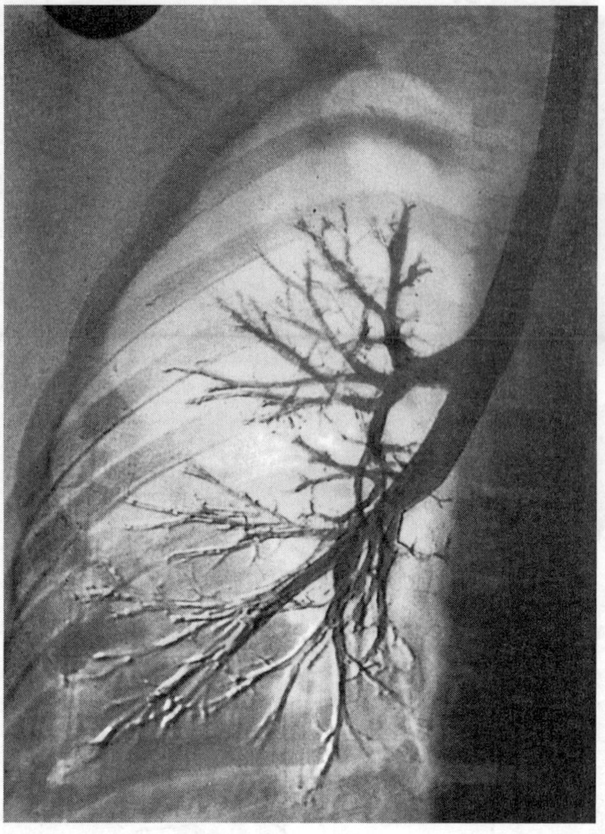

Document B

Pour 100 litres d'air	air inspiré	air expiré
dioxygène	21 litres	16 litres
dioxyde de carbone	traces	4 à 5 litres
azote	79 litres	79 litres

Pour 100 cm^3 de sang	sang pénétrant dans les poumons	sang sortant dans les poumons
dioxygène	12 cm^3	20 cm^3
dioxyde de carbone	48 cm^3	40 cm^3

Document C

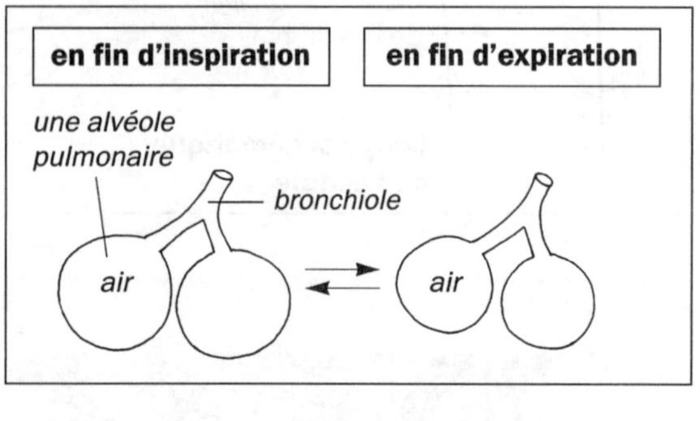

Document D

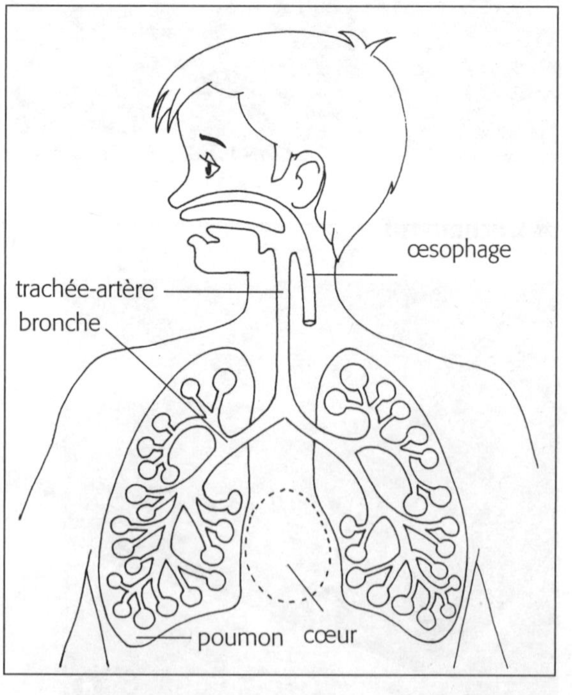

Document E

Des nombres surprenants !

On évalue le nombre des alvéoles à 700 millions pour les deux poumons et la surface de l'ensemble de ces alvéoles à 2 000 m^2 environ (c'est la surface d'un demi-terrain de football).

Document F

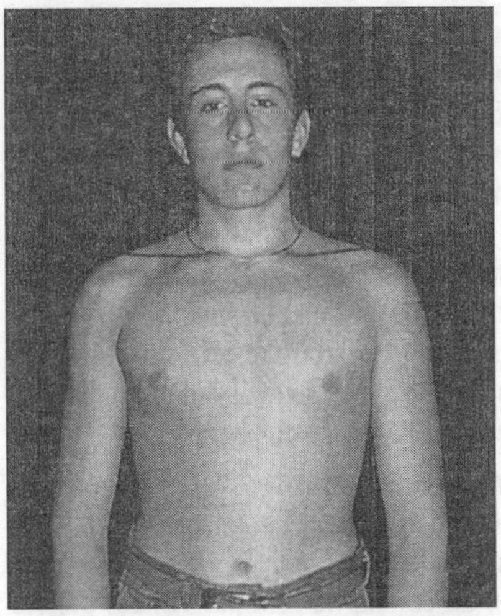

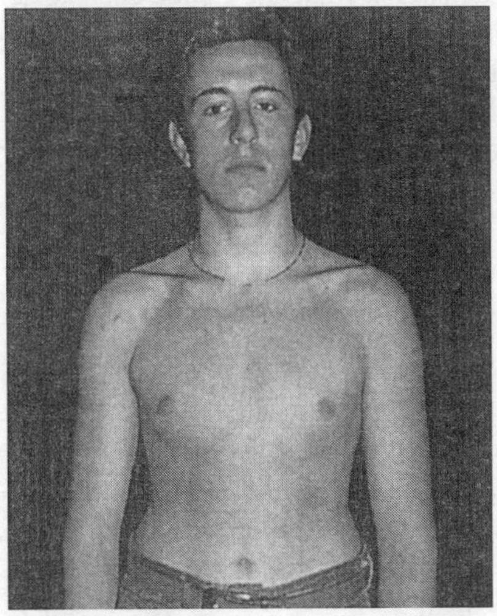

Document G

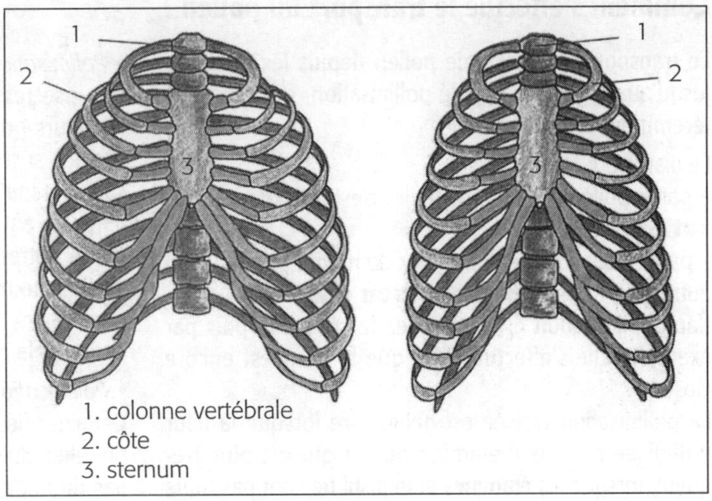

Document H

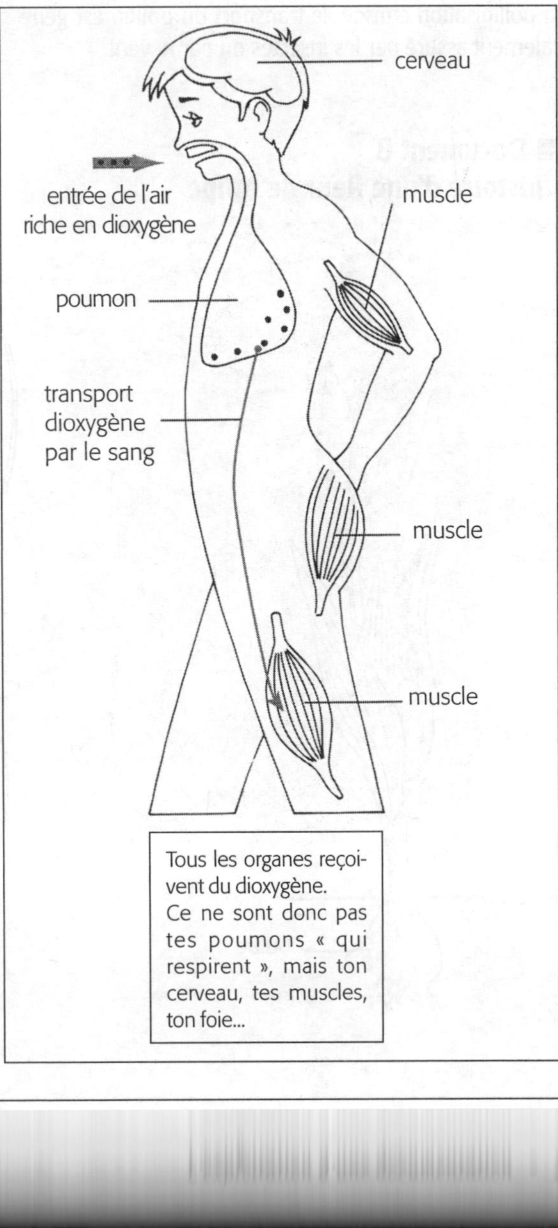

Document I

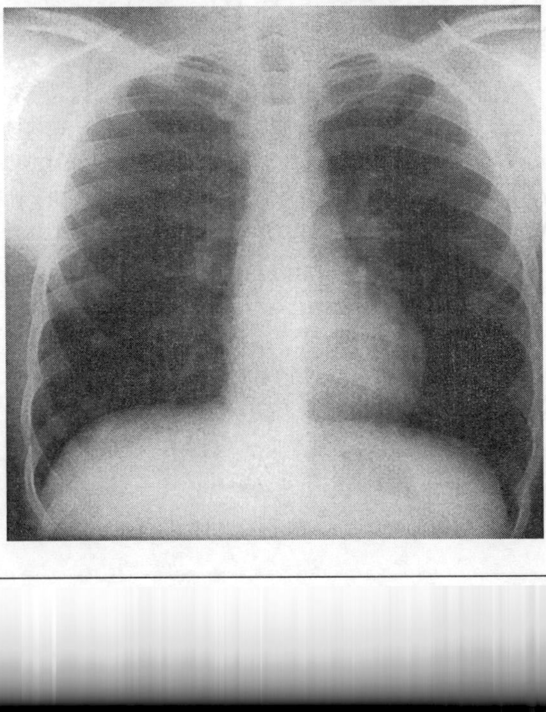

■ Document A
Comment s'effectue le transport du pollen ?

Le transport des grains de pollen depuis les étamines jusqu'aux stigmates, appelé pollinisation, s'effectue différemment selon les espèces.

Le pistil peut être pollinisé :
– par le pollen de la même fleur : c'est l'**autopollinisation** ;
– par le pollen d'une autre fleur du même pied ou d'un autre pied : c'est la **pollinisation croisée**.

L'autopollinisation est rare. Chez le blé ou le pois par exemple, elle s'effectue alors que la fleur est encore close.

La pollinisation croisée est obligatoire lorsque la fleur pollinisée n'a pas d'étamine ou, ce qui est plus fréquent, lorsque les étamines et le pistil ne sont pas mûrs en même temps. C'est la seule possible chez de nombreuses plantes dont le pollen ne germe sur un stigmate que s'il provient d'une fleur d'un autre pied. Dans la pollinisation croisée, le transport du pollen est généralement assuré par les insectes ou par le vent.

• *Pollinisation par les insectes*

Les insectes (abeilles, papillons, bourdons…) visitent les fleurs pour y récolter soit du pollen, soit du nectar (liquide sucré produit par les fleurs) dont ils se nourrissent. Lorsqu'un insecte butine, du pollen tombe sur son corps. Il en déposera quelques grains sur le stigmate d'une autre fleur, assurant ainsi la pollinisation. Dans son territoire de récolte, chaque abeille ne visite que des **fleurs de même espèce** ce qui garantit l'efficacité de la pollinisation.

• *Pollinisation par le vent*

Certaines fleurs comme celles des graminées, du pin, du noisetier, du saule… dépourvues de corolle, ne sécrètent pas de nectar et, de ce fait, ne sont pas visitées par les insectes. Leurs étamines libèrent une grande quantité de pollen que le vent transporte au hasard, parfois très loin. Dans ces conditions, chaque grain de pollen a peu de chances de tomber sur un stigmate où il puisse se développer ; l'abondance du pollen compense les pertes.

■ Document B
L'histoire d'une fleur de tulipe

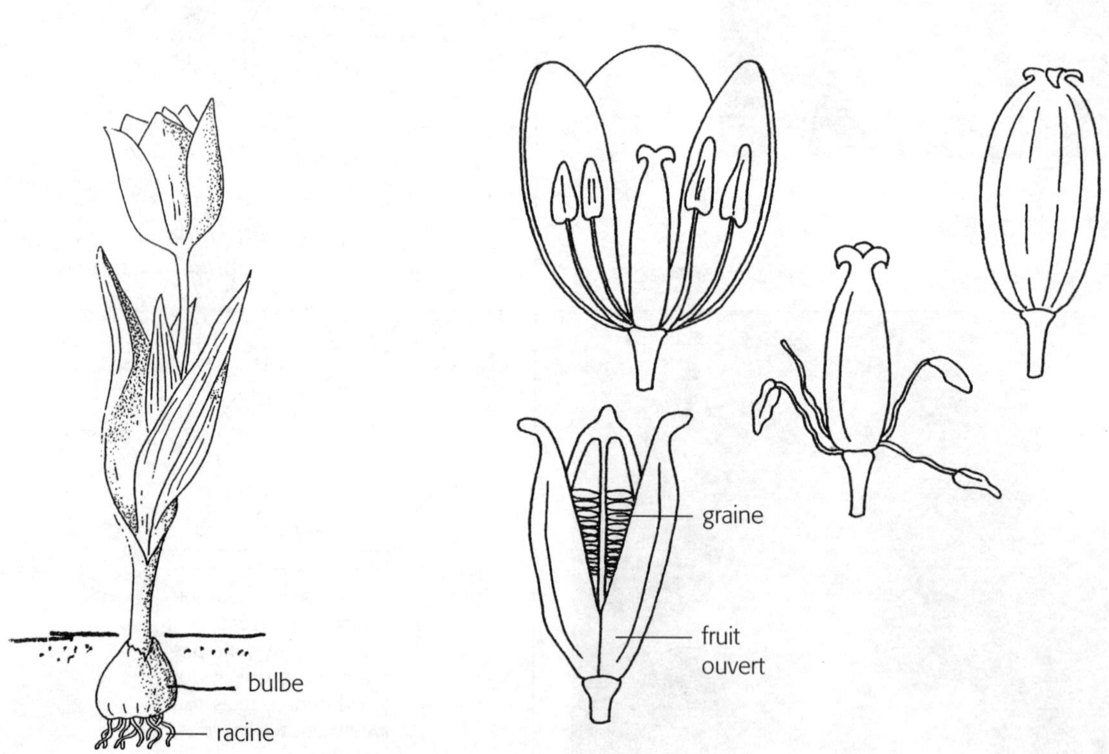

■ Document C
Que deviennent les fleurs de cerisier ?

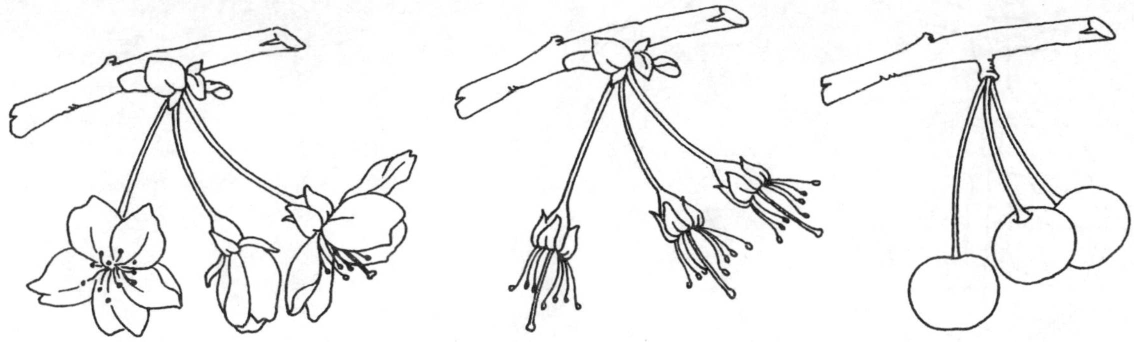

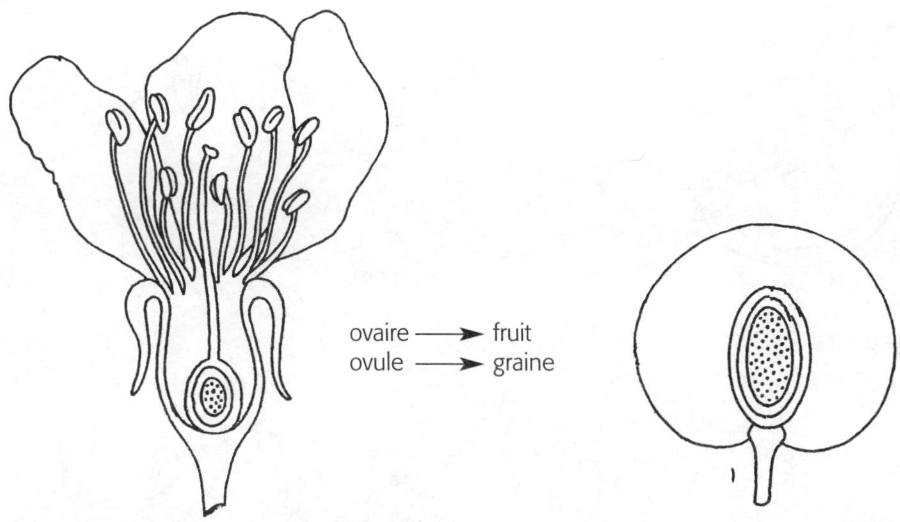

■ Document D
Des expériences réalisées sur la fleur de tulipe pour comprendre le rôle du pollen

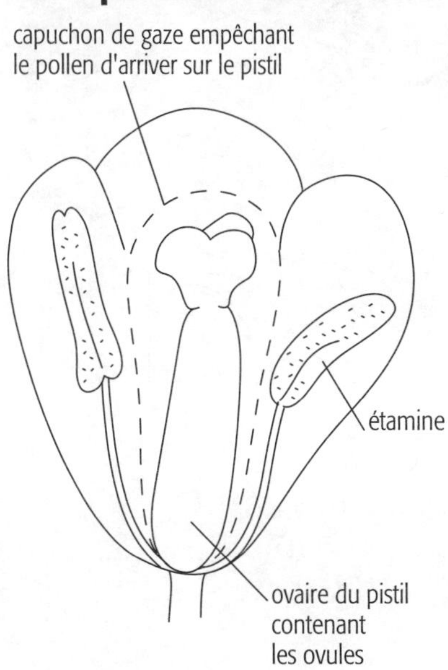

Déroulement des expériences	Résultats*
1. On laisse une fleur évoluer normalement.	+
2. Un capuchon de gaze est placé sur le pistil d'une fleur **non épanouie**.	–
3. Un capuchon de gaze est placé sur le pistil d'une fleur **épanouie**.	+
4. Un capuchon de gaze est placé sur le pistil d'une fleur **non épanouie**. Lorsque la fleur est épanouie, on enlève le capuchon et on saupoudre le stigmate avec le pollen des étamines de la même fleur. On remet ensuite le capuchon.	+
5. On procède comme précédemment, mais en utilisant du pollen provenant d'une autre tulipe.	+
6. On procède comme précédemment, mais en utilisant du pollen d'une fleur autre qu'une tulipe.	+
* Le signe + indique que le pistil donne un fruit contenant des graines, le signe – que le pistil ne se transforme pas en fruit et en graines.	

Document E

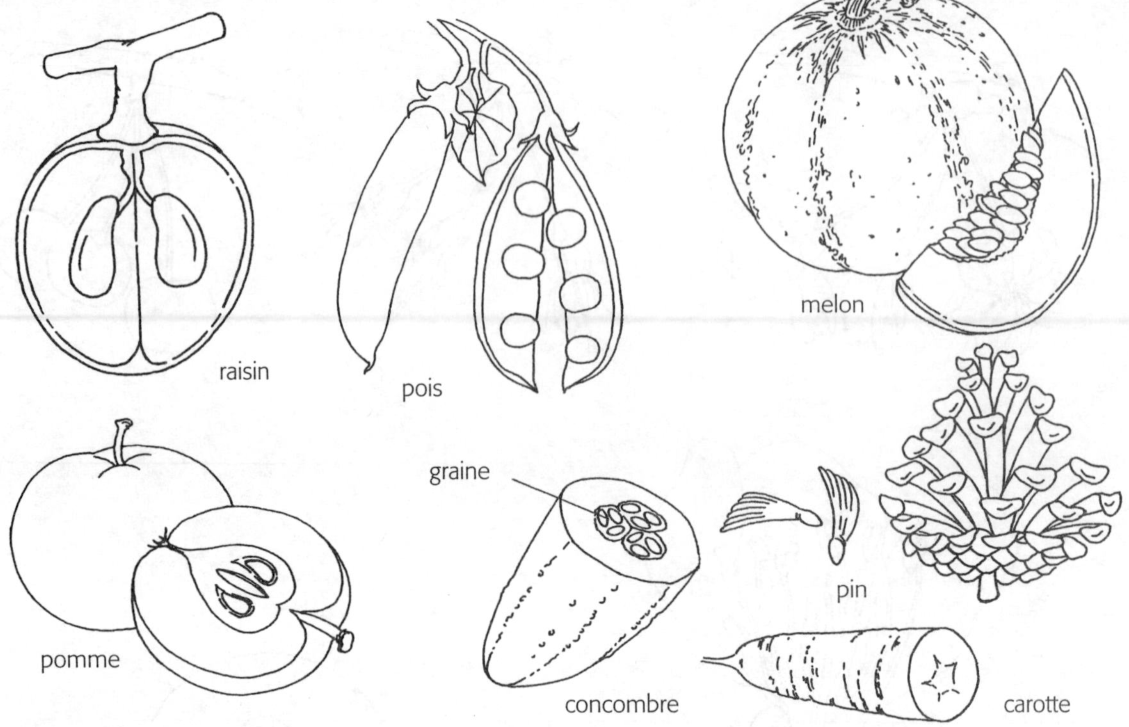

Document F

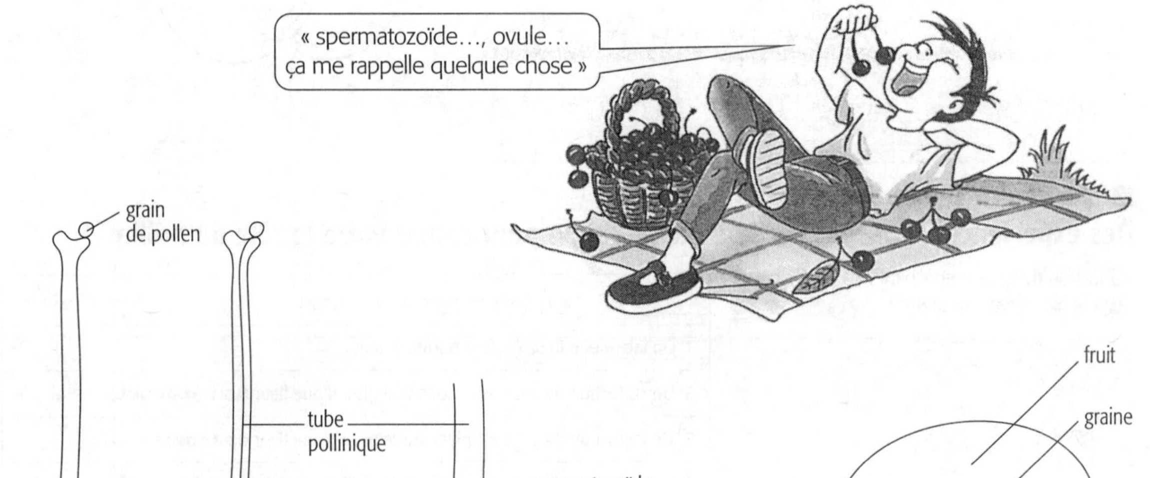

Document A (p. 95)

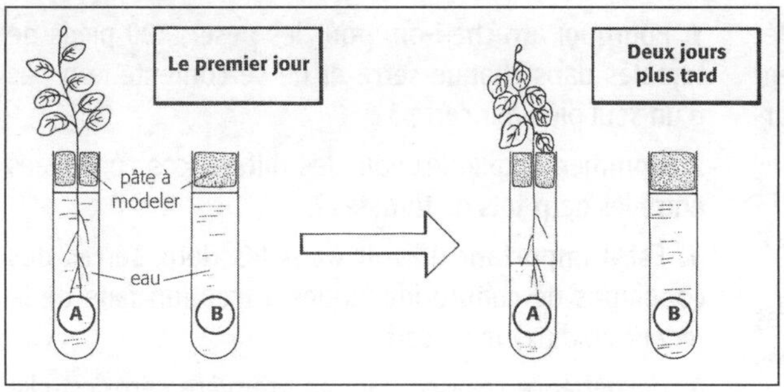

Document B (p. 95)

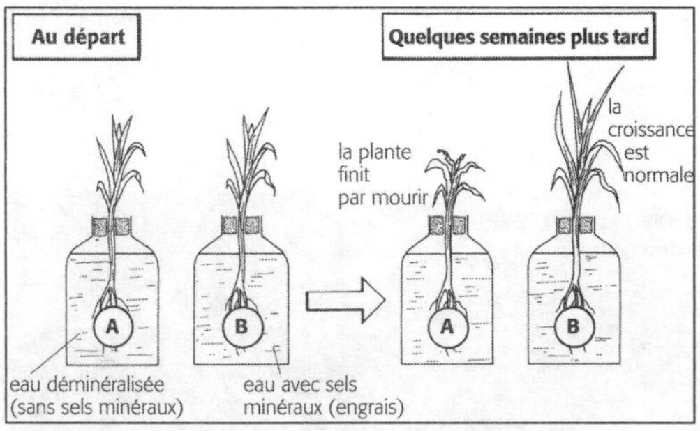

Document C (p. 93)

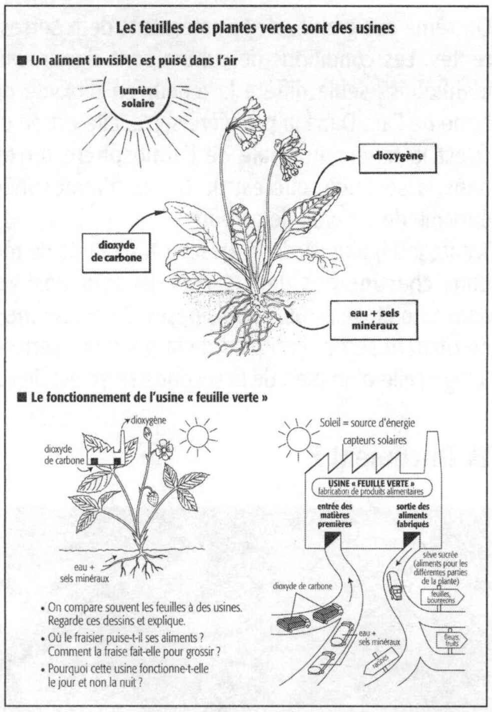

Document D

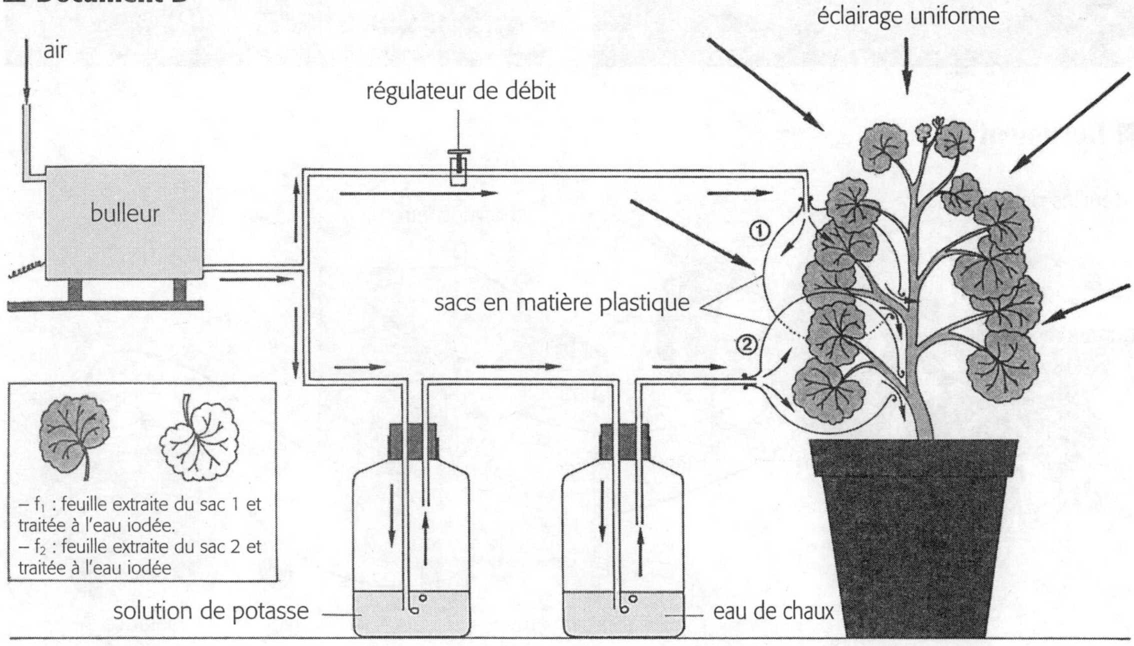

Ce dispositif expérimental permet de placer des feuilles dans une atmosphère privée de dioxyde de carbone. Le sac en matière plastique transparente n° 1 sert de témoin ; le sac n° 2, identique au sac n° 1, reçoit de l'air ayant barboté dans une solution de potasse puis dans de l'eau de chaux (le premier flacon absorbe le dioxyde de carbone, le deuxième permet de contrôler que ce dernier a été totalement absorbé).
Après avoir laissé fonctionner le dispositif pendant une journée, la plante étant uniformément éclairée, une feuille de chacun des sacs est décolorée dans l'alcool bouillant puis traitée par l'eau iodée ; le dessin donne les résultats du traitement. Que montrent ces résultats ?

Document E

On sème des graines de tomates dans deux serres différentes. Les conditions de culture sont rigoureusement identiques ; seule diffère la teneur en dioxyde de carbone de l'air. Dans la première serre, elle est de 0,03 % (c'est la teneur normale de l'atmosphère terrestre) ; dans la seconde, elle est de 0,1 % (l'atmosphère est enrichie de dioxyde de carbone).
Trente jours plus tard, on arrache 100 plants de tomates dans chacune des deux serres. Ils sont déshydratés dans une étuve à 105 °C puis pesés. La masse moyenne de matière sèche d'un pied de la première serre est de 3,5 g ; celle d'un pied de la seconde serre est de 6,2 g.

1. Pourquoi arrache-t-on, pour les peser, 100 pieds de tomates dans chaque serre et ne se contente-t-on pas d'un seul pied par serre ?

2. Comment expliquez-vous les différences constatées entre les deux lots de tomates ?

3. Est-il important d'avoir dans les deux serres des conditions de culture identiques, exception faite de la teneur en dioxyde de carbone ?

4. L'expérience réalisée dans la première serre est-elle nécessaire ?

Document F

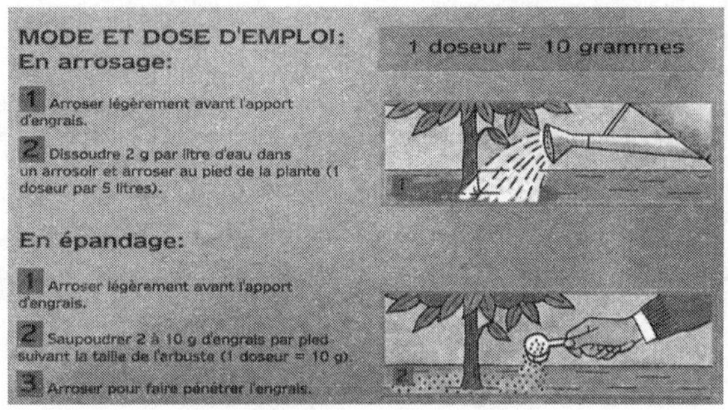
MODE ET DOSE D'EMPLOI:
En arrosage:

1 Arroser légèrement avant l'apport d'engrais.

2 Dissoudre 2 g par litre d'eau dans un arrosoir et arroser au pied de la plante (1 doseur par 5 litres).

En épandage:

1 Arroser légèrement avant l'apport d'engrais.

2 Saupoudrer 2 à 10 g d'engrais par pied suivant la taille de l'arbuste (1 doseur = 10 g).

3 Arroser pour faire pénétrer l'engrais.

1 doseur = 10 grammes

Document G

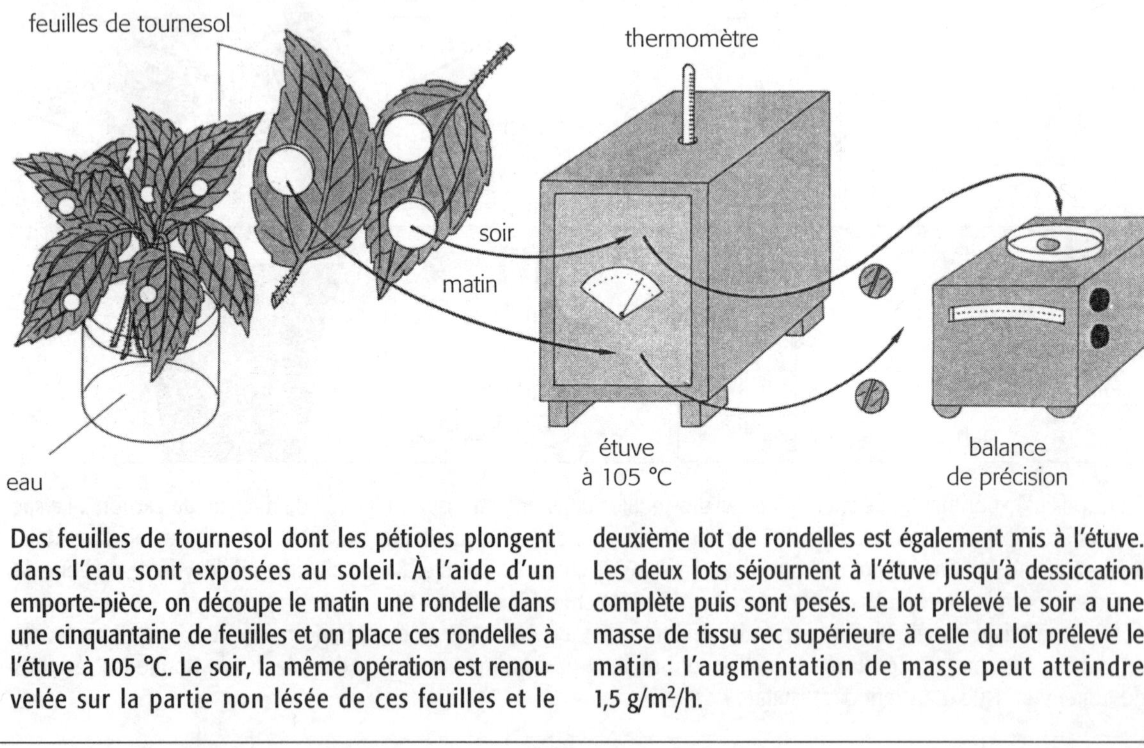

Des feuilles de tournesol dont les pétioles plongent dans l'eau sont exposées au soleil. À l'aide d'un emporte-pièce, on découpe le matin une rondelle dans une cinquantaine de feuilles et on place ces rondelles à l'étuve à 105 °C. Le soir, la même opération est renouvelée sur la partie non lésée de ces feuilles et le deuxième lot de rondelles est également mis à l'étuve. Les deux lots séjournent à l'étuve jusqu'à dessiccation complète puis sont pesés. Le lot prélevé le soir a une masse de tissu sec supérieure à celle du lot prélevé le matin : l'augmentation de masse peut atteindre 1,5 $g/m^2/h$.

Dossier documentaire n° 6

■ Document A (p. 159)

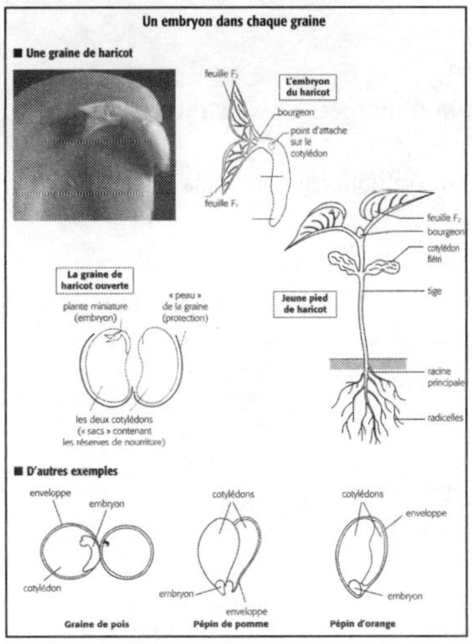

■ Document B (p. 165)

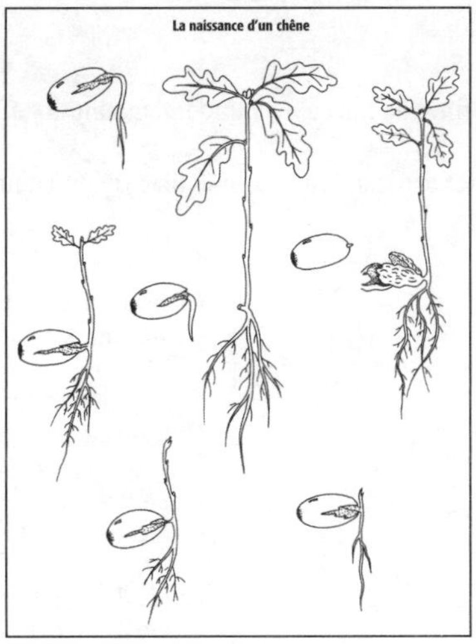

■ Document C (p. 167)

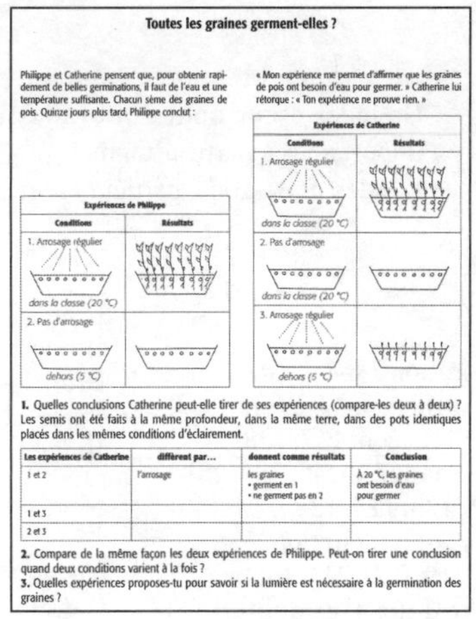

Toutes les graines germent-elles ?

Philippe et Catherine pensent que, pour obtenir rapidement de belles germinations, il faut de l'eau et une température suffisante. Chacun sème des graines de pois. Quinze jours plus tard, Philippe conclut :

« Mon expérience me permet d'affirmer que les graines de pois ont besoin d'eau pour germer. » Catherine lui rétorque : « Ton expérience ne prouve rien. »

Expériences de Philippe

Conditions	Résultats
1. Arrosage régulier – dans la classe (20 °C)	
2. Pas d'arrosage – dehors (5 °C)	

Expériences de Catherine

Conditions	Résultats
1. Arrosage régulier – dans la classe (20 °C)	
2. Pas d'arrosage – dans la classe (20 °C)	
3. Arrosage régulier – dehors (5 °C)	

1. Quelles conclusions Catherine peut-elle tirer de ses expériences (compare-les deux à deux) ? Les semis ont été faits à la même profondeur, dans la même terre, dans des pots identiques placés dans les mêmes conditions d'éclairement.

Les expériences de Catherine	diffèrent par…	donnent comme résultats	Conclusion
1 et 2	l'arrosage	les graines • germent en 1 • ne germent pas en 2	À 20 °C, les graines ont besoin d'eau pour germer
1 et 3			
2 et 3			

2. Compare de la même façon les deux expériences de Philippe. Peut-on tirer une conclusion quand deux conditions varient à la fois ?

3. Quelles expériences proposes-tu pour savoir si la lumière est nécessaire à la germination des graines ?

■ Document D

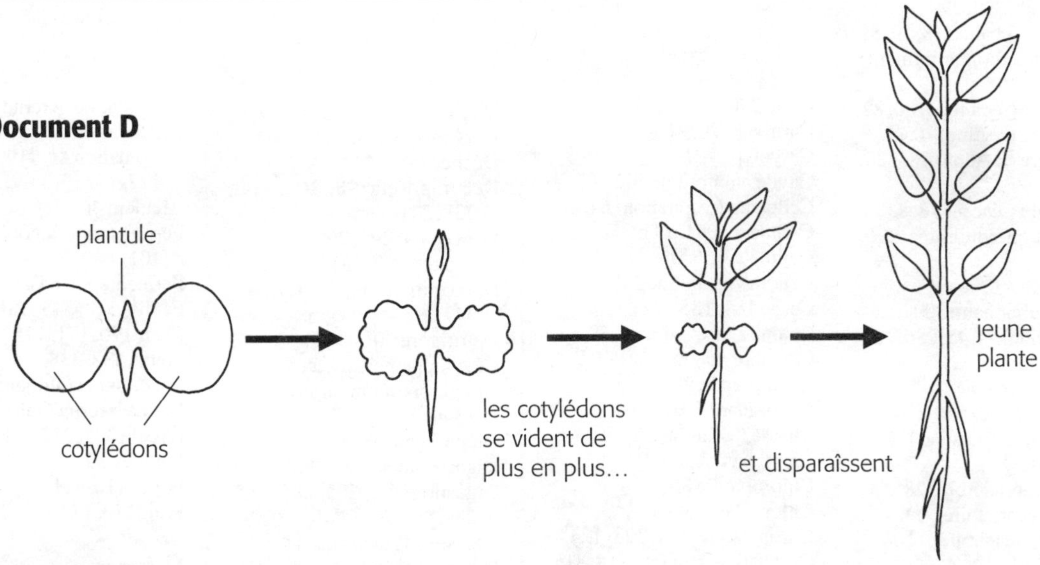

■ Document E

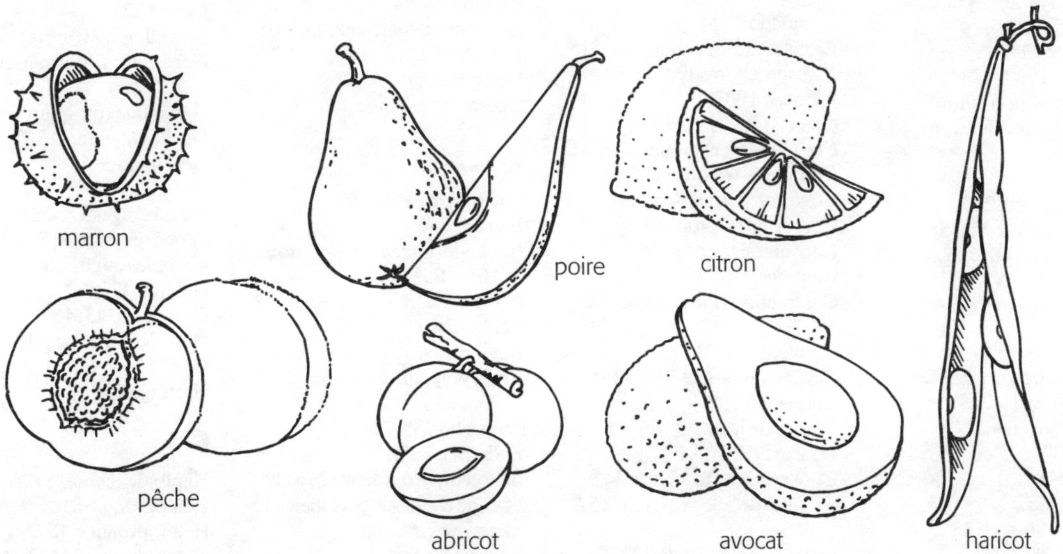

Index

Un index est un outil de travail qui permet de retrouver rapidement soit la définition d'un mot, soit des informations importantes à partir d'un mot.
L'index ci-dessous, particulièrement riche, n'est donc pas une liste de mots qu'il faut obligatoirement tous connaître.

La collection TAVERNIER

Pour l'école élémentaire

■ Des manuels pour les élèves
- Découvrir les sciences CP-CE1
- Sciences expérimentales et Technologie CE2
- Sciences expérimentales et Technologie CM1
- Sciences expérimentales et Technologie CM2
- Sciences expérimentales et Technologie CM1-CM2

■ Les guides pédagogiques
- Découvrir les sciences Cycle 2
- Sciences expérimentales et Technologie Cycle 3

■ Les cahiers d'activités de Biologie et de Physique-Technologie
- Biologie CP
- Biologie CE1
- Biologie CE2
- Biologie CM1
- Biologie CM2
- Physique et Technologie CP
- Physique et Technologie CE1
- Physique et Technologie CE2
- Physique et Technologie CM1
- Physique et Technologie CM2

■ Les documents à photocopier en Biologie
- Biologie CP
- Biologie CE1
- Biologie CE2
- Biologie CM1
- Biologie CM2

■ Des ouvrages pour trouver le nom des arbres
- Arbre, quel est ton nom ? (pour les élèves du cycle 2)
- Quel est cet arbre ? (pour les élèves du cycle 3)

Pour l'école maternelle

■ Quatre albums de documents photographiques pour les élèves
- Découvre le monde vivant (les animaux, les végétaux, les milieux)
- Découvre comment fonctionne ton corps
- Explore le monde de la matière et des objets
- Repère-toi dans le temps et dans l'espace

■ Un guide pour l'enseignant
- Pour découvrir le monde à l'école maternelle

Édition : Karine Routier
Fabrication : Josette Guille
Illustrations : Stéphanie Charpiot
Coordination artistique : Alexandre Millot
Mise en pages : CGI

N° d'éditeur : 10128124 - N° d'imprimeur : 101079
Imprimé en France par Hérissey (Eure) - Février 2006